BIBLIOTECA DI «NUOVA STORIA CONTEMPORANEA»

Collana diretta da Francesco Perfetti

27

GIUSEPPE PARDINI

ROBERTO FARINACCI, OVVERO DELLA RIVOLUZIONE FASCISTA

Le Lettere

In copertina:
Cartolina propagandistica del pittore futurista Tato.

Il volume è stato realizzato con un contributo del Dipartimento di Scienze Umane, Storiche e Sociali dell'Università degli Studi del Molise.

ISBN 88 6087 066 6
www.lelettere.it

I
SOCIALISTA RIFORMISTA

> Chi dice Farinacci, dice Rivoluzione, Rivoluzione continua, ossia capovolgimento di valori, nel senso di una migliore e spregiudicata conoscenza delle cose che è l'unica forma di vero progresso. Roberto Farinacci significa lotta in ogni fase della vita, e tromba squillante che desta orrore per coloro che sono eternamente tortuosi: i panciafichisti e gli uomini del compromesso a ogni costo. [...] Se volontà di lotta e coraggio personale di fronte agli uomini e alle cose, e tenacità ed asprezza significano radicalismo, allora Roberto Farinacci è un radicale come meglio non lo si potrebbe concepire. Come è profonda in lui la dedizione alla sua idea, per la quale combatté in guerra, nelle mischie della lotta civile, nei comizi oratori della rivoluzione fascista, così forte è anche il suo odio[1].

Niente, meglio di questo breve profilo divulgato dalla stampa tedesca nel 1940, vale a introdurre, in poche parole, quello che rappresentò sostanzialmente Farinacci nella storia del fascismo e del regime politico da esso edificato. Massimo esponente dello squadrismo prima (sempre si rivolse alle camicie nere nella veste di capo degli squadristi[2]), del "rassismo" e dell'intransigentismo poi, negli anni della dittatura finì per essere apertamente osteggiato da Mussolini e dal "sistema". Con la sua morte Farinacci ha rappresentato, più di ogni altro, lo stereotipo del gerarca su cui scaricare ogni colpa di una ideologia e di un intero regime. Esecranda figura, insomma, di uomo politico capace di tutte le nefandezze e a cui tutte le nefandezze e le colpe e le più aberranti azioni potevano essere facilmente ascritte. Pure in campo fascista, i sopravvissuti non esitarono, a guerra conclusa, a scaricare sulle spalle di Farinacci, nella memorialistica anche a buon mercato, ogni genere di accusa e di responsabilità, tanto politica quanto morale: i "buoni" fascisti non tardarono a individuare nel "cattivo" Farinacci colui che rappresentasse per intero tutte le nequizie e le infamie, sollecitate da una "attenta" auto-rilettura di vicende, epoche, uomini e fatti ormai superati e da leggere, in modo più o meno disinteressato, nella nuova Italia democratica[3].

---

[1] W. VON LANGEN, *Roberto Farinacci*, «Leipziger Tageszeitung», 12 ottobre 1940.
[2] Cfr. «Il Regime Fascista», 29 ottobre 1940.
[3] Cfr. F. ANFUSO, *Da Palazzo Venezia al Lago di Garda (1936-1945)*, Cappelli, Bologna, 1957, p. 404.

Roberto, figlio di Michelarcangelo Farinacci e Amelia Scognamiglio, nacque a Isernia il 16 ottobre 1892. Il padre, originario di Gildone (Campobasso), era "alunno" di 2ª categoria nella pubblica sicurezza e, grazie alle raccomandazioni dello zio, l'onorevole barone Domenico Del Vasto, era riuscito a rimanere vicino a casa, prima presso le Questure di Napoli e Benevento e poi a Campobasso e alla Sottoprefettura di Isernia, dove nacque appunto Roberto, terzo di sei fratelli. Dal 1895 Michele invece iniziò una serie di trasferimenti (Savignano di Romagna, Barletta, Castellammare di Stabia e Bra) che costrinse il piccolo Roberto lontano dalla numerosa famiglia e a essere cresciuto dal nonno paterno, uomo rigido e severo, a Gildone[4]. Promosso delegato di 1ª classe, con uno stipendio annuo di 3.000 lire, Michele riunì la famiglia, prima a Gubbio, poi a Voghera e nel 1909, infine, a Cremona[5]. Roberto era ormai uno studente, piuttosto svogliato, della scuola tecnica ma, a dispetto del padre, ben deciso a mettere rapidamente salde radici nella città lombarda: vinto un concorso nell'amministrazione ferroviaria quale aiuto applicato ai telegrafi a Piacenza, alla fine del 1910 ottenne il trasferimento alla stazione di Cremona come telegrafista e sposò la fidanzata cremonese, Anita Bertolazzi, dalla quale l'anno successivo ebbe il primogenito, Franco. Oltre al lavoro, alla famiglia e all'indipendenza economica, Farinacci era attratto da una insopprimibile, quasi spontanea e naturale passione, quella per la politica. Già piuttosto discolo da bambino, il suo carattere impulsivo ebbe modo di rivelarsi compiutamente nell'età adolescenziale, soprattutto in margine ai comizi socialisti che il ragazzo aveva preso a seguire a Voghera. Indubbiamente queste pubbliche conferenze rappresentarono la prima conoscenza del socialismo, per lui giovinetto ancor fresco di parrocchia: del socialismo apprezzava quel senso di immediato riscatto per i lavoratori e gli emarginati, predicato dagli oratori socialisti dei primi anni del secolo. Era, il suo, un socialismo «senza odii», rivolto «all'elevazione delle classi lavoratrici» e posto su un «terreno veramente umano e sociale», come avrebbe ricordato[6]. A Cremona, con le elezioni del 1909, ebbe il battesimo con la politica. La provincia di Cremona era allora un vero laboratorio politico; una fiorente stampa locale faceva da sfondo a battaglie avvincenti e cariche di significati ideologici, con gli esponenti dei vari partiti

---

[4] In proposito si veda R. FARINACCI, *Autobiografia*, in G. PARDINI, *Un giovane socialista. Autobiografia di Roberto Farinacci (1892-1914)*, «Nuova Storia Contemporanea», 6, 1999, pp. 125-136.

[5] Cfr. Archivio Centrale dello Stato [d'ora in poi ACS], Ministero dell'Interno [MI], Pubblica Sicurezza [PS], Fascicoli del personale, Versamento 1949, b. 309 bis, fasc. *Farinacci Michelangelo*.

[6] R. FARINACCI, *Autobiografia*, cit., p. 130.

che erano altresì figure di alto rilievo nazionale: su tutti il leader dei radicali, Ettore Sacchi, già ministro dei Lavori Pubblici e della Giustizia nei governi Giolitti e Sonnino; Leonida Bissolati, capo del socialismo riformista italiano (e tra l'altro cugino di Sacchi); Costantino Lazzari, uomo di spicco del Partito socialista; Guido Miglioli, giovane avvocato paladino del movimento contadino e del cattolicesimo politico attivo. In quell'anno si verificò l'incontro fatale con Bissolati, e Farinacci, già avvezzo e deciso a menare le mani qualora se ne fosse presentata la necessità o l'occasione, non tardò a mettersi in luce negli scontri con i governativi e i "clericali". Era un attivista, il giovane Roberto, nel senso più lato del termine, affascinato dall'azione più che dal sottile ragionamento, dalla passione più che dal calcolo, e così, già all'età di quindici anni, il «bacillo politico» gli aveva minato irreversibilmente «l'intero organismo»; la raggiunta tranquillità familiare gli consentì di dedicarsi infine a tempo pieno all'attività politica.

Nei primi anni del secolo il Partito socialista, già ben organizzato da Lazzari, aveva messo salde radici nel cremonese, soprattutto attraverso le leghe contadine[7]. Nel 1892 era stata fondata a Cremona la Federazione dei lavoratori della terra e l'anno successivo la Camera del Lavoro, che controllava una fiorente rete di organizzazioni dei lavoratori, di sindacati e di cooperative, e che giunse a contare 12.000 iscritti[8]. La politica gradualista delle organizzazioni economiche dei lavoratori, alternando scioperi e contrapposizioni frontali a dialogo e concessioni, aveva apportato percettibili vantaggi, in particolare ai contadini, e tale successo si ripercuoteva sulle organizzazioni politiche dei "partiti popolari". Erano anni significativi per il socialismo, quelli tra il 1910 e il 1914, visto che l'impresa di Libia prima, le elezioni politiche a suffragio universale del 1913 e lo scoppio del conflitto mondiale poi, avrebbero aperto fratture e contrasti che ne stravolsero l'assetto. Già dalle prime lotte tra capitale e lavoro, scoppiate nel cremonese verso la fine del '10 in merito alla proprietà e all'uso delle macchine trebbiatrici, Farinacci aveva mostrato di rifuggire dagli schemi della lotta di classe e, pur partecipando ai contrasti con quell'animo polemico e intransigente che ne avrebbe sempre caratterizzato l'azione, di privilegiare invece una politica gradualista, apportatrice di più concreti vantaggi per le condizioni dei lavoratori. Era la strada intrapresa, e tra l'altro con successo, dal

---

[7] G. Bozzetti, *La vita sociale, politica e culturale di Cremona dall'800 al '900*, in *Una città nella storia dell'Italia unita. Classe politica e ideologie in Cremona nel cinquantennio 1875-1925* (a cura di F. Invernici), Annali della Biblioteca Statale e Libreria civica di Cremona, 1986, p. 49 e sgg.

[8] Cfr. F. J. Demers, *Le origini del fascismo a Cremona*, Laterza, Roma-Bari, 1979, p. 34.

socialismo riformista cremonese, al cui fondo rimaneva ben salda l'idea-guida di un graduale progresso sociale di impronta positivista[9]. Farinacci rimase con convinzione nelle file social-riformiste anche dopo la frattura creatasi con il congresso di Reggio Emilia del 1912 e le sue polemiche contro i liberali e i clericali si affiancarono a quelle altrettanto violente contro i massimalisti. Prese pure a scrivere, con lo pseudonimo Bob, qualche articolo sul settimanale socialista cremonese «L'Eco del Popolo», che, dopo le prime incertezze, si era schierato a favore del riformismo bissolatiano. Fedeli all'impostazione riformista rimasero anche molti importanti esponenti locali, come il professore Alessandro Groppali (uomo di punta del Psi cremonese almeno dagli inizi del secolo)[10], il pastore metodista Paolo Pantaleo[11], l'avvocato Pietro Montanari e l'industriale Luigi Marenghi. Questo il ricordo di Farinacci di quel periodo di "gestazione":

> Nel 1912 incominciarono le mie prime amarezze politiche. Sentivo sì i concetti internazionalistici da un punto di vista umanitario e di elevazione ad un minimo denominatore comune delle classi lavoratrici; ma mi sentivo profondamente nazionalista quando la Patria era impegnata in una lotta o in un'impresa per aumentare la sua grandezza. Mussolini sull'«Avanti!» invece, fermo nei suoi concetti anti-militaristi e anti-nazionalisti, era contrario all'impresa [di Libia] e il suo grido "Via dall'Africa!" aveva portato ai dolorosi fatti di Ancona. Tra l'Inno dei lavoratori e la canzonetta in voga "Tripoli bel suol d'amore", quest'ultima mi riempiva l'anima di commozione. Nelle file socialiste si era nella maggioranza contrari all'impresa tripolina, però era tollerato chi la pensava diversamente. Io poi ero così giovane da non impressionare nessuno con le mie idee[12].

Ma proprio quell'importante avvenimento di politica coloniale contribuì ad accentuare le divisioni già presenti nel gruppo socialista cremonese: la corrente riformista, in particolare a Cremona, era una minoranza rispetto al socialismo massimalista, al radicalismo democratico e

---

[9] *Ibidem*, pp. 32-51, nonché V. DUCHI, *Socialisti e migliolini nel Cremonese fra ostilità e collaborazione (1918-1922)*, «Ricerche», 1, 1983, pp. 77-91 e A. ZANIBELLI, *Le Leghe bianche nel Cremonese: dal 1900 al Lodo Bianchi*, Cinque Lune, Roma, 1961.

[10] Groppali (Cremona, 1874), tra i più noti esperti di sociologia del diritto, era consigliere comunale di Cremona dal 1899; nel 1902 aveva ottenuto la cattedra di filosofia del diritto all'Università di Modena, ed era tra i maggiori esponenti della massoneria locale; ACS, Casellario politico centrale [CPC], b. 2539, fasc. *Groppali Alessandro*.

[11] Pantaleo (Venezia, 1869), era anche segretario della loggia massonica cremonese Quinto Curzio; a partire dall'immediato dopoguerra si occupò ininterrottamente del giornale di Farinacci, di cui sarebbe rimasto, sino al 1937 (allorquando venne licenziato con la motivazione dei raggiunti limiti di età), vicedirettore e il più importante scrittore; cfr. ACS, CPC, b. 3071, fasc. *Pantaleo Paolo*.

[12] R. FARINACCI, *Autobiografia*, cit., p. 131.

al movimento cattolico di Miglioli; essa poteva vantare qualche consenso nel mandamento (e collegio elettorale) di Pescarolo, dove erano nati alcuni circoli del Partito socialista riformista. Soprattutto mancava di attivisti svegli e decisi, per questo – come testimoniato da un antico collaboratore di Farinacci – «quel giovanotto assolutamente incolto ma intelligente; oratore sgrammaticato ma irruente; violento e furbo; ambiziosissimo, strafottente, provvisto di un grossolano senso della politica, faceva molto gioco ai riformisti. Gli diedero spago. Il giovane Farinacci di tanto in tanto usufruiva di un biglietto gratuito e correva a Roma, tra il sabato e il lunedì: andava da Leonida. Gli riuscì di conquistarlo. In seno al suo Partito cominciò insomma ad essere qualcuno»[13].

Le elezioni del 26 ottobre 1913 fecero da spartiacque tra le forze politiche cremonesi, in quanto nei 5 collegi elettorali uninominali della provincia la direzione locale del Partito socialista, ancora "neutrale" nei confronti dei riformisti, scelse di mantenere l'atteggiamento di apertura verso le forze democratiche e gli elementi "avanzati" della borghesia, nel solco di una tradizione elettorale che nel cremonese era in atto da almeno un decennio, e ciò a dispetto delle ferree indicazioni nazionali. Tale sorta di alleanza quella volta non resse la prova delle urne[14]; anzi, fece allontanare i liberali da democratici e radicali[15], e scavò una frattura insanabile nel socialismo cremonese. I risultati spinsero la direzione del Psi a intervenire sul caso locale, commissariando la federazione del partito e pilotando il congresso provinciale (marzo 1919)[16], così da sostituire il collaborazionista gruppo dirigente (Groppali, Pantaleo, Montanari, Marenghi e Aldo Filippini, giovane segretario della Camera del Lavoro) con un gruppo massimalista, più attento alla disciplina del Partito e alla linea intransigente che il socialismo doveva perseguire: Giuseppe Garibotti, Giuseppe Sasdelli, Attilio Boldori, Ernesto Caporali, furono gli uomini "nuovi" ai quali il Psi affidò nel cremonese l'obbiettivo di realizzare una politica rivoluzionaria[17]. La rottura col precedente gruppo, sul momento, non fu netta, tuttavia la distanza tra le due posizioni sarebbe vieppiù aumentata, spingendo Groppali, Pantaleo, Tullo Bellomi (futuro segretario particolare del ministro Bis-

[13] *Le confessioni di Farinacci*, I, «Corriere Lombardo», 31 dicembre 1946.

[14] Risultarono eletti Ettore Sacchi a Cremona, Francesco Pistoia a Casalmaggiore e Cesare Marazzi a Crema (entrambi liberali), il socialriformista Angelo Cabrini a Pescarolo e Miglioli a Soresina; «Interessi Cremonesi», 6 ottobre 1919.

[15] Cfr., in proposito, le polemiche tra l'Unione liberale e il Partito democratico nel giornale radicale cremonese «La Voce del Partito Democratico», 15, 18 e 21 ottobre 1913.

[16] Cfr. *Sulla situazione del partito nella provincia di Cremona*, «L'Eco del Popolo», 14 febbraio 1914.

[17] Cfr. *Sulla breccia* e *Il Congresso provinciale socialista condanna l'opera della Federazione e rimette il Partito sulla retta via*, «L'Eco del Popolo», 14 marzo 1914.

solati ed esponente di spicco della massoneria lombarda[18]), Farinacci (che non sembra fosse mai stato iscritto a qualche circolo ufficiale del Psi[19]) e compagni[20], a dare vita a gruppi socialisti autonomi[21], che si ponevano così a cavallo tra il Partito ufficiale e il Partito socialista riformista[22]. La completa rottura maturò sull'atteggiamento del Partito socialista verso la massoneria e sul ruolo del Psi nelle elezioni amministrative del giugno 1914. La prima questione riguardava da vicino la minoranza degli "autonomi", in quanto Groppali, Bellomi e Pantaleo erano tra i più importanti esponenti della "Quinto Curzio", locale loggia massonica di rito scozzese. Farinacci, sul finire del 1913, tra l'altro dietro i consigli dello stesso mentore Groppali, aveva dato vita a un circolo laico studentesco "Roberto Ardigò" a Cremona e, nello stesso periodo, aveva iniziato i suoi primi approcci con la massoneria. Aspetti, del resto, abbastanza collegati, visto che il circolo ateo "Ardigò" era nato come forma di aggregazione dei giovani socialisti-democratici in contrapposizione alle forti organizzazioni cattoliche giovanili e per combatterne frontalmente le «traduzioni politiche», con il feroce anticlericalismo e il richiamo allo spirito positivista radical-democratico-massonico, consolidato nei ceti "progressisti" della città[23]. Farinacci fece domanda il 4 luglio per entrare nella loggia cremonese, e la sua domanda venne accettata, potendo prestare giuramento il 9 dicembre 1915[24], dopo non pochi contrasti all'interno della "Quinto Curzio", che portarono anche a una piccola scissione[25]. La partecipazione alle elezioni amministrative, inoltre, rivelò che per la minoranza "transigente" non esistevano ulteriori margini di trattative per una operativa permanenza nel Partito[26]: infatti il segretario provinciale Sasdelli schierò senza alcun indugio il Partito sulla linea d'intransigenza: il Psi doveva andare da solo alle

---

[18] L'avvocato Bellomi (Ostiano, 1878) era considerato tra i migliori professionisti di Cremona; pur già simpatizzante del fascismo e amico devoto di Farinacci, si sarebbe iscritto al Pnf solo nel 1926, divenendo poi importante gerarca delle istituzioni locali.

[19] Nel momento maggiore dello scontro, i socialisti avrebbero negato l'appartenenza di Farinacci al Partito, mentre questi avrebbe sempre sostenuto di esserne uscito volontariamente nel 1914; *La tolla del signor Farinacci*, «L'Eco del Popolo», 1° giugno 1918.

[20] Cfr. C. BALDOLI, *L'ossimoro cremonese. Storia e memoria di una comunità tra Bissolati e Farinacci*, «Italia Contemporanea», 207, giugno 1997, pp. 285-316.

[21] F. J. DEMERS, *Le origini del fascismo a Cremona*, cit., p. 50.

[22] «L'Eco del Popolo», 19 dicembre 1914.

[23] *Per il circolo laico "Roberto Ardigò"*, «La Voce del Partito democratico», 14 gennaio e 25 marzo 1914.

[24] *I documenti dell'appartenenza alla Massoneria di Roberto Farinacci*, «La Voce Repubblicana», 18 settembre 1925.

[25] Per la vicenda cfr. *Le confessioni di Farinacci*, I, «Corriere Lombardo», 31 dicembre 1946.

[26] «L'Eco del Popolo», 25 aprile 1914.

elezioni, rompere la politica di alleanze popolari seguita in provincia dal 1904 (il famigerato connubio «preti e massoneria», del quale massimi esponenti erano stati proprio Groppali e Pantaleo da una parte e i radical-democratici Giacinto Cremonesi e Ettore Sacchi dall'altra[27]) e inaugurare una politica amministrativa consona alle idee rivoluzionarie di trasformazione integrale della società[28].

Sottratta loro qualsiasi capacità operativa nelle elezioni amministrative, i circoli socialisti autonomi presero la rivincita nella concomitante elezione suppletiva al collegio di Pescarolo, il 28 giugno 1914, col facile successo del socialriformista Alfredo Bertesi[29]. La competizione valse a Farinacci un ruolo sempre maggiore nel socialismo autonomo e mostrò a questo che era giocoforza necessaria una struttura organizzativa per competere con socialisti e "clericali". I quali ultimi, sebbene privi di un proprio partito, andavano organizzando il loro movimento di "cattolici d'azione", per dirla con De Gasperi, ed estendevano la presenza nei mandamenti del centro-nord (Soresina, Soncino e Crema), soprattutto grazie alla forza trascinante del giovane avvocato Miglioli e del suo periodico, «L'Azione», divenuto nel '14 addirittura quotidiano[30]. Miglioli, inoltre, estendeva la sua influenza tra i contadini, entrando in competizione con i socialisti, perché proponeva una riforma del loro *status*, una ricetta che mirava a trasformarli in piccoli proprietari, mentre i socialisti volevano far diventare i contadini veri e propri salariati, degli operai dell'agricoltura[31].

I risultati elettorali nel cremonese parlavano chiaro, visto che il Psi aveva conquistato il comune capoluogo e ottenuto la maggioranza in

---

[27] *Preti e Massoneria*, «L'Eco del Popolo», 21 marzo 1914.

[28] *Per l'intransigenza assoluta* e *L'Italia rivoluzionaria alla riscossa*, in «L'Eco del Popolo», 23 maggio e 14 giugno 1914, ma cfr. anche la relazione del prefetto al Ministero dell'Interno, Cremona 31 marzo e 8 luglio 1911, in ACS, MI, Amministrazione civile, Affari comunali e provinciali [Comuni], b. 960, fasc. *Cremona*.

[29] Bertesi ottenne un lusinghiero successo (e così i riformisti), con 5557 voti di preferenza, lasciando l'avvocato socialista Giuseppe Garibotti a 1271 preferenze e il moderato avvocato Giuseppe Cappi (futuro importante esponente del Partito popolare italiano nel cremonese e poi segretario nazionale della Democrazia cristiana nel 1949) a 4.232; «L'Eco del Popolo», 4 luglio 1914.

[30] A. FAPPANI, *Guido Miglioli e il movimento contadino*, Cinque Lune, Roma, 1978. Miglioli volle al quotidiano gli amici Giuseppe Speranzini (poi direttore) e Romano Cocchi (redattore capo), a Cremona in quegli anni.

[31] In effetti i socialisti, già a partire dal rinnovo dei patti colonici del 1908 e 1911 tenderanno a configurare quanto più possibile il contadino come un salariato del tutto svincolato alla terra; al contrario i cattolici respingevano l'allontanamento del contadino dalla terra e volevano questi sempre più radicato, organico, all'azienda agraria, attraverso il sistema della compartecipazione. Cfr. L. BRUTI LIBERATI, *Il movimento contadino socialista e cattolico nel cremonese alla vigilia della Prima guerra mondiale*, in *Camera del Lavoro e lotte nelle campagne cremonesi* (a cura di E. Ongaro), Franco Angeli, Milano, 1985, p. 83.

una dozzina di comuni[32]; anche nell'amministrazione provinciale, pur perdendo, i socialisti avevano ottenuto 11 consiglieri[33] (soltanto 5 i consiglieri di area demo-liberale, tra cui Sacchi, Cremonesi e Remo Lanfranchi, influente presidente della Camera di Commercio e Industria); mentre 24 erano clerico-moderati e 9 i cristiano-democratici di Miglioli[34].

Solo lo scoppio della guerra, nell'agosto del '14, consentì ai socialisti autonomi di tornare al centro dell'attenzione, in quanto essi si fecero aperti e rumorosi sostenitori dell'intervento dell'Italia a fianco delle potenze occidentali, e questo in contrapposizione a tutte le altre forze politiche della provincia. Soprattutto i due maggiori schieramenti, i socialisti e i cattolici, appoggiarono subito, e incondizionatamente, la posizione neutralista assunta dal governo italiano ed ebbero facile gioco nel propagandare la necessità di evitare la guerra; i socialisti, in particolare, mostrarono immediatamente non solo ostilità a una eventuale partecipazione italiana al conflitto, ma sostennero con virulenza che, nel caso di dichiarazione di guerra, essi avrebbero impresso una maggiore spinta alla politica insurrezional-rivoluzionaria: «L'Italia deve rimanere neutrale, altrimenti insurrezione! Se l'Italia dovesse intervenire, i socialisti devono insorgere con tutte le forze e con tutti i mezzi: diciamo con tutti i mezzi, nessuno eccettuato!»[35]. Il verbalismo rivoluzionario socialista, nel cremonese, non sembrò destinato a rimanere soltanto sulla carta, in considerazione anche di quanto successe nel capoluogo l'11 giugno 1914, quando i socialisti dispersero (e il clima era già assai surriscaldato in presenza degli scioperi della "settimana rossa"[36]) una manifestazione di un centinaio di nazionalisti (nella maggioranza studenti). La violenta reazione socialista impedì agli organiz-

---

[32] Il prefetto al Ministero dell'Interno, Cremona 16 luglio 1914, in ACS, MI, Comuni, fasc. *Cremona*, b. 960, *Echi delle elezioni amministrative*, «La Voce del Partito democratico», 26 giugno e «L'Eco del Popolo», 15 agosto 1914.

[33] Sconfitta riconosciuta pure dai socialisti, che ammisero la vittoria clerico-moderata: «l'alta provincia è in mano ai preti»; *ibidem*.

[34] I clerico-moderati espressero senza grosse divisioni il presidente della deputazione provinciale, nella persona dell'avvocato Alberto Barni; «La Provincia», 11 agosto 1914. I cristiano-democratici cremonesi giudicavano la lotta di classe necessaria e giusta, perché considerava un dovere della classe lavoratrice (e qui Miglioli, questo forse un suo limite, si riferiva quasi essenzialmente ai contadini) lottare, pur nell'ambito legale, per la conquista del potere e per l'egemonia politica. La classe lavoratrice poteva acquisire coscienza di sé stessa soltanto attraverso una forte e combattiva organizzazione economica e politica; A. FAPPANI, *Guido Miglioli e il movimento contadino*, cit., p. 160. In breve tempo, nel 1912, l'organizzazione cattolica dell'Ufficio del Lavoro della provincia di Cremona raggiunse 4.200 iscritti, poco meno della metà degli iscritti alla Camera del Lavoro, che nel 1913 ne contava 9.800.

[35] *No e no!*, *Neutralità assoluta* e *Contro la carneficina*, «L'Eco del Popolo», 12 settembre, 24 ottobre e 22 agosto 1914.

[36] «L'Eco del Popolo», 6 giugno 1914.

zatori di parlare e disperse i manifestanti, destando impressione e condanna in città[37]. Allo scoppio del conflitto i socialisti vollero mostrarsi decisi e dare un seguito alle loro parole, e l'8 e 9 agosto organizzarono imponenti manifestazioni pacifiste a Cremona e a Crema[38]. Altrettanto decisi i cattolici, che, con Miglioli, si dichiararono intransigenti pacifisti e fecero costantemente risuonare nelle vaste campagne della Padana le parole che la grande massa dei contadini voleva udire: «No guerra, ma terra!»[39]. I radicali, con l'ex ministro Sacchi, assunsero una posizione attendista e allineata alle scelte del governo, così come, in un primo momento, i liberali e il loro quotidiano «La Provincia».

L'interventismo a sfondo democratico dei socialisti riformisti («la guerra per la democrazia» di Bissolati) era il solo a riscuotere qualche consenso, e a esso si legarono anche altri sparuti gruppi interventisti locali, con Farinacci che prese a seguire con simpatia l'opera di Benito Mussolini, volta a far uscire dalla posizione di neutralismo assoluto il Psi. Il Comitato cremonese per l'intervento ruppe gli indugi e dette alle stampe un settimanale socialista autonomo (che ebbe l'appoggio del socialriformismo)[40], «La Squilla», pochi giorni dopo la comparsa del mussoliniano «Il Popolo d'Italia». A distanza di anni Farinacci ricordava ancora con precisione:

> Noi vedevamo in una guerra una grande rivoluzione che avrebbe capovolto le situazioni degli Stati e soprattutto dell'Italia. A Cremona conoscevamo il pensiero di Bissolati e pochi si resero con lui solidali. Ma anche Mussolini cominciò sull'«Avanti!» a rendersi fautore di una neutralità condizionata, sostenendo che non era possibile negare certi fattori della storia e irrigidirsi in atteggiamenti assurdi. In seno alla sezione socialista di Cremona avvennero i primi tafferugli, tra i pochi interventisti e la massa dei neutralisti che non aveva idee chiare e che si preoccupava soltanto di conservare la pancia per i fichi. [...] Eravamo poveri in canna e ci chiamavano "venduti". [...] Eravamo pochi in provincia, ma ci sentivamo dei leoni. Il 21 novembre 1914 d'accordo con un gruppo d'amici socialisti, repubblicani e democratici distaccatisi da Sacchi neutralista, fondavamo il giornale «La Squilla», settimanale socialista interventista. Di qui ha inizio la mia passione politica. Non sono più l'oscuro gregario, ma già mi si affidano responsabilità sia nella direzione del foglio settimanale sia nella mia provincia[41].

[37] Cfr. *L'Italia rivoluzionaria alla riscossa: il nazionalismo e la manifestazione di venerdì*, «L'Eco del Popolo», 14 giugno 1910.

[38] «La Provincia», 10 agosto 1914.

[39] Cfr. F. Leonori, *No guerra, ma terra! Guido Miglioli: una vita per i contadini*, CEI, Milano, 1969, p. 43 e sgg.

[40] *La «Squilla» organo del Collegio di Pescarolo*, «La Squilla», 16 dicembre 1914.

[41] R. Farinacci, *Autobiografia*, cit., p. 132. Il primo numero de «La Squilla» è datato 18 novembre 1914.

«La Squilla» era un giornale di vera e propria battaglia politica e di polemica, come ancora non se ne erano visti nella provincia, ma non superava le 300 copie di tiratura[42]. In un primo momento era gestito da una direzione allargata, nella quale il ruolo più importante era tenuto da Pantaleo, già corrispondente del quotidiano «Il Secolo» e redattore del settimanale socialista cremonese, oltre che uomo di fiducia di Bissolati. Accanto a lui agivano Pietro Montanari, Luigi Filippini, Plinio Zanelli e, soprattutto, Roberto Farinacci (il quale ebbe un ruolo crescente nella redazione del periodico tanto da diventarne direttore), nonché Groppali, *deus ex machina* delle iniziative interventiste[43]. Le prime posizioni espresse sul settimanale erano mutuate dal pensiero di Bissolati, ma con l'espulsione di Mussolini dal Psi, il foglio interventista iniziò a condividere molti aspetti del pensiero mussoliniano, soprattutto la condanna della posizione internazionalista del socialismo italiano[44]. Il settimanale doveva «rieducare il popolo, in città e soprattutto nelle campagne, alla coscienza di patria e contrastare quindi l'azione neutralista» dei cattolici e dei socialisti[45], e tale operazione appariva piuttosto improba, in considerazione della enorme diffusione che le idee socialiste e cristiano-democratiche andavano giorno dopo giorno incontrando con crescente successo nei centri e nelle campagne cremonesi. In effetti la composizione sociale della provincia non poteva che rivelarsi ostica a quella «missione educatrice» voluta dagli autonomi, perché nel ricco e prospero cremonese (3 circondari, 133 comuni, 360 mila abitanti) l'85% del territorio era adibito ad agricoltura intensiva (ottima la natura dei terreni, in gran parte irrigui, molto fertili)[46], e l'industria della vaccheria (pressoché ovunque prosperavano ricchi allevamenti di bestiame e aziende casearie) faceva da corona a un sistema produttivo moderno, efficiente (il metodo di coltivazione più redditizio era il medio affitto, sebbene non mancassero casi di grande affitto o di conduzione diretta)[47]. L'intelligente opera dei conduttori aveva consentito alla produzione agricola di raggiungere livelli estremamente elevati rispetto al resto del Paese, tanto che il valore medio per ettaro della produzione agraria lorda della provincia, nell'immediato anteguerra, era il

---

[42] *Dodici anni di vita giornalistica cremonese*, «Il Regime Fascista», 4 gennaio 1927.

[43] Cfr. F. J. DEMERS, *Le origini del fascismo a Cremona*, cit., pp. 80-82.

[44] *Crisi nel Partito socialista*, «La Squilla», 2 dicembre 1914.

[45] Cfr., in proposito, C. BALDOLI, *Bissolati immaginario. Le origini del fascismo cremonese. Dal socialismo riformista allo squadrismo*, Cremonabooks, Cremona, 2002, p. 19.

[46] *La struttura economica della provincia di Cremona*, «Cremona Nuova», 26 agosto 1924.

[47] Nel sistema di conduzione cremonese l'affittuario svolgeva in compartecipazione la coltivazione del granoturco e l'allevamento dei bachi da seta; CAMERA DI COMMERCIO DI CREMONA, *Sommario di statistiche storiche 1911-1915*, Cremona, 1915, p. 57.

secondo in Italia[48]. Oltre il 60% della popolazione attiva della provincia, alla vigilia della guerra, era dedita all'agricoltura[49]: 60 mila braccianti giornalieri (avventizi), 14 mila contadini obbligati e 12 mila conduttori (o fittavoli), mentre gli agricoltori che conducevano terreni propri superavano anch'essi le 12 mila unità[50]. In dettaglio, quindi, almeno il 41% della popolazione attiva apparteneva alla categoria dei braccianti (obbligati, avventizi, salariati)[51], mentre il 22% era costituito da operai delle industrie (erano censite 2.812 imprese industriali, con 56 mila lavoratori occupati nel settore, di cui 40 mila operai)[52]. Le forze padronali dai primi del secolo avevano ovviamente opposto le loro forti organizzazioni di classe alle numerose leghe e sindacati dei lavoratori, sì che un'inchiesta governativa aveva sottolineato che nel cremonese l'organizzazione era molto «fitta e nessuna delle classi agricole [era] disorganizzata»: nei primi anni del secolo, infatti, per fronteggiare il rinnovo dei patti colonici e la forte resistenza dei lavoratori, erano nate cinque associazioni dei proprietari e conduttori della terra (le cui potenzialità avrebbero potuto persino aumentare se vi avessero aderito anche i proprietari di terre non conduttori)[53], ma si era aggiunta loro anche l'attiva associazione di piccoli proprietari e fittavoli (presente soprattutto nel casalasco)[54], quel "ceto medio" agrario che tanta importanza avrebbe assunto negli anni avvenire. Tali associazioni dovevano

---

[48] Seconda soltanto alla provincia di Napoli (il cui prodotto agrario lordo aveva un valore di lire 1.278 nel 1914), Cremona (lire 787) distanziava nettamente le altre ricche province agricole della valle Padana, come Milano, Pavia e Mantova; cfr. G. ZATTINI, *La valutazione della produzione lorda dell'agricoltura italiana*, Roma, 1925, p. 13. Per la evoluzione capitalista dell'agricoltura cremonese, cfr. l'interessante studio di F. GUARNERI, *La questione agraria nel cremonese*, «Interessi Cremonesi», Cremona, 1915.

[49] *La struttura economica della provincia di Cremona*, «Cremona Nuova», 26 agosto 1924.

[50] ISTITUTO CENTRALE DI STATISTICA, *Censimento generale della popolazione del Regno d'Italia, 1921*, vol. XVIII, *Lombardia*, Roma, 1927, pp. 530-550.

[51] Si deve comunque tener presente che la classe contadina racchiudeva in sé una gerarchia di posizioni sociali diverse e che tendevano sia alla conservazione che al mutamento e alla competizione economica; i contadini furono sempre poco inclini a rinunciare spontaneamente ai complessi "dislivelli gerarchici" presenti fra loro e fra le varie categorie dei lavoratori dell'agricoltura; cfr. A. ZANIBELLI, *Miglioli-Grieco, dibattito sul contadino della Val Padana*, Cinque Lune, Roma, 1975, p. 10 e sgg. e L. PRETI, *Le lotte agrarie nella Val Padana*, Einaudi, Torino, 1955, pp. 33-37. Tali dati non si modificarono sostanzialmente fino agli anni Trenta; cfr. la relazione del Consiglio provinciale dell'Economia corporativa al prefetto, Cremona 21 gennaio 1930, in Archivio di Stato di Cremona [ASCR], archivio di Prefettura, gabinetto di Prefettura, 1922-1932 [AP], b. 91, f. 1.6.4.

[52] CAMERA DI COMMERCIO E INDUSTRIA DELLA PROVINCIA DI CREMONA, *Monografia statistico-economica della provincia di Cremona, 1914-1915*, Cremona, 1914, pp. 7-27.

[53] Le cinque organizzazioni padronali contavano 1.100 soci; ISTAT, *Le organizzazioni padronali. I. Le Agrarie,* Roma, 1912, pp. 49-51.

[54] Associazione che contava già 34 circoli federati e 2.280 soci; *ibidem*.

fronteggiare quattro Camere del Lavoro e una capillare rete di ben 75 leghe socialiste (che, prima del conflitto, organizzavano oltre 11 mila iscritti) e una trentina di sindacati e leghe cattoliche (i cui aderenti erano cresciuti sino a 18 mila)[55].

Non a caso Farinacci, spinto dalla lungimiranza di Groppali, si gettò nello studio dei problemi dell'agricoltura[56], mentre era divenuto corrispondente de «Il Popolo d'Italia»[57] e aveva fondato il locale Fascio interventista d'azione rivoluzionaria per contrastare il «deleterio connubio socialdemocristiano negatore della Patria»[58]. La propaganda non era semplice e le manifestazioni pro-intervento non riscuotevano, alla fine del 1914, i successi sperati, tanto che dopo i primi scontri, il 24 novembre, in seguito al comizio del repubblicano Ernesto Re, gli interventisti dovettero abbandonare la piazza, appannaggio della mobilitazione socialista e cattolica[59], e circoscrivere le loro manifestazioni in locali chiusi[60]. Solo dai primi del '15 la propaganda de «La Squilla» iniziò a dare frutto, e la condanna dell'immobilismo del Psi nel momento, permetteva a Farinacci di affermare che «il socialismo cremonese, sotto il verbalismo rivoluzionario, [era] in realtà in crisi di azione»[61].

Alla vigilia delle radiose giornate l'opinione pubblica cremonese, come quella del resto del Paese, era ancora contraria alla partecipazione al conflitto[62]: gli interventisti – secondo il comitato cremonese alme-

---

[55] Altrettanto consistenti erano le leghe cattoliche e indipendenti (ben 81), con 8.209 iscritti; MINISTERO DI AGRICOLTURA, INDUSTRIA E COMMERCIO, *Statistica delle organizzazioni di lavoratori al 1° gennaio 1913*, Roma, 1914, p. 121 e E. ZANONI, M. BARDELLI, G. CHIAPPANI, R. ANTONIAZZI, *Ottant'anni di lotte del movimento sindacale cremonese*, Camera del Lavoro, Cremona, 1974, p. 75.

[56] Farinacci, con ruolo marginale, partecipò anche alla redazione e alla diffusione di due periodici apparsi alla vigilia del conflitto: «La Battaglia socialista», socialriformista, di stretta osservanza bissolatiana e «Il Contadino», organo ufficiale della Federazione provinciale delle Leghe dei lavoratori della terra; cfr. «L'Azione», 6 giugno 1914.

[57] P. PANTALEO, *Il fascismo cremonese*, «Cremona Nuova», Cremona, 1931, p. 17. Che Farinacci godesse in quegli anni di credito e stima nella radical-democrazia è confermato anche dal leader dei democratici, G. CREMONESI, *Voci e moniti della vecchia Italia. Dalla democrazia di Ettore Sacchi alla signoria di Roberto Farinacci*, «Cremona Nuova», Cremona, 1946, p. 213.

[58] Il Fascio interventista venne ufficialmente costituito però solo nel marzo 1915; cfr. «Il Popolo d'Italia», 21 marzo 1915.

[59] Cfr. *Neutralità ad ogni costo: proletari in armi!* e *Contro la carneficina e per la riorganizzazione dell'Internazionale*, «L'Eco del Popolo», 8 agosto e 24 ottobre 1914.

[60] *"Sacro egoismo"*, «La Squilla», 30 dicembre 1914 e ACS, MI, PS, Primo conflitto mondiale 1914-1918, b. 2, fasc. *Cremona*.

[61] *Disgregamento di uomini e di cose* e *Retroscena*, «La Squilla», 13 marzo e 24 aprile 1915.

[62] Anche i socialisti riformisti si dotarono, nel maggio 1915, di un loro periodico, «Il Lavoro». Ad animarlo furono alcuni amici de «La Squilla» (Cremonesi e Marenghi) che dettero al loro settimanale una linea più moderata nella polemica antisocialista, più coe-

no 1.200 cittadini avevano dato l'adesione[63] – non erano più riusciti a riprendere visibilità; non solo, ma anche un convegno al teatro Eden venne interrotto da una manifestazione neutralista socialista e cristiano-democratica. Gli interventisti della «Squilla» lanciarono gravi accuse a Boldori e Sasdelli[64], sostenendo che essi avevano addirittura assoldato la teppa per provocare gli incidenti, nei quali si ebbero diversi feriti[65]. Ulteriori violenze neutraliste si verificarono pure nelle manifestazioni del 1° maggio e durante i comizi interventisti dei giorni successivi[66]. Persino il 14 maggio un corteo interventista venne disperso da una manifestazione socialista[67]; gli oratori impossibilitati a parlare, con scontri accesi tra le due parti[68]. «Se oggi siete contro di noi – scriveva profeticamente Farinacci – perché neutralisti per la pelle, domani sarete ancora contro di noi, quando per una riforma sociale le piazze d'Italia richiederanno altro sangue dai figli del popolo»[69].

Farinacci, le cui campagne di stampa suscitavano feroci polemiche (soprattutto nella denuncia del "connubio" che socialisti e cristiano-democratici andavano realizzando nei fatti[70]), si rivelò uno degli avversari più temibili, anche per la «sua vita intemerata», ben difficile da contrastare[71]. Gli avversari scorsero il pericolo e non mancarono di attaccare a loro volta con forza il «giornale della massoneria» nonché quel suo pericoloso redattore, che aveva «predicato bene per l'intervento», ma

---

rente all'ideologia interventista social-democratica. Il giornale valse a fare breccia in alcuni settori cremonesi, e certo servì ad accrescere il movimento interventista: un anno e mezzo dopo la sua nascita, «Il Lavoro», che non godeva – nonostante fosse espressione diretta del socialriformismo di Cremona – del medesimo appoggio di Bissolati per «La Squilla», si fuse col settimanale autonomo; *Perché vogliamo la guerra* e *Intorno ad un mancato accordo*, in «Il Lavoro», 10 e 12 maggio 1915. Più che di fusione, tuttavia, si sarebbe dovuto parlare di assorbimento, cfr. C. Baldoli, *Bissolati immaginario*, cit., pp. 26-27.

[63] «La Squilla», 3 aprile 1915.

[64] Cfr. «La Squilla», 17 aprile 1915.

[65] *Evviva la teppa*, «La Squilla», 15 maggio 1915.

[66] Violenti tafferugli si ebbero comunque tra socialisti e cristiano-democratici, non solo durante l'agitazione neutralista, ma anche in occasione delle manifestazioni del 1° maggio, soprattutto a Soresina; cfr. «La Provincia», 3 maggio 1915.

[67] Il Psi di Cremona e il movimento cattolico organizzato di Miglioli condussero una dura e lunga campagna a favore del neutralismo, senza lasciare niente di intentato, nella fosca previsione di giorni avvenire piuttosto difficili per le classi che avrebbero dovuto materialmente sostenere il conflitto. In previsione di ciò, scoppiata la guerra, il Psi impartì l'ordine tassativo ai comuni socialisti di «non badare a spese, infischiandosene dei vari bilanci, nell'assistenza popolare e nelle opere sociali». *Oggi e sempre abbasso la guerra!*, «L'Eco del Popolo», 22 maggio 1915.

[68] *Abbasso chi vuol condurre l'Italia al macello!*, «L'Eco del Popolo», 15 maggio 1915 e «La Provincia», 15 maggio 1915.

[69] Farinacci, *Boicottatelo!*, «La Squilla», 22 maggio 1915.

[70] Cfr. *La fama del socialismo cremonese al di là delle acque* e *Il pronto soccorso dell'"Azione"*, nonché *Ai preti rossi e neri*, «La Squilla», 12 agosto e 11 settembre 1915.

[71] P. Pantaleo, *Fascismo cremonese*, cit., p. 21.

che poi era rimasto a casa, non arruolandosi[72]. Le accuse avversarie sembravano cogliere nel segno e infastidire Farinacci, il quale, in realtà, aveva cercato sin dall'inizio di arruolarsi, ma ne venne impedito dal decreto ministeriale che vietava agli impiegati dello Stato (in quanto già in congedo illimitato) il volontario arruolamento: in effetti questa sua debole difesa lo lasciava in una scomoda posizione, tanto che era costretto a tornare sull'argomento e, incalzato, a difendersi[73]. Soltanto il 22 novembre 1915 venne chiamato alle armi e inviato, per disposizione ministeriale come tutti i telegrafisti, al 3° Reggimento Genio Telegrafisti a Firenze, dove giunse l'11 dicembre[74]. Dopo l'addestramento, il reparto fu trasferito in zona di operazioni al Passo Rolle sulle Dolomiti, il 26 aprile 1916. In zona di guerra Farinacci ottenne la promozione a caporale e per quattro mesi rimase in prima linea con la 20ª Compagnia bersaglieri, sulla Cima Bocche e sul Col Bricon. Prese parte a operazioni militari e ottenne poi una croce al merito di guerra. Le ferrovie, non potendo rischiare problemi alle linee, richiamarono l'anno successivo i dipendenti, sì che anche Farinacci lasciò il reparto e tornò al lavoro a Cremona, in attesa di congedo, il 29 marzo 1917[75]. Ma le voci sul suo presunto imboscamento circolarono a lungo, tanto che – a dispetto del processo e di un successivo "lodo" – Farinacci non se ne sarebbe mai liberato del tutto[76].

---

[72] Le prime polemiche contro Farinacci presero corpo nell'estate del '15, cfr. «L'Eco del Popolo», 13 settembre 1915.

[73] Cfr. *Soddisfazioni*, «La Squilla», 16 ottobre 1915 e R. FARINACCI, *Ai signori dell'Eco*, «La Squilla», 20 novembre 1915.

[74] Cfr. il foglio matricolare di Farinacci, in ACS, Segreteria particolare del duce, Carteggio riservato [SPD, C/R], b. 43, fasc. *Farinacci*.

[75] I socialisti ripresero ad attaccare Farinacci su questa questione, non appena questi ritornò a Cremona, dandogli «dell'imboscato nel genio telegrafisti» e di essere tornato a casa non appena possibile per continuare a fare «il questurino» come il padre. Cfr. «L'Eco del Popolo», 7 luglio 1917. Farinacci querelò allora il giornale socialista per diffamazione e, nel processo tenutosi alla fine del '17, ebbe completa ragione degli avversari (il gerente del periodico venne condannato a 10 mesi di reclusione e a 835 lire di multa). Molti dei testi chiamati a deporre sottolinearono che al fronte Farinacci aveva sempre mostrato «grande coraggio e sprezzo del pericolo» e che si era offerto spontaneamente più volte per operazioni; cfr. «La Provincia» e «L'Azione», 28 novembre 1917.

[76] Alcuni avversari sostennero inoltre che Farinacci avrebbe chiesto alla massoneria di evitare la «partenza per il fronte insieme al suo reparto (genio telegrafisti) mobilitato, raccomandandosi per lettera al comm. Ettore Ferrari, dirigente la massoneria di Palazzo Giustiniani (cui egli apparteneva). Da qui la sua espulsione dalla loggia Quinto Curzio e la sua successiva richiesta, poi accolta, di entrare nella massoneria di Piazza del Gesù». Questa testimonianza era di Domenico Di Francia, un funzionario parlamentare massone, secondo il quale la notizia «era di dominio pubblico in tutto l'ambiente massonico». Ma tali rivelazioni risultano piuttosto interessate, in quanto successive alla disputa antimassonica che si ebbe nel Partito nazionale fascista nella seconda metà del 1925 e che videro Farinacci in disputa con Di Francia, e inoltre non appaiono neppure particolarmente precise – pur essendo Di Francia ben addentro alle vicende massoniche del perio-

Nel cremonese operavano 17 circoli socialisti autonomi e al momento della costituzione della federazione autonoma (18 giugno 1916), nonostante il raggiungimento di una unità operativa coi riformisti di Bissolati, le adesioni mostrarono che il gruppo era minoritario nella scena politica e la rottura con i «rivoluzionari socialisti» definitiva[77]. L'«Avanti!» criticò duramente la fusione tra autonomi e riformisti, ma gli scrittori de «La Squilla» (la nota redazionale non celava la sintassi farinacciana) davano addosso con virulenza ai «rinnegati traditori della Patria», «ai tedeschi d'Italia, non meno pericolosi di quelli di fronte», perché con la loro «opera delittuosa con il loro comportamento settario, antinazionale, avevano ridotto il partito a una bottega» e giustificato l'insorgenza autonoma[78]. Pur cercando di non uscire da una certa confusione ideologica di fondo, per potersi muovere più spregiudicatamente, gli autonomi (anche con l'ausilio di una Lega patriottica, fondata nel maggio 1916) iniziarono fattivamente la loro opera di nazionalizzazione delle masse lavoratrici (il primato della nazione sulla classe)[79], e Farinacci, ripreso contatto con la realtà cremonese, il 28 aprile 1917, costituì la Federazione tra lavoratori e contadini[80]. La prova del fuoco per le organizzazioni autonome giunse alla fine di maggio, allorquando la federazione agricola approvò una nuova convenzione colo-

do –, in quanto si afferma altresì che Farinacci avrebbe chiesto e ottenuto di entrare in una loggia di piazza del Gesù dopo le elezioni del maggio 1921 (onde ottenere appoggi per la convalida della sua elezione a deputato in quanto ancora in età ineleggibile), mentre in realtà a quella data Farinacci faceva già parte di quella loggia. Il memoriale di Di Francia, del 1928, in ACS, MI, PS, Polizia politica fascicoli personali [PPFP], b. 435, fasc. *Di Francia Domenico*.

[77] *Congresso provinciale dei Socialisti Autonomi*, «La Squilla», 24 giugno 1916. Qualche giorno prima della fusione, il congresso provinciale dei socialisti autonomi aveva altresì deliberato l'adesione al Movimento nazionale socialista, a metà settembre fondato a Milano («La Squilla», 28 ottobre 1916). Per le divisioni interne anche fra autonomi e riformisti, cfr. *Chi si contenta gode*, «L'Eco del Popolo», 8 luglio 1916.

[78] *L'opera delittuosa dei rinnegati traditori della Patria* e *I nostri amici "al fronte"*, «La Squilla», 30 settembre e 24 giugno 1916.

[79] «La nazione e il proletariato, la nazione e la classe non sono termini che a vicenda si escludano e, cioè, che il proletariato, la classe dei lavoratori sia qualcosa di per sé stante, indipendente affatto dalla collettività a cui appartiene, dalle sue vicende storiche, dalle sue condizioni economiche, politiche e spirituali. [...] Disinteressarvi delle sorti della patria significherebbe, o lavoratori, cooperare alla vostra schiavitù, al tramonto di ogni speranza per l'avvenire»; *Guai ai vinti!*, «La Squilla», 29 dicembre 1917.

[80] Il momento non era casuale, perché erano in corso le trattative per il rinnovo dei patti colonici e di fatto la costituzione di una nuova organizzazione economica di massa (che si contrapponeva duramente a quella socialista e a quella cristiano-democratica) pareva porre un argine allo slittamento verso sinistra della situazione locale (anche il quotidiano «La Provincia», ceduto di proprietà, era passato dalle posizioni liberali a quelle più progressiste dei radical-democratici, anche grazie alla direzione di Claudio Miotti, già redattore del «Lavoro» di Genova»; cfr. «L'Eco del Popolo», 31 marzo 1917 e «L'Azione», 31 ottobre 1917.

nica con la Camera del Lavoro. Quest'ultima aveva cercato, magari facendo anche concessioni a proprietari e conduttori di fondi, di tagliare fuori la federazione autonoma dalle trattative, tanto che sottoscrisse un patto che non conteneva alcuni dei più importanti vantaggi chiesti dagli autonomi (l'aumento delle paghe del 30% invece che del 40%) o ottenuti dai cattolici nell'alto cremonese (aumenti salariali anche del 60%)[81]. Le leghe autonome non sottoscrissero la nuova convenzione, si riservarono libertà d'azione e intensificarono la propaganda per la revisione. A occuparsi di questa esiziale questione che coinvolgeva direttamente le masse contadine, fu proprio Farinacci, il quale prese a correre in lungo e in largo nelle campagne per convincere i contadini a rivedere la convenzione colonica[82]. Lo scontro tra Farinacci e i dirigenti camerali si fece molto duro, tanto che per questi «il figlio del poliziotto» doveva essere considerato il nemico più pericoloso[83]. I settimanali delle due parti si lanciarono in campagne polemiche, tuttavia l'importante vertenza ebbe un epilogo a vantaggio della federazione autonoma, sì che il patto colonico da questa elaborato venne approvato a novembre[84], e il successo politico di Farinacci (poi amplificato dal citato successo giudiziario) non poté essere sfruttato in pieno a causa della rotta di Caporetto.

Nel "fronte interno" i socialisti autonomi perdevano terreno sia nei confronti dei socialisti ufficiali (il Psi cremonese aveva confermato unanimemente la linea intransigente in due congressi provinciali nel '17 e la Camera del Lavoro, sotto controllo del Partito, riorganizzato le 56 leghe che la costituivano)[85], sia del movimento cristiano democratico, che aveva addirittura sfondato nei mandamenti di Casalbuttano e Pescarolo, suscitando così allarmi nel campo avversario[86]. Per questo Groppali e Farinacci decisero di dare maggiore sostanza al loro nuovo soggetto politico[87], e crearono l'Unione socialista cremonese (aderente all'Unione

---

[81] Cfr. *La convenzione per il Patto colonico*, «La Squilla», 9 giugno 1917.

[82] *Il grande convegno dei contadini di Robecco d'Oglio*, «La Squilla», 1 settembre 1917.

[83] *Farinata!* e *Al figlio del poliziotto e soci*, in «L'Eco del Popolo», 7 e 14 luglio 1917.

[84] Cfr. *La nuova Convenzione Colonica: la nostra vittoria*, «La Squilla», 10 novembre 1917.

[85] Cfr. «L'Eco del Popolo», 17 febbraio e 22 settembre 1917. Al congresso camerale del marzo 1918, la Camera del lavoro di Cremona inquadrava 56 leghe per 4.107 iscritti e 16 cooperative per 1.824 soci; «L'Eco del Popolo», 9 marzo 1918.

[86] L'avanzata dei «clericali» nei due mandamenti dove aveva le radici più forti la federazione autonoma continuò negli anni successivi, tanto che molti attivisti riformisti davano per perduto, nella metà del '19, il collegio; cfr. «La Squilla», 24 giugno 1919.

[87] Farinacci venne appositamente delegato dalla commissione provinciale dei circoli socialisti autonomi per gettare le basi, alla fine di novembre 1917, del nuovo soggetto politico, operazione che venne condotta in porto nel giro di pochi giorni: Groppali e Farinacci facevano parte della commissione esecutiva dell'Unione socialista; «La Squilla», 24 novembre e 1° dicembre 1917. I socialisti ufficiali continuarono a denigrare, polemicamente, le operazioni che si susseguivano nel campo dissidente, ma spesso la loro critica si rivelava fine a sé stessa; cfr. i primi commenti, *Dal farinaccio al socialista nazionale*, «L'Eco del Popolo», 8 dicembre 1917.

socialista nazionale[88]), che ai primi del '18 sarebbe poi confluita nell'Usi[89]; nonché incentivarono la propaganda della resistenza nazionale per rivendicare a loro il monopolio del patriottismo nazionale. L'operazione ebbe qualche successo tra le classi borghesi cittadine, tanto che proprio da quei ceti Farinacci ebbe una prima manifestazione di solidarietà, umana e politica, allorquando, denunciato da Miglioli nel febbraio 1918 per istigazione a delinquere e violenze[90], la Lega patriottica provvide alla raccolta di fondi per le spese processuali. Anche quel processo si concluse con un trionfo di Farinacci, che dell'aula fece tribuna per scagliarsi «contro i nemici della patria e coloro che ostacolavano dall'interno lo sforzo del paese in armi»[91], e lo convinse a spingere ancora oltre la propaganda anticlericale, fondando, alla fine del 1918, l'associazione giovanile "Giordano Bruno", per «emancipare la coscienza dei giovani da ogni fanatismo religioso e per combattere tutti coloro che della religione ne fanno un'arma politica»[92].

Per organizzare il consenso su temi pratici, che stavano a cuore ai ceti lavoratori, Farinacci sostenne poi la tesi della compartecipazione dei contadini agli utili dell'azienda: i grandi redditi ottenuti dai conduttori lo permettevano, e quindi quella riforma avrebbe avviato la trasformazione dell'azienda agricola in una vera e propria cooperativa[93]; così nelle trattative per il rinnovo dei patti colonici Farinacci cercò in tutte le maniere di inserire la sua organizzazione e la sua idea della

---

[88] Cfr. «La Provincia», 27 novembre 1917.

[89] «La Squilla», 19 gennaio 1918.

[90] All'augurio che il trattamento ricevuto da Miglioli nella capitale (al caffè Aragno il deputato di Soresina, riconosciuto, era stato insultato e preso a sputi dai presenti perché ritenuto disfattista) gli fosse riservato anche a Cremona, Farinacci fece seguire i fatti, e in occasione di una riunione del consiglio provinciale, il 27 dicembre 1917, lui e un gruppo di compagni interruppero la seduta con insulti e minacce contro l'onorevole cristiano democratico. Per tutti questi fatti, a mo' di riassunto, si veda il resoconto del processo, «La Squilla», 1° giugno 1918. Il processo, che destò largo interesse nell'opinione pubblica non soltanto cremonese, si risolse in una completa vittoria per Farinacci: già assolti gli "aggressori romani", anche il tribunale di Cremona risentì del clima ostile che circondava il coraggioso deputato cattolico e alle arringhe del difensore Groppali si associò lo stesso Pubblico Ministero, che si lasciò andare ad una lunga requisitoria contro l'opera antibellica svolta da Miglioli, ritirò l'accusa e propose l'assoluzione per inesistenza di reato. Cfr. *Il processo inscenato dal turpe disfattista* e *Dopo il processo Miglioli*, «La Squilla», 1° e 8 giugno 1918.

[91] *La grande dimostrazione di domenica. Il Vescovo e Miglioli fischiati e oltraggiati*, «La Squilla», 29 giugno 1918.

[92] «La Squilla», 14 dicembre 1918.

[93] La federazione autonoma, composta da 20 leghe di campagna e 7 di città, vedeva comunque sottrarsi un buon numero di soci dalla propaganda socialista, tesa a rivendicare consistenti aumenti salariali (ma si rivolgeva in questo particolarmente ai braccianti) e, per l'avvenire, la terra ai contadini; *Il congresso della federazione autonoma*, «La Squilla», 6 aprile 1918.

compartecipazione[94], ma nel feroce scontro sindacale in atto la federazione autonoma (che pure spezzava il monopolio sindacale rosso e bianco) venne sconfitta[95].

Nel mezzo di questa battaglia sindacale, giunse infine la vittoria delle armi italiane e la ventata patriottica suscitata nella popolazione venne facilmente veicolata da Farinacci, che non mancò di ammonire sul contegno di quanti «avevano sabotato la guerra e che avrebbero voluto sabotare la pace» (stigmatizzando pure i comportamenti delle amministrazioni comunali socialiste), perché «l'oblio, in questi momenti, oltre ad essere una colpa, ci potrebbe preparare altri dolori»[96]. E il monito non veniva a caso, avendo «L'Eco del Popolo» ricordato che la mèta era la rivoluzione socialista e che da quel momento «sarebbe «cominciata un'epoca nuova»[97]. Il socialismo cremonese si allineò in maniera ferrea ai dettati del Congresso nazionale di Roma del settembre 1918 che «battevano la strada di un mitico massimalismo rivoluzionario»[98]. La battaglia campale per la rivoluzione socialista, insomma, era portata avanti con convinzione dal Psi cremonese, che – considerato raggiunto il programma minimo – riteneva altresì alcune rivendicazioni contingenti (amnistia e smobilitazione, libertà e pace, scrutinio di lista proporzionale) solo un punto di partenza per venturi profondi rivolgimenti politici, sociali ed economici, sostenendo che era giunto il momento di «alzare la voce» e, se non fosse stato sufficiente, di usare anche la forza[99]. Pure il mondo cattolico cremonese era entrato in fermento, allorquando Miglioli aveva deciso di aderire al nuovo partito di ispirazione cristiana, fondato da don Sturzo nel gennaio 1919, e di portare così nel Partito popolare italiano una dote enorme di militanti e di consensi e un apparato politico e sindacale assai efficiente[100].

La gestione della pace, il sogno di come realizzare una società italiana democratica, più libera e più giusta, divise il fronte degli ex inter-

---

[94] *Per i contadini* e *Per la nuova Convenzione colonica*, «La Squilla», 29 giugno e 12 ottobre 1918.

[95] *La compartecipazione è una trappola padronale* e *Il Congresso dei lavoratori aderenti alla Federazione autonoma*, «L'Eco del Popolo», 1° giugno e 8 novembre 1918 e «La Squilla», 28 dicembre 1918.

[96] *Non dimentichiamo* e *Cremona e la vittoria*, in «La Squilla», 6 novembre 1918.

[97] Cfr. «L'Eco del Popolo», 9 novembre 1918.

[98] R. Vivarelli, *Storia delle origini del fascismo. L'Italia dalla grande guerra alla marcia su Roma*, I, il Mulino, Bologna, 1991, p. 124.

[99] *All'opera!*, *Precisiamo* e *Battaglia campale*, «L'Eco del Popolo», 15 marzo e 15 febbraio 1919.

[100] *Per la costituzione del Partito Popolare Italiano*, «L'Azione», 25 gennaio 1919. All'appello di Sturzo in provincia di Cremona aderì gran parte del vecchio ceto politico clerico-moderato; si costituirono 20 sezioni del Ppi e le leghe e i sindacati bianchi dettero vita a una forte Unione provinciale del lavoro; «L'Azione», 1° febbraio e 16 agosto 1919.

ventisti e la stessa Lega patriottica si rivelò un soggetto politico poco coeso e inutile alla bisogna: in un'assemblea emersero subito fratture fra le diverse componenti, tali da lasciar dubitare della sua tenuta[101], e anche nell'Usi cremonese lo strappo di Bissolati col discorso alla Scala di Milano creò qualche incertezza[102]. Farinacci e gli altri si schierarono con Bissolati, non solo per riconoscenza[103] e «per il trionfo della giustizia e della democrazia», ma il contrasto nei confronti di Mussolini non venne digerito facilmente, iniziando anzi Farinacci a valutare le tesi dell'amico, piuttosto che seguire acriticamente l'anziano e stimato Bissolati[104]. Proprio Mussolini, sul finire degli anni Trenta, avrebbe riconosciuto il ruolo e la lungimiranza dell'amico cremonese, in tale delicata situazione: «Farinacci fu il primo a parlarmi dell'urgenza di non dissolvere il movimento ideale alla cui nascita avevano dato luogo gli interventisti. Fu, il suo, un discorso preciso, conseguente, non violento, ma rivoluzionario in senso socialista»[105]. In quella prospettiva neanche l'Usi pareva adeguata alla necessità d'azione che Farinacci riteneva prioritaria nel «gestire la pace»[106]: per «affrontare il socialismo dei socialisti ufficiali» occorreva qualcosa di più e di diverso, rispetto a quanto offriva il panorama politico. Per questo non esitò, quando Mussolini chiamò a raccolta, il 23 marzo 1919 a Milano, coloro che avessero voluto dare vita a una nuova forza antibolscevica e prese parte alla fondazione dei Fasci italiani di combattimento.

Farinacci era noto al grande pubblico perché era divenuto, con indubbio coraggio fisico, un punto di riferimento per chi, senza distinzione di mezzi, avrebbe voluto opporsi all'avanzata socialista e popolare. Girava molto spesso armato di una piccola pistola, legata a una gamba; mostrava sempre un contegno sfrontato, con la mente rivolta verso l'alto, in atteggiamento quasi di sfida, convinto che all'azione bisognasse opporre l'azione, perché ormai «le parole non avevano più alcun significato, né alcun potere persuasivo»[107]. Nei paesi della provincia, quasi da solo, interveniva nei comizi e suscitava contraddittori accesi: desta-

---

[101] *L'Assemblea della Lega patriottica*, «La Squilla», 18 e 25 gennaio 1919.

[102] Cfr. C. Baldoli, *Bissolati immaginario*, cit., pp. 58-62.

[103] R. A. Rozzi, *I cremonesi e Farinacci*, Annali della Biblioteca Statale di Cremona, Cremona, 1991, p. 20.

[104] *Dopo il discorso di Milano: con Bissolati per la pace democratica*, «La Squilla», 18 gennaio 1919; inoltre R. Farinacci, *Da Vittorio Veneto a piazza San Sepolcro*, Mondadori, Milano, 1933, pp. 46-49.

[105] Y. De Begnac, *Taccuini mussoliniani* (a cura di F. Perfetti), il Mulino, Bologna, 1990, p. 43.

[106] Preferì persino non entrare nella commissione provinciale dell'Unione cremonese nel marzo 1919; «La Squilla», 15 marzo 1919.

[107] P. Pantaleo, *Storia del fascismo cremonese*, cit., p. 34.

rono scalpore, per il modo con cui si risolsero, i comizi a Scandolara Ripa d'Oglio, nel marzo '19 e a Grontardo[108], dove i socialisti impedirono il contraddittorio a Farinacci e mostrarono apertamente il volto rivoluzionario: le squadre di "ciclisti rossi" provenienti dal capoluogo non esitarono a ricorrere alle minacce e allo scontro fisico. Sasdelli sostenne che Farinacci e Groppali non avrebbero mai più dovuto girare per i paesi a svolgere la loro propaganda e che i socialisti lo avrebbero impedito con la forza. La manifestazione, degenerata e sciolta dalla pubblica sicurezza, mostrò così sia la vasta capacità di mobilitazione dei socialisti, la possibilità eversiva-rivoluzionaria di questi ultimi, sia l'intenzione che nel fronte degli ex interventisti alcuni non erano «disposti a lasciarsi intimidire, e alla violenza, [avrebbero] risposto con la violenza»[109]. Episodi simili, del resto, si verificavano ripetutamente dai primi del '19 in molti altri paesi[110], e le squadre dei ciclisti rossi rendevano impossibile la propaganda degli avversari. «L'Eco del Popolo», nel sostenere la rivoluzione bolscevica, minacciava aggressivamente la «resa dei conti» ai socialisti dissidenti, ché non avevano diritto «di invocare il rispetto, la tolleranza, la libertà», e annunciava «morte a Farinacci»[111]. Furono momenti difficili per Farinacci, contro cui popolari e socialisti rivolsero durissimi attacchi per metterne in luce manchevolezze nella vita professionale[112], ma ne venne a capo ribattendo colpo su colpo; Demers ha ben tratteggiato il *modus operandi* di Farinacci:

> Aggrediva la figura morale, pubblica e privata, dell'avversario e contemporaneamente metteva in forte risalto la propria indiscutibile superiorità morale.

---

[108] *Un comizio a Scandolara Ripa d'Oglio. Speranzini fischiato e insultato*, «La Squilla», 15 marzo 1919.

[109] *Un movimentato comizio a Grontardo*, «La Squilla», 22 marzo 1919.

[110] Cfr. «La Squilla», 4 aprile 1919.

[111] *Liste di proscrizione*, ... *Agire*... e *La resa dei conti si inizia,* «L'Eco del Popolo», 15, 22 marzo e 26 luglio 1919.

[112] I periodici socialisti e popolari sostennero che Farinacci aveva compiuto delle irregolarità amministrative nella sua attività di ferroviere e che sarebbe stata in corso una profonda inchiesta. Farinacci querelò «L'Azione» e nel febbraio del '19 la Procura del Re, dopo una lunga inchiesta e dopo aver sentito ben 30 testimoni, deliberò di non poter procedere contro Farinacci perché i fatti addebitatigli dai due giornali non sussistevano. Gli accusatori vennero così rinviati a giudizio per diffamazione («L'Eco del Popolo», 11 gennaio, «L'Azione», 16 gennaio e «La Provincia», 19 gennaio 1919). Si trattò di un processo lungo e difficile questa volta, nel quale Farinacci ebbe alcune difficoltà (il difensore Cremonesi non riuscì a far dissipare tutti i dubbi sulla vicenda, anzi avrebbe poi ricordato che «il processo si concluse con la sconfitta morale [di Farinacci], perché la prova fu in parte raggiunta»; G. Cremonesi, *Voci e moniti della vecchia Italia*, cit., p. 213), ma che si risolse favorevolmente nel maggio, con la condanna del gerente responsabile de «L'Azione» a una multa e a dieci mesi di reclusione (*Il giornale della banda migliolina condannato per diffamazione* e *Dopo la condanna dell'Azione di Miglioli* «La Squilla», 7 e 14 giugno 1919).

Poneva ogni problema cittadino in un contesto di doppiezze e imbrogli, e contemporaneamente proclamava di pensare solo al bene comune e agli interessi nazionali. Ricercava e difendeva un interesse privato dopo l'altro, anche se contrari all'interesse comune, e tuttavia affermava di rappresentare non una classe o un gruppo, ma la coscienza civica stessa; arrogava al proprio gruppo ogni sincero patriottismo e stigmatizzava qualsiasi incertezza sulla guerra o sul suo inizio come disfattismo e tradimento; infine trattava ogni opposizione come un intollerabile affronto personale: con questa tattica egli aggravò le divisioni e le animosità personali a Cremona proprio nel momento in cui era ormai in grado di trarne vantaggio[113].

Nei fatti la proposta politica dell'Usi cremonese sembrava cedere terreno alla concorrenza socialista e popolare; nessun cambiamento percettibile portò la costituzione, nell'aprile, di un Fascio popolare antibolscevico[114], e alcuni cittadini "d'ordine" evidenziarono la paura per il vuoto politico e di rappresentanza: dove erano finiti i radicali, e dove i democratici, i riformisti? *Quid agendum*, insomma, di fronte all'inarrestabile atteggiamento rivoluzionario socialista[115]? Farinacci rispose a suo modo: «Visto che nei paesi si assiste ad organizzate sopraffazioni incivili contro di noi, attentati alla libertà di parola e di opinione, occorre una squadra di elementi combattivi, disposta a contrapporre violenza a violenza quando si vuole coartare la libertà»[116]:

> Quello che [i socialisti] fanno qui si ripete da per tutto. È un attentato dei più odiosi alla libertà di parola e di discussione, [è] un piccolo anticipo del regime... liberale che il leninismo trionfante regalerebbe ai cittadini. Peraltro questi metodi riescono solo perché non incontrano alcuna resistenza e perché la maggior parte del pubblico lascia fare e tollera senza reagire convenientemente. Ma la misura ora è al colmo. [...] Quando la violenza si usa per far trionfare un diritto elementare ed incoercibile come è quello della libertà di parola, non è più violenza ma legittima, sacrosanta difesa. È la libertà quindi che ora urge.

Il comportamento socialista nella realtà locale mostrava un grado eversivo elevato e diffuso[117]. Farinacci, sebbene sprezzante pubblicamente degli avversari («a Cremona il bolscevismo è una commedia: 3 o 4 lo dirigono, 50 o 60 lo eseguono e lo fanno eseguire; per una dittatura c'è anche troppo»)[118], in realtà sapeva che la sproporzione di forze era

---

[113] F. J. Demers, *Le origini del fascismo a Cremona*, cit., p. 131.
[114] Cfr. «La Squilla», 3 maggio 1919.
[115] *La democrazia cremonese*, «La Squilla», 26 aprile 1919.
[116] *Necessita una lezione*, «La Squilla», 7 giugno 1919.
[117] Cfr. Acs, Mi, ps, 1920, b. 87, fasc. *Movimento sovversivo – Cremona* e *I nostri processi*, «L'Eco del Popolo», 6 ottobre 1920.
[118] *Il bolscevismo a Cremona*, «La Squilla», 3 maggio 1919.

evidente: oltre 15.000 lavoratori furono concentrati dal Psi per la festa del 1° maggio a Cremona, tutti gli oratori sostennero che la vittoria era vicina e la rivoluzione socialista, già in atto, presto sarebbe divenuta fatto compiuto[119]. Qualche giorno dopo, per il primo congresso della Camera del Lavoro nel dopoguerra, ben 186 leghe (di fronte alla ventina della federazione autonoma) presero parte alla riunione per tracciare le linee dell'offensiva sindacale dei lavoratori[120]. I pochi comizi che il Fascio antibolscevico organizzava venivano dispersi dalle contromanifestazioni socialiste: Farinacci, più volte, impedito a parlare e la polizia spesso a sedare tumulti e scontri (gravi quelli del 6 giugno 1919)[121]. La sicurezza del movimento socialista, guidato da leader appassionati e capaci, era altresì amplificata da una forza reale, di numeri e di consensi, che garantiva disciplina e successo alle manifestazioni rivoluzionarie, non ultime quelle per lo sciopero generale e per il "caro-viveri", in giugno e luglio[122].

Nella ormai forzata scelta tra socialriformismo democratico e qualcos'altro, tra Bissolati e Mussolini, insomma, Farinacci nella prima metà del '19 apparve orientato a scegliere, senza rompere i ponti, la seconda via[123]; di qui anche il suo sostegno all'ipotesi della candidatura del direttore del «Popolo d'Italia» nel collegio di Soresina, l'immediata pubblicazione sul settimanale dei postulati dei Fasci di combattimento e la decisione di costruire in prima persona quel qualcosa di nuovo, quando, il 19 aprile, provò la fondazione del Fascio di combattimento di Cremona[124]. L'operazione venne condotta con molte cautele, tese soprattutto a non staccare i legami con la campagna, dove ancora esisteva qualche reale consenso verso il socialismo riformista e autonomo, e con

---

[119] *1° maggio trionfale* e *La rivoluzione c'è già*, «L'Eco del Popolo», 3 maggio e 12 luglio 1919.

[120] «L'Eco del Popolo», 7 giugno 1919.

[121] Acs, Mi, ps, 1919, b. 65, fasc. *Cremona.*

[122] «Per noi la manifestazione ha segnato soltanto l'inizio di una agitazione che non deve avere tregua. La nostra convinzione è questa: il proletariato, se vuole ottenere gli scopi che si è prefisso, non deve abbandonare la lotta, ma intensificarla!»; *Le forze rivoluzionarie compatte in tutta Italia*, «L'Eco del Popolo», 26 luglio 1919. I moti per il "caro-viveri" ebbero portata molto estesa nel cremonese, ma non furono accompagnati da episodi eversivi, come in altre zone, a dimostrazione del grado di maturità assai elevato delle masse. Non si verificarono saccheggi né scontri: le sottoprefetture segnalarono una situazione priva di conseguenze per l'ordine pubblico, ad onta di manifestazioni popolari e socialiste; Acs, Mi, ps, 1919, b. 102, fasc. *Cremona* e «Avanti!», 9 luglio 1919.

[123] R. Farinacci ad A. Longoni, Cremona 14 luglio 1919, in Acs, Mostra della Rivoluzione fascista [Mrf], b. 27, fasc. *Cremona.*

[124] «Il Popolo d'Italia», 21 aprile 1919 e G. A. Chiurco, *Storia della rivoluzione fascista, 1919-1922*, i, *1919*, Vallecchi, Firenze, 1929, p. 130.

qualche contraddizione programmatica di fondo, senza sciogliere vecchi legami[125].

Se l'Usi stava fallendo nella battaglia economica e sindacale in atto a livello locale, le forze interventiste cercarono di organizzare gli ex combattenti, i reduci che – smobilitati e ritornati alla loro vita – avrebbero potuto rivelarsi un importante soggetto politico (oltre 50 mila nella provincia di Cremona) nell'immediato dopoguerra[126]. E in questo ambito Farinacci e Groppali riuscirono a conseguire qualche successo con la costituzione di sezioni dell'Associazione nazionale combattenti, organizzazione che raccolse maggiori consensi rispetto alle "politiche" Lega proletaria fra i mutilati, invalidi e reduci di guerra (socialista) e Unione nazionale reduci di guerra (popolare). L'Anc cremonese, numericamente consistente, fu tra le prime a sorgere nel paese[127], ma vide la contrapposizione di diverse componenti che volevano orientarla secondo finalità politiche. Farinacci ne dovette sostenere strumentalmente l'apoliticità, in attesa di poter "utilizzare" l'associazione stessa a seconda degli avvenimenti[128]. Con il reducismo politico travagliato internamente[129], nonostante il peso degli ex interventisti, gli scontri di piazza con socialisti e popolari convinsero Farinacci a porsi in prima persona nel «capeggiare il contro-movimento»[130]: si dimise allora dalla Lega patriottica e dal Fascio popolare antibolscevico e fondò, questa volta ufficialmente, l'11 agosto 1919, il Fascio, diventandone segretario politico[131]. La sua visione dei Fasci di combattimento, tra l'altro, era sufficientemente chiara: il vero socialismo doveva essere antibolscevico; bisognava muovere guerra al «pussismo e al clericalismo migliolino» perché erano contro la Nazione[132]; solo le forze interventiste potevano mettersi a capo dell'azione di ricostruzione e di rinnovamento del Paese; solo il fascismo – nell'ottica di anti-partito o di super-partito – pote-

---

[125] C. BALDOLI, *Bissolati immaginario*, cit., p. 57 e sgg.; *Il milionario di Porta Po sempre coerente in politica* e *Mussolini contro Bissolati e... Bissolati contro Mussolini*, «L'Eco del Popolo», 1° febbraio e 12 aprile 1919.

[126] A. PARLATO, *Tarquinio Pozzoli*, Padana, Cremona, p. 25.

[127] G. SABBATUCCI, *I combattenti nel primo dopoguerra*, Laterza, Roma-Bari, 1974, p. 65.

[128] «La Squilla», 5 aprile e 24 maggio 1919.

[129] Nel consiglio direttivo dell'Anc erano presenti diversi esponenti dell'Usi e del Fascio («La Squilla», 27 settembre 1919), ma la Lega proletaria sosteneva di avere superato 3.400 iscritti, di fronte alla metà dei soci dell'Anc; «L'Eco del Popolo», 4 ottobre 1919.

[130] R. Farinacci ad A. Longoni, Cremona 14 luglio 1919, in ACS, MRF, b. 27, fasc. *Cremona*.

[131] «La Squilla», 14 giugno e 12 luglio 1919; *Il Fascio di Combattimento è costituito*, «La Squilla», 16 agosto 1919 e la testimonianza di R. FARINACCI, *Squadrismo. Dal mio diario della vigilia, 1919-1922*, Ardita, Roma, 1933, p. 19-20.

[132] R. FARINACCI, *La malafede del migliolismo*, «Il Fascio», 23 agosto 1919.

va ancora tenere uniti gli italiani di tutte le fedi e di tutte le classi produttrici per le nuove battaglie a completamento della grande guerra rivoluzionaria»[133]. La strada indicata da Mussolini era quindi l'unica praticabile, così Farinacci spinse l'Usi cremonese a chiudere al Psi[134] e portò nelle piazze il Fascio a sostegno di D'Annunzio e contro il governo Nitti (con una momentanea rottura tra Farinacci e il sodalizio Groppali-Pedrazzi-Filippini, che non concepiva la svolta eversiva)[135]. Si ebbero degli scontri, la polizia operò il fermo dello stesso Farinacci e di altri fascisti, vietò il comizio, perquisì la redazione de «La Squilla», con grande rammarico dei legalitari dell'Usi ma con indubbia accresciuta popolarità per quel giovane ferroviere padre di famiglia (nel marzo era nata anche Adriana) che metteva l'anima per Fiume e perché la vittoria non fosse mutilata[136]. Così Farinacci (al Congresso di Firenze nominato membro del Comitato centrale dei Fasci[137]) tratteggiava i caratteri della sua visione politica:

Il Fascio a Cremona è ormai una forza politica considerevole, ma non è, per il carattere mite dei cremonesi, una forza materiale. [...] Occorrerebbe un sacrificio da parte vostra. Noi rimandiamo al 21 [settembre] la dimostrazione patriottica. Dovreste voi in un buon gruppo, con qualche camion, venire da Milano o da Pavia. Qui vi sono una quarantina di scalmanati, di socialisti, vigliacchissimi ma con un grosso vocione. Siamo sicuri che essi ci impedirebbero il comizio con le solite grida. Se un gruppo vostro assieme a dei nostri attivi compagni muovesse all'attacco, tutto il popolo di Cremona sarebbe con noi. È necessario fare quanto ti dico a Cremona, inquantoché qui la lotta è

[133] «La Squilla», 19 marzo, 2 e 16 agosto 1919.

[134] *Guerra rivoluzionaria*, «La Squilla», 13 settembre 1919; Farinacci sostenne una posizione intransigente; ricordò che il programma degli avversari si sarebbe basato solo sul processo alla guerra: «La guerra ci ha diviso e la guerra ci divide oggi che si giudica la guerra. I socialisti del Psi ci chiamano dei rinnegati. E rinnegato hanno osato chiamare il nostro Maestro, Leonida Bissolati. Non dimentichiamo poi la violenza usata sempre, specie nelle campagne, contro di noi. Quell'accordo noi non dobbiamo neppure tentarlo»; *I primi segni di preparazione elettorale*, «La Provincia», 9 settembre 1919 e *Convegno provinciale dell'Unione socialista cremonese*, «La Squilla», 13 settembre 1919.

[135] La prima importante assemblea del Fascio approvò all'unanimità l'azione politica di fondo, proclamando «il Fascio nemico del Psi e del Ppi, uniti nell'opera di svalutazione e di diffamazione della guerra»; propugnò «l'unione di tutti i partiti interventisti di sinistra per l'attuazione di un programma comune i cui capisaldi avrebbero dovuto essere: a) la Costituente, b) l'espropriazione parziale delle ricchezze, c) il conferimento delle terre incolte alle cooperative agricole degli ex-combattenti»; *Al disfattismo clerico-socialista si è aggiunto il giolittismo*, «La Squilla», 20 settembre 1919; nonché «Il Fascio», 20 settembre 1919.

[136] *Cremona sotto il regno dei Borboni. Si cerca di soffocare ogni sentimento patriottico,* «La Squilla», 22 settembre 1919.

[137] *L'adunata dei Fasci di combattimento chiede la Costituente*, «La Nazione», 11 ottobre 1919.

importantissima. I preti portano capolista Miglioli, i socialisti ufficiali Costantino Lazzari[138].

Le elezioni politiche del novembre, infatti, le prime tenute col sistema elettorale proporzionale, erano attese con trepidazione dalle varie forze politiche e nel fronte ex interventista l'Usi, consenziente Farinacci, accolse, il 22 ottobre, la formazione di una lista radico-demo-socialista[139], nella quale entrarono, oltre a Sacchi e Bissolati, anche Groppali, Remo Lanfranchi e Tullio Giordana, importante giornalista di Crema[140]. Ma per quelle stesse forze si trattò di una campagna elettorale durissima[141]: la propaganda avversaria non faceva sconti e a stento Bissolati e Sacchi poterono far udire il proprio pensiero, ma i due anziani esponenti della "democrazia progressiva" percepirono anch'essi che la società era davvero cambiata[142]. Le denunce dei vari gruppi democratici lasciavano presagire impotenza per il ripristino di normali condizioni: «Libertà di pensiero, libertà di parola, libertà di lavoro, libertà di organizzazione, libertà di sciopero. Sembra un controsenso, ma è purtroppo la dura realtà: tutte queste forme di libertà ci sono oggi contese dalla prepotenza del socialismo ufficiale e dal sindacalismo cattolico, insieme coalizzati. Oggi vige il regime della sopraffazione violenta e della più brutale intolleranza»[143]. Solo Farinacci cercava di contrastare le intemperanze avversarie, invocando l'uso della forza contro «il regno del terrore» bolscevico e migliolino[144].

---

[138] R. Farinacci a U. Pasella, Cremona 10 settembre 1919, in ACS, MRF, b. 27, fasc. *Cremona*.

[139] Il Fascio di Cremona deliberò di accettare come proprio candidato quello espresso dall'Usi; «La Squilla», 11 ottobre 1919.

[140] Cfr. «La Provincia», 16 e 23 ottobre 1919 e *Su questi nomi iniziamo la battaglia*, «La Squilla», 25 ottobre 1919. Solo l'ala liberale rimase esclusa dalla lista, avendo il suo maggiore rappresentante, l'onorevole Marazzi, di Crema, ritirato la candidatura.

[141] Il prefetto Bertone, accusava i socialisti di impedire «metodicamente» i comizi avversari; il prefetto al Ministero dell'Interno, Cremona 30 ottobre 1919, in ACS, MI, PS, 1919, b. 94, fasc. *Cremona* e *...Parleranno!!!*, «La Squilla», 30 ottobre 1919.

[142] La fine di un mondo che, nei suoi ricordi, bene ha tratteggiato Cremonesi: «Vilipesi, derisi, sfiduciati, il Sacchi e il Bissolati si presentano agli elettori in una nebbiosa giornata del novembre 1919, partecipando al comizio convocato nell'ex orfanotrofio [di Cremona], l'uno a fianco dell'altro: il Sacchi curvo, con gli occhi stanchi e fissi dietro le lenti, rabbuiato e pensoso, la mano sinistra nella tasca, la destra sul petto, in un atteggiamento che gli era familiare: il Bissolati col braccio teso al cielo, gli occhi melanconicamente socchiusi in atto di perorare. La massa degli operai e dei contadini è assente: tumultua altrove contro la guerra osannando alla Russia. Sono presenti alcuni scalmanati che tentano di disturbare il comizio»; G. CREMONESI, *Voci e moniti della vecchia Italia*, cit., p. 184.

[143] IL FANTE, *Difendiamo la libertà*, «Il Reduce», 15 novembre 1919.

[144] *Cittadini, alla violenza opponete la violenza* e *Cittadini, insorgete contro la brutalità bolscevica!*, «La Squilla», 5 e 8 novembre 1919. A Piadena, in un comizio, Farinacci estrasse la rivoltella per proteggere Bissolati dalle contestazioni.

Per i socialisti cremonesi le elezioni avrebbero dovuto essere «rivoluzionarie»[145], affinché la «vittoria elettorale proletaria [apprestasse] i mezzi più sicuri per il rapido trapasso dal disordine borghese all'ordine nuovo comunista»[146]. Ma anche i popolari, attraverso l'ala radicale del Partito (piuttosto rinvigorita dai ripetuti successi sindacali ottenuti nelle battaglie contro gli agrari in settembre)[147], sostenevano una campagna elettorale, al grido di «Dio lo vuole!», larga di promesse e di facili cambiamenti immediati (al Ppi andava pure l'appoggio pieno delle due diocesi della provincia e i loro settimanali sostenevano che un cattolico non poteva che votare per quel partito)[148]. Gli episodi di violenza, ripetuta e metodica[149], mostrarono come fosse realmente in gioco la libertà e la dignità di tutti, e i democratici (già divisi al loro interno[150]) ammonirono vanamente gli avversari – che facevano uso delle guardie rosse o, come le definivano gli altri, delle «squadrazze» – che l'attentato contro le libertà personali era un attentato alla democrazia stessa, ma nien-

---

[145] Già nel settembre il congresso provinciale socialista aveva deliberato il programma rivoluzionario: «1. svalutazione della conquista dei pubblici poteri con mandato imperativo ai rappresentanti di uniformare la loro opera all'applicazione di norme e principi socialisti, anche in contrasto con le leggi attuali; 2. creare organismi in grado di assumere dimostrazioni e mobilitazioni per tutelare il volere e la volontà delle masse; [...] 5. propagandare e accentuare il contrasto di classe e inculcare il persistente desiderio di altre e sempre maggiori conquiste; 6. sostituire l'arma dello sciopero generale con l'invasione e l'appropriazione delle officine e dei campi»; «L'Eco del Popolo», 20 settembre 1919.

[146] *Dobbiamo vincere* e *Bandiera rossa domina la battaglia elettorale*, «La Libera Parola», 1° e 8 novembre 1919.

[147] *La guerriglia agraria, dal cremasco al seresinese*, «La Provincia», 4 luglio 1919 nonché 23 settembre e 14 ottobre 1919.

[148] *Verso la riforma agraria. Il contadino non più salariato, l'agricoltore non più padrone*, «L'Azione», 20 settembre 1919 e *Dio lo vuole!*, «L'Era Novella», 1° novembre 1919 e *Cattolici, al nostro posto!*, in «La Difesa», 4 ottobre 1919.

[149] Gli episodi di violenza politica erano quotidiani: i socialisti si muovevano scortati da squadre del capoluogo e interrompevano, facendoli finire in rissa, i comizi avversari («Noi non vi concediamo la parola, né qui né altrove, perché noi siamo stati imbavagliati per quattro anni...», sostenevano). Il clima pre-rivoluzionario aveva contagiato anche i dirigenti moderati del Psi cremonese, tanto che i radicali, nel descrivere la situazione, si chiedevano se si era ancora in presenza di un tessuto connettivo democratico: «Non si tratta più qui della villana brutalità d'un analfabeta ubriaco o della fanatica incoscienza d'un neofita incolto: qui si tratta di uomini usati alla responsabilità e consapevoli della loro azione. Non è più questione dello scoppio sporadico del sentimento deviato di chi non intende o di chi fraintende, no. Qui è questione di calcolo cosciente e di preordinate risoluzioni; qui è lo stesso maggior esponente dell'amministrazione comunale di Cremona [Giuseppe Garibotti] che prende con sé uno dei segretari [l'avv. Morelli] e uno dei maestri [Giuseppe Sasdelli] del Comune e si pianta davanti ai cittadini e dice loro che la libertà è finita e a chi protesta mostra la sua squadra mazziera tra cui è chi non rifuggirà dal mostrare il proposito e l'arma anche per uccidere»; *I bolscevichi allargano ed intensificano il loro programma di violenza forcaiola*, «La Provincia», 4 novembre 1919.

[150] *Un vecchio elettore liberale*, «Interessi Cremonesi», 20 ottobre 1920.

te valse a raffreddare un clima ormai palesemente rivoluzionario[151]. Per questo all'allarme suscitato nelle classi borghesi dai due partiti di massa (che sovente procedevano di conserva nel sostenere alcune progressive riforme socio-economiche[152]), presto subentrò lo scoramento, che i risultati elettorali trasformarono in paura.

Il Psi ottenne, nella provincia di Cremona, 32.151 voti, il Ppi 20.528 e la lista democratico-radical-socialista 15.839: era una vittoria schiacciante delle forze ex neutraliste, resa ancor più evidente dal computo delle preferenze (Miglioli, con oltre 10 mila voti, dimostrò di avere un consenso assoluto tra le masse contadine dell'alto cremonese); oltre all'esponente popolare, vennero eletti tre deputati socialisti (Lazzari, Garibotti e il dottor Ferdinando Cazzamalli di Crema) e Bissolati[153]. La provincia era divisa in due: i popolari avevano ottenuto la maggioranza in 56 dei 133 comuni, i socialisti in 75[154]. I socialisti spiegarono che avrebbero subito iniziato la politica rivoluzionaria (e i nomi Groppali e Farinacci apparvero ai primi posti nelle liste di proscrizione): «La travolgente vittoria socialista significa: 1. condanna della guerra; 2. condanna del sistema capitalistico; 3. volontà di emancipare la classe lavoratrice; 4. forza e capacità del proletariato di assumere la gestione sociale; 5. determinazione di abbattere il regime borghese ed instaurare la Repubblica sociale dei Consigli di operai, contadini e impiegati», e chiesero le dimissioni di tutte le amministrazioni liberal-democratiche in quei comuni dove i socialisti avevano ottenuto la maggioranza e in non pochi casi le loro pressioni non furono soltanto verbali[155]. L'Usi parve sbandarsi e il settimanale «La Squilla» il 22 novembre cessò le pubblicazioni. Farinacci espose il saluto di congedo[156]:

---

[151] Cfr. «La Provincia», 6 e 7 novembre 1919.

[152] *Pennacchi frondisti del blocco socialista-migliolino*, «La Provincia», 10 e 25 giugno 1919.

[153] MINISTERO DELL'ECONOMIA NAZIONALE, *Statistica delle elezioni generali politiche per la XXV legislatura (16 novembre 1919)*, Roma, 1920, p. 46. Aventi diritto al voto 105.672 e votanti 70.177: Bissolati (3.700 voti di preferenza) ebbe la meglio su Sacchi (3.561) e su Giordana (3.269), Groppali raccolse un numero ridotto di preferenze, concentrando i voti sul vecchio esponente socialriformista (370). Le preferenze socialiste si concentrarono, ovviamente, su Lazzari (9.394) che distanziò Garibotti (3.169) e Cazzamalli (2.922). Per pochi voti, comunque, i popolari non riuscirono a strappare con Cappi (quasi 5.000 preferenze) un seggio ai socialisti.

[154] «Interessi Cremonesi», 24 novembre 1919, «La Libera Parola», 22 novembre 1919 e «La Provincia», 21 novembre 1919.

[155] *Il vessillo rosso sventola glorioso e trionfante sulla miseria della borghesia sbaragliata*, «L'Eco del Popolo», 22 novembre 1919; *La magnifica vittoria*, «La Libera Parola», 22 novembre 1919 (ma cfr. anche «La Libera Parola», 29 novembre e 6 dicembre 1919).

[156] R. FARINACCI, *Dopo la battaglia elettorale*, «La Squilla», 22 novembre 1919.

Abbiamo perduto perché mentre noi socialisti riformisti soli abbiamo curato l'opera di propaganda, di organizzare e di assistenza tra le masse, i nostri alleati non ci hanno mai aiutato [...], in quest'opera che costituisce ormai la spina dorsale di ogni partito che voglia avere a sua disposizione un esercito e non quattro o cinque caporali divisi. Per un po' di tempo non c'è speranza di una ripresa da parte dei partiti democratici, neanche nelle elezioni amministrative. I socialisti hanno stravinto, ma quanti tra essi sono uomini di coscienza, dovranno pentirsi dei metodi di violenza e di sopraffazione che hanno usato a danno degli altri partiti e della caccia personale all'uomo [...]. Comincia però per i socialisti adesso il redde rationem. Le folle ubriacate di promesse mirabolanti da effettuarsi a pronta scadenza attendono ansiose. Il numero preponderante dei socialisti alla Camera non può più consentire ad essi di stare alla finestra: o assumeranno la responsabilità del potere direttamente o indirettamente, appoggiando un governo di loro fiducia, e allora inevitabili saranno le delusioni e i disinganni nel proletariato; o si limiteranno a fare del chiasso e a rendere impossibile la costituzione di un governo sabotando le istituzioni parlamentari ed allora daranno prova della loro nullità.

Ma Farinacci fu subito in condizioni di dare alle stampe un nuovo settimanale, e implementò la propaganda a favore del fascismo[157], sulla scia della popolarità che aveva comunque acquisita sino ad allora, perché nella provincia non c'era stato alcuno sviluppo del movimento dei Fasci (se si eccettua Crema[158]). Guardò quindi con attenzione ai piccoli proprietari (categoria sociale che aveva iniziato a prendere le distanze dal Ppi)[159], e a quei lavoratori che, sebbene in numero largamente mi-

---

[157] R. Farinacci a U. Pasella, Cremona, 25 e 26 novembre 1919, in ACS, MRF, b. 27, fasc. *Cremona*. Alla fine del 1919 erano iscritti al Fascio di Cremona 155 soci.

[158] Alcuni ex combattenti avevano fondato, ai primi di agosto, un Fascio economico cremasco (lo guidava il capitano Guido Pianigiani), ma si trattava di un'organizzazione politico-economica emanata della potente Federazione agricola di Crema (presieduta dall'avvocato Andrea Agnesi). Il Fascio economico e il suo organo di stampa («L'Unione») vennero tenuti in piedi sino alla discussione per il nuovo patto colonico del circondario di Crema, nell'aprile 1920, allorquando gli agrari locali considerarono esaurita quell'esperienza e tolsero i fondi (G. Pianigiani a U. Pasella, Crema, 10 aprile 1920, in ACS, MRF, b. 27, fasc. *Crema*). Alla fine di settembre vide poi la luce un altro periodico, «Fiamma Italica» (organo della Giovane Italia, un'associazione nazionalista antibolscevica, cui collaborava anche Ettore Cozzani), diretto e animato da Giovanni Agnesi. La Giovane Italia di Crema poteva contare su un centinaio di soci, condusse propaganda per Fiume e per una mistica "grandezza della patria" e da questa organizzazione, soltanto nella tarda primavera del 1920, furono gettate le basi per costituire il Fascio (fondato ufficialmente il 20 giugno, per iniziativa dello stesso Agnesi (G. Agnesi a U. Pasella, Crema 22 giugno 1929, *ibidem*). Ad accrescere il Fascio di Crema contribuì l'adesione di membri dell'associazione liberal-democratica "Progresso e Lavoro" (U. Pasella a R. Bacchetta, Milano 10 luglio 1920, in ACS, MRF, b. 27, fasc. *Crema* e «Il Lavoro», 6 luglio 1920), tuttavia la presenza di molte anime aumentò le divergenze interne e ne paralizzò l'azione.

[159] I piccoli proprietari e i coltivatori diretti avrebbero avuto ruolo e spazio crescenti nel dopoguerra, e anche in provincia di Cremona il loro numero aumentò da 7.023 del

noritario rispetto alla Camera del Lavoro (al congresso camerale dei primi di marzo del '20 essa rappresentava 170 leghe e 21.431 soci) o all'Ufficio del Lavoro[160], continuavano a scegliere la terza via e a raccogliersi intorno alla federazione autonoma, per conquistare il consenso al "centro", nel vuoto lasciato dalla frantumazione delle associazioni socialriformiste, radicali e democratiche (che cercarono una ricomposizione attraverso una nuova formazione politica, l'Associazione del Lavoro, divenuta poi Rinnovamento sociale e a cui anche Bissolati dette fattivo appoggio[161]). Quando apparve chiaro che Rinnovamento cercava di cavalcare un mitigato nazionalismo patriottico a sfondo democratico, Farinacci obbligò gli iscritti ai Fasci a uscire dalla associazione radico-social-democratica, assumendo una tattica intransigente («intransigenza che sola ha permesso ai partiti rossi e neri di diventare più forti»)[162]. Farinacci scriveva che il paese aveva bisogno di profonde riforme, economiche, sociali e politiche, e che gli uomini del Rinnovamento, cioè la vecchia classe dirigente, non erano in grado di perseguire[163]; la malattia, e la successiva morte di Bissolati, di lì a un paio di mesi, tolsero lo stesso Farinacci dal difficile e grave imbarazzo di doversi eventualmente misurare con l'antico e stimato maestro[164]. Tuttavia, a dispetto dei grossi sforzi di Farinacci (che, approfittando delle facilitazioni riservate ai combattenti, aveva intanto ripreso gli studi e, ottenuto il diploma liceale, si era iscritto alla facoltà di Giurisprudenza di Modena, dove insegnava l'amico Groppali[165]), il fascismo non faceva presa e, se in alcune zone esistevano Fasci in via di formazione e consolidamento (Sesto Cremonese, Casalmaggiore, Soncino, Piadena, Vescovato)[166], esso non aveva ereditato la precedente struttura socialista autonoma-riformista[167], a dispetto di una radicalizzazione in senso operaistico e di sinistra del

---

1911 a 12.371 nel 1921, per poi superare i 15.000 poco dopo; in molte zone (nel casalasco), la loro importanza sociale era predominante; M. e G. STRADA, *Il fascismo in provincia. Nascita e caduta del fascismo nel cremasco e nell'alto cremonese*, L'Albero del Riccio, Crema, 1975, p. 52.

[160] Al momento della costituzione, nel circondario di Crema, l'Ufficio del Lavoro organizzava 55 leghe di lavoratori per 7.200 iscritti, 25 cooperative e 15 circoli; «La Leva», 29 maggio 1920. Un anno dopo le associazioni popolari della provincia organizzavano oltre 20.000 lavoratori («L'Era Novella», 1° aprile 1922). Numeri sbalorditivi rispetto a quelli dei sindacati e delle leghe autonome.

[161] Cfr. «Rinnovamento sociale», 28 maggio 1920.

[162] *Il congresso provinciale del Cremonese*, «Il Fascio», 3 aprile 1920.

[163] *Dopo il congresso fascista*, «La Voce... del popolo sovrano», 5 aprile 1920 e *Il congresso provinciale fascista del cremonese*, «Il Popolo d'Italia», 31 marzo 1920.

[164] C. BALDOLI, *Bissolati immaginario*, cit., p. 67.

[165] U. ALFASSIO GRIMALDI – G. BOZZETTI, *Farinacci, il più fascista*, Bompiani, Milano, 1972, p. 13.

[166] *Il congresso provinciale fascista*, «La Voce... del popolo sovrano», 29 marzo 1920.

[167] R. Farinacci a U. Pasella, Cremona 10 marzo 1920, in ACS, MRF, b. 27, fasc. *Cremona*.

programma di San Sepolcro[168]. Intanto Farinacci invitava a procedere parallelamente contro lo Stato (la cui azione repressiva verso le forze nazionali aveva raggiunto alti livelli)[169] e contro il socialismo, soprattutto contro l'abuso degli scioperi, che avevano carattere politico e non economico (nella provincia di Cremona si ebbe un centinaio di agitazioni negli anni 1919-1921[170]), scioperi che, se avevano arrecato vantaggi economici ai ceti sociali più bassi, paralizzavano la produzione e la vita della Nazione, senza accelerare la rivoluzione, rivelandosi infine nefasti allo stesso proletariato[171].

Le manifestazioni del 1° maggio, quell'anno, furono imponenti[172]. Il Psi cremonese pareva davvero contraddire le profezie di Farinacci sulla volontà e sulla possibilità di "fare" la rivoluzione: la parola d'ordine era infatti «muovere all'assalto dello Stato»[173]: «viviamo in un'epoca rivoluzionaria, – sosteneva il gruppo dirigente locale socialista – la rivoluzione è in cammino. Bisogna armarci. Bando ai sentimentalismi che vorrebbero consigliare la prudenza contro la prevaricazione»[174]. Per tutto il 1920 i deputati socialisti, nei loro frequenti comizi, andarono ripetendo la certezza della imminente rivoluzione, e incitarono i lavoratori «a tenersi pronti, perché presto [ci sarebbe stata] la rivoluzione comunista»[175]. Il Partito disponeva di una federazione provinciale forte di 70 sezioni per 5.000 iscritti, una federazione giovanile di 49 circoli, 2.000 soci e il periodico «Il Bolscevico»; «L'Eco del Popolo» aveva raddoppiato gli abbonamenti, passando a 4.000, la federazione dei contadini era costituita da 121 leghe per 21.000 organizzati, la Camera del Lavoro contava 359 leghe, avviandosi a superare i 30.000 soci[176]. Sol-

[168] *Per il bene del popolo* e *Dissipare ogni equivoco*, «La Voce... del popolo sovrano», 5 e 12 gennaio 1920.

[169] Alla fine di maggio il governo si rese responsabile del grave eccidio di Roma (la Guardia regia sparò su una cinquantina di giovani nazionalisti che inneggiavano al 24 maggio) e l'episodio ebbe vastissima e negativa eco nei partiti costituzionali e d'ordine; cfr. *Le vili provocazioni ed i crimini di Francesco Saverio Nitti*, «Il Popolo d'Italia», 26 maggio 1920.

[170] E. Rotelli, *Lo scontro tra il fascismo e il movimento operaio e contadino nel cremonese, 1919-1922*, La Nuova Bodoniana, Cremona, 1975, p. 18; per un confronto nazionale, cfr. Ministero dell'Economia nazionale, *I conflitti del lavoro in Italia nel decennio 1914-1923*, Roma, 1924.

[171] R. F[arinacci], *Contro gli uni e contro gli altri*, «La Voce... del popolo sovrano», 26 gennaio 1920.

[172] *Calmo svolgimento, in quasi tutti i centri, delle manifestazioni politiche per il 1° maggio*, «La Provincia», 4 maggio 1920.

[173] Noi, *L'assalto allo Stato*, «L'Eco del Popolo», 30 gennaio 1920.

[174] Noi, *Armarsi*, «L'Eco del Popolo», 10 aprile 1920.

[175] *I comizi dell'on. Cazzamalli nel cremasco*, «La Libera Paola» 4 e 22 febbraio 1920, e Acs, Mi, ps 1920, fasc. *Movimento sovversivo – Cremona*.

[176] Cfr. «L'Eco del Popolo», 22 maggio 1920 e 11 novembre 1920.

tanto le organizzazioni popolari, da molti osservatori considerate ancor più temibili per le loro rivendicazioni[177], parevano potersi contrapporre a quell'apparato[178]: Miglioli per il 1° maggio portò 8 mila contadini a Soresina e 10 mila a Castelleone[179], intensificando polemiche e scontri con i socialisti[180]. E Miglioli, nello stesso maggio del '20, lanciò il grido di battaglia «nessun contadino più salariato e nessun agricoltore più padrone», da realizzare entro il mese di novembre[181], avviando scioperi imponenti volti a mutare il rapporto di lavoro onde trasformare le basi giuridiche del rapporto d'impresa e "rivedere" lo stesso concetto di proprietà. Tutto l'alto cremonese (300 aziende agrarie a conduzione capitalistica, disseminate su 34 comuni e con oltre 6.000 contadini interessati[182]) venne investito dall'agitazione bianca (uno dei più grandi scioperi politici dell'agricoltura italiana) per «immettere il contadino nella conduzione dell'azienda», con l'abolizione del rapporto di salariato e la realizzazione di una società di conduzione[183]. La lotta tra le parti, allorquando – dopo dieci settimane di sciopero – i contadini abbandonarono anche le cure del bestiame, si fece estremamente

[177] *Dualismi perniciosi* e *La sconfitta di Miglioli*, «Interessi Cremonesi», 21-22 maggio 1920 e «La Provincia», 7-8 marzo 1920.

[178] *Il congresso provinciale del Partito Popolare Italiano*, «Il Popolo», 29 maggio 1920 e «L'Azione», 15 gennaio 1921.

[179] La federazione provinciale del Ppi contava 108 sezioni con oltre 3.200 iscritti (nel 1921 sarebbero diventate 130 con 6.000 tesserati), e un'organizzazione giovanile con 5.000 soci; cfr. «Il Popolo», 15 e 22 maggio 1920.

[180] In diverse circostanze tra popolari e socialisti si verificarono scontri molto violenti; tra gli altri basti menzionare i gravissimi fatti di Grumello e di Gradella, dove il 19 settembre 1920 si ebbero fenomeni di guerra civile, con una ventina di feriti, e il Paese devastato da episodi di violenza politica; *Il grido di dolore di Gradella: l'anticlericalismo rosso, ecco il nemico. Chiesa devastata, preti malmenati, un paese in rovina*, «L'Era Novella», 25 settembre 1920, *I fatti di Gradella* e *Gradella e la violenza clericale*, «La Libera Parola», 25 settembre e 2 ottobre 1920 e «La Provincia», 22 settembre 1920.

[181] «L'Azione», 3 febbraio e 1° marzo 1920.

[182] Si trattava di aziende estremamente progredite e che erano alla base dell'industria zootecnica nazionale. La mano d'opera aveva un'importanza fondamentale, perché alla sua specializzazione e diligenza erano legati i progressi e i risultati delle aziende, ma se pure le retribuzioni erano assai elevate, in proporzione al resto del Paese (il contratto delle leghe bianche prevedeva una retribuzione di circa 5.503 lire annue per il salariato; quello delle leghe rosse circa 5.380), la vita dei contadini era comunque «fatta di privazioni e di sacrifici» e la loro condizione era «di vero e proprio servaggio, che umiliava il contadino»; A. ZANIBELLI, *Le leghe "bianche" nel cremonese (dal 1900 al "lodo Bianchi")*, Cinque Lune, Roma, 1962, p. 14.

[183] L. PRETI, *Le lotte agrarie nella valle Padana*, cit., p. 465 e sgg. L'atteggiamento degli agrari era piuttosto semplice: se il patto socialista (teso alla "proletarizzazione" dei contadini) era più gravoso dal punto di vista economico, esso non intaccava i diritti del proprietario e dell'imprenditore agricolo e poteva quindi essere accettato; ma la conduzione a forma associativa proposta da Miglioli e dalle leghe bianche implicava un principio di espropriazione, ed era quindi inaccettabile.

tesa[184]: polemiche furibonde, scontri e violenze dilagarono ovunque nell'alto cremonese. I contadini organizzarono i consigli di cascina e gli agricoltori misero in piedi squadre di mungitori, si ebbero vasti arresti di contadini e di dirigenti popolari, fin quando il governo provò a comporre le divergenze e riuscì a far firmare una "tregua" con la firma del patto di Parma, dal quale sarebbe comunque ripresa la contrapposizione[185].

Farinacci, feroce critico del «bolscevismo bianco»[186], parlava ancora di riformismo gradualistico (e di compartecipazione ai prodotti), ma non disponeva ancora di forze tali da permettergli un intervento[187]. Il «Mussolini in centoventiquattresimo»[188], come lo definivano i popolari, poté solo collaborare alla formazione delle prime squadre di agricoltori volontari costituite da giovani proprietari e conduttori di fondi per aiutare i loro colleghi soresinesi[189] e a inviare i propri uomini, a fianco delle forze dell'ordine, in giro per le cascine in rivolta, tanto che i popolari denunciarono la presenza di provocatori, senza però avere un'idea precisa di chi fossero quelle persone «travestite», apparse a bordo di un'autovettura e vestiti «da militare, con divise nere», che si vantavano di «aprire la caccia al contadino»[190]. La paura della rivoluzione cresceva in molti ceti sociali, in considerazione delle prove d'impotenza della forza pubblica che – sebbene la provincia fosse militarizzata[191] – non riusciva a impedire violenze e sopraffazioni; «La situazione politica è molto tesa, doveva riconoscere anche uno dei più preparati funzionari di polizia, si è tra i rossi e i bianchi»[192]. Farinacci si fece attivo interprete

[184] Cfr. l'inchiesta dell'ispettore generale di PS, D'Alessandro, Cremona 18 giugno 1920, in ACS, MI, PS, 1920, b. 65, fasc. *Cremona*.

[185] Cfr. A. ZANIBELLI, *Le leghe "bianche" nel cremonese (dal 1900 al "lodo Bianchi")*, cit., pp. 67-89.

[186] *Grave minaccia alla produzione lattiera* e *La vera situazione morale della lotta*, «La Provincia», 27 maggio e 5 giugno 1920.

[187] Farinacci cercò di organizzare gruppi di «liberi lavoratori» e di facilitare la venuta nel cremasco di lavoratori di altre province, a volte con qualche successo; i militanti dei Fasci, invece, non procuravano per il momento alcuna seria preoccupazione ai "bianchi", i quali affermavano che «lo spione dei Fasci» reclutava solo ragazzi di 14-16 anni; *L'agente provocatore*, «Il Popolo», 19 giugno 1920.

[188] «Il Popolo», 31 luglio 1920.

[189] *Squadre di agricoltori volontari*, «La Provincia», 18 giugno 1920.

[190] Così, nel descrivere i fatti di Annico, si sosteneva sul settimanale del Ppi cremonese, «Il Popolo», 12 giugno 1920.

[191] Cfr. ACS, MI, PS, 1920, b. 65, fasc. *Cremona*. In effetti la provincia di Cremona era presidiata, con funzioni di ordine pubblico, da ingenti reparti militari, che, aggiunti alle già nutrite forze di carabinieri e polizia, assommavano a un totale di 2.000 uomini; soprattutto il circondario di Crema destava preoccupazioni per l'ordine pubblico, in quanto «la lotta – sosteneva Bertone – era accanita e le masse operaie eccitatissime». Il prefetto al Ministero dell'Interno, Cremona 13 novembre 1919, in ACS, MI, PS, 1919, b. 94, fasc. *Elezioni politiche – Cremona*.

[192] Cremona, 19 giugno 1920, in ACS, MI, Divisione del Personale di Pubblica Sicurezza, Versamento 1949, b. 255, fasc. *Di Tarsia*.

di questi sentimenti contro il governo, accusato di lasciar fare e di non provvedere alla difesa e alla tutela del diritto di lavoro e di proprietà[193], mentre i deputati socialisti cremonesi facevano tuonare alla Camera parole di rivolta e i militanti rossi cacciavano a forza fuori dai municipi gli amministratori avversari (come a Castelleone, feudo dei popolari[194]), con i bianchi che organizzavano a loro volta «azioni punitive» nei comuni da loro controllati per evitare sconfinamenti[195].

Al contrario che nelle campagne, in città Farinacci iniziò qualche prova di forza nel giugno del '20, allorquando i sindacati socialisti dei ferrovieri entrarono in sciopero contro il capostazione Lino Bergonzoni perché non volevano far proseguire per Terni un treno di materiale bellico. L'episodio divenne subito politico e i socialisti indissero uno sciopero per l'allontanamento da Cremona di Bergonzoni e Farinacci. Il fatto assunse rilevanza nazionale, al punto che Ugo Clerici (un sindacalista interventista, giornalista de «Il Popolo d'Italia») offrì ufficialmente al capostazione un impiego più remunerativo a Milano; ma Farinacci tenne duro, e persuase Bergonzoni a rimanere al suo posto, coll'appoggio del Fascio, «essendo prossimo e sicuro il trionfo del diritto e della libertà»[196]. Nei suoi virulenti articoli Farinacci metteva in discussione il diritto di sciopero nei pubblici servizi e dava voce all'insofferenza dei cittadini, stretti tra un governo inefficiente e una condizione insurrezionale permanente[197]. Dopo tre settimane di sciopero, che aveva suscitato vasta disapprovazione nella cittadinanza e minato l'autorità dello Stato[198], questa volta le forze socialiste non furono in grado

---

[193] «Quello che meraviglia enormemente è il contegno dell'autorità politica che sebbene abbia seminato di truppe le campagne del soresinese non interviene neppure in quei casi in cui si commettono, sotto l'egida dello sciopero bianco, ogni sorta di furto, violenze a danni di agricoltori o di liberi lavoratori»; cfr. «La Voce... del popolo sovrano», 7 giugno 1920.

[194] Si veda il discorso di Cazzamalli dell'11 maggio e gli incidenti scoppiati alla Camera, in «La Nazione», 12 maggio 1920. *Gravi disordini a Castelleone*, «La Provincia», 29 luglio 1920 e «Il Popolo», 31 luglio 1920.

[195] Sino ai primi del 1921 nell'alto cremonese i popolari non consentirono alcuna propaganda avversaria, imponendo con la forza il loro potere. Così avrebbe scritto Bianco, segretario del Fascio di Crema, a Pasella, per descrivere la situazione: «Occorre che tu faccia un sacrificio e mandi senz'altro una ventina di fascisti [...]. Qui nel Partito popolare c'è un fermento strano e da informazioni assunte mi risulta che saranno circa 3.000 quelli che andranno a fare l'azione punitiva a Montodine. Da Cremona e da Soresina non mi manderanno nessun aiuto. Perciò, dal modo con cui conduciamo la reazione, dipende il nostro accrescere del fascismo nel cremasco. Ti lascio pensare l'urgenza della richiesta...». G. Bianco a U. Pasella, Crema 28 gennaio 1921, in Acs, Mrf, b. 27, fasc. *Crema*.

[196] Milano, 26 luglio 1920, Acs, cpc, b. 1380, fasc. *Clerici Ugo*.

[197] *Crollo morale*, «La Provincia», 27-28 giugno 1920; *L'autorità del governo di Nitti* e *Situazione insopportabile*, «La Voce... del popolo sovrano», 31 maggio e 7 giugno 1920.

[198] R. Farinacci, *Parole sincere*, «La Voce... del popolo sovrano», 21 giugno 1920.

di gestire gli avvenimenti e capitolarono, senza veder accolte le loro richieste. Il fallito sciopero ferroviario consentì – come avrebbe ricordato un testimone – l'ascesa delle azioni di Farinacci: «la sua vera popolarità cominci[ò] da quel giorno e attorno a lui cominciarono ad essere in molti»[199]. Tra i primi a schierarsi a fianco del Fascio furono i commercianti: lo sostennero economicamente e misero a disposizione la loro struttura di categoria; in effetti il Fascio cremonese perseguiva una politica ostile nei confronti delle amministrazioni socialiste (serrata critica alla gestione delle aziende municipalizzate[200]) e capeggiava pure la protesta dei cittadini contro l'eccessivo peso tributario gravante sui ceti medi (impiegati, liberi professionisti) e commercianti[201].

Né i popolari, né i socialisti mostravano di comprendere cosa fosse il fascismo e, nelle poche volte in cui affrontarono l'argomento, sottovalutarono quel nuovo fenomeno politico; secondo i socialisti cremonesi «il fascismo non rappresenta un partito, ma costituisce un fenomeno degenerativo della psicosi di guerra, un fenomeno per la verità ristretto a pochi individui, che con atti di incoscienza fanno trasparire un'attività che non ha base sicura e che non si appoggia in una vera potenza d'organizzati»[202]. E così alla fine del '20: «questo fenomeno del giorno [il fascismo] altro non era che una forma qualunque di associazione a delinquere, come la camorra di Napoli, la mafia siciliana, la teppa dei bassifondi delle grandi città, senza un programma definito, senza un ideale da raggiungere, senza un fine a cui tendere»[203]. Ciò mentre nel paese le violenze e gli incidenti si susseguivano a un ritmo impressionante; come bene annotava qualche giornalista, i «socialisti erano stati i primi a calcolare sui muscoli, per una strana illusione che sarebbero stati i soli ad usarne, piano piano hanno cominciato a temere [la violenza] come mezzo politico»[204].

Farinacci era diventato un importante punto di riferimento per il movimento, e il congresso lombardo dei Fasci, ai primi di settembre, si tenne a Cremona: su 25 Fasci regionali aventi diritto a partecipare, ben 9 erano della provincia cremonese e mostravano maggiore vitalità degli altri[205]. In quella sede Farinacci si occupò della necessità di costituire

---

[199] *Le confessioni di Farinacci*, V, «Corriere Lombardo», 4 gennaio 1946.

[200] *Si impongono inchieste su tutte le Amministrazioni*, «La Voce... del popolo sovrano», 16 agosto 1920 e *Governo, socialisti e pubblica moralità cittadina*, «La Provincia», 17 agosto 1920.

[201] «La Voce... del popolo sovrano», 19 e 26 luglio, 23 agosto 1920.

[202] *Per la verità*, «L'Eco del Popolo», 11 settembre 1920.

[203] *Il fascismo*, «L'Eco del Popolo», 13 novembre 1920.

[204] C. S[CARFOGLIO], *La regola del randello*, «La Nazione», 22 luglio 1920.

[205] U. Pasella a R. Farinacci, Milano 3 agosto 1920, in ACS, MRF, b. 27, fasc. *Cremona*.

gli organismi sindacali dei Fasci e mostrò di disporre di un gruppo politico locale molto organizzato e combattivo; oltre trecento congressisti accorsero per ascoltare Benito Mussolini, il cui discorso valse a galvanizzare quei militanti: «Siamo una minoranza, e non ci teniamo ad essere molti, alla quantità preferiamo la qualità, perché siamo una formazione di combattimento e siamo gli zingari della politica italiana; la nostra mèta non è dogmatica e nel nostro accampamento vi è posto per tutte le fedi, purché abbiano un fondo comune di amore per la nazione»[206]. I fatti più rilevanti, invece, si verificarono fuori dal congresso, il giorno successivo. Già domenica 5 settembre, durante il comizio socialista pro-Russia (erano presenti in città almeno 3 mila manifestanti, e Lazzari aveva tenuto il comizio di chiusura, esortando «il proletariato a tenersi pronto per l'imminente cozzo finale»[207]) si erano verificati scontri (secondo la Prefettura alla manifestazione fascista presero parte circa 800 persone) e i socialisti avevano organizzato una protesta contro Mussolini[208]; i "ciclisti rossi" posti a protezione della Tipografia proletaria sventarono un assalto alla sede del giornale e il fermento aumentò notevolmente, tanto che Ernesto Caporali e Arturo Verzelletti (segretario della Camera del Lavoro il primo e alto dirigente sindacale il secondo) organizzarono subito le squadre per la caccia al fascista in città[209]. Dopo un'intera giornata di tafferugli isolati, la sera del 6 si ritrovarono nella centrale piazza Roma due gruppi di socialisti (tra loro anche i maggiori esponenti del Partito, Boldori, Pozzoli, Verzelletti) e fascisti e si accese una furibonda rissa. Le versioni dei fatti, ovviamente, furono discordi, ma colpi d'arma da fuoco uccisero un fascista e un passante, e ferirono cinque persone. L'aggressione (secondo la Questura la provocazione era da «imputare agli affiliati del Psi») pare dovesse essere diretta contro Farinacci, ma la polizia arrestò un fascista e, mentre già si trovava a letto, lo stesso Farinacci. Nei giorni successivi furono arrestati anche alcuni socialisti, tra i quali il presunto assassino. I gravissimi

---

[206] *Il congresso regionale a Cremona*, «Il Popolo d'Italia», 7 settembre 1920.

[207] *La grandiosa manifestazione pro-Russia del proletariato cremonese*, «L'Eco del Popolo», 8 settembre 1920.

[208] Farinacci aveva già ammonito: «La presenza di Mussolini è indispensabile, prima perché è atteso dalla cittadinanza che da tempo desidera sentire la sua parola, secondo potrebbero interpretarla per paura, se non venisse, dato che i socialisti ufficiali, per detto giorno, vanno mobilitando le loro forze»; R. Farinacci a U. Pasella, Cremona 1° settembre 1919, in ACS, MRF, b. 27, fasc. *Cremona*.

[209] Cfr. ACS, MI, PS, 1920, b. 87, fasc. *Movimento sovversivo – Cremona* e «La Provincia», 7 settembre 1920 e «Il Popolo d'Italia», 8 settembre 1920; la versione socialista in «L'Eco del Popolo», 8 settembre 1920. Di fatto la dinamica dello scontro non venne chiarita e i socialisti continuarono a dirsi aggrediti a loro volta; neppure il processo del 1923 identificò gli autori del duplice omicidio; cfr. V. DUCHI, *Gli avvenimenti. Dal 1918 al 1924*, «Ricerche», 2, 1986, pp. 22-24.

fatti vennero ampiamente sfruttati dal Fascio (e i funerali, a cui parteciparono oltre 10 mila persone, si rivelarono un'occasione per aumentare il consenso passivo tra la cittadinanza)[210], il quale poté mostrare di essere vittima di minacce e di continue aggressioni, ma che esso era comunque disposto a difendersi, come aveva detto Farinacci nel congresso regionale, «fin quando fosse rimasto un briciolo di fegato, e un'arma da impugnare, rimanendo sulla breccia anche contro tutto e tutti»: «Come si armano gli avversari così ci dobbiamo armare noi, ribadiva Farinacci, e ci dobbiamo mantenere pronti a difendere il nostro diritto, la nostra libertà, la nostra esistenza. Dell'Italia ufficiale oggi sentiamo profondamente schifo!»[211].

Con l'avvento delle elezioni amministrative generali (il Psi aveva pure chiesto le dimissioni di quelle amministrazioni che avevano visto i socialisti maggioranza nei rispettivi comuni nelle elezioni politiche, e non erano mancati casi in cui aveva forzato l'azione a questo fine, come a Casalbuttano, Pizzighettone e Soncino[212]) i fogli socialisti ricordarono che quello avrebbe dovuto essere l'ultimo tassello della rivoluzione, perché «attraverso i Comuni [sarebbe proseguita] la lotta contro lo Stato borghese»[213] e la «conquista dei Comuni avrebbe portato presto al passaggio del potere dallo Stato al proletariato»[214]; e del resto la macchina rivoluzionaria era tenuta carica con l'occupazione delle fabbriche e delle industrie (episodi rilevanti nel cremasco)[215], mentre i dirigenti socialisti incitavano i «contadini a tenersi pronti per impossessarsi delle terre, imitando l'esempio dei lavoratori metallurgici»[216]. A Crema, alla presenza di tremila persone, il deputato Cazzamalli dette il via alla campagna: «Anche la pacifica vittoria dell'urna, cui oggi vi incita il Partito socialista, ha la sua alta importanza, non tanto come fine immediato degli organi fondamentali della vita collettiva, quanto come mezzo a

---

[210] «La Provincia», 9 settembre 1920.

[211] *Una protesta cittadina contro la debolezza del prefetto*, «La Voce... del popolo sovrano», 27 settembre 1920.

[212] Acs, Mi, Comuni, b. 1427 e b. 1428, nei relativi fascicoli dei comuni citati.

[213] *Conquistiamo i Comuni,* «L'Eco del Popolo», 12 maggio 1920: «I Comuni devono essere distrutti dal proletariato rivoluzionario e sostituiti dai soviet locali dei deputati operai. È necessario quindi tener sempre presenti le ragioni puramente contingenti e tattiche della conquista dei Comuni e del carattere rivoluzionario da imprimersi a tale lotta. Conquistare i Comuni per fare gli interessi del proletariato»; *Elezioni amministrative*, «L'Eco del Popolo», 4 settembre 1920.

[214] Cfr. Acs, Mi, ps, 1920, b. 87, fasc. *Movimento sovversivo – Cremona.*

[215] *La lotta dei metallurgici*, «La Libera Parola», 18 settembre 1920 e M. e G. Strada, *Il fascismo in provincia. Nascita e caduta del fascismo nel cremasco e nell'alto cremonese*, cit., pp. 35-41.

[216] Così sostenne il segretario della Camera del Lavoro di Crema, nell'inaugurare una cooperativa socialista, alla presenza di duemila persone; Vho, 22 settembre 1920, in Acs, Mi, ps, 1920, b. 87, fasc. *Movimento sovversivo – Cremona.*

più profondi sconvolgimenti, come impossessamento di migliori posizioni strategiche per il giorno, che auguriamo prossimo, del gesto forte!»[217]. Anche i popolari si organizzarono metodicamente per le elezioni amministrative[218], non così i gruppi della liberal-democrazia. Anzi, questi parvero ancora in grave crisi, divisi da contrasti personali e politici, incerti sul da farsi. Le varie maggiori associazioni presenti sul territorio spesso non trovarono gli accordi necessari neppure per presentare le liste (neanche di minoranza) e finirono per proclamare l'astensionismo elettorale[219]. A Cremona il Rinnovamento sociale, avviatosi a cessare la propria esperienza, e il Fascio conversero su una lista apolitica dell'Anc[220]. Nel resto della provincia il Ppi aprì le proprie liste a esponenti democratici e liberali e al Rinnovamento (superando la formula clerical-moderata con quella, così dicevano correttamente i socialisti, di "blocchissimo")[221], e solo laddove (mandamento di Soncino) potevano contare qualche sostegno i vecchi gruppi radico-social-democratici presentarono liste di minoranza. Ma all'interno dei partiti dell'ordine, comunque, maturava la consapevolezza di un maggiore impegno diretto nella vita politica e molti antichi esponenti iniziarono a guardare con simpatia alla «coraggiosa azione» che svolgeva, da solo, il fascismo[222]. Certo era che alcune delle organizzazioni considerate un serbatoio elettorale per la liberal-democrazia, mostravano segni di insoddisfazione e proprio a margine delle elezioni amministrative apparve pubblicamente il contrasto, per esempio, tra Andrea Agnesi, presidente della federazione agricola cremasca (alla quale aderivano almeno un migliaio di soci)[223], e il settimanale liberale «Il Paese»[224]; e già dalla sua costituzione, nel novembre 1920, l'importante Associazione dei proprietari di

---

[217] *Le grandi battaglie del proletariato. La conquista dei comuni*, «La Libera Parola», 18 settembre 1920.

[218] *Le elezioni amministrative: le basi programmatiche e tattiche*, «L'Era Novella», 4 settembre 1920 e *Per la conquista della Provincia e dei Comuni*, «Il Popolo», 18 ottobre 1920 e «L'Era Novella», 11 settembre 1920.

[219] In proposito si vedano i profondi contrasti tra l'associazione liberale Società patriottica e l'associazione democratica Progresso e lavoro, a Crema, che si ostacolarono a vicenda e andarono divise alle urne; cfr. «Il Lavoro», 9 ottobre 1920.

[220] «Rinnovamento Sociale», 17 settembre e 8 ottobre 1920.

[221] Innegabilmente, non solo agli occhi dei socialisti, tale cartello elettorale appariva debole sotto il profilo ideologico-politico; cfr. *Come s'è formato il blocchismo*, «L'Eco del Popolo», 12 ottobre 1920 e *Un partito di buffoni*, «La Libera Parola», 16 ottobre 1920.

[222] *I combattenti muoveranno battaglia al pussismo!*, «La Voce... del popolo sovrano», 4 ottobre 1920.

[223] A partire dalla metà del '20, la federazione agricola cominciò a spostarsi verso destra, con l'esclusione dalle cariche direttive prima dei rappresentanti popolari, poi di quelli democratici; *Le elezioni alla Federazione Agricola*, «Il Lavoro», 19 giugno 1920.

[224] Cfr. «Il Paese», 13 e 20 novembre 1920.

terreni di Cremona (presieduta da Giovanni Bellini) lasciava intendere di volersi riservare mani libere[225]. Non si trattava più, quindi, di qualche posizione isolata che auspicava una reazione decisa allo stato di cose[226]; come stava a mostrare il caso del Fascio di Crema: nonostante le precise direttive al Fascio cremasco (affidato al tenente Giuseppe Bianco)[227] affinché svolgesse un ruolo politico percettibile nella società e, soprattutto, svincolato dai forti gruppi di pressione economici (proprietari e conduttori terrieri) in direzione delle campagne[228], le gravi difficoltà operative vennero superate solo in seguito all'intervento del conte Ercole Premoli, grande proprietario terriero, il quale provvide a larghi finanziamenti[229]. Era, questo "aiuto", l'unica possibilità in quel momento – nel pieno dell'occupazione delle fabbriche – per permettere al fascismo di sfondare nelle campagne. Guido Pianigiani, attivista fascista nonché segretario della federazione agricola cremasca, avrebbe ricordato che proprio l'associazione degli agricoltori iniziò «l'opera di preparazione dell'avvento del fascismo, colla propaganda scritta e orale, coll'elargizione di denaro ai primi nuclei audaci e coll'organizzazione di squadre di fascisti fra gli stessi figli degli agricoltori, che furono le prime camicie nere del cremasco»[230]. Nel cremonese, invece, Farinacci non disponeva ancora dell'appoggio degli agricoltori, ma basava la modesta forza del Fascio sulla simpatia dei ceti medi e sull'attivismo di intellettuali e del proletariato urbano[231].

Il clima nel quale si svolsero le elezioni amministrative di ottobre-novembre 1920 rimase invariato (anzi, gli scontri tra popolari e socialisti, nelle zone di "confine" accrebbero ulteriormente di intensi-

[225] «Il Paese», 4 dicembre 1920.

[226] «La Voce...» (22 novembre 1920) dava spazio alle dure proteste degli agricoltori: «È ora di finirla!, scriveva un agricoltore di Soresina, è ora che gli agricoltori comprendano che per por termine a questo stato di cose, tutte le trattative sono inutili, occorre un rimedio radicale», col settimanale che chiosava: «Abbiamo dovuto ridurre la corrispondenza, altrimenti saremmo stati ancora denunciati per istigazione a delinquere. Gli amici di Soresina sappiano che certe cose è meglio farle che scriverle...».

[227] Il 4 luglio, durante una conferenza di Farinacci, aderirono «seduta stante» al fascismo 30 soci, R. Bacchetta a U. Pasella, Crema 8 luglio 1920; al Fascio di Crema, comunque, almeno sino alla fine del 1920, non avevano aderito che una cinquantina di persone, Il Fascio di Crema a «Il Popolo d'Italia», Crema 11 settembre 1920, in Acs, Mrf, b. 27, fasc. *Crema*.

[228] G. Bianco a U. Pasella, Crema 17 settembre 1920, *ibidem*.

[229] «Domenica ci recammo dal conte Premoli a esporre il nostro programma e a domandargli un aiuto finanziario. Il conte non trovò nulla da eccepire e ci promise la sua cooperazione. Avrebbe provveduto per la consegna di lire 3.000 per adesso, e dopo tutto ciò che occorre. Si raccomanda la massima segretezza». G. Bianco a U. Pasella, Crema 23 ottobre 1920, *ibidem*.

[230] *La Federazione degli Agricoltori cremaschi*, «La Voce di Crema», 5 giugno 1926.

[231] «La Voce... del popolo sovrano», 11 ottobre 1920.

tà)[232], con la sola testata fascista a rintuzzare le punte polemiche e a criticare l'assenteismo borghese nonché l'occupazione del Partito socialista (e popolare) degli incarichi amministrativi e degli enti municipali (in un intreccio amministrazione pubblica, partito, cooperative e sindacati) che alimentava il dannoso clientelismo politico e la spesa pubblica[233]. I risultati dimostrarono comunque che l'elettorato, soprattutto quello dei ceti subalterni, le cui condizioni di vita erano realmente difficili, continuava a dare credito a chi sosteneva la necessità di nuovi assetti sociali e proponeva celeri trasformazioni istituzionali ed economiche, e confermarono la vittoria socialista: in 76 comuni su 133 il Psi ottenne la maggioranza (passando da 32.141 voti delle politiche a 42.332), con 10 mandamenti su 14 in maggioranza socialisti. I popolari si confermarono maggioranza in 4 mandamenti e in 53 comuni, con gli stessi voti delle politiche del '19 (ma i socialisti avevano fatto breccia in alcuni capisaldi bianchi...[234]), e i partiti del blocco democratico riportarono una severa sconfitta (la maggioranza solo in tre comuni). Cremona riconfermò larga maggioranza ai socialisti (9.510 voti contro i 5.315 dei combattenti), così come l'amministrazione provinciale risultò composta da 26 consiglieri socialisti, 13 popolari e un combattente[235].

Se «molti popolari erano stufi del migliolismo e tanti socialisti democratici non volevano seguire il massimalismo»[236], Farinacci indicò agli scontenti che le elezioni avevano posto fine alla liberal-democrazia e ridotto la lotta a tre forze: socialista, popolare e fascista, con quest'ultima in ascesa:

> I socialisti sono impensieriti del nostro sviluppo, della nostra audacia che, per citarti un esempio, il 4 novembre in seguito ad una nostra lettera ultimatum abbassavano sul municipio la bandiera rossa per issare quella tricolore. Dove maggiormente si verifica, diremo così, un'epidemia fascista è nei giovani delle scuole secondarie e anche di operai che hanno costituito una poderosa avanguardia. Come tu sai tutto il movimento fascista è stato sostenuto a nostre spese, così pure anche il giornale, diffusissimo nei paesi della provincia. Siamo verso

---

[232] Cfr. Acs, Mi, ps, 1920, b. 102, fasc. *Elezioni amministrative – Cremona*, nonché «L'Era Novella», 11 settembre 1920, «Il Popolo», 17 e 31 luglio, 11 e 18 settembre 1920 e «Corriere della Sera», 5 ottobre 1920.

[233] Cfr. «La Voce... del popolo sovrano», 17 ottobre 1920 e «Il Lavoro», 13 novembre 1920.

[234] *L'assalto e la difesa*, «La Provincia», 21 settembre 1920.

[235] «La Provincia», «Interessi Cremonesi» e «La Libera Parola» settembre-novembre 1920. A sindaco di Cremona venne eletto Tarquinio Pozzoli (già condannato per disfattismo ed esponente dell'ala comunista, maggioritaria nel capoluogo), e a presidente della Deputazione provinciale l'onorevole Garibotti.

[236] *Il partito degli eunuchi*, «Il Paese», 20 novembre 1920.

la fine d'anno e chiudiamo il nostro bilancio con circa 5 mila lire di disavanzo, cifra non certo rilevante se si consideri che abbiamo raccolto e speso 40 mila lire[237].

Un numero massiccio di nuovi aderenti era confluito nel Fascio, e i fascisti potevano riuscire a tenere la piazza e provare a sostituirsi allo Stato stesso:

> Le vittorie cartacee [dei socialisti] non ci possono impressionare; esse sono il frutto dell'ignoranza di quel bestiame tesserato che domani, come non risponderà all'appello dei suoi padroni, così mostrerà il sedere ad ogni eventuale azione fascista. [...] I fascisti, sebbene minoranza, si sono più volte sostituiti al governo imbelle e non hanno permesso agli ubriachi del verbo di Lenin di offendere la dignità del nostro paese. Noi siamo fermamente convinti che il fascismo, combattuto dai socialisti e dalla borghesia, riuscirà in breve ad imporsi in tutta Italia e ridare, con sano movimento, la disciplina tanto necessaria e salutare al paese. [...] Se domani, dopo la conquista del Comune, i socialisti volessero conquistare la piazza, [sappiano] che c'è della gente che non ha paura di uccidere e di morire[238].

Proprio la contrapposizione frontale e violenta fece convergere su Farinacci altri consensi, soprattutto di coloro che erano stati, sino ad allora, vessati e intimoriti non solo negli interessi personali ed economici, ma anche nel bagaglio morale e ideale[239]. Ciò avvenne in modo palese allorquando le leghe bianche ripresero l'intensa agitazione sindacale che portò, dopo il S. Martino del novembre 1920 e la scadenza del "patto di Parma", alla paralisi della produzione agricola[240]: si verificarono occupazioni di terre e sommosse spontanee, tanto che l'agitazione parve persino sfuggita di mano a Miglioli, e Farinacci, approfittò della grave situazione:

---

[237] R. Farinacci a U. Pasella, Cremona, 9 novembre 1920, in ACS, MRF, b. 27, fasc. *Cremona*.

[238] R. FARINACCI, *Più forti di prima* e *La prima seduta del consiglio*, «La Voce... del popolo sovrano», 1° e 15 novembre 1920.

[239] Farinacci definiva grottesca la posizione dei socialisti e dei popolari, i quali conquistavano i comuni non per amministrare, ma per fare opera di classe, aspiravano al mandato elettorale non per riformare lo Stato, ma per disfarlo, perseguivano il dominio delle province e delle piazze per spadroneggiarvi con settarietà e tumulto, e pretendevano che tutti subissero inermi e inerti ogni arbitrio e ogni sopruso. E se qualcuno avesse reagito e si fosse difeso, gridavano alla reazione. Come si poteva, concludeva Farinacci, dichiararsi per la rivoluzione, per la lotta, per la violenza, quando non appena si fosse trovato chi era disposto a opporsi con violenza e con forza simile si iniziava a gridare allo scandalo, invocando aiuto da quello stesso Stato che si voleva abbattere?

[240] Cfr. *Tutte le cascine del Cremasco sono state giovedì mattina occupate dai contadini*, «La Provincia», 13 novembre 1920.

La semina procede lentissima e la produzione del latte, che era la ricchezza della nostra provincia, è ridotta ad un quarto. Il governo non interviene, così col tacito consenso delle autorità politiche i contadini vanno commettendo ogni sorta di violenza, contro agricoltori e conduttori ai quali vien perfino negato il diritto di lavorare e produrre. È ora di "finiamola", se un governo non esiste, dobbiamo pensarci noi a sostituirci ad esso per salvare la produzione al paese. Agricoltori e contadini che hanno ancora del senno, hanno il dovere di unirsi e di far ritornare alla ragione le masse ubriacate, anche se contro di esse, per la loro stessa salvezza, si fosse costretti a ricorrere a mezzi violentissimi. [...] Urge costituire una forza che con sistemi più pratici abbia ad imporre il lavoro e il rispetto delle leggi[241].

Sulle prime il Fascio si limitò a minacciare l'«energico intervento» solo se l'agitazione avesse assunto carattere insurrezionale (ma l'appoggio esplicito alla causa del "libero lavoro" consentì a Miglioli di definire i fascisti «venduti all'agraria»), perché, come riconosceva Farinacci, il consenso intorno al Fascio era ancora quasi fittizio e «una brutta figura» rimediata in qualche manifestazione si sarebbe potuta rivelare «disastrosa» per il Fascio stesso. Anche per la costituzione dei Fasci in provincia[242] era necessaria la scorta di un camion di fascisti della città[243]. Solo con l'agitazione bianca, alla fine del '20, i militanti aumentarono e Farinacci (che rivendicava a sé lo sviluppo del fascismo, senza influenza di altri[244]), poté comunicare al Comitato centrale che gli occorrevano 1.500 tessere, ben oltre le aspettative[245], e scorrazzare senza più timori nei paesi a portare la propaganda del Fascio (entro la fine dell'anno costituì i Fasci di Pizzighettone, Soresina e Annicco[246]). Con la costituzione della potente Associazione proprietari di terreni, entrarono nel consiglio di amministrazione uomini simpatizzanti del fascismo (lo stes-

---

[241] [R. Farinacci] *È ora di "finiamola"*, «La Voce... del popolo sovrano», 29 novembre 1920.

[242] Prima della fine dell'anno vennero costituiti i Fasci di Soresina, Casalmaggiore e Robecco d'Oglio, importanti comuni in zone fortemente bianche e rosse; cfr. *Il movimento fascista in provincia*, «La Voce... del popolo sovrano», 13 dicembre 1920.

[243] Cfr. R. Farinacci a G. Marinelli e R. Farinacci a C. Rossi, Cremona, 13 dicembre 1920, in Acs, Mrf, b. 27, fasc. *Cremona*.

[244] «Conviene avvisare il Fascio di Crema che non si intrometta nella costituzione dei Fasci in provincia, perché quei giovani, troppo ragazzi, farebbero piuttosto male che bene»; R. Farinacci a G. Marinelli, Cremona 26 dicembre 1920, *ibidem*.

[245] R. Farinacci a U. Pasella, Cremona 30 dicembre 1920, *ibidem*.

[246] Secondo Farinacci occorreva tenere i nuovi Fasci in stretto collegamento con il Fascio cremonese (in sostanza con lui), perché altrimenti «non si sarebbero sviluppati». Il suo giudizio era altresì confortato dalla difficile situazione del Fascio cremasco, per il quale invocò più volte una inchiesta; R. Farinacci a U. Pasella, Cremona 6 gennaio 1921, *ibidem*.

so presidente Giovanni Bellini, il conte Cesare Calciati, Beniamino Groppali, fratello di Alessandro)[247], e «Il Paese» abbandonò la linea liberal-democratica: «Sì, il fascismo è sopraggiunto e ha detto basta! Benché ogni forma di violenza sia deplorevole sempre, la maggioranza degli italiani ha compreso che esso rappresenta la reazione alla prepotenza socialista, e l'unico sostegno dell'opinione pubblica indignata, che esso costituisce una libera milizia sorta alla difesa nazionale, a salvaguardia delle istituzioni dello Stato»[248].

L'Italia non era «dei bolscevichi né di quattro fessi migliolini, né di governanti imbelli», ma era dei fascisti, «pronti a difendere il frutto di Vittorio Veneto contro tutti e contro tutto, disposti a qualsiasi sacrificio»[249], scriveva Farinacci, le cui gesta vennero emulate dai giovani. Agli inizi del 1921, allorquando il Psi e il Ppi raggiunsero l'apice del consenso, iniziando anzi la graduale perdita di potere[250], il fascismo cremonese contava 2 mila iscritti (a Robecco passarono da 80 a 300 in due mesi); nuovi Fasci erano impiantati nei comuni maggiori, e Farinacci dovette faticare per tenere sotto controllo la presenza della componente agraria, che in non pochi casi utilizzava strumentalmente i Fasci[251]: gli agrari potevano dare il loro apporto al fascismo, ma senza condizionare la linea politica e, in ogni caso, non avrebbero avuto visibilità. Fino al 1922 Farinacci tempestò Pasella e Rossi affinché prendessero le distanze dai Fasci che «puzzava[no] un po' troppo di agraria» (e citava Padova e Crema[252]). Gli agricoltori cremaschi si lamentarono della politica farinacciana, non tardando a far sapere a Milano che i sindacati economici assumevano posizioni piuttosto estreme[253]:

Alcuni agricoltori della provincia, consoci dei Fasci, vengono a lamentarsi dell'atteggiamento assunto da voi nei confronti dell'agitazione agricola nel So-

---

[247] «Il Paese», 1° dicembre 1920.

[248] *"A noi!"*, «Il Paese», 25 dicembre 1920.

[249] *Nessuna minaccia arresterà la nostra marcia travolgente*, «La Voce... del popolo sovrano», 20 dicembre 1920.

[250] Alla fine del 1920 anche nel socialismo cremonese si verificò la spaccatura che portò alla scissione: su 3.200 iscritti i comunisti ottennero 1.000 voti congressuali nella federazione; cfr. «L'Eco del Popolo», 8 dicembre 1920; cfr. «Avanti!», 22 gennaio 1922.

[251] Nel 1921, Farinacci chiese al Comitato centrale l'invio di 700 tessere, salite poi a 1.500, per i Fasci della provincia (ad Annicco il Fascio contava 60 aderenti, a Pizzighettone 80, a Soresina 120, a Robecco d'Oglio 150, a Torre Picenardi 80, a Ostiano 100, a Tornata 50, a S. Giovanni in Croce 150, a Cella Dati 50 e a Derovera 40); R. Farinacci a U. Pasella, Cremona 18 gennaio 1921 e R. Farinacci a C. Rossi, Cremona 1° febbraio e 14 marzo 1921, in Acs, Mrf, b. 27, fasc. *Cremona*.

[252] R. Farinacci a C. Rossi, Cremona 3 febbraio 1921, *ibidem*.

[253] *L'agitazione agraria nel Soresinese*, «La Voce... del fascismo cremonese», 14 febbraio 1921.

resinese. Pare che il memoriale presentato dai Sindacati economici nazionali superi – non nelle rivendicazioni di carattere economico, ma nelle pretese di carattere morale e politico – lo stesso memoriale presentato da Miglioli, pare anzi Miglioli sia disposto ad accettarlo senza riserve[254].

La questione ebbe degli strascichi e costrinse Farinacci a un grosso impegno per isolare il malumore nel Fascio del capoluogo e costituire un nuovo direttorio nel Fascio di Crema, nel febbraio[255]. Ma in merito all'agitazione agraria, Farinacci non poteva che mediare, avendo gli agricoltori deciso di assumere una posizione rigida e guidando in prima persona, senza neppure la "copertura" fascista, violente controffensive contro i lavoratori[256]. Gli agricoltori e i conduttori si mostrarono sordi non solo agli inviti dell'autorità, ma anche ai consigli di Farinacci, e quando in primavera i fascisti presero a partecipare in maniera sempre più massiccia alla reazione agraria, le due forze cominciarono a confondersi, sebbene si trattasse – come ricordavano spesso gli editoriali de «La Provincia» – di due realtà diverse[257]. Poco importavano, allora, i richiami di Farinacci: «Il nostro socialismo sarà in quanto non sopprimerà l'individuo, riducendolo alle dimensioni e alle qualità di ape o di formica, ma in quanto saprà conciliare i due termini: individuo e collettività», quando maggior interesse suscitavano altre parole d'ordine secondo cui era necessario vincere definitivamente «la violenza bolscevica continuando a picchiar sodo, senza tanti complimenti»[258]; così affermò a Soresina:

---

[254] C. Rossi a R. Farinacci, Milano 4 febbraio 1921, in ACS, MRF, b. 27, fasc. *Cremona*.

[255] L'ispettore generale di PS al direttore generale della PS, Cremona 18 dicembre 1921, in ACS, MI, PS, 1921, b. 66, fasc. *Cremona* e *Un'importante Assemblea del Fascio cremasco*, «La Voce... del fascismo cremonese», 21 febbraio 1921.

[256] A dispetto degli accordi tra le organizzazioni delle parti, gli agricoltori non vollero corrispondere i compensi concordati (solo il 10% di essi si disse pronto a farlo), «sperando di costringere [i contadini] alla resa per fame». «Gli agricoltori non solo continuano a rifiutare il pagamento del lavoro ai contadini e pretendono che questi non debbano reagire, ma tengono in non cale anche le diffide dell'Autorità. Essi agiscono con deliberato proposito, come ne fanno fede le deliberazioni delle loro assemblee». Fatti molto gravi si ebbero a Trigolo, Paderno e Soresina, dove gli agricoltori, organizzatisi in gruppi numerosi, andarono nelle cascine a «fare giustizia sommaria», dichiarando di voler prolungare la lotta ad oltranza e di «valersi di qualunque mezzo e di ogni violenza»; il prefetto al Ministero dell'Interno, Cremona 26 gennaio 1921, in ACS, MI, PS, 1921, b. 66, fasc. *Cremona*.

[257] «Bande di contadini bianchi, armati di randelli e di rivoltelle, scorrazzano per Soresina, sotto i vigili e mansueti sguardi di numerose pattuglie di carabinieri, gridando: "Morte ai fascisti!". Sanno benissimo che i fascisti [nelle ultime violenze] non c'entrano affatto. Ma, mistificati da Miglioli, mistificano la verità, e si sfogano così contro gli agrari, confondendoli con i fascisti»; *Gravi incidenti a Soresina*, «La Provincia», 18 febbraio 1921.

[258] R. FARINACCI, *Babele socialista*, «Il Fascio», 11 dicembre 1920 e R. FARINACCI, *Promettemmo e mantenemmo, promettiamo e manterremmo*, «La Voce... del fascismo cremonese», 3 gennaio 1921.

Una volta in nessun paese ci era consentito di parlare in pubblico: oggi, organizzatici bene e disposti ad affrontare qualsiasi sacrificio pur di rintuzzare con maggiore violenza ogni violenza avversaria, possiamo liberamente manifestare ovunque il nostro pensiero e far trionfare quel principio di libertà per tutte le idee e per tutte le persone, per cui lottarono i migliori apostoli del socialismo [...]. Se in Italia oggi ogni minaccia insurrezionale è stata infranta, lo si deve al fascismo che pur contrariato da governi imbelli ha saputo reagire e ridurre all'impotenza coloro che volevano trapiantare in Italia il bolscevismo russo[259].

Nell'inverno del 1921 si ebbero numerosi e gravissimi scontri con morti e feriti a Ostiano, Tornata, Soresina, Robecco (Farinacci rischiò di essere accoltellato dai comunisti)[260], a conferma della forza socialista e popolare[261], ma il fascismo riuscì a sfondare in tutta la provincia. Alla fine di gennaio Farinacci tenne il congresso dei Fasci e organizzò le forze: 16 Fasci costituiti con 3 mila iscritti (ma il Fascio di Cremona, da solo, ne contava 1.000 e quello di Crema 700[262]): occorreva implementare la formazione di leghe di lavoratori aderenti alla Confederazione dei sindacati economici. Il fascismo cremonese era solido e disponeva di buoni mezzi (non ultimi i settimanali, «La Voce...», con 2.500 copie di diffusione, e il cremasco «Fascista!»); la composizione della Commissione esecutiva confermò il ruolo di guida di Farinacci, non figurando in essa nomi di rilievo ma solo di persone salite alla ribalta con i Fasci, rappresentanti locali del socialismo autonomo[263].

In questo periodo di crescita del fascismo Farinacci maturò la convinzione che la vita politica italiana si giocasse ormai soltanto sulla netta contrapposizione tra fascismo e antifascismo e che per la vittoria definitiva sarebbe stato necessario non scendere a nessun compromes-

---

[259] *Roberto Farinacci profana la mecca dell'on. Miglioli*, «La Voce... del fascismo cremonese», 10 gennaio 1921.

[260] *Un conflitto ad Ostiano*, *Un conflitto a Tornata tra fascisti e socialisti* e *Soresina: la malvagia aggressione pussista*, «La Voce... del fascismo cremonese», 17 gennaio, 31 gennaio e 21 febbraio 1921.

[261] In questa fase l'atteggiamento dell'autorità periferica dello Stato (in particolare del prefetto Lualdi) sulle questioni economiche e del lavoro, fu improntato a imparzialità; molti rapporti della Prefettura sottolineavano che gli scontri politici tra le parti maturavano in seguito alla notevole aggressività dei partiti, e non solo dei fascisti; il prefetto al Ministero dell'Interno, Cremona 29 gennaio e 5 febbraio 1921, in ACS, MI, PS, 1921, b. 95, fasc. *Cremona*.

[262] Cfr. «Fascista!», 26 marzo 1921.

[263] *Il Congresso dei Fasci della nostra Provincia*, «La Voce... del fascismo cremonese», 24 gennaio 1921 e *La grandiosa manifestazione fascista di Cremona*, «Il Popolo d'Italia», 26 gennaio 1921. Attenzione, oltre alle organizzazioni economiche, venne data alla propaganda: a coadiuvare Farinacci nella redazione del settimanale (che dall'inizio del '21 aveva mutato il titolo) tornò Paolo Pantaleo (rientrato dall'Aquila, dove si era trasferito nel '15), poi a lungo a fianco dell'amico.

so e mantenere purezza di principi e di idee. Convinzione teorica sempre perseguita con metodica costanza nella prassi politica dal giovane "ras", il quale se già per le elezioni amministrative dell'autunno 1920 aveva rotto i ponti con i «vecchi politicanti e le vecchie forze politiche radico-liberal-democratiche», similmente fece con l'Associazione nazionale combattenti di Cremona, anticipando un contrasto che tra fascismo e Anc sarebbe esploso nel 1924. Farinacci negò qualsivoglia capacità politica al pericoloso concorrente (che pescava nel medesimo bacino di reclutamento nel quale il fascismo attingeva a piene mani) e ne criticò l'incapacità operativa[264], fin quando nel febbraio 1921 giunse allo scontro aperto, riuscendo per molti aspetti a scompaginare l'Anc[265]. Farinacci temeva che la vecchia classe dirigente radical-democratica mettesse il cappello sull'Anc per sfruttarla politicamente (non a caso ai vertici dell'Anc cremonese si trovavano i ragionieri Fausto Dolfini, già segretario del Partito repubblicano e del Rinnovamento sociale, e Giulio Parietti, anch'egli esponente democratico)[266]; tra l'altro proprio in quei giorni una lista combattenti (dietro la quale c'era la democrazia) aveva ottenuto una facile vittoria nelle elezioni amministrative del comune di Ossolaro contro una lista socialista[267], e anche a Crema si era avuta la fusione della Lega patriottica e di Libertà e progresso, che organizzarono meglio la liberal-democrazia contro «la guerra civile del bolscevismo tricolore» e il «duplice sovversivismo, ormai riunito e concorde»[268]. Questi settori politici in un primo momento avevano sì guardato con simpatia al fascismo, ma nella primavera del 1921 ritenevano che esso, eliminato il pericolo rosso, avrebbe dovuto essere messo nell'angolo, accantonandone il bagaglio politico[269]. Identico atteggiamento di chiusura Farinacci ebbe anche verso la nuova forza liberale, la Difesa sociale (sostenuta nel febbraio del '21 da Remo Lanfranchi): soltanto il fascismo, scriveva Farinacci, aveva saputo meritare della causa nazionale e creare, «con sacrifici che nessuno poteva negare», una situazione diversa da quella della primavera dell'anno precedente; la parola dei vecchi partiti non trovava «risonanza alcuna nell'anima del

---

[264] *Le elezioni alla Combattenti*, «La Voce... del fascismo cremonese», 31 gennaio 1921 e *L'Assemblea ordinaria della sezione di Cremona*, «Il Combattente», 5 febbraio 1921.

[265] R. F[ARINACCI], *Al direttore del "Combattente"*, «La Voce... del fascismo cremonese», 14 gennaio 1921. Per la vicenda cfr. «Il Combattente», 12 e 26 marzo 1921 e «La Voce... del fascismo cremonese», 7 e 21 marzo 1921.

[266] Cfr. «L'Eco del Popolo», 5 marzo 1921.

[267] *Le elezioni amministrative ad Ossolaro. La significante vittoria dei Combattenti*, «Il Combattente», 23 aprile 1921.

[268] Cfr. *Presentazioni*, «Il Progresso», 5 marzo 1921. Nell'occasione si ebbe la fusione delle testate «Il Paese» e «Il Lavoro» e l'uscita del nuovo settimanale, «Il Progresso».

[269] *Il Fascismo*, «Il Lavoro», 15 gennaio 1921.

paese», e i democratici «non avrebbero più potuto dare alcun affidamento per il futuro?»[270].

L'atteggiamento incerto del governo (ministro dell'Agricoltura era il popolare Micheli), intanto, portò la radicalizzazione nell'agitazione agraria dell'alto cremonese; nell'impossibilità di ottenere il rispetto della legge e della giustizia, persino il democratico «La Provincia» espresse comprensione per chi reagiva con la forza alle imposizioni del movimento dei lavoratori[271]. Dopo le prime prese di posizione, il Fascio cremonese si propose come mediatore per risolvere la vertenza: Farinacci sostenne necessarie alcune concessioni ai contadini, per ricondurli alla "ragione"[272], e la proposta non poteva giungere in un momento migliore, visto lo scioglimento del Parlamento e l'indizione di nuove elezioni volute da Giolitti. Farinacci accolse con soddisfazione la possibilità di una nuova consultazione, convinto di presentare una lista fascista, ma la strada dell'intransigenza dovette cedere il passo alla realtà politica che consigliava, per volere di Mussolini, la necessità di intraprendere alleanze elettorali. Gli organi dirigenti provinciali fascisti designarono naturalmente Farinacci a candidato[273] e consensi alla sua candidatura giunsero pure dai socialisti riformisti, che riconobbero il ruolo positivo giocato dal fascismo («che per la sua potenza di irradiazione ideale ha attratto nell'orbita del suo movimento la parte più combattiva del riformismo militante») e decisero di accordarsi per la consultazione elettorale[274]. Qualche dubbio sulla sua inclusione nella lista del Blocco venne dai democratici (soprattutto dalla «Provincia»), mentre gli agrari e i liberali, pur non osteggiando il Fascio, andarono per proprio conto, approntando sia la candidatura di Giannino Ferrari (presidente della Federazione agricola cremonese), sia quella di Giordana, direttore dal 1917 del quotidiano «L'Epoca» di Roma, ma nativo di Crema. Nella lista del Blocco, per la provincia di Cremona, trovarono posto anche Pietro Montanari e l'anziano Ettore Sacchi. La candidatura di Farinacci, invece, giunse quasi a sorpresa e a conclusione delle trattative, perché dovendo inserire l'ultimo nome, non ci fu l'accordo sul liberale avvocato Piazza, sì che proprio i socialriformisti, te-

[270] Cfr. «La Voce... del fascismo cremonese», 21 e 28 febbraio 1921.

[271] *L'agitazione agraria*, «La Provincia», 18 febbraio 1921.

[272] *La questione agraria nel Soresinese*, «La Voce... del fascismo cremonese», 11 aprile 1921.

[273] *I Fasci della Provincia aderiscono al Blocco,* «La Voce... del fascismo cremonese», 18 aprile 1921.

[274] Del resto a reggere la struttura socialriformista erano rimasti tre antichi compagni e amici di Farinacci, Montanari, Francesco Cottarelli e Luigi Filippini; *Convegno di socialisti riformisti*, «La Voce... del fascismo cremonese», 11 aprile 1921.

mendo una lista sbilanciata a destra, proposero Farinacci[275].

Il fascismo perseguì con i suoi metodi la propria campagna e Farinacci la personalizzò alquanto[276]: se nei primi dell'anno, le squadre di Cremona uscivano dalla città per le spedizioni con un camion, nell'aprile i camion divennero quattro. Era Farinacci in persona, sempre il primo a gettarsi nella mischia e a cercare lo scontro col "nemico", a guidare le spedizioni (e la campagna elettorale servì anche a intensificare l'espansione dei Fasci, sì che furono costituiti Fasci nei comuni del "rosso" casalasco[277]). Già «Interessi Cremonesi», la veterana testata, nel gennaio del '21 aveva affermato che «per far cessare le manifestazioni fasciste sarebbe stato sufficiente allontanare da Cremona una sola persona...»[278], e a quelle parole avevano fatto eco tutti gli altri organi di stampa. Del resto Farinacci non si nascondeva dietro un dito, e rivendicava invece la necessità, il diritto della violenza fascista, questa – ripeteva su «La Voce...» – «si contiene nelle linee della ritorsione giustificata. Certo è che il ripetersi di agguati, impone ai fascisti il duro compito della più vasta rappresaglia. Su questo terreno i comunisti saranno dispersi e schiantati». La violenza fascista doveva conservare i caratteri di «una bisogna ingrata», ma alla quale era indispensabile sottoporsi finché «certe condizioni di fatto non fossero cambiate»[279]. I socialisti apparvero i primi a essere posti sulla difensiva, e lo stesso Garibotti fu costretto a intraprendere la strada della "pacificazione" e a chiedere, per le continue provocazioni fasciste, l'aiuto e l'intervento delle autorità locali, quelle stesse autorità che sino a qualche mese prima il deputato del Psi avrebbe voluto sovvertire[280]. In molte circostanze gli scontri tra le parti furono di notevole entità e ferocia, quasi azioni di "guerra"[281], ma la

[275] «E così in un convegno, di tre persone, ci fu chi propose il nome di Farinacci. Era una candidatura di ripiego, quasi burlesca, alla quale invano chi scrive queste note si oppose»; G. Cremonesi, *Voci e moniti della vecchia Italia*, cit., p. 216.

[276] Farinacci non si disse entusiasta di «lottare in nome di un blocco variopinto ed eterogeneo di programmi e di interessi», ma era necessario per opporsi alla «reazione bolscevica, [...] per difendere le minacciate posizioni della civiltà». Vinto il «socialpussismo», riavviata la Nazione sul «suo binario normale, il blocco dei partiti non avrà più ragione d'essere e ciascuno riprenderà la sua caratteristica specifica, [...] il fascismo la sua particolare funzione di animatore degli interessi nazionali e particolarmente del proletariato, distinguendosi da tutti gli altri partiti e classi sociali»; «La Voce... del fascismo cremonese», 25 aprile 1921.

[277] «La Voce... del fascismo cremonese», 2 maggio 1921.

[278] Cfr. «Interessi Cremonesi», 31 gennaio 1921.

[279] *Un monito agli avversari, un dovere per noi*, «La Voce... del fascismo cremonese», 25 aprile 1921.

[280] G. Garibotti al sottosegretario del Ministero dell'Interno, Treviglio 18 aprile 1921, in Acs, Mi, ps, 1921, b. 95, fasc. *Cremona*.

[281] Se ancora aggressiva appariva l'azione comunista, quella socialista aveva ripiegato sicuramente su una linea difensiva; cfr. «L'Eco del Popolo», 16 febbraio, 2 e 23 marzo, 4 maggio 1921.

forza pubblica non era in grado di controllare la situazione e l'ordine, non solo per le continue scorribande che venivano fatte in provincia da parte di fascisti forestieri difficili da prevenire, ma anche per l'audacia con la quale i fascisti cremonesi conducevano ormai la loro azione: essi si dichiaravano la «forza, l'autorità della Nazione», e così sostennero anche quando il 3 maggio invasero l'aula consigliare di Cremona, chiedendo le dimissioni della giunta[282]. E l'attacco stava a significare che il tiro si spostava dai partiti alle istituzioni[283]. Nei suoi giri di propaganda Farinacci (accompagnato dall'amico Montanari) ricordava che il fascismo aveva consentito la possibilità di parlare a tutti, stava sbaragliando le forze antinazionali e avrebbe fatto per il proletariato quello che i «pussisti non avevano mai fatto in venti anni di propaganda rivoluzionaria», non era al servizio «di nessun padrone, ma della Nazione soltanto, per difenderla dai suoi nemici interni». La strada era segnata, così terminava spesso Farinacci i suoi comizi (spesso invero assai affollati)[284], si doveva «ritornare al socialismo bissolatiano, in cui lavoro, nazione e proletariato si integrano in perfetta armonia»[285]. E mentre Farinacci parlava in nome di Bissolati, le colonne del suo quotidiano si aprivano alla commemorazione «dell'apostolo del socialismo», e gli amici Pantaleo e Groppali si affannavano a spalleggiarlo facendo la medesima propaganda per cui «i capisaldi del socialismo riformista conciliavano con quelli del fascismo, poiché l'uno e l'altro agivano per elevare il proletariato liberandolo dai suoi falsi pastori e dandogli il senso della realtà delle cose entro cui deve muoversi l'evoluzione sociale». «Bisogna tornare all'antico, al socialismo riformista, concludeva Farinacci, battendo nuove vie. Queste vie sono tracciate dal fascismo che è movimento per ripristinare il diritto alla libertà, per aiutare il proletariato a conquistare i suoi diritti attraverso il dovere, l'educazione, lo sviluppo di tutte le sue capacità»[286]. La previsione di Farinacci che il fascismo fosse «solo contro tutti» parve confermata anche dalle comunicazioni prefettizie, secondo le quali Miglioli, Sacchi e Ferrari si organizzavano per sottrarre consensi al candidato fascista[287]. Ma le quotazioni dei candidati ministeriali apparvero subito in netto declino, già

---

[282] Il prefetto al ministro dell'Interno, Cremona 4 maggio 1921, in ACS, MI, PS, 1921, b. 95, fasc. *Cremona.*

[283] *E la democrazia di Ettore Sacchi incoraggia...*, «Avanti!», 7 maggio 1921.

[284] Cfr. «La Voce... del fascismo cremonese», 2, 5 e 9 maggio 1921.

[285] *Imponenti manifestazioni fasciste nei paesi della provincia*, «La Voce... del fascismo cremonese», 2 maggio 1921.

[286] *Elettori! Tutti alle urne per la difesa delle libertà*, «La Voce... del fascismo cremonese», 15 maggio 1921.

[287] Il prefetto al capo Gabinetto del presidente del Consiglio, Cremona 15 aprile 1921, in ACS, MI, PS, 1921, b. 86, fasc. *Cremona.*

all'apertura della campagna, tanto che l'offerta di Sacchi per risolvere il conflitto agrario venne declinata, e gli agricoltori si concentrarono su Ferrari; la candidatura di quest'ultimo e la rottura delle trattative resero «furibondo Miglioli, l'unico che [poteva] validamente aiutare Sacchi», che intensificò le ostilità contro gli agrari. Ma Miglioli tornò sui suoi passi e, pur di impedire la riuscita di Farinacci e di Ferrari, assicurò «importante aiuto (varie migliaia di voti aggiunti) a Sacchi»[288]. Nessuno, né l'autorità locale, né gli attenti osservatori politici del tempo (anzi, era opinione diffusa che la candidatura avrebbe bruciato il segretario del Fascio), avrebbero pensato a un successo di Farinacci; soltanto i socialisti avevano ipotizzato che la possibile vittoria di Farinacci avrebbe messo fuori gioco il vecchio ceto dirigente[289]. In effetti il consenso che Farinacci aveva in molte zone del collegio non era così coartato, come dicevano popolari e socialisti, ma era reale[290]. Affascinava particolarmente gli elettori, riconobbero i suoi avversari, quel senso di protezione con cui Farinacci tutelava i suoi squadristi, i suoi giovani militanti, assumendo sempre su di sé, in prima persona, colpe ed errori, conseguenze e responsabilità. Il professore Aurelio Saragat, già anch'egli socialista, al seguito della campagna elettorale di Farinacci, ne tracciò un profilo che bene rifletteva i sentimenti quasi mistici con cui molti sostenitori guardavano al capo:

> Socialista è Farinacci, nell'intimo, e non pochi dei suoi migliori compagni. Egli non nasconde le proprie origini: se ne gloria dinnanzi al popolo, che lo acclama con entusiasmo. Vi è in Farinacci qualche cosa che affascina [...]: il suo sguardo, il suo cipiglio imperioso, aggressivo, un po' guascone lo rendono gradito ai giovani. Piace alle donne, un po' perché è Farinacci e molto per la sua baldanza moschettiera [...]. E piace alle plebi. La sua eloquenza imperfetta, ancor grezza, prorompe dal suo cuore e avvince per la sua spontaneità. [...] Questa battaglia elettorale è la sua scuola. [...] Farinacci è dotato d'un acutissimo intui-

---

[288] Il prefetto al sottosegretario del Ministero dell'Interno, Cremona 20 aprile e 7 maggio 1921, *ibidem*.

[289] I socialisti previdero la fine della democrazia e del liberalismo cremonesi, perché la «presenza nella lista di Farinacci avrebbe catalizzato tutti i voti dei giovani: «i vecchi uomini della democrazia cremonese, i Lanfranchi, i Piazza, i Ferrari, sono un nulla di fronte al giovane candidato fascista. Se i democratici e gli agrari contano ancora qualche cosa possono scendere in campo con una lista propria e vantare così, almeno, una fine più onorata!»; *Il candidato fascista*, «L'Eco del Popolo», 16 aprile 1921. I socialisti confidavano inoltre che «la violenza fascista [sarebbe] passata perché la borghesia dovrà essa stessa temerla». A conferma di un atteggiamento passivo dei socialisti nei confronti della "reazione" fascista: «contro le scorribande avversarie occorreva rimanere sulla assoluta difensiva. Nessuna provocazione e nessuna viltà»; «L'Eco del Popolo», 20 aprile 1921.

[290] G. Pianigiani a R. Farinacci, Crema, 22 luglio 1921, in ACS, Fondo Roberto Farinacci [FRF], b. 32, fasc. *Pianigiani*.

to, d'una percezione mirabile, estremamente rapida della realtà. È un lottatore, nel corpo e nello spirito, temperato alla lotta in ogni sua fibra [...]. Farinacci è nato oratore. La fortuna gli ha largito pregi che affascinano e travolgono le folle. Attendiamo da lui grandi cose, poiché egli può far molto, e perché appartiene a quei pochissimi – nel campo politico – che combattono in prima fila come i cavalieri antichi, espongono il proprio petto e pagano di persona. Oggi egli marcia in cadenza, serrafile a sinistra, come un sergente in marcia al plotone fascista, pei vietati covi dei rossi, nella polvere delle strade padane: domani sarà all'avanguardia di quel nucleo parlamentare dal quale noi attendiamo la salvezza e la fortuna d'Italia[291].

Così, quando giunsero al comitato elettorale del Blocco i primi risultati delle sezioni di campagna, molti amici di lista pensarono a qualche errore[292]...

[291] A. SARAGAT, *Roberto Farinacci,* «La Voce... del fascismo cremonese», 9 maggio 1921.

[292] R. FARINACCI, *Squadrismo. Dal mio diario della vigilia, 1919-1922*, cit., p. 82.

II

FASCISTA INTRANSIGENTE

A dispetto delle previsioni giolittiane, i risultati elettorali, pure in provincia di Cremona, confermarono la forza del Psi (40% dei voti): non soltanto il Partito aveva tenuto le posizioni del '19, ma, considerando la scissione comunista (10%), aveva persino guadagnato[1]. Bene aveva retto il Ppi (20%), che, nonostante contrasti con i moderati mantovani, aveva riconfermato Miglioli con 11.000 preferenze[2]. I candidati ministeriali, invece, andarono incontro a una severa sconfitta e ciò essenzialmente per il successo dei fascisti[3], Carlo Buttafochi (a Mantova) e Farinacci, entrambi con 14.300 preferenze[4]. Il consenso ottenuto da quest'ultimo nel cremonese risaltava nei confronti con gli altri candidati (Ferrari 12.393 preferenze, Miglioli 10.760, Cazzamalli e Garibotti 18.268 e 10.345), e per i 4 mila voti del mantovano, a conferma di una notorietà raggiunta[5]. Se il Blocco aveva aumentato di 8 mila voti i consensi in provincia di Cremona ed era maggioranza in 16 comuni, apparve chiaro che quei voti erano fascisti. Le proporzioni della vittoria di Farinacci assunsero maggior significato perché gli agrari non avevano appoggiato il fascismo: nel cremasco avevano puntato su Giordana (6.029 preferenze) e Ferrari (2.458), e Farinacci ottenne nel circondario solo 470 preferenze (la metà di Sacchi)[6].

---

[1] Il Psi passò da 32.151 voti a 31.810 e il Pcd'I ottenne 8.117 voti; i deputati socialisti cremonesi ottennero la conferma e nella provincia il Psi rimase maggioranza in almeno una sessantina di comuni, il Pcd'I in una dozzina; «Il Progresso», 21 maggio 1921.

[2] In realtà la posizione del Ppi parve, a dispetto delle apparenze, come la più scossa: se nel collegio aveva tenuto (20.520 voti al Ppi e 11.863 ai Popolari dissidenti, rispetto ai circa 29.000 voti del '19 nei due collegi provinciali), nel cremonese il partito aveva perso la maggioranza in 15 comuni; «L'Era Novella», 22 maggio 1921.

[3] Nel commentare la vittoria fascista e di Farinacci, Lualdi addossò la colpa a Miglioli: «insuccesso [di Sacchi] dipende da contegno on. Miglioli che a governo e a me aveva promesso varie migliaia di voti aggiunti a Sacchi e ne ha dati meno di duecento, mentre Sacchi con forze proprie era riuscito superiore di duemila voti ogni più rosea previsione»; il prefetto al sottosegretario del Ministero dell'Interno, Cremona 17 maggio 1921, in Acs, Mi, ps, 1921, b. 86, fasc. *Cremona*.

[4] Ministero dell'Economia Nazionale, *Statistica delle elezioni generali politiche per la xxvi legislatura (15 maggio 1921)*, Roma, 1924, p. 88.

[5] «La Provincia», 19 e 20 maggio 1921.

[6] *Un caso di onestà politica*, «Il Progresso», 21 maggio 1921.

Il primo commento di Farinacci alla vittoria elettorale fu che col fascismo aveva «vinto la ragione sulla follia, la realtà sull'illusione, il concetto di un socialismo possibilista, sulle illusioni dell'estremismo e del destrismo massimalista»[7]. Ma lo scontro civile in atto da tempo sul territorio si intensificò notevolmente nel dopo elezioni e si verificarono atti insurrezionali a Cremona e in altre località dove l'aggressività social-comunista parve alimentare una controffensiva[8]. Del resto, a dispetto delle polemiche ideologiche tra Psi e Pcd'I[9], i militanti non avevano percepito la divisione e Attilio Boldori, vice presidente del Consiglio provinciale, ricordava che la «scissione era artificiosa, perché nella provincia di Cremona nessuno [poteva] riscontrare sostanziali differenze di metodo e di tattica fra noi [Psi] e il Pcd'I, eccetto una differenza di tonalità verbosa»[10]. Nel cremasco gli scontri tra popolari e fascisti (venne coinvolto anche Miglioli[11]) si accesero già il giorno delle elezioni ed ebbero vette di particolare ferocia: Bianco, nel chiedere aiuto al Comitato centrale, denunciava quanto Farinacci sosteneva da tempo, e cioè che «migliolini e socialisti si erano alleati per seppellire il nostro movimento» e che le autorità di PS del cremasco erano controllate da Miglioli[12]. Nel capoluogo lo scontro politico trascese e il 16 maggio si ebbero violenze gravissime (i fatti più sanguinosi alla Cooperativa braccianti), un lungo conflitto a fuoco e l'intervento dell'esercito, spalleggiato dai fascisti: dopo due giorni di conflitti (2 morti, 20 feriti, 181 arresti) la situazione tornò normale[13]. In altri paesi, dove i social-comunisti avevano tenuto, i fascisti furono in difficoltà e non ebbero la me-

---

[7] *La nostra vittoria*, «La Voce... del fascismo cremonese», 18 maggio 1921.

[8] «La Voce... del fascismo cremonese», 15 maggio 1921 e «Corriere della Sera», 18 maggio 1921.

[9] Cfr. «L'Eco dei Comunisti», 19, 26 febbraio 1921, «L'Eco del Popolo», 4 giugno 1921 e «Il Combattente», 11 giugno 1921.

[10] «L'Eco del Popolo», 20 aprile 1921.

[11] Miglioli venne aggredito in due circostanze, ma in realtà la confusione era grande e, quasi sempre, l'atteggiamento agrario era assai più radicale di quello fascista: furono i sostenitori di Ferrari ad assoldare, spesso, alcuni squadristi. In una occasione Miglioli, mentre si recava in auto da Soresina a Cremona, venne aggredito e bastonato da un gruppo di agricoltori, che poi rivendicarono l'azione; il prefetto al Ministero dell'Interno, Cremona 15 maggio 1921, in ACS, MI, PS, 1921, b. 86, fasc. *Cremona*.

[12] Il prefetto al Ministero dell'Interno, Cremona 27 maggio 1921, in ACS, MI, PS, 1921, b. 86, fasc. *Cremona* e G. Bianco a U. Pasella, Crema 17 maggio 1921, in ACS, MRF, b. 27, fasc. *Crema*.

[13] *Un complotto rivoltoso dei comunisti. Cruenti conflitti a Porta Mosa e in via Paderna*, «La Provincia», 17 maggio 1921, «Avanti!», 19 maggio 1921 e la relazione del prefetto al Ministero dell'Interno, Cremona 25 maggio 1921, in ACS, MI, PS, 1921, b. 86, fasc. *Cremona*. In quelle giornate si distinse nell'opera di ristabilimento dell'ordine pubblico anche un maresciallo del 4° rgt. di artiglieria, Riccardo Sanipoli, che sarebbe dopo poco diventato una sorta di guardia del corpo o di segretario personale di Farinacci.

glio negli sporadici scontri verificatisi a margine dello sciopero generale provinciale del 17 maggio (Stagno Lombardo, San Daniele Ripa Po e Sesto Cremonese)[14].

L'attacco alle organizzazioni sindacali e politiche avversarie era d'altra parte ritenuto da Farinacci «una benefica necessità, perché esse erano venute meno al loro fine: lo avevano anzi tradito, [perché] si erano trasformate in covi di vera delinquenza politica», per questo l'azione del fascismo doveva rimanere sul terreno pratico e favorire la conciliazione di lavoro, capitale e produzione, nel «supremo interesse della Nazione»[15]. Sulla falsariga di questi propositi, a giugno Farinacci avanzò alla Federazione agricola e alla Federazione dei contadini una proposta per comporre l'agitazione contadina dell'alto cremonese. Piuttosto contrariata l'Agraria (a conferma della distanza col fascismo), la manovra ebbe il plauso delle organizzazioni bianche, e l'8 giugno venne firmata la tregua[16]. L'accordo prevedeva la cessazione delle agitazioni, la paga dei contadini, la sospensione di ogni vertenza legale e, soprattutto, la costituzione di una commissione arbitrale di tre esperti, che avrebbe dovuto procedere entro il 10 agosto alla compilazione del nuovo concordato, sulla base della abolizione del salariato e della introduzione del contratto e compartecipazione con controllo contabile[17]. La commissione, presieduta dal valente agronomo Antonio Bianchi, emise il 10 agosto il lodo arbitrale, accogliendo in sostanza la tesi dei lavoratori: con esso l'agricoltore cessava di essere il classico proprietario e veniva retribuito in funzione della sua qualità di direttore di azienda e avrebbe ricevuto un guadagno dal suo capitale. Il contadino avrebbe partecipato all'amministrazione dell'azienda attraverso il controllo di suoi rappresentati, acquisendo così il diritto-dovere di partecipare al capitale, agli utili e alle perdite aziendali[18]. La situazione nelle campagne, così, si capovolgeva a vantaggio dei contadini perché questi avrebbero potuto espropriare, in tempi più o meno lunghi, gli agricol-

---

[14] Cfr. «La Voce... del fascismo cremonese», 5 settembre 1921.

[15] *I fieri proponimenti pussisti* e *L'agitazione degli statali*, «La Voce... del fascismo cremonese», 30 maggio 1921.

[16] Il prefetto al Ministero dell'Interno, Cremona 5 giugno 1921, in ACS, MI, PS, 1921, b. 66, fasc. *Cremona*. Il Ppi e Miglioli approvarono la politica fascista, che aveva permesso di prendere tra due fuochi gli agrari, riconoscendo a quel fascismo «intelligenza e dignità rivoluzionarie»; cfr. «L'Azione», 23 luglio 1923.

[17] *L'efficace intervento fascista nell'agitazione del Soresinese*, «La Voce... del fascismo cremonese», 13 giugno 1921. Per Farinacci si trattò di un grande successo personale, che gli consentì di mostrare l'equidistanza tra l'ala oltranzista agraria e il movimento contadino; cfr. «La Sentinella Agricola», 16 ottobre 1922.

[18] Il testo del lodo arbitrale e il contratto di lavoro, in A. ZANIBELLI, *Le Leghe "bianche" nel cremonese*, cit., pp. 110-133.

tori che non avessero ritenuto utili agli effetti della direzione aziendale. Il diritto di proprietà era stato intaccato, irrimediabilmente: il lodo Bianchi venne salutato con entusiasmo dai contadini e Miglioli condusse a Soresina, a parlare a diecimila lavoratori, don Sturzo[19]. Ciò spinse gli agrari a una maggior coesione e alla ricerca di una strada diversa da quella sino ad allora battuta: la salvaguardia del concetto della proprietà individuale era un principio dal quale nessun agricoltore avrebbe mai potuto derogare. Per Farinacci il lodo Bianchi non era una «grande risoluzione», perché nella portata giuridica il contratto di interessenza segnava «un passo indietro di fronte alle consuete forme di compartecipazione agli utili attuate nel cremonese»[20].

L'estate del '21 si rivelò importante per Farinacci, la cui dimensione politica ascese a livello nazionale: appoggiò infatti le affermazioni di Mussolini sulla tendenzialità repubblicana del fascismo e l'invito al gruppo parlamentare per l'astensione dalla seduta reale di inizio legislatura. Pur con qualche malumore nel Fascio di Cremona[21], sostenne che il fascismo doveva porsi al di sopra di ogni pregiudiziale dinastica o forma di governo, perché la questione del regime era subordinata agli interessi morali e materiali presenti e futuri della Nazione, intesa nella sua realtà e nel suo divenire storico[22]. I Fasci, sostenne, dovevano muoversi sul terreno pratico e non interessarsi «del problema metafisico della miglior forma di Stato»; seppure la monarchia rappresentasse «un regime superato nei fatti», le istituzioni erano tuttavia ancora così elastiche da permettere ogni audace innovazione sia nell'ambito politico come in quello economico, per cui era inutile pensare alla questione del regime[23]. Anche sull'atteggiamento da tenere nei confronti di Giolitti, Farinacci condivideva Mussolini, e cioè il fascismo, «che non aveva apriorismi dogmatici», avrebbe dovuto valutare l'eventuale programma dell'esecutivo e discutere se rispondente alle «necessità dell'ora»[24]. Al

---

[19] Cfr. *ibidem*, pp. 138-141.

[20] *Il nuovo contratto agrario del Soresinese*, «La Voce... del fascismo cremonese», 22 agosto 1921.

[21] Farinacci disse: «Non bisogna pensare che il fascismo si metta subito all'opera per costituire la repubblica. Oggi dalla maggioranza del paese non si vuole la repubblica, segno questo che la monarchia è ancora adatta per il popolo italiano. Ebbene il fascismo non è contro la monarchia; solo quando, per tutelare gli interessi della nazione e garantirne l'avvenire, si appalesasse necessario un cambiamento di regime, i fascisti si appronteranno a questa eventualità, ma in base a valutazioni concrete e senza lanciare la nazione in una catastrofe rivoluzionaria». La discussione mostrò che la maggioranza era contraria alla posizione di Mussolini; cfr. *Il fascismo cremonese contro la monarchia*, «L'Eco del Popolo», 1° giugno 1921.

[22] R. FARINACCI, *Chiarimento*, «La Voce... del fascismo cremonese», 30 maggio 1921.

[23] Cfr. «La Sera», 27 maggio 1921.

[24] *Fascismo e repubblica. Un'intervista e un'assemblea*, «La Provincia», 28 maggio 1921.

Comitato centrale dei Fasci, a Milano, il 2 giugno difese la linea di Mussolini, perché – sostenne – «quando non si tratta di spostamenti alla linea del programma, la libertà deve essere piena per tutti di manifestare il proprio pensiero». Sconfessata dai deputati la posizione di Mussolini, Farinacci ritenne invece dover essere sempre il movimento a dare le direttive, a tutti gli iscritti e quindi anche ai deputati, pena l'espulsione dai Fasci[25]. Con rigidità e con disciplina assoluta, del resto, Farinacci controllava il fascismo cremonese (sebbene le cariche interne e le decisioni fossero stabilite con procedimento democratico) e il suo sviluppo (45 Fasci, 8.000 iscritti[26]), notevole, nelle campagne, era sempre sostenuto dalla costituzione di leghe contadine, «per avviare la riedificazione, perché il bolscevismo sarebbe stato schiacciato soltanto quando le campagne saranno conquistate dal fascismo»[27]:

> La nostra forza si radica nella campagna: dal contado ci vengono le squadre più belle, più compatte, più entusiaste, più pure d'ogni taccia utilitarista. [...] Oggi che la fase insurrezionale è vinta, senza dimenticare il merito dei veterani cittadini, occorre decentrarsi, dissolvere le oligarchie e le distinzioni pretoriane, dare alla campagna quel primato – nell'organizzazione e nell'azione nostra – che le compete per l'entità e la qualità delle sue forze[28].

Nelle campagne le spedizioni squadriste erano spietate, brutali in molte circostanze, tese a seminare il terrore – come ripeteva «La Voce...» – nel campo avversario[29], in una serie di attentati e di vendette, di rappresaglie e di spedizioni, nella quale trovarono la morte diversi militanti, con la spirale di violenza che pareva autoalimentarsi quotidianamente[30]. Dopo l'uccisione di un fascista a Gussola, Farinacci alzò il tiro, sostenendo che «a ogni minima provocazione avversaria non più le cooperative devono essere distrutte, ma le case dei principali colpe-

---

[25] Nella discussione per la costituzione del gruppo parlamentare fascista, Farinacci tornò sull'argomento e protestò contro i neo deputati, perché «non erano [loro] che dovevano indicare la strada da seguire, era il Comitato centrale che, eletto dal Congresso, doveva dare la direttiva per l'azione del gruppo parlamentare: chi non voleva aderire era libero di mettere a disposizione il proprio mandato»; cfr. «Il Popolo d'Italia», 3 e 4 giugno 1921.

[26] Nel paese solo le federazioni di Bologna, Milano e Trieste vantavano un'organizzazione numericamente più consistente della cremonese, nell'estate del '21; R. De Felice, *Mussolini il fascista. I. La conquista del potere, 1921-1925,* Einaudi, Torino, 1968, p. 8.

[27] *La costituzione della federazione provinciale fascista*, «La Voce... del fascismo cremonese», 27 giugno 1921.

[28] *L'imponente manifestazione di domenica*, «La Voce... del fascismo cremonese», 25 luglio 1921.

[29] Cfr. «La Voce... del fascismo cremonese», 13 giugno 1921.

[30] Acs, Mi, ps, 1921, b. 95, fasc. *Cremona*.

voli e le teste di coloro che [avevano] creato questa gravissima situazione»[31]. Il fascismo non era responsabile di quella «guerra civile», concludeva, per cui non avrebbe disarmato, ma sarebbe andato «fino in fondo, deciso a tutto, deciso a conquistare e a consolidare la libertà per i fascisti e per tutti»[32]. Le squadre d'azione cremonesi divennero famose oltre la Valle padana, per la loro efficienza, ferocia e organizzazione; e fecero di Farinacci, che considerava le squadre il nerbo migliore del fascismo, il mentore e il difensore dello squadrismo, anche negli anni avvenire[33].

Allorquando Mussolini, il 21 giugno, avanzò l'ipotesi di una sorta di pacificazione con gli avversari, onde scongiurare il pericolo di un isolamento politico del fascismo, a livello provinciale la svolta non venne recepita, anzi dalla base del movimento si ebbe aperta opposizione[34]. Farinacci rimase alquanto interdetto, proprio perché in quei giorni stava sperimentando – anticipando ancora una volta le direttive del capo – un antesignano patto di pacificazione locale con i social-comunisti. Il 14 giugno 1921, due settimane prima dell'ipotesi mussoliniana, nel municipio di S. Giovanni in Croce, popoloso comune del casalasco a maggioranza socialista, fascisti e avversari giunsero a un accordo di pacificazione[35]. Farinacci avallò quel patto, in cui «i rappresentanti socialisti e comunisti assum[evano] impegno di non provocare disordini né eccitare le masse all'odio di classe»; anche i fascisti si impegnavano a sospendere spedizioni qualora il Fascio non fosse stato provocato[36]. Ma Farinacci era consapevole, a dispetto dei proclami, che la battaglia era ancora lungi dall'essere conclusa, in considerazione del consenso che socialisti e popolari godevano ancora, e che sarebbe bastato allentare un po' la presa per vedere ribaltate le posizioni. Nella critica

[31] *I nostri morti chiedono a Dio e agli uomini vendetta!*, «La Voce... del fascismo cremonese», 20 giugno 1921.

[32] *Invocazione alla pace*, «La Voce... del fascismo cremonese», 4 luglio 1921.

[33] Non a caso sarebbe spettato a Farinacci scrivere la voce *Squadrismo*, nel *Dizionario di politica* (a cura del Partito nazionale fascista), Roma, 1940, p. 346: «Invero nessuno può intendere il canto *Giovinezza*, se non rievoca quei tempi, e non vede come in sogno, questi ragazzi, sfilare; se non li ricorda in quell'atteggiamento di fierezza prepotente, gioiosa, sicura di sé, impavida, apparire su tutte le vie e le piazze d'Italia, sulle strade polverose, isolati dall'odio e dal malanimo, dalla calunnia e dal vituperio di tutti, e avventarsi dove c'è un caduto da vendicare o un dominio di violenza e di paura da distruggere; se non li sente ancora cantare, gettando alla morte imminente, ignoti e sdegnosi, il loro grido di sfida».

[34] E. Gentile, *Storia del partito fascista, 1919-1922. Movimento e milizia*, Laterza, Roma-Bari, 1989, pp. 257 e sgg.

[35] Nello stesso periodo vennero concordati altri locali «compromessi di rispetto vicendevole» tra partiti (a Robecco d'Oglio, per esempio); il prefetto al Ministero dell'Interno, Cremona 28 luglio 1921, in Acs, Mi, ps, 1921, b. 95, fasc. *Cremona*.

[36] Cfr. «La Voce... del fascismo cremonese», 20 giugno 1921.

all'atteggiamento difensivo e legalitario degli avversari, Farinacci coglieva nel segno: ai migliolini rinfacciava di predicare contro la violenza solo dal momento in cui erano loro a subirla, e che, quindi, non avevano titoli per parlare di pacificazione[37]; i socialisti «predicavano tolleranza e rispetto», mentre sino a qualche mese prima «aveva[no] invece aizzato le masse all'odio e alla rivolta di classe, aveva[no] sostenuto la violenza rivoluzionaria», e chiedevano legalità e rispetto della legge da parte dell'autorità statale, nonostante proprio essi avessero «calpestato apertamente» quella legalità:

> Lo Stato, l'espressione massima della società capitalista viene richiamato alla sua funzione di... carabiniere! Carabiniere che deve arginare, soffocare, annientare il movimento fascista. Fino a che lo stato chiude un occhio e magari tutti e due sulla oltracotranza socialista, sulla presa di possesso delle fabbriche, allora lo Stato esercita lodevolmente la sua notevole funzione! Viceversa lo Stato è assente quando non fa impiccare gli avversari del pussismo. E lo si invita a preparare corda e sapone. [...] Ma non è estremamente ridicolo un partito che, dopo aver inscenato la rivoluzione e... averle prese, pretende servirsi dei pubblici poteri per schiacciare gli avversari? Rivoluzionari da burletta[38]!

La pacificazione locale non resse neppure una settimana, essendo ripresi e amplificati gli scontri tra le frazioni (anzi, la nascita di arditi bianchi e di arditi del popolo mostrava che la pacificazione non era facile...)[39]. In questa situazione, considerando che si stava giocando la battaglia per il decisivo controllo delle campagne, "disarmare", per il fascismo, avrebbe voluto dire correre il rischio di rinviare lo sfondamento in alcune zone della provincia, laddove molto attiva era stata la propaganda socialista e popolare e radicate le loro organizzazioni economiche, politiche, amministrative. «Il fascismo non può disarmare», arringava i suoi squadristi Farinacci, «finché le masse delle campagne non abbiano scosso il giogo bolscevico. Le masse si stanno emancipando, ma occorre ancora energia e vigilanza nel fiancheggiarle, in questa crisi difficile»: per «conciliare e armonizzare la classe con la nazione» era ancora necessario fare ricorso a imposizioni e violenze, a causa della «ostinazione bolscevica»[40]. L'agitazione nel fascismo era grande e Mussolini, pressato dall'opposizione di molti capi provinciali, in crisi; quan-

[37] «Hanno forse gli uomini de "L'Azione" protestato contro la violenza autorizzata dal loro duce nella presa di possesso delle cascine da parte dei contadini? Neanche per sogno! anzi, questa violenza fu esaltata, magnificata, sublimata!»; *Le prediche de "L'Azione"*, «La Voce... del fascismo cremonese», 20 giugno 1921.

[38] *Noterelle*, «La Voce... del fascismo cremonese», 18 luglio 1921.

[39] Cfr. Acs, Mi, ps, 1921, b. 95, fasc. *Cremona*.

[40] *Il comizio in piazza del comune*, «La Voce... del fascismo cremonese», 25 luglio 1921.

do a Sarzana, il 21 luglio furono uccisi 18 fascisti, Farinacci si dimise per protesta, non condividendone gli atteggiamenti, dal Comitato centrale[41]. Ovunque i fascisti effettuarono rappresaglie su larga scala, e a Cremona, come promesso, venne alzato il tiro e «distribuita qualche legnata» ai capi dell'opposizione[42].

Quando Mussolini, deciso a imporre una strategia generale più ampia e consona al movimento, firmò la pacificazione il 3 agosto, Farinacci non esitò a manovrare per affossarla e si avvicinò al gruppo dissidente dei bolognesi. Anzi, con una lettera aperta criticò Mussolini, accusato di aver imposto antidemocraticamente la pacificazione senza tener conto degli organi del movimento:

> Credi tu d'aver salvato il fascismo? Sei proprio persuaso d'aver isolato i socialisti dai comunisti? Credi tu seriamente che i conflitti diminuiranno per la "potenza del trattato di pace"? Tu che per giustificatissimi motivi non vivi tra le masse fasciste e non sei a contatto della zavorra social-comunista mi risponderai ingenuamente di sì. Ma il tuo sì è annullato dal mio no e te lo dimostro non attraverso la retorica, ma attraverso gli ultimi avvenimenti. I conflitti aumentano ovunque e ovunque aumentano i morti. La nostra generosità tramutatasi in grave errore darebbe nuovi dolori alla nazione e ci obbligherebbe a ricominciare la nostra opera con nuovi sacrifici! I fatti purtroppo, non dubitare, mi daranno ragione. Nel cremonese è facile poter applicare il trattato, inquantoché molti paesi lo avevano preceduto. Devesi questa situazione nostra privilegiata alla vera disciplina fascista che abbiamo imposto, pronti sempre ad espellere dalle nostre file gli indegni; ciò che non ha saputo mai imporre il Comitato centrale ai Fasci di altre province. Tutto quel tempo perso a Roma a trattare con gli avversari meglio poteva essere utilizzato a disciplinare il nostro movimento. Tu minacci di abbandonarci se non ti seguiamo, tu affermi che noi siamo tuoi figli ma dimentichi che moltissimi di noi abbiamo raggiunto i 21 anni e quindi emancipati nel giudicare. Non è il tuo modo di dire che può rinsaldare la disciplina, ma è necessità di ognuno seguire la volontà della maggioranza e le direttive che il prossimo congresso seguirà[43].

Il pretesto del patto di pacificazione servì comunque a Farinacci per mettere ordine nel fascismo locale (sciolse e riorganizzò il Fascio di Crema, in perenne odore di agraria)[44]; per intensificare l'ostilità contro

---

[41] Telegramma di R. Farinacci a C. M. De Vecchi, Roma, 22 luglio 1921, in ACS, MRF, b. 27, fasc. *Cremona*.

[42] «La Voce... del fascismo cremonese», 25 luglio 1921.

[43] «La Voce... del fascismo cremonese», 8 luglio 1921.

[44] Il Fascio di Crema, tra l'altro, si era schierato con Mussolini (cfr. «Il Popolo d'Italia», 15 agosto 1921); secondo Stramezzi anche all'interno della federazione cremonese non tutti concordavano con la linea di Farinacci, ma vi erano alcuni esponenti favorevoli alla linea del Comitato centrale per il ristabilimento dell'ordine e per il ripristino dell'autorità della legge; E. Stramezzi al Comitato centrale, Crema 27 luglio 1921, in ACS, MRF,

i democratici (soprattutto contro «La Provincia» e il direttore Miotti, i quali sostenevano una campagna per il ripristino della legalità e criticavano sovente gli eccessi terroristici del fascismo)[45]; per assestare una grossa spallata contro l'Anc (avendo «Il Combattente» affermato che la vita civile era «cronicamente perturbata»[46] dal fascismo, fece uscire dall'associazione i fascisti e costituì un'altra associazione di reduci)[47]. Ma i continui fatti di sangue (incidenti con morti si ebbero a Vicomoscano, Volongo e Cella Dati) convinsero Farinacci a schierarsi con Grandi e al convegno di Bologna, il 16 agosto, questi portò l'opinione di 64 Fasci del cremonese, e andò all'attacco contro il patto, contestandone l'efficacia[48], e denunciò anche la prospettiva mussoliniana di apertura alla Cgl, che nascondeva gravi insidie per l'organizzazione sindacale fascista[49] (ancora nella fase embrionale, essendo costituite nel cremonese solo 25 leghe, le stesse della federazione autonoma...[50]).

La Commissione esecutiva il 19 agosto e il Consiglio nazionale il 27 respinsero le dimissioni di Mussolini, ma anche quelle di Marsich e di Farinacci, e accettarono quelle del vice segretario Rossi, a conferma che la linea milanese non era stata digerita dai dissidenti, per i quali i fatti continuavano a dar loro ragione. Proprio negli stessi giorni, Mussolini propose la trasformazione del movimento in partito, riaprendo nel fascismo ampi dibattiti e contrasti[51]. Farinacci, che guardava con simpatia alla possibilità di definire meglio e più rigidamente la struttura organizzativa del fascismo, si disse concorde e sostenne la necessità di un

---

b. 27, fasc. *Crema*. Il fascismo farinacciano mostrava di essere ancora distante da quello cremasco, come sosteneva Pianigiani, direttore della Federazione agricola di Crema, "consigliava" l'amico Farinacci: «Mentre le cose nel locale Fascio si erano incamminate assai bene e tutto procedeva secondo le verbali intelligenze tanto che venne soppresso "Il Fascista" per dare maggiore spazio alla tua "Voce...", risorge ora il fenomeno Stramezzi, il quale se non stroncato dall'inizio minaccerà di far uscire dal locale Direttorio parecchie egregie persone e porterà, indubbiamente, al totale disinteressamento di questa Federazione [Agricola] la quale, come ben saprai, in questi ultimi tempi ha fatto non poco per risollevare le non floride condizioni del Fascio locale», G. Pianigiani a R. Farinacci, Crema 22 luglio 1921, in ACS, FRF, b. 32, fasc. *Pianigiani*.

[45] Cfr. *Squaldrina!*, «La Voce... del fascismo cremonese», 5 settembre 1921.

[46] Si criticava l'operato del fascismo, e si paragonava al social-comunismo, anch'esso fattore di disordine e causa del perturbamento civile in atto: nessuno poteva arrogarsi il diritto di credersi maggioranza, «tanto meno maggioranza sana». I combattenti si dichiaravano contro «gli errori, le degenerazioni, gli eccessi del fascismo» e nel dibattito sulla pacificazione sostennero il gruppo dirigente milanese; *La tremenda follia* e G. PARIETTI, *Fascismo e Combattenti*, «Il Combattente», 1° e 29 agosto 1921.

[47] *Giù la maschera*, «La Voce... del fascismo cremonese», 15 agosto 1921 e «La Provincia», 30 agosto 1921.

[48] «Il Popolo d'Italia», 18 agosto 1921.

[49] *Noterelle*, «La Voce... del fascismo cremonese», 29 agosto 1921.

[50] Cfr. «La Provincia», 28 luglio 1921.

[51] E. GENTILE, *Storia del partito fascista*, cit., p. 280.

programma e di un ordinamento precisi, proponendo per ciò (in uno dei primi articoli della pubblicistica fascista sul tema) una serie di capisaldi ideali e concreti:

a) Base fondamentale: l'idea della Patria, della sua incolumità, del suo avvenire. A questa idea deve essere subordinato ogni altro elemento, ogni altra forza della nazione, ogni classe sociale.

b) Agnosticismo per ciò che riguarda la questione di regime. Si può affermare la nostra idealità repubblicana, ma come meta lontana, come concezione di una forma più evoluta di quella monarchica, non come motivo di azione immediata, come fulcro del nostro movimento.

c) Anticlassismo nei rapporti del capitale e del lavoro. Dobbiamo rivolgere la nostra azione pratica alla elevazione delle classi proletarie nelle forme, nei modi, nell'azione che concilino i reali interessi dei lavoratori con quelli del paese.

d) Espansione commerciale e industriale. Nemici di ogni forma di imperialismo in quanto è e vuol essere egemonia di uno stato su un altro o di un popolo su un altro, dobbiamo essere fautori e artefici di quell'imperialismo che è l'espansione culturale, industriale, agricola ed emigratoria delle nostre risorse e della nostra gente.

E per ciò che riguarda l'ordinamento interno, il fascismo non deve perdere, ma sviluppare, il suo carattere militare, in modo che sussistano le sue squadre d'azione, i loro comandanti, la loro disciplina. Il nostro deve essere un organismo pronto alle opere di pace come alle opere di guerra, vigile sempre e pronto a sostituirsi allo Stato[52].

Ma il discorso teorico sulla nascita e sul programma del Partito doveva essere giocoforza rimandato[53], perché nel Paese, e soprattutto nel cremonese, si ebbe una *escalation* di violenza piuttosto grave: dopo i luttuosi avvenimenti di Modena (persero la vita in uno scontro con la polizia otto fascisti, con l'onorevole Vicini ferito)[54], Farinacci ricordò «al Paese e al Governo il monito dei morti» e che il fascismo era ormai una forza tale che nessun governo poteva presumere di «governare senza il fascismo, tanto meno contro». A Pieve d'Olmi, il 4 settembre, i comunisti uccisero Sigfrido Priori, uno dei più noti e temuti caposquadristi cremonesi[55]. I fatti, per come si verificarono e per il grado di aggressività mostrato dal «sovversivismo», radicalizzarono definitivamente lo scontro civile in periferia e mostrarono che il fascismo si contrapponeva ormai apertamente allo Stato, con l'ordine pubblico impossibile da

[52] *Le basi del partito fascista*, «Il Popolo d'Italia», 8 settembre 1921.

[53] E. GENTILE, *Le origini dell'ideologia fascista (1918-1925)*, il Mulino, Bologna, 1996, pp. 335 e sgg.

[54] «Il Popolo d'Italia» e «La Stampa», 28 settembre 1921.

[55] Il questore al prefetto, Cremona 11 settembre 1921, in ACS, MI, PS, 1921, b. 95, fasc. *Cremona*.

tenere sotto controllo: le forze a disposizione erano poche, i rimedi inefficaci, molti funzionari mostravano segni di stanchezza e l'azione fascista estremamente decisa quanto imprevedibile, impossibile da arginare[56] (il prefetto Lualdi, che continuava a considerare il fascismo come un fenomeno d'ordine pubblico, ricordava a Bonomi che ogni giorno che passava Farinacci «diventava sempre più... intrattabile»[57]). L'episodio di seguito descritto, simile a uno dei tanti (così a Cella Dati, Calvatone, Corte de' Frati)[58], mostra il *modus operandi* di Farinacci e lo stato della situazione sociale e politica: a Stagno Lombardo, comune a larga maggioranza socialista e dove il Fascio era stato costituito nel settembre del '21 da Giuseppe Gerevini, i comunisti invasero la sede del Fascio, il 24 settembre, danneggiandolo; ne seguì una reazione fascista, con violenze e distruzione della cooperativa. I partiti risposero adottando la medesima decisione assunta sino ad allora per ogni altra simile circostanza, lo sciopero generale di protesta:

> I contadini avventizi disertarono il lavoro – relazionò la questura –, atto questo inconsulto che determinò gli agricoltori a licenziare tutto il personale avventizio e a richiedere l'intervento dell'on. Farinacci promettendo di seguire le direttive della federazione provinciale fascista e conseguentemente non riprendere i contadini al lavoro fino a quando non avessero accettato particolari condizioni, prima fra tutte quella di non proclamare né aderire per nessuna ragione politica a scioperi. Gli agricoltori pertanto, dopo aver dichiarato di staccarsi dalla federazione provinciale agricola, diedero pieno mandato all'on. Farinacci. Ogni mezzo venne tentato dall'Autorità pel raggiungimento di un accordo tra i rappresentanti della Camera del lavoro e l'on. Farinacci, [...] ma per la ferma ragione di principio dell'on. Farinacci che non intende ormai riconoscere e trattare con i rappresentanti della Camera del lavoro, ogni tentativo d'accordo venne frustrato. Gli agricoltori non cedevano e i contadini non lavoravano. Pel mantenimento dell'ordine pubblico mi sono trattenuto a Stagno Lombardo nei giorni 3 e 4 [ottobre] anche perché sul posto si era installato l'on. Farinacci con esiguo numero di fascisti. Sta di fatto che i contadini e prima di essi i muratori, il giorno 3, verso le ore 16 convennero nella sede di quel Fascio per concludere direttamente con l'on. Farinacci un accordo. Essi volontariamente si inscrissero al Sindacato economico provinciale fascista cremonese e redassero un concordato. [...] Il giorno 4, poi, i contadini, fino allora appartenenti a partiti estremi, seguendo l'esempio dei muratori, a frotte e spontaneamente si sono recati alla sede del Fascio, e dopo essersi liberati della tessera che molti perfino stracciarono, hanno ritirata quella del Sindacato economico fascista e hanno subito ripreso il lavoro nelle cascine, senza altre opposizioni padronali. Nelle ore po-

[56] Cfr. l'ampia relazione del prefetto al Ministero dell'Interno, Cremona 11 settembre 1921, *ibidem*.

[57] Il prefetto al ministro dell'Interno, Cremona 12 settembre 1921, in ACS, MI, Gabinetto Bonomi, b. 2, fasc. 29.

[58] Cfr. «La Voce... del fascismo cremonese», 10 ottobre e 24 ottobre, 4 novembre 1921.

meridiane dello stesso giorno 4, l'on. Farinacci e il prof. Saragat tennero in quella piazza un pubblico comizio al quale assistettero circa 400 sovversivi del luogo in silenzioso raccoglimento e plaudente qualcuno anche le parole degli oratori. Terminato il comizio molti di essi corsero alla sede del Fascio a inscriversi nelle file fasciste. Nessun incidente ebbe a verificarsi durante la mia permanenza sul luogo e l'ordine pubblico si mantenne perfetto come lo è oggi. [...] Aggiungo per notizia che dopo gli avvenimenti e dopo l'evidente capovolgimento della situazione, pare assicurata l'imminente dimissione del consiglio comunale, che ormai non rispetterebbe la volontà della maggioranza del paese[59].

Quando Farinacci denunciò, come aveva fatto l'agraria, il lodo Bianchi[60], gli agricoltori si divisero e un numero crescente iniziò a concedere credito ai «postulati economici fascisti a vantaggio dei lavoratori» e Farinacci non perse tempo a organizzare le strutture di agricoltori e conduttori[61]. Leghe, cooperative, organizzazioni avversarie iniziarono in più parti a cedere e a passare al fascismo, così come alcune amministrazioni comunali, divise sulla strategia da adottare e schiacciate da gravi problemi (disoccupazione, dissesto dei bilanci) e costrette alle dimissioni[62]. Il

[59] Il prefetto al Ministero dell'Interno, Cremona 9 ottobre 1921, in ACS, MI, PS, 1921, b. 95, fasc. *Cremona*.

[60] « La Voce... del fascismo cremonese», 17 ottobre 1921; Farinacci, e la sua posizione segnò una svolta nella politica agraria fascista, criticò il lodo e sostenne che la commissione aveva esorbitato dal mandato dell'8 giugno (la compartecipazione agli utili e il controllo contabile) e formulato un contratto di società per il quale i contadini erano ammessi di diritto a compilare i bilanci e gli inventari dell'azienda e a rilevare anche tutte le attività, «riuscendo così, alla definitiva espropriazione ai conduttori di fondi». Per questo il Fascio avrebbe preso parte alla battaglia di conduttori e agricoltori, assumendone le difese; R. FARINACCI, *Il lodo Bianchi e il fascismo cremonese*, «La Voce... del fascismo cremonese», 17 ottobre 1921.

[61] *Stagno Lombardo: il fascismo alla prova dei fatti*, «La Voce... del fascismo cremonese», 24 ottobre 1921.

[62] Così a Stagno Lombardo, Robecco d'Oglio, Grontardo, Scandolara Ravara, Corte de' Frati. Nonostante le dichiarazioni che le amministrazioni socialiste si sarebbero dimesse se nelle elezioni politiche il Psi fosse risultato minoranza nei rispettivi comuni, quella di Robecco, come altre, non ritenne opportuno dimettersi, inasprendo l'atteggiamento fascista; così il prefetto: «Il 10 luglio i fascisti invasero l'Aula consiliare, la sala fu sgombrata dalla forza. I fascisti tentarono di sfondare la porta della casa del sindaco, ma non vi riuscirono per il pronto intervento della truppa. Il conflitto non si poté evitare il 24 luglio, e in esso rimasero ferite 7 persone. Ripeto che la ragione di tale disordine va ricercata nella persistenza delle amministrazioni socialiste nel non voler lasciare il potere, e in proposito aggiungo che, data l'eccitazione degli animi, tali incidenti possono sempre rinnovarsi anche con carattere di maggior violenza, tanto più che l'amministrazione socialista ha ora pendenza a voler passare, insieme ai propri organizzati, nelle file del partito comunista. Detta amministrazione ha poi dato prova di completa incapacità. Composta nella maggior parte di elementi torbidi, di parte, violenti, con un sindaco di tendenze comuniste, non ha finora concluso nulla di concreto, tanto che deve ancora inviare alla prefettura il bilancio, lasciando così l'amministrazione in completo disordine e servendosi di essa solo a fini di propaganda»; il prefetto al Ministero dell'Interno, Cremona 19 agosto 1921, in ACS, MI, Comuni, b. 1428.

tessuto politico avversario, in molte località, era stato frantumato dall'azione fascista (l'«Avanti!» denunciava da tempo lo «stato di esasperazione tremendo» nel cremonese[63]), tanto che nessun partito fu in condizione di presentare, per il rinnovo delle amministrazioni comunali, proprie liste, neppure di minoranza[64].

Organizzatore materiale dell'importante congresso del 7 novembre all'Augusteo di Roma, insieme a Luigi Freddi, Farinacci (facente funzioni di segretario generale, al posto di Pasella[65]) rimase tuttavia un po' defilato nel dibattito congressuale, sia perché contrario alle discussioni, sia per la relativa ripercussione che esso avrebbe comportato per l'attività del futuro partito[66]. Si espresse soltanto per impedire il trasferimento della direzione del Partito da Milano a Roma e non oppose alcuna resistenza alla sua esclusione sia dalla nuova Commissione esecutiva (sebbene inizialmente avesse ottenuto la conferma), sia nel Comitato centrale[67]. Farinacci, a dispetto di una realtà che gli dava sostanzialmente ragione, fu uno, se non il maggiore, degli sconfitti del congresso; ma in molti settori del fascismo egli cominciò a essere visto con simpatia e a ritagliarsi uno spazio come riserva dello stesso Mussolini, nel caso fosse stata necessaria un'alternativa dura.

Secondo Farinacci il Partito avrebbe permesso di svolgere «una lotta politica indipendente su nuove basi, all'infuori dei vieti e innaturali "blocchi" e consentire una vittoria risolutiva»; l'azione parlamentare del partito avrebbe potuto continuare a giovarsi dell'organizzazione militare, in grado «di rovesciare con un solo impulso qualsiasi governo e impadronirsi della nazione», perché le squadre sarebbero sempre rimaste a «servizio della nazione, pronte a difendere lo Stato, pronte a sostituirsi allo Stato, pronte a combattere lo Stato», ribadendo che il Pnf avrebbe continuato a guardare solo alla Patria e «non alla transito-

---

[63] *Sempre violenze fasciste nel cremonese*, «Avanti!», 28 ottobre 1921.

[64] Cfr. ACS, MI, PS, 1921, b. 66 e b. 95, fasc. *Cremona* e ACS, MI, Gabinetto Bonomi, b. 2, fasc. 29.

[65] In seguito alla messa in stato d'accusa per cause morali, Pasella (costretto a presentarsi dimissionario al congresso e a rimanersene in disparte in seguito a precisi accordi) chiese a Farinacci di voler preparare lui l'organizzazione dell'importante congresso (U. Pasella a R. Farinacci, Milano 18 ottobre 1921, in ACS, MRF, b. 27, fasc. *Cremona*) e di assumere le funzioni di segretario generale fino alla nomina di Bianchi, il 19 novembre; cfr. «Il Giornale d'Italia», 10 novembre 1921 e «Avanti!», 11 novembre 1921.

[66] Questa una delle poche dichiarazioni pubbliche di Farinacci: «Io accettai volentieri il mandato di organizzare il congresso nazionale in qualità di segretario generale, perché era mia ferma intenzione che dal congresso uscisse la compattezza e la unità del fascismo e la conseguente riconciliazione dei nostri migliori uomini»; cfr. «La Nazione», 9 novembre 1921.

[67] E. GENTILE, *Storia del partito fascista*, cit., pp. 361-386.

rietà della forma di governo o di regime»[68]. Tale posizione tracciò la divisione con i liberal-democratici, i quali non tardarono a manifestare il loro dissenso, sostenendo che, su quelle basi – il fascismo «contro lo Stato» – la «democrazia avrebbe ripudiato il fascismo», perché appariva palese l'antinomia tra Pnf e legalità: «La democrazia, per istituto e per definizione, non concepisce lo Stato se non come propria funzione e l'ipotesi di superare lo Stato non può apparirle se non sotto la specie del suicidio civile di chiunque la formuli e, peggio, si proponga comunque di attuarla»[69]. Quando Farinacci, per la commemorazione della vittoria, contrappose alla manifestazione ufficiale quella fascista (12 mila persone, con Farinacci che urlò «noi abbiamo voluto fare da soli, e voi vedete che siamo già troppi senza aver bisogno di altri. Ormai noi siamo in molti, e in provincia di Cremona vogliamo comandare noi»), i democratici continuarono a non afferrare il senso delle parole e considerarono quel proclama «una nota simpatica e pittoresca»[70].

La battaglia più importante contro la liberal-democrazia locale venne giocata sulla questione agraria, visto che i democratici Cremonesi e Miotti si erano fatti promotori di una azione volta ad affossare la riforma del lodo Bianchi[71]. Dopo ripetuti interventi giudiziari (che dettero ragione alla federazione bianca) e nuove agitazioni, il governo decise di interessarsi ancora della grave vertenza e il 23 dicembre Bonomi convocò le due parti per addivenire alla composizione. Farinacci, che sosteneva un proprio patto agrario (compartecipazione ai prodotti con controllo contabile da parte dei contadini)[72], correva il rischio di essere scavalcato e prese ad organizzare in una struttura autonoma fascista gli agricoltori (già in diverse località gli agricoltori si erano mostrati sensibili agli inviti della federazione fascista). In una manifestazione il 27 dicembre a Soresina, gli agricoltori del mandamento espressero la loro assoluta contrarietà ai tentativi di accordo di Roma, sconfessando l'opera della loro federazione agricola[73]. La manovra sortì notevole efficacia, perché divise l'associazione degli agricoltori: lo scontro divenne aperto ai primi di gennaio del 1922, quando il comitato direttivo della federazione agricola – in seguito alla sconfessione del suo operato da parte

[68] *Il coronamento della nostra opera*, «La Voce... del fascismo cremonese», 28 novembre 1921, nonché *Le direttive del congresso di Roma approvate dal locale Fascio*, «La Provincia», 23 novembre 1921.

[69] *Per la chiarezza sincera delle posizioni politiche*, «La Provincia», 24 novembre 1921.

[70] *La manifestazione fascista*, «La Provincia», 5 novembre 1921.

[71] Cfr. G. Cremonesi, *Il lodo Bianchi è nullo*, «La Provincia», Cremona, 1921.

[72] R. Farinacci, *Il lodo Bianchi del soresinese*, «La Voce... del fascismo cremonese», 11 novembre 1921.

[73] Cfr. *La vertenza agraria del soresinese*, «La Voce... del fascismo cremonese», 2 gennaio 1922.

dell'assemblea di Soresina – si dimise. Su oltre ottanta delegati comunali della federazione agricola, una trentina non parteciparono al rinnovo dell'organo direttivo, manifestando disappunto per il contrasto con il fascismo: la liberal-democrazia stava perdendo il controllo della federazione[74]. I primi giorni di gennaio furono convulsi, in quanto scese in campo la Prefettura, che, sollecitata dal governo, per risolvere la gravità della situazione decretò un proprio patto agrario sulla falsariga del lodo Bianchi, la cui validità era stata ratificata dalla Corte d'Appello il 4 gennaio. L'intervento della Prefettura prevedeva il pagamento degli arretrati ai contadini e la nomina di una commissione per la composizione delle controversie, il ritorno alla normalità delle aziende occupate e anche la requisizione delle aziende in cui l'agricoltore fosse inadempiente[75]. Ma l'azione di Guadagnini, lungi dal risolvere la questione[76], l'aggravò ancor più e Farinacci spinse perché gli agricoltori fascisti uscissero dalla federazione agricola: l'8 gennaio il Sindacato datori di lavoro rivendicò di trattare al posto della "vecchia" federazione e sulla base di punti già precedentemente indicati dal fascismo[77]. Questa operazione politica, condotta a termine in pochi giorni da Farinacci, mise di fatto sulla difensiva la liberal-democrazia cremonese e la federazione agricola, oltre al già emarginato socialismo in crisi propositiva sulla questione agraria[78]; ma altro non era che un dettaglio nel quadro di una più complessa situazione: «nel 1922 non conosciamo che due forze: fascismo e antifascismo», ripeteva Farinacci. L'analisi era corretta e si mostrò apertamente nelle manifestazioni avvenute in seguito all'uccisione di Attilio Boldori, vice presidente del Consiglio provinciale, l'11 dicembre[79]. Il fatto destò impressione e le ripercussioni furono enormi, anche perché proprio pochi giorni prima del grave fatto di sangue, alla Camera dei deputati Farinacci aveva dovuto replicare alle dure accuse dei socialisti Dugoni e Ferri circa la ferocia e la criminalità del fascismo cremonese e mantovano, ma le sue affermazioni

---

[74] *La federazione agricola rimane al suo posto*, «La Provincia», 8-9 gennaio 1922.

[75] Cfr. A. Zanibelli, *Le leghe "bianche" nel cremonese*, cit., pp. 152-159.

[76] *Agricoltori e contadini di fronte al lodo Bianchi nel Cremonese*, «Corriere della Sera», 21 gennaio 1922. La manovra della Prefettura era finalizzata a far rientrare l'agraria nell'alveo della normale dialettica politica (da qui le pressioni per un accordo dei liberal-democratici e dei combattenti con popolari e socialisti); cfr. F. J. Demers, *Le origini del fascismo a Cremona*, cit., p. 202.

[77] *Noi e il lodo Bianchi*, «La Voce... del fascismo cremonese», 9 gennaio 1921.

[78] E. Caporali, *Popolari, fascisti, socialisti e il lodo Bianchi*, «Avanti!», 4 dicembre 1921.

[79] Una squadra di fascisti si imbatté, l'11 dicembre, nella vettura della Deputazione provinciale con quattro persone a bordo, le quali, visto l'atteggiamento ostile, cercarono di sottrarsi a un probabile scontro. Ma, raggiunte, vennero percosse e nell'aggressione Boldori rimase ucciso; cfr. il prefetto al Ministero dell'Interno, Cremona 11 e 12 dicembre 1921, in Acs, Mi, ps, 1921, b. 66, fasc. *Cremona*.

non avevano tranquillizzato gli interlocutori[80]. L'assassinio di Boldori consentì a popolari e socialisti di riprendere in Parlamento il processo contro il fascismo, in particolare proprio contro la sua versione più estrema, quella cremonese, e Miglioli denunciò alla Camera come «in quelle terre la vita [fosse] divenuta impossibile. Colà si aveva la sicurezza della violenza e della impunità»[81]. L'opinione pubblica venne scossa dall'episodio[82], e a Cremona i socialisti, i comunisti e i popolari fecero causa comune contro il fascismo: «in Italia la vita civile si è spenta», constatava «La Libera Parola»[83]: occorreva tornare alla normalità del confronto e della dialettica politica, ripristinare l'osservanza della legge e la salvaguardia delle libertà sociali e civili. A quelle richieste aderirono anche i combattenti, i repubblicani, i liberali e i democratici, i quali condivisero la necessità di manifestazioni comuni e unitarie, primo fra tutti un grande sciopero generale di protesta, per sensibilizzare un'opinione pubblica che aveva mostrato segni di condanna verso l'azione fascista. Responsabile principale di questo stato di cose, sostenevano i vari organi di stampa, era il deputato fascista e i funerali di Boldori avrebbero dovuto risolversi in una sua pubblica condanna[84]. Del resto Farinacci aveva da sempre additato a disprezzo Boldori quale "mandante" di attentati e violenze contro i fascisti, e l'odio nella massa fascista verso i capi locali del socialismo era costantemente alimentato nelle piazze e nella stampa. Per questo Farinacci non poteva accettare la pubblica sconfessione di quel folle gesto chiesta dagli avversari, e condannare apertamente le violenze fasciste, perché voleva dire rinnegare la sua opera politica e screditarsi presso la massa dei fascisti. Gli era giocoforza impossibile tirarsi indietro nella difesa dei suoi squadristi (gli arrestati per quel fatto furono tredici, tutti giovani, tra i quali un sedicenne reo confesso) e ritenne opportuno passare subito al contrattacco per spezzare il cerchio. Farinacci minacciò gravi rappresaglie se lo sciopero politico antifascista fosse stato attuato ed «espresse propositi violentissimi, fino a minacciare spari contro corteo funebre»[85]. A una strumentale ricostruzione dei fatti della «Provincia», Farinacci replicò con una altrettanto strumentale campagna di stampa, sostenendo falsamente che il tragico episodio era occasionale e la colpa dell'omici-

[80] *I forti discorsi dei deputati fascisti Farinacci e Oviglio*, «Il Popolo d'Italia», 3 dicembre 1921.
[81] *Vivace discussione sui fatti di Cremona alla Camera*, «La Nazione», 13 dicembre 1921.
[82] Cfr. «Avanti!», 13 dicembre 1921.
[83] «La Libera Parola», 17 dicembre 1921.
[84] «Avanti!», 14 e 15 dicembre 1921.
[85] Il vice prefetto al Ministero dell'Interno, Cremona 12 dicembre 1921, in Acs, Mi, ps, 1921, b. 66, fasc. *Cremona*.

dio individuale[86], e su questa ricostruzione si assunse l'intera responsabilità dell'operato del Fascio; sfidò a duello Miotti, per la sua "diffamatoria" ricostruzione, cercò di far intervenire squadre fasciste per mitigare gli effetti dello sciopero generale[87], mostrò all'opinione pubblica che la rappresaglia social-comunista contro i fascisti (episodi gravi si ebbero a Gussola, a Pieve San Giacomo)[88] aveva caratteristiche violente e metodi brutali maggiori rispetto a quelle denunciate dal fronte unico. In conclusione la Prefettura affermò che il grave fatto «non aveva tolto baldanza al Fascio, i cui capi, non solo non avevano sconfessato gli autori del delitto, ma anzi avevano del medesimo assunto la responsabilità morale e politica, giudicandolo come ritorsione legittima di precedenti violenze»[89]. Due giorni dopo il funerale di Boldori, lo «splendido isolamento» del fascismo voluto da Farinacci era un fatto compiuto (la manifestazione per il funerale fu invero imponente, il prefetto aprì il corteo e baciò i piccoli orfani di Boldori; anche Cabrini volle mandare il suo messaggio di condanna e di cordoglio, così come i deputati popolari e democratici, il Ministero dell'Interno sospese alti funzionari)[90] e poteva altresì dire di aver retto alla prova dei fatti; in una imponente riunione a Vicomoscano, indetta per «dimostrare agli avversari e al governo che il fascismo cremonese era sempre dominatore della piazza», Farinacci poté sostenere che il fascismo aveva superato «la congiura degli avversari tutti, palesi ed occulti, costituitisi in un fronte unico antifascista»[91]. L'atteggiamento fermo e aggressivo di Farinacci nel "caso" Boldori valse ad attirargli ulteriore credito tra gli squadristi, i quali non si sentirono scaricati in quel frangente da colui (il fronte unico aveva chiesto anche la partecipazione di Farinacci ai funerali) nel nome del quale compivano quotidianamente, rischiando la vita, propaganda, spedizioni, violenze. Il 28 dicembre 1921, al congresso federale (73 Fasci, 35.000 iscritti), il giovane deputato espose le linee d'azione del Pnf:

Noi sorgemmo con un programma – sostenne l'oratore tra il delirio dei presenti – che era tutela dell'ordine contro il disordine, ma sapremo anche essere

---

86 «La Voce... del fascismo cremonese», 12 dicembre 1921.

87 L'ispettore generale di PS al Ministero dell'Interno, Cremona 18 dicembre 1921, ACS, MI, PS, 1921, b. 66, fasc. *Cremona*.

88 *Ibidem* e «La Voce... del fascismo cremonese», 19 dicembre 1921.

89 Il prefetto al Ministero dell'Interno, Cremona 4 marzo 1922, in ACS, MI, PS, 1922, b. 65.

90 *Apoteosi di fede e rito di protesta*, «Avanti!», 16, 17 e 18 dicembre 1921, anche per tutte le polemiche successive.

91 *La grandiosa manifestazione di Vicomoscano*, «La Voce... del fascismo cremonese», 24 dicembre 1921.

per il disordine. Noi dobbiamo conquistare la nostra libertà sulle piazze, perché a Roma ci viene negata. [...] Comunisti e migliolini, a braccetto, repubblicani e falsi combattenti, socialisti e democratici, tutti [sono] insorti contro di noi: tutti si [sono] schierati in fronte unico antifascista. Noi gridammo in viso a costoro la nostra determinazione di tener testa a tutti, ed abbiamo vinto. Ora noi siamo forti e ben consapevoli delle nostre forze, e siamo decisi a batterci. Lo intendano gli avversari e il Governo! In tutti i paesi urge costituire i sindacati economici e farli funzionare [...]. Occorre la fermissima volontà di porre di fronte le due parti [sociali], prendendole per le orecchie, se necessario, imponendo l'accordo, la collaborazione, la costituzione degli importantissimi uffici di collocamento. [...] Si approssimano per alcuni comuni le elezioni amministrative. Oggi la forza fascista predominante sul territorio ha imposto, sullo sfacelo delle amministrazioni rosse, i commissari prefettizi. Siamo padroni del campo, e lo rimarremo. Le elezioni saranno controllate con la massima energia dal fascismo liberatore. Ci presenteremo con lista fascista e con assoluta intransigenza. Non vogliamo né blocchi, né compromessi, né false alleanze, ed analogamente ci comporteremo nelle elezioni politiche. Sentiamo d'essere la forza, e vogliamo dominare in virtù della forza. Il nostro obbiettivo è, brutalmente: comandar noi[92].

Quando alla fine di gennaio si costituì la Confederazione provinciale dei sindacati economici e nel febbraio, fatta breccia nell'Agraria, la Federazione provinciale dei sindacati datori di lavoro (le federazioni agricole di Cremona e di Crema si sciolsero poco dopo, nel maggio)[93], Farinacci fu molto deciso a mantenere le strutture «sotto la stretta egida della federazione provinciale fascista, [...] perché in tutti i paesi i Sindacati datori di lavoro e i Sindacati di contadini e operai dovevano dipendere dal Fascio locale, che funzionerà come pacifico compositore di tutte le vertenze» (ciò mentre il Pnf provvedeva a prendere coscienza della necessità di affrontare i problemi del lavoro e costituiva la Confederazione nazionale delle corporazioni sindacali, sotto il controllo del Partito)[94]. Così, quando la Prefettura spinse gli agrari a rispettare gli

[92] *L'onorevole Farinacci traccia il cammino per raggiungere la meta*, «La Voce... del fascismo cremonese», 2 gennaio 1922.

[93] «La Voce... del fascismo cremonese», 30 gennaio e 13 febbraio 1922. Lo statuto prevedeva che la Federazione provinciale sindacati datori di lavoro seguisse le direttive economico-politiche della Federazione fascista. Certo era che, nel direttorio provinciale del Pnf, accanto al segretario Farinacci, sedevano ben tre importanti agricoltori e conduttori di fondi, su cinque membri...

[94] *Il congresso dei contadini e operai*, «La Voce... del fascismo cremonese», 23 gennaio 1922 e «Il Popolo d'Italia», 25 gennaio 1922. Nell'ampia disputa ideologica circa la natura del sindacalismo fascista, Farinacci, pur con qualche distinguo, parve orientato ad approvare la sottomissione del sindacalismo fascista al Partito, pur se, per esperienza, aveva valutato nei fatti la buona riuscita dei sindacati economici, che si erano sviluppati con qualche indipendenza dal movimento politico. Cfr. F. CORDOVA, *Le origini dei sindacati fascisti, 1918-1926*, Laterza, Roma-Bari, 1974, pp. 48-70.

accordi e a ottemperare le sentenze dei tribunali, si accorse che nel cremasco gli agrari non erano più sotto il controllo della Confederazione generale dell'agricoltura, ma che anzi avrebbero risposto con toni molto duri (Farinacci si era recato a conferire col ministro Bevione, insieme ad alcuni agricoltori, e il governo, intimorito per la gravissima condizione dell'ordine pubblico, obbligò Guadagnini al ritiro dei decreti prefettizi, disponendo la neutralità del governo nel conflitto tra capitale e lavoro)[95]. In un primo momento gli agricoltori parvero orientati ad accettare il programma fascista, ma successivamente, avanzando quella che l'opposizione chiamava correttamente «reazione agraria», quel programma venne disatteso e lo stesso fascismo finì per trasformarsi in quello che D'Annunzio aveva definito «schiavismo agrario» (gli agrari misero in discussione anche il patto agrario stipulato qualche mese prima con i socialisti, facendo così naufragare un accordo unitario tra tutte le componenti[96]). Per sintetizzare basti dire che dopo l'accettazione di un patto colonico approntato dalla Prefettura l'11 aprile 1922 (che sancì il superamento del lodo Bianchi)[97], la Federazione dei datori di lavoro, non sentendosi più vincolata a patti firmati dalla federazione agricola, fece richieste tali che gli stessi postulati del Pnf cremonese poterono dirsi superati[98]. Farinacci riuscì a fare breccia nel soresinese e nel cremasco, non senza il ricorso a una calata in massa di forze fasciste a Crema, il 19 maggio: ben dieci squadre, il nerbo dello squadrismo cremonese, che fecero del circondario teatro di gravissimi conflitti: a Montodine, Ombriano, San Bernardino e Pandino masse di

[95] *Parole chiare*, «La Voce... del fascismo cremonese», 23 gennaio 1922 e «Il Popolo d'Italia», 14 febbraio 1922.

[96] In effetti a febbraio si tenne una riunione tra la federazione agricola (cioè gli agricoltori liberal-democratici), la federazione datori di lavoro (agricoltori fascisti) e la Camera del Lavoro e la Federazione dei sindacati economici (così Guadagnini commentava: «è in tutti la speranza di risultati definitivi: ma il vedere insieme siffatta compagnia insolita è già un avvenimento notevolissimo per miglioramento della situazione locale»); le trattative portarono persino all'accordo per la revisione del patto provinciale, il 6 marzo, ma di lì a breve il Pnf cremonese, conscio della sua forza, decise di perseguire, a quel punto, la esclusività della rappresentanza, sia tra gli agricoltori che tra i contadini; il prefetto al Ministero dell'Interno, Cremona 4 marzo e 6 marzo 1922, in Acs, Mi, ps, 1922, b. 65.

[97] *Relazione sulla risoluzione della vertenza agraria nel soresinese*, il prefetto al Ministero dell'Interno, Cremona 1° maggio 1922, in Acs, Mi, ps, 1922, b. 60.

[98] Per una buona analisi della agitazione agraria nel cremasco, cfr. la relazione dell'ispettore ministeriale Cavalieri, Crema 12 maggio 1922, in Acs, Mi, ps, 1922, b. 65. Per Cavalieri «il movimento fascista ha fatto molta strada, riuscendo a raccogliere sotto le proprie bandiere quasi tutti i proprietari e i fittavoli, che hanno in conseguenza sciolto l'associazione agraria, e alcuni lavoratori: tra questi ultimi ha assorbito in prevalenza gli elementi più accesi del comunismo». Secondo Guadagnini, già dalla fine del '21, il Pnf aveva reclutato larga parte di ex aderenti al partito comunista; il prefetto al Ministero dell'Interno, Cremona, 4 marzo 1922, *ibidem*.

contadini tentarono la difesa di alcuni accordi colonici, ma niente poterono contro quella forza paramilitare risoluta a ripristinare il funzionamento economico della provincia e a fiaccare la resistenza di organizzazioni e amministrazioni avversarie[99].

In un clima di violenza incontrollabile (Cazzamalli, Garibotti e Miglioli vennero fatti oggetto di violenze, ma anche Farinacci sostenne di aver sventato un agguato[100]), le elezioni per il rinnovo delle amministrazioni comunali commissariate mostrarono che l'opposizione al fascismo era molto ridotta (il Psi e il Ppi decisero, impedite nell'impostare qualsivoglia tipo di propaganda, di non partecipare più alle consultazioni[101]), e la Prefettura indicava il Pnf come arbitro della vita politica[102]:

> Prego V. E. [Casertano] prendere cognizione altro mio telegramma stamattina circa risultati elezioni due comuni domenica scorsa [15 marzo], e da esso rileverà come posizione partiti nazionali in questa provincia sia estremamente favorevole e che nessun fronte unico delle minoranze sia in grado ostacolare suo attuale ascendere. Rinnovo assicurazione che durante il periodo elettorale ordine pubblico si è sempre mantenuto perfetto[103].

Appariva quindi tardiva l'importante intesa che socialisti e popolari cremonesi avevano sottoscritto col noto patto del marzo '22[104], cercan-

---

[99] Il prefetto al Ministero dell'Interno, Cremona 27 maggio 1922, *ibidem*.

[100] P. Di Tarsia, *Situazione politica nella provincia di Cremona, maggio 1922*, in Acs, Mi, ps, 1922, b. 120, fasc. *Cremona*. I comunisti, in risposta all'uccisione di Boldori, prepararono un agguato contro Farinacci a Brancere, il 27 e il 31 dicembre; ma i fascisti avevano infiltrato un loro uomo nell'organizzazione avversaria che mise a giorno delle intenzioni; cfr. «La Voce... del fascismo cremonese», 2 gennaio 1922 e «Il Popolo d'Italia», 4 gennaio 1922. I periodici socialisti accusarono Farinacci di istigare i fascisti alla guerra civile; «L'Eco del Popolo», 28 gennaio 1922 e «La Libera Parola», 14 gennaio 1922.

[101] A Volongo la lista del Fascio ebbe 275 voti, quella del Psi 90; a Voltido il Fascio 298, il Psi 23; «La Voce... del fascismo cremonese», 9 gennaio 1922. Cfr. anche *L'immondo connubio*, «La Voce... del fascismo cremonese», 13 marzo 1922.

[102] Come nel caso dell'importante comune di Soncino, dove il Regio commissario, un funzionario di Prefettura, implorò il trasferimento: «Chiesi, per tutte le vie possibili, di andar via da qui, senza riuscirvi. Mutate le condizioni politiche, i fascisti vengono tutti i giorni in ufficio ad impormi la tale o tal'altra soluzione per le diverse questioni riguardanti il Comune, nelle quali sono più o meno interessati. Io tengo duro, ma ingollo pillole assai amare. Però non mi piego, perché terrò sempre alto il prestigio del Governo. Imploro – è questa la parola – da lei di trasferirmi altrove. Io non sono tipo da subire imposizioni. Quando ogni momento mi sento dire: "Siamo qui per governare", "Siamo qui per dirvi che ne informeremo l'on. Farinacci", e via di questo passo, un Regio commissario, di forte fibra, come sono io, è meglio che lasci»; Soncino, 7 novembre 1922, in Acs, Mi, Comuni, b. 1427, fasc. *Soncino*.

[103] Il prefetto al ministro dell'Interno, Cremona 17 marzo 1922, in Acs, Mi, Comuni, b. 1794, fasc. *Cremona*.

[104] Il Patto d'intesa, firmato a Cremona il 10 marzo da popolari e socialisti (Zanotti, Zanoncelli e Volontè per i primi e Caporali, Verzelleti, Sasdelli e Morelli per i secondi) e

do di stabilire, nel solco legalitario e moderato[105], una vera e propria alleanza[106]. Intesa (pur sconfessata dai vertici nazionali dei due partiti[107]) tra l'altro attiva da tempo, ma che non ebbe alcun effetto nelle campagne, dove l'opposizione era frantumata dalla terrorizzante azione fascista che si abbatteva – scriveva «Il Secolo»[108] – «in modo veramente impressionante: amministrazioni sciolte con la forza, la vita resa impossibile agli organizzatori, ai capi, ai gregari più in vista, tutta una situazione eccezionale che [...] non ha pari»[109]. Nei centri maggiori, invece, l'insoddisfazione dei ceti medi urbani contro le amministrazioni socialiste e popolari cresceva a causa dell'eccessivo innalzamento dei carichi fiscali[110], e il fascismo cavalcò tale protesta sostenendo lo «sciopero fiscale», che ebbe notevole successo[111]. La Prefettura sottolineò che la protesta spontanea era diventata politica: in quasi tutti i comuni della provincia le sovrimposte comunali avevano superato i limiti di legge e molte tasse (di famiglia, di esercizio, del valore locativo, dei vani) erano viste come vere e proprie «taglie», in particolare proprio dagli agricoltori, spesso vessati da carichi fiscali notevoli[112]. Le maggiori

---

con il patrocinio di Garibotti e Miglioli, rappresentò il più rilevante fatto politico di quel periodo. Il patto stabiliva di trovare un'intesa sindacale per difendere e riconquistare i diritti dei lavoratori; di salvaguardare la libera attività delle pubbliche amministrazioni; di proporre intese elettorali. A esso guardarono con attenzione anche altre realtà politiche locali, dai democratici (con Miotti) ai comunisti (con Pozzoli); tuttavia il patto non riscosse l'auspicato consenso dei vertici nazionali del Ppi e del Psi, inficiandone così la notevole portata; *Patto d'intesa fra le organizzazioni Socialiste e Popolari della Provincia*, «L'Eco del Popolo», 15 marzo 1922 e *Unità di classe*, «La Libera Parola», 31 marzo 1922.

105 Così anche Guadagnini, secondo cui tutti «i capi socialisti sono collaborazionisti [...], e hanno dato e continuano a dare ai loro compagni consigli di prudenza e di moderazione, avviandoli a far capo all'Autorità e impedendo qualsiasi ritorsione. Fino ad ora la disciplina fra i socialisti si è dimostrata così stretta che ben pochi si sono rivelati insofferenti agli ordini di tollerare e di affidarsi esclusivamente alla legalità»; Il prefetto al Ministero dell'Interno, Cremona, 4 marzo 1922, in ACS, MI, PS, 1922, b. 65.

106 *Non solo popolari e socialisti, ma tutti gli onesti e i liberi devono formare il fronte unico*, «L'Azione», 18 marzo 1922.

107 Cfr. *L'intesa di Cremona*, «Avanti!», 14 e 21 marzo 1922.

108 Cfr. «Il Secolo», 11 marzo 1922.

109 Cfr. la relazione del prefetto al Ministero dell'Interno, Cremona 5 dicembre 1921, in ACS, MI, PS, 1921, b. 95, fasc. *Cremona*.

110 «La Provincia», 25 aprile 1922.

111 «Serrata contribuenti [a Cremona] è quasi completa, come ho constatato io stesso per essere andato a pagare ricchezza mobile»; il prefetto al sottosegretario del Ministero dell'Interno, Cremona 12 aprile 1922, in ACS, MI, Comuni, b. 1794, fasc. *Cremona*.

112 «È una lotta senza quartiere ingaggiata dai cittadini che si credono soverchiamente o partigianamente tassati e che si manifesta sia colla molteplicità dei ricorsi contro le matricole, sia col rifiuto collettivo del pagamento delle imposte comunali. Sta in fatto che specialmente i proprietari di terreni, per causa delle sovrimposte, in questa provincia sono ridotti in condizioni difficilissime: fondi che si affittano in media a 50 lire la pertica, ne pagano fino a 60 tra imposte erariali e sovrimposte»; il prefetto al Ministero dell'Interno, Cremona 4 marzo 1922, in ACS, MI, PS, 1922, b. 65.

amministrazioni versavano in gravi condizioni finanziarie perché, «oltre che dalla preoccupazione della disoccupazione esistente, si erano lasciate andare con nessuno o scarso criterio amministrativo all'attuale situazione finanziaria per spirito di popolarità e interesse di partito»; e in molte di quelle amministrazioni il riassetto finanziario appariva difficile, essendo state innalzate le tasse comunali da parte delle giunte socialiste a livelli molto alti[113]. Le inchieste governative sul comune di Cremona parvero poi confermare i timori e le proteste dei contribuenti, sì che già il prefetto Lualdi sostenne essere stata raggiunta «la prova del cattivo uso del denaro pubblico»; e l'ispettore Aloi, a inchiesta terminata, sostenne che «il comune di Cremona, durante gli ultimi anni [era] stato amministrato con criteri non sempre ispirati all'interesse della collettività: spesso lo spirito di parte e gli interessi di classe avevano avuto il sopravvento», portando il bilancio comunale sull'orlo della bancarotta e il livello delle imposte a superare per dieci volte il limite legale[114]. Grazie al successo conseguito con lo sciopero fiscale, Farinacci uscì dalle pastoie dello «schiavismo agrario» e poté affermare che il fascismo aveva tre postulati: «difendere il governo, quando questo sia l'espressione sincera del popolo; combattere il governo, quando la sua politica è incerta e debole, sostituirsi al governo, quando svolge una politica partigiana dannosa agli interessi della Nazione»[115]. Poteva permettersi tali asserzioni perché conscio della forza a disposizione: per la fondazione dei Fasci, il 23 marzo a Milano, sfilarono 4 mila fascisti cremonesi («quasi tutti contadini»), divisi in 30 squadre d'azione, e la loro organizzazione apparve «perfetta, la migliore»[116]; per il Natale di Roma giunsero a Cremona 20 mila fascisti della provincia (100 squadre d'azione in camicia nera, 70 Fasci, 2 mila agricoltori e 28.700 lavoratori inquadra-

---

[113] A Soncino l'amministrazione socialista dal 1920 aveva portato la tassa di famiglia da 27 mila a 100 mila lire, quella del bestiame da 18 mila a 145 mila, il valore locativo da 500 a 14 mila lire; il prefetto al Ministero dell'Interno, ACS, MI, Comuni, b. 1427, fasc. *Soncino*. A Soresina l'amministrazione socialista, come in molti altri comuni decisa a varare provvedimenti di utilità sociale necessari (ricoveri, assistenza ai malati, refezione scolastica, costruzione di asili), aveva molto elevato la pressione tributaria, passando da 29 lire per abitante del 1919 a 60 lire del 1920, per schizzare poi a 103 lire del 1921, con la previsione di lire 112 per il 1922; l'ispettore generale al prefetto, Roma 23 dicembre 1922, in ACS, MI, Comuni, b. 1427, fasc. *Soresina*.

[114] L'ispettore di ragioneria al ministro dell'Interno, Cremona 20 settembre 1921, in ACS, MI, Comuni, b. 1428, fasc. *Cremona* e la relazione del prefetto, Cremona 21 luglio 1922, in ACS, MI, Comuni, b. 1832, fasc. *Cremona*.

[115] Cfr. «La Provincia», 25 aprile 1922.

[116] *La formazione del corteo*, «Il Popolo d'Italia», 28 marzo 1922 e «La Voce... del fascismo cremonese», 27 marzo 1922.

[117] Il prefetto al Ministero dell'Interno, Cremona 23 aprile 1922, in ACS, MI, PS, b. 121, fasc. *Cremona*.

ti)[117]. «Ormai la provincia è nelle nostre mani, e ce ne infischiamo del governo, che non rappresenta più il popolo italiano», urlò Farinacci dall'arengario in piazza del Comune, tra «un delirio di folla»[118].

Poco tempo prima Farinacci aveva incassato un altro successo: la fondazione del suo quotidiano personale, con la costituzione, nel gennaio del '22, di una società anonima per azioni, "Cremona Nuova", che nel giro di poche settimane pubblicò appunto l'omonimo quotidiano. Secondo alcune fonti il maggiore impegno economico per l'operazione era stato sostenuto dagli agrari (che avrebbero donato 15.000 lire), certo è che il finanziamento venne sostenuto soprattutto dal fascismo cremonese e, appunto, da uno sforzo notevole degli azionisti. Tra l'altro, almeno inizialmente, le spese del quotidiano, dotato di scarsi mezzi tecnici e con personale molto ridotto, erano assai contenute[119].

Le manifestazioni del 1° maggio (che dovettero essere posticipate per motivi di... ordine pubblico e solo a Crema e Soresina poterono svolgersi[120]) mostrarono che il fronte antifascista era privo di una strategia precisa, inefficace anche alla difesa: la dispersione delle forze apparve evidente, così come un innegabile regresso nella capacità di mobilitare masse e attivisti[121], e l'azione fascista ebbe la meglio sull'intera, pur ancora agguerrita, opposizione[122]. Gli scontri seguiti alla manifestazione del 7 maggio a Cremona[123] mostrarono che il blocco antifascista aggregatosi intorno all'Alleanza del lavoro aveva segnato il passo: Farinacci parlando dall'arengario, al posto del previsto intervento di Garibotti, constatò: «Il partito che minacciava la rivoluzione, che aizzava le folle contro lo Stato, contro la Patria, contro la proprietà non è più. È un ricordo del passato »[124]. E a quel punto della situazione anche le incerte considerazioni dell'autorità politica, riassunte nell'inchiesta

---

[118] *La grandiosa celebrazione del Natale di Roma a Cremona*, «La Voce... del fascismo cremonese», 24 aprile 1922.

[119] Cfr. P. PANTALEO, *Il fascismo cremonese,* cit., p. 109.

[120] Alle manifestazioni di Crema e Soresina, dove le bandiere bianche e rosse sfilarono insieme, parteciparono, secondo fonte popolare, 20 mila persone; «L'Azione», 6 maggio 1922 e «La Libera Parola», 6 maggio 1922.

[121] Cfr. il prefetto al Ministero dell'Interno, Cremona 3 maggio 1922, in ACS, MI, PS, b. 121, fasc. *Cremona.*

[122] A Vescovato vennero arrestati i sindaci comunisti di Cicognolo, di Cappella Picenardi e di Pieve Delmona, insieme ad altre 32 persone, per avere manifestato e organizzato comizi comunisti; numerosi arresti falcidiarono anche l'organizzazione degli "arditi bianchi" nel soresinese; il prefetto al Ministero dell'Interno, Cremona 18 maggio 1922, in ACS, MI, Comuni, b. 1518. Per i gravi incidenti di maggio nel cremonese, cfr. «Avanti!», 3, 4 e 6 maggio 1922.

[123] Il prefetto al Ministero dell'Interno, Cremona, 7 maggio 1922, in ACS, MI, PS, 1923, b. 64.

[124] *Dopo l'insuccesso di domenica*, «Cremona Nuova», 8 maggio 1922.

di Di Tarsia, apparivano fuori tempo massimo, come i fatti avrebbero mostrato...

> Occorre pertanto dare sollecitamente l'impressione che l'autorità statale esiste e sa intervenire prontamente dando prova di sicure direttive. È impressione generale che la prefettura sia tentennante nell'atteggiamento da prendere [...]. Lo stesso sig. prefetto mi faceva personalmente rilevare che la posizione è incerta [...] e che intende venire a Roma per avere precise istruzioni. Egli fa presente che la lotta nel campo sindacale, con la quale il Farinacci sta acquistando a sé le campagne, togliendole ai partiti sovversivi, non gli sembra opportuno debba essere contrastata dal governo, che, con una opposizione, verrebbe a favorire il rafforzamento delle antiche leghe sovversive, che già tanto travolsero tutta la provincia negli anni decorsi in movimenti rivoluzionari. Una tale osservazione, che sintetizza in sostanza la situazione, e che ha fin qui prodotto quella pericolosa indecisione di azione, generalizzando l'uso della teoria del non intervento, è arrivata al colmo [...]. Così naturalmente è indecisa l'azione della questura, dove sono ancora funzionari che in altri tempi e sotto altre direttive dovettero favorire il movimento che ora occorrerebbe prudentemente raffrenare. [...] Per ultimo, poiché l'ill.mo sig. Prefetto verrà a chiedere precise direttive specialmente nei riguardi dell'azione di equilibrio che l'autorità politica dovrà svolgere di fronte al prepotere del Fascio, ed alle proteste dei rappresentanti degli altri partiti attualmente oppressi e impossibilitati a svolgere liberamente la loro azione, occorrerà tenere presente che nella provincia si ebbe già l'esorbitante dominio del partito social-comunista ed estremista popolare migliolino e che qualunque movimento dell'autorità politica eccessivamente energico di opposizione al Fascio, farebbe risorgere più pericoloso e violento, di quanto lo fu negli anni trascorsi, il violento atteggiamento dei partiti sovversivi opposti, e quindi ogni azione dovrà essere accortamente e prudentemente misurata[125].

Il successo mise però in luce le prime contraddizioni, come apparve evidente dopo i citati fatti di Crema del 20 maggio[126]: frantumate le vestigia delle organizzazioni di classe avversarie e passati al fascismo i contadini bianchi[127], la prassi politica farinacciana mostrò di avere superato molti postulati ideali che diceva invece di perseguire e difendere: la libertà di organizzazione e di lavoro (venne impedito ai contadini non fascisti di lavorare, non furono riconosciute nelle trattative le leghe avversarie, applicando così il fascismo quella prassi che invero si era

---

[125] P. Di Tarsia, *Situazione politica nella provincia di Cremona, maggio 1922*, cit., pp. 25-35.

[126] Il prefetto al Ministero dell'Interno, Cremona 22 giugno 1922, in Acs, Mi, ps, 1922, b. 122.

[127] *Giornate infernali dello schiavismo a Crema. La città assediata*, «L'Azione», 27 maggio 1922.

ripromesso di estirpare[128]) poté dirsi tramontata[129]. Si trattava di una contraddizione a tal punto palese che vani risultarono i tentativi per giustificare la necessità della prassi perseguita dal sindacalismo fascista[130]. La resistenza popolare (maggiore della socialista[131]) si rivelò tuttavia accanita in qualche comune (Fiesco, Chieve, Genivolta, Credera[132]), e per ottenere il passaggio dei lavoratori alle organizzazioni fasciste, i datori di lavoro usarono maniere estremamente odiose, sollecitati dal Pnf, contro gli avventizi e i salariati aderenti ad altre organizzazioni di categoria[133]. A niente valsero le denuncie di Miglioli, della Chiesa e di Sturzo[134], secondo cui in «alcuni paesi la vita era resa impossibile», perché l'autorità prefettizia non era chiaramente più in grado di tenere sotto controllo la situazione e lo scontro sociale[135]. Quello che in primavera era un «contingente compatto di oltre seimila contadini» fedeli a Miglioli, capitolò nel giro di qualche settimana, e il Ppi cremonese si frantumò, con Farinacci a ripetere che la religione l'avrebbe difesa il

[128] Cfr. il rapporto del sottoprefetto al prefetto di Cremona, Crema 24 giugno 1922, in Acs, Mi, ps, 1922, b. 122.

[129] Cfr. *L'invasione fascista* e *Seminagione d'odio*, «La Libera Parola», 27 maggio 1922. Secondo il settimanale socialista, la lotta di classe aveva raggiunto il periodo più acuto, e, in seguito allo sciopero del cremasco, le bande fasciste (i «tricolorati») scorrazzarono per quattro giorni a Crema, e «randellarono» solo in direzione dei lavoratori, mostrando che la "forza" dei fascisti era soprattutto a difesa di una classe sociale ben precisa, piuttosto che della nazione, o – magari – del proletariato. «Cremona Nuova» non replicava in maniera soddisfacente alle contestazioni del settimanale del collega Cazzamalli...

[130] *Il programma sindacale dello "schiavismo agrario"*, «La Voce... del fascismo cremonese», 29 maggio 1922. Alle affermazioni di principio («Il monopolio sindacale è immorale e reazionario, perché impedisce la libera scelta dell'organizzazione. Quando per lavorare, un operaio è costretto a munirsi di una data tessera, la sua coscienza resta violentata. Intorno alla produzione si forma così un ambiente antieconomico, enormemente pregiudizievole») seguiva una prassi politica opposta, perseguita in prima persona da Farinacci, rivolta al monopolio sindacale, e «L'Eco del Popolo» e «L'Azione» mettevano in evidenza la contraddizione.

[131] Il sottoprefetto al prefetto di Cremona, Crema 19 settembre 1922, in Acs, Mi, ps, 1922, b. 122.

[132] Per i fatti di Credera, la relazione del sottoprefetto al prefetto di Cremona, Crema 3 settembre 1922, in Acs, Mi, ps, 1922, b. 121.

[133] Per le dinamiche di queste vicende, si veda l'interessante rapporto del prefetto sull'agitazione fascista nel soresinese; il prefetto al Ministero dell'Interno, Cremona 15 agosto 1922, in Acs, Mi, ps, 1922, b. 122.

[134] Sturzo denunciò al ministro Taddei la grave situazione del cremonese, dove il fascismo perseguiva metodicamente la rappresentanza monopolistica nel campo economico e del lavoro: «Tutti i lavoratori vengono ora licenziati, e viene fatto loro comprendere che saranno riassunti solo se si inscriveranno al Sindacato economico fascista. Molti resistono, ma molti invece cedono (sembra principalmente i rossi), aggravando la situazione». L. Sturzo al ministro dell'Interno, Roma 18 aprile 1922, in Acs, Mi, ps, 1922, b. 122.

[135] La Federazione diocesana della gioventù cattolica italiana al Consiglio superiore della Gci, Crema 25 maggio 1922, in Acs, Mi, ps, 1922, b. 121. Nel primo trimestre 1922 le denunce all'autorità giudiziaria per i reati contro la persona superarono il migliaio.

fascismo e che quindi un partito cattolico era inutile[136].

Il giovane deputato dovette tuttavia segnare il passo quando la Camera, dopo lunghe discussioni[137], nell'affrontare la delicata questione della convalida dei deputati in età ineleggibile (inferiore ai trent'anni), decise di procedere all'annullamento, il 1° giugno, tra le altre, della sua elezione (era comunque incompatibile a causa dell'impiego nell'amministrazione dello Stato, dal quale non si era dimesso)[138]. Intensificò allora la sua azione diretta nella situazione locale, perché, ripeteva, debellata qualsivoglia presenza avversaria, occorreva instaurare il nuovo ordine sociale e politico. Neppure l'autorità dello Stato, che anzi Farinacci non riconosceva, avrebbe potuto opporsi al fascismo; come ammetteva il prefetto, quando chiedeva di liberare un paese occupato dalle squadre:

> L'on. Farinacci mi espose – comunicava il prefetto al ministero – i punti di vista del fascismo, dichiarandomi che, per quanta forza pubblica io avessi potuto portare a Credera, egli l'avrebbe sempre soverchiata di numero, ed avendogli ricordato che appunto a Credera la domenica notte i carabinieri avevano sparato sui fascisti ferendone qualcuno, egli oppose che i fascisti erano disposti a lasciarsi ammazzare. Il paese, largamente irradiato di strade ed anche attraverso i campi, sotto i cigli dei fossi e delle scarpate, si presta ad essere invaso irrimediabilmente...[139].

Fatta capitolare la Deputazione provinciale[140], Farinacci attaccò l'amministrazione comunale di Cremona (l'8 luglio aveva fatto crollare quella socialista di Crema[141]), avviando una furibonda campagna scandalistica

---

[136] La conferenza di Farinacci al Teatro lirico di Milano, *Il fascismo e l'estremismo popolare*, «Il Popolo d'Italia», 28 maggio 1922.

[137] La questione sollevata dalla giunta delle elezioni della Camera già a marzo (cfr. i commenti *I deputati minorenni davanti alla Giunta delle elezioni*, «Cremona Nuova», 26 marzo 1922), si trascinò per alcuni mesi, e venne risolta solo ai primi di giugno.

[138] «Cremona Nuova» e «Il Popolo d'Italia», 2 giugno 1922. Non mancava anche chi faceva notare come quella battaglia antifascista condotta da popolari e socialisti contro i deputati minorenni si fosse pressoché risolta (non alterando di molto le rappresentanze parlamentari interessate) come un «fatto personale» contro Farinacci: «L'unica vittima della lotta contro i minorenni sarà l'on. Farinacci, il quale d'altronde è stato escluso da Montecitorio non come minorenne, ma come Capo stazione, ineleggibile ai termini dell'incompatibilità tra impiegato dello Stato e deputato»; E. AMICUCCI, *La manovra dei sinistri*, «La Nazione», 2 giugno 1922.

[139] Il prefetto al Ministero dell'Interno, Cremona 8 agosto 1922, in ACS, MI, PS, 1922, b. 121.

[140] Il 15 maggio Farinacci impedì la riunione del Consiglio provinciale, che, non riuscendosi più a riunire da allora in poi, il 9 novembre 1922 venne sciolto; ACS, MI, Comuni, b. 1831, fasc. *Amministrazione provinciale di Cremona*.

[141] Il prefetto al ministro dell'Interno, Cremona 8 agosto 1922, in ACS, MI, Comuni, b. 1428, fasc. *Crema*.

«sui gravi soprusi consumati dall'Amministrazione Pozzoli-Garibotti»[142]. In effetti inchieste ministeriali avevano messo in luce diverse responsabilità e, pur convenendo che l'amministrazione Garibotti-Chiappari cercava di sanare la situazione finanziaria, imposero alla giunta di ripresentare il bilancio preventivo per il 1922. Nell'assoluta assenza degli amministratori, Farinacci il 3 luglio occupò il municipio e, vista la piega degli avvenimenti, invitò Guadagnini, a nominare l'ispettore Antonio Zanon commissario[143]. All'interrogazione parlamentare di Garibotti, Miglioli e Matteotti, che chiedeva come potesse accadere che amministrazioni regolarmente elette fossero cacciate da bande armate, il sottosegretario all'Interno replicava che non era giustificata la prolungata assenza degli amministratori, nei confronti dei quali non era stata mossa alcuna intimidazione e in città non si era notato alcun movimento che destasse preoccupazione[144]. Le cose mutarono tuttavia il 6 luglio, allorquando Farinacci, approfittando dei primi incidenti in città, concentrò squadre fasciste, in considerazione che il governo pareva orientato a ripristinare lo status quo ante: in un affollato comizio Farinacci sostenne persino la necessità di fare le barricate, se il governo non avesse allontanato dal comune «i bolscevichi», i quali cominciarono a ricevere «visite domiciliari» dei fascisti[145]. Soltanto a quel punto il presidente del Consiglio dei ministri, Facta, scese in campo, azzardando tuttavia una mossa che sarebbe stata all'origine della caduta del suo già instabile Ministero: visto che il governo non poteva consentire che i fascisti tentassero di «coartare libertà degli amministratori», Facta ordinò a Guadagnini di «ristabilire l'ordine e la normalità di vita», che «non riuscendovi ne sarebbe compromessa la dignità del Governo»[146]. Dopo che Farinacci e i suoi tentarono di ripetere l'azione fatta in comune con l'occupazione del palazzo della Deputazione provinciale, il governo passò al contrattacco, richiamò l'ispettore-commissario prefettizio a Roma, trasferì il questore Guacci e mise sotto inchiesta il comando della Guardia Regia di Cremona, con socialisti e popolari che parevano aver trovato l'accordo per una rinnovata, comune azione

[142] «Cremona Nuova», 6 giugno 1922.

[143] *Improvvisa e inaspettata nomina d'un commissario prefettizio in comune*, «La Provincia», 5 luglio 1922; anche il quotidiano democratico affermava che per la classe dirigente socialista quella «volatilizzazione» doveva considerarsi una «autoliquidazione».

[144] Il prefetto al Ministero dell'Interno, Cremona 4 luglio 1922, in Acs, Mi, ps, b. 120, fasc. *Cremona*.

[145] *Tre uomini da ridurre al silenzio: Miglioli, Sasdelli, Garibotti*, «La Voce... del fascismo cremonese», 10 luglio 1922.

[146] Il ministro dell'Interno al prefetto di Cremona, Roma 6 luglio 1922, in Acs, Mi, ps, b. 120, fasc. *Cremona*.

amministrativa, sulla scia di probabili mutamenti ministeriali a loro favorevoli[147]. Il fascismo rischiava di finire in un angolo (con la Camera dei Deputati in fibrillazione[148]), ma Farinacci giocò di forza e indisse un comizio per la sera stessa. Guadagnini, funzionario esperto e capace, fiutò subito le conseguenze che sarebbero derivate, sapendo che il fascismo disponeva di una forza d'urto notevole e risoluta, verso la quale, ricordava, andava «la manifesta simpatia popolare»[149]. Il 13 luglio l'offensiva fascista si spiegò massicciamente (assalti alle cooperative di lavoratori, alla Camera del Lavoro, alla Tipografia proletaria, ai circoli social-comunisti, all'abitazione di Miglioli) e sfidò l'autorità governativa, con mille squadristi che irruppero, dopo l'uccisione di un fascista negli scontri con i carabinieri, nel presidiato cortile della Prefettura e riuscirono a presentarsi, furiosi, dinanzi all'esterrefatto Guadagnini[150]. Lo scontro tra fascismo e Stato, urlò Farinacci al prefetto, poteva essere rinviato, non certo evitato: «il fascismo era pronto a tutto» e al governo non rimanevano che due strade, «o cedere, o massacrare migliaia di giovani»[151]. La sera stessa, in una manifestazione di protesta, oltre 10 mila persone approvarono Farinacci, perché contro il fascismo, ormai, lo Stato non poteva più andare, «né coi decreti, né con la forza»[152]. Guadagnini telegrafava che

> azione violenta contro fascisti appoggiati da manifesta simpatia cittadinanza significherebbe guerra civile, giuoco non vale candela, d'altra parte urge finirla perché questi duemila e più giovani che stanno in ozio potrebbero sfuggire capi, ovvero capi potrebbero essere tratti per non perdere prestigio a commettere follie. Ho telegrafato in forma trasparente alle LL. EE. che cittadinanza è coi Fasci e Miglioli qui è odiatissimo e Garibotti non è apprezzato se non dai suoi, anche persone sensate sono irate. Anche pacifici divenuti iene.

In effetti l'autorità dello Stato non era riuscita a mantenere l'ordine pubblico dal 13 al 15 luglio, nonostante lo spiegamento di 1.500 carabinieri e soldati (la città era realmente in stato d'assedio, con reparti di

---

[147] *Situazione assurda*, «La Provincia», 14 luglio 1922, ma cfr. anche le analisi dell'«Avanti!», 9 e 15 luglio 1922.

[148] Cfr. «Corriere della Sera», 16 luglio 1922 e *Una serie di violentissimi tumulti alla Camera. La seduta rinviata per la notizia dei danni alle case degli on. Garibotti e Miglioli*, «La Nazione», 18-19 luglio 1922.

[149] Il prefetto al Ministero dell'Interno, Cremona 12 luglio 1922, in ACS, MI, PS, b. 120, fasc. *Cremona*.

[150] Per la relazione sugli avvenimenti del 13-16 luglio, cfr. il prefetto al Ministero dell'Interno, Cremona 16 luglio 1922, *ibidem*.

[151] I fatti di Cremona destarono profonda impressione in Parlamento; cfr. «Corriere della Sera» e «La Stampa», 16 luglio 1922.

[152] *Cremona contro la politica del Governo*, «Cremona Nuova», 13 luglio 1922.

fanteria e artiglieria fatti giungere velocemente)[153], come riconobbe il questore:

> In Cremona, città eminentemente fascista erano riusciti a convenire [...] dai tre ai quattromila fascisti. [...] Tale massa di fascisti, che si muoveva ad un comando come un solo uomo, avrebbe potuto abbandonarsi ad ogni sorta di violenza se non fosse stata saputa contenere dall'ascendente personale che il sig. Prefetto comm. Guadagnini esercita su tutte le classi sociali nella città[154].

Neppure l'annuncio del commissariamento, il 18 luglio, calmò la situazione, dalla quale tuttavia la dirigenza nazionale del Pnf ordinò di uscirne, e così Farinacci, affermando che il fascismo aveva ottenuto lo scopo, si vide costretto a ubbidire[155]. Ma proprio la sera stessa il governo inviò a Cremona un nuovo prefetto, Francesco Rossi[156], e collocò a disposizione del Ministero Guadagnini (parafulmine alla sconfitta dello Stato) e trasferì il procuratore del Regno[157]. A questi provvedimenti Farinacci rispose con un nuovo movimento insurrezionale, contestando l'atteggiamento passivo di Mussolini (secondo il quale il fascismo non aveva la forza per reggere una «guerra civile»), perché riteneva di poter ancora sfruttare l'eccitato stato d'animo dei fascisti e l'ampio consenso popolare. Secondo alcune fonti, Farinacci cercò di forzare la mano allo stesso direttorio del Pnf, assicurandosi l'appoggio dei Fasci principali della val Padana, «allo scopo di influire con azione coordinata sulle direttive del Pnf e sul gruppo parlamentare fascista, il quale sembra[va] a lui troppo debole»[158]. Constatata l'evoluzione delle vicende nazionali e il pericolo di un possibile isolamento, Farinacci si convinse a desistere e tranquillizzò la situazione, pago di aver fatto trabal-

[153] Per la cronaca dei fatti, anche «Cremona Nuova», «Il Popolo d'Italia» e «Corriere della Sera», 15 e 16 luglio 1922.

[154] L'ispettore generale di PS al direttore generale di PS, Cremona 18 luglio 1922, in ACS, MI, PS, b. 120, fasc. *Cremona.*

[155] *La cronaca della conclusione dell'agitazione a Cremona,* «La Provincia », 17 luglio 1922 e «Il Popolo d'Italia», 18 luglio 1922.

[156] Francesco Rossi (Pesaro, 1868) aveva già alle spalle oltre 32 anni di carriera e fino ad allora era stato sottoprefetto di Matera, Alba, Pistoia, La Spezia e vice prefetto a Genova dal 1920. Come prima destinazione Rossi avrebbe forse sperato in una località più tranquilla, ma (ritenuto esperto nella risoluzione di controversie economiche e politiche) non tardò a trovarsi bene a Cremona e in breve tempo anch'egli venne attratto da Farinacci. Rimase nella città per oltre 7 anni (un record per un prefetto) e, quando fu collocato a riposo, nel 1929, Farinacci gli affidò l'importante incarico di rettore dell'amministrazione provinciale; ACS, MI, Divisione del personale, Versamento 1935, fasc. riservati, b. 7 bis, *Rossi* e Versamento 1948, fasc, ordinari, *Rossi.*

[157] Cfr. «Cremona Nuova», 7 novembre 1922.

[158] Il prefetto alla Direzione generale di PS, Cremona 19 luglio 1922, in ACS, MI, PS, 1922, b. 120, fasc. *Cremona.*

lare parecchio Facta, che infatti il 19 cadde in seguito a sfiducia[159]. Nel suo primo rapporto al Ministero dell'Interno, Rossi mostrò di aver capito che la struttura statale non avrebbe retto a lungo, in quelle condizioni:

> Già la serrata generale dei contribuenti, praticata ovunque nella più stretta disciplina lo scorso giugno, e appoggiata in tutti i modi dal partito fascista [...], contribuì anche dopo la sua sospensione a mantenere nell'animo dei cittadini una profonda esasperazione, pericolosa all'ordine pubblico. Oltre alla serrata (che certamente riprenderebbe più compatta qualora l'amministrazione fosse ancora al potere) si ripetono quotidianamente dimostrazioni e comizi, cui partecipano, si badi bene, quasi tutte le rappresentanze dei vari ceti cittadini, e, da ultimo, si è avuta la pericolosa agitazione del partito fascista, con manifestazioni gravissime. [...] Non è una sola parte che per spirito intollerante e violento vuole lo scioglimento del Consiglio comunale, ma è quasi tutta la cittadinanza[160].

Il primo rilevante risultato politico conseguito da Farinacci a livello locale fu la discesa dei moderati a fianco dei fascisti (un comitato di maggiorenti del mondo economico e finanziario cremonese, compreso quel che rimaneva della Federazione agricola, si associò all'agitazione fascista e dichiarò di condividerne i fini[161]), come avrebbe dovuto poi riconoscere Mussolini:

> Disapprovai l'intempestività di Farinacci: ed egli con arroganza mi rispose che non prendeva ordine dalla torre dei pacifisti. Gli feci sapere che non tolleravo un tale atteggiamento e che avevo buone mani per insegnargli l'educazione. Michelino Bianchi ristabilì tra Milano e Cremona quella pace che i capi fascisti della città avevano posto in pericolo, [...] impose a Cremona il rispetto della giurata disciplina. Farinacci, messo alle strette, si ritirò dalle posizioni municipali violentemente occupate. Ma rispose che tutti i moderati di Cremona erano con lui. Dovemmo prendere atto della consistenza della sua affermazione. Avevo ordinato a tutte le squadre mobilitate da Farinacci di rientrare alle loro sedi. Ma anche lasciato solo a presidiare la città e le effettuate conquiste, Farinacci resistette al mio invito. Costretto dagli eventi, fui consigliato da Bianchi e da Rossi di ordinargli quella moderazione di cui i moderati locali avevano smarrito ogni memoria. Ad anni di distanza, debbo riconoscere che la carta vincente era nelle mani di Farinacci, che i liberali erano dalla sua parte, che i

---

[159] *Pregiudiziale legalitaria*, «La Stampa», 20 luglio 1922.

[160] Il prefetto al Ministero dell'Interno, Cremona 21 luglio 1921, in Acs, Mi, Comuni, b. 1832, fasc. *Cremona*.

[161] *La protesta cittadina*, «Cremona Nuova», 15 luglio 1922. Del comitato facevano parte i nomi più prestigiosi di Cremona, presidenti e direttori di banche e istituti di credito locali, del consorzio agrario, di associazioni di categoria, di imprese e ditte private.

costituzionali lo avevano appoggiato, che il suo gesto approfondiva le ferite da noi inferte al vecchio potere e che sarebbe stato folle avere ancora fiducia nel prestigio del governo[162].

In seguito ai fatti di Cremona, la federazione del Psi decise le dimissioni in massa di tutte le amministrazioni socialiste ancora in carica (35, ma pure le amministrazioni popolari avrebbero fatto altrettanto), paralizzando la vita politica locale[163]. In tale situazione lo sciopero generale legalitario indetto dall'Alleanza del Lavoro non trovò possibilità alcuna di riuscita, anzi il solo annuncio servì ancor più a guadagnare al fascismo settori sociali che non ritenevano più i partiti costituzionali idonei a garantire la governabilità del paese[164]. L'opposizione era entrata in crisi, nuove divisioni si aprirono tanto nel Psi[165], che nel Ppi, dove l'ala moderata di Cappi (la cui visione politica si rivelava più lucida di quella di Miglioli) cominciò a smarcarsi dall'estremismo[166]. Quei fatti, inoltre, convinsero Farinacci a sostenere il «diritto della forza»: nessun esecutivo avrebbe più potuto governare «contro il fascismo», al quale si imponeva la scelta insurrezionale[167]. Da un suo o.d.g. il Comitato centrale del Pnf, nell'agosto del '22, deliberò la richiesta di nuove elezioni immediate e la necessità di intensifi-

---

[162] Y. DE BEGNAC, *Taccuini mussoliniani* (a cura di F. Perfetti), cit., p. 90.

[163] «L'Eco del popolo», 28 agosto 1922. Anche i consiglieri dell'amministrazione comunale del capoluogo seguirono quelle direttive: il prefetto sciolse il Consiglio comunale il 13 agosto e nominò commissario prefettizio il funzionario Giuseppe Rogges («La Provincia», 14 agosto 1922). Il Pcd'I, invece, invitò i tesserati che ricoprivano cariche pubbliche a rimanere al loro posto. Per l'atteggiamento popolare, anch'esso tendente alle dimissioni in massa, «L'Azione», 15 luglio 1922. Alla Marcia su Roma, i comuni commissariati erano oltre la metà, 71; una dozzina erano già amministrati dai fascisti, «L'Era Novella», 14 ottobre 1922 e ACS, MI, PS, 1922, b. 120, fasc. *Cremona*. Sulla situazione amministrativa Rossi chiosò: «Vorrei poi pregare l'on. Ministero di compiacersi esaminare se non sembri politicamente opportuno che i nuovi partiti, i quali dicono di aver acquistato tanta prevalenza, comincino a trovarsi di fronte alle difficoltà di amministrare la pubblica cosa, perché ne trarrebbero indubbiamente elementi di maggiore ponderazione e tolleranza...»; il prefetto al Ministero dell'Interno, Cremona 16 agosto 1922, in ACS, MI, Comuni, b. 1794, fasc. *Cremona*.

[164] *Lo sciopero a Cremona*, «L'Eco dei Comunisti», 5 agosto 1922; in provincia di Cremona non si ebbe rilevante manifestazione dello «sciopero legalitario», cfr. ACS, MI, PS, 1922, b. 56 e «La Provincia», 3-5 agosto 1922.

[165] Gli unitari di Garibotti e Cazzamalli risultarono leggermente maggioritari rispetto ai massimalisti di Sasdelli; cfr. «L'Eco del popolo», 14 ottobre 1922 e «La Libera Parola», 14 ottobre 1922: il Psi, come amaramente commentavano alcuni antichi militanti cremonesi, era frantumato, *Verso il congresso di Roma*, «Avanti!», 10 settembre 1922.

[166] A. FERRARI, *Giuseppe Cappi*, Civitas, Roma, 1977, pp. 80-87. Le sezioni della federazione provinciale del Ppi erano crollate a 38 e in agosto pure la vecchia e gloriosa testata cattolica avrebbe dovuto cessare le pubblicazioni; «L'Azione», 12 agosto 1922.

[167] *La forza del diritto e il diritto della forza* e *Contro il fascismo non si governa*, «Cremona Nuova», 19 e 22 luglio 1922.

care la preparazione per la conquista rivoluzionaria del potere[168].

Farinacci poteva permettersi tali posizioni perché disponeva di una struttura politico-sindacale che non aveva eguali nel Paese (tra l'altro provvide a riorganizzare la federazione del Pnf, inaugurando un modello di partito al quale sarebbe rimasto a lungo fedele)[169], come si vide con la visita di Mussolini a Cremona, il 24 settembre. Si trattò di una manifestazione impressionante, la più solenne, per sua stessa ammissione, a cui Mussolini avesse assistito; i numeri, confermati dalla Prefettura, messi in campo da Farinacci per la rassegna delle forze sindacali e fasciste della provincia, non consentivano paragoni: 30 mila fascisti, inquadrati e organizzati, oltre 500 gagliardetti, 16 musiche paesane in un corteo di 4 chilometri di lunghezza. Le vie, le piazze della città completamente gremite di folla, per oltre 50.000 presenze, in un clima solenne e festoso al tempo stesso. «Sono emozioni che non si dimenticano più nella vita», scriveva Pantaleo, e certo Mussolini stesso sarà rimasto molto impressionato da come il fascismo cremonese avesse celebrato il suo rito[170]. Soprattutto allorquando, in una piazza del comune e nelle vie laterali stipate all'inverosimile, Farinacci fece l'appello ai caduti del fascismo cremonese in un religioso silenzio: all'urlo «presente!», ripetuto all'unisono dalla folla a ognuna delle dodici chiamate, Farinacci non aggiunse altro, quella volta, e lasciò la parola all'amico. E

---

[168] «Il Giornale d'Italia», 30 agosto 1922; preciso, Farinacci, anche nella questione del regime: «Sostituirsi allo Stato, impadronirsene, non vuol dire sostituirsi al regime, trasformandolo. La questione istituzionale ci interessa relativamente poco. La monarchia non è d'intoppo alla nostra azione. La questione del regime è al di sopra e al di fuori delle nostre finalità: e non è in discussione».

[169] «Cremona Nuova», 29 settembre 1922. Le assemblee dei Fasci dovevano eleggere il segretario e il direttorio del Fascio; a loro volta i segretari politici delle 14 zone (corrispondenti ai Mandamenti amministrativi) eleggevano il loro comandante di zona; e infine i comandanti di zona (che insieme costituivano il Direttorio provinciale) il segretario provinciale e una Commissione esecutiva. Questa struttura organizzativa permise a Farinacci di avere il controllo del territorio: le assemblee e le elezioni dei dirigenti confermarono uomini che godevano della sua fiducia, come Cesare Balestreri («infaticabile e indivisibile compagno di fede e di lotta», confermato nella carica di segretario del Fascio di Cremona e comandante della 1ª zona), Mario Gaffuri, Giuseppe Gerevini e Mario Pederneschi; ma portarono alla ribalta anche persone che avevano lavorato nell'ombra e si erano guadagnati stima, come l'ingegner Giulio Orefici di Gussola (artefice del successo del fascismo nel casalasco e «il miglior comandante di zona» – come riconobbe Farinacci presentandolo a Mussolini), Cirino Quilleri di Crema, Francesco Gambazzi, futuro sindaco di Robecco d'Oglio, segretario federale nonché a lungo redattore di «Cremona Nuova», e l'ingegnere Nino Mori (San Daniele Ripa Po, 1893, capitano, era stato un valoroso e pluridecorato combattente nella grande guerra, considerato «un professionista di valore, competente e di ottima condotta morale», già presidente dell'Anc provinciale e della società "Cremona Nuova", futuro deputato). Cfr. F. GAMBAZZI, *Otto anni di attività fascista a Robecco d'Oglio: ottobre 1920 – ottobre 1928*, «Cremona Nuova», Cremona, 1928.

[170] *La più grande manifestazione del Fascismo*, «Il Popolo d'Italia», 26 settembre 1922.

Mussolini, esterrefatto, sbalordito da una realtà che aveva superato le più lusinghiere aspettative, si rivolse a quella folla di «autentici lavoratori, di gente del popolo», dicendo che i compiti che attendevano il fascismo erano immensi, perché era ora di finirla con «una politica di abiezione all'interno, con una politica di rinunzia all'esterno»: occorreva che l'Italia diventasse subito fascista e per questo, qualora si fosse reso necessario un «colpo risolutivo», esortava gli amici di Cremona (che rumoreggiavano «Roma, Roma!») a tenersi pronti: «non ci saranno ostacoli, né di uomini né di cose, che potranno fermarci»[171]. La frattura con il duce, apertasi col patto di pacificazione, poteva dirsi chiusa (a dispetto di voci, riportate anche da «Cremona Nuova», secondo le quali l'accordo tra i due non era ancora pieno), tanto che il quotidiano di Mussolini non tardò a pubblicare un articolo dove si elogiavano i meriti di Farinacci[172].

Quelle parole di Mussolini, proprio pochi giorni dopo, vennero attuate da Farinacci, che organizzò, e prese parte con le squadre cremonesi, alla vasta azione per l'occupazione di Bolzano e di Trento, dal 1° al 5 ottobre, ottenendo il comando delle forze fasciste della spedizione[173]. Si trattò di un fatto di portata dirompente per il secondo governo Facta, che entrò nuovamente in crisi, e dal quale Farinacci trasse la convinzione che, per risolvere il problema dell'autorità dello Stato, la Marcia su Roma (di cui tanto gli organi di stampa parlavano) doveva essere tosto compiuta[174].

Al convegno nazionale dei Fasci a Napoli, il 24 ottobre, vennero concordate, come noto, le linee principali per la Marcia su Roma e a Farinacci venne affidata la direzione del movimento rivoluzionario[175], da avviare la sera del 27 ottobre, nelle province di Mantova e Cremona, col compito di impossessarsi delle Prefetture, degli uffici pubblici, dei centri strategici e di partire con le camicie nere alla volta di Foligno. La ricostruzione dei fatti appare interessante, proprio perché, nello sviluppo della vicenda nazionale, gli avvenimenti cremonesi ebbero particolare rilevanza. Infatti Farinacci, rientrato a Cremona la mattina del

---

[171] *Il discorso di Mussolini*, in «Cremona Nuova», 26 settembre 1922; piuttosto modificato, invece, il testo ufficiale, in B. MUSSOLINI, *Scritti e discorsi*. II. *La rivoluzione fascista (23 marzo 1919 – 28 ottobre 1922)*, Hoepli, Milano, 1934, pp. 323-326.

[172] P. PANTALEO, *La glorificazione dello "squadrismo agrario"*, «Cremona Nuova», 26 settembre 1922 e «Il Popolo d'Italia», 27 settembre 1922.

[173] S. BENVENUTI, *Il fascismo nella Venezia Tridentina (1919-1924)*, Trento, 1976, pp. 148-156 e 254-269.

[174] «Il Giornale d'Italia», 10 ottobre 1922.

[175] Farinacci, nel convegno di Napoli, brigò parecchio per accelerare l'azione: «non è più il momento delle chiacchiere – ripeteva a tutti – è il momento dell'azione decisiva»; cfr. *Il momento politico e il partito fascista,* «Corriere della Sera», 26 ottobre 1922.

27 ottobre, riunì il suo "stato maggiore" e dette disposizioni affinché Orefici e il capitano Giuseppe Moretti[176] con i loro reparti provvedessero per l'ora stabilita alla occupazione delle sottoprefetture e delle città di Casalmaggiore e di Crema[177]. La stessa cosa avrebbe fatto Balestreri a Cremona, da dove, col controllo della stazione ferroviaria, i fascisti avrebbero marciato sulla capitale. E così avvenne: nel capoluogo i fascisti irruppero negli uffici della Questura, infransero la prima resistenza dei carabinieri e occuparono alcuni locali della Prefettura; altri squadristi occuparono gli uffici del telefono, le poste, la stazione, l'officina elettrica, il tribunale, mentre in città giungevano i primi camion di fascisti del casalasco e le notizie dei primi caduti fascisti: la rivoluzione era iniziata[178]. Le cose si complicarono allorquando il prefetto Rossi passò i poteri civili, in conformità agli ordini ricevuti da Roma, all'autorità militare. Il comandante del Presidio provvide senza indugio a mobilitare la truppa e a sbarrare le vie d'accesso alla Prefettura, da dove i pochi fascisti penetrativi erano stati respinti dai carabinieri, apparsi in grado, così, di riprendere il controllo della situazione. La mobilitazione fascista, intanto, si era dispiegata in provincia e Cremona rigurgitava di squadre. La contrapposizione tra le forze era vicinissima allo scontro, quando – mutata la situazione politica nazionale e profilandosi la possibilità per Mussolini di entrare a far parte di un nuovo esecutivo di coalizione – giunsero a Farinacci gli ordini di sospendere l'azione. Fu a questo punto, secondo la "leggenda", che si sarebbe svolto il drammatico colloquio telefonico con il duce a Milano, al quale Farinacci avrebbe forzato la mano per l'azione: disse che aveva già iniziato il movimento rivoluzionario e che aveva avuto dei morti e molti feriti, per cui il duce convenne che «di fronte a questi fatti non restava che continuare»[179]. Che i fatti si siano svolti in questi termini non è certo, tuttavia era intenzione di Farinacci creare il fatto compiuto, e mettere tutti di fronte al gesto rivoluzionario. Mussolini stesso avrebbe sempre riconosciuto che «Farinacci recava alla rivoluzione il contributo di una decisione, di un coraggio che in altre situazioni nessun paese avrebbe mai potuto porre a frutto»[180]. Del resto il

[176] Moretti (Cumignano sul Naviglio, 1893), consigliere provinciale e sindaco di Castelleone, di floride condizioni finanziarie in quanto aveva investito parte dei suoi capitali nell'industria delle arti plastiche; combattente e decorato di guerra, era di «ottima moralità e di sicura fede patriottica, nonché di discreta cultura, appartenendo a famiglia onorata di ricchi possidenti» di Casalbuttano; uomo di fiducia di Farinacci, divenne un personaggio di spicco del fascismo cremonese (console della Mvsn, parlamentare per tre legislature e poi consigliere nazionale).

[177] Per l'occupazione di Crema, cfr. «Il Progresso», 4 novembre 1922.

[178] *Conflitti a Cremona. Quattro fascisti morti*, «Corriere della Sera», 28 ottobre 1922.

[179] R. FARINACCI, *Squadrismo. Dal mio diario della vigilia*, cit., pp. 172 e sgg.

[180] Y. DE BEGNAC, *Taccuini mussoliniani* (a cura di F. Perfetti), cit., p. 164.

fascismo cremonese aveva la possibilità per compiere veramente un'azione di forza in grande stile, azione che in ogni caso avrebbe potuto accrescere il prestigio e l'autorità del suo capo carismatico. E poi Farinacci era già passato indenne dai gravi fatti di tre mesi prima, e quella prova di forza si era conclusa senza alcuno scontro né spargimento di sangue; niente, quindi, lasciava presagire la possibilità di uno sviluppo diverso dell'azione in corso. Per questo Farinacci, non tenendo neppure in considerazione, quindi, quanto avveniva nel resto del paese e non valutando eventuali negative conseguenze, dette il via alla sua personale rivoluzione, «per conquistare, a ogni costo, la prefettura», simbolo del governo da abbattere, «senza patteggiamenti e senza transizioni»[181]. Dopo ore di assedio, i fascisti tentarono l'invasione: Farinacci, convinto che i carabinieri e i soldati non avrebbero aperto il fuoco, ordinò l'attacco, ma una scarica di fucileria uccise tre giovani. Il comando fascista di Cremona, la mattina del 28, si affrettò a diffondere manifesti alla cittadinanza, nei quali si chiedeva la solidarietà per il movimento rivoluzionario in corso, che non era né contro lo Stato né contro le sue istituzioni, né contro la monarchia né contro l'esercito, bensì contro «un Governo di imbelli, vergogna d'Italia, esautoratore dello Stato, impotente così a difenderlo come a tutelarne i vitali interessi e che trascinava con sé, travolgendola nella rovina, l'esistenza della Patria»[182]. Erano in città almeno 3 mila squadristi, «armatissimi e decisi», come riconobbe «La Provincia» nella ricostruzione dei fatti, e Farinacci guidò allora un nuovo assalto alla Prefettura[183]: questa volta i cordoni della forza pubblica si spezzarono e i fascisti penetrarono nel cortile e nel palazzo. Rossi e il colonnello Petrini, dopo un colloquio con Farinacci e vista la piega degli avvenimenti nel Paese, non opposero resistenza e, per evitare «lo spargimento di altro sangue fraterno», nel pomeriggio rassegnarono a Farinacci i poteri civili e militari[184]. Subito dopo un folto corteo di cittadini e di squadristi si raccolse in piazza Roma, dove Farinacci impartì le disposizioni per alcune "misure rivoluzionarie" e per

---

[181] Cfr. P. PANTALEO, *Il fascismo cremonese*, cit., pp. 243-244.

[182] *Ibidem* e «Cremona Nuova», 28, 29 e 30 ottobre.

[183] Il quotidiano democratico riprese le pubblicazioni il 1° novembre. «Contro [le baionette della truppa] i fascisti si gettarono in colonna serrata, forte di più di duemila uomini. Tale fu il loro impeto che i soldati, vedendoli scagliarsi contro le punte delle baionette, alzarono le armi [...]. D'altronde anche la resistenza con le armi, con la sicura prospettiva di centinaia di vittime, non offriva assoluta certezza di riuscita. La superiorità numerica dei fascisti era schiacciante e il loro armamento completo»; *Le cinque giornate della mobilitazione fascista a Cremona*, «La Provincia», 1° novembre 1922.

[184] Secondo «La Provincia», 1° novembre 1922, Petrini non avrebbe ceduto il potere militare al comando fascista; dal punto di vista pratico, comunque, non cambiava molto, essendo stati i reparti militari sopraffatti anche nel resto della provincia.

i funerali dei nove fascisti caduti[185]; la sera del 29 partì un grosso contingente di fascisti cremonesi alla volta di Roma. Ma ormai era l'epilogo della rivoluzione, con la designazione di Mussolini alla guida del governo, la mattina del 31 ottobre Farinacci rimise i poteri militari e civili e ordinò l'evacuazione degli uffici pubblici e la smobilitazione. I cruenti episodi cremonesi sarebbero sempre rimasti per Farinacci un ricordo incancellabile e un impegno morale; accanto a lui, in quella battaglia, trovarono la morte un giovane tipografo di «Cremona Nuova» e un caro amico, sì che non avrebbe mai smesso di sostenere il culto dei caduti «per la Patria rinovellata»[186].

Farinacci, che non si era sporcato le mani nelle dispute ministeriali romane, ammoniva che c'era da realizzare lo Stato fascista e da non deludere le molte attese dei militanti. Per questo invocava la «ratificazione popolare» della rivoluzione attraverso lo scioglimento della Camera e il ripristino del sistema uninominale in collegi provinciali[187], il solo sistema elettorale che avrebbe permesso l'adozione di una linea intransigente verso gli altri partiti («con gli attuali partiti – sosteneva – non è possibile alcun accordo. La nostra lotta deve essere impegnata a fondo contro tutti coloro che hanno cercato di ostacolarci il passo»)[188]. Confermandosi uomo di partito, più che di governo, Farinacci intuì il pericolo di una rapida crescita del Pnf in seguito alla vittoria, e auspicò la chiusura delle iscrizioni (come fece nella sua federazione) e una immediata, vasta riforma della burocrazia (che avrebbe avuto il compito di «tradurre correttamente nel fatto» la rivoluzione)[189].

Le numerose manifestazioni indette in provincia, per celebrare la conquista del potere, videro la presenza di una sempre maggiore partecipazione popolare[190]. Nel casalasco il potere fascista poteva definirsi pressoché «totalitario»[191], e a Crema, durante le celebrazioni per l'anniversario della vittoria, parteciparono al comizio conclusivo di Farinacci oltre diecimila fascisti, riempiendo piazza Duomo: in quella circostanza il commissario straordinario Augusto Meneghezzi ricordò che

---

[185] *Il fascismo alla conquista dello Stato*, «Cremona Nuova», 29 ottobre 1922, nonché la relazione del prefetto al Ministero dell'Interno, Cremona 9 novembre 1922, in Acs, Mi, Comuni, b. 1831, fasc. *Amministrazione provinciale di Cremona*.

[186] [R. Farinacci], *L'apoteosi del fascismo*, «Cremona Nuova», 2 novembre 1922.

[187] *Il discorso dell'on. Roberto Farinacci*, «Cremona Nuova», 28 novembre 1922.

[188] [R. Farinacci], *Fascismo e Nazionalismo*, «Cremona Nuova», 29 novembre 1922.

[189] [R. Farinacci], *Occorre l'ascia fascista per disboscare la burocrazia*, «Cremona Nuova», 9 dicembre 1922.

[190] Cfr. *Soresina Fascista!* e *Altre manifestazioni fasciste*, «Cremona Nuova», 7 e 8 novembre 1922.

[191] *Vittorie e manifestazioni fasciste in provincia*, «Cremona Nuova», 13 e 14 novembre 1922: a Casalmaggiore la lista fascista ottenne oltre l'85%; il consenso di cui godeva Farinacci tra i fascisti e i simpatizzanti nel circondario era elevato.

soltanto «nel 1862, all'arrivo di Garibaldi, a Crema si [era] avuta una eguale manifestazione»[192]. Un consenso personale che Farinacci mostrò di avere radicato in tutto il territorio, pur senza essere – così dichiarava pubblicamente anche Rossi – «dominato da orgoglio di sorta, come altri sarebbe al suo posto: egli è rimasto quale prima era, in mezzo ai suoi squadristi, umile come per il passato, modesto come sempre»[193]. Farinacci seppe dirigere bene quel consenso intorno al fascismo anche nelle istituzioni locali, visto che in novembre le elezioni amministrative (pur mantenendo la politica di assoluta intransigenza, le liste del Pnf furono aperte ai contributi di «personalità di prestigio» di altre forze politiche[194]) portarono al successo le liste fasciste, ovunque di maggioranza e minoranza, con percentuali tra il 70 e il 90%, nei 56 comuni le cui amministrazioni si erano dimesse[195].

Farinacci non aveva ancora maturato un chiaro programma politico sull'azione di governo del fascismo, e come lui buona parte del gruppo dirigente fascista, tuttavia ripeteva spesso che il fascismo, «assumendo la direzione dello Stato, non doveva compiere semplicemente un'opera di ordinaria amministrazione»; certo il fascismo, «per sua natura eminentemente pragmatista»[196], consentiva intanto la ricerca di "nuovi" assetti economico-sindacali da realizzare a livello locale. Del resto, come già riconosciuto, il fascismo era ancora un «fenomeno sostanzialmente provinciale», che aveva contenuti e prendeva aspetti diversi a seconda delle esigenze che doveva affrontare, e che si organizzava diversamente nelle varie realtà locali[197]; spesso, anzi, era modellato a immagine del capo locale di maggior carisma e potere, tanto che – come bene ha sottolineato De Felice – la sua «organizzazione politica unitaria era pressoché inesistente. La vera forza, la vera struttura del fascismo erano i ras e i capi locali, le squadre»[198]: almeno fino a qualche tempo

[192] Il settimanale liberale riconobbe che Farinacci era stato «effettivamente osannato dalla folla»; «Il Progresso», 11 novembre 1922. Cfr. anche *Crema redenta*, «Cremona Nuova», 5 novembre 1922.

[193] *L'on. Farinacci fra le camicie nere del casalasco*, «Cremona Nuova», 14 dicembre 1922.

[194] *La costituzione ufficiale del blocco economico*, «Cremona Nuova», 14 ottobre 1922.

[195] Cfr. ACS, MI, Comuni, fascicoli 1831 e 1832 nonché «Cremona Nuova», 19 dicembre 1922. Soltanto in pochissimi casi, come a Crema, i fascisti aprirono la lista a liberali, democratici e combattenti; ma proprio a Crema i risultati non furono lusinghieri, votando per la lista del Pnf poco più del 60% dei cittadini: il conte Premoli (il più votato) fu nominato sindaco. Nell'occasione Farinacci iniziò a "mettere in linea" il sempre turbolento Fascio cremasco. Cfr. *La vittoria elettorale*, «Il Progresso», 9 dicembre 1922.

[196] [R. FARINACCI], *La funzione rinnovatrice del fascismo al Governo*, «Cremona Nuova», 27 dicembre 1922.

[197] In proposito, cfr. G. BASTIANINI, *Rivoluzione*, Berlutti, Roma, 1923, pp. 29-31.

[198] R. DE FELICE, *Mussolini il fascista*. I. *La conquista del potere, 1921-1925*, cit., p. 115.

dopo la Marcia su Roma, più che un partito, il fascismo era così soprattutto un'unione di realtà locali. La capacità di attuarsi concretamente nei fatti ebbe quindi varie possibilità (e il "modello cremonese" ottenne non poca attenzione negli anni Venti...), e Farinacci cercò di raggiungere la pace sociale, attraverso la celere approvazione di un nuovo patto colonico per l'annata agraria 1922-1923 (patto che già dalla sua approvazione riscosse non pochi consensi tra datori di lavoro e lavoratori, nonché il plauso dello stesso governo[199]): molti osservatori dei problemi del lavoro non tardarono a salutare in quel patto una «magnifica affermazione sindacale», nel solco di quel processo graduale che «da Bissolati aveva condotto al sindacalismo nazionale»[200], e la Cattedra ambulante di Agricoltura di Cremona, certo tra le più avanzate del paese, col suo direttore Vincenzo De Carolis, vide nel patto la posa «delle prime pietre per un ponte da costruire: il ponte della collaborazione che deve avere la sua base, da una parte i datori di lavoro, dall'altra i lavoratori»[201]. Si trattò di un patto avanzato, per molti aspetti, che recepiva conquiste ottenute dal movimento dei lavoratori nel dopoguerra e che, se reintroduceva le nove ore di lavoro nei mesi estivi, garantiva salari elevati alle varie categorie contadine (non ultimo il compenso annuale degli obbligati, nonché la paga oraria per gli avventizi)[202], salari in linea – quando non superiori – a quelli dei patti colonici socialisti precedenti[203]. Il patto colonico cremonese mostrava

---

[199] Rossi segnalò che in novembre la caduta di una decina di amministrazioni del cremasco (tutte popolari, eccetto Montodine e Pieranica socialiste) era «dovuta al passaggio delle [locali] masse dalle leghe bianche e rosse ai sindacati [fascisti] e a tale fatto non [era] estranea l'applicazione del nuovo patto colonico stipulato tra i Datori di lavoro e i Sindacati, di gran lunga superiore a quelli preesistenti stipulati con le leghe anzidette»; il prefetto al Ministero dell'Interno, Cremona 21 novembre 1922, in ACS, MI, Comuni, b. 1794, fasc. *Cremona* e «Cremona Nuova», 4 e 16 novembre 1922.

[200] G. M. SANGIORGI, *La salda unità sindacale nel Cremonese, sotto la rinnovatrice egida fascista*, «Il Resto del Carlino», 30 marzo 1923 e G. CERVI, *Magnifica affermazione sindacale nel cremonese*, «Il popolo d'Italia», 14 novembre 1922.

[201] *Al passo coi tempi nuovi*, «La Sentinella Agricola», 9 novembre 1922.

[202] Le comparazioni dei dati e le indagini sull'andamento dei salari sono complesse e divergenti (G. CRAINZ, *Padania. Il mondo dei braccianti dall'Ottocento alla fuga dalle campagne*, Donzelli, Roma, 1994, p. 198), tuttavia il confronto tra il patto colonico socialista del 1921 (cfr. «L'Eco del Popolo», 17 novembre 1921 e «La Sentinella Agricola», 23 gennaio 1922) e quello fascista dell'anno successivo appare, almeno per molti dati, fattibile. Per il patto colonico socialista nella provincia di Cremona, cfr. «Avanti!», 27 dicembre 1921; il patto voluto da Farinacci, e approvato il 3 novembre, in «Cremona Nuova», 8 novembre 1922.

[203] Basti, a questo proposito, un confronto con il patto colonico del Basso milanese del febbraio 1922, definito «uno dei più equi d'Italia» (I. GRANATA, *Il fascismo agrario delle origini nel Basso milanese e nel cremonese: due situazioni a confronto*, in *Camera del lavoro e lotte nelle campagne cremonesi*, cit., p. 106), nel quale il salario globale annuale degli obbligati (o trecentati, la categoria più numerosa) era fissato (senza le varie detrazioni, come

di essere all'avanguardia nella previdenza, nella costituzione degli Uffici di controllo e nella gestione della mano d'opera disoccupata[204]. Il patto era dovuto a Farinacci in persona, che da tempo, nel delicato problema della risoluzione dei rapporti tra partito e sindacato, era tra i maggiori sostenitori della supremazia del Partito[205]: secondo lui, infatti, le organizzazioni economiche – il cui compito doveva essere di controllo e non di eccitamento delle masse – erano subalterne e dipendenti dalle organizzazioni politiche del Pnf[206]. D'altra parte Farinacci aveva gli occhi puntati addosso e non poteva permettersi di ridare fiato alle opposizioni contro il suo "schiavismo agrario" («Cremona Nuova» si affrettò a sottolineare che nessun patto colonico aveva mai garantito paghe così elevate e che difficilmente altrove si sarebbe potuto fare meglio...)[207], e il patto cremonese non accolse il punto di vista dei Datori di lavoro[208].

---

il capo di melicotto, la casa, ecc.) in lire 4.800 (il più alto mai pagato, sempre per Granata): stesso compenso, ma con paghe per gli straordinari più alte, venne mantenuto dal patto agrario fascista, il quale stabiliva inoltre paghe migliori per gli avventizi e per i giornalieri (2 lire l'ora), rispetto al patto colonico socialista (come si evince da *Ottant'anni di lotte del movimento sindacale cremonese,1893-1973*, cit., pp. 89-91); in proposito, invece, le valutazioni di N. Cilla, *Gli effetti economici del fascismo*, «L'Unità», Milano, 1925, p. 50, appaiono alterate dall'utilizzazione di dati male elaborati o errati (per la complessità di tali analisi comparative, V. Zamagni, *Distribuzione del reddito e classi sociali nell'Italia fra le due guerre*, «Annali» della Fondazione Giangiacomo Feltrinelli, 1979/1980, *La classe operaia durante il fascismo*, pp. 17-50).

[204] Cfr. *Patto colonico per la prov. di Cremona pel 1922-1923*, «La Sentinella Agricola», 9 novembre 1922.

[205] In una riunione per l'attuazione del patto colonico Farinacci sostenne la «necessità che tutti gli organizzati abbiano a seguire le direttive che vengano emanate dagli organi provinciali», e di «mettere alle dipendenze dirette dei dirigenti fascisti il movimento sindacale. In provincia di Cremona, io eviterò con ogni mezzo che fra contadini e datori di lavoro sorgano dissensi, che turberebbero quella tranquillità e quel benessere conquistati con tanti sacrifici»; cfr. «Cremona Nuova», 11 gennaio 1923.

[206] In proposito, cfr. l'intervento di Farinacci al Comitato Centrale del Partito, «Il Popolo d'Italia», 15 agosto 1922.

[207] «Cremona Nuova», 8 novembre 1922. In effetti quel patto agrario era migliore di altri espressi in quei mesi dalle organizzazioni sindacali fasciste nel resto del Paese, anzi in molti casi le organizzazioni economiche fasciste non approntarono nuovi organici patti colonici che nell'annata 1924-1925; per un'analisi comparata dei vari patti, cfr. P. M. Arcari, *Le variazioni dei salari agricoli in Italia dalla fondazione del Regno al 1933*, Failli, Roma, 1936, p. 678-679.

[208] L'atteggiamento critico dei Datori di lavoro era ricordato a Farinacci, allorquando i proprietari e conduttori del cremasco, al momento del versamento dei "contributi" alla federazione del Pnf, presentarono un conto (ma le loro richieste vertevano più che altro sul maggior decentramento del processo decisionale): «la locale federazione Datori di lavoro, malgrado la amara portata del provvedimento [del patto agrario], corrisponderà alla federazione provinciale fascista il 35% dei suoi contributi sociali e ciò pur essendo persuasi che dal Casalasco, ove non esiste una organizzazione come la nostra, difficilmente darà riscossa la identica tangente ed il Cremonese e Cremasco finiranno – qua si afferma – col pagare le spese (!!) per l'intera provincia»; G. Pianigiani a R. Farinacci, Crema 7 febbraio 1923, in Acs, Frf, fasc. *Pianigiani*. Per le critiche del Psi al patto colonico di Farinacci, «Avanti!», 24 gennaio 1922.

Mentre la situazione nel Paese (e anche nel cremonese[209]) sembrava tranquillizzarsi, Farinacci ebbe modo di ritagliarsi uno spazio particolare come puro e disinteressato difensore dell'ortodossia fascista. In almeno tre importanti circostanze, infatti, assurse al ruolo di paladino dell'intransigenza, nella teoria e nella prassi, del fascismo, fino a condizionare le scelte di Mussolini. Nel dicembre '22 fece naufragare un possibile accordo tra la Confederazione generale del lavoro e i sindacati fascisti, sotto l'egida di D'Annunzio e con Mussolini favorevole, per l'unità sindacale[210]: il fuoco di sbarramento che Farinacci alzò («i nemici di ieri sono e restano i nemici di oggi») valse a far comprendere che il fascismo doveva combattere ogni collaborazionismo, specie col socialismo:

> Questa nostra intransigenza deve essere la nostra linea di condotta, ora che siamo al Governo; intransigenza che deve consistere nella negazione di ogni forma di collaborazione, specie con quei socialisti che sono e restano i nostri nemici. Insomma, è necessario che e Governo e Direzione del partito imitino il fascismo cremonese, il quale ha tirato dritto per la sua strada, senza badare né a destra né a sinistra, e non ha mai sentito il bisogno di trattare coi vari Lazzari, Garibotti, Cazzamalli, anzi ha evitato qualsiasi contatto con essi, li ha fieramente combattuti, li ha ridotti al silenzio, li ha resi innocui[211].

Parlare di unità sindacale «avrebbe voluto dire esporre il fascismo a una crisi, e su questa via esso non avrebbe seguito neppure Mussolini», il quale comprese che l'operazione era prematura e inviò un lungo telegramma a Farinacci, col quale dichiarava chiuse le trattative con i confederali. Farinacci non esitò a scagliarsi poi contro D'Annunzio, affinché facesse «chiarezza» sulla sua condotta politica, avendo i confederali auspicato ancora la "protezione" della Cgl da parte dello stesso comandante: in un lungo e polemico articolo (a Farinacci bruciava la sprezzante definizione dannunziana del fascismo cremonese) chiedeva al Poeta di «parlare chiaro», perché l'Italia doveva conoscere qual'era il suo pensiero e il fascismo sapere se poteva contare sul suo appoggio[212]. L'avversione di Farinacci a D'Annunzio rimase sempre alta, e nel settembre del '23 non esitò a sferrare contro il Vate un altro pode-

---

[209] Nel periodo 1919-1922, i fascisti ebbero 22 morti e 370 feriti; gli antifascisti contarono 26 morti e oltre 200 feriti, numeri cui erano da aggiungersi le vittime tra le forze dell'ordine e tra cittadini non schierati, uccisi in varie circostanze.

[210] Per l'intera vicenda, cfr. R. De Felice, *Mussolini, il fascista. La conquista del potere, 1921-1925*, cit., pp. 602-610.

[211] R. Farinacci, *La tattica degli avversari e il nostro atteggiamento*, «Cremona Nuova», 7 dicembre 1922.

[212] R. Farinacci, *Poeta: parlate chiaro*, «Cremona Nuova», 16 dicembre 1922.

roso attacco, contribuendo a isolarlo ancor più nel fascismo.

Convinto sostenitore della disciplina interna e della supremazia del ruolo del Partito, nella società quanto nelle istituzioni (non esitava a rivendicare la supremazia del Pnf anche sullo stesso Mussolini), Farinacci voleva un partito elitario, piuttosto che di massa, disciplinato e dinamico, invece che burocratizzato e anchilosato (anche a dispetto della democrazia interna), chiuso nel reclutamento della nuova classe dirigente locale[213]. E con questa linea ottenne la conquista della totalità dei comuni nelle elezioni amministrative della fine del '22, come riepilogò Rossi: «Le elezioni seguirono senza incidenti di sorta e nella più assoluta tranquillità. L'affluenza degli elettori alle urne può determinarsi in una media del 75% sugli iscritti. In tutti i [90] comuni senza eccezione la maggioranza e la minoranza furono conquistate dal Partito nazionale fascista [...] così pure riuscirono Consiglieri provinciali tutti i candidati fascisti»[214]. In quelle province dove era stata adottata una politica di conciliazione, permettendo alla liberal-democrazia di «fiancheggiare» il fascismo, i risultati, valutava Farinacci, erano stati invero deludenti: il vecchio ceto politico avrebbe quindi dovuto «accodarsi al Pnf», piuttosto che fiancheggiarlo[215]. E queste parole giungevano a conclusione di una feroce polemica contro il vecchio gruppo dirigente liberale e democratico di Cremona (Ferrari, Cremonesi, Miotti, Lanfranchi)[216], accusato di incoerenza e incapacità: «ogni forma di libertà, ammoniva Farinacci, che ostacoli, oppure che tenda a sconvolgere lo Stato o la società, a comprometterne l'esistenza o a deviarne il funzionamento

---

[213] «In avvenire nei nostri Comuni le liste dei candidati verranno compilate dalla Segreteria in perfetto accordo col comandante di Zona e col segretario politico del Fascio locale. Non credano poi i fascisti che faranno parte delle amministrazioni comunali, di essere esenti da ogni controllo da parte di questa Federazione, perché noi intendiamo che le direttive del Partito, che sono poi le nostre, vengano rigidamente rispettate. Abbiamo parlato chiaro, specialmente a coloro che, ultimi arrivati, vorrebbero tentare di modificare la nostra tattica intransigente»; R. FARINACCI, *Nel campo nostro. Un richiamo ai fascisti*, «Cremona Nuova», 20 dicembre 1922.

[214] «Degli altri comuni della provincia 18 hanno amministrazioni di carattere nazionale fascista, essendosi ivi proceduto alle elezioni prima del luglio scorso; 19 conservano le antiche amministrazioni, di cui 14 del Partito popolare, una socialista e le altre 3 democratiche-liberali; e infine 6 sono rette da commissari»; il prefetto al Ministero dell'Interno, Cremona 21 marzo 1923, in ACS, MI, Comuni, b. 1794, fasc. *Cremona*. A Cremona Farinacci riuscì primo per preferenze: 12.398 su 12.454 votanti (iscritti 17.876).

[215] I liberali rivendicarono «assoluta autonomia» e sostennero che non volevano «accodarsi al fascismo», ma «fiancheggiarlo», collaborare lealmente come avveniva nel governo nazionale (G. OCCHIONI, *Lettera aperta all'on Farinacci*, «Il Progresso», 17 marzo 1923). La polemica con i liberali seguitò a lungo su «Cremona Nuova», finché Farinacci non la troncò, mostrando però più volte la corda («Il Progresso», 24 marzo 1923 e R. F[ARINACCI], *I demo-liberali cremaschi in pena*, «Cremona Nuova», 28 marzo 1923.

[216] *Le elezioni amministrative. Battaglia da zig-zig* e *Dove si può arrivare,* «La Provincia», 21 e 23 febbraio 1923.

[era] dal punto di vista razionale assolutamente inconcepibile, da quello sociologico una inconciliabile contraddizione».

Epurazione e intransigenza debbono essere le nostre armi per conservare il Fascismo come lo creammo, lo difendemmo, lo rafforzammo. Cremona sarà la prima città che affronterà le lotte amministrative e provinciali, senza che il Fascismo si prostituisca in alleanze con partiti che ostacolarono in ogni tempo la sua azione e la sua marcia. Noi non ci preoccupiamo se oggi tutti vogliono più o meno coscientemente seguirci, sappiamo che mentre noi continueremo risoluti e baldanzosi il nostro aspro cammino, molta gente la perderemo per strada. Sarà quella parte che ha ingombrato ogni partito, sarà la zavorra degli arrivisti, degli ambiziosi e dei vigliacchi. [...] Noi non abbiamo né terre né case da difendere, abbiamo un solo patrimonio: la fede che ci riscalda l'anima, il Fascismo. E rimarremo uniti a difendere questi supremi interessi nostri contro tutti e contro tutto. Prima di sfruttare il Fascismo, prima di offendere la memoria dei nostri morti, bisognerà avere il coraggio di calpestare i nostri corpi. E ciò non è facile[217]!

Il consenso alla rivoluzione, in particolare nei quartieri popolari e nei comuni rurali (ma a Crema l'esclusione dei vecchi gruppi dirigenti moderati e la non collaborazione costò consenso, evidenziando una posizione minoritaria del Pnf[218]), apparve evidente, e per Farinacci la linea intransigente doveva essere "esportata" per giungere all'abbattimento della liberal-democrazia[219]:

Noi di Cremona fummo veramente antesignani a tutto il partito, perché mentre altrove si è imitato il nostro modo di procedere, noi nulla abbiamo preso

[217] [R. Farinacci], *La Dittatura e le sue conseguenze*, «Cremona Nuova» e R. F[arinacci], *Il fascismo cremonese sarà sempre contrario ad ogni connubio*, «Cremona Nuova», 10 e 17 febbraio 1923. Soltanto i piccoli gruppi nazionalisti presenti a Cremona e a Casalmaggiore si schierarono col Pnf; gli altri partiti assunsero la linea astensionista; *Come volevamo noi. Socialisti, popolari, repubblicani e democratici per l'astensione*, «Cremona Nuova», 22 febbraio 1923.

[218] Nei mandamenti di Crema e di Pescarolo per le elezioni provinciali il Pnf pagò le scelte di candidature non locali e non ottenne la maggioranza assoluta, fermandosi al 49% («La Libera Parola» e «Il Progresso», 17 marzo 1923). Nei comuni rurali (Volongo, Gabbioneta), dove forte era stata la Federazione agricola, le percentuali per le elezioni provinciali furono ancora minori (a Ostiano addirittura il 20%); cfr. «La Provincia», 13 marzo 1923. Farinacci, del resto, non si fidava del fascismo cremasco e candidò persone non locali, come Nino Mori e Giuseppe Moretti. Altre critiche Farinacci si attirò circa la composizione sociale dei 40 consiglieri provinciali, almeno la metà dei quali possidenti, benestanti, agricoltori e industriali, mentre l'altra metà era dedita alle professioni liberali, con l'esclusione, quindi, di rappresentanti delle varie categorie dei lavoratori. Ma i socialisti criticarono pure il presunto rinnovamento degli uomini, sostenendo che in molti comuni erano invece «stati riesumati vecchi nomi»; *Luci ed ombre*, «La Libera Parola», 24 febbraio 1923 e «L'Eco del Popolo», 3 marzo 1923.

[219] [R. Farinacci], *Necrologia della democrazia*, «Cremona Nuova», 28 febbraio 1923.

dagli altri. Fummo noi che per primi ideammo la conquista del Comune. Fummo noi che obbligammo a forzata prigionia l'esponente equivoco del bolscevismo bianco. E insegnammo ai fascisti delle altre regioni, che ci seguirono, il mezzo efficace per riuscire nello scopo! Adoperammo la violenza perché ogni altro mezzo sarebbe stato insufficiente e inadeguato. E invano i nostri avversari – socialisti, comunisti, popolari, democratici, repubblicani – formarono il fronte unico per schiacciarci. [...] La rivoluzione è iniziata appena e grande è il compito che essa deve assolvere. Ma nell'ora della vittoria, molti picchiano alle nostre porte, troppi, per essere creduti sinceri. E picchiano nella speranza di poter attraverso il fascismo imperante soddisfare le loro ambizioni. [...] La nostra rivoluzione ha per compito la riorganizzazione completa dello Stato, l'assestamento finanziario, la resurrezione economica della Nazione. È necessaria la disciplina più rigida e severa. Tutti devono stare al loro posto. Noi dobbiamo cooperare col Governo perché gli sia possibile conseguire l'alto fine. Dobbiamo procedere alla educazione politica del popolo, dobbiamo disciplinare i lavoratori, dobbiamo lavorare alla loro elevazione, dobbiamo agire perché si faccia nel popolo una coscienza fascista. Dobbiamo anche educare quei... della destra... fascista: quelli cioè che ora, sventato il pericolo bolscevico, dicono: "che me ne importa del fascismo? perché devo assoggettarmi alla sua disciplina? ormai il pericolo è passato". Si ricredano costoro: noi li faremo essere disciplinati con gli stessi mezzi che abbiamo usato contro i bolscevichi. Mezzi che adopereremo contro tutti quelli che attentassero alla compagine del partito[220].

Dopo la Marcia su Roma Farinacci venne nominato commissario politico del Pnf (una carica ispettiva che, a dispetto delle premesse, ebbe

[220] *L'imponente congresso delle forze fasciste del cremonese. Il discorso dell'on. Farinacci*, «Cremona Nuova», 11 marzo 1923. In quella occasione Farinacci, nominato pure presidente del Consiglio provinciale, fu riconfermato alla guida della federazione (con Balestreri, Moretti e Orefici, posti anche a capo della 17ª Legione Mvsn di Cremona, della 18ª di Crema e della 19ª di Casalmaggiore, nella Commissione esecutiva); quasi tutti riconfermati i 14 comandanti di Zona. Cesare Balestreri (Drizzona, 24 febbraio 1879), vedovo, «in una buona posizione sociale-economica», era stato per lunghi anni conduttore di fondi (a Pozzaglio e Paderno), ma dalla fine della guerra aveva «realizzato il proprio capitale impiegato nelle aziende agricole [...], oltre 300.000 lire e con tale somma faceva qualche speculazione di compravendita. Di ottime qualità morali», ricopriva le cariche di consigliere provinciale e comunale, era presidente del Consorzio agrario di Cremona, e consigliere delegato della società "Cremona Nuova", «coadiuvando in tutto ciò l'on. Farinacci» (*Cesare Balestreri*, «Il Faro», 13 gennaio 1925 e le informative del questore al prefetto, Cremona 13 agosto 1923 e 28 agosto 1924, in Ascr, Ap, b. 10, fasc. 8.18/1). Giulio Orefici, ingegnere, apparteneva a distinta famiglia di Vho (il padre era stato sindaco del comune), era membro della Giunta provinciale amministrativa e in floride condizioni finanziarie; vedovo, risiedeva con i due figli a Gussola, mantenendo condotta privata ineccepibile: «di temperamento energico e coraggioso, ne ha dato ripetuta prova nelle lotte che ha sempre combattuto senza eccessive violenze. [...] Per la vita che conduce, per lo spirito di sacrificio col quale attende alle sue attribuzioni è circondato dalla generale stima e fiducia» (il questore al prefetto, Cremona 17 agosto 1923, *ibidem*).

vita breve[221]) e alle varie riunioni del Consiglio dei commissari politici del fascismo (organo a cui si sarebbe poi contrapposto con successo il Gran Consiglio), si mostrò subito esperto di politica interna e del partito. Del resto viaggiava sempre molto e aveva la possibilità di conoscere da vicino varie realtà locali. La carica di commissario gli permise di occuparsi delle vicende di alcune federazioni provinciali, come Arezzo, Parma e Roma, e nella sua opera ispettiva si rivelò inflessibile nella richiesta di assoluta disciplina agli organi superiori, ma non fu mai insensibile ai meriti degli eventuali "epurati"[222]. A Parma Farinacci dovette intervenire perché il Pnf era dilaniato da faide politico-affaristiche interne: dotato di pieni poteri, dispose l'epurazione della federazione, cui impresse una rigida linea intransigente fondata sul divieto di intese con gli avversari (massime i democratici e i liberali, «padri del bolscevismo») e la cessazione di una «politica preminentemente agraria, che aveva allontanato le forze operaie interventiste»[223]. La gestione del fascismo di Parma (come di altri fascismi provinciali) permise a Farinacci di estendere la propria rete di aderenze personali (in quel caso con l'avvocato conte Luigi Lusignani, affarista e importante esponente della massoneria) e aumentare il controllo politico su una vasta area della bassa padana (era nota l'amicizia con Barbiellini Amidei, Arrivabene e Baroncini). La riorganizzazione della grande federazione laziale (occorreva arginare il dissidentismo di Gino Calza Bini)[224] consentì poi a Farinacci di sfondare nel meridione, dove in molti già guardavano con interesse alla sua visione intransigente del fascismo (vieppiù importante a livello locale, soprattutto contro quel «nazionalismo improvvisato» che nel meridione serviva «da contro altare al fascismo»[225]), come bene si vide in

[221] *Sei Commissari per la politica interna,* «Cremona Nuova», 31 dicembre 1922; «i Commissari devono vigilare tutte le azioni fasciste e in genere l'andamento delle cose interne, allo scopo di prevenire qualunque disordine pubblico». Per Farinacci «i Commissari politici debbono essere i veri coadiuvatori del Governo. Debbono essere muniti di ampi poteri per poter così eliminare dissidi e risolvere questioni di carattere politico ed economico nelle varie province»; cfr. «Il Giornale d'Italia», 15 febbraio 1923.

[222] Cfr. il caso di Arezzo e la relazione di Farinacci alla Direzione del Pnf, Roma, 31 gennaio 1931, in Biblioteca Nazionale Braidense [BNB], Fondo Roberto Farinacci [FRF], b. 25, fasc. *Inchiesta Frilli.*

[223] Cfr. «Cremona Nuova», 1° marzo 1923 nonché BNB, FRF, b. 44, fasc. *Parma.*

[224] Farinacci procedette subito a un'ampia epurazione: vennero sciolti i Fasci dei circondari di Rieti, Viterbo e Frosinone, espulsi quarantamila fascisti, entrati nel partito dopo la marcia, dei quali dodicimila nella capitale; *L'opera di sfasciamento e di ricostruzione dell'on. Farinacci nel Lazio*, «Il Giornale d'Italia», 14 agosto 1923 e *Debito riconoscimento*, «L'Idea Nazionale», 17 agosto 1923.

[225] Anche nel natio Molise Farinacci estese la sua influenza, impartendo rigide disposizioni ai giovani fascisti per una ferrea applicazione della linea intransigente; così avrebbe riferito al collega Raffaele Paolucci, in merito alla crisi amministrativa della provincia di Campobasso: «l'avv. Jovine mi parlò della possibilità di collaborare con la maggioran-

occasione della sua visita nel natio Molise, nel settembre del '22[226]. Del resto a Farinacci era riconosciuta la capacità di mettere in riga i vari litigiosi e indisciplinati casi locali; anche il prefetto di Brescia (futuro capo della polizia per lunghi anni), Arturo Bocchini, si rivolse a Farinacci, per risolvere il tribolato caso del Pnf bresciano:

Illustre e caro onorevole, qui le cose precipitano ed in settimana avremo la crisi comunale [di Brescia], come mi hanno annunciato i democratici bonardiani e i liberali [...]. Come ebbi ad esporre V. E. Fascio locale e Federazione sindacale sono minate continui gravi dissidi, derivanti ambizioni, gelosie, odii che indeboliscono partito e ne vietano legittimi progressi specialmente in città nonostante miei diuturni sforzi per appianare vertenze e preparare favorevoli situazioni locali [...]. Da molte altre fonti mi viene riferito che si intende fare una serie di azioni di ogni genere per evitare la possibile venuta dell'onorevole Farinacci, loro [dei sindacati e della federazione fascista di Brescia] incubo costante, senza pensare che tale venuta è determinata dai loro dissidi, e non dalla loro inazione [...]. Tante cose bisognerebbe fare, ma con lavoro assiduo, paziente, disciplinato e serio, che ispirasse fiducia ai moltissimi che hanno sincera voglia di aiutare il fascismo, e non ne chiedono che l'occasione. Intanto la questione Bonardi si incancrenisce nuovamente, e si determina persino una tendenza favorevole ai popolari. Basta leggere "Il Popolo di Brescia"! A me piange il cuore di vedere sciupate delle situazioni che potrebbero divenire eccellenti. Faccia il miracolo, Onorevole, e venga a rendere questo nuovo servizio al Partito. Lei è il solo uomo indicato e che può tutto salvare[227].

Spesso anche gruppi o intere correnti fasciste si rivolgevano a Farinacci («a Lei che sappiamo animata da così nobili intendimenti e che dimostra tanta energia...»), affinché intervenisse a risolvere gravi vertenze nelle varie federazioni o agevolasse l'adozione di una risoluta linea politica intransigente e moralizzatrice: così, per esempio, chiesero i membri del direttorio federale di Cuneo (contrari alla politica «pacificatrice e nazionale» del locale deputato Prinetti), di Vercelli[228], o un nutrito gruppo di attivisti napoletani, il cui Fascio era dilaniato dai contrasti Padovani-nazionalisti[229]. Per questo Farinacci riuscì, dopo i primi

za del consiglio [provinciale]; invece io, secondo la mia tattica intransigente, che certo a te sarà nota, ho consigliato le dimissioni dei consiglieri fascisti e nazionalisti per provocare lo scioglimento e il nuovo ricorso alle urne, non sembrandomi conveniente che i nostri consiglieri provinciali entrino nel vortice delle cricche avversarie». R. Farinacci a R. Paolucci, Cremona, 16 marzo 1923, in ACS, FRF, b. 32, fasc. *Paolucci.*

[226] Cfr. G. SALUPPO, *Molise. Dopoguerra, interventismo, fascismo*, Italia editrice, Campobasso, 1994, pp. 108-111.

[227] A. Bocchini a R. Farinacci, Brescia 22 marzo 1923, in BNB, FRF, b. 49, fasc. *1923: politiche, pratiche riservate.*

[228] L'ex direttorio federale a R. Farinacci, Cuneo 19 maggio 1923, *ibidem.*

[229] In più occasioni i fascisti napoletani chiesero a Bianchi l'invio di Farinacci per "rianimare" il Partito; cfr. le lettere dei fascisti napoletani a M. Bianchi, Napoli 3 e 11 settembre 1923, in ACS, Fondo Michele Bianchi, b. 2, fasc. *Napoli.*

momenti, a liberarsi da quella contraddizione nella quale la politica mussoliniana cercava di porlo (essendo già avviato il tentativo di Mussolini di tenere a freno il Pnf, di imbrigliarlo e assoggettarlo all'imperio dello Stato) e di approfittare così del vario dissidentismo per "organizzare" una propria politica piuttosto che farsi strumento per attuare la linea mussoliniana del *divide et impera* per decapitare i fascismi locali e per diminuirne l'influenza[230].

Nell'ambito del dibattito sulla legge di riforma elettorale, seguitò la battaglia per l'adozione dell'uninominale, a dispetto dell'opinione prevalente nel gruppo dirigente del Partito e di Mussolini (a favore dello scrutinio maggioritario di lista), perché solo tale sistema avrebbe permesso ai deputati di farsi «trai-d'union tra popolazione, partito, Parlamento»[231]. Farinacci fu oggetto di numerose critiche (per Massimo Rocca il collegio uninominale era «un tremendo e retrivo conservatore di posizioni acquisite, al servizio di una casta»)[232], ma replicò sostenendo anzi l'adozione del sistema uninominale a turno unico e la riduzione dei collegi elettorali[233]. Nella commissione incaricata dal Gran Consiglio di formulare la riforma elettorale e nelle discussioni che ne seguirono, il punto di vista dell'ex deputato cremonese Farinacci restò minoritario, visto che il progetto di Bianchi fu approvato dal Gran Consiglio il 25 aprile (21 voti a favore, 2 contrari e 2 astenuti)[234]. In quella circostanza, tuttavia, Farinacci ribadì che «il sistema uninominale, mentre permette la più ampia libertà agli elettori, rappresenta il miglior sistema di elezione-selezione, favorendo il trionfo delle capacità, uno dei primi postulati del programma fascista»[235]. Con la proposta Bianchi (poi legge Acerbo), inoltre, poteva darsi il rischio che le minoranze, «alleandosi tra loro, avrebbero potuto mettere in scacco la maggioranza, potendo riuscire a trovare una rappresentanza adeguata allo scopo», nella convinzione che ormai fosse assodata la contrapposizione tra fascismo, solo, da una parte, e i partiti avversari (organizzati in fronte unico) dall'altra. Ma il sistema uninominale, guardava ancora oltre

---

[230] Cfr. R. De Felice, *Mussolini il fascista. I. La conquista del potere, 1921-1925*, cit., p. 422 e sgg.

[231] R. Farinacci, *Situazione nuova, coscienza nuova*, «Cremona Nuova», 4 febbraio 1923.

[232] *La discussione sul collegio uninominale. Una lettera di Massimo Rocca all'on. Farinacci,* «Cremona Nuova», 10 febbraio 1923.

[233] R. Farinacci, *Il perché del ritorno al collegio uninominale*, «Cremona Nuova», 11 febbraio 1923.

[234] «Il Popolo», 20 giugno e 30 luglio 1923 e R. De Felice, *Mussolini il fascista. I. La conquista del potere, 1921-1925*, cit., p. 520.

[235] Cfr. R. Farinacci, *Per la valorizzazione dei candidati politici*, «Cremona Nuova», 25 aprile 1923.

Farinacci, doveva pure servire a sventare l'ipotesi di un "blocco mussoliniano" di liberali democratici e conservatori che, raccolto intorno al presidente del Consiglio, snaturasse il Pnf (e polemicamente rassegnò le dimissioni da alto commissario)[236]. Con la legge Acerbo, ammonì profeticamente, il governo e il partito non avrebbero risolto la governabilità del paese e l'educazione politica delle masse: la prossima legislatura avrebbe senz'altro convinto il governo a «ritornare al sistema del collegio uninominale, modificato secondo i dati della esperienza»[237].

La discussione sulla legge elettorale costrinse Farinacci, sostenitore della disciplina assoluta, a prendere coscienza che non sempre quel dogma sarebbe stato utile; iniziò dunque a fare dei distinguo, a rivendicare libertà di esposizione di un «proprio modo di pensare o di volere», relegando la disciplina («cioè il dovere di ordinare la propria volontà e di uniformare la propria azione al pensiero del partito») solo «dal momento in cui quel pensiero fosse stato esplicitamente e autorevolmente formulato»[238]. Era il primo tentativo di rivendicare indipendenza e libertà di opinione e di giudizio che lui stesso non riconosceva all'interno del Pnf[239], non lasciando cittadinanza alla discussione e, soprattutto, al dissenso (e in questa maniera uniformò la sua azione nella ristrutturazione delle federazioni di Parma e Roma, dove pure la minoranza interna poteva vantare ragioni). Una contraddizione che poteva essere superata solo a livello suo personale, ergendosi lui in prima persona (nominato membro della Giunta esecutiva del Pnf), al ruolo di «sentinella vigile della rivoluzione»[240].

Anche nella battaglia contro l'alleanza col Ppi, Farinacci condizionò il governo, avviando sul suo quotidiano una campagna antipopolare a tal punto pressante che, in concomitanza con i deliberati del congresso

---

[236] R. Farinacci a B. Mussolini, Cremona 28 marzo 1923, in Acs, Spd, c/r, b. 41, fasc. *Farinacci*.

[237] R. Farinacci, *La Riforma elettorale. Verso il Collegio nazionale*, «Cremona Nuova», 19 maggio 1923.

[238] [R. Farinacci], *Disciplina, gerarchia, fascismo*, «Cremona Nuova», 4 aprile 1923.

[239] Proprio mentre rivendicava libera cittadinanza nel partito alle sue discussioni «aperte e franche» e alle diverse opinioni, in realtà continuava a premere per l'ubbidienza assoluta e l'espulsione di chi tentennava nell'allinearsi: «Più le nostre file si assottigliano, più la nostra forza si affermerà. Noi abbiamo bisogno solo di uomini di fede, di uomini che diano con disinteresse tutta la loro attività. Si segua l'esempio di Cremona; si agisca sempre in tempo e si avrà quella meravigliosa compagine, su cui il Governo deve contare per proseguire la nostra rivoluzione»; R. Farinacci, *Prove di grande forza*, «Cremona Nuova», 9 maggio 1923.

[240] R. Farinacci, *Domani come ieri*, «Cremona Nuova», 5 aprile 1923. Soppressa la carica dei commissari politici, il Gran Consiglio in aprile provvide al riassesto del Pnf e trasformò la direzione (mai davvero efficiente e già modificata tre volte) in Giunta esecutiva (sempre con Bianchi alla segreteria), dove la componente periferica del Partito parve avere peso maggiore.

del Ppi di Torino dell'aprile '23, fornì il destro a Mussolini per porre l'aut-aut ai popolari nell'esecutivo[241]. Per Farinacci il Ppi doveva essere ritenuto un avversario pericoloso, perché «subdolo e ipocrita», la cui azione faceva perno sul compromesso e le «infiggardaggini politiche, sugli stratagemmi»[242]. Nel settembre l'intera organizzazione bianca cremonese, sindacale e politica, poteva definirsi pressoché distrutta[243], e tale esempio di rottura contro il Ppi doveva essere perseguito ovunque, quasi come uno dei corollari alla tesi che «il fascismo doveva sempre andare da solo»[244]. L'intransigentismo avrebbe permesso di vanificare anche qualsiasi manovra avvolgente tentata dagli alleati per imbrigliare il fascismo e Mussolini; il ricorso all'insurrezione, eventualmente, avrebbe stroncato qualsiasi «focolaio antifascista»:

> I tentativi di fiaccare, sgretolare, dissolvere il nostro partito resteranno sempre infruttuosi! Di fronte al pericolo, di fronte ai tentativi le nostre file si serrerebbero compatte in ordine di battaglia e proseguiranno con altri mezzi la nostra rivoluzione per un istante arrestata nella sua marcia. Le nostre intrepide legioni attendono con l'arma al piede, pronte all'ordine del Duce! La rivoluzione nostra non è che alla sua seconda tappa: essa deve svolgere il programma che le fu affidato dai giovani che a centinaia caddero per le vie d'Italia. [...] O essa potrà assolvere indisturbata l'opera sua, consentendo al Governo di realizzare i fini per cui è al potere, risolvendo i problemi di politica economica, nazionale e internazionale a cui sono legati i destini della Nazione, o noi riapriremo nuovamente le ostilità per abbattere gli ostacoli che si opponessero alla nostra marcia[245]!

Era quella «seconda ondata» che avrebbe sempre pesato come una spada di Damocle sino alla fine del 1925 sui fiancheggiatori e sulle opposizioni. Ancora una volta Farinacci volle additare all'Italia che «la rivoluzione fascista non era finita», e senza alcun indugio, prendendo a pretesto attriti cremonesi, lanciò una violenta campagna di stampa contro la liberal-democrazia, affrontando, anche fisicamente, alcuni esponenti cremonesi. La denuncia che «l'arbitrio si era ormai sostituito alla libertà, l'oltraggio alla reverenza che è dovuta al merito» non rimase altro che una testimonianza morale del liberalismo[246], perché la federa-

[241] «Il Messaggero», 3 maggio 1923.

[242] [R. Farinacci], *Il Governo fascista non ammette né tollera equivoci*, «Cremona Nuova», 18 aprile 1923.

[243] «Il Popolo», 26 settembre 1923.

[244] [R. Farinacci], *Meglio soli che male accompagnati*, «Cremona Nuova», 27 aprile 1923 e «Il Giornale d'Italia», 24 aprile 1923.

[245] *Il discorso dell'on. Farinacci* e R. Farinacci, *La seconda ondata*, «Cremona Nuova», 22 e 29 maggio 1923.

[246] «La Provincia», 3, 4 e 5 giugno 1923.

zione del Pnf provvide ad «annientare completamente la demagogia democratica», scompaginando i centri di potere liberaldemocratici fuori dal controllo fascista[247]: la Camera di Commercio (in seguito alle dimissioni dei consiglieri fascisti venne commissariata), «La Provincia» (preoccupati per le intimidazioni, gli azionisti decisero la cessazione del quotidiano) e infine il Credito commerciale (costretto ad aprire il consiglio d'amministrazione ai fascisti)[248]. Era la spallata definitiva alla liberal-democrazia e alla politica del fiancheggiamento:

> Il nostro concetto della libertà non è una astruseria metafisica, esso è un concetto eminentemente realistico che ha per misura e per bilancia l'interesse supremo della Nazione, con la quale si identifica il fascismo. Ci spieghiamo con una similitudine accessibile anche alle menti più arretrate. Il fascismo è il medico che deve curare un ammalato grave; la Nazione, alla stessa guisa che un malato deve ubbidire al dottore se vuol riacquistare la salute, e quindi non è libero di fare a modo suo, ma deve attenersi alle prescrizioni del sanitario – e questi, anche per la sua reputazione, ci tiene che i suoi ordini siano eseguiti – così la Nazione, cioè tutti i cittadini, deve ubbidire al suo medico, il fascismo, che colla rivoluzione di ottobre ha iniziata la salutifera cura. [...] Questo esercizio del potere potrà sembrare autoritario a quanti fino a ieri – uomini e partiti – sono stati abituati a trasformare la legge in licenza. Ma non è così! E non lo sarà domani, con una Camera nuova, la quale darà al governo fascista una solida e larga base parlamentare, consapevole della sua funzione e di quella del fascismo. E se le leggi attuali non bastano, si ricorrerà a mezzi eccezionali in vista di un fine che tutto giustifica; la salute della patria. Gli avversari non devono illudersi: o mutarsi o assoggettarsi. [...] Ed allora, quando o con le buone o con le cattive, tutti si saranno persuasi che la libertà è limitata dagli interessi nazionali e i suoi confini fissati dalla suprema necessità della Nazione di essere ed evolversi, [...] non si costringerà nessuno di noi a sottoporsi a inaudite fatiche per sottrarre i fascisti alla tentazione di bruciare qualche tipografia[249]!

In una serie di adunate nel settentrione con i responsabili provinciali del Pnf[250], Farinacci incoraggiò le federazioni ad adottare la linea in-

---

[247] Così Farinacci dichiarò alla stampa: «È mio intendimento continuare la lotta fino a rendere innocui i democratici. La lotta sarà facile perché i democratici non hanno seguito, ad eccezione di due o tre milionari che forniscono i mezzi per pubblicare un quotidiano [...]. Hanno ancora in mano la Camera di commercio e il Credito commerciale, ma mi riprometto, in brevissimo tempo, di dimissionarli in quanto tutta la provincia è solidale con la mia opera»; cfr. «Il Resto del Carlino», 9 giugno 1923.

[248] Il vice prefetto al Ministero dell'Interno, Cremona 13 giugno 1923, in ACS, MI, PS, 1923, b. 86, fasc. *Cremona*, «La Provincia», 13 giugno 1923 (pochi giorni dopo, il 30 giugno, chiuse le pubblicazioni anche «Il Combattente») e ASCR, AP, b. 4, fasc. 3.3.2.

[249] R. FARINACCI, *Abbasso la libertà!*, «Cremona Nuova», 9 giugno 1923.

[250] Una delle riunioni più importanti ebbe luogo il 21 maggio a Milano; cfr. *L'adunata dei capi del fascismo della Lombardia, [Piemonte] e Liguria*, «Cremona Nuova», 23 maggio 1923.

transigente; la relazione sulla situazione lombarda del maggio 1923 appare indicativa delle intenzioni sulla condotta politica da far tenere al Partito:

La propaganda dovrebbe venire iniziata immediatamente, concentrando i migliori ardori in quelle province dove la nostra posizione è più debole, come a Como e a Sondrio. Conviene però che il lavoro espresso coi comizi venga fiancheggiato e concretizzato da qualche opportuna, sebbene moderata, lezioncina fascista, poiché daremo preventivamente l'impressione chiara e precisa che i padroni della piazza sono i fascisti. Per attuare però tale progetto occorre che sia data la piena fiducia ai fiduciari, impartendo ordini opportuni ai prefetti perché non si guardi troppo per il sottile quando avverrà. [...] In tutte le zone si verifica un ripresa del movimento sovversivo, ed una baldanza risorta da parte del Partito popolare. [...] Una buona e misurata rinfrescatura e ripulitura sarebbe il toccasana per tutti. Col suffragio di quanto si è esposto si chiede alla Giunta Esecutiva di permettere ai Fiduciari provinciali d'iniziare con un po' di vigoria il lavoro, garantendo che non si avranno noie da parte delle autorità governative[251].

A supporto delle sue idee, Farinacci, facendo ancora dell'arengario della sua città un altoparlante (molto recettivo, come Mussolini si accorse...[252]) per il paese, approfondì il solco della linea intransigente con un discorso estremamente violento, che non soltanto fece scalpore nel mondo politico, ma che pure i fascisti giudicarono con qualche distinguo (non ultimi i fascisti moderati cremaschi, convinti dell'opportunità di convergenze coi fiancheggiatori e di una pacificazione con le organizzazioni economiche avversarie)[253]:

---

[251] *Relazione sulla situazione della provincia lombarda alla G. E. del Pnf*, Milano luglio 1923, in BNB, FRF, b. 49, fasc. *1923. Politiche, pratiche riservate*. Dopo aver tratteggiato un quadro delle possibili alleanze a Bergamo e Brescia, i fiduciari lombardi mettevano in guardia sul contegno dell'Anc, manovrata politicamente da forze avversarie e sul metodo di votazione (la legge Acerbo, infatti, introdusse per la prima volta la scheda di Stato): «Il segreto della scheda elettorale è arma a doppio taglio; si è certi che difficilmente si potranno compi[e]re coercizioni nella giornata elettorale ma si presenta il fianco al giuoco dei traditori. Per questo la pressione morale deve agire nella vigilia elettorale ed accentuarsi nella giornata della battaglia».

[252] Quando nel giugno Mussolini si recò in visita a Piacenza e Cremona, a dispetto dei discorsi improntati a moderazione che avrebbe voluto tenere, fu invece spinto dallo stesso ambiente fascista molto galvanizzato a tornare sui suoi passi e a Cremona non esitò a mostrarsi più rivoluzionario di Farinacci («io sono il difensore, disse Mussolini in quella circostanza, inflessibile, severo, implacabile della nostra rivoluzione e se per difendere questa rivoluzione, alla quale avete dato il prezioso contributo del vostro sangue, fosse necessario incominciare ancora, incominceremmo»); *L'on. Mussolini a Piacenza e a Cremona*, «Corriere della Sera», 19 giugno 1923.

[253] Cirino Quilleri, assessore di Crema, già socialista bissolatiano, si mostrò contrario all'intransigenza e giunse a contestare la linea di Farinacci, indirizzandogli una lettera

Noi siamo oggi uomini di ragione e di azione ed abbiamo avuto un torto: quello di avere lasciato vivere la Camera dopo la rivoluzione, cosicché la viltà sua ha preso il sopravvento e oggi il fascismo è imprigionato dal Parlamento. Ecco perché noi oggi ricorriamo al nostro popolo, ai nostri giovani: perché sia lanciato il grido di: basta. [...] Chi non è con noi è contro di noi. La vostra forza, o fascisti, deve essere a disposizione dell'Italia e se venisse dall'alto un ordine sarete pronti a marciare nuovamente su Roma per debellarvi i traditori. La seconda ondata noi l'abbiamo predicata, oggi ne siamo alla vigilia. Vogliamo ad ogni costo che il Governo abbia a procedere indisturbato nel suo cammino. [...] La nostra forza non è nel Parlamento, ma nelle camicie nere, nelle baionette. Sappiatelo, o avversari! [...] La seconda ondata si rende necessaria e non farà eccezioni; sarà inesorabile anche contro gli arrivisti che sono entrati nel partito per i loro reconditi fini, per i datori di lavoro ai quali abbiamo difeso gli interessi perché erano gli interessi della Nazione e che non mantengono fede ai patti[254].

Ma ancora una volta, nell'estate del '23, Farinacci fu costretto a intervenire onde "sventare" un ipotizzato (era stato lo stesso Mussolini a lanciare *avances* ai confederali) Partito del lavoro[255], base per un programma di unità sindacale e di collaborazione, e il 19 luglio, un suo duro articolo ricordò che non era il caso di parlare di collaborazione, che nei confronti dei confederali si poteva parlare solo di «assorbimento da parte delle organizzazioni sindacali fasciste», e che si doveva fermamente impedire qualsiasi possibilità operativa a un movimento sindacale che sceglieva la lotta di classe[256]. Il tentativo fallì e di «collaborazione» non si sarebbe più parlato[257]. D'altra parte Farinacci considera-

---

aperta; secondo lui era errato seguire l'anti-collaborazionismo in senso assoluto, e citava il caso della Confederazione generale del Lavoro, la cui scomparsa sarebbe «stata un grosso male per i lavoratori. Poiché in periferia il Sindacato dei Datori di lavoro era assai più forte di quello dei lavoratori», i quali ultimi finivano per soccombere nei loro diritti, in quanto «molti "datori" erano alti esponenti fascisti». Si ricreavano, insomma, «quelle vecchie forme di sfruttamento», in considerazione che la massa continuava ancora a guardare ai sindacati fascisti con diffidenza, perché «sindacati imposti, forzati»; C. QUILLERI, *A proposito di collaborazionismo*, «Il Progresso», 1° settembre 1923. Quilleri aveva delle ragioni, ma gli sfuggiva il quadro più ampio della situazione nazionale: Farinacci fece silenzio attorno a quelle critiche interne (del resto il giovane assessore cremasco godeva fama di incorruttibile e ardente fascista), ma non si sarebbe dimenticato la divergenza...

[254] *La dimostrazione anti-parlamentare*, «Cremona Nuova», 17 luglio 1923.

[255] Cfr. R. DE FELICE, *Mussolini il fascista. I. La conquista del potere, 1921-1925*, cit., p. 613.

[256] R. FARINACCI, *Le classi lavoratrici e il governo fascista* e R. FARINACCI, *Contro l'unità sindacale*, «Cremona Nuova», 19 e 27 luglio 1923: «Come si può concepire in uno stesso organismo un dualismo antitetico di azione? Delle due l'una: o prevarrebbe la tattica della lotta e dello sciopero e allora sarebbe come cancellare di fatto le caratteristiche profonde del nostro movimento sindacale, oppure prevarrebbe il nostro metodo della collaborazione e dell'arbitrato e sarebbe distrutta la pratica del sindacalismo socialista».

[257] «È necessario, tanto per non essere fraintesi, esporre ancora una volta il nostro pensiero. E dicendo "nostro" sappiamo di interpretare il pensiero e l'animo di tutto il

va simili discussioni assai oziose, perché agendo (additava l'esempio cremonese) non solo si era compiuta l'auspicata collaborazione di classe ma si era permesso al sindacalismo fascista di funzionare con efficacia[258]; e nel dir ciò si spingeva (e queste posizioni erano piuttosto... avanzate) a rivendicare il monopolio sindacale, il riconoscimento giuridico e l'esecutività dei patti di lavoro[259].

Nella stessa estate Farinacci si scontrò con Mussolini anche sulla militarizzazione della Milizia volontaria per la Sicurezza nazionale: l'operazione del duce, di fare della Milizia un corpo militare alle dipendenze del governo piuttosto che del Pnf, avrebbe implicato, sostenne polemicamente Farinacci, «un distacco dal partito, una menomazione morale, un indebolimento del fascismo»:

> Non è possibile perciò fare della Milizia un corpo militare. Essa è un fenomeno di passione e direi quasi di suggestione. I militi della M. N. hanno fiducia assoluta e incondizionata in quei capi che essi bene conoscono ed apprezzano e che li condussero all'assalto contro i covi avversari e poscia li capeggiarono nella rivoluzione – che dalle nostre parti costò vittime eroiche – e che domani seguirebbero verso nuove vittorie e nuove glorie! Se, per avventura, la Milizia Nazionale si trasformasse in un Corpo militare nel vero senso della parola, essa verrebbe a perdere quello spirito rivoluzionario che fu ed è la forza dei nostri giovani e la ragione delle fortune politiche del fascismo. [...] Perciò la Milizia Nazionale deve rimanere quale è nella sua natura e nelle sue

---

fascismo settentrionale e cioè di duecentomila fascisti purissimi. Noi crediamo che essere e rimanere avversari e quindi respingere ogni tentativo di accordi con certi signori sia una necessità e un dovere insieme. [...] Il fascismo con quasi un milione di gregari, con oltre trecentomila camicie nere ed altrettanti moschetti, non sa davvero che cosa farne di certo "pecorume" senza spina dorsale, senza convinzioni. Perciò, se non vogliamo imbrattare la pagina gloriosa di storia che abbiamo scritto col sangue dei nostri fratelli, se non vogliamo insultare il sacrificio dei nostri morti e oltraggiare la loro memoria, non curiamoci dei "pentiti d'occasione" e procediamo orgogliosi e diritti e fieri della nostra intransigenza, il cammino finora battuto. Se la Confederazione dichiarerà bancarotta fraudolenta a noi non rimarrà che aprire le porte agli elementi in buona fede – pochini invero! – che militano nelle sue file, e gittare a mare coloro che oggi vedono nel fascismo la tavola di salvezza per conservare le loro laute prebende»; R. FARINACCI, *Collaborazionismo no, assorbimento sì*, «Cremona Nuova», 24 agosto 1923.

[258] «Oggi si discute quale debba essere l'atteggiamento del sindacalismo in confronto del Partito fascista. In questi due anni noi abbiamo risolto il grave problema mercé il perfetto accordo [...]. Si discutono oggi in Italia problemi di ogni sorta che noi abbiamo già risolto»; cfr. «Cremona Nuova», 1° maggio 1923.

[259] La «libertà di organizzare le due categorie dei datori di lavoro e dei lavoratori» altro non era che l'anticamera del monopolio sindacale... Farinacci sostenne inoltre con forza la necessità «dell'intervento dello Stato nella regolazione dei rapporti di lavoro, affinché per legge fossero resi esecutivi i patti di lavoro, assolutamente impegnativi per entrambe le parti»; «perciò si diano poteri giuridici – asserì ancora Farinacci – agli uffici di controllo, in guisa che i loro verdetti abbiano efficacia e valore esecutivo»; cfr. «Cremona Nuova», 4 maggio 1923 e *Il discorso dell'on. Farinacci*, «Cremona Nuova», 22 maggio 1923.

origini squadriste; un corpo di polizia politica a disposizione del nostro Duce e del Fascismo[260].

Molti gregari apprezzarono l'audace affondo, non certo Mussolini[261], il quale ingaggiò un braccio di ferro con Farinacci, che terminò (dopo uno scontro che sembrò sul punto di non ritorno, allorquando l'ex deputato e i consoli a lui più vicini si dimisero dalla Mvsn[262]) alla fine di settembre, con ripetute polemiche sui rispettivi quotidiani[263].

Il contrasto di fondo tra la piattaforma politica dell'intransigentismo e le intenzioni di Mussolini appariva sempre più evidente: Farinacci e i suoi volevano che il Pnf procedesse senza alleanze con altri partiti, e che eventuali esponenti di altre forze politiche accettassero comunque il programma e la disciplina del Pnf; Mussolini tendeva a creare un fronte politico più ampio, aperto a chiunque accettasse piuttosto che il programma fascista quello del governo. Farinacci e gli intransigenti sostenevano la necessità del monopolio sindacale fascista, da perseguire attraverso una metodica distruzione delle organizzazioni avversarie, per procedere a un vero e proprio assorbimento nei sindacati fascisti delle masse già controllate da queste; Mussolini preferiva lavorare più in profondità per addivenire a un coinvolgimento e a un consenso dei lavoratori meno «aleatorio di quello ottenuto con la forza», quindi a imboccare la strada della collaborazione. Gli intransigenti sostenevano la Mvsn come un corpo politico del fascismo, la sua «arma rivoluzionaria»; Mussolini voleva la istituzionalizzazione della Milizia, ponendola alle dipendenze del governo. Farinacci e gli intransigenti, infine, premevano per una accelerazione sulla strada delle riforme istituzionali e di un nuovo assetto costituzionale dello Stato nato dalla rivoluzione d'ottobre, mentre Mussolini pareva propenso a muoversi nell'alveo costituzionale di una politica di compromesso con le forze politicoeconomiche tradizionali, allargando il governo a personalità di valore, in grado di apportare nuovi consensi. E ancora, per dirla con De Felice, «gli intransigenti non distinguevano tra popolari e cattolici [...]. Mussolini puntava invece più in là dello svuotamento del Partito popolare,

---

[260] R. Farinacci, *Dissipare gli equivoci*, «Cremona Nuova», 16 agosto 1923.

[261] Cfr. Acs, Mi, Gabinetto Finzi, b. 5, fasc. 45.

[262] Per la vicenda, R. De Felice, *Mussolini il fascista. I. La conquista del potere, 1921-1925*, pp. 541-543.

[263] *Monito*, «Il Popolo d'Italia», 20 settembre 1923, R. Farinacci, *Agli amici di Milano*, «Cremona Nuova», 21 settembre 1923 e *Il purismo e il resto*, «Il Popolo d'Italia», 23 settembre 1923, secondo cui «il fascismo aveva superato questi apriorismi: se si rimettono in voga è segno che la vecchia mentalità risorge: ed è una mentalità, ahimè, socialista! Un partito quando è al potere non può essere a priori intransigente, esclusivista, settario: finirebbe per isterilirsi e perire».

e mirava addirittura, con la sua politica verso la Santa Sede, ad ereditarne la rappresentanza politica, allargata a quei settori moderati e conservatori che il popolarismo non aveva mai veramente legato a sé». Gli intransigenti non tolleravano accordi con l'Anc (Farinacci era proprio stato tra i primi a considerare i Combattenti una organizzazione pericolosa, che gli avversari usavano a mo' di cavallo di Troia per "influire" sul fascismo, e aveva subito dato vita a organizzazioni combattentistiche autonome), mentre Mussolini riteneva indispensabile un progressivo inserimento dei combattenti nel sistema[264]. E, soprattutto, Farinacci sosteneva la necessità di riprendere la lotta in quelle (non poche) zone dove il fascismo era ancora in difficoltà, di spingere a fondo lo scontro con le organizzazioni che opponevano resistenza, di fascistizzare senza indugio la burocrazia e gli apparati centrali e periferici dello Stato, di controllare rigidamente la stampa e le attività avversarie.

Farinacci, incoraggiato da consensi che gli provenivano da buona parte dell'Italia settentrionale, volle rendere manifesta, a ragione di una insoddisfazione di fondo crescente, questa differenza programmatica. Tra i pochi che potevano permettersi di mostrare ragioni di dissidio con Mussolini (già a giorno delle divergenze con le quali l'intransigentismo avrebbe accolto le nomine di alcuni fiancheggiatori nell'esecutivo)[265], l'audace discorso che Farinacci pronunciò in Consiglio provinciale di Cremona, il 17 settembre, suonò come monito per il governo, quando minacciò la politica mussoliniana di apertura dell'esecutivo a esponenti politici non fascisti, con il ricorso alla seconda ondata «contro le scorie del fascismo» che infrenavano la rivoluzione[266].

Queste affermazioni si innestarono però sulla ben più importante questione revisionista, scoppiata proprio in quei giorni. Bottai e Massimo Rocca avevano infatti attaccato il Pnf e i «ducini provinciali» che vivevano parassitariamente alle spalle dell'unico uomo partorito dalla rivoluzione, cioè Mussolini[267]. Secondo i revisionisti si poteva persino sciogliere il Pnf, che stava diventando «una palla al piede», non solo per Mussolini ma per la stessa rivoluzione[268]. Per molti settori moderati

[264] Per tutto, cfr. R. De Felice, *Mussolini il fascista.* I. *La conquista del potere, 1921-1925*, cit., pp. 541-545.

[265] Farinacci aveva scritto a Mussolini che larga parte del fascismo non apprezzava le nomine di Carnazza, Di Scalea e Corbino, considerandole offesa; R. Farinacci a B. Mussolini, Cremona, 9 luglio e 4 agosto 1923, in Acs, Spd, c/r, b. 42, fasc. *Farinacci*.

[266] Cfr. *Un forte discorso dell'on. Farinacci*, «Cremona Nuova», 18 settembre 1923 e il prefetto al presidente del Consiglio dei ministri, Cremona 17 settembre 1923, in Acs, Mi, Gabinetto Finzi, b. 5, fasc. 45.

[267] M. Rocca, *Idee sul fascismo*, La Voce, Firenze, 1924, pp. 73-86.

[268] R. De Felice, *Mussolini il fascista.* I. *La conquista del potere, 1921-1925*, cit., p. 547 e sgg.

del fascismo, il partito attraversava un'involuzione a causa degli intransigenti, che minacciavano una seconda ondata piuttosto che un rientro nell'alveo della legalità: occorreva la fine degli illegalismi e del rassismo, onde ristabilire l'autorità dello Stato e un periodo di tranquillità durante il quale elaborare le idee e definire i nuovi assetti nei quali si sarebbe attuata la rivoluzione e concretato lo spirito fascista[269]. Per Farinacci la valutazione era opposta: il Pnf era in crisi perché dopo la conquista del potere aveva «spalancato le porte», per cui si correva il pericolo di costruire un edificio che di fascista non aveva la struttura, ma solo la facciata esteriore, che sarebbe crollata al primo mutare di vento («la storia ci insegna, ripeteva, che la forza e l'avvenire di un partito risiedono nella sua intransigenza»). La posizione di Rocca e di Bottai era pericolosa, perché il partito non era un fenomeno transitorio, destinato a dissolversi a rivoluzione esaurita o a rimanere subordinato al governo e allo Stato, sosteneva Farinacci, al contrario esso doveva guidare il governo e permeare di sé le basi dello Stato. Era anche il pensiero del fascismo che pesava:

C'è una certa corrente alimentata da opportunisti e da affaristi che vorrebbe creare il mussolinismo intorno al Duce per isolarlo dal fascismo; ma questi signori sappiano che la seconda ondata – checché ne dica Massimo Rocca, il quale parla soltanto per conto suo, non avendo egli alcun seguito nelle file fasciste – che l'idea della seconda ondata non è scomparsa dal nostro cervello e dalla nostra visione. Quando gli amici del «Popolo d'Italia» e Massimo Rocca scoccano i loro strali contro il fascismo provinciale e tentano di ferirlo, commettono un nefando delitto, perché essi sanno che è proprio il fascismo della Provincia che ci ha data la rivoluzione che ha aperto al Duce il varco di Roma. [...] Costoro quando ideammo ed eseguimmo – dico eseguimmo – la rivoluzione, erano nostri avversari. Ad un'altra domanda vogliamo rispondere, formulata dal «Popolo d'Italia», là dove ci chiede se oggi è il fascismo che serve a Mussolini o Mussolini che serve al fascismo. Rispondiamo certi di interpretare l'animo di quanti sono fascisti: l'uno serve all'altro; il fascismo senza Mussolini non sarebbe fascismo; Mussolini senza il fascismo non sarebbe il Mussolini di oggi. Mi spiego e domando nello stesso tempo; è concepibile ad esempio, che tutti i provvedimenti del governo sarebbero fedelmente applicati se nelle province non ci fosse il fascismo con la sua ferrea disciplina? Credete proprio seriamente che gli avversari rimarrebbero silenziosi e innocui se il fascismo delle province, pardon, i cafoni delle province, non vigilassero intelligentemente e costantemente? Ma ragioniamo facendo l'ipotesi più assurda, se si distruggesse il fascismo delle province che cosa resterebbe del fascismo? Provatevi, se vi riesce, a sopprimere il Partito fascista, che è la unione di tutte le forze fasciste del Paese, e poi ditemi se annientando il Partito e sostituito col mussolinismo, questo po-

[269] Cfr. E. GENTILE, *Le origini dell'ideologia fascista (1918-1925)*, cit., p. 334.

trebbe mettere il nostro Duce in grado di infliggere certe lezioni pratiche di portata internazionale o di politica interna[270].

La Nazione, insomma, era mussoliniana, solo perché «vigilava il fascismo, se no... il mussolinismo della nazione si risolverebbe in un momentaneo adattamento di uomini ad una situazione che essi non osano per il momento mutare»[271]. Per sfuggire però alla grave accusa di indisciplina e per non correre il rischio di cacciarsi fuori dall'ortodossia, anche Farinacci nella sua azione politica e pubblicistica dovette comunque piegarsi alla creazione del "mito" del duce con la ripetuta opera di idolatria verso Mussolini[272]. La polemica tra «Cremona Nuova» e «Il Popolo d'Italia» si fece molto aspra, ma ai ripetuti moniti lanciati dal quotidiano di Mussolini rispondeva in realtà un sempre più aperto appoggio di molti "ras" del settentrione a Farinacci. Barbiellini e Baroncini (che avevano persino chiesto a Farinacci di indire una riunione dei dirigenti delle province padane «per stabilire un piano d'azione comune[273]») sostennero la tesi intransigente, affermando che la maggioranza del Pnf era orientata in tal senso. Il 27 settembre la giunta esecutiva[274] dette completa ragione a Farinacci, recependo il vivo malessere del fascismo provinciale ed espellendo Rocca. In una intervista, Farinacci cantò subito vittoria, dicendosi il solo e vero interprete «dell'anima del partito», ma commise l'imprudenza di esporre frettolosamente il disegno degli intransigenti, volto a far nominare la nuova giunta esecutiva del Pnf dalla conferenza nazionale dei fiduciari del Partito (prevista appunto per il 2 ottobre), nuova giunta che avrebbe nominato al suo interno il segretario[275]. Si trattava di un attacco alla volontà e al potere di Mussolini, e questi non accettò le decisioni della giunta esecutiva, chiese anzi le dimissioni della giunta stessa (o lui avrebbe solidarizzato con Rocca), impose la cessazione delle polemiche e avocò la risoluzione della controversia al Gran Consiglio (organismo più mallea-

---

[270] R. Farinacci, *In difesa dei cafoni di Provincia*, «Cremona Nuova», 23 settembre 1923.

[271] R. Farinacci, *Il "fascismo disoccupato"*, «Cremona Nuova», 25 settembre 1923.

[272] Per esempio, R. Farinacci, *La libertà di discussione e certi telegrammi a Mussolini*, «Cremona Nuova», 5 ottobre 1923.

[273] Il prefetto al Ministero dell'Interno, Cremona 26 settembre 1923, in Acs, Mi, Gabinetto Finzi, b. 5, fasc. 45.

[274] Farinacci aveva di nuovo messo la carica di membro della Giunta nella mani di Mussolini.

[275] Cfr. «Il Mezzogiorno», 28-29 settembre 1923. Secondo indiscrezioni di stampa l'offensiva intransigente si era spinta a proporre «Cremona Nuova» come organo ufficiale del partito (con «La Scure» e «Camicia Nera» ufficiosi al posto dei quotidiani romani) e a indicare il farinacciano Maggi come candidato a segretario politico; «Corriere della Sera» e «Il Corriere italiano», 28 settembre 1923.

bile della giunta e nel quale la componente moderata era maggioritaria) di metà ottobre[276]. Farinacci rimase spiazzato dalla nuova situazione, essendo ormai palesi le intenzioni di Mussolini a vantaggio del revisionismo, ma ottenne rassicurazioni dal presidente, in due aspri colloqui, che il Pnf non sarebbe stato soppresso. Se accettò quelle decisioni, commentò però che il Pnf era ormai privo di dialettica interna, «in piena dittatura»[277]:

> Ora ci troviamo di fronte ad avvenimenti di eccezionale importanza e gravità. La Giunta del Partito, espressione genuina del pensiero e della volontà del fascismo è stata invitata dal Duce a rassegnare le dimissioni, il che, senza eufemismi, significa che essa è stata apertamente sconfessata. E, cosa più grave ancora, è il rinvio sine die della convocazione dei fiduciari del Partito. Siamo in piena dittatura. Né questo ci preoccuperebbe gran che, se il Dittatore agisse fascisticamente, senza cioè subire influenze di sorta, estranee o contrarie allo spirito del Partito[278].

In periferia l'opposizione interna colse la palla al balzo e approfittò della situazione nazionale per passare all'attacco in molte posizioni provinciali: contrasti e scontri si verificarono pressoché ovunque in un quadro già diviso da «personalismi e localismi», e pure nel cremonese (che appariva refrattario alla prospettiva revisionista) si ebbe qualche presa di posizione ostile all'ex deputato, che si trascinò per qualche tempo[279]. L'attacco revisionista in periferia fu pericoloso, perché a quelle tesi si agganciarono, riprendendo fiato e posizioni, i più disparati gruppi fiancheggiatori (combattenti, democratici, liberali, nazionalisti), e i loro organi di stampa dettero risalto alle tesi di Rocca e Bottai, nonché all'atteggiamento di Mussolini, perché in sostanza queste promettevano pari dignità alle stesse forze fiancheggiatrici nel processo di attuazione della rivoluzione e perché creavano, di fatto, la figura di un «despota illuminato» superiore e sganciato dal Pnf. Tipico quanto accadde nel liberalismo cremasco, per esempio, dove «Il Progresso» fece suo il revisionismo e criticò l'azione fascista in periferia, il ruolo dei capi

---

[276] *Mussolini esige le dimissioni della Giunta fascista. Il rinvio del convegno dei fiduciari*, «Corriere della Sera», 30 settembre 1923.

[277] Cfr. «Corriere della Sera», 2 e 3 ottobre 1923 e anche le indiscrezioni apparse in *Farinacci resiste?*, «La Stampa», 2 ottobre 1923.

[278] R. FARINACCI, *Addolorati ma tenaci*, «Cremona Nuova», 30 settembre 1923.

[279] Nella federazione cremonese la politica intransigente di Farinacci ottenne l'unanimità – eccetto l'astensione di Enzo Mainardi, un poeta futurista di Soresina – e anzi venne ribadito il concetto che in caso di eventuale dissidio tra amministrazioni e Fasci, l'ultima parola spettava sempre al Partito; cfr. *Le delibere di ieri*, «Cremona Nuova», 30 settembre 1923 e «La Giustizia», 5 ottobre 1923.

locali del Pnf e il loro modo di condurre «la parodia della rivoluzione»; il dovere dei fascisti, ammonivano i liberali cremaschi richiamandosi a Bottai, era soltanto quello di «non avversare l'opera del governo di Mussolini» e di contribuire a normalizzare la situazione politica»[280]. La campagna revisionista dette fiato ai fiancheggiatori, privi ormai di un effettivo peso in molti casi, e venne recepita come "rivincita" contro chi ne aveva causato l'estromissione dalla vita politica locale[281]: ma se i moderati e i revisionisti potevano vantare simpatie nell'opinione pubblica, tuttavia nel Pnf, come dimostra il caso di Crema, la loro posizione era, e tale sarebbe rimasta (gli echi del revisionismo si sopirono nel 1926), minoritaria:

> Ieri sera era stata convocata in questa città l'assemblea del locale Fascio, per procedere alla nomina del nuovo direttorio. Si sapeva che una parte dei fascisti avrebbe seguito una corrente intransigente: avrebbe cioè escluso ogni elemento sospetto di contatti con altri partiti affini, e questa corrente era rappresentata dalla prevalenza dei cosiddetti "ex squadristi". L'altra corrente, invece, è quella che ha mantenuto fede alle formule liberali e democratiche, pur essendo in essa fascisti di vecchia data e provati alle lotte. Questa corrente aveva ed ha, anche, un carattere, se non di vera e propria opposizione, certo di critica e di dissenso con le supreme Autorità fasciste della Provincia. Ognuna delle due parti aveva una propria lista e nella seconda era compreso anche il segretario politico scadente, avv. Meneghezzi. Comunque una vera e propria lotta non era stata preveduta così che alla seduta intervennero circa 70 fascisti, e dopo qualche battibecco gli intransigenti presero il sopravvento, tanto che il segretario uscente poté appena dar sommario conto del suo operato e prospettare i compiti del nuovo direttorio. Venuti alla votazione, la lista degli intransigenti riportò 35 voti contro 27 dati all'altra. Il nuovo direttorio si propone di tenersi in attiva comunione con l'amministrazione. È opportuno che la S.V. Ill.ma sia informata che all'ambiente cittadino, il quale non ha mai seguito lo spirito fascista, sarebbe stata più gradita la lista dissidente, perché comprende persone di maggior preparazione e di provata serietà, mentre alcuni dei nomi della lista intransigente sono discussi, sebbene ve ne siano altri su cui nessuno può aver nulla da dire[282].

Se la posizione di Mussolini nei confronti del revisionismo può essere considerata strumentale[283], in realtà in quei giorni tale non dovette

---

[280] Cfr. A. Felici, *Il dovere dei fascisti: non attraversare l'opera del Governo*, «Il Progresso», 20 ottobre 1923, e, per le polemiche interne, anche la lettera di G. Pianigiani a G. Moretti, Crema, s.d. [ma ottobre 1923], in Acs, Frf, b. 32, fasc. *Pianigiani*.

[281] A. Ferrari, *Il partito nazionale fascista a Cremona: bilancio storiografico e prospettive di ricerche*, in «Storia in Lombardia», 1-2, 1989, pp. 180-189.

[282] Il sottoprefetto al prefetto di Cremona, Crema 12 gennaio 1924, in Ascr, Ap, b. 10, fasc. 8.13/12.

[283] Cfr. R. De Felice, *Mussolini il fascista. I. La conquista del potere, 1921-1925*, cit., p. 547.

apparire, in particolare a Farinacci, secondo il quale, anzi, l'appoggio del duce ai rivali era effettivo e operante. Soltanto in seguito a numerosi incontri (forse il più importante quello del 4 ottobre tra Mussolini, Farinacci e Baroncini)[284], le posizioni andarono conciliandosi e il duce comprese di non poter spingersi oltre nella lotta contro gli intransigenti, e la riconciliazione avvenne con l'annuncio della visita del duce a Cremona il 28 ottobre[285]. Occorreva mettere la sordina, dunque, alle polemiche e chiudere in via di compromesso, per il momento, la grave vertenza, sì da far apparire tutti vincitori[286]. In tema di partito, inoltre (cosa che premeva a Farinacci), venne costituito un Direttorio provvisorio con uomini vicini a Mussolini (Rossi e Marinelli) e con l'inclusione di ex nazionalisti. Farinacci strappò solo la "promessa" di eliminare il carattere centralistico del vertice del Pnf, in virtù della provvisorietà di quel Direttorio e in attesa della elezione di quello definitivo, di appannaggio del convegno nazionale dei fiduciari provinciali, previsto per il gennaio 1924 (operazione che, per il sopraggiungere della campagna elettorale, poi non si verificò)[287]. Farinacci era tuttavia al corrente di alcuni retroscena che svelavano l'effettivo appoggio di Mussolini al revisionismo, dato che era in atto (negli stessi giorni in cui il Gran Consiglio sospendeva Rocca) un'offensiva degli uomini dell'*entourage* del duce tesa a mettere in piedi un importante quotidiano, a Roma e sotto la direzione dello stesso Rocca[288], di sostegno all'azione di Mussolini e fuori dall'ottica fascista in senso lato[289]. Farinacci, nella prospettiva di immi-

---

[284] A. LYTTELTON, *La conquista del potere. Il fascismo dal 1919 al 1929*, Laterza, Roma-Bari, 1974, p. 295.

[285] Cfr. ACS, MI, Gabinetto Finzi, b. 5, fasc. 45.

[286] R. FARINACCI, *Noi di fronte agli "orientamenti". Punto primo* e R. FARINACCI, *Dopo gli orientamenti del Gran Consiglio. Punto terzo*, in «Cremona Nuova», 16 e 19 ottobre 1923.

[287] PARTITO NAZIONALE FASCISTA, *Il Gran Consiglio del Fascismo nei primi quindici anni dell'era fascista*, «Il Resto del Carlino», Bologna, 1938, pp. 127-135.

[288] L'operazione coinvolgeva importanti finanziatori genovesi (città dove Farinacci riscuoteva non pochi consensi, comunque), come il senatore Poggi, il grande ufficiale Marco Passalacqua e Luigi Parodi e, attraverso Leonardo Siliato (genovese, membro di importanti aziende marittime commerciali e industriali), mirava a costituire, in tempi molto stretti, un quotidiano «delle industrie e della economia italiane». Così Rocca avrebbe sintetizzato l'operazione: «Lo scopo è di avere in Roma un giornale che, sotto la mia guida e garanzia politica, senza ingombranti etichette di partito, ma pienamente fascista nello spirito, sostenendo validamente il Duce al di sopra di ogni pregiudiziale pro o contro un partito qualsiasi, tratti con intensità e competenza i problemi economici e industriali del Paese e soprattutto di quelli marinari»; M. Rocca a L. Siliato, Roma 5 novembre 1923, in BNB, FRF, b. 58. Rocca, sempre con il sostegno di Rossi, e quindi di Mussolini, trattava anche col senatore Teofilo Rossi e gruppi economici torinesi, onde cercare altri tipi di finanziamenti, ancora per un'altra impresa giornalistica a Torino.

[289] A conferma dell'esplicito appoggio di Mussolini, la lettera con cui Rossi avallava l'iniziativa: «Caro Massimo Rocca, in seguito alle intese verbali avvenute fra me, te, i no-

nenti elezioni, rimase vigile e deciso a non cedere terreno nella preparazione di quella «seconda ondata, non contro i nemici in fuga, ma contro coloro che tendono ad accerchiarci» (tutte le tendenze del liberalismo, della democrazia e del combattentismo)[290]. Se questa politica, perseguita con vigore, sventò la minaccia revisionista, adirò però Mussolini, che annullò la visita a Cremona, a conferma di un dissidio di fondo malcelato dalla stampa. Era opinione di Farinacci che il "dissidentismo" aveva in molti casi ragioni politiche, spesso serie e profonde, indice di un malessere assai diffuso nella base che non poteva essere più soffocato coi richiami all'ordine, con provvedimenti di epurazione. L'intransigentismo, poi, aveva conseguito effettivi successi in alcune regioni del paese (Lombardia, Emilia, Friuli e Toscana), sino a costituire «uno Stato nello Stato», e non aveva alcuna intenzione di «lasciarsi disarmare politicamente e materialmente»[291]. In fin dei conti la prospettiva farinacciana era maggioritaria nel Pnf e, nella situazione del momento, era la sola che garantiva appoggio a Mussolini (che guardava al Pnf con diffidenza e disprezzo) e al suo governo, come riconobbero anche esponenti moderati; così Gaetano Polverelli a Farinacci, il 10 ottobre, a polemica revisionista conclusa: «In molte cose hai avuto perfetta ragione e mi congratulo che il Duce sia di nuovo in ottimi rapporti con te. Il colpo di far sciogliere il Partito e di impedire le candidature dei capi fascisti tendeva a rendere Mussolini prigioniero di Montecitorio»[292].

Piero Gobetti colse nel segno, quando parlò di due fascismi, uno moderato, portato all'equilibrio trasformistico e l'altro intransigente, assolutamente critico verso il sistema liberaldemocratico, e non esitò a

---

stri amici di Roma e il comm. Siliato quale rappresentante degli amici di Genova, circa la loro partecipazione al noto giornale romano per sostenere il governo di Mussolini nella sua opera di ricostruzione economica e di valorizzazione di tutte le energie produttive del Paese con spirito fascista e al di sopra di ogni settarismo politico, sono autorizzato a dirti che il Capo – da me informato in merito [...] – approva pienamente la tua iniziativa ed il relativo programma, nella certezza di una sollecita attuazione»; C. Rossi a M. Rocca, Roma 7 novembre 1923, *ibidem*. Appoggio di Mussolini reiterato poco dopo, in seguito ad aggiornamenti da parte dello stesso Rossi, il quale scriveva ancora a Rocca che Mussolini gli aveva «dichiarato che approvava pienamente la combinazione ed il relativo programma», aggiungendo – quasi ce ne fosse bisogno – che era sua impressione che un giornale in grado di sostenere il «suo [di Mussolini] Governo, particolarmente nella sua opera di ricostruzione economica e di valorizzazione di tutte le energie produttive del Paese con spirito fascista, ma al di sopra di ogni riserva e di ogni esigenza propria dei partiti politici, coincide[va] da tempo con i suoi desideri e coi suoi bisogni»; C. Rossi a M. Rocca, Roma 8 novembre 1923, *ibidem*.

[290] Cfr. *Il discorso di Roberto Farinacci a Chiari*, «Cremona Nuova», 18 ottobre 1923.

[291] R. De Felice, *Mussolini il fascista. La conquista del potere, 1921-1925*, cit., p. 540 e 427.

[292] G. Polverelli a R. Farinacci, Roma 10 ottobre 1923, in Acs, Frf, b. 33, fasc. *Polverelli*.

scrivere «l'elogio di Farinacci» e degli intransigenti, perché essi rappresentavano la provincia, «si battevano per esigenze concrete, si sacrificavano come disperati, non si erano parlamentarizzati» e le conquiste economiche e sindacali da loro raggiunte, così come i patti di lavoro realizzati, erano «i migliori vigenti in Italia». E ancora: «L'on. Farinacci è il tipo più completo e rispettabile che abbia espresso sinora il partito fascista. Non solo come uomini politici, ma come coscienze, per disinteresse e austerità personale, i ras, Farinacci, Barbiellini, Baroncini, Forni, sono superiori a tutte le schiere dei ciarlatani del revisionismo». Farinacci rappresentava la rivoluzione, il principio dell'autogoverno, della sovranità popolare. «Rendiamogli onore – seguitava Gobetti: lo spirito di Bissolati è in lui, almeno nei limiti in cui può esserlo in un fascista. È un discepolo onesto: non ha venduto Cristo per i trenta denari di un ministero dei Lavori pubblici»[293]:

> Farinacci ha scolpito la situazione in queste brutali parole: «Una corrente alimentata da opportunisti ed affaristi vorrebbe creare il mussolinismo intorno al Duce per isolarlo dal fascismo». Ci sono troppi opportunisti: Baroncini e Farinacci sono uomini. Si può non veder chiaro nelle loro cooperative e nei loro affari; certo hanno continuato, ingigantito il parassitismo rosso. Ma i veri affaristi sono quelli che si godono gli stipendi a Roma fabbricando teorie. I veri affaristi sono gli intellettuali; non questi semianalfabeti che scrivono gli articoli sgrammaticati, ma sanno tenere la spada e il bastone in mano. Se un fascismo potrebbe avere per l'Italia qualche utilità esso è il fascismo del manganello. Farinacci e Baroncini difendono delle posizioni personali illegittime, ma conquistate col sacrificio e coi muscoli: dietro di essi ci sono 100.000 giovani che al fascismo non hanno chiesto di guadagnare o di risolvere il problema della propria disoccupazione; ma vi hanno portata la loro esasperata aberrazione, la ripugnanza per i compromessi e gli opportunismi. Noi dobbiamo rispettare in questa ignoranza e in questa barbarie un senso di dignità e una prova di sacrifizio. I teorici di Roma sono di tutt'altra razza, vorrebbero guadagnare posizioni ugualmente redditizie scrivendo articoli e confondendo concetti. Ma essi non hanno nulla da insegnare agli italiani[294].

Tuttavia lo scontro con il governo e con Mussolini non poté dirsi esaurito (in Gran Consiglio il duce si scagliò duramente contro l'intransigentismo[295]), visto che qualche giorno dopo Farinacci dette il là a una nuova contrapposizione con i Combattenti, prendendo ancora a pretesto il caso locale (aveva infatti querelato per diffamazione «La

[293] P. GOBETTI, *Secondo elogio di Farinacci*, «La Rivoluzione liberale», 19 febbraio 1924.
[294] P. GOBETTI, *Elogio di Farinacci,* «La Rivoluzione liberale», 9 ottobre 1923.
[295] *Come avrebbe parlato l'on. Mussolini*, «La Stampa», 14 ottobre 1923.

Giustizia»)[296]. Le affermazioni del quotidiano unitario, secondo cui il passato militare di Farinacci era discutibile e inadeguato per l'iscrizione alle organizzazioni combattentistiche, vennero sostenute nel processo proprio dai maggiorenti dell'Anc cremonese, Parietti e Piazza (spalleggiati dai democratici)[297], sì che Farinacci imbastì una crescente campagna di ostilità contro i Combattenti[298] (la rottura con l'Anc si rivelò definitiva), con la massoneria di Palazzo Giustiniani (ultimo baluardo nel quale si «annidavano» gli antifascisti democratici e repubblicani[299]) e con D'Annunzio. Farinacci temeva una possibile saldatura tra combattenti e fascismo moderato, come era apparso al Consiglio nazionale dell'Anc di Roma, il 19 dicembre, dove l'ostilità contro l'intransigentismo fascista era manifesta (grida ostili contro l'ex deputato cremonese si levarono a più riprese)[300]. Per ciò intensificò gli sforzi per l'avvento di una organizzazione nazionale di combattenti fascisti, fidando poi che l'importante e previsto convegno nazionale dei fiduciari del Pnf gli avrebbe dato ragione[301].

Il fascismo, sostenne Farinacci al congresso federale del Pnf cremonese, nel mentre vigila e sta in guardia perché queste multiformi opposizioni non intralcino la sua via e impediscano al nostro governo di attuare la sua opera grandiosa, respinge ogni approccio e ogni collaborazione con questi partiti; esso ha fatto da solo la sua rivoluzione e vuole da solo portarla a compimento. C'è però un'altra insidia che attende il fascismo al varco: il mussolinismo. Si dice da molti: tutta la Nazione è con Mussolini; non è dunque necessario né che continui a sussistere il partito fascista, né che il paese vada verso il fascismo. Ma quella stessa Nazione che oggi è con Mussolini, ieri era con Giolitti, con Nitti, con Bonomi. Domani, ad una svolta pericolosa, il mussolinismo, fatto di consensi

[296] *Il processo dell'on. Farinacci contro "La Giustizia" a Milano*, «Cremona Nuova», 20 ottobre 1923.

[297] Cfr. «Cremona Nuova», 21 e 24 ottobre 1923.

[298] R. FARINACCI, *Il caso Cadorna a Firenze* e R. F[ARINACCI], *Un o.d.g. dei Combattenti di via G. Tibaldi*, «Cremona Nuova», 8 e 10 novembre 1923.

[299] Farinacci riuscì a mettere in difficoltà la loggia Quinto Curzio, attaccando pubblicamente il suo maggiore esponente (Giacinto Cremonesi, tra l'altro oggetto, insieme a molti altri esponenti democratici, di una nuova serie di violenze; cfr. ACS, MI, Gabinetto Finzi, b. 5, fasc. 45), sì che Torrigiani dovette intervenire e "sciogliere" ufficialmente la loggia giustinianea; *Una opposizione che si frantuma* e *Nel campo massonico*, «Cremona Nuova», 11 e 14 novembre 1923. Se Farinacci mostrava attenzione verso il rito scozzese, estremamente critico era contro il Grande Oriente: «Che la massoneria di Palazzo Giustiniani sia antipatriottica e antifascista lo prova il fatto che in essa vi si trovano iscritti tutti i democratici nittiani e tutti gli oppositori della politica fascista. Il Gran Consiglio con un ordine del giorno colpì in pieno il disfattismo delle Logge massoniche del comm. Torrigiani. Neghiamo in modo reciso che dei fascisti trovinsi iscritti nella Loggia Quinto Curzio».

[300] R. FARINACCI, *Abbasso Farinacci!* e *Il fascismo non ha bisogno di forze amorfe,* «Cremona Nuova», 23 e 27 dicembre 1923.

[301] Cfr. l'intervista concessa a «Il Giornale d'Italia», 21 dicembre 1923.

individuali e di momentanee simpatie, svanirebbe e rimarremmo noi con le nostre baionette e le nostre camicie nere a sorreggere il governo e a fiancheggiarlo nello svolgimento del suo arduo programma. Perciò, esaminando la posizione dei partiti in rapporto al fascismo, ancora una volta noi, serrando sempre più forti le file, affermiamo la nostra intransigenza e respingiamo i consensi apparenti che si mascherano con l'etichetta del mussolinismo. Intransigenza che non è soltanto politica, ma anche sindacale. [...] Lo sappiano bene i nostri avversari: le posizioni che abbiamo conquistate le sapremo difendere lasciando sul terreno sangue e morti: siamo pronti ad uccidere e a morire[302].

Farinacci scatenò allora una dura offensiva contro combattenti e democratici e riprese la prova di forza sul territorio contro tutti gli avversari nella previsione che riuscissero a materializzare il temuto fronte unico antifascista, in ottica elettorale (anche per non essere scavalcato «nella difesa della rivoluzione» dai gruppi estremisti che criticavano l'«inazione del partito», mordevano il freno e sfuggivano alla disciplina[303]). La ripresa dell'attività squadristica su larga scala nel dicembre[304] consentì a Farinacci di sbarazzarsi definitivamente di alcuni ostici avversari e di prevenire la realizzazione del cartello antifascista (che in alcune elezioni amministrative aveva mostrato segni di vitalità)[305], ma confermò che esistevano due strade diverse per la realizzazione della rivoluzione...

Saltata la visita del duce a Cremona, Farinacci si consolò con il conseguimento della laurea in Giurisprudenza, il 28 dicembre, laurea intorno alla quale gli avversari cercarono poi, negli anni successivi, di imbastire speculazioni polemiche e una questione morale, senza tuttavia ottenere gli scopi[306]; superò poi gli esami di procuratore presso la

[302] *In un forte discorso ai fascisti ed al popolo l'on. Farinacci precisa il suo pensiero*, «Cremona Nuova», 11 dicembre 1923. Nella Commissione esecutiva della federazione, Farinacci volle la conferma degli amici e stretti collaboratori Balestrieri, Moretti e Orefici.

[303] Relazione del prefetto di Cremona al Ministero dell'Interno, 28 dicembre 1923, ACS, MI, PS, 1923, b. 86, fasc. *Cremona*.

[304] *Cremona* e *Come si svolse la distruzione del nostro patrimonio*, «La Libera Parola», 29 dicembre 1923 e il prefetto al Ministero dell'Interno, Cremona 7 e 8 dicembre 1923, in ACS, MI, PS, 1923, b. 86, fasc. *Cremona*.

[305] Per Rossi la possibilità che potesse trovare valida attuazione la «collaborazione» tra popolari, socialisti e democratici era molto alta; il prefetto al Ministro dell'Interno, Cremona 8 dicembre 1923, *ibidem*. Nel comune di Barzaniga, il 25 novembre 1923 la lista fascista risultò maggioritaria sulla lista di opposizione con margini molto ridotti alle amministrative. La crisi revisionista non era passata senza scosse neppure nel cremonese: la stessa maggioranza fascista di Barzaniga, dopo quattro giorni, si trovò divisa e rassegnò le dimissioni; il prefetto di Cremona al Ministero dell'Interno, 2 dicembre 1923, in ACS, MI, Comuni, b. 1832.

[306] Farinacci, con l'aiuto di Groppali (che aspirava alla nomina a senatore...), presentò una tesi sulle obbligazioni naturali, conseguendo il punteggio di 95/110. Negli anni successivi venne però accusato di aver copiato la tesi, e in ben due circostanze (alla fine

Corte d'Appello di Brescia e iniziò l'esercizio della professione associandosi nello studio degli amici Groppali e Marenghi di Cremona.

Estrema attenzione profuse poi per il quotidiano, in costante ascesa nelle vendite e nella diffusione, cercando di renderlo più efficiente (una sottoscrizione azionaria nei primi del '24 permise la raccolta di 200 mila lire del tempo, oltre 150 mila euro)[307]. Del resto il momento era importante e gli eventi si susseguivano a ritmo incalzante: sciolta la Camera il 24 gennaio 1924, Mussolini aveva fissato la consultazione elettorale per il 6 aprile e la lotta si preannunciava intensa. Farinacci non aveva dubbi in proposito: il Pnf doveva condurre da solo la battaglia e approntare liste con candidati di fede fascista indicati dalla base e approvate dal Consiglio nazionale del Pnf[308]. In un colloquio con Mussolini, il 29 gennaio, comprese che la sua teoria era stata scartata a favore di quella di Acerbo e Finzi, assai più accentratrice e facilmente controllabile dal vertice, con la costituzione di una snella commissione (la "pentarchia") che avrebbe formato le 16 liste circoscrizionali[309]. L'interpretazione di Farinacci, in effetti, prestava troppo bene il fianco alle critiche di quanti sostenevano che nell'Italia centro-meridionale la situazione era assai diversa e più complessa da quanto immaginavano gli intransigenti, mostrando il fascismo segnali di scarsa presa.

Le dispute intorno alle candidature furono accese ovunque nel paese; nella federazione di Cremona fu approvata all'unanimità la candidatura di Farinacci, assieme a quelle di Moretti e Balestreri (col quarto posto messo a disposizione di Mussolini), e tali candidature vennero

---

del 1927 e nell'estate del 1930) il fatto divenne oggetto di inchiesta. Accusatore principale, tra l'altro, sarebbe stato proprio il professor Groppali, che all'Università di Modena avrebbe procurato a Farinacci una tesi discussa qualche tempo prima dal cremonese Marenghi. Appurato il fatto, ammesso comunque dallo stesso Farinacci (il quale, tuttavia, sostenne che ignorava essere la tesi non originale), l'inchiesta considerò a discarico numerose circostanze e ricordò che sino ad allora presentare lavori non originali era prassi diffusa e non illegale, in considerazione che solo nell'aprile 1925 era entrata in vigore la legge che vietava penalmente la presentazione in esami o concorsi di lavori opera di altri. Cfr. la relazione d'inchiesta del senatore Pietro Alberici, Roma 10 settembre 1930, in ACS, SPD, C/R, b. 40, fasc. *Farinacci,* ove è conservata anche una copia della tesi di laurea.

[307] Il quotidiano godeva, inoltre, dell'importante sostegno del Ministero dell'Interno, in considerazione che il sottosegretario Finzi passava l'elevato contributo mensile di 5.000 lire (pari all'acquisto di 850 copie giornaliere o di 1.200 abbonamenti annuali). Anche altra stampa intransigente («Alalà» di Carrara, «La Voce di Mantova» o «Il Popolo di Trieste», «L'Impero») riceveva contributi ministeriali, ma non così rilevanti come il quotidiano cremonese; cfr. A. STADERINI, *Una fonte per lo studio della utilizzazione dei "fondi segreti": la contabilità di Aldo Finzi (1922-1924)*, «Storia Contemporanea», 4-5, 1979, pp. 767-810.

[308] *Il fascismo e gli altri partiti in una conferenza dell'on. Farinacci*, «Corriere della Sera», 20 gennaio 1924.

[309] Per la vicenda e la posizione di Farinacci, cfr. in proposito «Il Secolo», 2 febbraio 1924.

poi ratificate dalle assemblee di tutti i Fasci della provincia[310]. Soltanto il 13 febbraio la pentarchia concluse i suoi lavori e presentò le liste circoscrizionali a Mussolini, il quale le licenziò nei giorni successivi. I malumori per le candidature avallate, nei settori intransigenti, non furono troppo velati: Farinacci criticò il comunicato della Presidenza del Consiglio, secondo il quale dei 370 candidati della lista ministeriale e delle liste "bis" ben 264 di essi erano iscritti al Pnf[311], perché quel numero appariva troppo elevato[312]. Sebbene secondo Cesare Rossi tale quota fosse di 210 (sostenne che i rappresentanti delle forze alleate erano 153, esclusi quelli delle "bis")[313], appare evidente (come dalle biografie dei candidati[314]) che il loro numero – così affermava anche Farinacci – era invero oscillante tra i 230-240 e con una certa equivalenza tra esponenti fascisti moderati e intransigenti[315]. Presentata la lista per la circoscrizione lombarda, Farinacci non nascose le perplessità[316] («anche per noi vi è qualche cosa di indigesto, vi è il nome di qualcuno che credevamo che la rivoluzione nostra avesse sepolto per sempre»[317]), ma finì

---

[310] Cfr. «Cremona Nuova», 9 febbraio 1924. Cesare Balestreri, considerate le difficoltà di trovare un posto ai molti pretendenti nella lista lombarda, non accettò la candidatura e mise il suo posto a disposizione di Mussolini, con rammarico di Farinacci.

[311] Numero che, integrato con i candidati delle liste "bis" (per un totale di 275 fascisti iscritti al Pnf), avrebbe consentito al fascismo la maggioranza assoluta alla Camera; *La composizione della nuova Camera*, «Corriere della Sera», 28 febbraio 1924. Tuttavia anche le valutazioni giornalistiche divergevano nell'analisi (*Come si profila la nuova Camera*, «La Stampa», 21 febbraio 1924); secondo i calcoli dei giornalisti parlamentari, i candidati sicuri iscritti al Pnf erano 230, 45 i liberali, 25 i democratici e 10 i cattolici, rimanendo indefiniti 46 altri candidati, vicini all'Anc (*Come sarà composta la futura maggioranza*, «Corriere della Sera», 22 febbraio 1924).

[312] Cfr. «Cremona Nuova», 23 febbraio 1923.

[313] M. CANALI, *Cesare Rossi. Da rivoluzionario ad eminenza grigia del fascismo*, il Mulino, Bologna, 1991, p. 296.

[314] Cfr. *I 535 deputati al Parlamento per la XXVII legislatura. Biografie e ritratti dei deputati*, Treves, Milano, 1924 e V. BONFIGLI, *I deputati della XXVII legislatura, con raccolta di dati statistici*, Hesperia, Roma, 1924.

[315] C. ROSSI, *Trentatré vicende mussoliniane*, Ceschina, Milano, 1958, pp. 193-196.

[316] *Nella "Babele" del fascismo lombardo*, «Il Popolo», 28 febbraio 1924.

[317] R. FARINACCI, *Ora basta!*, «Cremona Nuova», 19 febbraio 1924. Farinacci ebbe compagni di lista, oltre a esponenti cattolici nazionali e industriali, l'avversario Massimo Rocca e una serie di moderati poco conosciuti o di scarso peso, sì che su 46 candidati della lista solo una ventina potevano dirsi espressione del fascismo provinciale. La stessa rappresentanza cremonese era stata penalizzata, visto che solo Farinacci e Moretti vennero inclusi in lista (il posto "liberato" da Balestreri venne riservato al generale Nicola Vacchelli, direttore dell'Istituto geografico militare, cremonese di origine ma non uomo rappresentativo del territorio e del fascismo locale (era figlio di Pietro, economista che legò il suo nome all'importante canale del fiume Adda per l'irrigazione di buona parte della provincia e poi a lungo deputato, senatore e ministro del Tesoro e delle Finanze). Ulteriori riserve, sempre legate alla ridotta presenza di fascisti di peso nella lista e alla invece nutrita presenza di "fiancheggiatori", Farinacci espresse anche per altre liste circoscrizionali (Emilia-Romagna o Campania, per esempio); cfr. «Cremona Nuova», 19 febbraio 1924.

per appellarsi, vista la necessità di conseguire «una schiacciante vittoria elettorale», alla massima disciplina («... chi scrive gode la fama di ribelle, non può quindi essere sospetto se oggi adopera un linguaggio di uomo disciplinato verso i compagni»[318]) e unità, in considerazione del pericolo che la dissidenza organizzata (proprio in Lombardia e in Piemonte avevano attecchito i Fasci nazionali) avrebbe arrecato al fascismo e al Partito. La campagna elettorale di Farinacci suscitò ovunque notevole entusiasmo[319]; la sua "tendenza" aveva effettivamente un grosso seguito nella massa fascista, e al termine dei suoi comizi molti fedeli camerati si fermavano a chiedergli la firma sulla tessera del partito, a dimostrazione di solidarietà e di condivisione del pensiero, e nelle sue conferenze non si stancava mai di chiamare a raccolta la "vecchia guardia", gli scontenti e i delusi, affinché non seguissero la dissidenza, ma rimanessero comunque nel Partito a combattere le battaglie politiche dell'intransigenza, facendosi lui garante della purezza dell'ideale: «state tranquilli, fascisti, che io, come per il passato, rimango sentinella vigile in difesa delle posizioni che abbiamo conquistate attraverso sacrifici di sangue e di vite umane»[320]. Se il governo poteva giustamente affermare che le opposizioni erano frantumate, «gli era perché nella maggior parte delle Province, ribatteva Farinacci, il fascismo aveva proprio seguito la *nostra* direttiva» e sarebbe stato pronto a passare dalla scheda al manganello in qualsiasi momento, certo che se fosse stata concessa carta bianca per ventiquattr'ore alle «nostre camicie nere», la situazione avrebbe potuto definirsi ovunque molto chiaramente)[321]. Erano prese di posizione che, se suonavano musica gradevole per squadristi ed estremisti, ampi settori sociali osteggiavano, soprattutto nel capoluogo lombardo, e che la stampa milanese, da «Il Secolo» al «Corriere della Sera», attaccavano a vantaggio delle posizioni moderate e revisioniste[322]; così l'anziano Sacchi (deceduto il giorno delle elezioni) aveva consigliato l'amico Gasparotto, concordando sulla condotta dei liberal-democratici di confluire nella lista nazionale: «il contenuto ideale del fascismo – patria, ordine, collaborazione di classe – è sostanzialmente il nostro; e dovere nostro era ed è quindi di sostenerlo e di aiu-

---

[318] R. FARINACCI, *Per i fascisti milanesi*, «Cremona Nuova», 24 febbraio 1924.

[319] *La prima giornata di mobilitazione politica del fascismo italiano*, «Il Popolo d'Italia», 4 marzo 1924.

[320] *A Pavia con l'on. Farinacci*, «Cremona Nuova», 20 marzo 1924.

[321] Cfr. la lunga intervista di S. SANI, *Tra i debellatori del migliorismo*, «L'Ambrosiano», 13 febbraio 1924 e R. FARINACCI, *Dal manganello alla scheda*, «Cremona Nuova», 2 aprile 1924.

[322] Cfr., per esempio, le schermaglie con «Il Secolo», 9 gennaio, 26 febbraio e 30 marzo 1924.

tarlo, pur cercando di correggere quanto vi può essere di esuberanza e di partigianeria»[323]. Solo le urne avrebbero potuto fare chiarezza...

Fiducioso di una netta affermazione del fascismo, le sue previsioni si rivelarono precise: oltre il 66% dei suffragi a livello nazionale per la Lista ministeriale mostrava un consenso difficile da eludere, anche facendo ricorso ad accuse e polemiche sul modo di ottenere suffragio, cui le opposizioni non mancarono di appellarsi[324]. Farinacci, tra l'altro, adduceva l'esempio cremonese, dove, senza pressione violenta, il Pnf aveva conseguito percentuali sbalorditive[325]. Il caso di Cremona era poi eclatante: su 89 mila votanti (l'82% degli iscritti), la Lista nazionale aveva conseguito oltre 67 mila voti (cioè il 76%); il Ppi era crollato in quasi tutta la provincia (4.700 voti, 5,2%), mentre i tre partiti di sinistra, insieme, arrivavano a stento alle 9.000 preferenze, con l'11% (con leggera predominanza del Psi, al 4,4%), mentre i repubblicani e i democratici non ottenevano che qualche centinaio di voti[326]. A fronte di tali numeri (simili a quelli del mantovano), stava invece l'insuccesso ottenuto nella circoscrizione lombarda, dove la Lista nazionale (così come in Piemonte e in Veneto, specie nelle maggiori città) aveva ottenuto una percentuale inferiore al 50% e le liste di opposizione, insieme, avevano ottenuto parecchi consensi, soprattutto a Milano. Il caso del capoluogo lombardo venne dunque preso a pretesto da Farinacci (a Milano si era avuto l'esempio maggiore della "transigenza", dell'accordo con altri gruppi fiancheggiatori e ne era stato artefice Rossi) per sostenere il fallimento della linea moderata, favorevole al compromesso[327]. Le motivazioni addotte dallo stesso Rossi in proposito, del resto,

---

[323] Cfr. «Il Secolo», 26 febbraio 1924.

[324] MINISTERO DELL'ECONOMIA NAZIONALE, DIREZIONE GENERALE DELLA STATISTICA, *Statistica delle elezioni generali politiche per la XXVII legislatura*, Roma, 1924.

[325] R. FARINACCI, *Clamorosa vittoria*, «Cremona Nuova», 8 aprile 1924. In realtà «La Voce Repubblicana» e l'«Avanti!», proprio nel confutare la situazione del cremonese, pubblicarono una presunta circolare di Farinacci a tutti i comandanti di settore nella quale si impartivano istruzioni per esercitare il rigido controllo degli elettori e del voto, in particolare si "ordinava" ai rappresentanti di lista di imporre agli elettori di mostrare la scheda prima di introdurla nell'urna; cfr. «Avanti!», 13 aprile 1924.

[326] Il circondario di Casalmaggiore dette percentuali assolute alla lista nazionale (91,1%), con comuni dove si raggiunse il 98% (Castelponzone, Drizzona, Scandolara e Solarolo) e il 99% (Martignana Po, con 518 voti al Pnf, 1 al Ppi e 2 nulli). Altrettanto nel cremonese, dove una trentina di comuni raggiunse percentuali del 90-95%. Diverso il cremasco, dove il Pnf risultò minoritario, rispetto alle liste di opposizione, in 14 comuni, mentre in altri 11 conseguì una maggioranza assoluta risicata: a Chieve, poi, il Pnf (33%) si vide addirittura scavalcato come partito di maggioranza relativa dal Ppi (103 voti contro 100). Ovunque i voti nulli erano il secondo "partito" (5,7%). «Cremona Nuova» 8, 9 e 10 aprile 1924, «L'Era Novella», 12 aprile 1924 e «Il Progresso», 12 aprile 1924.

[327] Ma l'interpretazione farinacciana non era corrispondente al vero, anzi si era avuto l'assurdo che le liste fasciste nell'Italia centrale e meridionale, dove il "compromesso" era

non convincevano molto né giustificavano la *débâcle*[328]; al contrario Farinacci aveva buon gioco nel richiamare gli ottimi risultati conseguiti con la linea intransigente e in questa ottica dovevano essere analizzate anche le attribuzioni delle preferenze (pure in questo caso Farinacci aveva ragioni da far valere, come candidato più votato dopo Mussolini)[329], in maggioranza riversate su candidati della corrente intransigente:

> Sul nostro nome, questo ci importa assai, si è voluto fare una affermazione di principio, si è voluta dare l'entusiastica approvazione a tutte quelle battaglie che noi abbiamo sostenuto con fede ardente di fascista. [...] Nessuno oserà negare che la massa elettorale, dopo aver reso gli onori al nostro duce, non si sia nettamente schierata per il fascismo senza equivoci, così come noi lo difendemmo, combattendo sia il mussolinismo, sia il filofascismo[330].

Per Farinacci si trattava allora di tradurre in una coerente politica rivoluzionaria il successo elettorale, senza curarsi dei fiancheggiatori, perché «i nostri metodi e la nostra azione, sottolineava, [erano] stati riconosciuti dal popolo salutari alla nazione»: proponeva quindi la soppressione dei giornali perniciosi (Milano doveva insegnare...), una stretta alle «libertà personali» di cui l'opposizione «abusava», la realizzazione di nuove leggi «che ad altro non dovranno mirare se non a legalizzare

---

stato maggiore che nel settentrione, in base al numero dei voti ricevuto avevano ottenuto una rappresentanza parlamentare inferiore, in confronto a quella settentrionale (che aveva ricevuto proporzionalmente minori consensi ed era quindi sovrastimata per numero di deputati); per l'interessante analisi, cfr. *Rilievi statistici*, «Il Popolo», 23 aprile 1924.

[328] «Il Secolo», 10 aprile 1924.

[329] In provincia di Cremona, ovviamente, Farinacci ottenne consensi plebiscitari: 35.500 preferenze contro le 41.700 di Mussolini; grazie a un efficace uso delle tre preferenze ottennero notevoli suffragi anche Moretti (15.870) e Vacchelli (10.822). Tutti gli altri candidati (eccetto Torrusio, 1.080) non superarono le 500 preferenze: Rocca ne ebbe 570 (cfr. «Cremona Nuova», 9 e 10 aprile 1924). Farinacci fu in grado di ottenere consensi diffusi pure nelle altre province lombarde, risultando sempre tra i candidati più votati; cfr. *Il computo dettagliato delle singole province*, «Corriere della Sera», 8 aprile 1924. Con le sue oltre 43 mila preferenze, infine, Farinacci aveva nettamente superato anche tutti gli altri maggiori esponenti di opposizione, come i socialisti unitari Turati e Treves (rispettivamente 40 e 23 mila preferenze), i popolari Mauri e Grandi (21 e 20 mila), i massimalisti Lazzari e Momigliano (19 e 6 mila), il comunista Repossi (6 mila), il fascista dissidente Forni (7 mila) e il non rieletto Bonomi (2.700).

[330] R. FARINACCI, *Le preferenze nella circoscrizione lombarda*, «Cremona Nuova», 12 aprile 1924. Nel numero di preferenze di alcuni dei 47 candidati della lista nazionale, anche i rapporti di forze interni: Mussolini Benito 247.983, Farinacci Roberto 43.070, Turati Augusto 30.470, Bonardi Carlo 25.612, Moretti Giuseppe 16.415, Arrivabene Antonio 14.625, De Capitani D'Arzago Giuseppe 12.625, Buttafochi Carlo 11.849, Vacchelli Nicola 11.090, Gasparotto Luigi 7.370, Cappa Innocenzo 6.459, Alfieri Dino 6.164, Torrusio Ernesto 5.590, Cavazzoni Stefano 4.533, Teruzzi Attilio 3.778, Motta Giuseppe Giacinto 3.368, Belloni Ernesto 3.358, Rocca Massimo, 2.767, Solmi Arrigo 1.431, Volpi Gioacchino 1.358.

quello che si chiama *illegalismo fascista*», perché la normalizzazione poteva realizzarsi solo legalizzando l'illegalità fascista; «era o no il fascismo, chiosava, un partito rivoluzionario? [Aveva] il dovere di difendere, senza esitazioni, la sua rivoluzione?»[331].

La battaglia politica nella maggioranza, comunque, non era chiusa (i liberali di destra e i combattenti avrebbero voluto formare i loro gruppi parlamentari[332]), anzi, per molti aspetti, poteva dirsi all'inizio. Che quella maggioranza non fosse omogenea, a dispetto dei numeri, apparve chiaro a molti, sì che pure sulle cifre (260 deputati fascisti e 115 fiancheggiatori) le valutazioni discordavano. Anche nel Pnf le posizioni divergevano in non pochi punti, per questo Farinacci affondò:

> La direzione del Partito è stata finora una specie di Senato i cui membri venivano eletti d'autorità. Io penso invece che i membri della Direzione devono essere nominati dalle Assemblee fasciste perché solo in tal modo la Direzione sarà in grado di rispettare fedelmente l'anima del Partito. C'è poi la questione del Gruppo parlamentare. Io credo che debba crearsi un'unica Direzione a cui devono assoggettarsi tanto il Partito quanto il Gruppo parlamentare. Due direttorii sarebbero una contraddizione e costituirebbero un pericolo per l'unità del Partito. Unico deve essere l'organo dirigente, tanto nei riguardi di chi è deputato come di chi è semplice membro del Partito. E c'è infine la questione della Milizia: la Milizia deve rimanere l'aristocrazia del fascismo. I militi devono essere a disposizione del Partito; la sua valida difesa, il suo forte sostegno! La Milizia non può essere trasformata in un corpo militare, [essa] ha un carattere tutto suo e uno spirito eminentemente rivoluzionario, perciò deve rimanere organo del Partito[333].

E a livello locale non si doveva applicare l'incompatibilità delle cariche nel Partito e nelle istituzioni, perché «dove in una persona si concentrano tutti i poteri, quivi l'unione, la concordia, l'azione; dove ciò non è sono inevitabili i contrasti, le scissioni». Ma il Gran Consiglio, il 24 aprile, deliberò proprio il contrario, con soddisfazione della stampa fiancheggiatrice, che cantò vittoria e sostenne quelle decisioni aver sancito «una sconfitta definitiva per l'estremismo», con la non costituzione di un gruppo parlamentare fascista (bensì dell'intera maggioranza) e la riforma del Pnf senza una segreteria: «la fine insomma – sentenziava «Il Secolo» – o per lo meno un fiero colpo a quello che fu chiamato rassismo»[334]. Tali decisioni vennero contestate da Farinacci, perché non

[331] R. Farinacci, *Verso la normalizzazione* e R. Farinacci, *La risposta a lor signori*, «Cremona Nuova», 2 maggio e 23 aprile 1924.

[332] *Intermezzi di politica interna*, «Il Popolo», 23 aprile 1924.

[333] *Il discorso dell'on. Farinacci*, «Cremona Nuova», 17 aprile 1924.

[334] «Il Secolo», 26 aprile 1924, ma cfr. anche «Avanti!», 6 maggio 1924.

era possibile improvvisare nuovi capi provinciali (il provvedimento riguardava 49 province, e quelle dove il Pnf era più radicato) in quel decisivo momento, né d'altra parte si poteva correre il rischio (se gli eletti incompatibili avessero optato per conservare le cariche nel Pnf, come lui stesso minacciava[335]) di perdere quel corrispondente numero di seggi a vantaggio delle opposizioni[336], e poi perché si continuava a subordinare il Partito (quelle decisioni competevano, semmai, al Consiglio nazionale) a un organo "istituzionale" quale il Gran Consiglio (e ricordava: «il Gran Consiglio è emanazione del fascismo o il fascismo è emanazione del Gran Consiglio?»), nonché a mortificare la periferia (la tanto annunciata riunione dei segretari federali, prevista per il 12 maggio, era slittata, ancora, a data da destinarsi)[337]. Nonostante alcune resistenze, le deliberazioni del Gran Consiglio dovettero essere digerite dal partito e da Farinacci[338] (oggetto di rinnovati attacchi da parte moderata), ma certo il malumore era alto, perché a dispetto delle affermazioni di Mussolini, era evidente che il «disarmo politico» del fascismo sulla strada della normalizzazione non andava certo verso la realizzazione di un nuovo Stato fascista (il Pnf, affidato a un quadrumvirato, pareva mettere la museruola alla componente estremista[339]). Per di più, pronosticava Farinacci, la non costituzione del gruppo fascista spingeva per la creazione di «numerosi altri sottogruppi» senza ostacolare l'azione di quei deputati indipendenti, che cercavano "intese" con l'opposizione[340]. Contro Farinacci venivano lanciate accuse di protagonismo e, peggio, di indisciplina, e per non essere frainteso doveva compiere ardite evoluzioni dialettiche, non certo idonee a spiegare cosa intendesse per «legalizzare e statizzare il fascismo»:

Le illegalità che noi vogliamo legalizzare sono queste: a) energico controllo sulla stampa; b) provvedimenti severi a carico di coloro che divulgano ad arte

[335] E l'ipotesi, molto pericolosa dal punto di vista parlamentare, non era stata sufficientemente valutata né da Mussolini né dal Gran Consiglio; cfr. *I problemi attuali del partito fascista,* «Il Popolo d'Italia», 2 maggio 1924, da qui una serie di incontri dello stesso Mussolini con Farinacci onde far rientrare la "minaccia".

[336] Per la questione, non certo marginale, cfr. *Problemi statali e problemi di partito*, «La Stampa», 30 aprile 1924.

[337] R. FARINACCI, *Le decisioni del Gran Consiglio*, «Cremona Nuova», 24 aprile 1924.

[338] *Il direttorio federale respinge le dimissioni dell'on. Farinacci*, «Cremona Nuova», 27 aprile 1924.

[339] R. FARINACCI, *Farinacci è un pazzo*, «Cremona Nuova», 25 aprile 1924. Il Partito venne affidato ai due mussoliniani Rossi e Marinelli, all'ex nazionalista Forges Davanzati e al fiumano Alessandro Melchiori, con Rossi in predicato di assumere la segreteria generale, con scacco per gli intransigenti; *Dal Gran Consiglio fascista ai lavori dell'Ufficio elettorale*, «Il Popolo», 24 aprile 1924.

[340] R. FARINACCI, *Ribattendo la nostra tesi*, «Cremona Nuova», 4 maggio 1924.

notizie false o che in qualsiasi modo tendono a turbare l'ordine nazionale; c) allontanamento dalle province di quei pochissimi uomini condannati da intere popolazioni e loro ritiro in quelle località ove la loro opera sarebbe innocua; d) sindacalismo di Stato, per cui lo Stato, con i suoi organi politici e giudiziari, intervenga in tutti i patti di lavoro e ne imponga alle parti il rispetto; e) istituzione della pena di morte per tutti coloro che la rivoluzione fascista ha risparmiato e che nuovamente tentassero di tradire la nazione e per quanti si rendessero colpevoli di agguati e di assassini a danno di coloro che difendono la causa nazionale. [...] Quando l'illegalismo fascista diventerà legge di Stato, noi non avremmo più motivo di esistere e il ritorno alla normalità sarà veramente realizzato[341].

Le affermazioni sulla pena di morte e sull'adozione del domicilio coatto scatenarono un vespaio di polemiche, persino nel campo fascista, e si innestarono in un clima già surriscaldato e attraversato da una ripresa revisionista, in un momento in cui era esiziale per il fascismo definirsi e procedere alla edificazione del proprio sistema politico-istituzionale. Quando la stampa revisionista mise sotto accusa il clima intimidatorio e di violenza che regnava ancora in molti feudi provinciali (e Mussolini concordava) e parlò di epurazione del partito dai faziosi e dai violenti[342], Farinacci rinnovò la sua battaglia antirevisionista con una serie di duri attacchi contro Rocca e Bottai, accusandoli di demagogia nel loro condannare il «dispotismo dei ras selvaggi» e ritorcendo contro di loro la stessa richiesta di epurazione[343]. «Revisionare i revisionisti», scriveva Farinacci (oggetto di gravi attacchi personali[344]), che si appellava alla direzione del partito affinché prendesse provvedimenti contro chi «diffamava e disgregava» il Pnf, con la stampa romana che dava altresì ampio risalto alle polemiche nel fascismo[345]. Bottai voleva

---

[341] R. FARINACCI, *Per non essere fraintesi*, «Cremona Nuova», 10 maggio 1924.

[342] Cfr. M. ROCCA, *Come il fascismo divenne una dittatura*, Edizioni librarie italiane, Milano, 1952, p. 169 e sgg.

[343] «Saremmo curiosi di vedere se il "revisionato" dovrebbe essere colui che dopo Mussolini ha raccolto in Lombardia i maggiori consensi o colui che dalle elezioni politiche ne è uscito scornato, in una regione che fu la culla della rivoluzione e del programma fascista»; R. FARINACCI *Domando la parola!*, «Cremona Nuova», 13 maggio 1924.

[344] *Un altro pasticcetto dell'on. Torre, con postilla Farinacci-De Stefani*, «Il Nuovo Paese», 14 maggio 1924 e M. ROCCA, *All'on. Farinacci, despota e censore*, «Il Nuovo Paese», 15 maggio 1924. Rocca accusava altresì Farinacci di fare il moralista e il puro mentre invece beneficiava anch'egli di vari aiuti economici, per esempio con la Mutualità agraria e con il banchiere conte Luigi Lusignani, che gli avrebbe finanziato la campagna elettorale (cfr. anche *A cosa è ridotto il mondo politico italiano*, «Avanti!», 16 maggio 1924). A quelle accuse, davvero difficili da provare in quel momento, Farinacci rispose duramente e inviò i padrini a Rocca, ma Lusignani avrebbe in seguito avuto un ruolo nella vicenda del deputato cremonese...

[345] *Le vie nuove e vecchie del fascismo*, «Il Popolo», 29 aprile 1924 e *Le impressioni dell'on. Farinacci*, «Cremona Nuova», 17 maggio 1924.

superare la frattura fascismo/antifascismo e allargare i consensi al governo verso settori moderati, auspicando la rapida separazione tra funzione di Partito e funzione di governo e il ritorno all'osservanza delle leggi («il tempo della violenza e dell'illegalismo è finito da quando il fascismo ha conquistato il potere, il fatto compiuto della rivoluzione impone a tutti gli italiani la stessa legge»)[346], il contrasto verteva però su quale «legge», appunto. Quella vecchia liberal-democratica o quella nuova fascista, si domandava Farinacci, perché nel secondo caso quella legge doveva ancora essere definita e solo il fascismo era in grado di dare al paese una normalità da un punto di vista fascista. La stessa cosa sosteneva, su un piano ideologico e con valide argomentazioni, Curzio Suckert: «vi sono alcuni fra noi i quali, considerando il problema della normalizzazione, si dimenticano di essere fascisti, dimenticano che il fascismo con la Marcia su Roma ha liquidato la normalità demo-liberalé e che soltanto alla creazione di una normalità fascista deve mirare, e finiscono perciò col far le difese di quella stessa mentalità demo-liberale che la rivoluzione ha rotta e sconvolta e il cui ritorno significherebbe appunto la fine del movimento fascista. Fine pietosa, perché toglierebbe alla rivoluzione fascista qualunque giustificazione storica e politica»[347]. In questa circostanza i revisionisti sbagliarono tempi e modi nel condurre la loro battaglia (essendo pure in gioco un'apertura ai confederali), e vennero abbandonati da Mussolini (non al corrente delle nuove discussioni) che ottenne il 16 maggio l'espulsione di Rocca dal Pnf[348].

Le elezioni politiche e il cambiamento all'assetto provinciale del Partito in base alle nuove direttive nazionali non alterarono gli organigrammi del fascismo cremonese (segretario federale il conte Cesare Calciati, ligio a Farinacci)[349]. L'esempio di "quel" fascismo d'altra parte valeva a Farinacci numerosi estimatori e imitatori nel Paese («le responsabilità che gravano sul nostro fascismo cremonese sono tanto più gravi quanto più alto è il posto che esso occupa nel fascismo nazionale»): lo

---

[346] G. BOTTAI, *La polemica post-elettorale sulla "normalizzazione"*, «Il Corriere italiano», 2 maggio 1924.

[347] C. SUCKERT, *Revisionismo e normalizzazione*, «Il Corriere italiano», 15 maggio 1924.

[348] R. FARINACCI, *Virando di bordo* e R. FARINACCI, *Il dovere dell'obbedienza*, «Cremona Nuova», 17 e 20 maggio 1924.

[349] Cfr. «Cremona Nuova», 20 maggio 1924. Qualche contrasto, legato forse a delusioni personali, si ebbe con i Balestreri, tanto che Cesare si dimise da comandante circondariale e il medico Camillo da comandante di settore (cfr. *Le importanti deliberazioni del Direttorio federale*, «Cremona Nuova», 3 giugno 1924). Ma il "vecio", ancora stimato numero due del fascismo cremonese, non si allontanò dall'amico Farinacci, del quale ascoltò i consigli, e tornò poi al suo posto. La frattura, comunque, aveva anche spessore politico, legato al controllo che il Partito avrebbe dovuto esercitare sugli eletti e sulle istituzioni, tanto che costrinse Farinacci ad alcune rilevanti espulsioni (*Altre espulsioni dal Fascio a Cremona*, «Corriere della Sera», 4 maggio 1924).

riconobbe pure Mussolini, che nominò Farinacci membro del Comitato di maggioranza (il tramite tra governo e gruppo parlamentare)[350]. La nomina consentiva al duce di prevenire eventuali mosse che «Farinacci e i suoi compagni della tendenza intransigente» avevano in animo di compiere, proprio per manifestare il disagio nel quale si trovavano nel Pnf: entrare a Montecitorio «con intenzioni risolute che si sarebbero spinte sino a non lasciar parlare i deputati di opposizione»[351]. Con la riforma del regolamento parlamentare, l'incarico di Farinacci era di primo piano, ma lui errò alcune considerazioni sull'opposizione[352], ipotizzando che essa non avrebbe esercitato ormai altro che «una sterile operazione di negazione», rispettosa del «sentimento nazionale»[353], avrebbe accettato il fatto compiuto e permesso la rapida realizzazione del nuovo Stato fascista[354]. In realtà, all'apertura della Camera, tutti si accorsero che così non era; anzi, già nella discussione per l'approvazione delle modifiche al regolamento si ebbero scambi dialettici e scontri tra le parti. Così come vivaci proteste vennero inscenate dai socialisti, avendo i deputati fascisti occupato in gran numero anche i settori di sinistra dell'aula: Farinacci, in quella circostanza, venne allo scontro con Matteotti (entrambi i deputati avevano preso posto sul "cucuzzolo" dell'emiciclo, a sinistra) e fu allontanato a fatica[355]. L'opposizione era viva e non avrebbe consentito al governo di muoversi a piacimento. La seduta del 30 maggio, poi, vide il ripetersi di numerosi incidenti, in occasione della verifica dei poteri e della convalida della lista di maggioranza: Farinacci parlò di un «programma di provocazione e di ostruzionismo» delle opposizioni, che richiedeva fermezza, ma i fascisti, a dispetto delle loro dichiarazioni distensive, trascesero nella rissa e Giunta infiammò i suoi amici sostenendo che non era certo «con apostrofi

---

[350] «Cremona Nuova», 25 e 28 maggio 1924. Nel Comitato c'erano i fascisti Bianchi e Polverelli, il combattente Del Croix, il cattolico nazionale Mattei Gentili, i nazionalisti Acerbo e Paolucci, i democratici Pennavaria e Casertano, il liberale Sarrocchi.

[351] *Ma Farinacci vuol il "gran guignol"*, «Il Popolo», 12 maggio 1924. «L'indipendenza di Farinacci» costituiva «uno dei più interessanti fenomeni scismatici verificatisi dal giorno in cui il fascismo è salito al potere», potenzialmente pericoloso perchè «gli elementi avanzati del fascismo» avevano intenzione di trasferire le polemiche e il confronto programmatico fascista in Parlamento; C. SOBRERO, *Il Governo si disinteressa delle lotte – Il caso Farinacci*, «La Stampa», 11 maggio 1924.

[352] Anche C. SOBRERO, *La portata politica delle modifiche fasciste al Regolamento della Camera*, «La Stampa», 8 maggio 1924.

[353] Opinione largamente dominante nel Pnf; cfr. A. BORELLI, *I vinti, il Governo e il Paese*, «La Nazione», 13-14 aprile 1924 e *La ripresa politica a Camera nuova*, «La Stampa», 13 aprile 1924.

[354] «Cremona Nuova», 29 maggio 1924 e *L'on. Farinacci, le elezioni e i problemi del fascismo*, «Corriere della Sera» 18 aprile 1924.

[355] *Note alla seduta*, «Cremona Nuova», 30 maggio 1924.

rumorose che si poteva mettere a posto quella masnada di uomini»[356]. Sul suo giornale Farinacci lanciò il grido di battaglia contro l'opposizione, «che ostacolava i lavori parlamentari»: bisognava cioè «farla finita, affrontare radicalmente la questione senza menomamente preoccuparci delle conseguenze», perché «se l'on. Matteotti avesse qualche volta subito gli effetti di certi sistemi che egli attribuisce al fascismo, sicuramente [avrebbe] tenuto ben altro contegno»[357]. Ma il problema non era certo di «ordine pubblico», come immaginava Farinacci, bensì all'essenza di quella che si continuava a definire rivoluzione fascista ma che ancora non si scorgeva compiutamente, se non nei suoi effetti deteriori[358]. Le questioni poste da Colonna di Cesarò, Gronchi, Modigliani, Matteotti e Amendola (gli ultimi due avevano, a dispetto di quanto sostenuto, anche provato, proprio sulla loro pelle, i "sistemi" fascisti...) avevano fatto fibrillare la maggioranza e scatenato gli intransigenti non tanto per le ipotetiche gravi conseguenze politiche da esse avanzate, ma avevano mostrato che la rivoluzione fascista («il fatto compiuto», comunque indecifrabile) non era stato riconosciuto, né passivamente accolto[359]. Interprete di questo stato d'animo di scontro con le opposizioni si fece Farinacci, e le sue parole, che in quel momento rivestivano l'ufficialità della posizione nel Pnf, andarono dritte al sodo allorquando alla Camera chiese al governo l'adozione di provvedimenti rivoluzionari: «il nostro programma è la statizzazione del fascismo. Il fascismo, più che partito, è Nazione e la difesa del sentimento nazionale deve essere esercitata dallo Stato. Chiedeteci provvedimenti energici: noi ve li concederemo! [...] Oltre alla statizzazione del fascismo bisogna statizzare il sindacalismo, per togliere così ogni attività e ogni speranza agli avversari. Non più i partiti, ma lo Stato deve regolare i rapporti fra datori di lavoro e lavoratori»[360]. Le contestazioni elettorali era-

---

[356] ATTI DEL PARLAMENTO ITALIANO, *Camera dei Deputati. Discussioni,* XXVII *legislatura*, vol. I, Roma, 1925, pp. 65-67.

[357] R. FARINACCI, *Bisogna farla finita*, «Cremona Nuova», 1° giugno 1924.

[358] Per Sobrero era in atto un crescente allontanamento tra due grosse e inconciliabili tendenze della maggioranza (come nel caso della votazione per Rocco alla Presidenza della Camera), una «remissiva ed equilibrata che faceva capo al presidente del Consiglio, e una irruente e aggressiva, residuo dello squadrismo»; C. SOBRERO, *Dall'invettiva al pugilato*, «La Stampa», 31 maggio 1924.

[359] *Discorsi di maggioranza*, «Il Popolo», 5 giugno 1924.

[360] L'inaugurazione della legislatura aveva convinto ancor più Farinacci a proclamare che «non è possibile spostarci di un millimetro da quel cammino [la tattica intransigente] che ci siamo segnato e che fedelmente abbiamo percorso. Molti fascisti volevano regolare i rapporti nostri con tutta la variopinta opposizione con della retorica e con della filosofia. Alla tesi dei nostri compagni di fede si associava una certa massa grigia e una certa stampa pacifista ad ogni condizione. Ma [la normalità] soltanto si può raggiungere quando tutti gli avversari avranno accettato il fatto compiuto»; *Parla l'on. Farinacci*, «Cremona Nuova», 4 giugno 1924.

no basate su elementi irrilevanti e, comunque, non ne avrebbero inficiato il risultato, per cui, avvertiva, «la maggioranza ha i suoi diritti: non potremmo accontentarci della semplice cazzottatura; chiuderemo gli occhi e succeda quel che succeda»[361]. E ciò mentre la stampa intransigente fascista soffiava sul fuoco e metteva in risalto che l'opposizione «non disarmava, ma mentiva e provocava» e che era quindi diritto del fascismo ricorrere alle maniere forti[362]. Nonostante i toni molto accesi, l'opposizione, coi popolari e gli unitari che minacciarono l'abbandono della Camera[363], non rimase impressionata da Farinacci, il cui discorso venne anzi giudicato indicativo della difficoltà del fascismo, stretto fra esigenze di maggioranza, di governo e insofferenze squadristiche[364].

Il 7 giugno, tuttavia, Mussolini pronunciò alla Camera un discorso moderato e aperto a ipotesi di collaborazione verso i riformisti[365], rifuggì lo scontro per stemperare il clima politico e le tensioni degli animi, onde governare tradizionalmente, tanto da ottenere per il suo esecutivo la prevedibile larga maggioranza. La situazione parlamentare parve avviarsi verso una certa tranquillità e la politica procedere, stabilizzandosi quel «fatto compiuto», alla normalizzazione: Mussolini, se aveva precluso qualsiasi possibilità per l'opposizione a una eventuale riscossa, aveva offerto la smobilitazione degli animi e la critica a parte della sua stessa maggioranza, non reputata in tutte le sue componenti «utile all'avvenire d'Italia»[366]. Ma era davvero così, oppure, si chiedevano alcuni giornalisti, si trattava di un'altra accelerata di Mussolini per svincolarsi dal compromesso che dall'ottobre '22 aveva ridotto le velleità rivoluzionarie del fascismo[367]? Del resto l'opposizione maturata alla Camera «metteva a nudo l'alleanza governativa, un po' sincera e un po' coatta, l'instabilità del compromesso istituzionale perseguito dal fasci-

[361] *La discussione sul discorso della Corona alla Camera*, «Il Popolo», 5 giugno 1924. Nella polemica, Farinacci ebbe più volte il sopravvento, pur palesando limiti di esperienza e di cultura, sugli avversari; allorquando Lussu gli chiese provocatoriamente a nome di chi parlasse per sostenere quelle severe minacce, Farinacci rammentò il consenso che aveva dietro di sé e di parlare «a nome di un diffuso stato d'animo del fascismo che se ha una colpa, ha quella di essere stato longanime con me».

[362] Cfr. «L'Intrepido», 2 giugno 1924, «La Scure», 6 giugno 1924 e «Cremona Nuova», 5, 6 e 8 giugno 1924.

[363] «La Stampa», 4 giugno 1924.

[364] Farinacci esasperò la dialettica con l'opposizione, fino a disturbare e interrompere tutti gli oratori di minoranza, nell'intera prima sessione; cfr. *Atti del Parlamento italiano, Camera dei Deputati. Discussioni, XXVII legislatura*, vol. I, cit., pp. 65-320.

[365] B. Mussolini, *Opera omnia* (a cura di E. e D. Susmel), volume XX, La Fenice, Firenze, 1951-1963, p. 307 e sgg.

[366] M. Maffii, *La parola dell'apportatore di vita*, «La Nazione», 7-8 giugno 1924.

[367] C. Sobrero, *Le frustate e l'appello*, «La Stampa», 8 giugno 1924.

smo moderato, metà sistema rappresentativo e metà cesarismo»[368], e paradossalmente favoriva un rafforzamento proprio del fascismo intransigente, l'unica voce che sostenesse lo scontro risolutivo con quel compromesso e con quella opposizione.

Cinque giorni dopo, il 10 giugno, Matteotti venne rapito e ucciso da alcuni sicari fascisti; in pochi giorni la situazione politica cambiò radicalmente[369]. Colpito a freddo, Mussolini vacillò e certo capì il monito dell'amico cremonese: «quando domani, Dio ce ne liberi, ci dovessimo trovare a qualche svolta pericolosa, ricordati che potrai contare soltanto su coloro che ti seguirono quando il fascismo non sognava né portafogli né onori, ma che aveva davanti a sé il carcere e la morte»[370]...

---

[368] M. CANALI, *Il delitto Matteotti. Affarismo e politica nel primo governo Mussolini*, il Mulino, Bologna, 1997, p. 420.

[369] R. DE FELICE, *Mussolini il fascista. I. La conquista del potere*, cit., p. 618.

[370] R. Farinacci a B. Mussolini, Cremona 4 agosto 1923, in ACS, SPD, C/R, b. 42, fasc. *Farinacci*.

III

IL «GRANDE SEGRETARIO»

Il fascismo intransigente non ebbe alcuna parte nel rapimento e nell'uccisione del segretario del Psu, come manovra per condizionare la politica, pur a discapito dell'oltranzismo, di Mussolini; furono invece i normalizzatori dell'*entourage* della Presidenza del Consiglio ad averne la responsabilità, quali esecutori di trame che finivano per far capo, come dimostrato, allo stesso Mussolini[1]. Non che il delitto fosse estraneo alla mentalità e al *modus operandi* dell'intransigentismo e di Farinacci (secondo il quale Matteotti era sparito proprio per tema di rappresaglie a suo danno[2]), ma certo, nell'ipotesi di qualche responsabilità, questi non si sarebbe tirato indietro, rivendicando invece a merito del fascismo l'intervento contro un «accanito e provocante» oppositore. Già Farinacci aveva minacciato alla Camera che era sempre più difficile, di fronte all'irriducibile atteggiamento dell'antifascismo che «non disarmava», tenere a freno lo squadrismo[3], e per questo fu il primo (e per qualche tempo l'unico) esponente di primo piano del fascismo che non si scompose di fronte al precipitare degli eventi e alla gravissima crisi che attraversò Mussolini e il suo governo. Per Farinacci il delitto riduceva i margini del dilemma decisivo, già avanzato all'inaugurazione della legislatura: «o trionfa il programma di convivenza e di buona fede fra le forze politiche, o il fascismo anziché disarmare dovrà maggiormente mobilitare»[4]. Era convinto della estraneità di Mussolini (ma, in fin dei conti, poco gli sarebbe importato anche del contrario, perché considerava appunto quel delitto un fatto rivoluzionario) e non esitò a scaricare tutta la colpa, passato il primo momento[5], sui "normalizzatori" (Ros-

---

[1] In proposito, ovviamente, M. CANALI, *Il delitto Matteotti*, cit., pp. 425-437.

[2] *La scomparsa dell'on. Matteotti*, «Cremona Nuova», 13 giugno 1924.

[3] R. FARINACCI, *Commenti alla seduta*, «Cremona Nuova», 12 giugno 1924.

[4] R. FARINACCI, *Deploriamo avvertendo*, «Cremona Nuova», 14 giugno 1924.

[5] Farinacci sostenne invero una tesi piuttosto ardita, ripresa poi al processo di Chieti (cfr. R. FARINACCI, *In difesa di Dumini*, Roma, 1945), che il delitto fosse nato da una intesa "trasversale" antifascista e massonica, tra Luigi Campolonghi, De Ambris e Rossi, tesi che non ebbe poi oggettivi riscontri (R. DE FELICE, *Mussolini il fascista. I. La conquista del potere, 1921-1925*, cit., p. 621).

si, Marinelli, Finzi, Filippelli)[6]. Mentre la stampa italiana, dal 13 giugno, cominciò a dare massimo spazio alla vicenda pronosticando «grosse sorprese» nonché «immancabili contraccolpi politici» e l'opinione pubblica ebbe un sussulto di eccitazione[7], Mussolini vacillò alquanto e fu sul punto di cadere. La maggioranza parlamentare si assottigliò non poco (l'esercizio provvisorio venne approvato con 278 voti favorevoli e all'ultima riunione di maggioranza erano assenti ben 45 deputati[8]) e le defezioni, le prese di distanza, gli abbandoni, non soltanto nel campo fiancheggiatore ma pure nel Pnf, si susseguirono con evidenza. La questione morale («fare giustizia significa mettere sotto processo tutto il regime»[9]) sollevata dalle opposizioni parve avere il sopravvento, di fronte a una incapacità propositiva che aveva investito il Pnf, il governo e, soprattutto, Mussolini, il quale approfittò pure della prevista chiusura estiva della Camera, con l'approvazione dell'esercizio provvisorio, il 13 giugno. Bene Farinacci avrebbe ricordato a Mussolini le cose, a pericolo scampato: «Solo, dico solo, ti ripeto, solo, ero al tuo fianco in quelle indimenticabili giornate di Palazzo Chigi, quando io, per alleviare la pressione avversaria su di te, incominciai a strepitare contro tutto e contro tutti, sì da riuscire nell'intento: quello di attirare su di me tutti gli odi e tutte le minacce. I pavidi, i senza fede, gli opportunisti del fascismo si schierarono contro di me; essi furono allora vinti»[10]. E in quelle ore Barbiellini portava a Piacenza i piccoli figli del duce[11], mentre Farinacci e Arpinati rianimavano il capo[12], piuttosto incerto se ab-

[6] Farinacci disse di essere stato anch'egli oggetto di rappresaglia da parte di Rossi: «Gli arrestati e i colpiti da mandato di cattura sostenevano la tesi opposta alla nostra, erano al servizio di certi legalitari che per poco, nell'ottobre dell'anno scorso quando combattevamo Massimo Rocca, i suoi sostenitori ed il "Corriere Italiano" avrebbero fatto fare a noi la fine di Matteotti»; R. FARINACCI, *Finiamola "però" di speculare*, «Cremona Nuova», 17 giugno 1924.

[7] Cfr., in proposito, «La Stampa» e «Corriere della Sera», 14 e 15 giugno 1924.

[8] *La maggioranza parlamentare approva unanime il programma dell'on. Mussolini*, «Cremona Nuova», 26 giugno 1924.

[9] «Avanti!», 19 giugno 1924.

[10] R. Farinacci a B. Mussolini, Cremona 8 luglio 1926, in ACS, SPD, C/R, b. 41, fasc. *Farinacci*. Quindici anni dopo quell'episodio, c'era ancora chi ricordava come Farinacci «fosse stato il solo uomo che avesse visto il terrore del duce, dopo il delitto Matteotti, e che solo [lui] avesse salvato il fascismo, perché Mussolini era caduto in tale stato di prostrazione da non poterlo più salvare»; Milano, 2 febbraio 1939, in ACS, MI, PPFP, categoria A, b. 32, fasc. *Farinacci*.

[11] F. MOLINARI, *Bernardo Barbiellini Amidei, il fascista del dissenso (1896-1940)*, Queriniana, Piacenza, 1982, p. 34 e 118.

[12] La "leggenda" vuole che i due camerati si siano mostrati davvero duri con un affranto e impaurito Mussolini, per scuoterlo dalla apatia: «Fu detto in quei giorni [13-15 giugno 1923] che Mussolini aveva già fatto preparare, per fuggire, un aeroplano al campo di Fiumicino, dove sarebbe stato raggiunto e fermato da Farinacci e Arpinati i quali gli ingiunsero di ritornare a Roma e di "puntare i piedi"»; A. SCHIAVI, *La vita e l'opera di Giacomo Matteotti*, Opere Nuove, Roma, 1957, p. 180.

bandonare il campo, e anch'egli oggetto di possibili rappresaglie[13]. Circolò a lungo, pure in anni successivi, la voce secondo cui Mussolini avesse davvero avuto l'intenzione di ritirarsi dalla vita politica, ma che ne fosse stato dissuaso dall'atteggiamento risoluto di Farinacci[14]. In effetti questi non aveva certo perso l'iniziativa, e subito ammonì che il fascismo («che noi sentiamo di rappresentare») rimaneva vigile e disciplinato, senza abbandonare di un millimetro le posizioni conquistate («è illusione credere di poter, dopo il fattaccio di Roma, menomare la nostra forza e condannare la nostra tendenza»)[15], pronto a difendere «i diritti della rivoluzione» con una definitiva seconda ondata[16].

Ad un'opposizione che faceva fronte comune, con l'astensione dai lavori parlamentari e la richiesta delle dimissioni del governo, dello scioglimento della Milizia e della Camera e nuove consultazioni elettorali con la proporzionale, l'intransigentismo rispose subito che non sarebbe rimasto passivo, ma avrebbe reagito sino alla guerra civile[17]; del resto ciò che maggiormente temeva Farinacci era proprio l'opposto, cioè una sorta di "unità nazionale" o un comune fronte moderato che sganciasse Mussolini dall'ala rivoluzionaria del fascismo[18]. Il deputato cremonese cercò allora di schierare il Pnf (al cui vertice si era avuta la nomina di un nuovo direttorio, di undici persone ma nel quale Farinacci giocava un ruolo primario[19]) a difesa di Mussolini e del suo governo («prima di colpire il Duce bisogna fare i conti con noi», titolava «Cremona Nuova»), in attesa del momento propizio per sconfiggere il fronte antifascista e sciogliere quel "compromesso" politico-istituzionale che non aveva permesso il completamento della rivoluzione. Se la ripresa governativa parve stentare non poco e Mussolini affidò il Dicastero dell'Interno all'ex nazionalista Federzoni, diversamente la mobilitazione fascista impressionò: a Bologna, il 22, si ebbe una grande manifestazione, con un concentramento di 30 mila camicie nere e 80 mila cittadini: lo zoccolo duro su cui poteva contare il fascismo era più ampio di

[13] R. De Felice, *Mussolini il rivoluzionario. I. La conquista del potere, 1921-1925*, cit., p. 635.

[14] Cfr. G. Leto, *Ovra. Fascismo – antifascismo*, Cappelli, Bologna, 1952, p. 17.

[15] R. Farinacci, *Finiamola "però" di speculare*, «Cremona Nuova», 17 giugno 1924.

[16] R. Farinacci, *Ultimo sforzo* e R. Farinacci, *Nessuna rinuncia*, «Cremona Nuova», 21 e 26 giugno 1924.

[17] R. Farinacci, *Attenti ai mali passi*, «Cremona Nuova», 19 giugno 1924.

[18] Ai primi del '25, a "pericolo" ormai scampato, Farinacci non avrebbe esitato a confessare l'errore delle opposizioni, perché se esse «avessero seguito un'altra tattica e tentato di "strapparci", quasi, Mussolini, per dividere il fascismo, in modo di disgregarlo, avrebbero senza dubbio ottenuto quello che volevano»; *Parla l'on. Farinacci*, «Cremona Nuova», 17 febbraio 1925.

[19] «Il Popolo d'Italia», 16 giugno 1924.

quanto lo stesso Mussolini pensasse (e qualcuno iniziò a chiedere conto: «il fascismo della periferia si è guadagnato ancora una volta il diritto di dire la sua parola...»[20]): se il fascismo fosse stato «accerchiato e impedito nei suoi movimenti, a viva forza – scriveva Farinacci – dovremmo spezzare il cerchio»[21]. A Bologna Farinacci invitò l'opposizione ad accettare la pacificazione e la normalizzazione proposte dal governo o il fascismo avrebbe condotto una feroce lotta a oltranza[22]; sebbene Grandi, in chiusura del suo comizio, avesse sostenuto la necessità di epurare il Pnf e di contenere la sua attività insurrezionale affinché smettesse di essere «fazione irresponsabile accampata ai margini dello Stato, per sovrapporsi a esso e sistematicamente ricattarlo con la violenza», ben maggiore successo ottennero i discorsi di Balbo («il fascismo è un'idea, non soltanto un uomo...») e, soprattutto, di Farinacci[23], che venne portato in trionfo dagli squadristi per le vie della città, col grido «viva Farinacci, cavaliere senza macchia e senza paura» salito più volte a coprire la voce dell'oratore[24]. La sua già notevole popolarità divenne oggetto, ovviamente, di reiterati attacchi dell'antifascismo[25], il quale individuò, coi suoi organi di stampa, proprio nel deputato di Cremona uno degli ostacoli maggiori all'abbattimento di Mussolini (Gobetti ammonì che Mussolini doveva parte del consenso alla sua ambiguità, ma la sua forza a Farinacci e a quanto egli rappresentava[26]).

Dopo i primi momenti apparve chiaro che il fascismo che contava e laddove contava, non si era affatto sbandato, ma anzi mostrava chiari segni di insofferenza per la situazione[27]: alcuni estremisti avrebbero persino voluto scatenare subito una violenta controffensiva, per impedire una involuzione costituzionale del governo, ma Farinacci frenò tali eccessi, ritenuti nel momento velleitari e controproducenti; ma certo quella opzione non rimase solo sulla carta e i propositi di accantonare eventualmente lo stesso Mussolini balenarono ancora a lungo tra alcuni leader estremisti (Farinacci non avrebbe mancato di ricordare al duce

---

[20] A. MELCHIORI, *A una svolta della storia*, «Cremona Nuova», 21 giugno 1924.

[21] R. FARINACCI, *Noi siamo i misteriosi*, «Cremona Nuova», 22 giugno 1924.

[22] ACS, MI, PS, 1924, b. 78.

[23] «Il Popolo d'Italia», 24 giugno 1924, che non poté esimersi dal rammentare il «vero trionfo» tributato a Farinacci.

[24] *La grandiosa adunata fascista di domenica a Bologna*, «Cremona Nuova», 24 giugno 1924.

[25] Particolarmente virulento contro Farinacci fu un nuovo quotidiano, «Il Sereno» («una delle cause della odierna situazione politica [risiede] soprattutto nella improvvisazione giovanile e incompetente di molte parti della struttura rivoluzionaria»; cfr. «Il Sereno», 23 giugno 1923), giornale che guarda caso riceveva finanziamenti dalla Presidenza del Consiglio...

[26] Cfr. «La Rivoluzione liberale», 15 aprile 1924.

[27] C. ROSSI, *Trentatré vicende mussoliniane*, cit., p. 215.

la sua opera in senso opposto: «quando altri a Bologna volevano convincere molti dirigenti delle province ad abbandonarti e a dar vita ad un nuovo movimento...»)[28]. Gli organi di stampa filogovernativi, tra l'altro (come «Il Giornale d'Italia o «la Tribuna»), erano già ampiamente allarmati e contrari ad atteggiamenti provocatori dell'estremismo fascista[29], e quelli indipendenti cercavano persino di rifuggire le posizioni sostenute da Farinacci («egli potrebbe essere inteso come un caso di alienazione mentale semplice», scrivevano)[30], per non parlare di quelli di opposizione, che appuntavano contro Farinacci le maggiori ire polemiche, per evidenziare che se egli poteva parlare con quel tono incitante alla rivolta armata contro i poteri stessi dello Stato, significava che l'autorità di Mussolini era venuta meno sul fascismo[31]. Ma nell'ottica degli intransigenti il pericolo della costituzionalizzazione appariva ancor peggiore di quello del variegato antifascismo, in considerazione che Mussolini effettuò un rimpasto con la nomina di quattro nuovi ministri di estrazione liberale, ex nazionalista e popolare e di quattordici sottosegretari, per la maggior parte moderati e fiancheggiatori[32], quasi a confermare che il fascismo avrebbe dovuto rapidamente evolversi in senso costituzionale, come appunto affermavano i fiancheggiatori, pena la sua scomparsa[33]. Farinacci non tardò a sottolineare il fatto come un arresto alle rivendicazioni dell'estremismo, ricordò che occorreva invece prendere un'altra strada (perché «la normalizzazione non si patteggia, ma è lo Stato forte che la impone») e dare subito un «contenuto legislativo ai diritti della rivoluzione», onde definire meglio i «confini del nuovo regime fascista»[34]. Tali «settarie e violente posizioni» sgomentavano i settori fascisti moderati, costituzionali, che tuttavia riconoscevano essere di una «corrente che nel fascismo innegabilmente esisteva» e aveva notevole spazio[35]. Era evidente che gli appelli della destra libe-

---

[28] R. Farinacci a B. Mussolini, Cremona 8 luglio 1926, cit.

[29] «Le rivoluzioni sono possibili soltanto quando il paese acconsente o per lo meno è assente [...]. L'on. Mussolini deve garantire una nuova disciplina, quella del diritto»; cfr. «La Tribuna», 23 giugno 1924.

[30] Cfr. «Il Mattino», 18 luglio 1924.

[31] Cfr., in tal senso, «Il Mondo» e «Il Popolo», 25 e 26 giugno 1924.

[32] Per tutto, cfr. R. De Felice, *Mussolini il fascista. I. La conquista del potere, 1921-1925*, cit., p. 654-655.

[33] C. Sobrero, *Mussolini e la situazione* e C. Sobrero, *La "normalizzazione" e il rimpasto*, «La Stampa», 19 e 25 giugno 1924.

[34] R. Farinacci, *Bisogna colpire nel segno*, «Cremona Nuova», 3 e 8 luglio 1924 e *Il rimpasto*, «L'Impero», 5 luglio 1924.

[35] In questo senso l'on. Pietro Gorgoglini (ma anche altri revisionisti "storici" la pensavano così): per normalizzare la situazione occorreva giungere in breve al disarmo militare del fascismo, perché il linguaggio focoso del leader dell'intransigenza, spesso trascendeva e non giovava affatto al governo; cfr. *Corrente fascista contro l'estremismo*, «Corriere della Sera», 19 luglio 1924.

rale al fascismo affinché isolasse Farinacci e la sua tendenza non potevano essere ascoltati[36], proprio perché questi rappresentava, notava «L'Impero», «il fascismo tutto, il fascismo che conta: chiederne il silenzio è chiedere la smobilitazione completa del fascismo. Farinacci non ha con sé solo il fascismo cremonese, ma ha il fascismo tutto»[37]. Bastianini (e altri come lui) riconobbe che «Farinacci era l'espressione genuina del fascismo» e che «impersonava tutto lo squadrismo»; i vertici della Mvsn (Galbiati e Tarabella) gli esprimevano congratulazioni per avere «interpretato bene il nostro pensiero e dichiarata la nostra fede»[38]; per Gray solo il ras cremonese dava la garanzia che «il Partito tenesse il suo posto e la sua linea»[39]. Nella manifestazione di Milano, dove il Pnf mostrò i muscoli facendo sfilare il nerbo dello squadrismo lombardo, Farinacci fece poi la parte del leone e trasformò la curiosità della stampa verso di lui in attenzione[40].

Il fervore nella politica e nella società, comunque, continuò a salire, con all'orizzonte un accordo socialisti-popolari, il ritorno di Giolitti o di Salandra, che godevano dell'appoggio della Corona e degli apparati militari e burocratici dello Stato: «L'opposizione sempre più aggressiva e vivace – ha scritto De Felice – non dava requie a Mussolini e la sua battaglia metteva in crisi sempre più vasti ambienti sino allora vicini al fascismo»[41]. E ciò mentre la tensione degli animi cresceva, l'ordine pubblico peggiorava, le violenze si riaffacciavano nel Paese e la stampa invitava liberali e fiancheggiatori ad assumere posizione attiva, fidando che la seconda ondata farinacciana della rivoluzione («se pure una tale rivoluzione c'è stata mai...») fosse là da venire[42].

L'intransigentismo cercò di rovesciare tale tendenza in atto e propose una piattaforma programmatica (ideologica e pratica) sufficientemente solida da perseguire; una serie di nuovi periodici radicali, come «La Conquista dello Stato» o «Il Selvaggio» (tra l'altro sostenuti da Balbo), dai contenuti ideologici non privi di interesse e significato, andò a imporsi con richieste di maggior potere al fascismo della provincia, di rottura con il sistema parlamentare e la legalità costituzionale, di aperta critica verso Mussolini e il governo, al punto da sopravanzare netta-

---

[36] Cfr. «Il Giornale d'Italia», 13 e 15 luglio 1924.

[37] «L'Impero», 15 luglio 1924.

[38] Per tutto, cfr. «Cremona Nuova», 6 e 8 luglio 1924.

[39] E. M. Gray a R. Farinacci, Novara 22 dicembre 1925, in Acs, Frf, b. 25, fasc. *Gray*.

[40] Cfr. «Corriere della Sera» e «Il Popolo d'Italia», 15 luglio 1924; tra i 110 mila fascisti presenti, fecero maggiore impressione le colonne cremonesi (guidate da Balestreri e Mori), giunte a Milano con tre treni (Farinacci preferì portare solo il nerbo dello squadrismo, ché altrimenti avrebbe dovuto impiegare dieci treni, confessò agli increduli).

[41] R. De Felice, *Mussolini il fascista. I. La conquista del potere, 1921-1925*, cit., p. 659.

[42] Per tutto, cfr. *Responsabilità decisive*, «La Stampa», 13 luglio 1924.

mente le voci revisioniste o moderate, tese a respingere il concetto della rivoluzione – come scriveva Bottai – «delle armi e del sangue». Le federazioni del Pnf erano nella loro maggioranza schierate a favore dell'intransigenza, e non poche di esse si premurarono di rendere esplicita al duce la loro posizione, mentre le manifestazioni fasciste (che tenevano saldamente la piazza) si chiudevano con critiche a Mussolini («debole e inetto») e aperto plauso a Farinacci, la cui prosa ammoniva:

> Giornali avversari e anche giornali filofascisti attribuiscono esclusivamente a noi la responsabilità della mancata normalizzazione. E fra le righe dei loro articoli anche gli on. Ponzio di San Sebastiano, Viola e Bottai rivelano una certa solidarietà con gli avversari contro di noi. [...] Noi, insieme al Duce, abbiamo creato il fascismo, gli abbiamo dato un programma, gli abbiamo dato un contenuto rivoluzionario; non dovrebbe dunque sembrare strano se noi continuiamo a battere quella via che ci siamo tracciata nel 1919 e che abbiamo voluto sgombrare da ogni ostacolo. [...] Perché noi non abbiamo voluto credere alla possibilità della normalizzazione? Anzitutto per una ragione di principio: con uno Stato forte la normalizzazione non si patteggia, ma si impone. In secondo luogo perché gli avversari vogliono raggiungere la normalizzazione colpendo l'attuale regime. È possibile che il fascismo, che noi sentiamo di interpretare fedelmente disarmi quando i comunisti minacciano le centurie rosse e don Sturzo e Turati un governo social-popolare? È possibile che il fascismo, il quale ha fatto una rivoluzione, possa permettere che al governo vadano quegli uomini che sono i veri responsabili del disordine degli anni passati? Noi rimaniamo nel nostro pessimistico convincimento. Né ci preoccuperemmo se elementi fiancheggiatori dovessero abbandonarci; essi ci renderebbero più agili nei nostri movimenti e ci permetterebbero di seguire con più efficaci risultati una linea di assoluta intransigenza. [...] In ogni modo noi affronteremo la situazione tale e quale ci si presenterà. Siamo arbitri della situazione parlamentare. Con un gruppo parlamentare come il nostro potremmo rimanere egualmente despoti della situazione. Ma, ammesso sia pure per un solo istante, l'ipotesi che rimanessimo minoranza al parlamento, non cederemmo il potere a nessuno, perché abbiamo la certezza che la maggioranza del Paese è con noi[43].

Se potevano non esserci dubbi sul fatto che il fascismo controllasse la piazza e mobilitasse notevoli strati sociali, al contrario la maggioranza dell'opinione pubblica, in particolare la «massa neutra», pareva orientata in direzione opposta a quella presunta da Farinacci. Il governo, infatti, aveva percepito che il consenso popolare era calato e stava calando, come informavano i dettagliati rapporti della Mvsn (secondo cui in non poche zone del paese l'attività dei partiti di opposizione si era intensificata e, di contro, si assisteva a "cedimenti" e divisioni nel cam-

---

[43] Cfr., ACS, MI, PS, 1924, b. 78, R. FARINACCI, *Proprio come volevamo*, «Cremona Nuova», 18 luglio 1924.

po fascista)[44], come testimoniavano i dati relativi alla tiratura e vendita dei quotidiani nazionali. Le cifre relative ai giornali di opposizione erano in crescita, stabili quelle della stampa fiancheggiatrice e in diminuzione, invece, i dati delle vendite dei quotidiani fascisti, incluso il mussoliniano «Il Popolo d'Italia»[45]. Ciò accadeva un po' ovunque, ma era soprattutto nelle maggiori città, Milano, Torino, Genova, Firenze, dove la diffusione della stampa di opposizione (in particolare quella costituzionale) superava abbondantemente quella fascista[46]. Le tirature dei quotidiani provinciali fascisti, laddove esistevano, erano inoltre piuttosto contenute, non raggiungendo le 10 mila copie, con la sola eccezione per il giornale di Farinacci, la cui tiratura era data in crescita[47]. Federzoni, il 7 luglio, ordinò all'ufficio stampa del Ministero dell'Interno una capillare rassegna sulla tiratura e vendita di ogni quotidiano e periodico, locale e nazionale delle varie gradazioni politiche, onde avere un quadro esatto del rapporto militanti/simpatizzanti dei vari partiti politici e sull'opinione pubblica in generale. Le relazioni prefettizie confermarono la tendenza di un massiccio spostamento dell'opinione pubblica verso una opposizione costituzionale, e pure il caso di Cremona dette risultati interlocutori: a Crema di fronte alle 720 copie dei giornali dell'opposizione costituzionale (soprattutto il «Corriere»), delle 120 dei tre quotidiani della sinistra e 50 dei giornali popolari, le copie delle testate fasciste erano solo 150, e il sottoprefetto non poté tacere che i popolari erano «molti di più», sebbene ancora mimetizzati nella massa anonima, perché «ancora il primo partito della città. I socialisti, meno i comunisti, furono sempre fortissimi perché al tempo del bolscevismo conquistarono il collegio e naturalmente le conversioni non furono molte né sincere»[48]. Se a Casalmaggiore non entravano copie dei "gior-

---

[44] In proposito i rapporti della Prefettura di Vicenza, Taranto, Lecce, Alessandria, in ACS, MI, PS, 1924, b. 73, fasc. Mvsn, *Rapporti sulla situazione politica*. Farinacci percepiva particolarmente insidiosa la possibile ripresa del popolarismo, pure in alcune zone della Lombardia, dove il fascismo segnava il passo e «la situazione era criticissima»; cfr. Il prefetto al Ministero dell'Interno, Milano 3 novembre 1924. La situazione era valutata in modo pessimistico dall'Ufficio politico della Mvsn, secondo cui il quadro generale andava «notevolmente peggiorando»; il Comando VII Zona Mvsn al Ministero dell'Interno, Bologna 5 settembre 1924, *ibidem*.

[45] Cfr. ACS, MI, Gabinetto Finzi, b. 11, fasc. *Giornali*; MI, Telegrammi Ufficio Cifra [TUC], *In Arrivo*, Milano 29 luglio 1924 e Presidenza del Consiglio dei Ministri [PCM], Gabinetto, f. 3. 17. 3385.

[46] Per tutto, cfr. ACS, TUC, *In Arrivo*, I prefetti di Firenze, Venezia, Bari, Torino, Trieste, 29 luglio 1924 e Genova, 2 ottobre 1924.

[47] Intervista concessa da Farinacci a «Il Giornale d'Italia», 14 febbraio 1925. Per la diffusione delle testate fasciste, cfr. il rapporto dell'ufficio stampa del Pnf, Roma 16 maggio 1925, in BNB, FRF, b. 62, fasc. *Segreteria Pnf, riservate*.

[48] Il sottoprefetto al prefetto di Cremona, Crema 18 luglio 1924, in ASCR, AP, *Gabinetto*, b. 9.

nali sovversivi", certo le vendite del «Corriere» (oltre 400) superavano abbondantemente le 60 de «Il Popolo d'Italia» e nel mandamento di Soresina l'«Avanti!» vendeva le stesse copie del giornale di Farinacci (170-180)[49]. Anche nel capoluogo la vendita dei quotidiani di opposizione mostrava che l'opinione pubblica era tutt'altro che favorevole al governo e, soprattutto, al fascismo: le 3.000 copie vendute da «Cremona Nuova» (i cui abbonamenti non superavano ancora le 3.500 copie) pareggiavano quelle del «Corriere», mentre la vendita del resto della stampa liberal-democratica superava nettamente quella fascista e la stampa "sovversiva" riusciva ancora a diffondere quasi 2.000 copie. Il fascismo, tuttavia, controllava in maniera ferrea la situazione politica della provincia, e la pressione che esercitava su tutta la vita sociale ed economica era tale che, scriveva il prefetto, nessuna «propaganda a mezzo della stampa pote[va] gran che valere a modificarla»[50]. A livello locale Farinacci, per la maniera con cui aveva gestito i gravi avvenimenti, si era attirato di nuovo simpatie tra gli ex espulsi, mentre aveva invece acuito le distanze con alcuni dissidenti moderati, cui andarono ad aggiungersi alcuni revisionisti che, nel Partito, avevano preso posizione contro l'atteggiamento estremista del "capo", e tra questi Mainardi e Francesco Bonetti (soresinesi, che avrebbero avuto poi ruoli importanti negli anni avvenire), i quali premevano per un rinnovamento dei quadri dirigenti della federazione del Pnf[51]. Particolare scalpore destò poi la decisione di assumere nel processo Matteotti la difesa di Dumini, «per sventare le manovre avversarie»[52], in considerazione – sosteneva Farinacci – che la famiglia aveva scelto come patrocinatori di parte civile i deputati socialisti Modigliani e Gonzales e il processo rischiava di diventare politico[53]. Senza indugi Farinacci, approntata una sua "frettolosa" interpretazione del delitto[54], dichiarò:

---

[49] Il sottoprefetto al prefetto di Cremona, Casalmaggiore 13 luglio 1924, *ibidem*.

[50] Il prefetto al Ministero dell'Interno, Cremona 19 luglio 1924, *ibidem*.

[51] Il sottoprefetto al prefetto di Cremona, Crema 9 settembre e 21 novembre 1924, in Acs, Mi, categoria G1, b. 75.

[52] *Un colpo di scena nel processo Matteotti*, «Cremona Nuova», 25 luglio 1924.

[53] Cfr. l'intervista concessa a «L'Impero», 25 luglio 1924; in essa Farinacci riproponeva il suo teorema di una collusione tra elementi dell'antifascismo (Alceste De Ambris e Campolonghi), della massoneria e dello stesso fascismo "deviato" (Rossi) finalizzata a un complotto per abbattere Mussolini e sostituirlo con Rossi. La mossa di Farinacci non venne accolta bene dalla stampa, che sollevò un'ampia polemica sulla questione e parlò di «penosa impressione»; cfr. «La Stampa», «Corriere della Sera» e «La Nazione», 25, 26, 27 e 29 luglio 1924. Il giornale «La Basilicata» venne persino sequestrato a causa dei suoi attacchi contro Farinacci. Ma anche settori del fascismo disapprovarono la mossa, perché le provocazioni di Farinacci avevano finito soltanto per scatenare la «terza ondata antifascista da parte delle opposizioni coalizzate»; così «Il Nuovo Paese», 26 luglio 1924.

[54] I socialisti e gli aventiniani, ovviamente, bollarono quella versione come «frottole di Farinacci» (*Un diversivo caduto miseramente nel vuoto*, «Avanti!», 26 luglio 1924 e *Gli*

Il processo sarà fatto agli imputati all'infuori di ogni inframettenza politica come un qualunque reato comune? Ed allora possiamo essere d'accordo con gli avversari, né può spaventare se noi indosseremo la toga in difesa di Dumini.

Il processo lo si vuol fare al regime e al fascismo? Si abbia il coraggio di dirlo perché con altrettanto coraggio risponderemo: ebbene, accetto! Vorrà dire che se si farà il processo al fascismo, noi lo faremo al partito a cui apparteneva Matteotti; se si farà il processo ai nostri morti, noi lo faremo al morto avversario. Questo però non autorizza in nessun modo gli avversari ad agire contro il regime, perché troverebbero piombo a sufficienza. Il regime può essere solo giudicato e condannato dalla storia e non da quattro gaglioffi che si sono impadroniti di un morto e lo vanno agitando macabramente innanzi alle folle per rifarsi una verità politica e morale. [...] Contro la speculazione sul delitto, contro gli attacchi avversari al regime e al Duce, si avverte diggià una reazione squadrista al grido di "viva Dumini!"[55].

Tutto questo avveniva mentre il distacco tra il Pnf e i fiancheggiatori sembrava vieppiù aumentare, piuttosto che ricomporsi, tanto che, oltre alle molte perplessità emerse in campo liberale, anche tra l'associazionismo reducistico (Amnig e Anc) presero corpo le voci critiche e ostili verso il fascismo e tali da suscitare allarme non tanto in Farinacci (sonoramente fischiato dai congressisti dell'Anc ad Assisi[56]) e nell'intransigentismo (anzi lieto di una chiarificazione nei rapporti con i movimenti fiancheggiatori o organici al fascismo) quanto in Mussolini e nel governo, per i quali i combattenti confermavano anch'essi la tendenza antifascista in atto nel Paese[57]. Nel Pnf, invece, la componente radicale parve avere la meglio in occasione del Consiglio nazionale, da tempo atteso ma sempre rinviato (l'ultima importante assise del partito era stata a Napoli, alla vigilia della marcia), del 2-7 agosto. Mussolini, già in sede di Gran Consiglio, aveva mostrato di optare per la linea intransigente, abbandonando l'impostazione moderata e revisionista, e aveva sostenuto di dover essere anch'egli, in quella situazione, «antinormalizzatore», perché l'opposizione aveva affermato l'eguaglianza normalità-antifascismo, non si trattava più di un problema di normalizzazione, ma di un vero e proprio rapporto di forze tra fascismo e anti-

effetti della manovra del "ras" cremonese. Indignazione popolare e disorientamento fascista, «Il Mondo», 27 luglio 1924) e in effetti, nonostante i tentativi governativi per cercare poi di accreditarla parzialmente anche al processo (costruendo persino ex post documentazione in proposito), finirono col naufragare di fronte alla loro inconsistenza; M. CANALI, *Il delitto Matteotti*, cit., p. 393 e sgg.

[55] R. FARINACCI, *È bene parlarci chiaro*, «Cremona Nuova», 29 luglio 1924.

[56] Lo spirito di Farinacci, «vero dominatore della situazione politica italiana», secondo alcuni oratori, aleggiò durante il Convegno dei combattenti e più volte la platea manifestò espressioni di dissenso contro il cremonese; cfr. «Il Mondo», 30 luglio 1924.

[57] R. DE FELICE, *Mussolini il fascista. I. La conquista del potere, 1921-1925,* cit., p. 660.

fascismo: «se l'antifascismo è normalizzatore, il fascismo non può essere, per ovvie ragioni di vita, che antinormalizzatore»[58]. Era la tesi di Farinacci, il quale in quella circostanza ottenne consensi molto vasti col suo discorso («assoluta intransigenza verso gli antifascisti; rivalutare l'autorità dei capi; manganello a portata di mano; normalizzazione soltanto e puramente fascista; controllo della stampa; togliere la cittadinanza italiana ai profughi politici all'estero; inserire la rivoluzione nello Stato...»[59]), sostanzialmente fatto proprio da Mussolini[60]: il partito mantenne la sua unità (non soltanto formale) e venne deciso lo sviluppo della rivoluzione attraverso la creazione di un nuovo assetto legislativo e costituzionale che immettesse il fascismo nello Stato, nonché venne approvato il nuovo direttorio[61]. Tuttavia Mussolini si era mostrato piuttosto preoccupato di evitare il possibile isolamento del fascismo nel Paese e, soprattutto, lo sfaldamento della maggioranza parlamentare (di cui erano evidenti alcuni accenni), giudicando molto «delicata» la situazione politica. Ma queste eventualità non preoccupavano il meno riflessivo Farinacci, consapevole che dove il fascismo era radicato la sua azione sindacale impediva l'ipotetico distacco dalle masse e che la possibile "diserzione" di membri della maggioranza (da lui già paventata...), oltre a riguardare non più di una settantina di deputati, non avrebbe comunque fatto presagire la sconfitta ma uno scontro durissimo, da "guerra civile"[62]: «il Governo è forte, ammoniva, il Partito è padrone della situazione: ogni debolezza sarebbe delitto!»[63]. Farinacci, forte del suo peso e del ruolo centrale nella Commissione esecutiva (emanazione del Direttorio nazionale) del Pnf[64], riprese a percorrere in lungo e largo

---

[58] PARTITO NAZIONALE FASCISTA, *Il Gran Consiglio nei primi quindici anni dell'Era fascista*, cit., pp. 179-190.

[59] *Il poderoso discorso dell'on. Farinacci*, «Cremona Nuova», 6 agosto 1924.

[60] Si vedano «Il Popolo d'Italia», 6 agosto 1924 e *Il gran successo dell'on. Farinacci*, «Cremona Nuova», 5 agosto 1924.

[61] Farinacci fu tra i primi firmatari dell'odg del Consiglio nazionale, nonché membro del nuovo Direttorio del Pnf, organismo che lui controllava facilmente (infatti ne risultò un *primus inter pares*) essendo stati eletti insieme a lui alcuni suoi amici e sostenitori, come Arpinati, Masi, Melchiori, Cucco, Gray, Barnaba, Colisi Rossi, Bonelli ed anche – infine – gli ex nazionalisti Maraviglia e Forges Davanzati, il cui avvicinamento a Farinacci era stato evidente; «Il Popolo d'Italia» e «Cremona Nuova», 6, 7 e 8 agosto 1924.

[62] R. FARINACCI, *Manifestazione di forza* e R. FARINACCI, *Siamo padroni della situazione,* «Cremona Nuova», 8 e 15 agosto 1924.

[63] R. FARINACCI, *Facciamola veramente finita!*, «Cremona Nuova», 19 agosto 1924.

[64] La Commissione esecutiva era composta da Farinacci e Forges Davanzati (che si occupavano soprattutto delle questioni politiche e del partito), dai deputati Felicioni (all'organizzazione) e Maraviglia (alla stampa e propaganda), e da Barnaba (segreteria amministrativa) e Melchiori (Avanguardie giovanili e Balilla); cfr. «Cremona Nuova», 20 agosto 1924. Secondo la stampa Farinacci era, insieme a Bianchi e Teruzzi, l'esponente che raccoglieva maggiori consensi nel fascismo e il più indicato a ricoprire la carica, se ripristinata, di segretario generale; «L'Impero», 2 agosto 1924.

il Paese (di pari passo con la diffusione del suo quotidiano), per tastare il polso della situazione e prendere quanto più saldamente in mano le redini del partito, riorganizzato intanto secondo le rigide disposizioni sue e di Forges Davanzati[65].

Era stato il «Corriere della Sera», per primo, ad avvertire che occorreva prendere sul serio Farinacci, il cui linguaggio era da tenere sempre nel debito conto per l'autorità che nelle ultime settimane si era vista aumentare anziché diminuire: «i fascisti moderati parlano per proprio conto, Farinacci è l'oratore ufficiale del partito, l'interprete massimo», dietro il quale stava la massa di centinaia di camicie nere, della cui «volontà e passione [egli] si faceva interprete»[66]. In agosto anche il resto della stampa comprese che occorreva «fare i conti», volenti o nolenti, col deputato cremonese: «Il Giornale d'Italia» non tardò a sostenere che nel fascismo (ma pure nella politica governativa[67]) Mussolini era prigioniero di Farinacci (sprezzantemente definito «l'ex facchino ferroviario»), che «personificava tutto il rassismo, violento, sopraffattore e ribelle», e che si era allontanato dalla «coscienza del paese»[68]. Farinacci era descritto come la guardia armata del capitale, acerrimo nemico dei diritti del proletariato alla giustizia sociale, come «l'inferno», per dirla in una parola, ed era definito in quella maniera proprio da quegli avversari, chiosava Mussolini, che appena qualche mese prima lo avevano definito «il più puro e schietto difensore del proletariato nel fascismo, come l'esponente del reducismo proletario, per nulla radicalborghese»[69]. I popolari incalzavano che il presidente del Consiglio era ormai «dichiaratamente fuori dalla Costituzione» perché i codici di Mussolini erano quelli di «Cremona Nuova» e Farinacci era il vero ispiratore della politica fascista[70]; e tutta l'opposizione, non soltanto per irretire Mussolini, definiva Farinacci con l'appellativo di vice-duce, e «Il Mondo» sentenziò che per bocca «dell'Antigrammatico, purtroppo, parlava il Direttorio, il Partito, il Regime e l'Era fascista»[71]. Ma Farinacci parò la manovra di quanti non esitavano a contrap-

---

[65] In proposito, *La circolare alle Federazioni*, «Il Popolo d'Italia», 24 agosto 1924.

[66] Cfr. «Corriere della Sera», 20 luglio 1924, che accusava apertamente Farinacci di «attentare allo Statuto» e alle prerogative della Corona, allorquando poneva «l'assoluta incrollabile ipoteca posta dal fascismo sul Governo».

[67] Cfr. *La tendenza Farinacci nella politica governativa* e *Il Partito fascista con Farinacci*, «La Stampa», 1° e 5 agosto 1924.

[68] Cfr. «Il Giornale d'Italia», 5 e 6 agosto 1924: «Il Consiglio nazionale fascista si è completamente buttato dalla parte dell'on. Farinacci, cioè del rassismo, che è il fenomeno di cui principalmente il paese si lagna».

[69] Y. De Begnac, *Taccuini mussoliniani* (a cura di F. Perfetti), cit., p. 187.

[70] «Il Popolo», 5 ottobre 1924.

[71] *Eloquenza "rassista"*, «Il Mondo», 9 settembre 1924.

porlo al capo[72], e confermò la sua disciplina e obbedienza a Mussolini, riconoscendone pubblicamente la supremazia politica e morale sul fascismo[73]. E anche alle aperte accuse di «ignoranza» sollevategli contro unanimemente dalla stampa di opposizione, Farinacci fece buon viso: la sua «ignoranza» di «cafone di provincia, ex facchino ferroviario, antigrammatico»[74], non gli aveva impedito di vedere giusto e di avviare, lui come molti altri ras, una «profonda opera di ricostruzione in periferia» (nell'amministrazione della cosa pubblica, nel riordino dei rapporti del lavoro), che procedeva autonomamente, svincolata dalle direttive centrali[75]. A dispetto delle accuse di ignoranza e di incapacità, Farinacci pareva inattaccabile da un punto di vista morale, perché era riuscito a laurearsi comunque, con «sforzi e sacrifici», perché conduceva vita proba, perché aveva mantenuta «pura» e inalterata la fede politica, e lontana dai calcoli e dai compromessi, dagli «intrallazzi economici», perché non esitava a proclamarsi squadrista e a difendere i capi locali del Pnf e il rassismo, quale unico «prodotto politico vitale» partorito dal fascismo[76]. Nel Pnf il suo nome guadagnava spazio e in diverse circostanze il direttorio nazionale ipotizzò la creazione di una segreteria, da affidare proprio a lui. Mussolini preferì prendere tempo, rinviando tutto a un congresso nazionale da tenere in maggio, ma certo il dilemma posto da Farinacci anche in Gran Consiglio – «o distruggere gli oppositori o distruggere il fascismo» – pareva ineludibile[77].

---

[72] Si veda, *Mussolini e Farinacci*, «Il Popolo», 15 agosto 1924.

[73] *Farinacci e Mussolini*, «Cremona Nuova», 7 agosto 1924.

[74] Particolarmente feroce, «Il Mondo» polemizzò con toni durissimi contro Farinacci («imboscato e usurpatore di laurea»), sostenendo che non avrebbe mai discusso con lui («Diventa intollerabile ogni ulteriore contatto. Come è necessario respingere un teppista avvinazzato, così decenza vieta che si discuta con un sig. Farinacci»); *Dal teatrino di Cremona*, «Il Mondo», 3 agosto 1924.

[75] R. Farinacci, *I frutti della nostra ignoranza*, «Cremona Nuova», 14 agosto 1924.

[76] *Solo Farinacci difende Barbiellini*, «Avanti!», 12 ottobre 1924 e R. Farinacci, *Evviva il rassismo*, «Cremona Nuova», 27 novembre 1924: «Il nostro rassismo non lo si può accusare di esaltazione di violenze stupide ed idiote e tanto meno isolate; nessuno ha mai visto le nostre Camicie Nere darsi al disordine e all'indisciplina, né le ha mai colte in atteggiamento di provocazione intente a molestare il pubblico o a sfogare rancori personali. Il nostro rassismo è ben diversa cosa. È disciplina, è, soprattutto, esempio di dirittura politica e morale. È azione fattiva ricostruttrice, che si esplica nell'organizzare i fattori della produzione nei nostri sindacati, nel difenderne i rispettivi interessi conciliandoli con quelli della Nazione, nell'assistere le amministrazioni comunali affidate a fascisti intelligenti e provetti che hanno assestato i bilanci rovinati dalle precedenti amministrazioni. Rassismo cremonese equivale a promuovere opere di pubblica utilità, combattere la disoccupazione – a Cremona non abbiamo disoccupazione – portare il pane a lire 1,80 al chilo, migliorare le condizioni economiche dei dipendenti comunali, aver elevato il salario dei contadini».

[77] Per tutto, cfr. «La Stampa» e «Il Giornale d'Italia», 24 ottobre 1924.

Alla Commissione dei Quindici, istituita il 4 settembre da Mussolini, guardarono con viva attenzione quanti auspicavano l'immediata realizzazione del nuovo assetto istituzionale dello Stato, proprio perché ad essa era demandata la risoluzione di alcune tra le maggiori controversie istituzionali (rapporti tra potere legislativo ed esecutivo, Stato nazionale e stampa, istituzioni di credito, sette segrete, sindacati e partiti politici)[78]. Per Farinacci era prioritario che i 15, nel disegnare nuovi istituti per «inserire la rivoluzione fascista nello Stato», sostenessero innanzitutto «il riconoscimento giuridico dei sindacati, l'istituzione della magistratura del lavoro e l'intervento statale nei patti di lavoro»[79], così come specificato in una lunga dichiarazione del Pnf alla Commissione[80]. Di riforme legislative, del resto, l'intero partito ne sentiva l'estrema necessità e urgenza: il professore Giorgio Masi, in quel momento segretario federale di Trieste, membro del direttorio e seguace di Farinacci (di cui divenne uno dei più stretti collaboratori), venne incaricato di seguire la questione e a nome del direttorio chiese e a Giovanni Gentile di assumere la presidenza di quella Commissione[81]: «bisogna superare – scrisse al filosofo – la crisi apertasi per l'assurda coesistenza di un partito che non ha realizzato e disciplinato in forma giuridica la sua nuova idea

---

[78] A. Aquarone, *L'organizzazione dello stato totalitario*, Einaudi, Torino, 1965, p. 52 e sgg.

[79] R. Farinacci, *Atteggiamento ragionevole* e R. Farinacci, *Ci accontentiamo di poco,* «Cremona Nuova», 17 agosto e 2 settembre 1924. Aggiungeva anche la necessità di «controllare tutti gli istituti bancari e pretendere la nominatività di tutti i titoli bancari».

[80] Sicuramente partorite collegialmente, le direttive del Pnf alla Commissione per le riforme legislative, recepiscono istanze farinacciane, tra le quali quella di realizzare un nuovo Stato nazionale, antitetico a quello liberal-democratico e rendere così "legale" il fascismo stesso; tra le premesse del documento (11 cartelle): «È necessario che sia risolta quella dolorosa ma inevitabile crisi apertasi per l'assurda coesistenza di due elementi, nella vita italiana fra loro contraddittori: quello del nostro partito, la cui idea dello Stato non è ancora giuridicamente espressa e disciplinata, e quello di uno Stato ordinato secondo uno spirito [democratico e liberale] antitetico al nostro e contro il quale, permanendo, dovrebbe farsi ribelle continuamente il partito, per essere, come deve, fedele al suo programma di vita. Vuole adunque il nostro partito che tale crisi sia superata in obbedienza alla Patria e per amore degli italiani, così che le leggi soltanto siano la norma della giustizia e guida solenne che tutti i buoni cittadini conforti [...] e siano finalmente, per la generosa violenza fascista, termine vittorioso e, per tutti, apportatrici di pace e redentrici del travaglio e delle contese presenti». Direzione Nazionale del Pnf, *Alla Commissione per le riforme legislative fasciste*, in Bnb, Frf, b. 57.

[81] G. Masi a G. Gentile, Trieste, s.d. [ma fine settembre 1924], in Archivio della Fondazione Giovanni Gentile, Roma [Afg]: «Il lavoro della Commissione comincerà subito dopo la seduta del Direttorio (6 ottobre). Se il lavoro non si facesse risolutamente, l'intero Direttorio rassegnerebbe le dimissioni. Sarà dato ordine ai membri fascisti della Commissione di eleggere lei a Presidente: questo, oltre che per ragioni morali e tattiche, a nostra garanzia politica. Anch'io temo l'annacquamento dello spirito fascista, ma sono anche deciso, coi migliori del Direttorio, a non tradire né la nostra coscienza, né l'aspettazione legittima del Partito».

dello Stato nazionale»[82]. Ed era realmente il pensiero di molti che, nel Partito e nelle istituzioni, paventavano «l'annacquamento del fascismo» e chiedevano l'attuazione della rivoluzione attraverso una radicale riforma dello Stato[83].

Ma che nel fascismo qualcosa occorresse tentare, nella intricata situazione politica che vedeva i liberali allontanarsi gradatamente dal governo (in proposito il congresso nazionale di Livorno del 4 ottobre era stato chiaro col governo, soprattutto per quanto concerneva, oltre alla richiesta della normalizzazione e allo scioglimento della Mvsn, il rispetto dello Statuto) e provare la difficile strada per «superare Mussolini»[84], era giocoforza confermato dalla altrettanto graduale perdita di consenso nella società. Aveva poco da dire Farinacci che i liberali nel Paese non rappresentavano più niente e nessuno (appena 30 mila tesserati, meno degli iscritti del Pnf in una media provincia...) e che il fascismo poteva vantarsi di aver provocato una scissione interna in un altro partito, perché i fiancheggiatori (democratici, liberali, combattenti, dissidenti fascisti) stavano ottenendo positivi risultati nelle elezioni amministrative di 240 comuni, e si rivelavano un vero e proprio ago della bilancia nella situazione politica (le liste del Pnf ottennero la maggioranza in 135 comuni, mentre quelle miste con liberali e combattenti, in alcuni casi anche cattolici, in altri 53; se le opposizioni aventiniane conquistarono la maggioranza in 10 amministrazioni, in altre 40 l'opposizione costituzionale ebbe il sopravvento[85]) e confermarono così a Mussolini e al governo di essere anche parlamentarmente indispensabili; del resto, quando il ponte tra le opposizioni aventiniane e quelle costituzionali venne tentato in maniera più decisa (e la polemica scandalistica e la questione morale trasferite anche in provincia, come nei casi degli attacchi a Barbiellini Amidei, Arrivabene e Regazzi[86]), i risul-

[82] G. Masi a G. Gentile, Trieste 23 agosto 1924, *ibidem*.

[83] Sul dibattito nel campo fascista, cfr. F. Perfetti, *La Camera dei Fasci e delle Corporazioni*, Bonacci, Roma, 1991, p. 39 e sgg.

[84] Cfr. *La divampante polemica sull'atteggiamento liberale*, «La Nazione», 26 settembre e «La Stampa», 5-9 ottobre 1924.

[85] In Piemonte i fascisti, in alleanza con liberali e combattenti, riuscirono a conquistare la maggioranza soltanto in 15 comuni su 30; in Lombardia il peso liberale-cattolico-combattente consentì la formazione di liste miste vittoriose in almeno 30 comuni su una sessantina. E ciò, anche nella ottimistica analisi del Pnf; *Le elezioni amministrative confermano la fiducia nel fascismo*, «Il Popolo d'Italia», 2 ottobre 1924. Particolare vitalità mostravano ancora i popolari, nonché liste "civiche" centrate sui combattenti; *Elezioni amministrative*, «Il Popolo», 23 settembre 1924.

[86] Barbiellini venne accusato di porto abusivo di decorazioni militari, nonché di essere responsabile delle violenze compiute nel piacentino, fatti che portarono poi alla sua momentanea liquidazione politica da parte del Pnf, nonostante la strenua difesa dell'ami-

tati amministrativi, a partire dall'inverno, sarebbero stati ancor peggiori per il Pnf[87].

A livello parlamentare si parlava di sciogliere il «superato Comitato di maggioranza»[88], dell'avvento di un «movimento centrista» posto tra fascismo e Aventino[89], mentre alcuni dei maggiori esponenti dell'intransigentismo fascista sembravano cadere uno a uno, aumentando lo sbandamento, o l'incredulità, del fascismo, dietro una martellante campagna di stampa che parlava di «illegalismi, violenze, sopraffazioni, rassismo, fallimento politico», ma anche «di tempi ormai cambiati» e di «definitive liquidazioni»[90]. Il centrismo avrebbe dovuto scindere la maggioranza ministeriale e creare vari gruppi parlamentari in grado di mettere in minoranza il governo, o per lo meno impedire la stretta dipendenza dell'esecutivo dall'estremismo[91], mentre anche i poteri forti (come la grande industria) mostravano di voler superare l'«attesa guardinga» verso Mussolini. Fiutato il vento («confessiamolo: il secondo anniversario della Marcia noi lo commemoriamo in uno stato di inferiorità all'anno scorso»), Farinacci si fece interprete del senso di accerchiamento che ras e gregari vivevano e chiese il ripristino del collegio uninominale e lo scioglimento della Camera, nel caso non si fosse «voluta seguire la rivoluzione nel vero senso della parola»[92], e forse indicava al duce proprio la via d'uscita...

Con la riapertura della Camera il 12 novembre, la politica mussoliniana parve volgere verso la compressione delle istanze rivoluzionarie fasciste, per aprirsi al dialogo e chiudere quanto prima possibile la turbolenza politica, per altro ancora in ascesa, sotto l'impressione dei gravi scontri tra fascisti e combattenti per le manifestazioni della vittoria,

---

co Farinacci, per il quale non si doveva certo «immolare sull'altare delle opposizioni uno dei migliori uomini del fascismo integrale»; cfr. «Il Popolo», 25, 28 settembre e 9, 17 e 24 ottobre 1924.

[87] In autunno in diverse zone del paese, le liste delle opposizioni unite (nelle quali liberali, popolari e combattenti parevano aver trovato una formula vincente), ottennero nuovi successi locali (come nel napoletano); «Il Popolo», 10 ottobre 1924.

[88] «Il Giornale d'Italia», 17 ottobre 1924.

[89] *Verso una politica di centro*, «Il Mondo», 8 ottobre 1924 e «Corriere della Sera», 22 ottobre 1924.

[90] *La legge e l'autorità dello Stato annullate dal rassismo fascista*, «Il Mondo» e *L'onta del rassismo*, «Avanti!», 11 ottobre 1924.

[91] E. Amicucci, *La tesi disgregatrice*, «La Nazione», 26-27 ottobre 1924. I calcoli più ottimistici di questa visione centrista parlavano della possibilità di un gruppo liberal-democratico (con fascisti dissidenti) di 30 deputati, che si contrapponeva alla trentina dei liberali nazionali, uno dei combattenti (una quarantina), a cui si sarebbe aggiunto il gruppo giolittiano. Del resto, pur messi con le spalle al muro, i combattenti non parevano mostrare segnali di cedimento, e la pressione fascista nelle varie federazioni dell'Anc non ne aveva fatte "capitolare" che 6 o 7 su 74 («La Stampa», 28 ottobre 1924).

[92] R. Farinacci, *E se tornassimo indietro?*, «Rinascita», agosto 1924.

delle continue campagne di stampa che denunciavano gli «illegalismi, lo scandalismo, il malaffare e le violenze fasciste in provincia» e tenevano in stato di profonda impressione l'opinione pubblica[93]. Anche Farinacci, come altri ras, venne coinvolto nella bufera morale e politica alzata dalle opposizioni[94], ma dimostrò di possedere nervi saldi e replicò violentemente alle insinuazioni seguite a un virulento attacco de «La Giustizia» e «Il Mondo», prendendo a pretesto un "incidente" che si sarebbe verificato a Milano, dove la vedova di un ex combattente cremonese, Annibale Carletti, avrebbe urlato a Farinacci di «restituirle il marito ucciso»[95]. La vicenda non era chiara, anzi faceva seguito a una identica denuncia che «La Giustizia» aveva mosso contro Farinacci durante le elezioni, ma si sgonfiò subito, a dispetto del risalto datogli dalla stampa aventiniana[96].

Il "movimentismo" liberale e democratico, l'aperta opposizione parlamentare di Giolitti e l'astensionismo dei combattenti aprirono crepe tali nella maggioranza da spingere il presidente del Consiglio ad affermare che «un regime di normalità costituzionale» non era lontano, che il fascismo non doveva violare le conquiste dello Statuto, ma semmai soltanto «aggiornarlo»[97]. Mussolini attuò i propri «propositi ultrarevisionisti e normalizzatori» anche in Gran Consiglio, il 21 novembre,

---

[93] In proposito, cfr. «Corriere della Sera», «La Stampa» e «Il Giornale d'Italia», 28, 29 e 30 novembre 1924.

[94] G. MARINO, *Nel presunto reame del vice duce*, «Il Mondo», 23 e 25 ottobre 1924.

[95] Cfr. «Il Mondo» e «La Giustizia», 7, 8 e 9 novembre 1924.

[96] Il giornale socialista unitario aveva denunciato la morte, per bastonature fasciste, di un certo Andrea Bovini, che in realtà era invece vivo e rispose allo stesso quotidiano, tra l'ironia di Farinacci. Ma «La Giustizia» replicò che aveva errato solo nelle generalità e disse che la persona deceduta in seguito alle percosse ricevute il giorno delle elezioni a Cremona si chiamava invero Annibale Carletti («La Giustizia», 20, 22 e 23 aprile 1924 e R. FARINACCI, *La risposta a lor signori*, «Cremona Nuova», 23 aprile 1924). Farinacci si disse estraneo all'ignota vicenda, e comunque quella persona, definita «ex combattente e fascista», era effettivamente deceduta all'ospedale di Cremona il 12 aprile, ma per «broncopolmonite» (ancora «La Giustizia», 28 aprile 1924 e R. FARINACCI, *Un altro morto che... non può servire ai socialisti*, «Cremona Nuova», 29 aprile 1924). La cosa, nell'aprile, finì lì, ma venne giornalisticamente ripresa proprio in seguito al fatto del 4 novembre a Milano. Farinacci reagì alle accuse e non si scompose (a differenza di Balbo che, per un caso analogo, reagì querelando «La Voce Repubblicana» e facendo quindi il gioco delle opposizioni, che imbastirono una lunga polemica contro il quadrumviro), affermò che non aveva problema ad assumersi la «responsabilità politica e morale» di tutto quanto aveva fatto e dopo pochi giorni la vicenda ebbe termine.

[97] C. SOBRERO, *La portata morale e politica del voto di Giolitti*, «La Stampa», 16 novembre 1924 e *Dall'Aula ai corridoi*, «La Nazione», 16-17 novembre 1924. Se pur numericamente ridotta, l'opposizione liberal-democratica poteva contare su una dozzina di deputati; altrettanti quelli combattenti. Ad ogni modo nella maggioranza fascista le defezioni a titolo personale e le "scomuniche" del Partito erano quasi all'ordine del giorno, e molti deputati finirono col manifestare pubblicamente la loro uscita dalla maggioranza (Prinetti, Ranieri, Grancelli, Paoletti, Lanza di Trabia).

quando affermò che se il fascismo non avesse «cambiato subito indirizzo – così attendibili indiscrezioni di stampa – egli non avrebbe potuto tenere ancora a lungo il timone e superare le tempeste scatenate contro il governo»: richiamò il Pnf a garantire l'ordine pubblico, l'assoluto rispetto delle istituzioni e dei "fiancheggiatori", a porre la sordina alle manifestazioni e parate sceniche, alla massima disciplina e all'epurazione di tutti i riottosi. Farinacci si oppose fortemente alla diramazione di quelle direttive alle federazioni, perché ciò significava l'abbandono «di tutte le ragioni e le forme della rivoluzione fascista», forse di una «capitolazione» senza combattere[98]. Da qui il veto di Mussolini alla nomina di Farinacci alla vice presidenza della Camera e alla conferma nel nuovo Comitato direttivo della maggioranza, il 13 novembre[99].

La pressione cui erano sottoposti i fascisti esplose nel Paese e manifestazioni violente di riorganizzate squadre d'azione tornarono ad allarmare una borghesia desiderosa di calma e tranquillità: a Firenze, Foggia, Lucca, le intemperanze fasciste mostrarono che la macchina rivoluzionaria era sempre carica. E ciò disse Farinacci a Mussolini, in un burrascoso colloquio della fine di novembre, nel quale il fedele camerata espose al duce il limite oltre il quale il Partito non poteva essere compresso[100]. Farinacci aveva partecipato, infatti, a numerosi convegni dei direttori provinciali e in quelle occasioni la base del Pnf aveva manifestato al capo degli estremisti la propria insoddisfazione[101]: ovunque

[98] In proposito, cfr. «Il Giornale d'Italia», 26 ottobre 1924.

[99] Cfr. «Corriere della sera», 11 novembre 1924, «La Nazione», 12 novembre 1924 e «La Stampa», 14 novembre 1924.

[100] *Punti fermi*, «La Stampa», 2 dicembre 1924.

[101] *Il carattere della lotta*, «Corriere della Sera», 2 dicembre 1924. A Milano, il 30 novembre, alla riunione partecipò un centinaio di persone (e tutti i deputati); Turati espresse il pensiero di tutti affermando la necessità di «un governo forte», ma applausi a scena aperta riscosse Farinacci, quando Maggi disse: «occorre seguire una via dritta e senza zig zag, non esaltare un giorno Farinacci per poi gettarlo a mare, come si è fatto in questi giorni». Soltanto Arnaldo Mussolini affermò che «la responsabilità dell'ondivagare» andava cercata «nella politica incerta del Direttorio», perché l'assemblea si ritrovò unanime nelle emblematiche parole di Farinacci: «pur avendo ogni buona volontà di ubbidire al duce, va tenuto presente che poiché opposizioni mirano in alto e a fare il processo al regime, occorre una politica di forza, senza transizioni o debolezze»; il prefetto al Ministero dell'Interno, Milano 29 novembre 1924, in Acs, Tuc, *In arrivo*, 1924). Anche a Torino, il giorno successivo, l'assemblea dei Direttorii e dei deputati regionali (presieduta proprio da Farinacci), approvò una mozione dello stesso tenore, chiedendo al Pnf «una linea di condotta energica e combattiva, diretta ad impedire assurdo processo contro la rivoluzione» (Torino 1° dicembre 1924, *ibidem*). A Bologna la contrapposizione fu ancora più netta: il messaggio del duce «venne accolto con notevole freddezza dall'assemblea, che ebbe anche qualche espressione di contrarietà», e si delinearono due correnti, la maggioritaria delle quali favorevole a «una immediata seconda ondata», sebbene prevalesse poi una linea di combattiva attesa, «ma solo per la disciplina», riferiva il prefetto (Bologna, 1° dicembre 1924, *ibidem*).

si ebbero «vivaci discussioni» e critiche «ai propositi temperati» della circolare di Mussolini; non solo si sostenne l'impossibilità di smobilitare ma, in molti casi (Piemonte, Lombardia, Toscana) si affermò l'opportunità di una certa indipendenza tra Partito e governo, «col proposito di non rivedere lo spirito fascista e di non ritirarsi dalle attuali posizioni»[102].

Quando il presidente del Consiglio obbligò alle dimissioni dalla vice presidenza della Camera l'onorevole Giunta, il 19 dicembre, Farinacci percepì chiaramente che Giunta, dopo Balbo, Barbiellini, De Bono, era un nuovo capro espiatorio da offrire in pasto all'opposizione costituzionale[103]. A Montecitorio Farinacci, pur manifestando fedeltà al governo e a Mussolini, pronunciò un discorso duro, contrario a quelle dimissioni, proprio perchè Giunta «era uno dei maggiori artefici della rivoluzione» e che «il fascismo era stufo e arcistufo di subire i continui ricatti degli avversari»[104]: il processo al regime e alla rivoluzione non si sarebbe fatto, e nessuno poteva permetterlo, neanche il duce[105]. Bianchi e Giunta brigarono a lungo per organizzare un gruppo degli estremisti, ma vennero bruscamente stoppati da Mussolini, che si oppose alla nascita della tendenza in almeno due occasioni[106], mentre invece, proprio lo stesso giorno 20 dicembre, permise una analoga riunione di 44 deputati fascisti moderati, guidati dall'ex nazionalista Paolucci. La situazione parve complicarsi in seguito alla presentazione da parte di Mussolini di un progetto di legge di riforma elettorale in senso maggioritario uninominale, alla Camera il 20 dicembre. Il fatto, giunto come un fulmine a ciel sereno, sebbene della cosa se ne parlasse da tempo, destò «vivissima sorpresa» e incertezza nella vasta palude ministeriale. Quella «spada di Damocle sulla testa dei deputati», come invocava Farinacci[107], si fece subito sentire, tanto che i distinguo e le prese di posizione a titolo personale dei vari deputati moderati e del centro andarono subito scemando.

Nella prassi politica cremonese, Farinacci attuò con fermezza il programma di eliminare quanto non si rispecchiasse nell'azione rivoluzionaria del Pnf (provvedendo a radicali rimpasti nelle istituzioni con fa-

---

[102] Cfr. *Farinacci al Convegno dei direttorii provinciali*, «La Stampa», 2 dicembre 1924.

[103] E. De Bono a R. Farinacci, Roma 10 ottobre 1924, in ACS, FRF, b. 18, fasc. *De Bono*.

[104] L'avviso lanciato sul suo quotidiano: «la corda troppo tesa è prossima a spaccarsi», non era certo destinato all'Aventino..., R. FARINACCI, *Perché si è obbedito...*, «Cremona Nuova», 20 dicembre 1924.

[105] Per il discorso parlamentare di Farinacci, cfr. «Cremona Nuova», 20 dicembre 1924.

[106] *Riunione degli estremisti con Giunta proibita da Mussolini*, «La Stampa», 19 dicembre 1924 e «La Nazione», 24 dicembre 1924.

[107] *Un'altra gaffe dell'on. Farinacci* e R. FARINACCI, *Verso l'invocata soluzione*, «Cremona Nuova», 21 e 23 dicembre 1924.

scisti intransigenti)[108], perché grazie a questa linea, sosteneva, nelle province settentrionali non si era notato «alcun segnale di risveglio antifascista». Ma la realtà era in rapida evoluzione (lui stesso fu persino oggetto di un attentato[109]) e in alcune zone il consenso registrato dal Pnf alla fine dell'anno era bruscamente calato[110]: anche nel cremonese si ebbero chiari segnali della ripresa delle opposizioni (come ammoniva un neonato settimanale fascista moderato di Crema[111]), tanto che a Chieve, dove si svolsero elezioni comunali anticipate, una lista di coalizione democratica (comprendente, tra l'altro, fascisti moderati e dissidenti) ebbe la meglio su quella del Pnf[112].

Obbiettivo di Mussolini, tuttavia, in quel complesso frangente era da un lato di rifuggire dalla linea farinacciana, che avrebbe voluto dire

---

[108] Cfr. «Cremona Nuova», 31 dicembre 1924 e ACS, MI, Comuni, b. 1831, fasc. *Cremona, Amministrazione provinciale*.

[109] Al ritorno da Quistello verso Cremona, presso San Martino dell'Argine, l'automobile di Farinacci venne fatta oggetto di un attentato: nessuno rimase ferito, neppure il deputato cremonese, e le prime contraddittorie notizie affermarono che a infrangere il vetro anteriore non fosse stato un colpo di pistola, ma un sasso di una fionda di un ragazzino del paese. Il fatto destò sulle prime apprensione, anche perché la rappresaglia fascista venne contenuta molto a stento nella padana (*L'on. Farinacci fatto segno a due colpi di rivoltella*, «Cremona Nuova», 9 dicembre 1924). La stampa di opposizione dette ampio spazio alla versione dei ragazzini e della fionda, con montature e polemiche di parte (*Conservare Farinacci all'Italia. Una sassata di due ragazzetti trasformata in attentato politico*, «Il Mondo» e «La Stampa» e «Il Popolo», 11, 12 e 13 dicembre 1924). In realtà accurate indagini di polizia appurarono che il foro sul vetro dell'auto poteva essere dovuto solo a un colpo di rivoltella, ricostruirono la dinamica dell'attentato e disposero le ricerche di tre individui sospetti; in proposito il rapporto del questore di Mantova al procuratore del Re di Mantova, 12 dicembre 1924 (tale versione venne resa pubblica solo qualche giorno dopo, *La verità sull'attentato all'on. Farinacci*, «La Voce di Mantova», 14 dicembre 1924) e tutto il relativo fascicolo, in ACS, MI, PS, 1924, b. 59, fasc. *Mantova* e ASCR, AP, b. 16, fasc. 8.1.10.

[110] Ripetuti, in dicembre e gennaio, i successi nelle elezioni amministrative di molti comuni: la creazione di blocchi popolari, democratici e combattenti (spesso con i socialisti) parve vincente. Quella strada avrebbe potuto permettere alle opposizioni, come neppure Farinacci mostrava di comprendere, risultati positivi con la legge elettorale maggioritaria; «Il Popolo», 25 dicembre 1924.

[111] *Diagramma politico*, «Il Serio», 22 novembre 1924; il settimanale, che si spinse a rivendicare la necessità del ruolo dei partiti politici avversari, ebbe vita molto breve (già nel secondo numero si leggevano affermazioni non gradite a Farinacci: superato il momento difficile, «tutti i fascisti dovranno essere revisionisti, perché si sarebbe dei traditori della patria e dell'umanità se non si desiderasse la cessazione della lotta di fazioni, la ripresa normale del vivere civile, il ritorno completo alle leggi, la fine della sovrapposizione di un potere sull'altro...»; «Il Serio», 22 novembre 1924).

[112] «L'8 [febbraio] sono avvenute a Chieve le elezioni per la ricostruzione di quel Consiglio comunale. Il concorso degli elettori alle urne è stato notevole. Le elezioni, per le quali si facevano sicuri pronostici per la riuscita della lista del Pnf, non sono state invece del tutto ad essa favorevoli, avendo ottenuto soltanto 106 voti in confronto di una lista bloccata (democratici, popolari, fascisti) che ha riportato 222 voti»; il prefetto al Ministero dell'Interno, Cremona 14 febbraio 1924, in ACS, MI, Comuni, b. 1832, fasc. *Chieve*.

lo scontro con la Corona, l'esercito e la guerra civile, e dall'altro di placare la destra e i fascisti moderati, senza pur tuttavia aver ipotizzato "vie d'uscita", molto allarmando in questo Farinacci, il quale fece capire che: «si chiedono le dimissioni del Governo, si chiede la testa del duce. Noi dobbiamo rispondere: no! Oggi a parole, domani a fatti. E se Mussolini fosse disposto a cedere, solo allora noi ci ribelleremmo e abbandoneremmo le supreme gerarchie»[113]. Dopo l'uscita di questo corsivo, la mattina del 31 dicembre, ebbe luogo la rimostranza dei consoli della Mvsn, che intimò a Mussolini di agire risolutamente: era una sfida aperta, che giungeva dopo lunga gestazione di crescente e forte insoddisfazione nell'ex squadrismo e che aveva avuto anche palesi manifestazioni di fronda e di cospirazione. La ribellione avrebbe potuto anche sfociare in un vero e proprio colpo di mano contro la persona di Mussolini, se questi avesse continuato a mostrare ancora segnali di cedimento, tanto che si era ipotizzato persino un rapimento e una sua eventuale soppressione fisica. Contemporaneamente al pronunciamento dei consoli, nel resto del paese si ebbero numerose manifestazioni di forza dello squadrismo: incidenti gravissimi accaddero in Emilia e in Toscana e fecero temere che si stesse davvero realizzando la seconda ondata. Ma la difficoltà del fascismo, commentava Farinacci, stava nel non aver ancora realizzato «nessuna legge nuova, che fosse veramente rivoluzionaria e fascista, da inserire nello Stato»[114], perché a niente sembrava valere neppure il lavoro della Commissione dei 15, che anzi segnava il passo[115].

Farinacci non ebbe un ruolo preciso nel pronunciamento e nella cospirazione della Milizia, tanto meno nei presunti "colpi di mano" contro il duce. Al contrario era stato rispettoso della gerarchia e, se pur polemico e in disaccordo da mesi, sempre fedele a Mussolini. Indubbiamente aveva contribuito a forzare la mano del duce per la risoluzione della crisi politica, con l'inizio del '25 divenuta ingestibile e piena di incognite[116], e aveva avuto parte centrale nella sollevazione della base

---

[113] R. Farinacci, *Via Mussolini?!*, «Cremona Nuova», 25 dicembre 1924 e *Il dilemma di Farinacci agli oppositori: passar sotto il giogo o farsi liquidare*, «La Stampa», 24 dicembre 1924.

[114] R. Farinacci, *Il discorso del Duce*, «Cremona Nuova», 30 dicembre 1924.

[115] Echi di questa *impasse* nel carteggio tra Masi e Gentile, dal quale si evince che per uscirne la Commissione auspicava di diventare di nomina governativa. Le indiscrezioni sui lavori della Commissione, trapelate sulla stampa, contribuirono ad aumentare le ostilità dei fiancheggiatori verso il governo, rendendo più problematica la collaborazione; così ancora Masi a Gentile: «Il Presidente è inferocito (Dio sia lodato!) contro le sciocchezze che si mormorano contro la Commissione e contro il Pugliese [Salandra], che non capisce la necessità delle riforme» (G. Masi a G. Gentile, Roma 25 ottobre, 9 e 15 novembre 1924, in Afg, fasc. *Masi*).

[116] Per tutto, cfr. R. De Felice, *Mussolini, il fascista. I. La conquista del potere, 1921-1925*, cit., pp. 714-722.

del Pnf, ma tutto ciò nell'alveo della fedeltà al capo. Il quale dovette certo capire che rischiava di sfuggirgli il controllo di quel fascismo dal peso specifico maggiore: il 1° gennaio infatti Farinacci aveva impartito «ordini categorici: il manganello, che era stato posto in soffitta, deve essere spolverato e messo a portata di mano» e si dovevano ricostituire le ex squadre d'azione e aveva ammonito il governo a tenere «in seria considerazione lo stato d'animo fascista», perché esso non era più disposto a tollerare altre licenze delle opposizioni. Il Paese, insomma, voleva un «governo forte», concludeva Farinacci, e se l'attuale non era in grado di garantirlo, il fascismo avrebbe ripreso la propria iniziativa, prima che il tempo scadesse[117]...

Il 3 gennaio, alla ripresa dei lavori, Mussolini pronunciò alla Camera il noto e decisivo discorso che chiuse la crisi Matteotti, per aprire una fase politica nuova: era indubbio che il presidente del Consiglio aveva fatto propria la tesi dell'amico Farinacci, da tempo con forza predicata, memore di quanto lui aveva fatto nella "crisi Boldori", e che proprio il 31 dicembre aveva ancora ricordato al duce che bisognava «difendere i diritti della rivoluzione a qualunque costo»[118]. Ma Mussolini non poteva ormai più cedere; poteva concedere qualcosa all'intransigentismo (esclusione del ministro della Giustizia, il moderato Oviglio, dall'esecutivo), ma non poteva seguire la strada della rivoluzione: «riuscito nel suo mezzo colpo di stato non poteva e non voleva rischiare l'altro mezzo». Anzi, Mussolini doveva riequilibrare le forze sulle quali aveva giocato il suo compromesso (in particolare la Corona e l'esercito) per rendersene quanto meglio e prima autonomo, ed è per questo che la rivoluzione fascista dovette battere subito «la strada della controrivoluzione, sia verso l'Aventino e le opposizioni in genere sia verso il fascismo»[119].

Farinacci apparve il vero vincitore del momento[120], e alzò il tiro delle richieste (mentre il Ministero dell'Interno "normalizzava" la situazione con uno strettissimo giro di vite contro partiti, gruppi e giornali di opposizione) invocando una profonda epurazione delle burocrazia statale[121], una legislazione repressiva contro gli oppositori nocivi, il rico-

---

[117] R. FARINACCI, *Difendersi è un diritto* e R. FARINACCI, *L'eloquenza di due anni*, «Cremona Nuova», 1° e 2 gennaio 1925.

[118] R. FARINACCI, *Il memoriale Rossi*, «Cremona Nuova», 31 dicembre 1924.

[119] R. DE FELICE, *Mussolini, il fascista. I. La conquista del potere, 1921-1925*, cit., p. 725.

[120] R. FARINACCI, *Noi, pazzi e ignoranti*, «Cremona Nuova», 4 gennaio 1925.

[121] Fascistizzare la burocrazia divenne una parola d'ordine del suo programma: occorreva trasferire dalla periferia al centro coloro che avevano dato capacità e garanzie di affidamento, e sostituire il personale che appariva refrattario al nuovo sistema politico, con un vero e proprio *spoyl system*: «non si scandalizzino gli oppositori, perché ciò che noi proponiamo non è che l'introduzione tra noi di una pratica costante che esiste in America», R. FARINACCI, *Iniziare la fascistizzazione*, «Cremona Nuova», 10 gennaio 1925.

noscimento giuridico dei sindacati e la Magistratura del lavoro[122], la regolamentazione e il controllo del sistema bancario da parte dello Stato e una lotta alle associazioni e ai «poteri occulti» (massoneria e speculazione finanziaria)[123]. Suo fu l'ordine del giorno con cui la Camera approvò la nuova legge elettorale[124], sua l'asfissiante campagna (considerata sconfitta l'opposizione aventiniana) contro la stampa "indipendente" e contro l'Anc (che portò al commissariamento e alla fine politica di questa)[125]. Dal "feudo" Farinacci ribadì:

> Di tre cose ci dobbiamo preoccupare: Banche, Stampa e Burocrazia. Io credo che una forte politica bancaria sia veramente indispensabile al Governo fascista. È da un anno che noi andiamo predicando la necessità del controllo sulle Banche. La politica finanziaria deve essere rivolta a beneficio della Nazione. Se tutte le Banche italiane, con alla testa la Banca Commerciale, facessero una politica veramente nazionale, difficilmente all'estero le manovre per svalutare la nostra lira riuscirebbero. Dobbiamo preoccuparci della stampa, creando una stampa nostra per controbattere non solo in Italia ma all'estero, l'opera di certi giornali a noi noti che ci danneggiano. Dobbiamo creare una stampa forte perché è necessario che il fascismo e il governo dicano all'estero qual è la nostra meravigliosa opera di ricostruzione. Dobbiamo dare allo Stato un organo sano, un organo dinamico, una burocrazia sana[126].

Gli stessi revisionisti dovettero riconoscere che se la «rivoluzione aveva effettivamente avuto inizio col 3 gennaio», era stato merito del fascismo provinciale, che aveva «imposto a Mussolini di non tradire se stesso, il fascismo e la rivoluzione d'ottobre»; ma era stato Farinacci, «un capo di provincia, il più duro, il più fedele dei capi» a sollevare le province e «riconsegnare Mussolini al fascismo e il fascismo a Mussolini»: solo Farinacci, scriveva il revisionista Spampanato, aveva salvato il partito[127]. Eppure giunse inattesa anche all'interessato la nomina a

[122] R. FARINACCI, *Non perdere tempo*, «Cremona Nuova», 11 gennaio 1925.

[123] Cfr. l'intervista concessa da Farinacci a «L'Epoca», 16 gennaio 1925.

[124] Qualche discussione si ebbe solo per l'eventuale adozione del voto plurimo, meccanismo osteggiato da Farinacci, Rossoni e gli intransigenti; *La Camera sull'odg Farinacci, delibera con 307 voti contro 33 il ritorno al collegio uninominale*, «Cremona Nuova», 17 gennaio 1925, «Il Popolo d'Italia», 18 gennaio 1925 (pure per il discorso di Farinacci), e «La Stampa», 10 e 17 gennaio 1925.

[125] G. SABBATUCCI, *I combattenti nel primo dopoguerra*, cit., pp. 372-375. Per il caso cremonese, cfr. «Cremona Nuova», 21-24 gennaio 1925; tra l'altro il tema aveva assunto un significato notevole, in considerazione che liste di coalizione sotto l'egida dell'Anc continuavano a riscuotere successi nelle elezioni amministrative.

[126] *Il vibrante discorso del capo del fascismo cremonese*, «Cremona Nuova», 3 febbraio 1925.

[127] [B. SPAMPANATO], *I fascisti alla scoperta del fascismo*, «La Montagna», 1° ottobre 1925.

segretario generale del Pnf[128], il 12 febbraio, quando Mussolini, in conclusione del Gran Consiglio decise di ripristinare la carica, e il nome Farinacci venne accolto all'unanimità. I primi commenti furono entusiasti in campo fascista (solo la bottaiana «Epoca» tenne a rimarcare le divergenze[129]), perché Farinacci aveva «meritato della causa della rivoluzione» ed era il prototipo del «fascista puro e disinteressato», che si «era fatto da solo» e che «sapeva parlare al popolo senza sottintesi»[130]. Il caso volle che il primo discorso ufficiale Farinacci lo pronunciasse ancora a Cremona, in occasione del congresso provinciale (rieletto segretario federale[131]): «per ciò che riguarda il mio programma – disse – cercherò di adottare in tutte le province i metodi e l'azione del fascismo cremonese: onestà, massimo disinteresse, sviluppo del sindacalismo, assistenza all'opera di ricostruzione delle amministrazioni, bando agli arrivisti, lotta ai falsi amici, guerra agli avversari». Si richiamò infine alla massima disciplina e «all'elemento squadrista, che dovrà essere il miglior interprete della mia volontà», perché lui non avrebbe permesso «nessuna rinuncia ai diritti della rivoluzione».

In febbraio il malcontento nel Pnf era in effetti a tal punto evidente (alte si erano levate voci di dissenso contro la «maschera rivoluzionaria gettata dal governo sul viso della normalizzazione», perché non era certo con misure di ordine pubblico che si realizzava la rivoluzione) che chiamare Farinacci alla sua guida era l'unica mossa per Mussolini[132]: soltanto il "vice-duce" avrebbe potuto controllare il Pnf e magari piegarlo senza grossi traumi alla volontà del governo. Melchiori affermò che in quelle condizioni soltanto Farinacci avrebbe permesso «di impartire pronti ordini alle province» (dove il dissidentismo del «ritorno alle origini», dilagava[133]), con la garanzia «di una obbedienza portata allo

---

[128] Cfr., in proposito, la prima intervista concessa a «La Tribuna», 13 febbraio 1925.

[129] «Noi che non nascondemmo nel passato le nostre discordanze di vedute con l'on. Farinacci e che non abbiamo nessuna ragione di rinunziare oggi ad alcune nostre idee che da lui ci distinguono...», auspicando poi che egli volesse comunque sempre ricercare unità di consensi; cfr. «L'Epoca», 13 febbraio 1925.

[130] «L'Impero», 13 febbraio, *Farinacci*, «Il Tevere» e «Il Popolo d'Italia», 15 febbraio, «Il Mezzogiorno», 17 febbraio 1925.

[131] Il Congresso vide la riconferma nelle maggiori cariche direttive di Moretti, Orefici e Balestrieri e l'elezione a comandanti di settore degli stessi uomini nominati da Farinacci in quella carica nel "lontano" 1920; «Cremona Nuova», 17 febbraio 1925.

[132] R. De Felice, *Mussolini il fascista. II. L'organizzazione dello Stato fascista, 1925-1929*, Einaudi, Torino, 1968, p. 53.

[133] Non a caso, nella sua prima intervista rilasciata alla stampa, Farinacci si richiamò al «ritorno alle origini» (cfr. La Tribuna», 13 febbraio 1925), mentre la dissidenza fascista sembrava volersi organizzare strutturalmente: così Mirco Ardemagni a Farinacci (Genova, 1° gennaio 1925): «Onorevole, mi risulta di positivo che Michele Bianchi ha avuto un lungo colloquio con Calcagno, Lantini e Pala, prospettando loro un vasto piano dissidentista [...]. Sembra che vada facendo proposte del genere presso altri gruppi e in altre città, ma di ciò voi sarete già informato...»; Acs, Frf, b. 2.

spasimo, per la fiducia che gli squadristi [nutrivano] in lui»[134]. Nel marzo 1925 la situazione del Pnf appariva critica, con molte federazioni minate da discordie interne e scissioni, dissidentismi personalistici e politici[135]; per questo Farinacci, nel giro di poche settimane, provvide a sanare i più pericolosi casi di dissidenza (Alessandria, Parma, Piacenza, Messina, Siracusa)[136] e a scongiurare il diffondersi del malcontento, commissariando una ventina di federazioni sulle 77 costituite: «io intendo sanare anzitutto, dichiarò, le crepe causate dal dissidentismo. Ho fiducia di riuscire a riportare il miglior accordo nel campo fascista»[137]. Tra quelle federazioni spiccavano anche Napoli, Padova, Venezia, Verona e Milano (che addirittura volle avocare a sé) e alcuni feudi dell'intransigentismo, come Rovigo, Trieste e Piacenza (il cui commissariamento venne non a caso affidato a Balestreri...)[138]. In effetti il solo fatto che Farinacci avesse preso in mano le redini del Partito valse a contenere e mitigare i contrasti, rianimando il «molto abbattuto» morale degli ex squadristi. Le Prefetture segnalarono un immediato miglioramento delle condizioni del Pnf, e se anche il clima interno permaneva teso e le organizzazioni fasciste «non avevano ancora ovunque ritrovato il loro assestamento» (in particolare i sindacati), certo i benefici apparvero evidenti:

> Nelle province di Parma e Piacenza la situazione del Pnf è alquanto migliorata. Il travaglio spirituale in cui si dibattevano le correnti dei fascisti ufficiali e dissidenti è stato in gran parte sanato dal provvido intervento dell'on. Farinacci, il quale è riuscito a stabilire fra le masse fasciste delle due province dei punti di contatto, destinati a ridare alle due federazioni la meravigliosa compattezza di un tempo. [...] A Piacenza si è recato l'on. Farinacci il quale, davanti a un'imponente assemblea di segretari politici e di personalità fasciste, ha potuto raggiungere la piena fusione di spiriti tra fascisti così detti dissidenti e ufficiali, ottenendo l'assicurazione che tra le due correnti, un tempo in lotta, saranno ristabiliti i migliori rapporti di amicizia[139].

---

[134] *Nostra intervista col comm. Melchiori*, «Cremona Nuova», 17 aprile 1925.

[135] Per la situazione, cfr. le relazioni delle prefetture e della Milizia del primo trimestre 1925, in ACS, MI, PS, b. 113, fasc. 6.

[136] *L'opera di Farinacci per la crisi del dissidentismo*, «Corriere della Sera», 21 febbraio 1925.

[137] *Le chiare direttive politiche del Fascismo in un forte messaggio del Segretario del Partito*, «Il Popolo d'Italia», 24 febbraio 1925.

[138] ACS, MRF, b. 51, fasc. 121. A Piacenza il compito era piuttosto complesso, perché finalizzato a salvaguardare le posizioni di Barbiellini, in quel momento minacciate dagli avversari interni (C. BALESTRERI, *In linea*, «La Scure», 7 marzo 1925). Nel giro di breve tempo, comunque, Balestreri riuscì a far ritornare importante il giornale federale («La Scure» divenne quotidiano dall'aprile) e poi a riconquistare, pur con qualche concessione unitaria, alla causa intransigente il Pnf piacentino («La Scure», 2 aprile 1925).

[139] Il comandante generale della Milizia al Ministero dell'Interno, Roma 7 marzo 1925, in ACS, MI, PS, b. 113, fasc. 6.

Per Farinacci la fascistizzazione dello Stato richiedeva un partito assai più forte («occorre rimettere il partito in piena efficienza nel minor tempo possibile»[140]) di quello cui era a capo, come concordava il suo più stretto consigliere, Masi:

> Caro Farinacci, ho pensato, in questi giorni di viaggi, alla nostra situazione generale e mi sono persuaso che la tua nomina può avere grandi conseguenze benefiche per il partito, solo che tu esegu isca intrepidamente e senza pietà quello che, pure essendo nell'animo di tutti, hai affermato con speciale vigore tu stesso. In conclusione, i due problemi fondamentali da risolvere sono: 1° la realizzazione giuridica dell'Idea Nazionale dello Stato; 2° la riorganizzazione della burocrazia con uomini e metodi nostri. Il desiderio di pace e di riposo, anche in alcuni uomini influenti del partito, è il nostro nemico peggiore. Se soprattutto gli uomini di Governo non ascoltano i nostri suggerimenti e le nostre proposte in relazione ai funzionari, tu devi, per eccellenza, agire come Farinacci, con violenza. Ricordati, d'altra parte, che tu hai la responsabilità più grave perché il partito raggiunga una fortissima autonomia. A questo era indirizzato il lavoro del Direttorio. Se il partito non è indipendente, non potrà agire di fronte al Governo con tutta la sua forza. Non bisogna più, anche nei minimi particolari, risolvere le questioni in famiglia. Per questo fine non basta quello che abbiamo fatto e continueremo a fare: la propaganda, la educazione e la disciplina spirituale dei fascisti, l'azione ordinaria e continua dei nostri uffici! Bisogna che il rappresentante del Direttorio agisca con spirito di indipendenza e di risolutezza di fronte al Governo. Tu sai perché dico questo[141].

Il Partito in quel momento era molto svantaggiato nel confronto col governo: Federzoni controllava la periferia, attraverso le Prefetture e l'apparato repressivo dello Stato; e avrebbe controllato, facilmente, i collegi elettorali per le elezioni venture. E Federzoni voleva dire rafforzamento dello *status quo*, della supremazia dei poteri dello Stato su quelli del Pnf, normalizzazione istituzionale e politica, salvaguardia dei poteri economici, militari e politici tradizionali. Non a caso Farinacci, per recuperare terreno, nella sua prima uscita pubblica sostenne che di elezioni non se ne poteva parlare sino all'autunno del 1926[142], per poter attuare le riforme[143]; non a caso spinse Masi a farsi interprete, presso i

---

[140] Intervista a «Il Mezzogiorno», 27 febbraio 1925; Farinacci dichiarò (e a Napoli godeva di ampie simpatie nella massa fascista) che avrebbe «fatto semplicemente del fascismo: ero, sono e sarò fascista. Vogliamo a tutti i costi raggiungere l'obbiettivo».

[141] G. Masi a R. Farinacci, Roma 18 febbraio 1925, in BNB, FRF, b. 32.

[142] «La Sera», 17 febbraio 1925.

[143] R. FARINACCI, *Si riparla di elezioni*, «Cremona Nuova», 26 marzo 1925: proprio per attuare e sperimentare le riforme costituzionali, «le elezioni politiche debbono aver luogo nel 1928, non prima; il Partito farà ogni pressione in questo senso sul Governo»; «il fascismo non potrebbe presentarsi al corpo elettorale dopo gli anni di ordinaria ammini-

Soloni (la cui azione stava piegando verso un'interpretazione conservatrice dello Stato), di una linea risolutiva nello scrivere le riforme fasciste:

> È necessario che io le dica qual è la situazione del Partito rispetto alle riforme e alla Commissione. Obbiettivo del Partito è di realizzare giuridicamente l'idea Nazionale dello Stato. C'è forte questa volontà. Debbo anzi dichiarare che le province lamentano e denunciano la lentezza dei lavori di codesta Commissione e la insufficiente energia del Governo e del Direttorio nazionale. Le nostre organizzazioni sindacali protestano apertamente contro di noi, accusandoci di essere irresoluti e di apparire nulla più che patrioti volontari e difensori dello Stato democratico. Il Direttorio fa presente l'estrema necessità e urgenza dei lavori e riconferma il bisogno che codesta Commissione si tenga a contatto col Direttorio nazionale che, pur liberatosi in seguito al decreto della responsabilità formale, non può esimersi da quella morale e politica. Infine, d'accordo col Consiglio direttivo delle Corporazioni sindacali, questo Direttorio comunica che alla Corporazione, costituita da tutti i sindacati riconosciuti dallo Stato, non si desidera attribuire funzioni giurisdizionali nei conflitti economici: si chiede invece che essa sia la matrice di una rappresentanza partecipe del potere legislativo[144].

Farinacci rese centrale il ruolo del segretario del Pnf, sganciandolo dal governo: il Direttorio sedeva quasi in permanenza[145], e la testimonianza di Federzoni in proposito appare indicativa:

> Per l'irrequietudine e l'invadenza dell'uomo, la carica acquistò subito un'importanza di cui fino allora essa era stata assai lontana. Farinacci si accinse subito con grave impegno all'impresa di risolvere lo Stato nel Partito e di fare del Direttorio di questo un altro Governo, nel quale egli prendeva le arie, secondo i casi, d'un superministro o d'un antiministro. [...] Egli, al centro, e i gerarchi da lui scelti, nelle province, dovevano costituirsi controllori e, se possibile, arbitri di tutte le attività degli enti pubblici. Esordì col puntare fortemente al riacquisto del dominio sulle prefetture[146].

Il momento tra febbraio e marzo era anche delicato, perché Mussolini ebbe un attacco violento di ulcera e ridusse al minimo l'attività politica; Farinacci tenne bene la breccia e controllò la situazione sino a

---

strazione, se prima non avrà inserito nello Stato la rivoluzione»; il fatto destò gravi preoccupazioni nel campo liberale, tanto che sull'argomento si concentrò la maggiore attenzione dei fiancheggiatori; cfr. «La Tribuna» e «Il Giornale d'Italia», 26 marzo 1925.

[144] G. Masi a G. Gentile, Roma 20 febbraio 1925, in AFG, fasc. *Masi*. Dopo la nomina a segretario generale, Farinacci ridefinì gli incarichi del Direttorio (peraltro rimasto immutato nella sua composizione dall'8 agosto 1924) e alla Commissione esecutiva (Melchiori, Forges, Ciarlantini, Masi e Maraviglia) aggiunse Ricci, Igliori, Mazzolini e Barnaba; cfr. *Fervore di opere nell'Ufficio di Segreteria del Pnf*, «Cremona Nuova», 28 febbraio 1925.

[145] A. TAMARO, *Venti anni di storia*, II, Volpe, Roma, 1972, p. 90.

[146] L. FEDERZONI, *Italia di ieri per la storia di domani*, Mondadori, Milano, 1967, p. 99.

marzo, quando le condizioni di salute consentirono a Mussolini la ripresa dell'attività[147], e in quei due mesi di assenza illustrò il programma massimo: «vogliamo ad ogni costo inserire la rivoluzione nello Stato; il fascismo non riconosce che una sola giustizia: la storia!». Il movimentismo del partito venne dilatato, fino all'appoggio agli scioperi dei metallurgici lombardi (le agitazioni più importanti a Brescia), scioperi che destarono viva preoccupazione (proprio perchè il segretario del Pnf era favorevole alle rivendicazioni sindacali fasciste[148]), e che, conclusisi, permisero a Farinacci di stabilire che d'allora in poi «qualsiasi movimento di carattere sindacale» avrebbe dovuto avere il preventivo assenso del Pnf[149]. Nelle manifestazioni per la fondazione dei Fasci, Farinacci ebbe carta bianca e il suo discorso all'Augusteo di Roma anticipò la prospettiva totalitaria del regime:

> Il fascismo non è un partito è una religione per la Nazione, per l'avvenire della Nazione. E allora noi abbiamo il diritto di chiedere che tutto sia fascista, che tutto sia al servizio del regime fascista. Non è possibile che un Governo che deve sviluppare la sua rivoluzione, possa valersi dell'opera di chi è al di fuori della rivoluzione o di chi, peggio ancora, è contro la rivoluzione. Avversari, noi vi parliamo chiaro: se la libertà che vi offriamo non vi piace, vi rimane un dilemma: o arrendervi senza condizioni o avere il coraggio di agire. [Ora] siamo veramente ritornati alle origini. La rivoluzione deve essere portata a termine: o le nostre riforme vengono inserite costituzionalmente nello Stato o faremo appello alla nostra forza e alla nostra fede! Noi diciamo che l'Italia del 1925 non è più l'Italia del 1848. Oggi vi è una nuova coscienza nazionale ed è nostro diritto adattare la costituzione alle esigenze del popolo italiano. Questa è la base della nostra rivoluzione: rivoluzione che vogliamo portare a compimento. Lo possiamo fare attraverso le vie legali o le vie extra legali[150].

E ribadì gli stessi concetti in una gremita manifestazione a Napoli: era indispensabile adeguare lo Statuto («rafforzare questo patto, adattandolo alla nuova coscienza nazionale») oppure superarlo («come nel 1848 vi fu uno Statuto albertino, nel 1925 vi deve essere uno Statuto vittorino, che si adatti alla nuova coscienza nazionale») anche senza il consenso di altre forze politiche[151].

---

[147] Piuttosto azzardata, e non confermata da altre fonti, appare a questo proposito la testimonianza di Federzoni, secondo cui Farinacci in quel periodo si fece promotore di una riunione tra esponenti del partito e ministri per affrontare la situazione e preparare, eventualmente, una possibile "successione" al duce; *ibidem*, p. 103.

[148] Cfr. le dichiarazioni rilasciate a «Il Messaggero», 15 marzo 1925.

[149] Per tutta la vicenda e il ruolo di Farinacci in quella occasione, cfr. F. CORDOVA, *Le origini dei sindacati fascisti*, cit., pp. 356-380.

[150] *Il vibrante discorso dell'on. Farinacci*, «Cremona Nuova», 24 marzo 1925.

[151] «Corriere della Sera», 23 aprile 1925; per il discorso al teatro S. Carlo di Napoli, cfr. «Il Mezzogiorno», 31 marzo 1925.

La dialettica interna del Pnf era parecchio aumentata di significato e non bastavano più le semplici divisioni intransigenti/revisionisti/moderati: le "anime del fascismo", per richiamarsi a uno dei più acuti giudizi, erano almeno cinque[152], e tale approccio pareva comunque schematico; lo stesso estremismo era diviso in due componenti diverse, mentre il fronte sindacalista tagliava le varie anime[153]. Una lettera di Masi a Farinacci bene descrive la prassi per la conquista del potere nel Pnf:

> Domenica [22 febbraio] devo andare a Venezia per il congresso [federale]. L'accordo raggiunto davanti a Federzoni e presenti Giuriati, Barbieri e il segretario provinciale, non ha possibilità di esecuzione, perché Giuriati ha modificato le condizioni. Fra l'altro esige che Magrini, pure essendo deputato appartenente a quella federazione, non sia presente alle sedute del direttorio, nonostante che avessimo accettato di ordinare a Magrini il suo disinteressamento delle questioni di Venezia per occuparsi soltanto di una parte della provincia[154].

Il direttorio del Pnf era unanimemente in linea con la politica di Farinacci[155], persino nelle più spregiudicate operazioni politiche, quali il tentativo di fascistizzazione del Senato con la concessione di tessere ad honorem ai senatori, operazione attuata nel marzo con un certo allarme nella stampa costituzionale[156], allorquando Farinacci concesse a 21 senatori di area liberale e cattolico-nazionale la tessera del Pnf e preparò la costituzione di un gruppo parlamentare fascista al Senato[157].

Quando il 13 aprile Farinacci pronunciò poi un durissimo discorso a Robecco d'Oglio con cui chiese l'istituzione della pena di morte per i «traditori della Patria», del domicilio coatto per i «delinquenti politici» e il bando dall'Italia «dei capi dell'opposizione»[158], nonostante il tentativo di minimizzare de «Il Popolo d'Italia» (Mussolini apparve assai

---

[152] VOLT [V. FANI CIOTTI], *Le cinque anime del fascismo,* «Critica Fascista», 15 febbraio 1925.

[153] VOLT [V. FANI CIOTTI], *I due estremismi,* «L'Impero», 20 gennaio 1925.

[154] G. Masi a R. Farinacci, Roma 18 febbraio 1925, in BNB, FRF, b. 32.

[155] Cfr. l'intervista di Franco Ciarlantini, Capo dell'ufficio stampa del Pnf, rilasciata a «Il Popolo d'Italia», 24 febbraio 1925.

[156] *Episodi e commenti della tregua parlamentare,* «Corriere della Sera», 8 aprile 1925 e «Il Piccolo», 7 aprile 1925: «L'on. Farinacci, mentre ferveva la battaglia contro l'on. Di Giorgio al Senato, stava in permanenza nelle sale di Palazzo Madama, catechizzando i senatori amici e eccitandoli alla pugna contro il ministro della Guerra. Anche questa è una novità politica che a noi passatisti può recare qualche sorpresa. Nella sua permanenza a Palazzo Madama, l'on. Farinacci organizzò la riunione dei senatori amici tenuta presso di lui, ma la costituzione di un gruppo di senatori fascisti non fu possibile, essendo stato osservato al segretario del Pnf che non conveniva fare distinzioni troppo nette fra gli amici che il Governo conta a Palazzo Madama».

[157] Cfr. E. GENTILE, *Il totalitarismo alla conquista della Camera alta,* Senato della Repubblica, Rubbettino, Soveria Mannelli, 2002, p. 19.

[158] «Cremona Nuova, 14 aprile 1925.

seccato da quel «don chisciottismo fuori tempo»[159]), nelle testate intransigenti quelle tesi ebbero calorosa accoglienza. L'opposizione levò altissima la propria protesta: «Farinacci vuole lo sterminio degli oppositori», sostenne «Il Popolo»[160], e tutta la stampa non fascista non tardò a parlare di «argomenti terroristici», di «assurda demagogia rivoluzionaria» e a mettere in luce anche una serie di incongruenze e di impossibilità materiali per tradurre in leggi tali «misure eccezionali» volute dal «grande segretario»[161]. Ma poche settimane dopo, sulla scia di nuovi fatti luttuosi (11 fascisti morti in un mese) Farinacci intensificò gli attacchi, addirittura alla Camera e proprio contro Federzoni, intimando al governo l'adozione di «maggiori provvedimenti preventivi», placando così a stento l'ira dei settori estremisti («il governo faccia sì che il fascismo non abbia a domandarsi se debba riprendere le armi per difendere se stesso e la rivoluzione»)[162]. Subito dopo questo attacco, Federzoni, sostenuto da Mussolini, ordinò alle Prefetture di vigilare contro i «residui dell'illegalismo fascista» e di reprimere qualsivoglia manifestazione di forza fascista, nonché di sciogliere eventuali squadre d'azione che il Pnf ricostituisse fuori dalla Milizia. Gli ordini di Federzoni furono perentori, perché era necessario, così il ministro scrisse a Farinacci, «evitare ogni sovrapposizione e sostituzione all'azione di Governo»[163].

I fiancheggiatori, il cui peso specifico nel compromesso mussoliniano era molto alto, miravano al contrario a «derivoluzionarizzare il fascismo, per renderlo in buona parte un loro strumento e farlo rientrare nell'alveo della tradizione conservatrice» (come si vide in occasione della riforma dell'ordinamento dell'esercito, per esempio, con Farinacci, aggiornato dal colonnello Ottorino Carletti, capo di Gabinetto del Ministero della Guerra, che lavorò per evitare rotture tra il fascismo e gli ambienti militari[164]), e guardavano a Mussolini preoccupati soprat-

---

[159] *Un vivace discorso dell'on. Farinacci*, «Il Popolo d'Italia» e «Il Giornale d'Italia», 14 aprile 1925.

[160] *L'on. Farinacci e i delitti politici* e *Farinacci e i mulini a vento*, «Il Popolo», 11, 12 e 15 aprile 1925: «Gli italiani cominciano a leggere annoiati anzichenò la prosa alquanto sconnessa del giovane Farinacci e rimangono sorpresi constatando come le vicende di un grande partito siano ormai alla mercè di un giovane, che sarà attivo e vivace quanto si vuole, ma al quale fa assoluto difetto ogni più umano senso del limite, ogni più squisita dote di riflessione e di ponderazione. Il giovane Farinacci bestemmia una delle più nobili e umane conquiste che l'Italia, veramente madre del diritto, abbia assicurato al suo sistema punitivo».

[161] Cfr. «Corriere della Sera», «La Stampa», «La Tribuna», «Il Giornale d'Italia» e «Il Corriere d'Italia», 14 e 15 aprile 1925.

[162] Per la cronaca, cfr. *Federzoni di fronte a Farinacci alla Camera*, «La Stampa», 23 maggio 1925.

[163] In proposito, cfr. Acs, Mi, ps, 1925, b. 85, fasc. *Fasci*.

[164] Sull'importante tema della fascistizzazione dell'esercito, cfr. il carteggio Carletti-Farinacci, in Acs, Frf, b. 10, fasc. *Carletti*.

tutto di salvaguardare le loro posizioni politico-economiche e le strutture portanti della vecchia società liberal-democratica postunitaria, col proposito di «fagocitare in esso Mussolini e una parte del fascismo»[165]. In breve tempo la posizione ufficiale divenne quella di Corradini, che proprio all'indomani del 3 gennaio, aveva affermato che la rivoluzione fascista si svolgeva nel «vecchio ordine costituito» e doveva consistere «nel superamento del vecchio democraticismo, del vecchio socialismo» per giungere a un regime in cui sopra i partiti prevalesse la sovranità dello Stato («organo attivo dell'unità viva della società nazionale»); il Pnf doveva servire al governo e uniformarsi alla sua volontà, e il governo forte («unico esecutore della rivoluzione fascista») avrebbe impedito l'avvento di una autonoma politica del Partito[166]. Tra i molti, il giudizio di Gramsci dell'estate del 1926, coglieva nel segno:

> Da una parte la tendenza Federzoni, Rocco, Volpi, che vuole tirare le conclusioni di tutto questo periodo dopo la marcia su Roma. Essa vuole liquidare il partito fascista come organismo politico e incorporare nell'apparato statale la situazione di forza borghese creata dal fascismo nelle sue lotte contro tutti gli altri partiti. Questa tendenza lavora d'accordo con la Corona e lo Stato Maggiore [...]. L'altra tendenza è ufficialmente impersonata da Farinacci. Essa obbiettivamente rappresenta due contraddizioni del fascismo. 1) La contraddizione tra agrari e capitalisti nelle divergenze d'interesse specialmente doganali [...]. 2) La seconda contraddizione è di gran lunga la più importante ed è quella tra la piccola borghesia e il capitalismo. La piccola borghesia fascista vede nel partito lo strumento della sua difesa, il suo parlamento, la sua democrazia. Attraverso il partito vuole fare pressioni sul governo per impedire di essere schiacciata dal capitalismo. In generale si può dire che la tendenza Farinacci nel partito fascista manca di unità, di organizzazione, di principi generali. Essa è più uno stato d'animo diffuso che una tendenza vera e propria. Non sarà molto difficile al governo di disgregare i suoi nuclei costitutivi[167].

Del resto nell'intransigentismo una piattaforma programmatica comune era perseguibile e ipotizzabile soltanto attraverso un aperto confronto e una larga discussione che Mussolini era invece assolutamente contrario a concedere e tale programma sarebbe comunque stato ancora "indigesto" a non pochi settori del Pnf (in particolare i revisionisti). Nel marzo «i vecchi capi fascisti» si erano riuniti «non per fare la fronda – dovette giustificarsi Giunta con Mussolini – ma per cercare di ri-

[165] R. De Felice, *Mussolini il fascista. II. L'organizzazione dello Stato fascista, 1925-1929*, cit., p. 9.

[166] E. Corradini, *Governo e partito*, «Gerarchia», gennaio 1925.

[167] A. Gramsci, *Situazione interna italiana. Elementi per la politica interna del Partito*, «Rinascita», 14 aprile 1967, p. 21.

solvere il problema centrale del fascismo». Ma il duce rispose in maniera molto seccata a quella iniziativa, e per interposta persona anche a Farinacci, «deplorando nella maniera più assoluta, coloro che l'hanno provocata e che vi hanno partecipato», e minacciò gravi conseguenze qualora tali riunioni politiche fossero proseguite[168]. L'ostilità con la quale Mussolini represse qualsivoglia iniziativa autonoma della componente intransigente era indubbiamente segnale della scarsa intenzione di fare concessioni politiche e di considerare quella componente solo come deterrente verso i poteri istituzionali e bilanciamento con i gruppi fiancheggiatori. Con l'ostilità di Mussolini (che continuava a guardare in cagnesco i dirigenti che disponevano di qualche solida base in provincia), la possibilità di lavorare a una politica alternativa del Partito rispetto a quella del governo si riduceva drasticamente e doveva essere svolta in forma troppo occulta – per non cadere nel frondismo – da consentire visibilità e, quindi, eventuali risultati. Le stesse riviste intransigenti non ufficiali vivevano in perenne odore di eresia e cadevano sotto ripetuti sequestri, rivelandosi impossibile impostare una seria piattaforma ideologica sotto il pericolo di scomunica.

Tuttavia con l'avvicinarsi del Congresso nazionale, la macchina del Partito era stata presa in pugno da Farinacci, ma ciò poteva non essere sufficiente per influire sulle linee politiche portanti del fascismo. Il contrasto col sindacalismo permaneva abbastanza forte, anche se Farinacci era riuscito a segnare qualche successo per il Partito contro Rossoni (le cui richieste alla Commissione dei Soloni agitarono troppo il Pnf[169]), quando riuscì a istituzionalizzare (e i fatti a Cremona gli davano ragione) la subordinazione del sindacalismo al Partito. La manovra, abilmente preparata in direzione del Pnf il 19 aprile[170], venne approvata dal Gran Consiglio quattro giorni dopo: gli scioperi, quale ultima risorsa, potevano essere effettuati solo col consenso del Pnf e i dirigenti del movimento sindacale dovevano essere nominati d'accordo con il partito e le sue federazioni[171]. Farinacci, al Consiglio nazionale delle corpo-

---

[168] Per tutta la vicenda, cfr. ACS, SPD, C/R, b. 40. Fasc. *Farinacci*.

[169] F. PERFETTI, *Il sindacalismo fascista, I. Dalle origini alla vigilia dello Stato corporativo (1919-1930)*, Bonacci, Roma, 1988, p. 101.

[170] «Cremona Nuova», 19 aprile 1925. A Cremona, per il Natale di Roma, aveva affermato ancora: «il sindacalismo deve essere controllato e deve essere alle dirette dipendenze del partito fascista, perché solo noi del partito dobbiamo assumere le responsabilità del movimento sindacale»; *Il discorso dell'on. Farinacci*, «Cremona Nuova», 23 aprile 1925.

[171] Il Gran Consiglio recepì tutte le istanze del segretario del Partito, con grande soddisfazione di questi; in proposito cfr. [R. FARINACCI], *Il trionfo del nostro sindacalismo*, «Cremona Nuova», 26 aprile 1925, dove si affermava che era indispensabile – come da tempo egli sosteneva (e aveva realizzato nel cremonese) – «l'integrazione tra l'azione politica e quella sindacale del fascismo, per eliminare ogni possibilità di conflitto» e che per

razioni, venne accolto trionfalmente (anche per aver condannato «l'egoismo delle classi padronali») e sanò le divergenze con Rossoni[172], ma il Partito dovette faticare nel far accettare la sua supremazia alle corporazioni e, soprattutto, la scelta dei dirigenti provinciali[173]. Poco dopo Farinacci completò l'operazione di rafforzamento del Partito con la ratifica della subordinazione, di fatto, della Mvsn al Pnf, deliberando in direttorio l'ingresso nel massimo organo del Partito del comandante generale della Milizia: un soddisfatto Farinacci poteva così dichiarare che d'allora in avanti sarebbe stata «imposta a tutti un'unica direttiva e un'unica disciplina»[174].

Il ruolo di segretario del Partito, intanto, era di gran lunga dilatato da Farinacci, che si mise a impartire disposizioni anche agli stessi deputati fascisti[175], invitandoli (per esempio in occasione della giornata commemorativa del 10 giugno, ipotizzata dalle opposizioni aventiniane alla Camera) a tenersi a disposizione del Partito, presso la sede: quasi 200 colleghi risposero all'"ordine" (e i più riottosi che contestarono quella autorità furono espulsi dal Pnf[176]), e vennero pure arringati da Farinacci sulla disciplina che essi dovevano alla sua carica («come io sono ciecamente disciplinato al duce, così ho il diritto di pretendere da voi uguale disciplina»)[177]. Anche nella terminologia impiegata Farinacci alzò il tiro, definendosi «capo» piuttosto che semplice «segretario», cui spettava il compito di «comandare» il Partito (da qui, quindi, ulteriori divergenze con Mussolini, pur «duce del fascismo», in una sempre più

questo i dirigenti provinciali sindacali dovevano essere nominati d'accordo con le federazioni del Pnf: «sottoporre il movimento sindacale a un più diretto controllo del partito avrà per effetto [anche] di evitare che quest'ultimo si estranei dalle lotte economiche che hanno una diretta ripercussione sulla vita politica del paese».

[172] Farinacci tenne un discorso semplice e rivolto a non "infierire" sulla raggiunta dipendenza dal Partito delle corporazioni (F. CORDOVA, *Le origini dei sindacati fascisti*, cit., p. 401): «Fra me e Rossoni non sono mai esistiti dissidi. Le ultime direttive del Gran Consiglio saranno vantaggiose tanto al partito quanto alle Corporazioni. L'accordo deve essere perfetto al centro e alla periferia. Le varie situazioni saranno esaminate sul luogo dai capi dei due grandi organismi. Il sindacalismo si avvantaggerà della solidarietà del partito»; *L'assemblea acclama il discorso di Farinacci e ne vota l'affissione in tutti i Sindacati*, «Cremona Nuova», 28 aprile 1925.

[173] In proposito la testimonianza di G. Masi a R. Farinacci, Roma 1° luglio 1925, in BNB, FRF, b. 32.

[174] [R. FARINACCI], *E come si marcia*, «Cremona Nuova», 22 maggio 1925. Nel Paese gli attriti tra le due organizzazioni andarono diminuendo, a beneficio – come aveva pronosticato Farinacci – di «una accresciuta efficienza di tutti gli organismi fascisti».

[175] Neppure un mese prima aveva «dato potere ai direttorii federali di prendere energici provvedimenti a carico dei deputati che non frequentano lavori parlamentari»; R. Farinacci a B. Mussolini, Roma 17 maggio 1925, in ACS, SPD, C/R, b. 40, fasc. *Farinacci*.

[176] Tra questi Terzaghi, per esempio; *L'espulsione dell'on. Terzaghi dal fascismo*, «Corriere della Sera», 12 giugno 1925.

[177] *Grande dimostrazione popolare per l'on. Farinacci*, «Cremona Nuova», 11 giugno 1925.

indefinita distinzione dei ruoli)[178], con le prime pagine dei giornali, intanto, sempre più spesso occupate dagli interventi politici e dalle prese di posizione del segretario, che attiravano l'interesse dell'opinione pubblica e tenevano desta l'attenzione dei fascisti.

Le uniche voci contrarie a questa politica estremista, che raggiungeva livelli tali (pure nel confronto con la Corona e la Chiesa cattolica[179]) da rivelarsi priva di efficacia in molti casi, provenivano dal campo revisionista, dove Bottai, e anche altri scrittori come Spampanato e Casini[180], sottolineavano quanto fosse sterile la posizione intransigente, valida sì per l'oggi «nel difendere la rivoluzione dall'assalto dei sovversivi e degli spodestati», ma incapace di provvedere al domani[181]; e cioè a pensare come difendere e attuare le riforme legislative e istituzionali: tutto il Partito doveva essere coinvolto nel dibattito d'idee e programmi per l'edificazione del nuovo Stato, non soltanto gli estremisti («che vogliono tagliare teste a tutto spiano e immettono ad honorem nel partito teste d'ogni risma a fattura liberal-democratica»), affinché si pervenisse al coinvolgimento completo del Paese e al mantenimento della rivoluzione. I revisionisti criticavano l'eccessivo verbalismo degli intransigenti, sterile e fine a sé stesso, tuttavia essi concordavano sull'eventuale ripresa dell'attivismo rivoluzionario, ritenendo anche loro che il fascismo, conquistando il governo, non si era impadronito solo che di «un mezzo per trasformare lo Stato» e che a quella conquista doveva seguire la vera «rivoluzione di forme politiche, di valori religiosi, di mentalità»[182].

A dispetto dell'attività e dei risultati conseguiti da Farinacci (calorose accoglienze salutavano nella penisola le manifestazioni del segreta-

---

[178] Cfr., in proposito, le osservazioni in *Parla Farinacci,* «La Sentinella», 24 marzo 1925.

[179] Cfr. [R. FARINACCI], *Sire, siate meno generoso*, [R. FARINACCI], *L'eloquenza dei fatti* e *Sdegnoso discorso dell'on. Farinacci*, in «Cremona Nuova», 13 giugno, 16 e 25 agosto 1924; echi anche in «Corriere della Sera», 13 e 14 agosto 1924.

[180] «Abbiamo creduto, all'arrivo a palazzo Wedekind dell'on. Farinacci, in una solida e piena ripresa fascista. Ci si offre invece una serie di begli articoli e di degne ragioni, seguiti da assassinii di fascisti e da recrudescenze poliziesche contro bravi ragazzi, incendiari, forse, di qualche pacco di giornali. I Soloni? Mah, ponzano! Le sfere dirigenti? Proclamano l'integralismo e ci mandano a letto con l'attesa dell'alba che non viene, tanto è buio pesto dalle nostre parti»; B. SPAMPANATO, *L'ora dei reazionari,* «La Rivoluzione Fascista», 1° giugno 1925 e G. C[ASINI], *Passato e futuro della rivoluzione*, «La Rivoluzione fascista», 15 maggio 1925.

[181] Duro il giudizio di Bottai: «È un estremismo in pantofole. Buono a spaventare in un primo tempo, a far sorridere in un secondo, a far ridere in un terzo. Ora, siamo vicini al terzo tempo»; *Estremismo in pantofole*, «Critica Fascista», 1° maggio 1925.

[182] *Le cose più grandi di noi (lettera aperta a Roberto Farinacci)*, «La Rivoluzione Fascista», 1° marzo 1925.

rio: 50 mila persone a Genova e Napoli, 20 mila a Reggio Emilia[183]), la situazione rimaneva fluida; come relazionava Masi:

Caro Farinacci, nell'imminenza del Congresso è necessario che ti illustri alcuni delicatissimi punti della situazione [...] desunti da molti indizi e da precise informazioni fornite da amici e da avversari (massoneria Giustiniani, confidenze, ecc.) e le considerazioni relative:

1°. Il segreto piano di Federzoni è tutto in queste parole da lui confidate a un amico d'infanzia (patrizio bolognese): "La presidenza, quando sarà matura, mi cadrà da se stessa senza che io mi muova, a condizione appunto che io non mi muova; se mi muovo ella mi sfuggirà". Federzoni è fedele al regime ed è fedele al Presidente, ma egli guarda lontano, prevede e previene. La sua acutissima furberia, mal celata sotto l'aspetto di calda e simpatica bonarietà, lo guida in modo che i fascisti non possano sospettarlo, e gli avversari non debbano detestarlo. [...] Sono persuaso che egli, nell'interesse del regime agisca bene rappresentando, nei due teatri parlamentari, la parte del finto tonto pacifico che persuade fervidamente nulla esservi di anormale di rivoluzionario di allarmante, tutto continuare secondo la migliore tradizione liberale. Ma egli segue, attraverso i prefetti, un metodo meramente elettoralistico (Italia meridionale) che è antifascista e corruttore e, per le sue conseguenze, nefasto al rinnovamento spirituale che noi perseguiamo. Inoltre il temperamento suo, parlamentare, è pericoloso per il partito che vincerà a patto d'essere risoluto e intrepido. Egli è l'uomo della pacificazione e della normalizzazione, saggio ed esperto, non è l'uomo della lotta e dell'ardimento, non è un temperamento apostolico. Ma il partito è nel suo formarsi: il metodo Federz[oni] minaccia di soffocare il partito nella sua formazione.

2°. Fed[erzoni], ministro dell'Interno, comanda i prefetti e, attraverso i prefetti, può decidere della divisione e costituzione dei collegi, della nomina dei deputati. A questo egli tende, naturalmente. Tu devi controllare sopra tutto le Federazioni e attraverso le Federazioni i prefetti, e attraverso le Federazioni i deputati e impedire che ai deputati (d'accordo coi prefetti) servano le Federazioni.

3°. Salve ottime eccezioni (Ercole, Corradini, ecc.) il vecchio gruppo nazionalista, per temperamento, per consuetudine, per amicizia, è e vive sempre collegato, per questo costituendo una fronte compatta minaccia di diventare come uno Stato maggiore nel partito. Fra essi abbondano i conservatori [...] che dispregiano il nostro temperamento popolano passionale rivoluzionario [...]. Il loro metodo di azione è quello del rosicchiamento e del corrodimento lento continuo silenzioso, è quello dell'accaparramento di uomini e di posizioni [...].

4°. Richiamo ancora le tue affermazioni su Rossoni. Ti ricordo l'intimità Forges-Rossoni, le relazioni e gli interessi (Idea Nazionale – Confederazione

[183] *Giornata d'entusiasmo*, «Cremona Nuova», 28 aprile 1925. A Genova, dove il fedele amico Gerardo Bonelli aveva allineato il fascismo locale alle direttive farinacciane, il tributo delle camicie nere a Farinacci fu enorme: portato in trionfo, la sua partenza venne salutata persino con fuochi d'artificio; «Cremona Nuova», 10 maggio 1925.

dell'Industria). Rossoni non si assoggetta a noi, non credere. Rossoni, altro insetto furbissimo, ha fiutato nel gruppo nazionalista uno Stato maggiore solido, che gli dà maggiore affidamento. Se ciascuno di noi è forte e temibile, noi non siamo riusciti a costituire un organismo compatto. Eppure molti dei nostri segretari sono buoni leali fiduciosi e forti. D'Addabbo di Bari, Turati, molti altri che io ho interrogato profondamente, sono vivi e pronti. Basta che tu mi dia il consenso e io sono pronto ad avviare con tatto e con lealtà una bella fronte unica. È necessario che i segretari sindacali siano sicuri ad ogni costo.

5°. Nella questione delle riforme, Giovanni Gentile, che sottoscrive entusiasticamente a queste mie considerazioni, e mi incita al lavoro, e che ha sentito con profonda convinzione la necessità della tua presenza alla Segreteria, è preso tra due fuochi: quello dei conservatori liberali (Coppola, Suvich, Lanzillo) da [noi] più volte redarguiti, i quali non vogliono saperne di sindacati e di riforme (se prevalessero noi saremmo colpevoli verso il partito come di tradimento); e quello del demagogo Rossoni (sostenuto da Forges) [...]. Questa sozza frode bisogna combatterla [...][184].

Temperamento impulsivo e soggetto a qualche faciloneria, tuttavia Masi dava indicazioni molto chiare, e che Federzoni andasse gradatamente costruendosi una propria corrente era noto, così come era noto allo stesso Mussolini quanto le ramificazioni federzoniane fossero diffuse nel sottobosco ministeriale e fossero a tal punto estese da giungere a condizionare non pochi aspetti della vita dello Stato, della società e dell'economia[185]. La dialettica interna, a dispetto dell'unità di facciata (Farinacci invitò proprio Federzoni a Cremona, ma non esitò a far nominare sottosegretario all'Interno il fidato Teruzzi[186]), si era dilatata al punto da preoccupare Mussolini, deciso a riprendere salda-

[184] G. Masi a R. Farinacci, Roma 24 maggio 1925, in BNB, FRF, b. 32.

[185] Della questione si occuparono, dietro intervento di Mussolini, indagini di polizia politica. Affidate a uno dei più importanti fiduciari, Odoardo Lupi (numero in codice 260), le indagini iniziate alla fine del 1926 appurarono che appartenevano al gruppo di Federzoni («una sorta di "massoneria" che sosteneva interessi non bene identificabili») i deputati nazionalisti Pellizzari, Paolucci, Maraviglia, Forges Davanzati, Parolari e Guglielmotti. Venne messo in luce un vasto organigramma di collaboratori palesi e occulti, che avevano il punto di riferimento in Gino Gasperini e confermata l'esistenza di collegamenti trasversali e di contatti molto stretti tra diversi settori dello Stato. Da un punto di vista strettamente politico, il gruppo «cercò alimentare il malumore verso il fascismo procurando materiale per le opposizioni. Per ordine di S. E. Federzoni, il Foschi [che poi il gruppo abbandonò] fece bastonare l'on. Amendola, il Susi e poi altri». La relazione finale sull'indagine, datata Roma 28 maggio 1928, è conservata in ACS, SPD, C/R, b. 87, fasc. *Lupi Odoardo*. Anche secondo Masi, che denunciava la cosa a Farinacci, Gasperini era il braccio operativo (e a volte anche la mente stessa) di Federzoni; G. Masi a R. Farinacci, Roma 14 luglio 1925, in BNB, FRF, b. 32.

[186] Il deputato lecchese prese il posto dell'incerto Grandi (passato agli Esteri), la cui azione al Ministero si era rivelata inutile per il segretario del Partito; cfr. «La Stampa», 14 maggio 1925.

mente la guida del Pnf e per questo non tardò ad ammonire il segretario che:

> È tempo che si dica basta, con una circolare riservata o con istruzioni orali (meglio queste ultime), alle suddivisioni del fascismo. Avviene che l'integralismo, il revisionismo, l'estremismo siano il sostantivo e il povero fascismo diventi l'aggettivo appiccicato. Queste distinzioni sono squisitamente cretine e io le respingo. [...] Non vorrei che il Congresso del 21 giugno si risolvesse in una specie di idiotissima geremiade, nella quale darebbero spettacolo questa specie di noiosi "salici piangenti" [...]. Chi lavora seriamente e duramente nel Partito e nel Governo per il Fascismo e per la Nazione, ha diritto di non essere tediato coi pianti degli impotenti e dei delusi[187].

Nella primavera del 1925 il consenso sembrava volgere di nuovo a favore del fascismo: per mostrare che esso era reale, piuttosto che apparente, Farinacci additò le elezioni amministrative parziali, in considerazione che nelle località dove esse si erano tenute i risultati avevano arriso favorevolmente al Pnf in tutta la Penisola (risultati con votanti superiori al 70% e a favore delle liste fasciste si erano ripetuti a Reggio Emilia, Faenza, Giulianova, Nardò)[188]. E Farinacci premette ancora l'acceleratore per superare le vestigia dello Stato liberale e preparare l'avvento dello Stato fascista, avanzando la proposta di controllare le autonomie locali attraverso una riforma riduttiva dei poteri locali (e che in quel momento destò scalpore pure nello stesso governo[189]): «i commissari [prefettizi] sono pochi, e bisogna aumentarli. Io abolirei le elezioni e le amministrazioni ove esistono ancora. Con i Commissari governativi si risolverebbero tutte le questioni locali. Non deve essere ammissibile che in un paese un'amministrazione faccia politica diversa dalle direttive del Governo»[190].

Il partito, intanto, per far sentire, il suo peso, doveva essere compatto e disciplinato: Farinacci da questo punto di vista aveva lavorato in profondità e nel giugno, allorquando si tenne il quarto (e ultimo) congresso, il suo controllo sul Pnf era sicuro. In quell'occasione gli interessi di Farinacci coincisero con quelli di Mussolini, che non voleva avere noie dal suo partito, ragion per cui quel congresso non avrebbe «dovuto discutere nulla, ma solo constatare l'attività fascista del governo e

---

[187] B. Mussolini a R. Farinacci, Roma 14 maggio 1925, in ACS, SPD, C/R, b. 43, fasc. *Farinacci*.

[188] «Cremona Nuova», 12 maggio e 2 giugno 1925.

[189] *La riforma comunale richiesta da Farinacci*, «La Nazione», 13 maggio 1925, anche per una rassegna delle posizioni contrarie.

[190] A. MELCHIORI, *Dalla vittoria di Reggio ai Podestà*, «Cremona Nuova», 14 maggio 1925.

ratificarla, e soprattutto offrire al Paese la visione di un Partito fascista che aveva superato le divisioni, le correnti e che, "granitico" e disciplinato, eseguiva gli ordini del duce»[191]. Farinacci doveva anche aver lavorato bene dietro le quinte, se poteva permettersi di anticipare che tutte le relazioni avrebbero avuto senz'altro «immediata approvazione dal Congresso, perchè il fascismo, in questi ultimi tempi, ha trovato la sua unità di indirizzo e di metodo»[192]. In effetti che «il partito avesse cominciato a funzionare soltanto in questi ultimi mesi», e grazie «all'opera e al prestigio dell'on. Farinacci e dello scapigliatissimo squadrismo», era opinione diffusa e così dichiararono anche Balbo e De Vecchi. Al teatro Augusteo, il 22 giugno, Farinacci nell'esporre la sua relazione, se sostenne che il Partito era «finalmente un esercito solo, un'anima sola», premette sul tasto dell'intransigenza, rivendicando l'«opportunità» della sua nomina a segretario e ricordando che il Pnf era uscito dalla crisi soltanto grazie al riconoscimento ai segretari provinciali della «massima autorità» (e chiosò: «ci tengo a dichiarare che è da augurarsi, per tutte le province, l'autorità predominante di uomini che sappiano incarnare l'idea tipo del ras, intelligente, fervido, risoluto. Dove questi uomini ci furono e ci sono, la nostra posizione si è mantenuta forte e vigorosa, e spesso si è aumentata»[193]). Il dissidentismo era stato stroncato e la disciplina restaurata: ma questa doveva valere per tutti...

> I deputati, quanto è maggiore la loro autorità, tanto più devono sentire che il Partito, sempre in lotta, deve essere obbedito e servito con intelligenza, con fedeltà, con gioia. Se ultimamente, per impedire che l'opposizione ripetesse le turpi rappresentazioni sul delitto Matteotti, ho impartito ordini severi, ho anche assunto la responsabilità degli ordini. Chi non ha obbedito è stato espulso. Guai al partito, se in tali momenti si dovesse discutere e se nell'ora dell'azione si concedesse di filosofeggiare[194].

E ribadì che Milizia, organizzazioni parallele giovanili, femminili e culturali (sotto la segreteria Farinacci venne anche creato l'importante Istituto di cultura), enti locali e sindacati («l'attività economica è e deve essere sempre in funzione dell'attività politica») dovevano essere rigidamente ricondotte sotto l'egida e il controllo del Partito. Non si spinse oltre, Farinacci, nell'affrontare le delicate questioni connesse alla ri-

---

[191] R. De Felice, *Mussolini il fascista.* ii. *L'organizzazione dello Stato fascista, 1925-1929*, cit., p. 127.

[192] *I lavori del Congresso* e R. Farinacci, *Verso il Congresso Fascista*, «Cremona Nuova», 18 e 19 giugno 1925.

[193] Non a caso tali affermazioni non sono riportate nella relazione di Farinacci pubblicata su «Il Popolo d'Italia», 23 giugno 1925.

[194] *La relazione del Segretario gen. del Partito*, «Cremona Nuova», 23 giugno 1925.

forma dello Stato (tra l'altro il tema venne lasciato ai suoi stretti collaboratori, Masi e Forges)[195], ma volle soltanto accennare all'ultima questione che gli stava a cuore e che sentiva come un servizio reso a Mussolini, al governo e allo stesso fascismo, allorquando affermò di «essere il capro espiatorio di tutti gli odi, di tutti i rancori dei nostri avversari: di questo sono orgoglioso. Questo odio documenta la mia dirittura morale e politica, e documenta il danno che ho loro inferto». Il congresso, come detto, non discusse nulla, limitandosi a votare per acclamazione le relazioni sui vari temi e si rivelò quindi poco significativo (solo Maraviglia provò a spingersi oltre, affrontando il delicato tema dei rapporti partito-governo)[196], ma dette a Mussolini la garanzia di non avere preoccupazioni dal Pnf e a Farinacci, rieletto segretario per acclamazione, «pieni poteri» (l'assemblea delegò al segretario persino la scelta del nuovo direttorio)[197].

Già nel secondo semestre del 1925 si verificò un netto miglioramento della situazione politica e, soprattutto, del fascismo nel Paese[198]: molte relazioni periodiche delle Prefetture disegnarono al ministro dell'Interno un quadro positivo del fascismo, ovunque in crescita, sia di attività che di consensi, e in pieno sviluppo con le sue organizzazioni politiche e sindacali[199]. Non a caso Farinacci organizzò subito una serie di visite nelle varie regioni per mantenersi in contatto con i quadri locali, per interpretarne i sentimenti e la volontà[200]; era il momento migliore per attribuire «tutto il potere a tutto il fascismo». Per la vera e propria

---

[195] Si veda R. FORGES DAVANZATI – G. MASI, *Il problema politico e le riforme*, «Cremona Nuova», 18 giugno 1925.

[196] Per le discussioni cfr. «Il Popolo d'Italia» e «Cremona Nuova», 23 giugno 1925.

[197] *La sagra dello squadrismo*, «Avanti!», 23 giugno 1925. Pure «La Stampa», 23 giugno 1925, parlò di «pieno trionfo» del segretario. Farinacci costituì il Direttorio con le conferme di Forges e Masi (propaganda e cultura), Maraviglia (enti autarchici), Barnaba (segreteria amministrativa), Ricci (avanguardie e balilla), Turati (corporazioni e cooperative) e Melchiori e Mazzolini. Avrebbero inoltre partecipato alle riunioni del Direttorio anche il comandante della Mvs (Gandolfo), il segretario delle Corporazioni (Rossoni) e il segretario dei Fasci all'estero (Bastianini); «Cremona Nuova», 24 giugno 1925.

[198] Cfr. le varie relazioni prefettizie, in ACS, MI, PS, G1 Associazioni, b. 220.

[199] Piuttosto eloquente, in proposito, la sintetica segnalazione del prefetto Rossi: «In questa provincia [Cremona] non esiste un'apparente attività sovversiva e antinazionale, tenuto conto della specialissima situazione di compatta ed unanime adesione al movimento fascista»; Il prefetto al Ministro dell'Interno, Cremona 1° luglio 1925, in ACS, MI, PS, G1 associazioni, b. 220, fasc. 460.

[200] Emilio Gentile ha sottolineato molto bene: «Farinacci intendeva dare al partito una nuova vitalità interna, cercando di conciliare l'imperativo della disciplina militaresca con la libera partecipazione alla discussione, per coinvolgere più attivamente e consapevolmente i militanti nella vita dell'organizzazione. Per lo stesso motivo difendeva il principio della elettività dei dirigenti, quale fonte di legittimazione dei capi e base del rapporto di fiducia fra militanti e dirigenti»; E. GENTILE, *Fascismo e antifascismo. I partiti italiani fra le due guerre*, Le Monnier, Firenze, 2000, p. 162.

trasformazione costituzionale dello Stato, allora nel vivo del dibattito, Farinacci si limitava a sostenere «il rafforzamento del potere esecutivo»[201], ma riservandosi l'ultima parola sulla questione, perché la preoccupazione che tutto potesse finire «alle calende greche» lo obbligava ad accelerare sulla questione sindacale (voleva il «riconoscimento giuridico dei sindacati» e la «rappresentanza politica dei rappresentanti delle forze produttive nelle istituzioni legislative dello Stato»[202]), ma anche ad accogliere obtorto collo qualche soluzione non gradita[203], onde scongiurare il preventivato puro e semplice ripristino della lettera dello Statuto e il rafforzamento dell'esecutivo a discapito del legislativo dei Soloni[204]. Con grave scacco, in sostanza, per il fascismo (che non poteva certo «accontentarsi di quel piatto di lenticchie»), tanto che persino Bottai, allora, si disse «pronto a lavorare con [Farinacci] per la causa comune, con entusiasmo», essendo anch'egli contrario alle "innovazioni" costituzionali proposte dai Soloni[205].

Il viaggio del segretario nell'Italia meridionale, in particolare in Sicilia, assunse quindi un forte significato per il Partito: occorreva realizzare una netta rottura fra lo Stato liberal-democratico e quello fascista, rottura che invero nel meridione assumeva nitidamente i contorni dell'assorbimento del primo a danno del secondo o, peggio, della «continuità»[206]. Si doveva assolutamente vietare ai fascisti di scendere al compromesso per accedere al potere locale. Già Masi aveva segnalato che in Campania e in Sicilia la componente strettamente fascista aveva ab-

---

[201] Intervista rilasciata da Farinacci, *L'azione creatrice del fascismo*, «Il Secolo», 26 maggio 1925.

[202] Nel primo numero del settimanale della Federazione cremonese delle Corporazioni sindacali fasciste, sia Farinacci che Gerevini esposero il loro programma: «Né odi, né vendette, né lotte di classe, ma amore per il proprio dovere, volontà di produrre sempre di più, di rendere sempre più potente lo Stato fascista. "Marcia Sindacale" sosterrà con tutte le forze il riconoscimento giuridico dei sindacati e l'istituzione di una magistratura del lavoro, necessaria per regolare i rapporti fra classe e classe, per sottrarre lavoratori e datori di lavoro alla demagogia dei partiti. Vogliamo che lo Stato regoli i rapporti fra i vari fattori della produzione»; R. FARINACCI, *Avanti, avanti sempre* e G. GEREVINI, *Origini e propositi,* «La Marcia Sindacale», 25 ottobre 1924.

[203] Farinacci criticò ferocemente le riforme dei Soloni rivolte alla risoluzione del problema sindacale; sulla questione, centrale nel futuro assetto del nuovo sistema politico, Farinacci non transigeva, chiedendo, sulla base della sua esperienza nel cremonese: «a) obbligatorietà per tutti i produttori di iscriversi nei sindacati; b) riconoscimento giuridico dei sindacati stessi e quindi conferimento di valore giuridico ai patti stipulati; c) arbitrato obbligatorio; d) magistratura del Lavoro; e) rappresentanza dei sindacati nelle Assemblee legislative»; [R. FARINACCI], *La questione dei sindacati*, «Cremona Nuova», 2 luglio 1925.

[204] F. PERFETTI, *La Camera dei Fasci e delle corporazioni*, cit., p. 51 e sgg.

[205] G. Masi a R. Farinacci, Catanzaro 11 luglio 1925, in BNB, FRF, b. 32.

[206] M. BERNABEI, *Fascismo e nazionalismo in Campania (1919-1925),* Edizioni di Storia e Letteratura, Roma, 1975, p. 202 e sgg.

dicato e gli avversari nazionalisti-liberaldemocratici avevano il controllo della situazione, ma così era anche in molte altre province meridionali. La previsione, sempre secondo Masi, era che «le due anime [del fascismo]: la nostra, popolana appassionata rivoluzionaria apostolica e guerriera, e l'altra, giolittiana moderata pacifista accomodante e conservatrice» sarebbero per forza venute «al cozzo»:

Voglio ancora pregarti di tenere presente l'Italia meridionale. Bisogna ad ogni costo rompere la catena giolittiana (deputati, prefetti, ministro), bisogna fregarsene delle elezioni, bisogna difendere il partito affidandolo a pochi uomini, agli uomini nuovi. Se noi veniamo a patti – per qualsiasi ragione – diventiamo corruttori e ci facciamo responsabili come di un delitto. Tu sei un uomo forte e pieno di passione e la tua intransigenza vigorosa appassionata e dritta costituisce per il partito una forza incalcolabile. È meglio perdere che mollare di un millimetro. A Catania, a Trapani, dovunque, tu devi essere fascista. I nostri vedono te come il loro difensore intrepido [...], io li ho sempre rassicurati, dicendo: Farinacci non cede a nessuna pressione, non cede a nessun compromesso, a nessun calcolo[207].

Con queste indicazioni Masi sfondava una porta aperta; ma occorrevano tempo e lavoro per migliorare (specie nel meridione) la situazione e capovolgerla a vantaggio del Pnf, soprattutto in quelle realtà locali dove il fascismo non disponeva di valida alternativa intransigente (a Messina, Belluno, La Spezia e Venezia[208]): «occorreva tatto e tenacia, concordava Masi, per collocare ai posti di comando, nelle province, i nostri, del nostro temperamento». Ed era anche necessario lavorare sugli stessi nazionalisti, per strappare loro gli uomini migliori. Del resto i nazionalisti non stavano con le mani in mano, anzi, a luglio scoppiò una grossa questione, allorquando i dirigenti fascisti di Belluno, Fiume, Trapani e Trento resero noto a Farinacci che il ministero dell'Interno aveva dato disposizioni alle locali prefetture e questure per «scalzare» le federazioni provinciali del Partito (magari anche «servendosi delle stesse opposizioni») e che «non si tenesse conto in nessun modo delle federazioni fasciste»[209]. Per di più anche al suo interno l'intransigentismo non

[207] G. Masi a R. Farinacci, Roma 1° luglio 1925, in BNB, FRF, b. 32.

[208] Il prefetto di Venezia a R. Farinacci, 21 giugno 1925, in BNB, FRF, b. 22.

[209] «Siamo tranquillissimi, perché il fascismo in provincia [di Belluno] è granitico, ma Ella Professore può ben comprendere che non si può durare all'infinito in una lotta che si fa ogni giorno più aspra»; Il generale Probati a G. Masi, Belluno 18 agosto 1925. La cosa ebbe lunghi strascichi, e Federzoni, presente Teruzzi, negò recisamente la cosa, accampando varie motivazioni pur poco convincenti; G. Masi a R. Farinacci, Roma 16 luglio 1925 e G. Masi ad A. Teruzzi, Roma 13 luglio 1925, in BNB, FRF, b. 22, b. 32 e b. 62. Per l'altrettanto complessa situazione di Trapani, G. Masi a R. Farinacci, Roma 3 giugno 1925 (con allegato lungo pro-memoria), *ibidem*.

era unito, ma minato da contrapposizioni personalistiche, anche gravi come a Parma e Pavia[210]. Balbo, per esempio, non era favorevole a Farinacci e in Romagna e Toscana manteneva vivi contatti che creavano divisioni e contrasti. Pure il sindacalismo era ancora diviso e quasi inesistente da un punto di vista operativo[211].

Farinacci non era dell'opinione (contrariamente a Masi e Varenna) che «la lotta tra le due anime fosse inevitabile», ma certo per qualche momento dovette pure pensare (in agosto) all'attacco contro i moderati. Il progetto consisteva nel rinnovare l'intero Direttorio (facendo dimettere i fedelissimi Barnaba, Masi, Melchiori e Ricci) per estromettere di conseguenza i nazionalisti Maraviglia e Mazzolini (Forges sarebbe rimasto a "garanzia") e sostituendoli con Bianchi, D'Addabbo e persino Bottai. Il momento non era scelto a caso, in quanto la segreteria andava subendo attacchi da settori della massoneria e dai nazionalisti, che avevano «lavorato in modo da accaparrarsi le cariche più importanti e da riscuotere la fiducia del Duce», ed erano essi «i padroni della situazione»[212]. Ma al di là delle congetture, tra l'altro da verificare, la posizione del «grande segretario» era assai solida. A dimostrarlo pro-

---

[210] Cfr. BNB, FRF, b. 22. Parma, invece, si rivelava ancora un caso piuttosto complesso: qui la lotta politica si intrecciava con gli interessi affaristici e la guida della federazione garantiva la gestione di un potere che andava oltre lo stesso fascismo. Per divergenza di opinioni e di contenuti, Farinacci aveva sempre combattuto l'originario fascismo parmense (rappresentato da Enzo Ponzi, Luigi Passerini), perchè molto moderato nel suo contenuto sindacale e in odore di revisionismo. Al suo primo commissariamento si era appoggiato su Stevani, l'onorevole Gabbi e il Fascio cittadino, ma la forza di questi intransigenti era molto ridotta in provincia (specie a Borgo San Donnino, feudo dell'onorevole Ranieri). Per questo il gruppo dovette appoggiarsi sui "poteri forti" della città, tra i quali il conte Luigi Lusignani, titolare di una banca e vero "proprietario" della città. L'ingresso di questo "chiacchierato" personaggio, nel dicembre 1924, provocò contrasti e scissioni, tanto che Ranieri uscì dal Pnf (per un riassunto cfr. «La Stampa», 16 dicembre 1924). Farinacci continuò a sostenere la componente intransigente (ma che ormai era quasi fagocitata da Lusignani) ancora a lungo (cfr. anche la relazione del direttorio del Fascio di Parma, 31 marzo 1925, in BNB, FRF. b. 22), sebbene il banchiere finanziasse pure organi di stampa a lui avversi (così Masi a Farinacci: «Ho appreso oggi che Lusignani sussidia "Il Regno" di Pedrazzi, altro scherano del gruppo [Federzoni]. Fammi il piacere di scrivere due paroline al nostro amico di Parma», *ibidem*).

[211] Allarmata una informativa di Masi, secondo cui Rossoni stava «massacrando le corporazioni», le tessere erano appena 300 mila e i «migliori erano profondamente scoraggiati [...]. Là tutto è in frantumi, tutto è flaccido, tutto è addomesticato. Non hanno (siamo alla metà di luglio) una lira in cassa! Senza uffici, senza ordine, senza dati statistici, senza coordinamento, senza direzione. Rapporti intimi tra [Rossoni] e Forges-Federzoni, rapporti intimi fra questi e la Confindustria. Quando aprirai gli occhi? È molto meglio per noi perdere la battaglia combattendo con onore e quando siamo in forze; ma perdere lentamente senza reagire e senza agire, questo non è da te né da noi». G. Masi a R. Farinacci, Roma 15 luglio 1925, *ibidem*.

[212] In proposito l'ampia relazione circa l'atteggiamento della massoneria di Palazzo Giustiniani nel luglio 1925, in BNB, FRF, b. 32.

prio la visita nel sud, a cui i fascisti attribuivano «importanza grandiosa» e l'aspettavano «come una liberazione». Era Alfredo Cucco, l'intransigente federale di Palermo, ad avvertirlo comunque che aveva ragione Masi, perché «la realtà di ogni giorno dimostra[va] a noi con dolore, e agli altri con sempre maggiore scetticismo, che quelle direttive a cui il partito si ispira» non venivano in Sicilia «secondate dalle autorità»:

I prefetti, che hanno una mentalità a sfondo soprattutto quietista ed elettoralistico, vogliono contemperare le vecchie forze e le forze grigie con le nuove forze del fascismo, e in questo modo mentre credono di realizzare situazioni di equilibrio, riescono invece a sabotare il fascismo e a inibirne lo sviluppo, non soltanto spirituale, ma anche politico [...]. In Sicilia (e un po' anche in tutto il meridione) non ci possono essere, tra i vecchi politicanti, "fiancheggiatori", ma solamente dei "fiancheggiati". Intanto possono conservare una larva di sopravvivenza, in quanto possono presentarsi ancora al pubblico come "governativi", ed in questo modo usufruiscono per vivere politicamente di quelle calorie che il governo fascista sottrae al nostro organismo di partito per largirle a codesti logori e spesso decrepiti organismi, così fattamente puntellati e...fiancheggiati. Ora io ritengo che tutto il fascismo siciliano oggi soffra di questo problema ed attenda dalla tua venuta la sua recisa e precisa soluzione[213].

«Non è vero che nel Mezzogiorno si debba fare la politica dei compromessi!», queste furono le prime parole che Farinacci urlò nelle piazze dei capoluoghi siciliani, il 13 luglio. Nonostante lo stesso Mussolini avesse voluto imporre la sordina al viaggio del segretario (la stessa agenzia di stampa Stefani tagliò e alterò più volte i discorsi di quest'ultimo per disposizione del duce[214]) e limitarne la portata, a Palermo, Catania, Messina, Reggio Calabria, Farinacci ebbe un'accoglienza molto calorosa[215]. Galvanizzò, soprattutto, le masse fasciste, e sulla falsariga di Mussolini (che all'indomani del 3 gennaio disse «in primavera viene il bello»), promise «in autunno [sarebbe] venuto il sodo», cioè la sostanza del nuovo sistema politico[216]. Cercò di far passare la linea dell'intransigenza nella politica locale, proprio per le imminenti elezioni comunali di Palermo, ma si accorse che non poteva usare la solita prassi nell'Ita-

---

[213] A. Cucco a R. Farinacci, Palermo 7 luglio 1925, in BNB, FRF, b. 22.

[214] B. Mussolini al prefetto di Messina, Roma 18 luglio 1925, in ACS, SPD, C/R, b. 41, *Ciò che Farinacci ha detto e la Stefani non ha trasmesso*, «Cremona Nuova», 19 luglio 1925. Il quotidiano del duce dava più risalto ai discorsi del ministro delle Comunicazioni, Ciano, che a quelli di Farinacci, relegando la cronaca del viaggio in sesta pagina; «Il Popolo d'Italia», 15, 18 e 19 luglio 1925.

[215] G. MICCICCHÉ, *Dopoguerra e fascismo in Sicilia (1919-1927)*, Editori Riuniti, Roma, 1976, p. 173 e sgg.

[216] «Cremona Nuova», 14, 15 e luglio 1925.

lia settentrionale, anche se le opposizioni non mancarono di rilevare il forte attacco contro fiancheggiatori e oppositori costituzionali[217]. Il sistema clientelare e personalistico era troppo diffuso per abbatterlo soltanto con qualche parola d'ordine, occorreva agire in profondità e, soprattutto, occorreva tempo[218]; comunque Farinacci lasciò qualche traccia di lavoro e pure qualche avanguardia di fiducia, come a Catania, dove, nella città dei Carnazza, fece suonare alto il monito che «i fiancheggiatori rappresentano un ostacolo al cammino ascensionale del fascismo» ed ebbe quindi modo di crearsi una sua base di qualche rilievo, attorno a fascisti locali (che dettero vita ad alcuni settimanali intransigenti, uno dei quali intitolato persino «Farinacci»[219]). Le sue quasi mistiche dichiarazioni e le affermazioni convinte che in ottobre sarebbero state approvate «le leggi della ricostruzione nazionale» galvanizzarono da un lato le masse fasciste, ma convinsero sempre più gli importanti settori conservatori a prendere le distanze dall'integralismo e a ostacolare con forza l'iniziativa rivoluzionaria del Pnf. A Palermo i risultati delle amministrative (le elezioni del capoluogo erano considerate un test importante per le opposizioni, aventiniane e costituzionali, coalizzate nel Blocco della libertà[220]) dettero ragione alla linea di Farinacci (oltre 26 mila voti al Pnf, 16 mila al Blocco), il quale affermò essere «il fiancheggiamento tutorio morto e sepolto»[221], e il fascismo da solo sufficiente per vincere la battaglia[222]. A Napoli Farinacci gettò basi altrettanto importanti, con Vincenzo Tecchio (reggente la federazione) e Giovan-

---

[217] *Discussioni, discorsi ed episodi del momento politico*, «Corriere della Sera», 15 luglio 1925.

[218] «Cremona Nuova», 18, 19 e 22 luglio 1925.

[219] Cfr. «Farinacci», 26 luglio 1925. Direttore della testata era Enzo Vitale, triumviro del Fascio catanese, il quale si prodigò nell'attuazione delle direttive farinacciane in loco; nella lotta contro la burocrazia "antifascista" degli enti locali, per l'adozione di liste esclusivamente fasciste per le amministrative: «Niente il nuovo consiglio comunale e il suo capo possono e debbono fare senza il beneplacito di coloro che a Catania hanno la responsabilità dell'organizzazione fascista: segretario federale e segretario nazionale» (*Premessa*, «Farinacci», 20 settembre 1925). Vitale avrebbe voluto trasformare il settimanale in quotidiano (e in tal senso vennero presi accordi con Farinacci), ma poi la possibilità sfumò e il periodico continuò solo un mese dall'uscita di Farinacci dalla segreteria.

[220] *Le direttive del Partito per la lotta di Palermo*, «Cremona Nuova», 26 luglio 1925, ma cfr. anche «La Tribuna» e «La Stampa», 28, 29 e 30 luglio 1925, che attribuivano a quella consultazione notevole importanza politica con «innegabili riflessi nazionali».

[221] [R. Farinacci], *Insegnamenti di una vittoria. Intransigenza che trionfa!*, «Cremona Nuova», 5 agosto 1925.

[222] Di tutt'altro parere invece «Il Giornale d'Italia», 5 agosto 1925, secondo cui i 18 candidati non tesserati del Pnf avevano guadagnato alla Lista nazionale notevoli voti e consensi, tanto che arrivò a parlare di «intransigenza farinacciana sconfessata» e di «riaffermazioni liberali utili per la civile convivenza». Tuttavia anche in altre province il Pnf adottò una linea intransigente per le amministrative, e ottenne chiare vittorie (cfr. il caso di La Spezia; «La Nazione», 11 agosto 1925).

ni Preziosi, direttore dell'importante quotidiano «Il Mezzogiorno».

Ma il problema politico non era l'unico nell'estate del '25 che attirava le attenzioni di Farinacci: la situazione economica del Paese richiedeva interventi specifici, in particolare nella Val padana gli agricoltori e i conduttori erano in difficoltà per l'aumento del peso fiscale e dei canoni agrari[223]. Il malcontento era diffuso e solo per questa ragione Farinacci non si oppose alla sostituzione di De Stefani, del quale aveva apprezzato la politica economica liberista e finalizzata al conseguimento del pareggio di bilancio, con Volpi, sebbene non ritenesse quest'ultimo (a differenza dei suoi consiglieri Enrico Varenna e Masi, più concentrati sul contingente problema monetario e dei cambi) l'uomo adatto e in grado di spingere l'agricoltura italiana fuori da quelle difficoltà nelle quali cominciava a dibattersi nel 1925. In seguito al rialzo del costo della vita, Farinacci approvò anche la nuova politica agraria di incentivazione della produzione granaria (spesso a discapito dello sviluppo di colture pregiate)[224], attraverso la «battaglia del grano», che vide proprio Cremona proporsi (con Brescia) all'avanguardia nazionale dello spirito e dei risultati della nuova politica[225].

Il 3 settembre 1925 Farinacci convocò gli "stati maggiori" del fascismo, al teatro Argentina a Roma. Erano presenti i dirigenti nazionali del Pnf, i segretari federali e dei Fasci capoluogo, i deputati e i senatori fascisti. Si trattò di un'importante adunata, nella quale il segretario riassunse i capisaldi del suo programma e della sua concezione del fascismo[226]. Da mesi il segretario ripeteva che il Partito lavorava per creare le condizioni affinché il governo attuasse il programma della rivoluzione dell'ottobre e delle leggi per la «ricostruzione nazionale»[227], ma inevitabilmente aveva creato una contrapposizione, non soltanto tra il Pnf e il governo, ma anche tra lui e Mussolini, il quale ultimo – molto rafforzatosi politicamente – non nascondeva la sua ostilità nei confronti dei ras, parlando male di tutti loro, e soprattutto – confidava Balbo a Masi – «anche e specialmente di Farinacci»[228]. Il presidente del Consiglio, sempre più preoccupato per l'indipendente movimentismo di Farinacci, che non mostrava nessuna attenzione per l'equilibrio e il

[223] Cfr. «Cremona Nuova», 13 aprile 1925.

[224] G. TONIOLO, *L'economia dell'Italia fascista*, Laterza, Roma-Bari, 1980, pp. 58-63 e 127.

[225] In proposito, cfr. «La Marcia Sindacale», 20 giugno 1925.

[226] «Il Popolo d'Italia», 4 settembre 1925; per le critiche alla svolta politica in quella sede sostenuta dal segretario del Pnf, cfr. *Farinacci ammonisce il fascismo*, «Il Popolo», 4 settembre 1925.

[227] *Governo e Partito conducono a fondo l'azione in difesa del Mezzogiorno*, «Cremona Nuova», 25 luglio 1925.

[228] G. Masi a R. Farinacci, Roma 5 ottobre 1925, in BNB, FRF, b. 32.

compromesso su cui si reggeva il suo governo, giunse a ostacolargli l'azione: prima confutandogli l'interpretazione dei fatti dal delitto Matteotti in avanti, poi mettendo la sordina ai suoi viaggi e alle sue dichiarazioni, poi vietandogli ulteriori visite in periferia e infine censurandogli il quotidiano: «Bisogna sequestrare "Cremona Nuova" – intimò Mussolini a Rossi – tutte le volte che riferimenti diretti a persone più o meno rappresentative possono determinare atti individuali di rappresaglia o creare imbarazzi al Governo»[229]. Stavolta Farinacci reagì bruscamente, e rimise il mandato nelle mani del duce:

> Il fatto mi addolora e mi umilia. Se tu ti fossi rivolto direttamente a me ti avrei ubbidito come sempre. Mettere il Segretario del Partito sotto il controllo del prefetto [...] tu mi hai esautorato e quindi rimetto le mie dimissioni dalla carica nelle tue mani. Avere il timore di errare quando debbo attaccare i nemici del fascismo, siano essi senatori o ex ministri, vorrebbe dire paralizzare la mia azione che dovrebbe essere non controllata, ma incoraggiata[230].

Il primato del Partito, dunque, e l'importanza del ruolo che Farinacci si arrogava, raggiunsero il punto più elevato proprio in occasione dell'adunata del 3 settembre: egli pretendeva da tutti – senatori e deputati inclusi – la massima concordia e disciplina per rendere possibile al «Governo e al Partito di inserire totalmente la rivoluzione nello Stato»; affermò a questo proposito l'importanza fondamentale della discussione nel Partito, attraverso la convocazione degli organi periferici e la remissione delle deliberazioni prese agli organi centrali, ricordò che aveva fatto tornare il fascismo «alla purezza delle origini, che lo aveva isolato dagli equivoci fiancheggiamenti» e sottoposto a una «rigida moralizzazione»; avanzò ancora la proposta di «sbarazzarsi delle elezioni locali» con l'istituzione dei podestà. Ma disse anche che l'attività di governo di Mussolini non poteva essere "disturbata" da questioni e grane di partito, delle quali il duce non doveva occuparsi: «nulla – infine – era cambiato nel programma e nel metodo di lotta: la più assoluta intransigenza»[231]. Le tematiche affrontate, e la maniera con le quali vennero poste, crearono una sorta di, come ottimamente sostenuto, *diarchia impossibile*: «Il segretario del Pnf pretendeva di affermare il primato del partito sia pure in modo non esplicito, anche nei confronti del governo, e quindi dello stesso Mussolini, sostenendo che il partito

---

[229] B. Mussolini al prefetto di Cremona, Roma 4 luglio 1925, in ACS, SPD, C/R, b. 41, fasc. *Farinacci*.

[230] R. Farinacci a B. Mussolini, Roma 4 luglio 1925, *ibidem*.

[231] *Il Governo e il Partito si preparano ad inserire totalmente la rivoluzione nello Stato*, «Cremona Nuova», 4 settembre 1925.

e il governo rappresentano i due massimi organi del regime, ciascuno con compiti propri nell'attività di realizzazione della rivoluzione fascista»[232]. Farinacci tendeva a rivendicare gradualmente al Pnf la posizione di guida, morale e politica, nei confronti del governo, perché era il partito, quindi il suo «capo», a essere maggiormente interprete della «nuova coscienza nazionale» e della massa fascista. Per questo, nell'autunno, il segretario provò una consistente riforma dello statuto del Pnf (una riforma del Pnf e un ridimensionamento del Gran Consiglio erano assai sentite), onde "adattarlo" alle necessità di partito centrale nel sistema politico: il progetto Farinacci – da cui non si discostava molto neppure quello di Forges Davanzati (anzi, proprio a questi apparteneva la parte relativa alle federazioni locali) – voleva ridotte le funzioni del Gran Consiglio, che doveva solo stabilire le direttive indicate dagli organi del Partito. Gli organi centrali del Pnf dovevano essere il Congresso nazionale (composto dai membri del direttorio nazionale e dai membri dei direttori federali), il Consiglio nazionale (membri del direttorio nazionale e dai segretari federali) e il Direttorio nazionale (nove membri). Il segretario e il Direttorio sarebbero stati eletti dal Congresso (da tenersi ogni due anni), così come eletti dovevano essere i segretari dei Fasci (dagli iscritti) e della federazione (dai segretari della provincia)[233]. Questa riforma, che avrebbe dovuto essere varata in occasione del Gran Consiglio di ottobre[234], andava incontro alle esigenze di «disciplina gerarchica» e al tempo stesso di democrazia e di mobilitazione della base[235], ma non prevedeva alcun ruolo statutario per il «duce» (ridotto solo a presidente del Gran Consiglio)...

Nel momento del massimo consenso e potere, al segretario generale (in settembre effettuò un nuovo viaggio di propaganda in Puglia e la

---

[232] E. Gentile, *Fascismo e antifascismo. I partiti italiani fra le due guerre*, cit., p. 168.

[233] Nel progetto di riforma Forges Davanzati, il segretario generale era invece eletto dal direttorio nazionale; così come il segretario federale dai membri eletti del direttorio federale; cfr. Acs, Mrf, b. 50, fasc. 121. L'elezione del segretario federale, per essere valida, avrebbe dovuto comunque essere ratificata dal Direttorio nazionale.

[234] *La riunione del Gran Consiglio*, «Cremona Nuova», 20 settembre 1925, al primo punto dell'odg della riunione del 5 ottobre Farinacci avrebbe dovuto affrontare proprio il tema della situazione del Partito e della riforma del suo statuto.

[235] Nella prospettiva di Farinacci, leggermente diversa da quella di Forges, il segretario federale (e quindi anche quello generale) avrebbe dovuto essere notevolmente svincolato, nel suo potere, dal "controllo" e dalle dipendenze del direttorio; infatti, anticipando sulla stampa che le «modifiche sarebbero state molte e tutte tendenti a rafforzare la gerarchia, [per] restituire ai segretari federali una maggiore autonomia dalle direttive provinciali», Farinacci auspicò inoltre il passaggio diretto alle dipendenze del segretario generale del partito di tutte le organizzazioni fasciste (Fasci italiani all'estero, il movimento giovanile, i Fasci femminili, ecc.); cfr. *Viva attesa negli ambienti fascisti per la prossima riunione del Gran Consiglio*, «Il Popolo d'Italia», 22 settembre 1925.

stampa non esitò a parlare di «apoteosi, di delirante entusiasmo intorno all'on. Farinacci»[236]), alcuni fatti di un certo rilievo gli giocarono contro e assunsero importanza per le sue future vicende politiche. In attesa che anche il Senato approvasse (come poi avvenne alla metà di novembre) la legge contro le associazioni segrete, nel Pnf si aprì una violenta disputa sulla massoneria e sulla lenta ma graduale "conquista" che questa (in particolare quella di piazza del Gesù) stava compiendo nei confronti del Partito. Farinacci aveva anche creato nel Direttorio un apposito Ufficio massoneria, affidato a Masi, il quale non mancò di relazionare la segreteria sulle manovre borsistiche e speculative (notevole quella dell'aprile) di ambienti massonici a danno del governo e sugli intrighi e le vociferazioni del sottobosco politico ministeriale. Le voci sull'argomento erano spesso incontrollate, ma certo Palermi e la massoneria di rito scozzese avevano non pochi contatti con i vertici fascisti: lo stesso Masi, a dispetto dei rigidi divieti imposti, era accusato di fare ancora parte di quest'ultima, così come Melchiori, Colisi Rossi e altri[237]. Di fatto l'Ufficio massoneria del Pnf, alla fine del 1925, aveva «compilato circa 9.000 schedine di massoni accertati ed elenchi per 6.000 nominativi»[238]. In alcuni nuclei fascisti (in particolare della Mvsn) nacque forte la sensazione che i deliberati antimassonici del Gran Consiglio e del Pnf non fossero seriamente attuati, ma che anzi la massoneria "controllasse" il Partito stesso, con la stampa intenta a pubblicare ampi resoconti di riunioni, progetti e disegni massonici. Intorno a Galbiati e a Tarabella, alla fine di luglio del '25, si coagulò un forte gruppo di fascisti del milanese disposti a spingere alle estreme conseguenze la lotta antimassonica[239], nonostante le direttive di Farinacci in proposito, contrario a quella impostazione della lotta[240]. Dettero vita a una organizzazione denominata l'Ordine dei Soldati per la Buona Guerra e stamparono un settimanale, «Il Giornale di Milano», col quale alzarono e resero pubblico il tono della polemica, perché la «guerra alla massoneria non doveva essere né una truffa né un inganno»[241]. Anche a dispetto della immediata radiazione dalla Mvsn, di intimidazioni,

[236] Questa volta «Il Popolo d'Italia», 27 e 29 settembre 1925, mise in risalto le calorose accoglienze tributate al segretario del Pnf.

[237] Cfr. le lettere di G. Masi a R. Farinacci, 17 aprile, 15 luglio e 1° luglio 1925, in Bnb, Frf, b. 32.

[238] G. Masi a R. Farinacci, Roma 9 gennaio 1926, in Acs, Frf, b. 30, fasc. *Masi*.

[239] Per un'interpretazione delle vicende tra massoneria e fascismo, cfr. anche il suggestivo *La Massoneria nel Fascismo*, «Il Popolo», 29 luglio 1925, con alcuni interessanti retroscena sulle divisioni interne del Pnf.

[240] Informativa dei carabinieri, datata 21 dicembre 1927, in Acs, Spd, c/r, b. 12, fasc. *Galbiati Enzo*.

[241] Per tutto, cfr. «Il Giornale di Milano», 24 agosto 1925.

minacce e arresti, l'azione di quegli ex squadristi (faceva parte del gruppo, tra gli altri, anche Franco Bonetti, di Soresina, il quale alimentò una certa dissidenza nel soresinese[242]) si rivelò intemerata e piuttosto decisa: secondo loro la massoneria di piazza del Gesù si era "impossessata" dello squadrismo e la segreteria Farinacci era la conseguenza non di una situazione creata da lui, ma usurpata dalla setta cui egli stesso era mancipio[243]. L'attacco, quindi, investì direttamente, oltre a tanti esponenti politici (Balbo, Rossoni, Razza, Teruzzi, Barbiellini), il segretario del Pnf, accusato di far parte della massoneria[244]. Nell'occasione Farinacci non colse l'immediato pericolo che si poteva profilare e le sue pubbliche smentite (anche di fronte all'attenzione che la stampa fiancheggiatrice dava alla vicenda...[245]) furono parziali, arrivando a "confessare" soltanto la sua vecchia appartenenza alla massoneria giustinianea della Quinto Curzio del 1915, ma solo «per mandarla a carte quarantanove» e che nessuno avrebbe mai potuto dire di averlo incontrato in «qualche altra loggia o triangolo»[246]. In effetti i contatti che il segretario del Pnf intratteneva a vari livelli con la massoneria italiana (ma in particolare con Piazza del Gesù) erano piuttosto ambigui: convinto assertore della supremazia del Partito su ogni aspetto della vita sociale e politica del Paese, non è certo ipotizzabile che egli volesse "sottometterlo", proprio quando lui stesso ne era a capo, ad altre forze, per di più occulte e condannate esplicitamente dal fascismo. Plausibile era invece l'ipotesi che egli volesse cercare di "controllarla" in maniera sempre più stretta attraverso l'inserimento di esponenti fascisti nell'organizzazione, onde gradatamente fascistizzarla (così come, in effetti, aveva già fatto per altre associazioni o con l'Anc). Barbiellini, per esempio, avrebbe in seguito "confessato" di essere entrato nella massoneria

---

[242] Bonetti, il comandane di settore e sindaco di Casalmorano, Enzo Mainardi e alcuni graduati della Milizia di Soresina provocarono il dissidentismo nel cremonese: Farinacci reagì immediatamente e la federazione fu in grado di circoscrivere il fenomeno (comunque ridotto) con il celere scioglimento del Fascio di Soresina e l'espulsione di alcuni fascisti (tra cui Bonetti); per la vicenda, ASCR, AP, b. 16, fasc. 8.1.10. Le critiche di Mainardi erano rivolte soprattutto alla scelta degli uomini, come scriveva a Marinetti: «Farinacci prestissimo dovrà riconoscere che la sua autorità e la sua fama non potranno essere durature, se egli – contrariamente alla propaganda che svolge – anziché basarsi sulla gioventù intelligente, capace di impeti generosi, di entusiasmi e di ardimenti guerrieri, baserà la sua attività (come oggi fa in provincia) sui timidi opportunisti, sui furbi. Le varie situazioni locali dimostrano l'incoerenza esistente fra la teoria e la pratica farinacciana»; E. Mainardi a F. T. Marinetti, 1° settembre [1925], in ACS, FRF, b. 22, fasc. *Mainardi*.

[243] G. VANNONI, *Massoneria, fascismo e chiesa cattolica*, cit., p. 239.

[244] «Il Giornale di Milano», 31 agosto e 7 settembre 1925.

[245] Si veda «La Tribuna», 3, 7, 8, e 9 settembre 1925.

[246] [R. FARINACCI], *Il passato massonico dell'on. Farinacci*, «Cremona Nuova», 10 settembre 1925.

piacentina proprio su disposizioni di Farinacci e con l'intento di provare a far di questa uno strumento del Pnf; Giovanni Nalbone, ancora, venne più volte utilizzato da Farinacci come "spia" del Partito a danno di Palermi[247]. Dunque Farinacci quasi ammise, apertasi la discussione, la manovra "entrista", ma fu una mossa azzardata perché Terzaghi intervenne nella disputa e, profondo conoscitore delle vicende, riferì con una lettera aperta a «La Tribuna» del 12 settembre che Farinacci era passato, nel 1921, alla massoneria di piazza del Gesù, che aveva partecipato a diversi incontri e che era nell'elenco dei deputati massoni eletti nel maggio 1921[248]; le opposizioni naturalmente misero in risalto le contraddizioni del «grande segretario», e parlarono di «tregenda massonica dell'on. Farinacci»[249]. Gli attacchi, non avendo Farinacci "confessato" la verità neppure in quella seconda circostanza, ma anzi essendosi solo limitato a generiche affermazioni e ad attaccare Terzaghi e Giordana dei quali aveva in passato «frustrato le ambizioni politiche»[250], aumentarono notevolmente e si concentrarono anche su alcune "operazioni" politiche compiute dal segretario, di cui si attaccò la «presunta moralizzazione del partito», ricordando a tal proposito la concessione della tessera ad honorem al «bancarottiere Lusignani» e la nomina di consigliere delegato dell'avvocato Arturo Osio, già fervente sostenitore popolare, della Banca delle Cooperative[251]. La vicenda, poi, si ingarbugliò alquanto: «Cremona Nuova» ospitò una dichiarazione di Palermi secondo cui Farinacci non era mai stato iscritto al rito scozzese, reiterate dichiarazioni di Farinacci che sostenne il ruolo da lui giocato nello sfasciare la loggia cremonese e la sua distanza dalla massoneria dal 1918 e la stampa fascista alzò poi il tiro contro le polemiche e contro le "manovre" di Palazzo Giustiniani[252]. Furono giornate di convulse polemiche[253],

---

[247] G. Nalbone a R. Farinacci e R. Farinacci e ad A. Chiavolini, Cremona 17 novembre 1927, in ACS, SPD, C/R, b. 42, fasc. *Farinacci* e R. Farinacci ad A. Starace, Cremona 7 luglio 1928, in ACS, FRF, b. 35, fasc. *Starace*.

[248] La ricostruzione della vicenda in *Come dicemmo è provato che Farinacci è massone*, «Il Giornale di Milano», 14 settembre 1925.

[249] «Il Popolo», 19 settembre 1925. Per una rassegna della polemica, «Corriere della Sera» e «La Stampa», 18-22 dicembre 1925.

[250] *Terzaghi messo a posto dall'on. Farinacci* e *Giordana anguilleggia!*, «Cremona Nuova», 15 settembre 1925.

[251] *Faville*, «Il Giornale di Milano», 14 settembre 1925.

[252] R. FARINACCI, *Un buco nell'acqua* e [R. FARINACCI], *Schiacceremo il serpente verde*, «Cremona Nuova», 14 e 17 settembre 1925.

[253] «Il Giornale di Milano», 28 settembre 1925. Galbiati e Tarabella sfidarono persino a duello Farinacci, il quale non raccolse però la sfida («La Tribuna», 17 e 19 settembre 1925). Entrambi i consoli negli anni successivi riconobbero, come altri, alcuni loro torti nei confronti di Farinacci e gli chiesero conciliazione, ottenendola poi entrambi; E. Galbiati ad A. Turati, Monza 28 gennaio 1926 e C. Carini, Roma 15 febbraio e Milano 10 marzo 1929, in ACS, FRF, b. 22, fasc. *Galbiati* e b. 10, fasc. *Carini*.

mentre la stampa fiancheggiatrice e di opposizione pubblicava le contraddizioni del segretario del Pnf, nonché la documentazione relativa alla sua domanda e al giuramento di appartenenza alla Quinto Curzio[254], il segretario rinnovò la volontà del Pnf di condurre «sino in fondo la lotta alla massoneria», accusando i suoi denigratori fascisti di essere essi stessi al servizio del disegno massonico[255], e che alla base della loro azione dissidente avessero solo rancori personali e contraddizioni. Il sarcastico commento dei consoli antimassonici, in fin dei conti, poteva anche essere azzeccato: «È bestiale! Mentre si è creduto di fascistizzare i lavoratori delle officine e dei campi a suon di manganello e di fascistizzare cooperative e camere del lavoro col petrolio, per fascistizzare la massoneria si massonizza il fascismo»[256], se non fosse sopraggiunta un'ondata estremamente violenta dello squadrismo fascista contro circoli ed esponenti massonici. Già caricata da tempo dai giornali estremisti, la rabbia della base fascista contro la massoneria, accusata di antifascismo e di complotti ai danni del regime, esplose violentissima i primi di ottobre e si verificarono fatti molto gravi, soprattutto a Firenze, con 8 morti, saccheggi, devastazioni, assalti e incendi a danno di studi e di abitazioni di esponenti massonici, contro cooperative, circoli e negozi che mostrarono quanto l'organizzazione squadrista fosse ancora solida (manifestazioni di una certa pericolosità si erano avute pure a Bologna, e furono sedate solo con l'intervento di Farinacci)[257] e quanto sfuggisse al controllo del governo e di Mussolini[258].

Tre giorni prima dello scatenarsi di quegli incidenti, Farinacci aveva affermato che era imminente «la terza ondata», finalizzata al varo «delle leggi della ricostruzione che inseriranno nello Stato il programma totalitario della nostra rivoluzione»[259], terza ondata che sarebbe stata

[254] *I documenti dell'appartenenza alla Massoneria di Farinacci Roberto*, «La Voce Repubblicana», 18 settembre 1925. Si veda anche la cartella sui *Precedenti massonici (1925-1933)* di Farinacci in Acs, Spd, c/r, b. 40, fasc. *Farinacci Roberto*.

[255] R. Farinacci, *Faccia di tolla!*, «Cremona Nuova», 19 settembre 1925.

[256] *Faville*, «Il Giornale di Milano», 28 settembre 1925.

[257] Acs, Mi, ps, 1925, b. 120, fasc. *Firenze* e la relazione in Bnb, Frf, b. 22; cfr., inoltre, «Corriere della Sera», 23 e 28 agosto 1925.

[258] «L'on. Mussolini [...] ha dovuto spogliarsi della qualità di capo del partito. In realtà è rimasto il regolatore, colui che dà la norma; ma i particolari gli sono man mano sfuggiti, o gli sono riapparsi sotto gli occhi dopo una rielaborazione di cose e di spiriti di cui non era più in grado di rifare il processo. La responsabilità suprema è rimasta sua; il suo intervento è reclamato sempre alla conclusione o in riparazione: ma non è sempre tale da riuscire tempestivamente a sanare. E in mano agli altri il partito ha cambiato carattere, è diventato un'organizzazione, essenzialmente. Non è più partito fascista: è partito per eccellenza»; cfr. «La Tribuna», 29 agosto 1925.

[259] *Le grandiose dimostrazioni in terra di Bari. Imponente spettacolo di folla e di consenso*, «Cremona Nuova», 29 settembre 1925.

pacifica, se il fascismo non fosse stato disturbato; ma appoggiata dalla forza se qualcuno gli avesse ostacolato il passo. Il Partito era costretto a «premere sul governo» perché fosse affrontata la radicale riforma della costituzione, la riforma dell'ordinamento corporativo e fosse risolto il problema sindacale[260], diceva Farinacci, e tale «pressione sul governo» sarebbe continuata fin quando non fosse stata «ultimata la legalizzazione nello Stato di tutto il programma fascista». In quell'ottica, dunque, Farinacci non soltanto non condannava le violenze di Firenze, ma le giustificava: «Vogliamo che venga eliminata la demagogia politica di quegli uomini che provocano ed esasperano il partito. Come non è possibile frenare l'entusiasmo perché spontaneo, così non è possibile limitare la reazione quando essa è ritorsione legittima. L'esperienza ci ha dimostrato che bisogna colpire tutti i responsabili indiretti della ferocia avversaria ai danni del fascismo»[261]. Da qui, allora, il sempre più evidente appoggio dei moderati, dei fiancheggiatori, dei conservatori a Mussolini, perché soltanto sostenendo con decisione il presidente questi poteva emarginare, e poi farne anche a meno, l'estremismo farinacciano e realizzare quindi un fascismo «costituzionale» e autoritario[262]. E da qui la decisione di Mussolini, pressato da una situazione non del tutto stabile e dalla necessità di calmare moderati e fiancheggiatori arroccati sulla linea «statutaria», alla vigilia dell'approvazione da parte del Gran Consiglio di importanti progetti di riforma, di obbligare Farinacci in persona a recarsi a Firenze per "normalizzare" ed epurare il Pnf[263]. Lo squadrismo, disse il duce, non aveva più alcuna ragione di essere, ed era anzi dannoso al fascismo e al Paese, e dal Pnf voleva assoluta disciplina. Mentre la scure della repressione governativa si abbatteva sui camerati, Farinacci dovette commissariare il Fascio romano e quello fiorentino, sconfessare l'operato di alcune riviste, sciogliere le squadre d'azione e le "tribù" dei selvaggi[264]. Il duro diktat di Mussolini

---

[260] Cfr. il discorso al Consiglio provinciale di Cremona, *Il suo forte discorso,* «Cremona Nuova», 22 settembre 1925.

[261] *Il fascismo milanese solidale con l'on. Farinacci,* «Cremona Nuova», 6 ottobre 1925. Farinacci ipotizzava poi quanto sarebbe realmente accaduto qualche giorno dopo: «È possibile, sotto un regime come il nostro, permettere a Domizio Torrigiani di creare e di mantenere contro di noi quello stato d'animo che porta ai risultati funesti come quelli attuali? È possibile permettere al generale Capello di continuare ad organizzare nei vari centri d'Italia gruppi massonici? È possibile permettere all'ex onorevole Zaniboni di minacciare ricatti, riscosse e di preparare indisturbato complotti politici?»; R. Farinacci, *Conseguenze di una propaganda*, «Cremona Nuova», 6 ottobre 1925.

[262] R. De Felice, *Mussolini il fascista.* II. *L'Organizzazione dello Stato fascista, 1925-1929,* cit., p. 120.

[263] Cfr. «Cremona Nuova», 6 ottobre 1925.

[264] *I provvedimenti disciplinari di Partito*, «Il Popolo d'Italia», 13 ottobre 1925.

era un brutto colpo per il segretario del partito[265], che non poteva tollerare di essere "sopportato" in quella carica e a cui il problema dello squadrismo stava troppo a cuore per non risolverlo: come poteva far entrare veterane camicie nere nella Milizia, se il generale Gonzaga pensava di passarle in rivista, per le manifestazioni del 28 ottobre, in divisa dell'esercito[266]? Ma era possibile risolvere quelle contraddizioni politiche di fondo con Mussolini o con il complesso equilibrio costituzionale su cui si reggeva il potere fascista? E Farinacci ne aveva i mezzi e le possibilità? Oppure il segretario stava bollendo a fuoco lento, vittima del suo stesso estremismo puramente verbale che, di fatto, non poteva mantenere le attese e le promesse rivoluzionarie? Erano contraddizioni palesi, come gli avevano fatto presente anche i camerati dissidenti[267], quanto difficili da sciogliere. Occorreva, forse, molto tempo per lavorare alla «terza ondata», ma a Farinacci continuavano a frullare nelle orecchie le indiscrezioni che l'amico Masi gli aveva riferito con circospezione qualche settimana prima: «Bada che a Roma si va dicendo che finito il processo [Matteotti] tu e i tuoi amici – noi – saremo liquidati, perché non serviremo più, e si rallegrano che l'opinione pubblica è stanca dei discorsi: ciò serve contro di te»[268].

---

[265] B. Mussolini a R. Farinacci, Roma 13 ottobre 1925, in ACS, SPD, C/R, b. 43, fasc. *Farinacci*.

[266] R. Farinacci a B. Mussolini, Roma 21 ottobre 1925, *ibidem*.

[267] Così i dissidenti della Milizia: «La sua [di Farinacci] assunzione alla segreteria del Partito l'accogliemmo come una meta luminosa e sperammo di vedere subito spalancate le porte dei carceri politici; di vedere la Milizia Nazionale con ben altre funzioni che quelle di disperdere lo spirito rivoluzionario delle Camicie Nere; di vedere realizzato qualcuno dei postulati del fascismo. Ma, ahimé, le speranze rimasero speranze. Egli sviluppa il massimo della teatralità nelle sue concioni alle folle. E alle Camicie nere promette l'iradiddio. E agli oppositori minaccia la forca, il domicilio coatto, l'esilio. Fulmini, tuoni, uragani nei comizi. Fulmini, tuoni, uragani negli editoriali di "Cremona Nuova". Le parole succedono alle parole, le promesse alle promesse, le minacce alle minacce. E le Camicie nere, che non sanno ancora spiegarsi in che cosa è consistito il "bello" della primavera, applaudono e gridano il triplice alalà al ras di Cremona, al viceduce Farinacci, pregustando il "sodo" dell'autunno che, indubbiamente, sarà... la seconda ondata..., la ghigliottina..., il domicilio coatto. Ma ormai col vostro gioco, col vostro sistema, sarà bene che la facciate finita, onorevole Farinacci. Non si può essere eternamente estremisti solamente a parole, e voi, estremista, lo siete solamente a parole. Il vostro estremismo verbale è delittuoso»; *On. Farinacci..., basta!*, «Avvisaglie», n. 2, luglio 1925.

[268] G. Masi a R. Farinacci, Roma 16 luglio 1925, in BNB, FRF, b. 32.

IV

IL «RIBELLE»

Le decisioni del Gran Consiglio di ottobre parvero aver dato ragione al segretario (a cui un consistente numero di deputati professava devozione personale), soprattutto laddove indicavano al governo l'inquadramento dei sindacati nello Stato attraverso il loro riconoscimento, l'obbligo dell'arbitrato e la creazione di una magistratura del lavoro. L'introduzione del podestà nei comuni con popolazione inferiore ai 5 mila abitanti approvata dal Consiglio dei ministri e l'accordo tra confindustria e corporazioni fasciste sul reciproco riconoscimento della esclusiva rappresentanza delle categorie, confortavano altrettanto la politica del segretario, che si disse soddisfatto e deciso a non cedere nel braccio di ferro con Mussolini in merito alle prerogative sue e, soprattutto, del Partito nelle questioni politiche[1]. Nonostante il 20 ottobre, in Consiglio nazionale del Pnf, Farinacci, difesa la «politica intransigente» che era riuscita a ottenere «tutto quello che il fascismo aveva chiesto», avesse dovuto condannare gli «illegalismi» dello squadrismo e affidare a un decalogo di regole il comportamento del Partito, non perse però l'occasione per ribadire il concetto secondo il quale il Pnf funzionava meglio in quelle province dove erano «dirigenti intelligenti, fattivi, energici, che sapevano imporre agli altri quella disciplina e quella volontà che essi dovevano imporre prima a se stessi»[2]. Le decisioni del Consiglio nazionale furono giudicate positivamente dal duce (che accennò ai meriti del segretario)[3] ed ebbero buona eco nella stampa fascista, così come il successivo discorso di Farinacci per la ricorrenza della Marcia su Roma[4], laddove impose una sorta di «aut-aut» ai fiancheggiatori. Il fascismo, sostenne infatti, «riconosceva e dichiarava inviolabili soltanto tre istituzioni: monarchia, religione, esercito» e a ognuno era chiesta la scelta definitiva, «o di qua o di là». L'effetto pratico, forse

---

[1] [R. FARINACCI], *Verso la grande Italia fascista*, «Cremona Nuova», 10 ottobre 1925.

[2] *Il discorso dell'on. Farinacci*, «Cremona Nuova», 20 ottobre 1925.

[3] L'inedito discorso di Mussolini del 19 ottobre al Consiglio nazionale del Pnf, in coda alla relazione di Farinacci, in BNB, FRF, b. 13.

[4] R. FARINACCI, *Un periodo aureo del Partito Nazionale Fascista* (a cura di R. Bacchetta), Campitelli, Foligno, 1927, p. 309 e sgg.

anche oltre le reali intenzioni, vide così aumentare a dismisura le richieste di iscrizione al Partito (lui contrario a fare del Pnf «un partito di massa»[5]), nonché l'accelerarsi di decisioni a favore del fascismo dalle componenti fiancheggiatrici, innescando un processo di (ri)avvicinamento in molti settori politici[6]. Di fatto il deciso atteggiamento di Farinacci, lungi dal conseguire l'obbiettivo della chiarezza, accelerò la decisione di moderati e fiancheggiatori di legarsi di più al fascismo e a Mussolini, proprio nell'ottica di offrire a questi una solida base con cui tenere a freno l'estremismo. Tuttavia il quadro ottimistico di un Pnf compatto e ubbidiente era lungi dall'essere reale, tanto è vero che il segretario dovette affidare al commissario Tecchio la federazione napoletana (dove nonostante gli sforzi la componente intransigente non riusciva a scrollarsi di dosso il peso dei moderati e degli ex nazionalisti), e a commissariare le federazioni di Macerata, Novara, Potenza, Rovigo e Firenze[7]; e ciò mentre le situazioni di Verona, Venezia, Udine e Parma non accennavano a chiarirsi. Il durissimo atteggiamento di Mussolini contro il Partito dopo le manifestazioni estremiste toscane e, soprattutto, il fatto che la componente intransigente non fosse stata in grado di contenerle in qualche maniera, fecero coraggio ai moderati: Bottai avanzò, a dispetto del giudizio positivo sulla segreteria espresso il 1° ottobre, valutazioni ben diverse pochi giorni dopo:

> Se oggi, deserto il campo dai nemici, noi continuassimo a mantenerci in istato di guerra non saremmo una rivoluzione politica in marcia, ma la riproduzione ingrandita e purtroppo fedelmente esatta di uno dei soliti "pronunciamenti" da repubblica sud-americana. Noi vogliamo che attraverso il Partito si arrivi allo Stato e che questo Stato sia creato con nuove forme, ma soprattutto con spirito nuovo. Occorre perciò abbandonare la retorica oltranzista che è stata

---

[5] Farinacci preferiva un Partito snello e «di minoranza eletta», per lasciare «la macchina possente a disposizione del grande guidatore» ([R. FARINACCI], *È bene parlarci chiaro*, «Cremona Nuova», 26 novembre 1925); concetti ribaditi nel comizio di Salerno, il 21 dicembre, dove sostenne che il Pnf «non aveva alcuna voglia di diventare un'enorme massa» e che le forze del Pnf non avrebbero dovuto superare il milione di iscritti; *Un discorso dell'on. Farinacci a Salerno*, «Il Popolo d'Italia», 22 dicembre 1922.

[6] Si veda l'interessante *La ripresa parlamentare, il fascismo e i fiancheggiatori*, «Il Popolo», 5 novembre 1925.

[7] «Cremona Nuova», 17 dicembre 1925. Farinacci dovette tenere la linea ufficiale e disinteressarsi di Firenze, consentendo l'epurazione di molti intransigenti a lui devoti. Non poter rispondere alle invocazioni di camerati come Tamburini («Tu che hai il merito di avere bene rappresentato gli squadristi del regime fascista hai il dovere di chiederci tutto, ma anche quello di tutelarci. Puoi tu, Farinacci, permettere che coloro che se il regime fascista fosse fallito militerebbero nel campo avverso, abbiano ragione di quelli che sono fedelissimi? Tu non puoi permettere questo!») sanciva l'impossibilità di spuntarla nel nuovo sistema politico e segnava moralmente, per Farinacci, la sua sconfitta; T. Tamburini a R. Farinacci, Firenze, 17 ottobre, 1925, in ACS, FRF, b. 36, fasc. *Tamburini*.

fino ad oggi il pasto domenicale dei nostri gregari, e guardando alla realtà delle cose, operare coraggiosamente agli inevitabili e inevitati errori, mutando le posizioni; in una parola adeguandosi ai fini che il Fascismo deve raggiungere.

E nel dire questo Bottai rivendicava una disciplina nuova e democratica nel Partito, che permettesse ai dirigenti di andare al potere con «una lotta aperta» e non «in virtù di investiture troppo spesso incontrollabili e incensurabili», per non sacrificare al formalismo disciplinare lo sviluppo del Partito stesso[8]. Occorreva liquidare il rassismo e quella politica intransigente («l'intransigenza verbale trova il suo fatale correttivo nella transigenza dei fatti, ma naturalmente agli estremisti basta cedere urlando, secondo il metodo ormai in voga») insufficiente nelle idee e nelle proposte:

L'avere, più che connesse, confuse l'azione del Partito e l'azione del Governo, ha portato il Partito a corrompersi, idealmente e praticamente, nella necessaria diplomazia dell'arte di governo, cui è sempre lecito e talora inevitabile, subire adattamenti, mentre al Governo è venuto a mancare il controllo continuo, assiduo del partito, depositario dell'idea e garante dello spirito della Rivoluzione[9].

Proprio la stampa divenne un settore rilevante nell'attività di Farinacci, che spinse, falliti i tentativi di controllo della Federazione della stampa, per la costituzione di un Sindacato fascista di giornalisti[10]. Poi, come aveva fatto con l'Anc e con il movimento cooperativistico nazionale (da lui era infatti partita l'iniziativa di unificare «sotto le insegne del littorio» il cooperativismo e di creare, onde ricondurre ogni centro di potere economico-produttivo al Pnf, l'importante Ente nazionale per la cooperazione, mediante il commissariamento della Lega nazionale delle cooperative[11]), invitò il governo al commissariamento della Federstampa (causa la critica situazione dell'Associazione della stampa romana)[12], costringendo così la Federazione stessa ad assumere intanto la definizione di fascista e a fondersi poi, inevitabilmente, con il Sindacato fascista dei giornalisti[13]. Già dall'aprile 1925 Farinacci si era dedicato con cura al riordino della stampa fascista (dirottando cospicue risor-

---

[8] G. Bottai, *Farinacci e noi*, «Critica Fascista», 1° ottobre 1925 e «Critica Fascista», *Epilogo del primo tempo*, 1° novembre 1925.

[9] Cfr. «Critica Fascista», 1° novembre 1925.

[10] *I discorsi e i propositi dell'intransigenza fascista*, «Il Popolo», 21 ottobre 1925.

[11] G. Bonfante, *La legislazione cooperativistica*, in *Il movimento cooperativo in Italia. Storia e problemi*, Torino, 1981, p. 216.

[12] P. V. Cannistraro, *La fabbrica del consenso. Fascismo e mass media*, Laterza, Roma-Bari, 1975, p. 184 e sgg.

[13] P. Murialdi, *La stampa del regime fascista*, Laterza, Roma-Bari, 1986, pp. 6-9.

se finanziarie di cui disponeva come segretario del Partito[14]), stampa che se era abbastanza diffusa sul territorio (il Pnf riconosceva 31 quotidiani, 70 settimanali e 16 riviste[15]), non poteva certo vantare una diffusione tale da fare concorrenza ai quotidiani più noti. Se si eccettua «Il Popolo d'Italia», che vantava una tiratura consistente a livello nazionale (comunque non oltre le 90 mila copie), gli altri quotidiani caratterizzanti del fascismo, dall'estremista «L'Impero» di Carli e Settimelli, all'«Epoca» di Bottai, da «L'Idea Nazionale», allo stesso quotidiano del segretario del Partito, non superavano le 30 mila copie di tiratura, per non parlare delle altre testate quotidiane, alcune delle quali anche ben redatte e sovente in linea con la politica intransigente del Pnf («Corriere Padano», «L'Intrepido», «Il Popolo di Brescia», «La Provincia di Padova»). E ciò almeno sino alla metà del 1925, quando la scure delle leggi sulla stampa si abbatté inesorabile sui quotidiani, dando così il via libera all'egemonia del fascismo. Da qui, nell'autunno del 1925, l'intensificarsi della battaglia di Farinacci contro i resti della stampa indipendente, di opposizione e, soprattutto, contro le testate che si erano rivelate ostili alla sua politica[16]. Tra i quotidiani a fare le spese dell'offensiva farinacciana furono «La Tribuna» (la cui società, messa con le spalle al muro, si vide costretta a sacrificare Tullio Giordana[17], e fondersi con «L'Idea Nazionale»)[18] e il «Corriere della Sera». Il feroce attacco del segretario consentì di espugnare uno degli ultimi baluardi della liberal-democrazia, e un pericoloso avversario del fascismo[19]: il senatore Albertini lasciò il giornale alla fine di novembre, e con lui un intero

---

[14] La testimonianza di Emilio Canevari, in proposito, appare interessante: «[Farinacci] dovette agire con tutti i mezzi sull'ambiente nazionale e soprattutto per la stampa, per raddrizzare quella situazione pericolante. Egli ebbe a disposizione e impiegò somme ingenti, delle quali però non un centesimo restò attaccato alle sue mani o venne elargito ai suoi amici o al suo giornale, che pur non aveva allora una vita finanziariamente lieta. Egli, per contro, serbò memoria e documenti di tutto»; E. CANEVARI, *Roberto Farinacci. L'uomo che ha sempre detto la verità al Duce*, II, «Meridiano d'Italia», 22 luglio 1958.

[15] *Situazione della stampa fascista*, 1° aprile 1925, in ACS, MRF, b. 51, fasc. 121, s.fasc. 13.

[16] «Il governo deve seriamente preoccuparsi del problema della stampa. Di ogni giornale bisogna conoscere chiaramente le origini, la meta, i finanziatori e le mire, e quindi se essi sono mossi dall'interesse proprio o da quello superiore della nazione. Occorre una legge apposta»; [R. FARINACCI], *Il problema della stampa*, «Il Regime Fascista», 15 gennaio 1926.

[17] A novembre gli amici cremaschi di Giordana chiusero anche «Il Progresso», ultimo settimanale fiancheggiatore liberal-democratico ancora presente nel circondario e ormai spodestato dal fascista «La Voce di Crema»; ASCR, AP, b. 9, f. 8.3.5.

[18] M. LEGNANI, *«La Tribuna» (1919-1925)*, in *1919-1925 Dopoguerra e fascismo. Politica e stampa in Italia* (a cura di B. Vigezzi), Laterza, Bari, 1965, p. 150; ma cfr. anche *La grande sistemazione della stampa italiana*, «Il Popolo d'Italia», 27 dicembre 1925.

[19] [R. FARINACCI], *Due parole ai fratelli Crespi*, «Cremona Nuova»», 18 novembre 1925.

corpo redazionale, saldo nella difesa dei principi liberali[20]. E ciò mentre «La Stampa» doveva ripiegare dalla propria linea e Frassati disimpegnarsi dalla gestione e, anche, dalla proprietà del quotidiano[21]. Farinacci voleva sopprimere i maggiori quotidiani che non si erano allineati al fascismo, piuttosto che cercare di fascistizzarli, magari senza bruschi contraccolpi[22], come preferì fare, invece, Mussolini per non dare l'idea di una rapida fascistizzazione (come avvenne per «Il Giornale d'Italia», entrato senza scosse nell'alveo del fascismo nel marzo 1926[23]).

Secondo alcuni Farinacci brigava anche per cercare di mettere in piedi un proprio quotidiano a diffusione nazionale a Milano[24], ma per il momento dovette accontentarsi di potenziare il suo giornale (attraverso un accordo con Mondadori ricevette 8 linotypes): ne trasformò la testata, a partire dal 1926, in «Il Regime Fascista» e gli fece raggiungere 20 mila abbonati e una maggiore distribuzione[25]. Difficile si rivelò invece l'attacco a «Il Mattino», allineato a un moderato fiancheggiamento al governo, nonostante l'azione di Preziosi e di Tecchio, finalizzata appunto alla distruzione del giornale. I moderati e i nazionalisti non cedettero, e fecero anzi del quotidiano «il perno della loro azione politica contro il gruppo Preziosi-Tecchio a livello locale e un importante strumento contro Farinacci a livello nazionale»[26], consentendo alla proprietà – dopo un furibondo scontro con gli intransigenti e l'intervento di Mussolini[27] – di mantenere in vita il giornale, rimandandone la fascistizzazione. Nonostante la sconfitta politica e l'ira mal celata di Musso-

---

[20] G. LICATA, *Storia del Corriere della Sera*, Rizzoli, Milano, 1976, p. 228 e sgg.

[21] M. LEGNANI, *«La Stampa» (1919-1925)*, in *1919-1925 Dopoguerra e fascismo. Politica e stampa in Italia*, cit., p. 370.

[22] A Pini che su «L'Assalto» lamentava la soppressione della stampa antifascista, per l'utilità della critica, Farinacci rispose: «escludiamo a priori che il regime, che è la rivoluzione in atto, abbia davvero bisogno dell'assillo della stampa di opposizione, e specialmente di quella che fu, fino ad oggi, l'espressione della malafede e della delinquenza politica, per assolvere il suo compito o per avere luci speciali. Il regime non sente la necessità né di questo assillo né di queste luci. Ha un programma da svolgere e possiede le energie necessarie, volitive ed autocritiche, per attuarlo. Del resto il fascismo ha nel suo stesso seno l'opposizione necessaria, utile e saggia»; [R. FARINACCI], *Contro certi sentimentalismi*, «Il Regime Fascista», 2 gennaio 1926.

[23] E. DE CLEVA, *«Il Giornale d'Italia» (1918-1926)*, in *1919-1925 Dopoguerra e fascismo. Politica e stampa in Italia*, cit., p. 4.

[24] A. TAMARO, *Venti anni di storia*, II, cit., p. 164, ipotesi smentita direttamente dallo stesso Farinacci a Mussolini.

[25] *Agli amici, ai fascisti d'Italia*, «Il Regime Fascista», 22 maggio 1926.

[26] R. DE FELICE, *Giovanni Preziosi e le origini del fascismo (1917-1931)*, «Rivista storica del socialismo», settembre-dicembre 1962, p. 542.

[27] V. CASTRONOVO, *La stampa italiana dall'unità al fascismo*, Laterza, Roma-Bari, 1973, p. 372 e sgg., nonché, anche per le vicende successive, F. BARBAGALLO, *«Il Mattino» degli Scarfoglio*, Guanda, Milano, 1979.

lini[28], Preziosi rimase sodale del segretario, di cui stimava la risolutezza politica, l'intransigenza morale, l'incorruttibile condotta. Il sodalizio Farinacci-Preziosi nacque proprio dalla medesima visione politica che avevano del fascismo, inteso come fenomeno di rinnovamento radicale della vita e della moralità pubblica, teso a spazzare via un ceto politico dirigente «fallito e corrotto», con le sue «clientele e cricche». Preziosi identificava nella speculazione economica e nella sempre più stretta commistione finanza-economia-politica il peggior pericolo nazionale, che neppure il fascismo stava debellando; anzi, aumentate notevolmente le società anonime, tale pericolo gli pareva accrescersi. Occorreva tendere alla «moralizzazione della vita economica e politica italiana» e impedire, così sostenevano ancora Farinacci e Preziosi, «l'affermarsi di certe camarille di marca massonica e affarista». E proprio a Napoli e nel mezzogiorno si combatteva in maniera aperta (ma dalla fine degli anni Venti anche nel resto del Paese) quel modo di concepire il Partito e la vita pubblica; era lo scontro per l'affermazione – avrebbe ricordato anni più tardi Preziosi all'amico – di un alternativo sistema politico: «il *sistema di idee* fa la storia, è la storia. Nell'affermare questo sistema di idee siamo stati uniti, e il fascismo sano ha sempre guardato a te come a una bandiera»[29].

Farinacci spinse oltre le richieste del fascismo e, non ancora approvate le nuove leggi costituzionali, arrivò a tracciare i contorni di quella che chiamava «quarta ondata», l'ultima, definitiva ondata legislativa: «dopo le Corporazioni, occorre inserire totalmente il partito nello Stato. Diciamo totalmente perché abbiamo già un precedente: il riconoscimento giuridico dello squadrismo rivoluzionario incorporato nella Milizia nazionale»[30]. Molti, ormai, gli riconoscevano il ruolo di «più evoluto assertore della concezione fascista»[31], nonché il merito di «aver

---

[28] La vicenda de «Il Mattino» si rivelò una della cause di maggior contrasto tra Mussolini e Farinacci, che mostrò palesemente di percorrere una politica propria, sganciata dagli "interessi" dell'esecutivo, tanto che il segretario preparò pure un'altra soluzione, quella dell'acquisto della maggioranza delle azioni della società editoriale del «Mattino», con Varenna e Piero Gobbi a tentare la "scalata", avendo trovato finanziatori per l'impresa (i quali sostenevano l'operazione a patto che l'indirizzo politico del giornale fosse controllato dallo stesso Farinacci); cfr. P. Gobbi a R. Farinacci, Napoli, 7 gennaio 1926, in ACS, FRF, b. 25, fasc. *Gobbi*.

[29] Preziosi aveva individuato solo in Farinacci l'uomo politico il cui prestigio potesse permettere, anche negli anni Trenta, di condurre a termine quella battaglia (da sempre un caposaldo del suo pensiero) per la separazione definitiva dell'*uomo politico* dall'*uomo d'affari*, connubio che il fascismo non solo non aveva provato (o non era riuscito) a eliminare, ma che con il diffuso sistema delle società anonime aveva persino consolidato; G. Preziosi a R. Farinacci, Roma 12 giugno 1942, copia di lettera in possesso dell'autore.

[30] Cfr. il discorso di Farinacci per il terzo anniversario della Marcia su Roma, «Cremona Nuova», 1° novembre 1925.

[31] G. POLICASTRO, *Farinacci. Studio critico*, Minerva, Catania, 1925, p. 8.

fatto del partito l'incontrastato dominatore e protagonista della vita nazionale»[32]; e il complotto Zaniboni, finalizzato all'uccisione di Mussolini il 4 novembre (del quale Farinacci si mostrò assai più al corrente di quanto pubblicamente se ne fosse poi assunto i meriti[33]), sembrò dargli ancora ragione, nelle reiterate richieste per la soppressione della stampa antinazionale e per provvedimenti di pubblica sicurezza molto duri contro gli oppositori[34]. Farinacci appoggiò la prima serie di riforme legislative, con le quali venne avviata l'edificazione costituzionale del nuovo sistema politico[35], e in alcune circostanze (nominato presidente del Comitato direttivo della maggioranza parlamentare) si mostrò disposto a fare da spalla a Mussolini, facilitandogli l'assunzione di difficili decisioni (come nella legislazione sul lavoro), ma certo continuando a perseguire una politica autonoma, svincolata da quella dell'esecutivo. Bene si vide, per esempio, nella cacciata dei deputati popolari dalla Camera, nel gennaio: era compito del Partito, sostenne il segretario, occuparsi della liquidazione dei «discesisti aventiniani», con Mussolini che avocava invece a sé quelle importanti scelte[36].

La tendenza a forzare la mano al governo, a chiedere sempre qualcosa di più al delicato compromesso istituzionale, spinse Mussolini a ridimensionare il ruolo di Farinacci: gli vietò la partecipazione a una attesa conferenza a Milano, nel gennaio 1926, nella quale avrebbe dovuto parlare dello sviluppo avuto dal fascismo, «sviluppo del quale spettava gran parte del merito [al segretario]»[37] (col duce che intimò: «non bisogna dare ad intendere che la legislazione fascista sia opera del Partito, come se il Governo avesse fatto il piantone mentre ha persino anticipato il partito e presa in pieno l'iniziativa»[38]); così come gli vietò di pren-

---

32 M. CARLI, *Intransigenza e oltre*, «L'Impero», 1° novembre 1925.

33 Per smentire una sua partecipazione nello scoprire il complotto, Farinacci scrisse a «L'Epoca», 7 novembre 1925. A ogni modo Farinacci era venuto a sapere della congiura, attraverso Marisa Romano, collaboratrice della polizia, e aveva brigato per conto suo per sventare l'attentato; cfr. A. TAMARO, *Venti anni di storia*, II, cit., p. 120. Del resto, se così non fosse, male si spiegano le indiscrezioni sull'attività cospirativa della massoneria e di Capello-Zaniboni, fatte da Farinacci sul suo giornale dopo i fatti di Firenze.

34 [R. FARINACCI], *Associazione a delinquere* e [R. FARINACCI], *I nodi al pettine*, «Cremona Nuova», 8 e 13 novembre 1925.

35 A. AQUARONE, *L'organizzazione dello Stato totalitario*, cit., p. 75 e sgg.

36 A Mussolini, che rivendicava l'iniziativa politica («quando il Capo del Governo fa una proposta su detta questione o su qualsiasi altra, la Camera fascista, a cominciare dal deputato che è segretario del partito, la vota, altrimenti dà spettacolo di indisciplina»), Farinacci rispose che spesso il Partito poteva «fare alla Camera quello che il Governo non può fare»; R. Farinacci a B. Mussolini, 16 gennaio 1926, in ACS, SPD, C/R, b. 43, fasc. Farinacci (nonché G. ROSSINI, *Il delitto Matteotti tra il Viminale e l'Aventino; dagli atti del processo De Bono davanti all'Alta Corte di Giustizia*, il Mulino, Bologna, 1966, p. 182 e sgg.).

37 «Il Regime Fascista», 2 gennaio 1926.

38 B. Mussolini a R. Farinacci, Roma 12 gennaio 1926, in ACS, SPD, C/R, b. 40, fasc. *Farinacci*.

dere parte a una riunione sindacale a Torino, nonché di intraprendere il previsto viaggio in Sardegna[39]. I due giunsero ai ferri corti, con rammarico del segretario, il quale, con «i movimenti obbligati», non era più in grado di svolgere il suo compito: «una cosa sola mi addolora – scrisse a Mussolini – il fatto che poco per volta la mia azione *fascistissima* e soprattutto *mussoliniana* viene da te guardata con sospetto e paralizzata da divieti che mi mettono di fronte a qualche fedifrago in condizioni umilianti»[40]. De Begnac bene riassunse la divergenza:

> Farinacci vedeva incisa a caratteri solari sul proprio orizzonte unicamente la parola *Partito*. Per Mussolini esisteva qualcosa di più: la Nazione. Farinacci desiderava che il fascismo bivaccasse militarmente per l'eterno intorno al duce in pericolo: pronto a difenderlo da qualunque nemico. Mussolini aveva altro da pensare che non ai problemi logistici formanti la sostanza di una simile concezione. Distintivo e tessera conservavano straordinaria importanza per Roberto Farinacci: non rivestivano la medesima essenzialità politica per il Presidente del Consiglio. [...] Farinacci pretendeva lo Stato forte [...], ma capiva altresì e questo non rientrava nei disegni dei ministri già nazionalisti – come uno Stato forte presupponesse un Partito politico che ne garantisse fortemente e unicamente attualità e divenire[41].

Le maggiori energie, in quella fine del 1925, Farinacci le profuse nella organizzazione del Partito: a dicembre tracciò un quadro della situazione del Pnf che al Gran Consiglio riscosse ampi consensi[42]: su 72 federazioni, Farinacci aveva dato il giudizio di «ottime» ad almeno 21, non a caso tutte (eccetto L'Aquila) a guida intransigente; «buone» ad altre 18 e «discrete» a 10, con solo 12 federazioni commissariate. Ai commissari federali, Farinacci aveva impartito ferree disposizioni e l'obbligo di ristrutturare il partito secondo l'assoluta intransigenza, perché solo in quel modo (e citava Treviso e Napoli) il Pnf avrebbe potuto controllare la situazione politica delle province e imporre ai forti gruppi economici e di pressione locali (come le compagnie marittime a Trieste o gli agrari a Rovigo) quello che «il fascismo tentava di creare o rinnovare al di fuori del campo della lotta di classe»[43], mentre ai segretari

---

[39] R. Farinacci a B. Mussolini, Cremona 8 luglio 1926, *ibidem*.

[40] R. Farinacci a B. Mussolini, Roma 13 gennaio 1926, *ibidem*.

[41] Y. De Begnac, *Palazzo Venezia. Storia di un regime*, La Rocca, Roma, 1950, p. 267.

[42] *Sunti delle relazioni mensili, dicembre 1925*, in Bnb, Frf, b. 63.

[43] Il commissario straordinario del Pnf al segretario del Pnf, Rovigo 9 gennaio 1926, in Acs, Partito nazionale fascista, Situazione politica delle province [Pnf, spp], b. 20, fasc. *Rovigo*. Nel polesine Farinacci avviò una accanita lotta per la supremazia dell'elemento politico su quello economico, nello scontro con l'agraria locale, per svincolare il partito da quelle forze di pressione che snaturavano «le aspirazioni nazionali, spirituali, sociali della rivoluzione fascista».

federali era fatto obbligo di allinearsi alla linea politica del segretario. Lo stesso Moretti, appena giunto a Udine in qualità di commissario straordinario, dichiarò che il suo compito consisteva proprio «nel costituire in ogni comune una sezione del partito facendo in modo che questa funzionasse e si ispirasse alle direttive estremiste di cui era fautore il segretario generale»[44]. Là dove esisteva una certa resistenza all'intransigentismo, la battaglia interna per il controllo del Pnf assunse risvolti gravi, tali da minare il Partito[45], come nel caso di Trieste, dove gli ex nazionalisti dell'onorevole Suvich provarono la scalata alle posizioni di Masi[46].

Per ratificare dal basso la classe dirigente intransigente, Farinacci dispose poi l'indizione dei congressi provinciali del Pnf da tenersi più o meno contemporaneamente nel Paese nei primi mesi dell'anno, anche in previsione dell'adozione di un nuovo statuto (che tuttavia dovette segnare il passo). Si trattava di congressi importanti, perché, oltre a definire la struttura periferica del Pnf, erano svolti democraticamente e prevedevano l'elettività delle cariche, quindi del segretario federale. Nelle province controllate dagli intransigenti (e ovviamente a Cremona[47]), non si ebbero problemi nel far approvare dai congressi le direttive generali e l'appoggio al segretario[48]. In effetti si trattò di un'operazione politica che mise in efficienza la struttura del Partito e consolidò le capacità direttive del centro, in un momento in cui era necessario «fare il punto sul Pnf», attraversato da troppe spinte centrifughe, come sintetizzava Farinacci:

Si sta ripetendo lo stesso fenomeno del 1923. Anche allora si diceva: ma basta ormai! Il partito non deve avere più nessuna funzione; basta con questo fascismo e basta con l'intransigenza. Ed oggi sentiamo la stampa grigia, la stampa che, per viltà, ancora una volta segue il carro del trionfatore, che vuol criticare il fascismo e suggerisce a noi i compiti per l'avvenire! Ma i nostri compiti ce li

[44] Rapporto di G. Cannone, 26 settembre 1927, in ACS, Tribunale speciale per la difesa dello Stato [TSDS], b. 187, vol. 18.

[45] Cfr. ACS, Fondo Piero Pisenti, b. 1, fasc. 2 e fasc. 4.

[46] *Sunti delle relazioni mensili, dicembre 1925, Federazione provinciale fascista di Trieste*, in BNB, FRF, b. 63.

[47] Il congresso provinciale di Cremona non riservò sorprese, con le conferme di Farinacci, Balestreri e Moretti (Orefici preferì farsi da parte), ma fu in quella sede che il segretario si lasciò andare ad alcune confessioni sul suo futuro... «io ho accettato la carica di segretario del partito dichiarando al duce e al Gran Consiglio e al Consiglio nazionale, che sarei rimasto a quel posto fino alla liquidazione dell'Aventino e alla discussione del processo Matteotti»; cfr. «Il Regime Fascista», 20 gennaio 1926.

[48] I congressi provinciali fascisti erano valutati come vere e proprie «manifestazioni di consenso a Farinacci»; in proposito si vedano i resoconti in «Il Regime Fascista», 19, 26 gennaio, 9, 15, 23 febbraio, 2 e 16 marzo 1926.

suggeriamo noi stessi! I compiti, specialmente dei dirigenti, consistono nell'interpretazione esatta della volontà e del pensiero della massa fascista. Siete voi che direte a noi quello che deve essere il nostro compito, siete voi, espressione genuina del fascismo, che ci direte qual è la linea da seguire nell'avvenire. Ma, oh fascisti, gli altri no, mai! Coloro che hanno tentato di tradirci, e che ci hanno tradito dopo l'episodio del 1924, non hanno oggi più giustificazioni da far accettare, e soprattutto non hanno nessun diritto di parlare di fascismo e di pretendere di dare suggerimenti a noi su quel che dobbiamo fare. Io ho detto in una circolare inviata a tutti i Fasci, che nei congressi si può liberamente discutere sulle direttive seguite e su quelle da seguire dalle supreme gerarchie, si può discutere liberamente del vostro segretario generale e del direttorio nazionale, perché la discussione è ammessa, ma non di discutere nelle strade, non nei caffé o nelle riunioni segrete[49].

In quelle realtà periferiche dove forte, invece, era stata l'affluenza di fascisti della "seconda ora", oppure condizionanti i poteri locali o i gruppi moderati, conservatori e nazionalisti, Farinacci attuò quasi un colpo di stato nel Partito, mettendo i suoi uomini nelle province più incerte e che sfuggivano al controllo intransigente: commissariò Rovigo, Belluno e Udine, dove i moderati di Pisenti parevano essere maggioranza nel Pnf, mentre Ricci venne spedito a controllare la situazione di Parma e Masi a chiudere la vicenda Trieste, dove la vecchia classe dirigente moderata cercava di allontanare dal potere quella piccola borghesia che si riconosceva nel fascismo rivoluzionario[50]. Nonostante la tenacia di Farinacci nell'opporsi alle grosse manovre ministeriali, anche a Trieste, come bene gli ricordava Masi, era la base sociale più vicina all'intransigentismo («manca la nostra borghesia cittadina e agricola, quella che ha fede e che combatte») che stava venendo meno, quasi disillusa dai risultati conseguiti dal fascismo[51]. Si combatteva realmente

[49] *Tutti i Congressi di fronte all'azione energica ed intransigente del Partito*, «Il Regime Fascista», 2 febbraio 1926. Strana coerenza, quella di Farinacci nel congresso romano, che, dopo la relazione del segretario federale Nicolò Maraini, ne chiese la riconferma per acclamazione e che, subito dopo, pregò l'assemblea stessa «in seguito all'ampia esposizione dell'opera svolta» di «non discutere su altri dettagli, ché [si] potrebbe sciupare la solennità di questa adunata»! Ai fascisti non rimaneva che «tornare soddisfatti ai loro paesi e portare l'eco di questa adunata e di questa fede». Andamento simile a questa discussione interna si ebbe in quasi tutti gli altri congressi provinciali, dove, a dispetto delle dichiarazioni di Farinacci, di profonde discussioni se ne verificarono invero poche.

[50] D. Mattiussi, *Il Partito Nazionale Fascista a Trieste. Uomini e organizzazione del potere, 1919-1932*, Istituto regionale per la storia del movimento di liberazione nel Friuli-Venezia Giulia, Quaderni, 12, pp. 73-78.

[51] G. Masi a R. Farinacci, Trieste 24 dicembre 1925, in Acs, Frf, b. 30, fasc. *Masi*, secondo cui «l'ex segretario generale del partito [Giunta] morde il freno. Non ammette la tua dittatura. In una seduta del direttorio a Trieste ha protestato dicendo che non si può parlare (vorrei sapere che belle cose avrebbe da dire!). E lo va dicendo con tutti. La cosa è arrivata alle orecchie del Presidente».

quello scontro tra due concezioni diverse e, quasi, opposte del fascismo, del Partito e della cosa pubblica: Masi sosteneva di avere dalla sua «gli uomini più seri ed onesti della città» e avrebbe dato battaglia per la difesa degli ideali e della linea politica intransigente, per l'indipendenza dalle potenti lobbyes economiche e industriali locali, perché si trattava di una battaglia morale, oltreché politica[52]; ma nella lotta Suvich godeva del determinante appoggio dell'apparato dello Stato e il prefetto brigava per orientare a vantaggio di ex nazionalisti e moderati la situazione politica, spingendo Federzoni a serrare le fila e a prendere in mano la situazione. «In questo momento ho la conferma assolutamente sicura che il povero prefetto ha l'ordine dal ministro di sostenere ad ogni costo Suvich e compagni», comunicò celermente Masi a Farinacci, dicendo inoltre che il fascismo "vero" triestino era vieppiù orientato verso l'intransigenza: «In un orecchio ti dico che le squadre antiche, i ferrovieri, i volontari di guerra, i giovani gridano Viva Farinacci, abbasso l'Austria e Viva Mazzini!! Ho dato feroci cicchetti per il terzo grido»[53]. Il 18 febbraio Farinacci provvide a inviare il commissario Ricci, che avrebbe dovuto orientare a favore di Masi la partita, ma i suoi primi approcci con la realtà locale a vantaggio di alcuni industriali e, forse, uno screzio personale con Farinacci, convinsero quest'ultimo a rompere gli indugi e ad assumere il caso in prima persona, sostituendo Ricci col fedelissimo Moretti, l'11 marzo, con l'ordine di stroncare «con mezzi radicalissimi le difficoltà che ostacolavano la situazione, e cioè essenzialmente quelle derivanti dall'elemento massonico, elemento industriale, elemento ebraico, tutti ancora fortissimi». Quanto accadeva a Trieste, accadeva a Udine, dove dal gennaio '25 i dirigenti friulani avevano assunto «una posizione centrista» tesa a liquidare «il passato rivoluzionario e a svuotarlo di ogni volontà rinnovatrice»[54]. Nonostante fosse maggioranza nella base, la corrente intransigente aveva subito ripetuti scacchi, a vantaggio delle correnti che «rappresentavano il predominio del cosiddetto liberalismo fascista» di Pisenti; Barnaba ritenne necessario aprire le ostilità, perché in Friuli il «fascismo era divenuto una semplice organizzazione burocratica al servizio di una ben determinata classe sociale». A tal proposito, e per comprendere il ruolo assegnato da Farinacci al Pnf (non soltanto, ovviamente, a livello periferico), la missiva con la quale Barnaba si rivolgeva all'ex federale Ronchi, nel ricordargli le necessità che avevano spinto Farinacci a nominare Moretti commissario:

---

[52] G. Masi a R. Farinacci, Roma, 8 febbraio 1926, *ibidem*.

[53] G. Masi a R. Farinacci, Trieste 13 febbraio 1926, *ibidem*.

[54] M. Fabbro, *Fascismo e lotta politica in Friuli (1920-1926)*, Marsilio, Venezia-Padova, 1974, p. 176.

Credo che nessun fascista del Friuli, ritenga che io pure essendo amico personale degli uomini dell'altra tendenza, condivida la loro direttiva politica, mentre moltissimi ritenevano e ritengono che gran parte dell'abisso che separa te dagli stessi uomini si sia di molto colmato. Fra quello che affermi nei riguardi dei rapporti inviati al Direttorio nazionale devo ricordarti che in seguito a questi rapporti, tu fosti chiamato a Roma assieme a tutti i deputati e che, in tale circostanza e alla presenza di questi, il Segretario generale del Partito ebbe per te tali parole e ti investì di tale potere da fare sentire a tutti come l'Autorità fascista massima della provincia sei tu e che i deputati ben poco rappresentano di fronte al segretario politico provinciale. In altre parole, ti diede carta bianca. Ebbene: quale uso ne facesti? [...] Tu non dovevi sollevarti al di sopra della mischia, quando la mischia ferveva per la interpretazione che si doveva dare al fascismo in provincia: ma dovevi proporre e far decidere senza aspettare e rimorchiare i pochissimi contrari. Tu hai consentito invece che la minoranza diventasse lentamente maggioranza e preoccupato di essere sereno e obbiettivo, hai voluto far concessioni che hanno umiliato la nostra tendenza, e per di più hanno lasciato perplesso tutto il fascismo friulano[55].

L'azione di Moretti in Friuli ebbe un'impronta decisa a imporre le linee farinacciane, condivise, secondo i carabinieri, dalla maggioranza dei fascisti[56]: rivalutare i vecchi squadristi esclusi dalla vita politica e amministrativa, rivedere le iscrizioni, comporre i dissidi; ed ebbe un carattere tale da frantumare l'iniziale resistenza di Pisenti e dei moderati, e da destare entusiasmi incredibili nel vecchio fascismo, la cui ondata di ribellione travolse la fazione pisentiana, sì che «tutto il gruppo dirigente dei fascisti conservatori [dovette] cedere il campo»[57]. Vennero sciolti Fasci, sezioni, amministrazioni comunali, espulsi iscritti e segretari di Fascio, e incidenti tra fascisti assunsero proporzioni di rilievo, ma la federazione venne rivoltata come un guanto e i nuovi assetti locali del Pnf mutati a favore di coloro che tendevano sempre a caratterizzare «la giusta aspirazione del fascismo friulano, che sente l'impulso a valorizzare – sosteneva Moretti – il Fascismo-rivoluzione». A Treviso Farinacci impartì altrettanto tassative disposizioni: occorreva che gli eletti negli enti locali seguissero i deliberati del Pnf e realizzassero la politica intransigente; a questo proposito il commissario federale Maino giunse allo scontro aperto con la tendenza moderata (rappre-

[55] A. Barnaba a Q. Ronchi, Roma 22 gennaio 1926, *ibidem*.

[56] «La corrente fascista preponderante fa capo all'on.le Arrigo Barnaba, medaglia d'oro, del direttorio nazionale fascista e di questi fedeli seguaci sono l'on. Arturo Ravazzolo e l'on. Luigi Russo»; relazione dei R. Carabinieri, Roma 29 gennaio 1926, in Acs, Mi, ps, b. 111, fasc. *Udine*.

[57] Per tutto, cfr. *ibidem* e A. Leonarduzzi, *Il fascismo locale in Friuli: problemi e prospettive*, in *La storiografia sul fascismo locale nell'Italia nordorientale* (a cura di L. Ganapini), Istituto friulano per la storia del movimento di liberazione, pp. 25-32.

sentata dal sindaco di Treviso, Faraone): dalle campagne della marca trevigiana al capoluogo si ebbero scontri e violenze. Moretti, come Masi a Trieste, Host-Venturi a Pola, impostò una feroce azione anti-padronale e chiaramente operaistica, incontrando a un tempo crescente ostilità nei gruppi moderati (sovente espressione proprio dei ceti agrari e industriali) e apprensione dell'apparato periferico dello Stato che si trovava a gestire una tensione sociale e politica spesso esplosiva e fonte di gravi perturbamenti dell'ordine. La situazione ebbe ulteriori sussulti allorquando Farinacci annunciò una sua visita a Trieste e nel Friuli, in veste ufficiale, nel febbraio 1926, e galvanizzò le masse squadriste e la vecchia guardia, spesso relegate ai margini del potere. Il consenso di Farinacci nel nordest raggiunse vette molto alte e le canzoni con le quali a lui si inneggiava divennero un grido di battaglia. Era il momento decisivo, per Farinacci, perché i moderati avevano iniziato la scalata del Pnf, e in molte zone, persino nei "rassati", contrapponevano migliore considerazione e consenso nella pubblica opinione[58].

L'offensiva di Farinacci suscitò tuttavia critiche e reazioni altrettanto robuste degli entusiasmi, e Mussolini, attraverso la fedele penna del fratello Arnaldo, fece conoscere chiaramente la propria dura opposizione al tentativo, dopo l'espulsione di Pisenti dal Partito, di porre in stato di accusa tutti i fiancheggiatori e i moderati. Ai primi di marzo la polemica giornalistica si intensificò e divenne evidente che dietro gli attacchi dei Mussolini a Barnaba e Moretti il vero bersaglio era Farinacci[59]. Anche a Udine le iniziative del Partito vennero arginate e boicottate dal prefetto Umberto Ricci, ligio alle disposizioni di Federzoni[60], nonché da Mussolini (che attraverso Arnaldo fece intendere cosa fare...), ma Moretti riuscì, pur nell'enorme agitazione, a tenere i congressi di Udine e Gorizia, e la vittoria della corrente intransigente, almeno per il momento, apparve netta. Ma il tempo ormai stava scadendo per Farinacci e con esso le attese e le speranze di un ceto che guardava al fascismo come a un fenomeno di rinnovamento sociale e politico e del quale esso avrebbe dovuto farne parte a pieno titolo. Proprio alla fine di marzo 1926, Farinacci venne "licenziato" dalla segreteria: nella sua ultima relazione sulla situazione del Partito, nel Gran Consiglio del 30 marzo, tracciò comunque un quadro ottimistico, dicendo «assai migliorate» tante realtà provinciali; là dove era stata seguita «la

---

[58] Roma, 16 marzo 1926, in ACS, MI, PS, 1926, b. 111, fasc. *Treviso*, anche per tutta la vicenda.

[59] In proposito cfr. ancora la ricostruzione di M. FABBRO, *Fascismo e lotta politica in Friuli (1920-1926)*, cit. p. 196.

[60] Il prefetto al Ministero dell'Interno, Udine 18 febbraio 1926, in ACS, MI, PS, b. 111, fasc. *Udine*.

linea dell'intransigenza intelligente» (citava Belluno, Udine, Treviso, Venezia, e Salerno[61]), là «il fascismo era disciplinato, fattivo, ben guidato», l'opera delle federazioni «solerte e precisa». Le situazioni da dirimere, non comunque poche (Venezia, Trieste, Imperia, Catanzaro, Parma), assicurava che sarebbero state presto condotte sotto controllo. A dispetto delle assicurazioni fornite, il quadro reale della condizione del Pnf non era così confortante: se il Partito era vivo e operante, era anche vero che al suo interno le divisioni non erano poche e i personalismi, lungi dal diminuire, erano semmai aumentati, e ciò mentre all'orizzonte si profilava l'ipotesi di nuove e forti contrapposizioni in altre federazioni (19 erano ancora commissariate, e a Catanzaro i contrasti degenerarono in una sollevazione integralista[62]), paralizzando l'attività amministrativa locale e preoccupando le forze dell'ordine. Ad Arnaldo Mussolini, che criticava l'ottimismo con cui il segretario aveva illustrato la situazione e che condannava la presenza di numerosi casi provinciali ove forte era «la rivalità di uomini»[63], Farinacci rispose che in ciò stava il dinamismo del partito, e che il giorno in cui «le federazioni non avessero dato più segni di vita, il giorno in cui le nostre migliaia di sezioni non avessero tenuto le supreme gerarchie del partito, in costante preoccupazione e coi nervi tesi, il fascismo non sarebbe più stato un partito rivoluzionario»: occorreva tenere sotto pressione il Pnf attraverso la revisione costante delle situazioni e la rigida moralizzazione dei tesserati[64]. Era il tentativo di omogeneizzare un Partito ancora difficile da governare unitariamente...

Voci di contrasti tra governo e Partito avevano iniziato a circolare nei corridoi di Montecitorio già da gennaio[65], tanto che secondo alcuni osservatori le dimissioni di Farinacci erano date per imminenti; i quotidiani moderati si allarmarono per la ripresa dell'ex segretario e, attra-

---

[61] Per la relazione di Farinacci, *Riassunto delle situazioni provinciali*, 30 marzo 1926, in BNB, FRF, b. 62.

[62] Cfr. A. CARVELLO, *La Calabria sotto il fascismo. Vita politica e tensioni sociali in provincia di Catanzaro (1919-1925)*, Società Editrice Meridionale, Roma-Salerno, 1989, pp. 176-181. Anche a Catanzaro nella seconda metà del 1925 prese corpo lo scontro tra «le due visioni strategiche del fascismo», culminato nel novembre in gravi incidenti e nell'occupazione dei locali della federazione dagli intransigenti, sì da rendere necessario il massiccio intervento della forza pubblica. Del resto proprio nell'Italia meridionale emergevano con maggior chiarezza molti dei limiti dell'intransigentismo che, nella sua volontà di respingere qualsiasi compromesso col vecchio ceto politico e rivendicare il tentativo di creare una società nuova, mostrava asprezze di metodi e di forma che non potevano non "disturbare" il tradizionale moderatismo meridionale, rimasto comunque – mediante non poche operazioni trasformistiche ma che palesavano comunque segnali di diffuso consenso, anche elettorale – abbastanza saldo nei suoi posti di potere.

[63] Cfr. A. M[USSOLINI], *Ottimismo con misura*, «Il Popolo d'Italia», 26 febbraio 1926.

[64] [R. FARINACCI], *Perché siamo ottimisti*, «Il Regime Fascista», 27 febbraio 1926.

[65] «Il Piccolo», 26 gennaio 1926.

verso autorevoli esponenti, come l'onorevole Amicucci, attaccarono l'intransigentismo perché voleva diventare Stato, perché in provincia i segretari provinciali si sostituivano ai prefetti e perché si rendeva necessaria una limitazione all'attività del Pnf, visto che l'iniziativa politica e la «direzione della cosa pubblica» spettavano solo al governo[66]. Farinacci reagì dicendosi contrario alla trasformazione del Pnf da macchina rivoluzionaria a «organismo burocratico», convinto che «il Governo era forte se era forte il Fascismo; il Fascismo era forte se era forte il Partito»; e concludeva avvertendo del pericolo delle ondate normalizzatrici con le quali la «stampa grigia» e i gruppi «moderati-conservatori» cercavano di «smidollare il partito e di democratizzarlo»[67]. Ma nella polemica con Farinacci (pur sostenuto da importanti organi di stampa, come «Il Mezzogiorno»[68]) scese a sostegno di Amicucci Arnaldo Mussolini, il cui pensiero valse a chiarire come la pensasse il fratello[69]...

Si tratta di un'altra direzione da dare all'attività del Partito: si tratta soprattutto di delineare i confini di questa attività; si tratta infine del riassorbimento totale dell'autorità nella mani del governo, che è la massima espressione operante del regime fascista: responsabile in pieno di fronte al Regime, di fronte alla Nazione, di fronte alla Storia. Le considerazioni che l'on. Amicucci fa sulla necessità di porre termine a talune residuali interferenze di attribuzioni e di funzioni, sono perfettamente giuste. Il fenomeno è certamente nella sua fase declinante, ma è opportuno ripetere che chi governa è il governo, soltanto il governo, nessun altro all'infuori che il governo, e ciò non soltanto al centro, dove la situazione è definita, ma anche nelle province, dove non sempre è altrettanto definita.

Farinacci, per non fare marcia indietro, dovette comunque arrampicarsi in tortuosi concetti e spiegazioni («diversità di funzioni, che si presuppongono, si integrano, si unificano nella comunanza del fine...

[66] E. Amicucci, *Normalizzazione fascista*, «La Nazione», 26 gennaio 1926, nonché «La Sera», 26 gennaio 1926; ma cfr. anche il duro monito di A. Mussolini, *Compiti nuovi*, «Il Popolo d'Italia», 28 gennaio 1926.

[67] [R. Farinacci], *La funzione del Partito*, «Il Regime Fascista», 28 gennaio 1926. Amicucci fece marcia indietro nelle sue dichiarazioni (anche con una lettera aperta al segretario), ma Farinacci mantenne alta la condanna verso quelle posizioni e verso le manovre «di interessato pacifismo», che avrebbero dovuto essere sempre sventate dal Partito; cfr. «Il Regime Fascista», 29 e 31 gennaio 1926.

[68] «Il Mezzogiorno», 30 gennaio 1926, secondo cui il governo doveva essere emanazione del Partito, e prendeva a esempio gli Stati Uniti, dove: «mai nessuno ha contestato al partito la designazione dei segretari di stato, dei senatori, dei deputati, dei governatori statali, dei sindaci, degli amministratori, dei consoli, degli addetti commerciali e perfino dei giudici. La condotta di costoro è sottoposta quotidianamente al controllo del partito. Solo così si concepisce un governo di partito».

[69] Per tutta la discussione, cfr. anche *La polemica Farinacci-Amicucci sulle direttive del Partito*, «La Stampa», 28 gennaio 1926.

senza sovrapposizioni e senza interferenze»[70]), che non spiegavano nulla e, soprattutto, non nascondevano la sua concezione del Partito, la competizione che questo assumeva nei confronti dell'esecutivo e la realizzazione di una «diarchia» di potere impossibile da sciogliere. Lui stesso dovette rendersi conto che pochi avevano compreso le sue spiegazioni e la natura di quel presunto «accordo tra Pnf e Governo», sì che si rifugiò subito nel tentativo di definire la struttura del Partito nella nuova situazione. Contrario all'ipotesi di un Partito di massa enormemente dilatato (aveva dovuto combattere a lungo pure in merito alla chiusura delle iscrizioni)[71], Farinacci osteggiava però anche la proposta di Balbo, di un Partito «"conventicola", cioè limitato ad un ristretto numero di fedeli», e nella parte finale della sua segreteria sollecitò il direttorio ad accettare la sua linea, cioè un Partito di «minoranza non esigua» (un milione di iscritti), «l'eletta avanguardia della Nazione».

Se le dispute teoriche erano piuttosto ostiche a Farinacci, la sua dote politica principale era una lucida percezione della situazione interna, dello stato d'animo del popolo, anche come sintesi delle situazioni locali, che conosceva perfettamente: «in questo non sbagliava mai – ha scritto Emilio Canevari – questa sua singolare facoltà di percezione gli veniva da due elementi: anzitutto che egli non era un teoretico e non si lasciava illudere dalle ideologie e tanto meno dalle frasi, ma si atteneva sempre alla precisa realtà delle cose; e in secondo luogo, che egli aveva modo di conoscere questa realtà in tutta Italia per la vita che conduceva. Durante i dieci anni che sono stato al suo giornale a Cremona, egli ha sempre viaggiato per i suoi affari professionali e politici sei giorni la settimana»[72]. Non credeva affatto alle nebulose teorie che erano sorte per cercare di definire e giustificare il fascismo dal punto di vista filosofico («quelle astrazioni lo facevano ridere»), ben sapendo quanto il fascismo fosse nato sul terreno pratico, e che i consensi che riceveva erano tanto maggiori quanto più positive si rivelavano le sue realizzazioni sindacali, economiche, sociali e politiche. Faceva affidamento soprattutto sulle qualità della piccola e media borghesia, quel ceto sociale che con sacrifici e sforzi era riuscito a emergere, come i conduttori di fondi, gli agricoltori, i piccoli produttori della Val padana, a suo dire

[70] «Corriere della Sera», 31 gennaio 1926 e [R. FARINACCI], *L'accordo fra Governo e Partito*, «Il Regime Fascista», 31 gennaio 1926; e Mussolini vergò profondamente a matita l'articolo, infarcendolo di punti interrogativi.

[71] All'inizio di marzo, secondo i dati forniti da Barnaba, i tesserati erano già 523.329, con un incremento notevole in riferimento all'anno precedente («La Stampa» e «Corriere della Sera», 12 marzo 1926); quando Farinacci lasciò la segreteria, il numero annunciato degli iscritti al 30 marzo era di 635.351 («La Stampa», 1° aprile 1926).

[72] E. CANEVARI, *Roberto Farinacci. L'uomo che ha sempre detto la verità al Duce*, III, «Meridiano d'Italia», 29 luglio 1958.

il nerbo del movimento fascista[73]. Negli anni del regime Farinacci rappresentò l'uomo politico che più e meglio di ogni altro riassunse sempre le aspirazioni e le delusioni del fascismo rivoluzionario, del fascismo piccolo e medio borghese in cerca di una propria e autonoma affermazione, come ha colto nel segno De Felice[74]: «In questo senso Farinacci rappresentava la parte più genuina del fascismo; la più genuina ma anche la più debole. Perché un simile fascismo potesse affermarsi sarebbe occorso infatti che esso fosse in grado di porsi effettivamente alla testa non solo della piccola e media borghesia ma anche di tutti gli altri ceti sociali interessati a un sostanziale rinnovamento politico e sociale del paese, in primo luogo del proletariato industriale e contadino». Operazione impossibile perché quella borghesia era più debole e divisa (anche da contrastanti interessi), di quanto apparisse a una prima lettura, per fare fronte comune con altri ceti sociali, tra l'altro assai più omogenei e contro i quali si era battuta nel dopoguerra, scavando fratture sociali difficili da ricomporre nel breve periodo. Da qui, conclude De Felice, la debolezza di fondo di Farinacci e del fascismo rivoluzionario, «la loro delusione e il loro arroccarsi su di un intransigentismo tanto sterile quanto carico di represse velleità di rivincita», che si sarebbero più avanti manifestate sotto forme diverse, a seconda del momento politico. Da qui, allora, l'ostilità delle forze fiancheggiatrici, del fascismo di "sistema" e di Mussolini, il quale non poteva concedere alcuno spazio all'intransigentismo farinacciano, una volta che aveva accettato, per non venire estromesso dal potere, l'annacquamento della rivoluzione in «una operazione trasformistico autoritaria su vastissima scala, tendente a realizzare un regime di generale compromesso, nel quale (tenuti a freno con la forza gli oppositori) tutte le forze e tutti gli interessi dovevano trovare una forma di convivenza fondata, oltreché sul riconoscimento di reciproche garanzie, sulla personale mediazione del duce e sulla progressiva dilatazione delle competenze e dei poteri d'intervento dello Stato su sempre più vasti settori della vita sociale»[75].

---

[73] Corretta l'interpretazione di Canevari: «Farinacci era rimasto a rappresentare quei sentimenti iniziali e quelle classi medie che non volevano sapere né di socialismo, né di corporativismo, né di "riforme sociali", ma volevano l'Italia con un governo forte, non inquinato da compromessi, e un governo rappresentativo degli interessi nazionali, ma senza degenerazioni parlamentari. Pertanto, dopo il 1927, Farinacci aveva preso l'aspetto, di fronte a Mussolini, del capo dell'opposizione costituzionale, basata sui principi e non solo su questioni personali, come era invece l'opposizione di Ciano e Grandi, i quali volevano semplicemente essere i successori»; E. CANEVARI, *La fine del Maresciallo Cavallero. Ricostruzione completa degli avvenimenti in base anche a documenti inediti*, Latinità, Roma, 1950, p. 67.

[74] R. DE FELICE, *Mussolini il fascista. II. L'organizzazione dello Stato fascista, 1925-1929*, cit., p. 66.

[75] *Ibidem*, p. 67.

Farinacci era pericoloso, perché in mancanza di alternative solo da lì sarebbero potute giungere minacce al precario equilibrio dell'edificio mussoliniano...

Non a caso il progetto politico elaborato dall'ex segretario per le basi del nuovo Stato, seppur rimasto a livello di proposta, era diverso dall'assetto politico-istituzionale in corso di realizzazione. Sottoposto a Mussolini nella primavera del 1926, il suo progetto era concepito a vantaggio della «media borghesia patriottica» (cioè a dire «quanto di meglio moralmente e intellettualmente esistesse in Italia»), da cui si doveva trarre la nuova classe dirigente: prevedeva la costituzione di un nuovo Parlamento (o di un Gran Consiglio) eletto solo dai membri del PnF per ciascuna circoscrizione; il Partito doveva essere ridimensionato, con gli iscritti che avrebbero eletto per province sia i capi delle federazioni, sia i rappresentanti al nuovo Parlamento, in un sistema politico-istituzionale di «oligarchia scelta», nella massima libertà di discussione e di stampa, pena il declivio verso un sistema autoritario-personale[76]. Tali concetti, partendo dall'ostilità contro il parlamentarismo, Farinacci li divulgò con ampiezza sul suo quotidiano: constava che il Parlamento, pur in funzione, di fatto con l'avvento del fascismo «non esisteva più», perché ratificava quanto deciso dal governo. E l'azione del governo era il risultato di studi e lavoro, di discussioni nella stampa e nei consessi fascisti, sì che il Parlamento si rivelava quindi «inutile» e da sostituire con gli istituti fascisti, Gran Consiglio e Congresso nazionale del Pnf[77]. Nel sistema fascista l'abolizione del parlamentarismo si imponeva anche per la ragione che il fascismo avrebbe altrimenti agito su un terreno che gli era improprio e nel quale la «malattia deputatizia» ne avrebbe minato il corpo: l'organo che avrebbe dovuto rappresentare l'espressione della volontà popolare doveva essere ancora creato, ma potevano intanto essere costituzionalizzati il Gran Consiglio e il Congresso nazionale, non avendo gli avversari nessun diritto di rappresentanza negli organismi dello Stato nuovo, secondo la formula (anche Farinacci coniò la sua...) «nulla fuori dal fascismo, nulla contro il fascismo». «Oligarchia fascista», quindi nei poteri dello Stato, mitigata però (secondo il suo progetto di revisione dello statuto del Pnf) dalla «democrazia fascista»: la dialettica e la democrazia interna del Partito do-

---

[76] E. MORINI [E. CANEVARI], *Leggende e verità su Roberto Farinacci*, «Meridiano d'Italia», 29 ottobre 1950.

[77] [R. FARINACCI], *L'ultimo equivoco*, «Il Regime Fascista», 8 giugno 1926: «Compito nostro dev'essere di migliorare il Gran Consiglio, in modo che in esso siano rappresentate tutte le energie nazionali e che quest'alto consesso sia come la sintesi di quanto vi è di più eletto per intelligenza, cultura, capacità, virtù in seno al fascismo. Il Congresso nazionale, di cui è emanazione il Gran Consiglio, sia convocato annualmente per tracciare le grandi linee del vastissimo programma che deve essere svolto e applicato».

vevano essere conservate, pena una sempre maggiore frammentazione e divisione, con contrasti localistici e personalistici: «noi ci siamo dichiarati contro il parlamentarismo, noi siamo stati i primi sostenitori dell'abolizione dei Consigli comunali, ma è necessario però che il partito abbia uno sfogo in frequenti riunioni, nei Congressi regionali, nel Congresso nazionale. Le serene discussioni, l'esame dei problemi del Partito e della Nazione avranno il sicuro vantaggio di apportare al regime enormi vantaggi»[78]. E quando nel settembre 1926 la tanto attesa riforma dello statuto del Pnf abolì l'elettività delle cariche per sostituirle con la nomina dall'alto (mentre si estendeva l'introduzione del podestà a tutti i comuni), Farinacci ingaggiò dura battaglia, perché il provvedimento era «un fatto di capitale importanza che avrebbe potuto avere gravi ripercussioni», e per questo chiese più volte, inutilmente, di soprassedere all'approvazione:

> Noi dichiariamo senz'altro di essere contrari [...]. Noi siamo per la più rigida dittatura del partito nella Nazione, ma siamo costituzionali in seno al partito stesso. "Dittatura di Partito" significa imposizione del nostro programma al popolo; programma che scaturì dal sacrificio dei martiri e dal sangue della nostra rivoluzione. Dittatura nel partito vorrebbe dire soffocazione del pensiero e della volontà delle nuove generazioni che trovasi schierate sotto i nostri gagliardetti.
>
> Non s'accorge certa stampa fascista che due prefetti in una provincia rappresenterebbero due galli in un pollaio? Nella peggiore ipotesi che la nostra tesi non venisse accolta dal Gran Consiglio, migliore soluzione sarebbe quella di inserire totalmente il Partito nel Governo ed affidarne la dirigenza centrale al Ministero degli Interni e nelle province ai prefetti e ai questori. [...] Se si sopprimessero le assemblee dei Fasci ed i congressi provinciali, e quindi non avessero più luogo le animate e passionali discussioni dalle quali finora sono scaturite le idee e il programma della nostra rivoluzione, noi in pochissimo tempo avremmo gettato lo scoramento nelle nostre file, scoramento fatale nei giorni in cui ci vedessimo costretti a fare nuovamente appello alla fede e alla forza dei gregari. I segretari provinciali nominati regolarmente dalle assemblee sono i veri dirigenti che sanno imporsi e farsi ubbidire. Il controllo della massa fascista sui dirigenti è possibile esercitarlo con sicurezza alla periferia, al centro no[79]!

Farinacci colse nel segno: il nuovo statuto alterò completamente la forma-partito del Pnf, la sua natura e il suo ruolo nel nuovo sistema politico[80], mentre lui continuava a sostenere la «dittatura del partito»,

---

[78] [R. FARINACCI], *Accettare la realtà*, [R. FARINACCI], *Contro ciò che è passatismo* e [R. FARINACCI], *Le adunate regionali,* «Il Regime Fascista», 9, 10 giugno e 10 luglio 1926.

[79] [R. FARINACCI], *I Prefetti del Partito*, «Il Regime Fascista», 31 agosto 1926.

[80] La battaglia poté dirsi persa nel novembre del '27, allorquando in Gran Consiglio Mussolini tracciò le linee portanti della riforma del Parlamento e del nuovo sistema elettorale; [R. FARINACCI], *Il nuovo Parlamento*, «Il Regime Fascista», 13 novembre 1927.

attribuendo a questa caratteri perenni, sulla falsariga della «dittatura del proletariato» in Russia, ben percependo che tale dittatura mai avrebbe potuto avere carattere «transitorio», come Mussolini voleva invece per il Pnf[81]. Ma quando Farinacci propose la necessità di «sviluppare ulteriormente la rivoluzione in nuovi istituti», la situazione politica, nell'estate del 1926, era cambiata (lo stesso sviluppo legislativo della rivoluzione era stato ampiamente scritto dagli ex nazionalisti, soprattutto Rocco, e in ottica conservatrice), e ancor più lo era la sua personale. Mussolini non aveva perso un colpo nei confronti di Farinacci, dall'ottobre del '25 in avanti, per riaffermare la propria autorità e quella del governo nei confronti del Partito e riteneva urgente liberarsi di quello scomodo segretario, la cui linea politica impediva l'effettivo inserimento nel nuovo sistema dei fiancheggiatori e delle forze economiche che avevano aderito al fascismo, nonché creava contrasti esplosivi nel Pnf. L'aveva già dichiarato Arnaldo Mussolini che le scelte e la politica intransigente le avrebbe fatte solo il duce, e attraverso il governo, «con quei margini di elasticità che gli sarebbero sembrati più opportuni; mentre l'intransigenza del Partito non doveva essere che la traduzione, in termini di fiancheggiamento ma anche di progressivo disimpegno dalla vera e propria elaborazione politica, di quello di Mussolini e del governo»[82]. Il duce non poteva condividere ancora oltre l'idea che la «situazione politica fosse di emergenza», come la concepiva Farinacci, e il modo di questi di operare nel Pnf: «non era andato per il sottile – avrebbe ricordato Mussolini al suo biografo –, come segretario del partito. Aveva bruciato ambizioni politiche di ogni grado e dignità. Aveva protetto i propri amici. Aveva imposto la sua volontà in maniera dura, rude», e aveva chiesto «obbedienza cieca», non soltanto alla rivoluzione, ma anche alla sua persona. La condanna dell'opera politica compiuta da Farinacci, per Mussolini, verteva anche sulla mancanza di unitarietà d'intenti data alla rivoluzione, non impedendo che questa si frazionasse «in risse locali, faide borghigiane, guerre rionali tra schieramenti pretoriani di opposte bandiere» (in uno degli ultimi appunti inviatigli prima della sostituzione, il duce non aveva mancato di sottolineare a Farinacci quanto il Partito fosse «in talune regioni, imbegato sino all'estremo»)[83]; ma era una critica troppo feroce, questa,

---

[81] Y. De Begnac, *Palazzo Venezia. Storia di un regime*, cit., p. 251.

[82] R. De Felice, *Mussolini il fascista*. II. *L'organizzazione dello Stato fascista, 1925-1929*, cit., p. 169.

[83] La comunicazione prendeva spunto dall'osservazione riportata a Mussolini da Dinale, secondo la quale Farinacci, interpellato sulla situazione trevigiana, avrebbe risposto che avrebbe fatto «il contrario di quanto avrebbe detto il Presidente, perché il capo del Pnf sono io»; B. Mussolini a R. Farinacci, Roma 3 marzo 1926, in Acs, Spd, c/r, b. 43, fasc. *Farinacci*.

e non corrispondente al vero in alcuni aspetti: certo, Farinacci era rimasto «il provinciale di sempre», e non aveva dato dimensione unitaria e nazionale alla rivoluzione, ma i tentativi da lui compiuti in quella direzione si erano sempre infranti contro la decisa opposizione mussoliniana e governativa, tesa a dare diversa unitarietà e dimensione a quella rivoluzione. Ma soprattutto, per Mussolini, il Partito non doveva rimanere «parte», ma doveva diventare «paese», e se Farinacci aveva «gagliardamente difeso» il fascismo, lo aveva anche ridotto nei confini di «un'ultima battaglia tra rivoluzione fascista e controrivoluzione social-libertaria», aveva «maciullato uomini e allontanato da responsabilità politiche personalità di rilevante statura», aveva dilaniato il Partito assumendo «l'intolleranza come tattica e come sistema», lasciandolo «devastato da tendenze allo scisma, da ripensamenti di transfughi e da anatemi di fuggiti»[84]. E soprattutto aveva troppo personalizzato la carica di segretario...

L'ultimo atto fu, nel mese di marzo, il processo Matteotti, al quale Farinacci dedicò molta attenzione perché lo riteneva un fatto di assoluta rilevanza politica, ancora una volta a differenza di Mussolini, secondo cui il processo, invece, doveva essere depoliticizzato e fatto passare senza clamore, e in questo senso intimò al segretario che «Il Regime Fascista» non parlasse del delitto e del processo di Chieti[85]. Obbiettivo di Farinacci tuttavia, come lui aveva dichiarato, era fare «il processo alle opposizioni», piuttosto che la difesa del suo assistito, Dumini, tanto che se avesse potuto avrebbe accettato l'incarico di parte civile del Pnf. Il processo della Corte d'Assise di Chieti (16-24 marzo), già fortemente depotenziato dalla sentenza istruttoria del dicembre 1925 che aveva accolto la requisitoria del Pubblico Ministero Nicodemo Del Vasto (tra l'altro cognato di Farinacci), con la quale si erano rinviati a giudizio solo i cinque esecutori con l'accusa di omicidio preterintenzionale, da un punto di visto giuridico non poteva certo sortire, e non sortì, sorprese, e completò l'opera di salvataggio avviata dalla sentenza istruttoria[86]. L'arringa finale di Farinacci (secondo alcuni redatta da Preziosi[87]) non poggiava su un solido impianto difensivo, ma era invece rivolta a processare le speculazioni politiche e la figura dello stesso Matteotti, e certo valse a esasperare il dissidio con Mussolini, che espresse il suo disappunto sulla condotta del processo[88].

---

[84] Per tutto, cfr. Y De Begnac, *Taccuini mussoliniani*, cit., pp. 458-479.

[85] Cfr. Ascr, Ap, b. 23, fasc. 1.10.2.

[86] M. Canali, *Il delitto Matteotti*, cit., p. 512 e sgg.

[87] L. Cabrini, *Il potere segreto: dal 25 aprile 1915 al 25 aprile 1945; dal 25 luglio 1923 al 25 luglio 1943*, «Cremona Nuova», Cremona, p. 63.

[88] *Epilogo*, «Il Popolo d'Italia», 21 marzo 1926.

Il 28 marzo a Milano, nel suo discorso per l'annuale della fondazione dei Fasci, Farinacci annunciò, come sosteneva da tempo, l'intenzione di dimettersi[89]; due giorni dopo presentò le sue dimissioni al direttorio e la sera stessa, in Gran Consiglio (in una delle più lunghe sedute del massimo organo), Mussolini le accettò e nominò seduta stante Augusto Turati suo successore e un nuovo direttorio[90]. Se Pantaleo ricordava che Farinacci aveva messo «in piena efficienza il partito [dando] così al governo la forza morale e politica per varare le leggi della rivoluzione»[91], e Alfredo Signoretti, uno dei più importanti giornalisti italiani, che «Farinacci sembrava nato per la carica di segretario del Partito»[92], al contrario «Il Popolo d'Italia» tornava a sottolineare le ragioni di dissenso, e che «la questione della stampa, la polemica con la Chiesa e l'organizzazione fascista provinciale in rapporto alle gerarchie locali e statali, erano [stati] motivi di concezioni differenti». Al che Farinacci rispose stizzito che le sue polemiche non erano state con la Chiesa, ma con gli organi clericali del Vaticano, che la sistemazione della stampa era «avvenuta all'infuori del partito attraverso compromessi non graditi («la qual cosa ci metterà in condizione di dire a tutti il fatto loro, al momento opportuno») e che l'organizzazione provinciale del Pnf, se non era andata a genio al «Popolo d'Italia», il giornale era allora fuori dalle direttive, perché in qualità di segretario lui aveva agito con la ratifica del direttorio e del Gran Consiglio[93]. Ammoniva i critici e confortava i sostenitori avvisando che lui avrebbe sempre continuato a occuparsi del partito, come «sentinella vigile»:

> La disciplina però non ci esonererà dal dovere e non ci toglierà il diritto di attaccare a fondo, senza riguardi verso chicchessia, coloro che saranno ritenuti dannosi al Partito e al Governo. Non intendiamo farci pestare i calli da nessuno, perché non reagendo commetteremmo una grave colpa a danno del Partito al quale abbiamo dato tutta la nostra anima. Il Partito è per noi cosa sacra, il Partito ci appartiene; saremo quindi vigili per scovare gli invidiosi, gli ambiziosi, i profittatori e gli impostori, anche se qualcuno di costoro godesse le simpatie del Duce, ignaro delle sue malefatte[94]...

---

[89] *Farinacci in un forte discorso al Lirico dichiara che per ora il suo compito è finito*, «Il Regime Fascista», 30 marzo 1926.

[90] «Il Popolo d'Italia», 31 marzo 1926.

[91] P. Pantaleo, *A missione finita*, «Il Regime Fascista», 1° aprile 1926.

[92] «Ma Mussolini gliela tolse – continuò – perché era geloso» e temeva le eventuali amicizie e clientele che "concorrenti" fascisti avrebbero potuto crearsi; A. Signoretti, *«La Stampa» in camicia nera, 1932-1943*, Volpe, Roma, 1968, p. 113.

[93] Cfr. «Il Popolo d'Italia», 1° aprile 1926 e [R. Farinacci], *Grazie, ma però...*, «Il Regime Fascista», 3 aprile 1926.

[94] [R. Farinacci], *Sentinella vigile*, «Il Regime Fascista», 4 aprile 1926.

Affermazioni che giungevano insieme alle prime dichiarazioni di Turati, secondo cui la vecchia tattica doveva considerarsi superata («persistere nell'atteggiamento di ieri significherebbe voler dare vita a dei fantasmi»), l'intransigenza era stata spesso solo formale, non era più adatta alla creazione di una nuova coscienza fascista e le confuse situazioni della periferia sarebbero state risolte dall'alto[95]. Mentre Mussolini, amareggiato «per alcune situazioni provinciali», ordinava venisse risolto il male interno che minava la saldezza, l'unità e la disciplina del Partito, il 7 aprile ai segretari provinciali a Palazzo Vidoni disse che «la più alta espressione del Regime è il Governo: quindi tutto dal Governo dipende e discende»; il Partito doveva essere la riserva spirituale e politica del regime e si doveva liberare della «zavorra umana», per ritrovare equilibrio e tranquillità[96]. La critica di Mussolini (che schedava quanti manifestavano stima e solidarietà all'ex segretario[97]) a Farinacci non poteva essere più esplicita, come notarono anche i mass media stranieri[98]. Proprio dagli organi estremisti, poi, partirono le prime critiche all'ex segretario, allorquando «Il Selvaggio» affermò che le dimissioni di Farinacci «non ci sorprendono, non ci addolorano, non ci commuovono. Ci sembrano logicissime, dato l'allontanamento evidente dell'on. Farinacci da quei fascisti e da quelle correnti che ne provocarono l'ascesa al potere»[99]: i recenti congressi provinciali si erano «esauriti in affermazioni retoriche», l'ex segretario si atteggiava a pose di vice duce impossibili da sostenere, l'anno «fascistissimo era stato merito e vanto del Governo, più che del Partito», il quale ultimo non riusciva a occuparsi di altro che di una «politica interna per consolidare le posizioni personali e locali di alcuni falsi ras»: il «rassismo, concludeva Maccari, era stato soltanto borbonismo»[100]. Arnaldo Mussolini rinnovò critiche feroci sul modo con cui era stata instaurata la disciplina e il rafforzamento del Pnf, tanto che l'anarchia provinciale non era stata debellata nonostante il commissariamento di 34 federazioni[101]. Bottai tirò un sospiro di sollievo, perché il partito necessitava di un impianto teorico ade-

---

[95] Per le prime posizioni ufficiali di Turati, cfr. «Il Giornale d'Italia», «La Stampa» e «Il Regime Fascista», 1°, 2 e 3 aprile 1926.

[96] «Il Regime Fascista», 8 aprile 1926.

[97] La segreteria di Mussolini chiese alla prefettura di comunicare tutti i telegrammi diretti a Farinacci e provvide a schedare le varie manifestazioni personali espresse all'ex segretario (erano oltre 450 in una settimana); cfr., in Acs, Spd, c/r, b. 42, fasc. *Farinacci*.

[98] Cfr. «La Nazione» e «Il Regime Fascista», 10 aprile 1926.

[99] *Parere*, «Il Selvaggio», 1°-14 aprile 1926.

[100] Il Selvaggio, *Uno e molti milioni, ovvero apoteosi di Roberto Farinacci*, «Il Selvaggio», 16-30 aprile 1926.

[101] Per la polemica con «Il Popolo d'Italia», cfr. *Cortesi errori di calcolo*, «Il Regime Fascista», 6 aprile 1926.

guato alla nuova fase e occorrevano più idee, che forza, «il ritorno all'intelligenza, da tempo relegata in soffitta, al posto del manganello»[102].

Erano accuse gravi, ma anche immotivate in alcuni aspetti (le federazioni commissariate erano 16), tanto che da un punto di vista politico Farinacci ebbe buon gioco nel replicare, e molti anni dopo avrebbe ancora ricordato a Bottai quanto fosse stato falso il concetto che il revisionismo avesse fatto leva sulle idee e l'estremismo solo sulla forza, perché «è molto facile che abbia idee chi non ha forza, mentre non è possibile che sia privo di idee colui che possiede ed esercita una forza politica». Dopo il delitto Matteotti non c'erano margini per l'analisi e la revisione delle idee:

> Noi combattemmo [nel 1925] una lotta complicata, diversa, apparentemente confusa ma potente come non mai [...]. Era una vera e propria battaglia, e nelle battaglie non si vince né con i filosofismi né con la poesia, né con ammonizioni di natura e di portata dottrinale: si lotta e si vince gettandosi nella mischia con tutta la forza, con tutta l'anima e con una risoluzione totalitaria. [...] La verità è questa: che per la vita di un partito le idee devono essere poche, ma profondamente sentite e chiare, e che l'organizzazione deve essere multiforme, agile e disciplinata, in modo che le iniziative non siano mai spente e neppure le responsabilità[103].

Ma erano accuse necessarie, perché confermate dall'atteggiamento movimentista e di sfida che Farinacci aveva deciso di assumere recandosi in quelle zone del nord-est dove lo scontro interno nel fascismo era incerto; ciò a dispetto dei consigli dei collaboratori, che suggerivano prudenza, in attesa di vedere come si fossero messe le cose:

> Caro Farinacci, parto stasera per Roma dopo un colloquio con Ricci. Io giudico buona la situazione, ma voglio dirti che è bene che noi ci comportiamo con tranquillità. La nostra pressione e vigilanza non si elimina ed ha maggiore efficacia se noi saremo austeramente disciplinati. Ma il Presidente deve persuadersi anche che lo sfottimento contro i fascisti veri provoca la riabilitazione e valorizzazione dei falsi fascisti[104].

Forte del consenso della massa fascista, Farinacci intraprese una visita nel Veneto, nel Friuli e nella Venezia Giulia, proprio nelle zone "calde" dove Turati aveva attuato immediati radicali provvedimenti, sostituendo Moretti con Ricci a Trieste. A Venezia giunse in treno, la

---

[102] G. Bottai, *La via dell'intransigenza*, «Critica Fascista», 15 maggio 1924 e *L'on. Bottai è servito!*, «Il Regime Fascista», 23 maggio 1926.

[103] R. Farinacci, *Precisazioni*, «La Vita Italiana», dicembre 1941, p. 585.

[104] G. Masi a R. Farinacci, Trieste 24 aprile 1926, in Acs. Frf, b. 30, fasc. *Masi*.

sera del 16, e alla stazione c'erano tutte le personalità della provincia, prefetto in testa: Farinacci venne portato in trionfo dagli squadristi (della Serenissima, una squadra a lui devota, riconoscibile per l'uso del fez e delle fiamme rosse sulle camicie nere[105]), mentre un corteo di 20 mila persone percorreva la città imbandierata[106]. Pronunciò dal Palazzo Reale uno dei suoi concisi ma accesi discorsi, esaltando la base fascista, con l'animazione in città che rimaneva «vivissima»[107]. Le accoglienze mostrarono al governo che Farinacci aveva un seguito («apoteosi veramente stomachevole per passiva idolatria di tutti verso questo semidio», riferiva un avversario[108]) e che rompere con lui avrebbe potuto significare uno "scisma", sebbene qualche delazione segnalasse che Farinacci, nei cenacoli tenuti con i suoi seguaci, avesse parlato di «successione»[109]. Identiche manifestazioni di giubilo si svolsero il giorno dopo a Trieste: oltre mille squadristi alla stazione, città imbandierata, volantini inneggianti a Farinacci duce, manifestazioni squadriste, cortei fascisti «piuttosto elettrizzati»[110]. Mussolini, il 24 sera, convocò Farinacci a Milano, molto probabilmente per imporgli la necessità di piantarla di comportarsi come fosse ancora il segretario del Partito, e Turati passò all'azione, riammettendo nel Pnf vecchi nemici personali di Farinacci o dissidenti (Ranieri, Pisenti e Bonetti), sospendendo i suoi più fidati collaboratori (Moretti), sostituendo i commissari straordinari farinacciani, riorganizzando le strutture locali del Pnf in modo che Farinacci perdesse le posizioni acquisite. L'opera di riconquista procedette davvero spedita e si rivelò indispensabile. A Treviso Turati accolse il reclamo dei fascisti espulsi e, dopo ulteriori scontri (nei quali la forza pubblica intervenne pesantemente contro i farinacciani con ripetuti fermi e arresti), sostituì il commissario farinacciano con un esponente moderato, che avviò la ristrutturazione della federazione[111]. A Parma il commissario straordinario Ricci (i cui contrasti con Farinacci giunsero

[105] Per quelle giornate, cfr. i rapporti dell'indagine di G. Cannone, Rapporto del 4, marzo 1928, in Acs, Tsds, b. 187, vol. 18.

[106] *Le grandiose, indimenticabili e trionfali accoglienze di Venezia a Roberto Farinacci*, «Il Giornale del Veneto», 17 aprile 1926.

[107] «Il Regime Fascista», 17 aprile 1926.

[108] G. Conadeti a B. Mussolini, Roma 30 aprile 1926, in Acs, Spd, c/r, b. 42, fasc. *Farinacci*.

[109] «L'on. Farinacci a Venezia non perdé il suo tempo. Fra le tante cose costituì un comitato d'azione. Erano venti in tutto. Si trattò della successione e venne destinato a succedere al Duce Farinacci»; D. Barsotti a B. Mussolini, Mestre 8 maggio 1926, in Acs, Spd, c/r, b. 42 e b. 44, fasc. *Farinacci*.

[110] G. Cannone, Rapporto del 4 marzo 1928, cit. e «Il Regime Fascista», 18 aprile 1926.

[111] Il prefetto al Ministero dell'Interno, Treviso, 6 agosto 1926, in Acs, Mi, ps, 1926, b. 111, fasc. *Treviso*.

da insinuazioni dell'infido ambiente parmense[112]) insediò il nuovo direttorio federale, nominando segretario Raul Forti, stretto collaboratore di Balbo e feroce antifarinacciano. A Milano il segretario federale Boattini venne costretto alle dimissioni, il 10 maggio, e Turati, presente al Consiglio federale con Arnaldo Mussolini e Marinelli, provvide all'elezione di Giampaoli (uno dei più acerrimi rivali di Farinacci), mentre le forti posizioni conquistate dal deputato di Cremona venivano smontate una a una[113]. A Pavia Nicolato, professatosi «il più fedele sostenitore di Farinacci», cambiò immediatamente fronte[114]. A Udine Federzoni e Turati riuscirono a far rinviare il congresso provinciale appena in tempo (doveva parteciparvi Farinacci, il 18 aprile...), inviando Arpinati a bloccare tutto e sostituendo Moretti con l'ex federale Ronchi, nonostante la rabbia della base fascista contro Arpinati e Arnaldo. Alla repressione politica si aggiunse la repressione governativa, e numerosi arresti di esponenti farinacciani (anche per sole grida di «viva Farinacci, ministro dell'Interno») andarono ad aumentare la frustrazione e la ribellione, così anche a Gorizia e a Pordenone, in una realtà a tal punto eccitata e caotica che lo stesso navigato prefetto Spadavecchia non riusciva più a fare distinzioni di correnti, di tendenze, di destra o di sinistra[115]. A Trieste i fatti trascesero più volte, mostrandosi i giovani squadristi di Masi estremamente «irrequieti», e arresti di fascisti divennero quotidiani; e quando in aprile Farinacci giunse a Trieste l'eccitazione era massima: «giustifico il vostro entusiasmo e giustifico la vostra riconoscenza, disse l'ex segretario, sono un gregario ma mi considero capo dei gregari. Sono sempre con voi, in coda o in testa, ogniqualvolta è necessario impegnare una battaglia per il fascismo e per la nazione. Non chiediamo niente a nessuno. Abbiamo però un patrimonio da difendere: le virtù del fascismo, la fede, il passato». Alte risuonavano in ogni contrada le urla «ma che ordine, che disciplina, carneficina», quando Turati intimò a Farinacci di interrompere subito il suo

---

[112] Lusignani, al momento del commissariamento della federazione, aveva cercato di mettere zizzania, parlando a Farinacci di un Ricci riottoso alle direttive dal segretario del Pnf, anzi piuttosto avverso a questi, a cui era stata fatta ventilare l'ipotesi di una successione (L. Lusignani a R. Farinacci, Roma 3 gennaio 1926, in ACS, FRF, b. 28, fasc. *Lusignani*). Farinacci affrontò a muso duro Ricci, il quale era ovviamente estraneo a quelle ipotesi, tanto che rassegnò le dimissioni da membro del direttorio (R. Ricci a R. Farinacci, Roma 6 gennaio e 8 febbraio 1926, in ACS, FRF, b. 33, fasc. *Ricci*), ma Farinacci gli rinnovò la fiducia.

[113] Il prefetto al ministro dell'Interno, Milano 10 maggio 1926, in ACS, MI, PS, 1926, b. 109, fasc. *Milano*.

[114] Cfr. ACS, FRF, b. 31, fasc. *Nicolato*.

[115] Per tutto cfr. il prefetto al Ministero dell'Interno, Udine 18 aprile e 25 settembre 1926, in ACS, MI, PS, b. 111, fasc. *Udine*, nonché M. FABBRO, *Fascismo e lotta politica in Friuli (1920-1926)*, cit., p. 197 e sgg.

viaggio e rientrare a Milano, nel momento in cui a Trieste scoppiarono gravissimi scontri tra fascisti e forza pubblica, a suggello del fallimento dell'azione Ricci-Turati[116]. Anche all'estero i fatti divennero noti; la stampa francese parlava di aperta discordia nel Pnf e di scissioni violente, nella lotta tra due concezioni diverse del fascismo, quella degli intransigenti e quella dei legalitari, con «i primi ad essere più forti dei secondi»[117]. Piero Pedrazza, giornalista de «Il Giornale del Friuli», riteneva lo scontro politico esiziale e imminente: «È inutile che le dica – scriveva a Farinacci – che siamo tutti a sua disposizione, con la più assoluta fedeltà. Qui [a Treviso] gli animi sono accesissimi e guardiamo tutti a [lei] come al solo uomo capace di salvare ancora una volta il fascismo»[118].

Quali fossero le reali intenzioni di Farinacci è difficile dirlo. Anche mobilitando la massa fascista a livello nazionale (voci in proposito non erano mancate, né i suoi sostenitori si sarebbero tirati indietro: «siamo pronti a tutto – gli scrivevano – per il Vostro trionfo»[119]) nessun ipotetico disegno aveva francamente possibilità di riuscita. Il dissidio Mussolini-Farinacci, molto forte ed evidente in linea teorica, non poteva avere, salvo eccezionali avvenimenti, risoluzioni in linea pratica, tanto che Farinacci e l'intransigentismo fascista mai avrebbero spinto la loro opposizione «oltre i limiti di una più o meno esplicita fronda, mai avrebbero tentato di contrapporsi al "sistema" e, addirittura, di impossessarsi del potere»[120]. Appare piuttosto condivisibile quindi l'ipotesi più semplice, stabilita anche dagli organi di pubblica sicurezza, e cioè che, subito dopo l'allontanamento dalla segreteria del Pnf, Farinacci, «che già contava larghe simpatie» nel Veneto, e nel Friuli, abbia voluto creare in quelle regioni «un largo movimento in suo favore, con l'intento di imporre ancora, nell'indirizzo del partito e della cosa pubblica, la sua volontà e i suoi metodi intransigenti»[121]. Certo era che l'azione dell'ex segretario era molto temuta, proprio ai massimi livelli. Stando alla testimonianza di Malaparte si trattava di qualcosa di grosso, perché a "tira-

---

[116] La relazione sugli incidenti di Trieste del '26, in ACS, SPD, C/R, b. 42, fasc. *Farinacci* e ACS, MI, PS, 1926, b. 111, fasc. *Trieste*.

[117] Così, infatti, il francese «Quotidien» del 28 aprile e del 3 maggio, secondo cui lo scontro tra le due tendenze, quella dei sostenitori di Farinacci e quella di Mussolini, era stato sanguinoso e aveva visto numerosi arresti. In Friuli si assisteva a un movimento rivoluzionario, sosteneva anche la stampa jugoslava e tedesca, nel quale la tendenza di Farinacci sembrava trionfare e preparare da Udine una nuova Marcia su Roma; ACS, SPD, C/R, b. 42, fasc. *Farinacci*.

[118] P. Pedrazza a R. Farinacci, Treviso 24 maggio 1926, in ACS, FRF, b. 32, fasc. *Pedrazza*.

[119] V. Celestani a R. Farinacci, Sanremo 27 maggio 1926, in ACS, FRF, b. 11, fasc. *Celestani*.

[120] R. DE FELICE, *Mussolini il fascista. I. L'organizzazione dello Stato fascista, 1925-1929*, cit., p. 67.

[121] G. Cannone, Rapporto del 3 marzo 1928, cit.

re le fila" era qualcuno di più importante di Turati e di Balbo; così scriveva infatti a Ojetti: «la bestia [Farinacci] mi sembra più pericolosa ora, che è invelenita e non ha più responsabilità gerarchiche, di quando era frenata dal peso del partito. Delle intenzioni di Farinacci non mancano i sintomi e in alto tutti sono avvertiti. Egli vuole rifarsi a qualunque costo e non si lascerà sfuggire nessuna occasione che lo possa rimettere in luce di assertore dell'intransigenza, ecc. Il miglior modo di difendersi, in simili casi, è far lega. Io non le posso dire di più per lettera, non perché abbia paura di compromettermi, ma perché il ragionamento sarebbe troppo lungo e dovrei fare nomi troppo difficili a scriversi...»[122]. E Malaparte, allora corrispondente romano del «Corriere Padano» e segretario di Balbo, era piuttosto a conoscenza di molti retroscena, e non a caso iniziò una feroce serie di articoli contro i farinacciani (Tecchio, il catanese Francesco Carbone[123]) e in maggio dette il là alla vigorosa campagna giornalistica (cui si legò pure Bottai) contro l'ex segretario, mettendone in discussione «il patrimonio morale»: «le ragioni della sua [di Farinacci] così detta intransigenza non erano fondate soltanto sui principi ideali comuni a tutti i buoni fascisti, ma anche su motivi di dittatura personale interessanti lui solo e difficilmente confondibili con le idee, per le quali l'on. Farinacci ha un'istintiva e irrimediabile incompatibilità di carattere»[124]. Farinacci però rispose significativamente:

Si va dicendo che la nostra dirittura morale è una leggenda; che ci siamo messi a posto finanziariamente; che siamo stati in combutta con affaristi e che certe difese apparse sul nostro giornale non sempre sono state disinteressate. Non abbiamo nessun bisogno di smentire queste voci. Ma solamente dichiariamo: 1) facciamo donazione di qualsiasi nostra proprietà, anche modestissima, a chi riuscirà ad accertarne l'esistenza; 2) ci impegneremo a ritirarci dalla vita politica se verrà provato che una qualsiasi cambiale porti la nostra firma, che un qualsiasi affare privato sia stato da noi concretato; se si troverà il nostro nome tra i componenti di qualche consiglio di amministrazione, sebbene insistentemente siamo stati pregati di entrare in non pochi di essi. Così pure, se si verrà a provare che il nostro giornale sia influenzato da chicchessia, noi ci impegniamo a farne cessare le pubblicazioni. In questo momento alcuni omuncoli, spinti da altri uomini che stanno nell'ombra, sperano che noi si finisca col perdere le staffe e che ci si ingolfi in una polemica a base di pettegolezzi e di ingiurie. Sono vane speranze[125].

---

[122] C. Suckert a U. Ojetti, Firenze 18 maggio 1926, in E. SUCKERT RONCHI, *Malaparte, volume I, 1905-1926*, Firenze, 1991, p. 812.

[123] C. MALAPARTE, *Scandaloso tradimento di un inserzionista* e C. MALAPARTE, *Tecchio, ovvero del mito provinciale*, «Il Corriere Padano», 23 aprile e 24 maggio 1926.

[124] *Dichiarazione necessaria*, «La Conquista dello Stato», 24 maggio 1926 e *Farinacci, Suckert e Bottai*, «Avanti!», 27 maggio 1926.

[125] [R. FARINACCI], *Se potessero parlare tutti così*, «Il Regime Fascista», 27 maggio 1926.

La polemica valse solo a far scendere in campo Mussolini, che redarguì in maniera durissima Farinacci: «rinnovoti molto, molto, molto amichevolmente invito a star tranquillo, prima che sia troppo tardi»[126]. Era una minaccia, e neppure troppo velata, che giungeva proprio mentre il console Forti, altro uomo di Balbo, a Parma alzava ancora di più il tiro, consenziente Turati, in occasione del fallimento della locale Banca Agricola. Nel cremonese la dissidenza contro Farinacci si manifestò in tempi e luoghi da far pensare a un'unica regia: Bianco a Crema[127], Bonetti (nominato da Turati vicesegretario della federazione milanese) e Mainardi a Soresina[128], il console Orefici nel casalasco. Proprio Mainardi assunse in quei mesi il ruolo di capofila del dissidentismo cremonese, favorevole alle indicazioni della «nuova linea dall'alto indicata»[129], prendendo in diverse occasioni posizione contro Farinacci, accusato di «imporre una dittatura nella federazione locale del partito». E fu Mainardi a confessare poi, anch'egli come altri, di aver agito dietro dirette indicazioni della segreteria del Pnf e che i contrasti con Farinacci erano «controllati» dalla direzione del Partito[130]. Anche Stramezzi dichiarò: «l'on. Augusto Turati, segretario del Partito, mi fece chiamare a Brescia prima e a Roma poi, per dirmi, come aveva ad altri detto, che il contegno dell'on. Farinacci offendeva i principi del Partito, era biasimato dal Duce e doveva essere colpito dal Direttorio nazionale»[131].

Forti iniziò sul quotidiano locale «Corriere Emiliano» (in grave crisi economica, ma divenuto organo ufficiale e sovvenzionato dal centro), una generica «campagna moralizzatrice, per epurare da scorie nocive l'ambiente politico parmense», per gettarsi poi, alla fine di maggio, su una questione che sarebbe senz'altro passata sotto silenzio, nel novero dei fallimenti degli istituti di credito in quegli anni, e cioè il dissesto della Banca Agricola Parmense. L'istituto era stato fondato dal conte Lusignani e da Luigi Cuppini (già coinvolto in un altro grave crack bancario) nel 1919 e in quel momento si trovava con un deficit di circa 6 milioni e, per falsificazioni di bilanci e appropriazioni indebite, il direttore e il vicedirettore vennero arrestati. Ma, sosteneva il quotidia-

---

[126] B. Mussolini a R. Farinacci, 22 maggio 1926, in Acs, Fondo Ambasciata Tedesca in Roma [Fatr], b. 1.

[127] Il prefetto al Ministero dell'Interno, Cremona 11 luglio 1926, in Acs, Mi, ps, 1926, b. 108, fasc. *Cremona*.

[128] Ascr, Ap, b. 25, fasc. 3.1.18.

[129] Per l'azione politica di Mainardi, cfr. il suo memoriale, Casalmorano 21 giugno 1927, in Acs, Frf, b. 22, fasc. *Mainardi*.

[130] E. Mainardi, *Cronache cremonesi quasi segrete (1903-1926)*, memorie, citate in U. Carpi, *Per una storia dei rapporti tra movimento futurista e fascismo. "La Scintilla" di Cremona*, in «Letteratura italiana contemporanea», 6, 1982, pp. 31-50.

[131] E. Stramezzi a E. Varenna, Milano 28 gennaio 1932, in Bnb, Frf, b. Far – Mi, 55.

no parmense, «c'era qualcuno dietro la vicenda, che vuole affossare la Banca»?[132]. Farinacci, nella confusa situazione politica parmense, si era appoggiato al conte, garantendone la riammissione nel Partito (e Lusignani era stato uno dei primi a congratularsi con Farinacci per la nomina a segretario)[133]. Ma che i rapporti tra i due non fossero soltanto politici, gli antifarinacciani iniziarono a sostenerlo allorquando vennero a conoscenza che il conte andava in giro dicendo che «aveva in mano» Farinacci[134] e verificarono che non soltanto nel consiglio d'amministrazione della banca erano presenti numerosi personaggi cremonesi notoriamente legati a Farinacci (Groppali, Pietro Montanari e Ettore Rossi), ma che tra il Monte di Pietà di Cremona e la banca di Lusignani erano intercorsi numerosi affari, tanto che l'avvocato Adelchi Mazza, collega di studio dell'ex segretario, dovette riconoscere che erano in corso riscontri per 2 milioni di lire[135]. Ma, e Mazza dette voce al pensiero di tutti, il vero obbiettivo non erano i cremonesi coinvolti nella vicenda, se pur importanti, e nemmeno il piccolo istituto cremonese: «il vero obbiettivo era travolgere Farinacci»[136]. Il panico si abbatté in poche ore nel cremonese: in due giorni i risparmiatori prelevarono un milione di lire dal Banco del Monte di Pietà, già a corto di liquidi, e Farinacci dovette intervenire per tranquillizzare i cremonesi, e scongiurare il fallimento del Banco[137]. A niente, sul momento, valse all'ex segretario smentire con forza qualsiasi contatto d'affari col Lusignani, e che anzi lui stesso ne aveva provocato l'espulsione dal Pnf, dove lo aveva fatto entrare perché a conoscenza dei servizi resi al fascismo (finanziando vari organi di stampa), e a niente valse far dimettere dalle cariche amministrative le persone coinvolte, perché ormai il seme del dubbio era stato lanciato e la polemica scandalistica proseguiva di moto proprio. Del resto la figura di Lusignani, non solo nel fascismo di Parma, era piuttosto discussa e la sua eventuale uscita di scena era salutata con soddisfazione[138], e Forti e Ranieri cavalcarono con toni sempre più esagitati la campagna per la moralizzazione[139], con gli animi che si ecci-

---

[132] Cfr. «Corriere Emiliano», 25, 26 e 27 maggio 1926.

[133] Il telegramma, a firma dei più fedeli farinacciani parmensi (Stevani, l'onorevole Gabbi, l'avvocato Candia e il marchese Cusani), era apparso su «Cremona Nuova», 15 febbraio 1925.

[134] Cfr. L. Lusignani a R. Farinacci, Parma 17 aprile 1926, in Acs, Frf, b. 28, fasc. *Lusignani.*

[135] *Le relazioni fra Monte di Pietà e Banca Agricola di Parma*, «Il Regime Fascista», 1° giugno 1925.

[136] «Corriere Emiliano», 1° giugno 1926.

[137] Il prefetto al Ministero dell'Interno, Cremona 30 maggio e 2 giugno 1926, in Acs, Mi, ps, 1926, b. 87.

[138] Acs, Mi, ps, 1927, b. 128, fasc. *Parma.*

[139] Cfr., fra tutti, «Corriere Emiliano», 4 giugno 1926.

tavano. Il 6 giugno, nel bel mezzo della campagna scandalistica e con l'inchiesta giudiziaria aperta, Turati si recò a Parma è pronunciò parole appropriate alla circostanza, avallando la campagna contro i profittatori: «la vostra, disse, è lotta di onesti contro gli ingannatori»[140], dando quindi istruzioni per «marciare su Cremona». Qualche anno dopo Ugo Zignone, un fiduciario milanese di Farinacci, riuscì a mettere le mani sulle confessioni di chi si era fatto strumento per la battaglia contro di lui:

> On. Farinacci, ho parlato con Bianco, il quale mi ha rilasciato la dichiarazione che già si trova nelle sue mani. Inoltre ho tentato di avere il documento di Turati mediante il quale esso dava disposizioni di marciare contro l'on. Farinacci e Cremona. Non mi è stato possibile – non solo – ma ho rischiato parecchio. Però non dispero! Comunque: l'on. Turati alla stazione di Borgo San Donnino, dopo la sua ascesa alla segreteria generale del Partito, ebbe un colloquio prima di salire sul treno per Roma con i signori: Passottelli, Mainardi, Mina, Stramezzi ed altri non ancora individuati. Ai medesimi dichiarò che per ordine del Duce ordinava ad essi ed altri di marciare con tutti i mezzi contro l'on. Farinacci e la provincia di Cremona, perché l'on. Farinacci dava fastidio al Duce! Sembra possibile ottenere da Passottelli e da Mainardi una dichiarazione analoga di conferma e firmata da entrambi[141].

Mentre Groppali sosteneva che attraverso un concordato preventivo si poteva risolvere la situazione, non ancora così compromessa come descritta, Farinacci dovette seriamente difendersi, perché non era possibile, sosteneva, che si trattasse soltanto di una questione economica: a Bologna era fallito il Banco Adriatico e a Genova la Banca Garibaldi era fallita per 150 milioni e nessuno aveva detto nulla, a Parma «per pochi milioni di dissesto che col concordato preventivo si potrebbe sanare, fiumi d'inchiostro[142]». La battaglia per la «purificazione e la moralizzazione» del Partito, accusavano gli emiliani, doveva essere condotta sino in fondo e senza guardare in faccia a nessuno, perché era proprio «il gruppo cremonese [della Banca Agricola] ad avere le mani in pasta nei gangli più importanti» e certo non si poteva limitare ai primi

---

[140] Il prefetto al ministro dell'Interno, Parma 6 giugno 1926, in Acs, Mi, ps, 1926, b. 109, fasc. *Parma*.

[141] Informativa di U. Zignone a R. Farinacci, Milano 25 giugno 1931, in Bnb, Frf, b. Far – Mi, 41.

[142] *Non spostare gli obbiettivi*, «Il Regime Fascista», 8 giugno 1926. Contemporaneamente al crack dell'istituto parmense, fallirono anche il Banco Adriatico e la Banca dell'Italia centrale («La Nazione», 29 giugno 1926). Quando ancora l'ipotesi di una possibile risoluzione era al vaglio, Ricci troncò gli indugi affermando che si sarebbe andati «fatalmente verso il fallimento», dichiarato poi il 10 giugno (anche E. Soave, *I dissesti bancari d'Imperia e di Parma*, «La Stampa», 5 giugno 1926).

arresti eccellenti: tra il 23 e il 26 giugno, infatti, vennero arrestate ventisei persone (oltre a Lusignani e Cuppini), inclusi i rappresentanti cremonesi, con la questione che diventava politica[143]. Nonostante Farinacci in persona invocasse misure severe in caso di responsabilità[144], quando giunse l'arresto di Groppali, il 25 giugno, l'impressione fu vastissima, e non solo nella Val padana, e gli accenni al fascismo cremonese divennero palesi sulla stampa[145]. Montanari e Groppali erano il presidente e il vicepresidente della Deputazione provinciale di Cremona, Ettore Rossi presidente della Camera di Commercio, il Monte di Pietà di Cremona (il cui presidente del Consiglio di amministrazione era Bruno Groppali) era il maggiore istituto economico locale[146]. Anche i quotidiani di opposizione si lanciarono nello scandalo, proprio per la stretta vicinanza che legava (certo aveva legato) Farinacci a Lusignani (il quale, in realtà, era uscito dall'amministrazione diretta della banca nel marzo del '25 e la gestione della stessa era passata in gennaio nelle mani dei capitalisti cremonesi[147]), e «La Voce Repubblicana» e l'«Avanti!» posero quesiti cui l'ex segretario difficilmente poteva dare risposte esaurienti[148]. Ciò avveniva mentre Mussolini, il 23 giugno, annunciava «l'immediato collocamento a riposo» del prefetto Rossi (provvedimento poi rientrato perché basato su futili pretesti)[149], e mentre la stampa dedicava le prime pagine alla vicenda, gonfiandola oltre misura e dando in pasto al pubblico dati diversi dalla realtà[150] e gli antifarinacciani del cremonese alzavano la testa, quasi a dire di essere loro il vero fascismo, quello puro e disinteressato, mandando telegrammi di ubbidienza e devozione a Turati e Mussolini[151]. Squadre di fascisti parmensi battevano la campagna cremonese a distribuire copie del «Corriere Emiliano», perché non si trattava «di una vicenda provinciale e si doveva andare sino in fondo»[152]. L'uso politico della magistratura nel crack bancario (basti dire che Alfieri, mandato appositamente in missione,

---

[143] Cfr. ancora «Corriere Emiliano», 18, 24 e 26 giugno 1926.

[144] *La riunione del Direttorio federale*, «Il Regime Fascista», 3 giugno 1926.

[145] Il prefetto al ministro dell'Interno, Parma 19 giugno 1926, in ACS, MI, PS, 1927, b. 128, fasc. *Parma*.

[146] I dettagli di queste vicende, in ASCR, AP, b. 25, fasc. 3.3.2 e b. 25, fasc. 5.4.7.

[147] «Corriere della Sera», 29 maggio 1926.

[148] Cfr. l'«Avanti!», 16 giugno 1926.

[149] Cfr. i telegrammi di B. Mussolini, Roma 23 giugno 1926 e di A. Chiavolini, Roma 24 giugno 1926, in ACS, FATR, b. 1.

[150] Per il quotidiano socialista il disavanzo era addirittura di 23 milioni, quando in realtà nell'ipotesi di concordato preventivo esisteva già la soluzione e la copertura per quasi il 50% di un passivo inferiore ai 7 milioni; *Lusignani*, «Avanti!», 29 giugno 1926.

[151] Cfr. il telegramma di R. Farinacci ad A. Turati, Cremona 30 giugno 1926 e la lettera di C. Balestreri ad A. Turati, Cremona 16 luglio 1926, in ACS, FRF, b. 36, fasc. *Turati*.

[152] *Con lo stesso cuore*, «Corriere Emiliano», 18 giugno 1926.

dichiarò che i beni degli amministratori arrestati erano in grado di «sanare il deficit») si stagliava sempre più nettamente all'orizzonte (secondo indiscrezioni, il presidente del tribunale e il procuratore del Re di Parma, erano stati minacciati, dopo un colloquio tra Forti e Mussolini il 23 giugno, di provvedimenti[153]). Soltanto allora, il 27 giugno, Farinacci aprì alla polemica le pagine del «Regime»[154] e fece intravedere che la possibilità di uno scontro aperto, esasperate molte camicie nere, era altissima[155]. Ma come lo scandalo era esploso in brevissimo tempo, altrettanto avvenne per la sua fine: la minaccia di uno scontro e di una frantumazione del fascismo in quelle importanti province era troppo reale; in un momento in cui circolavano "voci" sul conto di Farinacci, l'uscita di Mussolini («i galantuomini nel fascismo, i ladri in galera») non ebbe buona accoglienza e il risentimento contro il duce divenne eclatante[156]. Sulle piazze di alcune città del nord apparvero manifesti piuttosto espliciti con i quali si ammoniva che «anche soli sapremo salvaguardare con le armi in pugno chi ci ha guidati alla più bella vittoria: Farinacci, solo e vero duce del fascismo». Mussolini, quantunque furioso, non poteva permettere, anche per le importanti questioni nazionali sul tappeto, di esasperare oltre le diatribe, accontentandosi, magari per il momento, di aver richiamato Farinacci a Cremona, impedendogli di portare il suo pericoloso verbo in giro per l'Italia[157]. «A Parma

[153] «La Stampa», 24 giugno 1926.

[154] In quel momento i fatti avevano raggiunto il punto di non ritorno: non essendo emerse accuse dirette a Farinacci, il governo doveva prendere una posizione sulla vicenda (*Dopo il fallimento*, «Il Popolo d'Italia», 29 giugno). In tal senso si era espresso anche Farinacci con Mussolini (prima in un colloquio privato il 12 giugno e poi con lettera), affinché facesse troncare la speculazione che avrebbe minato la compagine fascista, non solo a livello locale («Il Regime Fascista», 13 giugno 1926 e ACS, SPD, C/R, b. 40, fasc. *Farinacci*). Secondo la stampa estera, tra l'altro, il colloquio col duce si sarebbe rivelato molto burrascoso e le indiscrezioni del «Daily Herald», 7 luglio 1926, riferivano: «Farinacci ha accusato il duce di fare il gioco della camarilla nazionalista. Il colloquio si inasprì fino al punto che Mussolini minacciò Farinacci della sua espulsione dal Partito fascista. Farinacci rispose: "sapete benissimo che non oserete farlo". Secondo un'altra versione che io do per quel che vale, Farinacci colpì il duce nel volto con uno schiaffo. È notevole il fatto che l'atteggiamento dei circoli influenti a Roma verso Farinacci è notevolmente cambiato dopo l'intervista. Quei fascisti che prima lo attaccavano violentemente hanno rimesso ora la spada nel fodero»; in ACS, SPD, C/R, b. 40, fasc. *Farinacci*.

[155] Il telegramma, dal tono quasi ultimativo, di Farinacci a Mussolini: «Reazione intero fascismo e popolazione incomincia a manifestarsi preoccupante. Prego Governo e Partito intervenire energicamente e tempestivamente onde evitare incidenti»; appello simile aveva rivolto anche il prefetto Rossi al Ministero dell'Interno. Cfr. ACS, SPD, C/R, b. 40, fasc. *Farinacci*.

[156] In questi manifesti si leggeva: «vogliamo affermare che l'indegna campagna, i luridi intrighi appoggiati e favoriti da qualche Eccellenza che vede le situazioni politiche attraverso i cannocchiali rovesciati dei suoi funzionari perirà della stessa fine»; *ibidem*.

[157] Mussolini si sentì punto sul vivo da quei manifesti; così a un telegramma di deferenza verso il capo del governo inviato dalla federazione cremonese nell'assemblea del 27

– telegrafò il 29 Farinacci a Mussolini – autorità continuano persecuzione a base diffide e arresti elementi ritenuti miei amici. Perdurando tali sistemi andremo incontro inevitabili reazioni, quindi gravi conseguenze. Ti prego intervenire e se possibile mandare a constatare come a Parma si è fuori da ogni direttiva Governo e Partito e si è perso esatta visione realtà»[158]: non a caso il giorno dopo giunse a Parma l'onorevole Alfieri, il quale, per prima cosa, tenne subito a precisare che la campagna del fascismo parmense si poteva considerare chiusa; essa aveva avuto uno sfondo politico e morale, ma sarebbe stata contenuta solo sul terreno giuridico ed economico[159]. E su quel terreno i fatti vennero nella giusta luce, tanto che le proteste di Farinacci, secondo cui «i cremonesi coinvolti avrebbero dovuto essere posti in libertà, con eguale clamore», colsero nel segno (nel giro di un mese furono scarcerati tutti)[160]: l'istruttoria si concluse nel maggio 1927 con il rinvio a giudizio per il reato di «quasi bancarotta semplice», e il processo, svoltosi a Parma nell'aprile 1929, contro 12 imputati e l'intero gruppo cremonese, accertato l'adempimento degli obblighi assunti con il concordato, ritenne estinta l'azione penale[161]. Ridimensionata nell'aspetto economico-finanziario, la vicenda, le cui punte polemiche-giornalistiche si esaurirono ai primi di luglio[162], poteva avere altri oscuri significati: il ragioniere Marcello Azzali (in fuga perché colpito da mandato di cattura) venne trovato infatti misteriosamente morto a Milano il 1° luglio, e del suo decesso non vennero chiarite le cause[163]; il conte Lusignani, dopo un

giugno, Mussolini, in tono seccato, rispose al prefetto: «dica subito ai membri del direttorio del Fascio e della federazione che io respingo il loro solito ordine del giorno di devozione stop esso è smentito da molti manifesti pubblici e conversazioni private che mi sono perfettamente note stop avrò modo di dimostrare prestissimo che il mio cannocchiale non è rovesciato»; *ibidem*.

[158] R. Farinacci a B. Mussolini, Cremona 29 giugno 1926, in Ascr, Ap, b. 102, fasc. 3.4.

[159] E. Soave, *L'Assemblea dei creditori della Banca Agricola Parmense*, «La Stampa», 30 giugno 1926: «Dove va l'on. Alfieri ad occuparsi di una questione o di una situazione, di solito c'è qualche novità. Oltreché dall'assemblea per fallimento della Banca, la venuta del deputato fascista deve essere stata determinata da quel po' di fermento segnalato in queste province e specialmente nella provincia di Cremona, dove sono avvenuti alcuni incidenti».

[160] Anche per Lusignani la vicenda dell'Agricola Parmense poteva dirsi chiusa (si parlava «di montatura»), ma il conte era ancora piuttosto coinvolto nella complessa bancarotta Cuppini; Roma 5 ottobre 1926, in Acs, Mi, ps, 1927, b. 128, fasc. *Parma*.

[161] Per tutta la vicenda, cfr. Acs, Mi, ps, 1927, b. 128, fasc. *Parma*.

[162] *Battute cremonesi* e *Intorno ai campanili o finale di una polemica inutile*, «Corriere Emiliano», 1, 3 e 4 luglio 1926 e *Battute parmensi. "Mea culpa"!* e, soprattutto, [R. Farinacci], *Bondi, Lusignani, Cuppini, Naldi*, «Il Regime Fascista», 2 e 9 luglio 1926; proprio in quest'ultimo articolo Farinacci parve lanciare la sua controffensiva, quando accennò a Cuppini, facendo anche intendere di avere molta documentazione in proposito, ma che era meglio «non tornare sull'argomento», per non dover «vuotare il sacco».

[163] «La Stampa», 2, 3 e 4 luglio 1926.

primo tentativo di suicidio e di fuga[164], si suicidò (tale la versione ufficiale[165]) nelle carceri di Reggio Emilia il 12 aprile 1927[166]. Gravissimi reati, inoltre, vennero successivamente accertati anche a danno dei curatori del fallimento della banca, tanto che la magistratura parmense, qualche anno dopo, condannò per truffa alcuni di questi, così come Farinacci aveva denunciato[167]. Ma in quel momento la questione, per quanto riguardava Farinacci, era chiarita, così come la vicenda giudiziaria della Banca Agricola per la componente cremonese[168] (nel novembre 1927 il tribunale di Parma dichiarò poi raggiunte le condizioni per la conclusione del concordato, estinguendo persino il relativo procedimento penale[169]), e nelle ipotesi, tutte da dimostrare, di un complotto a danno di Lusignani, finalizzato alla sua soppressione fisica, non si doveva certo guardare in direzione di Cremona. Del resto Farinacci era stato sibillino nelle sue risposte al «Corriere Emiliano» e aveva mostra-

---

[164] «Corriere della Sera», 5 dicembre 1926.

[165] L'inchiesta sulla morte di Lusignani svolta dalla regia procura di Reggio Emilia e la relazione del procuratore del Re al ministro della Giustizia, Reggio Emilia 8 giugno 1927, in ACS, MI, PS, 1927, b. 128, fasc. *Parma*.

[166] Cfr. «La Stampa», 13 aprile 1927. Il suicidio, in effetti, ebbe non pochi punti oscuri, e certo il conte era un uomo parecchio scomodo; ma la vicenda della Banca Agricola era ormai pressoché chiusa e non avrebbe potuto riservare eclatanti sorprese. Aperta, invece, era ancora la vicenda del fallimento per bancarotta fraudolenta di Cuppini-Lusignani. Era noto comunque che il conte poteva essere a giorno di alcuni importanti retroscena politico-finanziari (aveva comunque inviato la sua documentazione privata all'estero), ma appare improbabile che alla sua fine potesse in qualche maniera essere interessato – come pure è stato sostenuto – Farinacci.

[167] Cfr. ACS, MI, PPFP, b. 1239, fasc. *Sciaino*; il ragioniere Italo De Piccoli, curatore fallimentare, e l'avvocato Giuseppe Sciaino, suo stretto collaboratore, erano uomini (e colleghi di studio) di Alfieri e Peverelli.

[168] Il 20 settembre, con la chiusura dell'istruttoria, il procuratore del Re scagionò per non aver commesso il fatto dieci imputati (tra questi Montanari, Marenghi, Stevani e altri vicini a Farinacci) e rinviò a giudizio per bancarotta semplice Groppali e Rossi; «Corriere della Sera», 22 settembre 1926.

[169] «Il grande clamore sollevato da un gruppo di idioti sulle vicende della Banca Agricola Parmense è finalmente terminato con la condanna esplicita di chi credeva di raggiungere chi sa quali obbiettivi. Ma lo scandalo... pardon... il fattaccio di Parma non è del tutto finito. Ci riserviamo prestissimo di dimostrare: a) che la Banca fu fatta fallire quando era in condizioni di dare ai suoi creditori il cento per cento; b) che i moralisti hanno mangiato a piene ganasce alle spalle dei creditori; c) che uomini politici, con il pretesto di indagare e di colpire fascisti di indiscussa onestà, si sono fatti liquidare parcelle fantastiche; d) che la campagna giornalistica è stata condotta sotto l'ombrellone fascista da autentici massoni, e fino ad allora nemici del fascismo»; *Il concordato della Banca di Parma*, «Il regime Fascista», 4 novembre 1927. Un mese prima Forti «era stato costretto alle dimissioni» dalla segreteria federale di Parma e trasferito al comando della 31ª Legione Mvsn di Genova, dove nel 1928 arrestò Giovanni Nalbone, alto dignitario della massoneria di piazza del Gesù, cui venne rinvenuta documentazione comprovante l'appartenenza alla massoneria di alti esponenti fascisti, tra cui lui stesso. Nel 1931 venne espulso dal Pnf con l'accusa di appartenenza alla massoneria; ACS, SPD, C/R, b. 15, fasc. *Forti*.

to di conoscere molti retroscena nonché ventilato pure l'ipotesi che Balbo fosse legato a Cuppini (ancora latitante, ma di cui l'ex segretario diceva di avere importante documentazione), che aveva sostenuto il «Corriere Padano» e la bonifica delle valli di Comacchio[170]: onde far cessare la campagna contro di lui, Farinacci aveva persino inviato documentazione («una lettera della signora Cuppini che riguarda S. E. il generalissimo Balbo» e «un sunto della parte sostanziale contro l'onorevole Balbo») a Turati, affinché «inchiestasse» anche in altre direzioni[171]. Argomentazioni già sostenute con Mussolini:

> Il dissesto della Banca Agricola di Parma ha portato con se il fallimento Cuppini. Ebbene, perché le indagini giornalistiche del Partito e del Governo, non sono state estese anche a questo fallimento? Si sarebbe potuto così provare che proprio gli uomini che volevano colpire me, risultano i sostenitori e i beneficiati dal Cuppini. Domanda a S. E. l'onorevole Generalissmo Italo Balbo quali rapporti ha avuto con il Cuppini per la bonifica di Comacchio e se egli e il suo giornale non sono mai stati lautamente ricompensati. E Balbo è uno dei dirigenti della cosidetta Santa Crociata[172]!

Un interessante rapporto, carpito confidenzialmente da Rolando Montani, direttore della società assicuratrice La Cremonese, ci permette di individuare le accuse mosse a Farinacci nello scandalo:

> Come le avrà riferito il cav. uff. Sanipoli, la sciocca voce delle lire 200.000

[170] Farinacci, nella sua controffensiva, assunse quindi un atteggiamento ricattatorio, facendo sapere a Turati: «giacché ella mi ha invitato a riferire al partito quanto mi risulta sull'on. Italo Balbo, non ho nulla in contrario a ripetere ciò che ho già fatto conoscere ad alcuni membri di direttorio. Da una lettera inviatami dalla signora Clementina Cuppini, da dichiarazioni fattemi dall'avvocato del Cuppini, sembrerebbe quasi certo che il "Corriere Padano" e l'onorevole Italo Balbo abbiano avuto cospicue somme dal Cuppini e compagni che si interessavano della bonifica di Comacchio. Io mi sono lamentato e mi lamento del perché proprio il "Corriere Padano" abbia tenuto verso di me un linguaggio molto equivoco quando aveva tutto l'interesse di tacere. Così pure l'onorevole Balbo doveva essere più riguardoso quando in Toscana andava sussurrando voci calunniose sul mio conto»; R. Farinacci ad A. Turati, Cremona 16 luglio 1926, in Acs, Frf, b. 39, fasc. *Anonimi*. Atteggiamento ricattatorio che – magari lungi dal dimostrare le accuse e le calunnie lanciate – faceva sempre effetto, con Mussolini ben deciso a salvaguardare il nome del regime e contrario agli scandali pubblici.

[171] R. Farinacci ad A. Turati, Cremona 20 agosto 1926, in Acs, Spd, c/r, b. 40, fasc. *Farinacci*. Per fonti di Ps, «certo Casalotti di Parma, munito di forti somme di denaro, pare che di recente si sia recato in Grecia da Brindisi, pare appoggiandosi a Caradonna, portando documenti che si sospetta siano del Lusignani. Si dice anche che sia l'uomo che serva per il collegamento tra la famiglia Cuppini, Farinacci e Cuppini ricoverato in Grecia»; Parma, 1926, in Acs, Mi, ps, 1926, b. 100, fasc. *Movimento fascista intransigente*.

[172] R. Farinacci a B. Mussolini, Cremona 8 luglio 1926, in Acs, Spd, c/r, b. 40, fasc. *Farinacci*; l'importante lettera è pubblicata in R. De Felice, *Mussolini il fascista. ii. L'organizzazione dello Stato fascista, 1925-1929*, cit., pp. 512-517.

che Ella avrebbe ricevuto dal prof. Lusignani, è stata messa in giro dallo Scaffardi, che oggi stando a quanto egli stesso ha dichiarato, sarebbe lieto di incontrarsi con Lei e di farle atto di omaggio. Le altre voci calunniose contro di Lei sono state messe in giro dai Bereniani e dai Micheliani. Secondo loro Ella sarebbe stato finanziato dal Lusignani ed ora vorrebbe far riaprire il processo don Minzoni in odio al console Forti. I vecchi squadristi del 1919-22 La esaltano e dicono che bisognerebbe ritornasse segretario del Partito, il quale ha oggi più che mai (e particolarmente a Parma) bisogno del suo ferreo pugno. I tesserati profittatori – dal 1923 ad oggi – Le sono più ostili che favorevoli. I vecchi tesserati sono d'avviso che Ella dovrebbe schierarsi decisamente contro Lusignani; che sarebbe necessario cessare la polemica sul Regime [Fascista] e che infine dovrebbe buttare a mare il prof. Groppali. Se pure è spiaciuto che Ella abbia in un primo tempo appoggiato il conte Lusignani, tutti riconoscono però che lo ha fatto in buona fede e quindi (parlo sempre dei vecchi fascisti) non Le fanno alcun appunto, riconoscendo la dirittura del Suo carattere e la Sua adamantina onestà. Il Lusignani era l'incubo della città [...]. Si spiega così l'odio che il conte ha suscitato e lo scoppio di sommo entusiasmo che il suo arresto ha provocato[173].

Farinacci fece capire di essere disposto a rendere pubbliche le illazioni accennate (in tale direzione andò anche la campagna scandalistica della stampa antifascista all'estero[174]): «Il console Forti – scrisse – se vuol meglio utilizzare il suo tempo, abbandoni Cremona, e si rivolga verso altre province, e precisamente verso Reggio Emilia, verso Ferrara, verso Bologna e anche verso Voghera. È annesso al disastro della Banca Agricola parmense il fallimento Cuppini. Si indaghi a fondo su questo, e si avranno delle grandi sorprese! Forse qualcuno di coloro che oggi fa la voce più grossa è ingollato nello scandalo fino al collo»[175]. Poco consistenti, invece, le accuse mosse da Groppali (il maggiore accusatore anche negli anni successivi), secondo cui per la mediazione presso le autorità di Parma per il rilievo della Banca da parte del gruppo cremonese, l'ex segretario avrebbe ricevuto «brevi manu, l'8 dicem-

---

[173] R. Montani a R. Farinacci, Cremona 7 luglio 1926, in Acs, Frf, b. 30, fasc. *Montani*. Scaffardi era l'ex segretario federale di Parma, sostituito da Farinacci col commissario straordinario Ricci, il 29 dicembre 1925 (proprio mentre il fascismo parmense era rientrato in una delle sue cicliche crisi e Lusignani veniva espulso dal Pnf).

[174] Il «Corriere degli Italiani» scrisse: «Nello scandalo Lusignani sono coinvolti Balbo e parecchi membri della famiglia Rocco per sovvenzioni di molti milioni ad aziende in cui erano interessati. Rocco tentò il salvataggio della Banca e dei suoi, ma Federzoni per riuscire a dare lo sgambetto al duce e ai suoi accoliti fece scoppiare la bomba mentre Rocco era a Parigi. La manovra e il can can contro Lusignani servì per colpire Farinacci, il quale prima di cedere la sua posizione di antiduce minaccia rivelazioni sensazionali di fatti di cui è a conoscenza, quali i retroscena del fallimento Cuppi[ni] e del processo di Chieti. Ora l'istruttoria della Banca di Parma per ordine di Rocco è in sosta, per paura di nuovi e maggiori scandali».

[175] [R. Farinacci], *Due parole al Console Forti*, «Il Regime Fascista», 29 giugno 1926.

bre, lire 15.000». Inchieste successive esclusero fondamento a tale accusa, ed evidenziarono invece come dall'affare Farinacci si fosse defilato[176].

Con l'opinione pubblica piuttosto frastornata dalle varie vicende e dalle contraddittorie voci che si rincorrevano e si smentivano in proposito[177], anche Mussolini nell'estate del '26 scrisse a Farinacci che dirsi estraneo all'affare Lusignani – Banca Agricola era «il colmo», ma che stesse bene attento ai passi che aveva in animo di compiere, perché lui era informato dettagliatamente[178]:

> Il Lusignani, la sera in cui giunse a Parma in stato di arresto, disse a un ufficiale dell'Arma [...]: "Io sono stato arrestato, ma andranno dentro persone più in alto di me". Egli voleva evidentemente alludere all'on. Farinacci, che secondo lui non lo avrebbe aiutato in questo frangente. [...] La popolazione [a Cremona] restava però calma in attesa delle ulteriori notizie relative agli accertamenti giudiziari, quando corse la voce che la Direzione del partito, ed in special modo l'on. Turati, approfittasse di questa occasione per abbattere l'on. Farinacci, nel timore che pigliasse il sopravvento sui maggiori esponenti del partito stesso. Tale voce, naturalmente portò ad una certa reazione [...]. L'on. Farinacci si recò poi subito a Cremona quasi in incognito, prese parte ad un'adunanza di quella Federazione fascista, ove espresse l'intenzione di far dimettere tutti i Podestà e i Segretari politici dei vari comuni e presentare poscia, così ridotta, la situazione alla Direzione del partito, lasciando anche comprendere che avrebbe potuto spingersi fino a mettersi a capo di un nuovo partito. [...]. Alla sera del suo arrivo in Cremona, all'on. Farinacci venne fatta una dimostrazione imponente, ma che in molti fu ritenuta inopportuna, perché suonava offesa alla Direzione del Partito.

Certo, con gli animi molto eccitati, un «fattaccio» avrebbe potuto consentire alla direzione del Pnf di prendere drastici provvedimenti, come temeva Farinacci (più avanti avrebbe raccontato che Turati consigliò a Rinaldi di «farci scappare il morto» onde commissariare la federazione e azzerare il potere locale del suo predecessore), il quale as-

---

[176] P. ALBERICI, *Relazione di inchiesta*, Roma 15 settembre 1930, in ACS, SPD, C/R, b. 40, fasc. *Farinacci*.

[177] Dando ragione alle controaccuse di Farinacci, Forti si diceva avesse tratto un "prestito" di oltre 100 mila lire dal residuo prefallimentare della Banca Agricola a favore del quotidiano «Corriere Emiliano», e che a fallimento avvenuto quella cifra fosse stata «tacitata con cifra irrisoria»; Informativa dei RR. CC. sul console Raul Forti, novembre 1927, in ACS, SPD, C/R, b. 15, fasc. *Forti*.

[178] Nell'ipotesi di provvedimenti contro Farinacci, l'informativa ammoniva che occorreva fossero preceduti da comunicazioni dirette di Mussolini alla popolazione cremonese, onde evitare «convulsioni ed episodi che non mancherebbero di essere oltremodo gravi e avere ripercussioni dolorose», essendo presente un «manipolo di estremisti scalmanati che sono pronti a gettarsi, senza ragione, in ogni impresa voluta da Farinacci»; informativa, s.l., s.d., in ACS, SPD, C/R, b. 15, fasc. *Forti*.

sunse per questo la massima disciplina formale[179], ma gli incidenti non scoppiarono e le manovre per abbattere il feudo dell'ex segretario fallirono nel giro di poche settimane[180]. Del resto, concludeva amaramente Farinacci, «se oggi molti si occupano di noi, o siamo degli indegni, o siamo uomini che facciamo paura agli indegni. E degli indegni no, lo possiamo garantire»[181]. Turati non mancò di seguire gli sviluppi della situazione, recandosi a Crema e Casalmaggiore a impartire disposizioni alla pattuglia degli antifarinacciani[182]: Ricci, Ranieri, Forti, Torrusio, Bonetti, nonché i vari commissari e federali delle province più a rischio (Verona, Pavia, Rovigo). Ma Farinacci non stava certo con le mani in mano, e frequenti erano le sue uscite in manifestazioni (importante quella a Piacenza, in occasione del processo Lertua, per la riabilitazione di Barbiellini[183]) che rianimavano gli squadristi e allarmavano la direzione del Partito e il Ministero dell'Interno. Proprio la polizia iniziò a svolgere un ruolo importante e funzionale, i cui contorni devono ancora essere precisati; di certo la corda era tesa al massimo, tanto che pure Arnaldo, sebbene convinto della necessità della campagna antifarinacciana per frenare l'azione di «svalutazione continua del Direttorio» esercitata metodicamente dall'ex segretario, ammonì il fratello di cessarla quanto prima, perché non credeva più «politico insistere troppo nell'isolamento [di Farinacci]». Che la lotta, a quel punto, potesse dirsi controproducente apparve chiaro a molti, e Farinacci non mancò di sottolinearlo a Mussolini[184], ma furono momenti molto duri per i farinacciani, che, quando non espulsi, radiati o banditi dal Pnf, dovettero subire offese, emarginazione e persecuzioni. A Treviso gli squadristi dissero che Turati, giunto in città, permise, a suggello della vittoria, il suono a morto del campanone della torre, «per il funerale morale di Gigi Maino, ex commissario federale e per la fine di tutti i vecchi fascisti»[185]. Nel nor-

---

[179] R. Farinacci ad A. Turati, Cremona 20 agosto 1926, in Acs, Spd, c/r, b. 40, fasc. *Farinacci*.

[180] Acs, Mi, ps, 1926, b. 97, fasc. *Cremona*.

[181] [R. Farinacci], *Non si faccia il gioco nostro*, «Il Regime Fascista», 30 giugno 1926.

[182] «Turati ebbe il torto di chiamare a sé cinque dei peggiori cittadini di Cremona, espulsi da noi per ragioni non politiche ma morali e proclamarli gli interpreti sinceri del fascismo cremonese. Questi cinque signori, o meglio figuri, caduti nel ridicolo generale, oggi si affrettano a dichiarare che ricevettero da Roma gli ordini di minare la mia posizione a Cremona e ricevettero ordini dall'onorevole Torrusio, intimo dell'on. Turati, di creare a Cremona incidenti tali, da richiamare l'attenzione della Direzione del Partito»; R. Farinacci a B. Mussolini, Cremona 3 maggio 1927, in Acs, Spd, c/r, b. 40, fasc. *Farinacci*.

[183] Acs, Mi, ps, 1926, b. 109, fasc. *Piacenza*.

[184] R. Farinacci a B. Mussolini, Cremona 19 luglio 1926, in Acs, Spd, c/r, b. 41, fasc. *Farinacci*.

[185] Lettera anonima, Treviso, s.d, in Acs, Mi, ps, 1926, b. 111, fasc. *Treviso*

dest del Paese, Masi, ragguagliava Farinacci che la situazione era tale che «si vergognava di non essere ancora in galera per turbamento dell'ordine pubblico»[186]. Identici concetti Masi esponeva anche a Gentile: «lo stato delle cose è tale che non possiamo tradire né gli amici nostri né le nostre idee. Il partito ufficiale è in condizioni deplorevoli [...]. La sinistra fascista è fortissima di fede, ma sospettata, ancora, e oppressa». E pure Barnaba si rivolgeva in questo senso a Mussolini: «tutelati dalla boria sufficiente, i vecchi liberali ed agrari, coi loro clienti, anche non fascisti, comandano. I fascisti che non diventano cortigiani sono perseguitati, trasferiti, minacciati, vigilati, espulsi. Il fascismo sta per morire...»[187]. I simpatizzanti erano ovviamente disorientati e non sapevano rendersi conto di come si «potesse insultare Farinacci», a cui si doveva invece la «salvezza del Partito e dell'Italia»[188]. In Liguria c'era la caccia aperta ai farinacciani più in vista, «dipinti come cospiratori» e minacciati continuamente di arresto, soltanto per essere «ferventi amici di Farinacci, nemico del duce e del fascismo»[189]. Il senso di frustrazione e di impotenza negli ambienti dell'intransigentismo era profondo, serio e difficile da controllare; mentre il malumore si indirizzava sempre più contro i moderati, gli ex nazionalisti e Federzoni[190].

Occorreva agire, a detta di molti, ma come? E Farinacci poteva opporsi a quello stato di cose che lo vedeva sempre più emarginato politicamente e i suoi sostenitori banditi, cacciati, vilipesi? Quali mezzi (la stessa diffusione de «Il Regime Fascista» ebbe un tracollo[191]) e, soprattutto, quale potere poteva ancora sfruttare l'ex segretario? Che alla lunga, nell'intero fronte intransigente, non solo in Farinacci, subentrasse la passività o l'accettazione dello status quo, era logico: del resto le simpatie che quegli uomini, di cui Farinacci era il più rappresentativo, avevano guadagnato nel Paese erano ridotte e il loro isolamento crescente. Tra l'altro il fronte intransigente non era coeso, e in questo Mussolini ebbe sempre buon gioco nel dividerlo, nel seminare disac-

---

[186] G. Masi a R. Farinacci, Buia (Udine), 13 agosto 1926, in ACS, FRF, b. 30, fasc. *Masi*.

[187] A. Barnaba a B. Mussolini, Buia, 27 agosto 1926, in M. FABBRO, *Fascismo e lotta politica in Friuli (1920-1926)*, cit., p. 228.

[188] P. Mazzadri a R. Farinacci, Brescia, 27 maggio 1926, in ACS, FRF, b. 30, fasc. *Mazzadri*.

[189] A. Dogliotti a R. Farinacci, 26 novembre 1926, in ACS, FRF, b. 18, fasc. *Dogliotti*.

[190] Il prefetto al Ministero dell'Interno, Cremona 10 agosto 1926, in ACS, MI, PS, 1926, b. 100.

[191] Secondo un informatore della polizia (probabilmente Bonetti), in quel momento «il giornale era più acquistato che letto»; aveva una tiratura di 15 mila copie, delle quali 5 mila andavano nel cremonese e le altre nelle città maggiori, Genova, Milano e Roma; era «finanziato in piccola parte da agricoltori cremonesi e per il resto dal comm. Varenna di Milano, ricco industriale, e [da] altri industriali pure di Milano [...]. Era certamente passivo e perde[va] lettori e sostenitori»; in ACS, SPD, C/R, b. 41, fasc. *Farinacci*.

cordi, nel recuperare poi singoli esponenti[192]. E nel fare il vuoto intorno, sempre, a Farinacci.

L'attacco alle posizioni politiche e personali di Farinacci, per di più, veniva mosso non soltanto da Turati e da Balbo, ma anche da Federzoni e da Arnaldo Mussolini; e queste azioni, pur facendo tutte capo a Mussolini (al quale premeva molto l'uscita di scena dell'ex segretario[193]), non erano però coordinate tra loro né "controllate" dall'apparato poliziesco del regime. Ciò si evince chiaramente da un lungo rapporto di un "informatore" (che in quel momento aveva anche un ruolo politico) del Ministero dell'Interno, Franco Bonetti, il quale andava svolgendo, per conto di Bocchini (capo della polizia), e quindi di Federzoni, la politica antifarinacciana nella Val padana. Già dalla fine del 1925 uno degli obbiettivi principali dell'azione di Federzoni era di ridimensionare il ruolo di Farinacci, quindi nell'estate del 1926 l'offensiva antifarinacciana dell'apparato poliziesco prese nuovo slancio. Da quel momento l'ex segretario del Pnf fu sottoposto a costante sorveglianza, che si sarebbe intensificata con gli anni, fino a giungere alla censura postale, ai pedinamenti, al controllo telefonico. Informatori di polizia e delatori, intorno a lui, crebbero di numero e di importanza, al punto da svolgere effettivamente un'azione politica. Bonetti in uno dei suoi primi rapporti al Ministero dell'Interno, segnalava che Turati aveva «anche lui altra organizzazione contro F[arinacci] basandosi su elementi che furono fidatissimi del F.», dando per scontato quindi che il Ministero avesse una sua struttura antifarinacciana, ma confermando che in quei mesi, nell'ottobre del '26, il rapporto di collaborazione Partito-Ministero dell'Interno non era ancora effettivo:

> Mentre questa notte mi trovavo a Soresina, seppi che l'on. Turati era pure lui in provincia di Cremona con il console Orefici. Il console Orefici, che può benissimo servire alla nostra causa, in questi giorni, è sempre stato anguillesco, e fido seguace di F., e trovasi in contrasto aperto con i miei tirapiedi di Casalmaggiore e di Piadena, da lui esclusi dal Fascio, e che taccia di massoni [...]. Sono certo che Orefici, che certamente saprà dei miei contatti con detti signori, cercherà di insinuare qualche frottola con Turati per combattere e seguire il

[192] Su tutto stava poi anche la «scarsa tempra individuale o l'assenza di idee precise della maggior parte degli intransigenti, sempre pronta alla querimonia, alla fronda e anche all'improvviso scoppio di violenza, ma incapace in ultima analisi di un'azione decisiva»; R. De Felice, *Mussolini il fascista. I. L'organizzazione dello Stato fascista, 1925-1929*, cit., p. 68.

[193] «Fino a che i miei avversari nel fascismo sono Federzoni, Balbo, Barattolo, Scarfoglio, Suckert, Bottai e altri la cosa non può farmi dispiacere [...]; ma quando vengo a sapere che l'uomo che vuole assassinarmi moralmente e politicamente è Benito Mussolini la cosa mi sembra talmente enorme e grave da lacerarmi l'animo dal dolore»; R. Farinacci a B. Mussolini, Cremona 8 luglio 1926, cit.

suo punto di vista a Casalmaggiore. [...] Io la prego di parlare in merito con l'on. Turati per un'azione più organica e rendere noto a lui quanto ho scritto in merito a Cremona. Non credo cosa buona per l'on. Turati compromettersi in visite nel cremonese senza prima che noi gli si prepari il terreno adatto. Io sono molto soddisfatto delle cose di Cremona, ma come ho detto sopra, bisogna seguire la nostra strada con metodo [...]. Io credo sia giunto il momento opportuno per lanciare in tutto il cremonese il giornale stampato alla macchia con le accuse specifiche contro F., così io spero liquidato ogni cosa nel mese di gennaio. Gradirei, prima, un suo cenno, e un suo consiglio, s'intende anonimo, come la conferma che ho ieri ricevuta[194].

Anche Bocchini, cui probabilmente era diretta l'informativa in questione, svolse infatti un ruolo di primo piano non solo nel disperdere l'intransigentismo farinacciano – che nel giro di 3-5 anni venne quasi tutto estromesso dal partito e depotenziato politicamente[195] – ma anche nel contrastare l'azione politica di Farinacci. Se gli avversari dell'ex segretario nell'estate del 1926 non riuscirono a farlo capitolare, la ragione principale fu nel fatto che la base fascista, alcune forze economiche, sociali e persino istituzionali di buona parte della Val padana erano rimaste con Farinacci (a dispetto delle previsioni degli avversari), o magari neutrali, passive, ma certo non gli si erano schierate contro[196]. Nonostante i tentativi dall'alto, nessuno fu in grado di intaccare il feudo, perché la locale dissidenza era poco consistente e originale nelle idee e negli uomini[197]; e le cose non sarebbero forse cambiate neppure se si fossero esposti Balestreri e Orefici. Non tanto perché quei vecchi e provati fascisti non disponessero di qualche consenso locale, ma perché la macchina economica-politica-sociale costruita da Farinacci nel cremonese era solida ed efficiente (tanto quanto la fede con cui una numerosa schiera di pretoriani era disposta a tutto, terrore incluso, per l'«unico e vero duce») e lui solo era universalmente riconosciuto il perno del sistema, a dispetto delle fuorvianti informazioni confiden-

[194] Informazioni da Parma, 30 ottobre 1926, in ACS, MI, PS, 1926, b. 109, fasc. *Parma*.

[195] R. DE FELICE, *Mussolini il fascista*. II. *L'organizzazione dello Stato fascista, 1925-1929*, cit., p. 186.

[196] Le ispezioni di pubblica sicurezza nella provincia di Cremona, ordinate dal Ministero dell'Interno nell'agosto del '26, smentivano categoricamente le previsioni dei confidenti, segnalando invece l'assoluta normalità dell'ordine pubblico e della situazione politica; l'Ispettore Luigi Poli al Ministero dell'Interno, Direzione generale di PS, Milano 30 novembre 1926, in ASCR, AP, b. 23, fasc. 1.8, nonché il sottoprefetto al prefetto di Cremona, Crema, 12 luglio 1926, in ASCR, AP, b. 27, fasc. 8.2.11.

[197] Davvero sintomatici gli avvenimenti del casalasco, dove la dissidenza raggiunse toni da farsa politica e le persone sulle quali si basava la manovra del Ministero dell'Interno e della polizia per scardinare il potere di Farinacci apparvero prive di consistenza politica; il rapporto del sottoprefetto al prefetto di Cremona, Casalmaggiore, 21 luglio 1926, in ASCR, AP, b. 30, fasc. 8.18.6.

ziali, secondo cui «i quadri e i nuclei necessari [per lo spintone] erano pronti»[198].

Del resto Farinacci era un simbolo, rappresentava ancora il fascismo puro, vero, rivoluzionario e a lui guardavano quei dirigenti, quei vecchi intransigenti che subivano nelle loro province simile demolizione politica da parte dell'apparato dello Stato o del Partito («io vedo in voi, gli scriveva l'avvocato Celestani, fiduciario di Sanremo, l'unico uomo in grado di completare l'opera del Duce», e gli additava l'obbiettivo di «riprendere, quando che sia, le fila del Partito, che solo Voi siete degno e capace di guidare»[199]). Il malumore per questa situazione tendeva a crescere e le voci che si rincorrevano nell'estate del '26 illustravano un quadro in fibrillazione, dove i complotti e i pronunciamenti contro la politica moderata-conservatrice e lo stesso Mussolini parevano imminenti: in luglio presero consistenza le voci di possibili azioni condotte da fascisti pugliesi, romani e cremonesi contro Federzoni e i «suoi amici» per difendere la rivoluzione e il fascismo «da pericoli d'inquinamento»[200]. I rapporti di polizia segnalavano che la «situazione rimaneva ancora grave», nonostante l'azione di Turati a favore dei «legalitari», in molte province, come Torino, Genova, Napoli, Bologna e Trieste e addirittura la battaglia per la rivalutazione della lira, impostata dal governo (e Farinacci sostenne una politica liberista ma rinnovò la «necessità inderogabile» del controllo molto stretto delle banche, in una feroce polemica contro la Commerciale[201]) era considerata piuttosto un diversivo per distogliere l'opinione pubblica dalle divergenze nel fascismo che una necessità economica[202]. Che quel fronte ex-intransigente non stesse con le mani in mano era confermato da più fonti, della polizia e del Partito, e le più attendibili sostenevano che «gli elementi di sinistra del partito» avevano organizzato per l'autunno un'azione in «grande stile contro Federzoni e i cosiddetti destri»: «una pressione in forze si penserebbe di compiere sul Duce, perché riconosca, accetti, ed

---

[198] La "guardia" personale di Farinacci era composta da sette squadristi cremonesi (con a capo Rosolino Robbiani e Sante Parolini) e da quattro piacentini; essa incuteva a tal punto timore – secondo gli avversari – da impedire qualsiasi manifestazione di dissenso, anche verbale, nei confronti di Farinacci; informazioni da Parma, in Acs, Mi, ps, 1926, b. 100, fasc. *Movimento fascista intransigente.*

[199] V. Celestani a R. Farinacci, Sanremo, 27 maggio 1926, in Acs, Frf, b. 11, fasc. *Celestani.*

[200] Cfr. Acs, Spd, c/r, b. 81, fasc. *Caradonna.*

[201] Farinacci, seguendo il suo consigliere economico Giovanni Lume, sosteneva che fosse necessaria, piuttosto che una politica di rivalutazione della lira, una politica antinflazionistica, basata sull'incremento della produzione e su maggiori economie private; R. Farinacci a B. Mussolini, 9 giugno 1926, in Acs, Spd, c/r, b. 43, fasc. *Farinacci.* Per la polemica relativa al controllo delle banche, cfr. «Il Regime Fascista», 7, 8 e 13 agosto 1926.

[202] Informazioni, Roma 12 agosto 1926, in Acs, Mi, ps, 1926, b. 107, fasc. *Fasci.*

attui il seguente programma: via Federzoni, via Rocco, via tutti quegli elementi di origine nazionalista e conservatori o di destra [...], via Turati dalla segreteria generale del partito. Il Duce dovrà decidersi una buona volta a scaricarsi di pesi che lo affaticano inutilmente, quindi dovrà rinunziare ai dicasteri militari [...]. Alla segreteria del partito tornerebbe l'on. Farinacci»[203]. Arnaldo sottolineava al fratello che le cose erano «più complicate di quel che pensiamo», e citava i casi di Trieste, Parma, Mantova, province che andavano «curate, non contro gli avversari, ma contro i fascisti, che da un po' di tempo non sentono più il vincolo della disciplina». E nel sostenere ciò confessava che la politica di Federzoni era impotente, e non avrebbe potuto certo spingersi oltre sulla strada della compressione dei «fascisti ribellisti dalla mentalità faziosa ed irriducibile», e che solo a lui, al duce, tale compito sarebbe potuto riuscire[204]. Secondo un opuscolo degli intransigenti, nel Pnf e nel governo, mentre i fascisti si compromettevano e scomparivano, i nazionalisti si rafforzavano e si riservavano i posti; Federzoni inoltre era accusato di non aver saputo provvedere alla difesa di Mussolini (il duce aveva subito due attentati nel giro di pochi mesi) e di non tenere sotto controllo l'azione antifascista nel Paese e il sovversivismo dei fuorusciti[205]. L'opuscolo invitava la base fascista alla mobilitazione, in occasione delle adunate regionali del Pnf, per iniziare «l'opera di chiarificazione interna», guarda caso con più o meno le stesse parole con le quali dal suo giornale Farinacci invitava all'azione i direttorii provinciali («vi sono molte situazioni da esaminare, molti equivoci da eliminare, molte direttive da richiamare in vigore»[206]). Tuttavia anche quelle riunioni si rivelarono poco significative, incapaci di riassumere istanze programmatiche comuni: solo Farinacci ebbe modo di far sentire un pensiero alternativo, contrario alla «prefettizzazione del partito» e alle «nomine dall'alto»[207], proprio perché, in previsione di un sempre minore ruolo che il nuovo sistema politico avrebbe attribuito al Parlamento, doveva giocoforza rimanere ampia e libera la discussione della classe dirigente nel Partito[208]. Occorreva opporsi alla progressiva trasformazione del Pnf, incanalato verso un alveo «autoritario», riduttivo per le

[203] Informativa, Roma 20 ottobre 1926, *ibidem*.

[204] *Carteggio Arnaldo-Benito Mussolini* (a cura di D. Susmel), La Fenice, Firenze, 1954, p. 41.

[205] *Gerarchi e Camerati fascisti*, s.d. [ma luglio 1926], in Acs, Mi, ps, 1926, b. 100, fasc. *Movimento fascista intransigente*.

[206] [R. Farinacci], *Le adunate regionali,* «Il Regime Fascista», 10 luglio 1926.

[207] [R. Farinacci], *Rivoluzione ad oltranza*, «Il Regime Fascista», 29 agosto 1926.

[208] Cfr. R. Farinacci a B. Mussolini, Cremona 31 agosto 1926, in Acs, Spd, c/r, b. 41, fasc. *Farinacci*.

esigenze della rivoluzione[209]: da qui altre polemiche (feroce quella con «Il Popolo d'Italia»), perché Farinacci vedeva il Pnf sulla strada del «completo commissariamento», con l'approvazione proprio di Mussolini (che aveva a lui rimproverato, invece, il reiterato uso del commissario straordinario), e preda degli ultimi venuti o dei moderati. Sosteneva di aver lasciato il Pnf con 545 mila iscritti alla fine di marzo e accusava Turati di averlo accresciuto in cinque mesi fino al milione (ma l'ex segretario aveva sempre sostenuto, anche in occasioni ufficiali, che il Pnf nella gestione 1925 aveva 700 mila iscritti[210]): il numero andava a discapito della compattezza e della disciplina, e danneggiava il mantenimento di un «vivo e intransigente spirito rivoluzionario del fascismo»[211].

Questi atteggiamenti e il modo di porsi sempre come «vero interprete dell'animo del fascismo» non potevano essere tollerati né da Turati[212], né da Mussolini, ma a ogni buon conto Farinacci si manteneva formalmente disciplinato (cercando di non offrire «il minimo pretesto» a Turati per agire sul fascismo cremonese), pur tuttavia senza mai rinunciare all'indipendenza di giudizio e ad additare una svolta legislativa rivoluzionaria che, senza lo stimolo del Pnf, il governo rimandava[213]. Con il duro monito di Turati, Farinacci comprese la fondatezza di alcune critiche, mossegli a suo tempo da alcuni intransigenti, e cioè che la disciplina e il sistema gerarchico non potevano lasciare spazio per compiere opera fattiva di discussione, e che «soltanto con un atteggiamento di gregario ribelle uno poteva dire il fatto suo». E finì con l'accogliere i reiterati consigli di prudenza dei camerati che notavano le manovre per farlo fuori; Barbiellini, accorato, lo invitò a buttarsi malato: «per te

---

[209] [R. FARINACCI], *Trionfa la tolla!* e [R. FARINACCI], *Tremenda jettatura*, «Il Regime Fascista», 3 luglio e 29 agosto 1926.

[210] Cfr. R. Farinacci a B. Mussolini, Roma 11 settembre 1925, in ACS, SPD, C/R, b. 43, fasc. *Farinacci*.

[211] *Un discorso dell'on. Farinacci a Soresina*, «Il Regime Fascista», 5 ottobre 1926.

[212] «Stamani il Direttorio [...] ha esaminato il tuo atteggiamento nei riguardi del Direttorio nazionale e le ultime manifestazioni di polemica e di critica verso le comunicazioni contenute nel "Foglio d'Ordini". L'antifascismo internazionale punta da qualche mese sulla carta del dissidentismo farinacciano. Fino a ieri tutti gli incitamenti e i consigli che ti sono stati dati da uomini sulla cui amicizia fraterna non puoi dubitare, non sono serviti a farti recedere dal tuo comportamento poco simpatico di opposizione al nuovo Direttorio. [...] Nel periodo del tuo segretariato, tu hai giustamente preteso che gli ordini si eseguissero senza discutere. Non puoi pretendere che il nuovo Direttorio rinunci a questo concetto di necessaria disciplina. [...] È deplorevole che tu vada dichiarando che senti di interpretare le masse fasciste in antitesi a quello che è il pensiero del Direttorio del Partito. Il tuo disinteressamento, proclamato con triplice grido in un trafiletto polemico, può lasciar credere a taluno che tu lo contrapponga all'interessamento di altri»; A. Turati a R. Farinacci, Roma 7 settembre 1926, in ACS, SPD, C/R, b. 43, fasc. *Farinacci*.

[213] [R. FARINACCI], *Imporre il dilemma* e [R. FARINACCI], *Noterelle politiche,* «Il Regime Fascista», 15 e 24 settembre 1926.

e per il fascismo – scrisse a Farinacci – ti scongiuro di interrompere la polemica e di stare tranquillo. Sospendi improvvisamente di scrivere, datti ammalato. Vediamo cosa succede. Dammi retta, porca miseria, per questa volta. Datti ammalato, prova, fammi questo piacere»[214].

Mantenersi nell'ortodossia, comunque, non fermò la repressione antifarinacciana in atto in tutte le province ex intransigenti, dove la normalizzazione legalitaria e statalista condotta all'unisono da Turati nel Partito e da Federzoni nelle istituzioni frantumò i residui centri di potere, e ovunque, l'ex segretario veniva a conoscenza di provvedimenti completamente diversi da quelli da lui sostenuti o a suo danno[215]. Nel suo secondo rapporto al Gran Consiglio sulla situazione politica del Pnf, Turati, a dispetto delle attese, non poté però fornire un quadro positivo, ma dovette anzi riconoscere che in molti casi la situazione era più difficile e complessa di quanto sembrava, pur sostenendo (falsamente) che si trattasse solo di «crisi di uomini, piuttosto che di tendenze». In realtà Turati doveva riconoscere che molte situazioni apparivano «non chiare e di difficile risoluzione», prevedendo ulteriore attenta vigilanza in molte province in "crisi" (con 23 federazioni su 80 sotto osservazione)[216]. Comunque, due mesi dopo quel rapporto, entrato in vigore il nuovo statuto del Pnf, Turati nominò i 93 segretari provinciali, e se Farinacci conservò il suo posto a Cremona, gli intransigenti farinacciani erano stati quasi tutti eliminati dalle cariche o ridotti a miti consigli, quasi a scindere la loro posizione da quella dell'ex segretario (forti del loro potere locale, comunque, almeno una decina di essi potevano considerarsi ancora vicini a Farinacci)[217]. Ma era piuttosto facile, commentava l'ex segretario, governare in quel modo il Pnf e appianare, senza approfondire, crisi e contrasti interni...

Eppure proprio all'azione dell'ex segretario si guardava con sospetto, mentre la stampa antifascista all'estero diffondeva notizie che, se pur prive di fondamento, erano comunque di dominio pubblico nel Paese (si giunse persino a parlare di un arresto di Farinacci prima a Trieste e poi alla frontiera, con l'accusa di aver complottato contro il regime, di gravissimi contrasti con il governo, di allontanamento dal Partito per indegnità), Farinacci non demordeva dall'«avanzare qualche critica al nuovo orientamento fascista»[218]. Proprio per questo Giulio Orefici, console della 19ª Legione "Fedelissima" di Casalmaggiore,

---

[214] B. Barbiellini a R. Farinacci, in Acs, Frf, b. 2, fasc. *Barbiellini*.

[215] *Polemica antifarinacciana*, «La Voce Repubblicana», 21 ottobre 1926.

[216] *Situazioni delle federazioni del Pnf al 5 ottobre 1926*, in Acs, Spd, c/r, b. 28, fasc. *Gran Consiglio*.

[217] Cfr. «La Stampa», 18 dicembre 1926.

[218] *Un discorso dell'on. Farinacci a Soresina*, «Il Regime Fascista», 5 ottobre 1926.

ligio alla causa nonché maggiore esponente della componente moderata del Partito[219], allertò Turati (e la sua testimonianza era attendibile) che Farinacci, da quando aveva lasciato la segreteria del Pnf, stava svolgendo, in rapporto alla direzione del Partito, azione contraria alla disciplina, alla gerarchia e disgregatrice del fascismo stesso: «L'on. Farinacci ha pagine bellissime nel fascismo [...] ma da quando non è più segretario generale sta facendo una politica personale che non è bene continuarla, sia per il bene del fascismo italiano come per quello provinciale»[220]. Nella manifestazione per la celebrazione della Marcia su Roma a Cremona, il 28 ottobre, Orefici e alcuni segretari del casalasco portarono cartelli inneggianti a Mussolini, a Federzoni e a Turati[221]; Farinacci lo considerò affronto e «grave provocazione»: inneggiare a quei nomi era come voler dire inneggiare «a nomi di nemici acerrimi del fascismo» e, disse a Orefici, continuare in quella direzione avrebbe voluto «dire far scorrere del sangue»[222].

Negli stessi giorni il prefetto di Foggia avvertiva Bocchini di avere ascoltato il deputato De Caro affermare che in uno dei prossimi giorni l'on. Farinacci «avrebbe tentato azione contro il Ministero dell'Interno e S. E. il Ministro»[223]. Il 31 ottobre Mussolini si recò in visita a Bologna: era una manifestazione da tempo attesa, ma che nascondeva qualche timore, perché strani volantini erano apparsi in città, «Mussolini arriva, ma non riparte», minacciavano. Una settimana prima il commissario prefettizio di Fontanafredda (il Pnf era nelle mani di Barnaba[224]), Guido Zilli, farinacciano convinto, aveva lanciato in qualche modo un allarme, affermando che era in preparazione, proprio per il 31 ottobre, un attentato ai danni di Mussolini. Il 30 ottobre Bonetti fece giungere un dispaccio preciso a Bocchini, col quale annunciava che l'indomani Farinacci con i suoi sicuri e fedeli camerati («col solito gruppo», ricordando il livello di terrore che esso scatenava) sarebbe andato a Bologna, con un treno speciale[225]. Quando il 31 ottobre a Bologna Mussolini rimase vittima di un nuovo attentato, l'impressione nel Paese fu vastissima. A differenza di quanto apparve in un primo momento (il presun-

[219] Informazioni da Cremona, in Acs, Spd, c/r, b. 41, fasc. *Farinacci*.

[220] G. Orefici ad A. Turati, Gussola 9 novembre 1926, in Acs, Spd, c/r, b. 41, fasc. *Farinacci*.

[221] *Trentamila persone raccolte sulla storica piazza del Comune*, «Il Regime Fascista», 29 ottobre 1926.

[222] G. Orefici ad A. Turati, Gussola 9 novembre 1926, in Acs, Spd, c/r, b. 41, fasc. *Farinacci*.

[223] Il prefetto Siragusa a Bocchini, Foggia 27 ottobre 1926, in Acs, Mi, ps, 1926, b. 100, fasc. *Fascismo intransigente*.

[224] G. Cannone, Rapporto del 24 gennaio 1928, in Acs, Tsds, b. 187, vol. 18.

[225] Informazioni da Parma, 30 ottobre 1926, in Acs, Mi, ps, 1926, b. 109, fasc. *Parma*.

to responsabile, il giovane Anteo Zamboni, venne linciato seduta stante dai fascisti), le cose non erano così semplici. Negli alti ambienti fascisti si fece infatti strada l'ipotesi «che quella revolverata a Mussolini [fosse] la risultante di una congiura fascista appoggiata dallo squadrismo di Milano, di Cremona e del Friuli»[226]. Tale era, infatti, l'opinione che subito si fecero, tra gli altri, Turati e Arnaldo Mussolini. La dinamica dei fatti, tra l'altro, apparve piuttosto strana e contraddittoria in alcuni punti. Lo stato della ricerca non consente di spingersi oltre ipotesi interpretative, anche perché le indagini di polizia nel 1927, che si muovevano in direzione del complotto fascista, vennero bruscamente interrotte, mentre avrebbero potuto raggiungere prove più consistenti qualora incentivate[227]. Certo era che i due protagonisti di quella vicenda furono Albino Volpi (che già nell'alessandrino, qualche mese prima, aveva reso "servigi" politici a Farinacci) e Mario Cutelli, un messinese ex tenente degli arditi, farinacciano di ferro esiliato a Gorizia dopo la "restaurazione" di Udine e «squadrista audace e sprezzante di ogni pericolo». Ed erano proprio presenti sul posto, oltre agli arditi di Milano, gli squadristi cremonesi, i cui movimenti destarono subito sospetti. Criptiche, in proposito, le pur informate pagine di De Begnac, in seguito alla richiesta di Turati a Mussolini di attribuire carattere retroattivo alla pena di morte, annunciata la sera del 31 ottobre, per chi avesse attentato alla vita del capo dello Stato, del principe ereditario e del capo del Governo:

Turati chieste: «Con valore retroattivo?». Mussolini non rispose. La richiesta non aveva carattere repressivo nei confronti degli antifascisti, o per lo meno non era originata da tale idea. Turati aveva la netta sensazione che l'episodio di Bologna fosse stato il prodotto di una segreta intesa tra ceti colpiti dalle misure finanziarie di carattere speciale progressivo che il regime stava prendendo per difendere il potere d'acquisto del salario, ed aliquote di fascisti intenzionati a far trionfare le loro piccole e meschine situazioni personali e provinciali. La famiglia Mussolini ritenne che nella congiura ci fosse anche Arpinati. La cosa non è probabile. Ma Arpinati non riuscì, da allora in poi, a legare alcun rapporto con Arnaldo Mussolini, certissimo non tanto della colpevolezza del ras di Bologna, quanto del fatto che, della congiura, fossero responsabili taluni amici farinacciani di quest'ultimo. Per quello che a me personalmente consta, ritengo di poter escludere la partecipazione di Arpinati alla cospirazione. [...]

Poteva farsi risalire al Farinacci la responsabilità dell'attentato di Bologna? A lui personalmente no: ma certamente al clima di insoddisfazione che, già

---

[226] G. Artieri, *Le guerre dimenticate di Mussolini. Etiopia e Spagna*, Mondadori, Milano, 1995, p. 52 e sgg.

[227] B. Della Casa, *Attentato al duce. Le molte storie del caso Zamboni*, il Mulino, Bologna, 2000, in particolare, pp. 143-172.

all'indomani del defenestramento dalla segreteria del partito, il suo modo di agire andava ingenerando ovunque. Sicuramente Farinacci amava più il "proprio" fascismo che non quello di Mussolini, ma capiva anche – perché era intelligente – quanto fosse ancor troppo presto per pensare a un fascismo capace di restare al potere senza l'animatrice presenza di Benito Mussolini. Ma Turati pensava di sapere dove poter mettere le mani per colpire giusto. Turati *voleva la retroattività della pena di morte per agire drasticamente proprio in campo fascista*[228].

Farinacci e i suoi non perdonarono mai a Turati, al di là delle divergenze politiche, quelle illazioni e la ricerca di un coinvolgimento diretto nell'attentato; così una nota fiduciaria del '31:

L'odio [contro Turati] non avrà mai fine, affermano taluni, perché Turati sarebbe responsabile d'avere a suo tempo inviati al Tribunale Speciale per la Difesa dello Stato, documenti comprovanti la partecipazione morale, se non materiale, dell'on. Farinacci, all'attentato di Bologna contro il nostro Duce. Tanto si afferma apertamente, da parte dei farinacciani. Gli stessi dicono poi di non poter perdonare all'on. Turati di aver fatto sapere a chi di dovere che Anteo Zamboni, il giovane attentatore di Bologna in veste d'avanguardista, sarebbe stato pugnalato dagli stessi seguaci di Farinacci, per evitare che egli parlasse e facesse delle rivelazioni[229].

L'altrettanto autorevole e inedita testimonianza del prefetto Luigi Cambiaggio conferma che contro Farinacci, come lui stesso aveva appreso con rammarico[230], si erano svolte indagini di polizia in proposito, pur senza approdare a concreti elementi:

Nell'anno 1928 il sottosegretario di Stato all'Interno, on. conte Giacomo Suardo, aveva sperato, con il concorso del comando generale dell'Arma dei CC. RR. e della Procura generale del Tribunale speciale per la difesa dello Stato, di

[228] Y. De Begnac, *Palazzo Venezia, Storia di un regime*, La Rocca, Roma, 1950, p. 372-374.

[229] Milano 21 febbraio 1931, in Acs, Mi, ppfp, cat. A, b. 31, fasc. *Farinacci.*

[230] [R. Farinacci], *A discussione finita*, «Il Regime Fascista», 1° settembre 1928. A Mussolini scrisse invece, scherzando, «...ti vorrò bene lo stesso, anche perché voglio farmi perdonare di aver preso parte al complotto di Bologna. Però ti prometto che non lo farò più. Va bene?!»; R. Farinacci a B. Mussolini, Roma 19 giugno 1928, in Acs, Spd, c/r, b. 43, fasc. *Farinacci.* In una importante riunione tra Arnaldo Mussolini, Turati, Starace, Arpinati, Melchiori e Farinacci, a Roma il 5 marzo 1930, Farinacci tornò ancora sull'argomento, come da verbale: «On. Farinacci: "Altro fatto che mi addolorò fu questo. Per sei mesi consecutivi il Tribunale Speciale si poneva il quesito se io fossi uno dei mandanti dell'attentato al Duce". S. E. Turati: "Questa notizia la seppi un giorno dal Presidente del Tribunale. Non ne sapevo assolutamente niente." On. Farinacci: "Bastava che mi avessero preso e anche poi lasciato, io sarei stato rovinato per tutta la vita". S.E. Arpinati: "Non avevi delle accuse specifiche". On. Farinacci: "Una deposizione di un ferroviere era stata questa. Che io ero addolorato perché l'attentato non era riuscito"»; Discussione del 5 marzo 1930, Roma, in Acs, Spd, c/r, b. 40, fasc. *Farinacci.*

poter riuscire a porre le mani sugli organizzatori dell'attentato contro Mussolini, verificatosi il 31 ottobre in Bologna, in cui fu linciato dai fascisti di scorta il giovanetto Anteo Zamboni, attentato rimasto sempre nel mistero.

Le persone indiziate erano gli onorevoli Leandro Arpinati e Roberto Farinacci. Durante l'istruttoria, condotta con la massima segretezza, tutte le persone che erano in contatto con i due gerarchi venivano vigilate. [...] L'istruttoria relativa al supposto complotto deluse, però, le speranze di coloro che vi avevano fondato una speculazione politica, perché fu accertato trattarsi di una banale montatura. L'incauto sottosegretario di stato, Suardo, il procuratore generale del Tribunale speciale, avvocato Enea Noseda, ed altri furono dimessi dalle rispettive cariche[231].

Forse l'inchiesta non sarebbe approdata a prove consistenti, ma a distanza di un solo anno, il 25 ottobre 1927, il capitano Giovanni Cannone, incaricato delle indagini, affermò:

Da nuove riservatissime notizie raccolte e convenientemente controllate e vagliate, ho potuto stabilire che tanto in Fontanafredda come in Pordenone [...] si ritiene che il complotto per attentare alla vita di S. E. Mussolini il 31 ottobre 1926, sia stato ordito da fascisti dissidenti e massoneria, ed ebbe centro di propulsione propriamente in Friuli, ad opera della frazione farinacciana, battuta di recente con la sostituzione dell'on. F[arinacci] quale segretario del Partito Fascista. Molte persone fanno senz'altro il nome dell'on. F. quale maggiore responsabile dell'attentato stesso. [...] Gli organizzatori dell'attentato, e per essi l'on. F., avrebbero assoldato il noto ardito e squadrista Albino Volpi [...], il quale avrebbe ricevuto l'incarico di sopprimere l'attentatore, nel caso l'attentato non fosse riuscito[232].

Vero era che la maggioranza delle fonti proveniva da ambienti pisentiani, ma lo stesso procuratore generale, nel gennaio 1928, non considerava chiusa l'istruttoria, che necessitava di ulteriori approfondimenti proprio nella direzione del complotto fascista, partendo dai comprimari (il cui coinvolgimento era accertato) per giungere alle eventuali alte sfere. Ma nel pubblico non doveva né poteva sorgere «il dubbio di un complotto fascista», ragion per cui la partita giudiziaria doveva considerarsi chiusa, a quel punto dell'istruttoria. La resa dei conti, semmai, doveva proseguire su un altro piano: come bene sottolineato da Della Casa, «la partita con Farinacci e i suoi si [doveva] decidere non in via giudiziaria, che ha il difetto di essere pubblica, ma in sede politica, dove le trame e la resa dei conti possono rimanere segrete». Se questo doveva essere il piano dello scontro, allora, la partita per Farinacci

---

[231] L. Cambiaggio, *Fascismo e democrazia nei ricordi di un prefetto*, dattiloscritto, Roma, 1950, pp. 9-10.

[232] B. Della Casa, *Attentato al duce. Le molte storie del caso Zamboni*, cit., p. 147.

poteva dirsi vinta: troppo scaltro e navigato, l'ex segretario, per non aver preso le sue contromisure, e certamente al corrente di parecchi (forse ancora oggi inediti) retroscena da lasciarsi sopraffare. Non aveva esitato a ricordare, e il tono non era proprio rassicurante, a Mussolini, nel pieno degli attacchi che andava subendo nel giugno, che la Direzione generale di PS «aveva disposto (prima del complotto dell'on. Zaniboni) un equivoco e misterioso servizio intorno a me ed aveva ordinato a due persone, che tu ben conosci, di sequestrare nella mia camera all'Hotel Bristol di Roma, alcuni documenti che io tengo, che nessuno riuscirà a rintracciare e che un giorno mi potranno servire di conforto»[233]... Non solo Farinacci vantava di essere in possesso di quella sconosciuta documentazione, che incuteva molte remore al vertice del regime, ma ne possedeva altrettanta, ancor più sconosciuta e compromettente, pervenutagli nel 1926 in maniera rocambolesca, ed erano «documenti riguardanti il delitto Matteotti, con lettere di alte personalità politiche»[234].

Se alcuni indizi potevano andare nella direzione del complotto-Farinacci, era indubbio che mancassero prove concrete a sostegno e lo stesso fine appariva incomprensibile, non essendo stato approntato (non esiste alcuna documentazione in proposito) un progetto politico per il dopo-Mussolini, né Farinacci (che non disponeva neppure di un fronte unico dell'intransigentismo) aveva un ruolo istituzionale per approfittare della eventuale soppressione del duce. Del resto doveva essere scartata anche l'ipotesi (forse la più plausibile) del gesto forte contro Mussolini, da intendersi come un monito, un brusco avvertimento, proprio perché l'attentato era fallito di un soffio, solo per pochi centi-

[233] R. Farinacci a B. Mussolini, Cremona 7 luglio 1926, cit.

[234] I fatti ruotavano intorno a Erminia Ferrari, «donna intelligente ed avventurosa», che aveva avuto relazioni intime con varie personalità importanti della finanza e della politica, tra cui Cesarino Rossi e Farinacci. Definita la «contessa del Viminale», si riteneva che la donna fosse depositaria di molti segreti e oscuri retroscena. Alcuni individui cercarono di impossessarsi del materiale documentario custodito dalla donna, ma proprio alla vigilia del suo omicidio (nel febbraio 1926), ella incaricò, dopo esplicite minacce, il figlio Renzo Pettine di consegnare, come effettivamente fece, un grosso plico di documenti a persona di sua fiducia: Roberto Farinacci. Il giallo non venne mai chiarito, anche perché, rinvenuto soltanto a maggio il cadavere della Ferrari, dell'omicidio venne accusato proprio il figlio, mentre la voce pubblica sosteneva fosse necessario guardare in direzione di Giampaoli (e così confidò anche Pettine al direttore delle carceri di Milano, prima di essere "riconosciuto" infermo di mente), interessato anch'egli alla preziosa documentazione della «contessa» e vanamente cercata; cfr. la relazione, Milano 19 maggio 1927, in ACS, MI, PPFP, b. 1006, fasc. *Pettine Renzo*. Neppure la polizia politica venne a capo dell'oscuro delitto: per alcuni informatori sarebbe stato proprio Farinacci a brigare per sbarazzarsi della donna; per altri, invece, nella vicenda era invischiato Arnaldo Mussolini (l'ultimo ad «aver visitato la signora, e l'ultimo a vederne il cadavere prima della rimozione», in ACS, MI, PPFP, cat. A, b. 30, fasc. *Farinacci*).

metri. Le conseguenze politiche dell'attentato, infine, se potevano far pensare a una svolta favorevole all'intransigentismo, in realtà gli giocarono contro, a vantaggio di una definitiva normalizzazione statalista e autoritaria: certo l'approvazione da parte del Consiglio dei ministri dei nuovi provvedimenti legislativi (scioglimento dei partiti, soppressione della stampa avversaria, istituzione del confino di polizia, della pena di morte e creazione del Tribunale speciale per la difesa dello Stato)[235], nonché l'assunzione di Mussolini del Dicastero dell'Interno al posto di Federzoni, fecero cantare vittoria a Farinacci: il trionfo dell'intransigenza, titolava il suo quotidiano, congratulandosi per l'approvazione di quei provvedimenti da lui già invocati in tempi non sospetti[236].

Ma l'assetto istituzionale dello Stato e la ridefinizione dei poteri avrebbero lasciato l'amaro in bocca all'intransigentismo, sì che le critiche non tardarono[237]. A cominciare dal Pnf, dove, accolta con favore la «revisione dei quadri», essa andò a colpire proprio gli squadristi, la vecchia guardia, i rivoluzionari, a dispetto della logica farinacciana, secondo cui la difesa del fascismo poteva poggiare solo sull'intransigenza («lo spirito dello squadrismo è la vera forza del fascismo»). Occorreva tenacia, nell'attuazione legislativa e perseveranza, perché solo «l'incitamento continuo all'azione», diceva Farinacci, avrebbe sviluppato lo spirito rivoluzionario del fascismo; e per la fascistizzazione dello Stato che non fosse solo esteriore, per permeare l'intero apparato dello Stato con lo spirito fascista, bisognava imporre a tutti i livelli «dei capi che avessero una coscienza rivoluzionaria»:

Dobbiamo ammettere che noi propugnammo, per il Partito, una certa autonomia, non per poter seguire una linea diversa da quella del Governo, ma per avere più libertà di manovra e soprattutto per non fare pesare mai sul Governo gli errori del Partito. Ma da quando si stabilì che il Partito doveva essere una forza esecutrice degli ordini del Duce, Capo del Governo, era logico che la compagine del nostro movimento dovesse subire delle variazioni profonde. Come nella Nazione vi è un solo capo, così in provincia vi deve essere un solo capo. [...] Al Duce fanno capo tutte le forze del paese, al prefetto, rappresentante ultimo del Duce, devono fare capo tutte le forze della provincia. [...] Ci si dirà: va bene, dare l'autorità ai Prefetti ed obbedire ai Prefetti, ma saranno essi capaci di interpretare la coscienza rivoluzionaria del fascismo e sapranno essi dirigere tutte le forze create in questi ultimi tempi? Questo è il problema che dobbiamo porci. Pregiudiziale assoluta: obbedienza al Duce e ai suoi legittimi rappresentanti, ma a condizione indispensabile che il prefetto fascista, non abbia più nulla a che vedere con il prefetto la cui mentalità è rimasta in "fermo posta"

---

[235] Cfr. A. AQUARONE, *L'organizzazione dello Stato totalitario*, cit., pp. 89-110.
[236] [R. FARINACCI], *Il trionfo dell'intransigenza*, «Il Regime Fascista», 6 novembre 1926.
[237] Cfr. ACS, MI, PPFM, b. 99, fasc. *Pnf*.

dall'ottobre del 1922. [...] Quando questi rappresentanti del Governo in provincia sono uomini adatti, ad essi può essere affidata anche la diretta dirigenza delle Federazioni provinciali fasciste, alleggerendo così di non poco il gravoso e tormentoso lavoro del Direttorio nazionale. Perché il Governo nomina il Capo delle Corporazioni, il capo delle Legioni, il Podestà e presto i dirigenti dei Consigli provinciali, non potrà nominare anche i capi del Fascismo, ciò che maggiormente deve interessare il Regime, il quale precisamente dal fascismo, deve prendere gli uomini per i quadri dirigenti? Abbiamo inserito lo squadrismo, attraverso la Milizia, nello Stato. O perché non si deve fare anche inserire il Fascismo?[238].

In questa logica, allora, i prefetti non dovevano provenire dalla carriera, ma essere tratti tra gli esponenti del fascismo, onde evitare contrasti tra gli organi periferici del Pnf e dello Stato (specie dopo la nota circolare del 5 gennaio 1927 di Mussolini sulle prerogative dei prefetti)[239]. Dietro la rigida ortodossia di Farinacci si celava in realtà la critica più pericolosa, sosteneva Arnaldo, allorquando ammoniva il fratello che dietro quell'ortodossia stavano critiche pungenti, e pericolose perché corrosive: «"Regime Fascista" [è] un giornale pericoloso, perché sotto la forma e la solidarietà entusiastica, non fa che una critica demolitrice, aderente alla mentalità superficiale della politica, e pericolosa più della critica avversaria»[240]. Occorreva impedire la ripresa politica di Farinacci, perché una sua «rivalutazione [destava] un certo sgomento, specialmente tra le classi che hanno il senso della responsabilità». Forse c'era qualcos'altro, oltre il profondo dissidio che divideva l'ex segretario dai Mussolini, se il fratello del duce doveva chiosare: «aggiungo poi che una "missione" di Farinacci a Milano ci creerebbe non pochi imbarazzi[241]»...

Se l'obbiettivo era tenere confinato nel feudo il «ribelle», non poteva dirsi ancora raggiunto: da diverse parti del Regno giungevano notizie che la «tendenza fainacciana» era ancora assai viva e a farne «un censimento» si sarebbero potute avere delle sorprese...». «Non credere ch'io sia morto, diceva con circospezione Farinacci a Bonelli, sono più vivo di prima. Non abbandono gli amici, anzi li tengo cari... Non disperare, verrà il nostro giorno che sarà prossimo»: era l'agente del contro-

[238] [R. FARINACCI], *Adattarsi alla realtà* e [R. FARINACCI], *La questione dei Prefetti*, «Il Regime Fascista», 27 e 31 novembre 1926.

[239] [R. FARINACCI], *Ciò che si può fare oggi*, «Il Regime Fascista», 7 dicembre 1926; da qui l'ovvia "delusione" quando negli stessi giorni, in un vasto movimento di prefetti, Mussolini mostrò di percorrere la vecchia strada e la nomina di prefetti tratti dal partito fu ridotta e priva di significato (solo sei esponenti del Pnf vennero elevati alla carica prefettizia, ma erano piuttosto lontani dall'idealtipo di prefetto fascista pensato da Farinacci...).

[240] *Carteggio Arnaldo-Benito Mussolini* (a cura di D. Susmel), cit., p. 42.

[241] A. Mussolini a B. Mussolini, Milano 27 novembre 1926, in ACS, SPD, C/R, b. 43, fasc. *Farinacci*.

spionaggio Alfredo Bonati, esperto confidente di polizia, a ragguagliare il Ministero dell'Interno circa i primi tentativi di organizzare nel Paese una organica corrente fascista con a capo l'ex segretario del Pnf, e che vedeva a Genova crescere spontanee adesioni. Era una «manovra iniziale, che tende[va] a riallacciare le file sparse degli elementi di "sinistra", a stabilire relazioni, contatti, a scambiare idee», ma faceva effettivamente presa nella base ex squadrista del Pnf[242].

«Ove questo foglio arriva – scriveva nel capodanno del '27 Farinacci sul suo giornale – arriva pure il nostro pensiero, la nostra fede, la nostra voce». Giunsero allora ordini tassativi alla Prefettura di Cremona, affinché volesse quotidianamente relazionare sui contenuti del giornale appena stampato. Era un compito faticoso, ricordava il prefetto Cambiaggio, il quale tutti i giorni, alle quattro del mattino, doveva leggere, riassumere e riferire all'ufficio stampa della Presidenza del Consiglio dei Ministri ogni articolo, ogni commento, ogni riga de «Il Regime Fascista»[243]...

---

[242] Cfr. le relazioni di A. Bonati, Genova, ottobre-novembre 1928, in Acs, Mi, PPFM, b. 101, fasc. *Fascisti dissidenti*. «Il cap. Giani mi diceva che era stato fatto un censimento di tutti i fascisti espulsi, che risultavano ben 50 mila e che fra costoro si trovavano ben 2.000 dirigenti e individui che avevano avuto notevole importanza nella Rivoluzione fascista. Ora tutta questa massa occorreva riunirla, occorreva riallacciare i rapporti con coloro che avevano avuto posti di responsabilità e preparare il movimento che doveva portare la tendenza di sinistra a trionfare alla Direzione del Partito. Mi diceva che tutti erano sicuri che il movimento farinacciano sarebbe riuscito e che l'on. Farinacci e altri personaggi sarebbero andati al governo del Partito (ciò dovrebbe avvenire subito dopo le elezioni). In altro colloquio il cap. Giani ebbe a dirmi che l'on. Farinacci era in buona posizione. Mi disse pure che aveva fatto un giro in Piemonte e in Lombardia ed aveva rilevato uno stato d'animo nelle file fasciste da far credere che la corrente farinacciana era quella che era penetrata maggiormente nella coscienza dei fascisti. Mi disse di aver rilevato un disagio morale che poteva essere guarito soltanto da una Direzione del Partito guidata da Farinacci. Il Giani si mostrava fiducioso e disse che aveva avuto la sicurezza che moltissimi sarebbero stati coloro che si sarebbero schierati per l'on. Farinacci. Successivamente dall'ex console Bosero avevo informazioni che mi confermavano come il movimento di sinistra cominciasse ad essere compreso da molti fascisti. Il Bosero mi diceva anche che "si dovrà tornare alle posizioni di una volta...". L'on. Zancani mi diceva pure che egli aveva la sicurezza che "così non si può andare avanti e che la corrente farinacciana dovrà infine avere il sopravvento"».

[243] Cfr. Ascr, Ap, b. 27, fasc. 8.3.1. Questa la testimonianza di L. Cambiaggio, *Fascismo e democrazia nei ricordi di un prefetto*, cit., p. 14: «Quel giornale era per me un vero castigo di Dio! Costretto, alle prime luci del giorno, a riassumere e comunicare a Roma, per telegrafo o per telefono, ogni suo articolo, finivo per passare la notte quasi insonne. I sequestri erano frequenti. Agli effetti della divulgazione del periodico, non essendovi censura preventiva, avevano un'efficacia relativa; grave invece era il danno economico per il fermo che la maggior parte degli esemplari subiva presso le stazioni ferroviarie, gli uffici postali e i rivenditori». I riassunti degli articoli del quotidiano fatti dalla prefettura, in Ascr, Ap, b. 93 e 102, relativamente agli anni 1927-1933.

V
L'ANTIDUCE

All'alba del 1927 Farinacci annunciò che quello sarebbe stato l'anno sindacale e del lavoro: «la questione preminente, scrisse, è la questione economica: la battaglia poderosa è iniziata»[1]. Non era un'affermazione casuale, ma una presa di posizione assai critica nei confronti della politica economico-monetaria perseguita dal governo: le risoluzioni attuate per frenare il movimento inflazionista del '25-'26 attraverso una rigida manovra rivalutatrice, ancor più che stabilizzatrice, della lira a «quota 90», avevano infatti avuto effetti negativi in molti settori produttivi. La rigida politica deflazionistica imposta da Mussolini all'economia costrinse Farinacci a schierarsi apertamente contro tale manovra, proprio perché andava a penalizzare massicciamente l'agricoltura capitalistica settentrionale e, come bene è stato osservato, «gli effetti del risanamento monetario furono tanto drastici da dare l'impressione che il rimedio fosse stato peggiore del malessere inflazionistico»[2]. Dopo annate agrarie particolarmente positive e che videro una netta crescita del settore, in seguito alla politica deflazionistica, i prezzi dei prodotti agricoli nel '27 ebbero un vero tracollo, decrescendo del 40-50% rispetto a quelli del '26[3]. L'indebitamento agricolo (anche a fronte di una cattiva annata) si fece notevole: i costi rimasero alti (pure la mano d'opera) e gli investimenti calarono sensibilmente, mentre il costo della vita non accennava a diminuire. Il successo della rivalutazione della lira doveva essere finalizzato alla riduzione del costo della vita e alla possibilità, quindi, di mantenere fermi i salari; ma questo obbiettivo a Farinacci apparve sfumato coi primi del '27, non essendosi fatti sentire nei consumatori i benefici di una riduzione dei prezzi. Non solo, ma quanti coltivavano direttamente i loro poderi videro affacciarsi una crisi molto grave, soprattutto i fittabili (con i costi degli affitti) si videro di fronte problemi tali da minacciare l'abbandono dell'attività. Farinacci si fece interprete di questo evidente malessere dei settori più avanzati e produttivi dell'agricoltura, e quindi della stessa economia italiana, indican-

---

[1] [R. Farinacci], *Una data storica*, «Il Regime Fascista», 4 gennaio 1927.
[2] S. La Francesca. *La politica economica del fascismo*, Laterza, Roma-Bari, 1973, p. 76.
[3] G. Toniolo, *L'economia dell'Italia fascista*, Laterza, Roma-Bari, 1979, p 79.

do alcune pragmatiche soluzioni nell'ambito dell'ancora confuso nuovo sistema del lavoro; in molte province la fase critica dei rapporti tra datori di lavoro e lavoratori era dovuta ai rinnovi dei contratti, avendo i sindacati chiesto aumenti di paghe, e i padroni una loro forte riduzione, ragion per cui si imponeva la necessità di prorogare i vecchi contratti per non pregiudicare l'attività produttiva e delegare la risoluzione delle vertenze alle realtà locali. Era una critica forte al sistema centralistico voluto da Mussolini, di cui Farinacci metteva in discussione le affermazioni sulla crisi:

> Sarebbe negare la realtà se si sostenesse che gli indispensabili provvedimenti presi dal Governo nell'interesse della Nazione ed altre cause di carattere internazionale, non abbiano avuto delle ripercussioni sull'agricoltura e sull'industria in modo particolare. Come sarebbe negare l'evidenza se non si ammettesse che oggi il costo della vita, se non superiore, non è certamente inferiore a quello dell'anno scorso. Il Fascismo dovrebbe rivolgere tutte le sue cure per far sì che i generi di prima necessità non vadano dal produttore al consumatore dopo aver subito rilevanti ed ingiustificati aumenti. Solo avendo conseguito questo risultato si potranno prendere in considerazione le richieste dei datori di lavoro, richieste che non debbono certamente mirare all'aumento degli utili nell'agricoltura o nell'industria, ma a ribassare il costo dei prodotti, costo che, diminuito automaticamente farebbe aumentare la produzione e riconquistare i mercati esteri[4].

La cura con la quale Farinacci seguiva lo sviluppo economico e del lavoro delle sue zone, d'altra parte, era metodica, infaticabile, e lui continuava a proporla come esempio: il rinnovo del patto colonico del 1925-1926 nel cremonese aveva garantito clausole e benefici piuttosto sostanziali (le stesse paghe annuali e giornaliere, per esempio) per le varie categorie di lavoratori[5]; e la struttura sindacale dell'intera provincia era «totalitaria», efficiente non solo sulla carta, nell'attesa di realizzare il «sindacalismo integrale»[6]. Il movimento sindacale dei lavoratori, affidato al

---

[4] [R. Farinacci], *Contratti e magistratura del lavoro*, «Il Regime Fascista», 21 gennaio 1927.

[5] *I principali articoli del patto colonico con le più importanti modifiche*, «La Marcia Sindacale», 28 novembre 1925.

[6] La potente Federazione degli agricoltori fascisti raggruppava 8.000 iscritti (la totalità degli agricoltori cremonesi), divisi in proprietari con beni affittati, proprietari diretti coltivatori e affittuari; l'Unione industriale fascista organizzava 904 ditte, con oltre 27 mila operai; la giovane Federazione provinciale dei commercianti aveva visto l'immediata adesione di 4.000 aderenti; forte risultava la Federazione della corporazioni sindacali fasciste dei lavoratori, il fiore all'occhiello delle realizzazioni di Farinacci, che procedeva compatta inquadrando lavoratori, operai, tecnici, impiegati di tutte le 102 categorie, costituenti 418 sezioni per 45 mila tesserati e 65 mila lavoratori; cfr. le relazioni dei vari uffici sindacali provinciali, dicembre 1926, in Ascr, Ap, b. 27, fasc. 8.2.20.

valente collaboratore Gerevini, doveva essere sempre attento alle realizzazioni pratiche, nel solco della collaborazione e della risoluzione fattiva dei problemi del lavoro[7]. Il dibattito sui temi del lavoro era sovente attraversato da vivaci punte polemiche tra le varie organizzazioni cremonesi (spesso «La Marcia Sindacale», nella difesa dei diritti dei lavoratori e di denuncia del «classismo padronale», finiva sotto sequestro[8]), ma in definitiva gli accordi avevano la meglio e il collaborazionismo di classe appariva in grado di funzionare[9]. Per Farinacci il sindacalismo era lo strumento essenziale nell'opera di ricostruzione e come tale doveva operare, sempre più attivamente, sul territorio, senza prendere in considerazione gli improvvisati «filosofi che costruivano disparate teorie» a discapito delle realizzazioni pratiche (era una feroce critica ai teorici del corporativismo e del sindacalismo fascista, in quel momento impegnati nei dibattiti sullo Stato sindacale e sulla Carta del lavoro[10]).

La definizione dei compiti del sindacalismo, infatti, era «il programma più arduo della rivoluzione», ma tutto si stava riducendo, accusava Farinacci, alla «conquista di cariche sindacali», nell'ottica di una presunta riforma del Parlamento come Camera sindacale, e la stessa musica suonavano gli organi sindacalisti cremonesi, denunciando così a più voci lo stallo nella «ricostruzione» vera[11]. Farinacci propose che nei contrasti tra le controparti, intanto, si introducesse una «magistratura del lavoro», che, iniziando a funzionare in tempi rapidi, avrebbe potuto sanare alcuni problemi connessi alla politica monetaria rivalutativa[12]. Si doveva trattare di un organismo snello, fuori dalle Corti d'Appello come previsto dal Ministero, perché le questioni sindacali che interessavano una zona o una provincia potevano così più efficacemente «essere risolte sul posto»: il prefetto, il segretario federale e un magistrato avrebbero dovuto costituire in ogni provincia il Tribunale del lavoro, che avrebbe dovuto funzionare con «una procedura dinamica». Bottai

---

[7] Cfr. «La Marcia Sindacale», 23 gennaio 1925 e G. GEREVINI, *La nostra idea sindacale*, «La Marcia Sindacale», 13 marzo 1926.

[8] G. GEREVINI, *Perché il classismo non torni*, «La Marcia Sindacale», 12 luglio 1926.

[9] Cfr. «La Marcia Sindacale», 1° maggio 1926.

[10] [R. FARINACCI], *L'ondata corporativa*, «Il Regime Fascista», 18 gennaio 1927. Il dibattito teorico sul corporativismo ebbe respiro molto largo, ma i primi passi per la strutturazione dello Stato a base corporativa, per quanto largamente enfatizzati, nella sostanza non incisero in profondità; lo stesso Ministero delle Corporazioni, paradossalmente, venne istituito per «impedire l'avvento delle corporazioni» (P. MELOGRANI, *Gli industriali e Mussolini. I rapporti tra Confindustria e fascismo dal 1919 al 1929*, Longanesi, Milano, 1980, p. 173).

[11] G. GEREVINI, *Carta nazionale del Lavoro e Stato corporativo*, «La Marcia Sindacale», 22 gennaio 1927.

[12] [R. FARINACCI], *Un caso particolare e una deduzione generale*, «Il Regime Fascista», 9 gennaio 1927.

rispose polemicamente al disegno farinacciano, contestandogliene validità, perché una magistratura del lavoro locale, o meglio provinciale, avrebbe tolto il requisito della eccezionalità alle vertenze in atto, impedendo per questa via che ogni organizzazione si prodigasse per risolvere le questioni economiche e sindacali senza adire la magistratura. Non era il caso, in quel momento – chiudeva Bottai – di mettere in atto ulteriori proposte, anche per non accrescere quella confusione che lo stesso «Regime Fascista» denunciava[13]. Farinacci replicava tacciando i «filosofi» di voler attuare lo Stato corporativo e di «trasformare il sindacalismo in un organismo elettorale», come aveva già fatto il socialismo. Le accuse al corporativismo in fieri assumevano particolare significato perché il titolare del dicastero era Mussolini (che giudicò «fastidiosi» i commenti di Farinacci e predispose personalmente gli interventi pubblici di Bottai[14]) e quando il discorso cadde sul lato politico, i contrasti tornarono: «l'esperienza del passato, scrisse a Bottai, serve a confortare la nostra tesi: da anni, nelle province in cui vi è un fascismo veramente fascismo e vi sono delle organizzazioni sindacali, si è sempre raggiunto un accordo pacifico, fra le parti contendenti», per cui l'eccezionalità alla magistratura sarebbe sempre rimasta, in quel caso, proprio per la responsabilità dei dirigenti locali di quel «fascismo veramente fascismo». E ancora, nel condannare ogni ipotesi di confluenza in massa degli ex confederali nei quadri del sindacalismo fascista: «è indispensabile, per il successo della legislazione sindacale, che gregari e dirigenti dei sindacati abbiano tutti una coscienza rivoluzionaria fascista e che agiscano liberati dai ricordi del passato. Dovrebbe imporsi una revisione delle forze sindacali, le quali devono essere liberate dalla demagogia, dalla zavorra, dai pesi morti»[15]. E in quel difficile frangente economico non vi potevano essere «né diminuzioni né aumenti di salari», ragion per cui Farinacci additava ancora l'esempio cremonese, dove i patti di lavoro erano stati, dietro suo "consiglio" prorogati a fine giugno: «si rende indispensabile che quanto è avvenuto in queste province agricole serva di norma per tutte le organizzazioni sindacali»[16]. Ma stavolta Turati replicava a stretto giro di posta, e nell'adunata dei federali

[13] *Il problema sindacale. Una lettera dell'on. Bottai*, «Il Regime Fascista», 30 gennaio 1927.

[14] C. Borolli a R. Farinacci, s.d. [ma dicembre 1928], Napoli, in ACS, FRF, b. 7, fasc. *Borolli*.

[15] Cfr. gli articoli di Farinacci, *I fratelli hanno ucciso i fratelli* e *Non esageriamo, però*, «Il Regime Fascista», 3 e 5 febbraio 1927.

[16] [R. FARINACCI], *Una decisione da generalizzare*, «Il Regime Fascista», 22 febbraio 1927. Due settimane dopo, pur tra segnali contraddittori, il governo decise di sostenere parzialmente quella strada, tanto che anche i patti di lavoro nell'industria vennero prorogati.

dell'alta Italia Farinacci si sentì rimproverare: «accade talora di leggere... sfoghi critici e verbose interpretazioni di taluno che sembra sempre affannato a far sapere agli italiani che egli vigila insonne sulle sorti del fascismo»; se un giorno il partito come tale, chiuse Turati, dovesse assumere talune delle funzioni che erano riservate allo Stato e sostituirsi a esso o a qualcuno dei suoi organi di esecuzione, quel giorno sarebbe iniziata «la disintegrazione dello Stato»[17].

Ma non era così semplice circoscrivere il problema: nelle campagne settentrionali era effettivamente in atto un forte scontro economico-sociale, sviluppatosi in seguito alle migliorate condizioni economiche e del lavoro nell'agricoltura. Gli elevati guadagni ottenuti nelle stagioni agrarie dal 1921 in poi avevano spinto i proprietari terrieri a una vigorosa campagna per l'adeguamento dei canoni di affitto. Proprio Cremona era all'avanguardia di questo scontro, poiché la sua Associazione proprietari dei terreni (diretta dal futuro podestà avvocato Giovanni Bellini) faceva un po' da punto di riferimento per tutte le varie altre simili associazioni, e fu da essa che partì l'iniziativa di costituire la Federazione nazionale dei proprietari di terreni. Se sino al '27 si era assistito ai tentativi dei proprietari (secondo i quali l'utile netto di un fondo di 100 ettari era passato da 20 mila lire annue a 5 mila del 1926) di ottenere l'aumento dei canoni di affitto di fronte ai notevoli guadagni degli affittuari dovuti alla crescita del settore e alle buone annate agrarie, in seguito alla crisi deflazionistica le parti si invertirono, chiedendo a loro volta i conduttori (i cui guadagni erano però enormemente cresciuti da 150-170 mila lire degli anni 1920-1923, sino alle oltre 200 mila del 1926, sempre sullo stesso podere di un centinaio di ettari) un adeguamento dei canoni di affitto di quei contratti che erano stati rinnovati nella stagione 1925-1926[18]. Il governo ribadì a più riprese il non intervento nella questione, ma i conduttori si dissero materialmente impossibilitati a pagare affitti pattuiti a lira svalutata, a fronte di guadagni insufficienti persino alle spese di gestione[19]. La situazione era molto critica e Farinacci sostenne necessario dover abbassare il costo della vita prima di poter procedere con i necessari tagli salariali[20]: «L'ora che attraversiamo è grave: è un'ora di crisi, – scriveva coraggiosamente –

[17] Cfr. «Il Popolo d'Italia», 15 marzo 1927. In effetti quel discorso di Turati non fu troppo felice, perchè sostenne che era venuto il momento di attribuire «tutto il potere a tutto il fascismo» (che era quanto diceva il suo predecessore...), senza indicare però come tale formula poteva e doveva essere attuata.

[18] Per il ruolo di Bellini e dei Groppali, ACS, PCM, Gabinetto, 1927, b. 1002, fasc. 3.1.1.691, *Contratti agrari ed affittanze agrarie*.

[19] *La situazione di parecchie nostre aziende agricole*, «L'Agricoltore fascista», 5 febbraio 1927.

[20] [R. FARINACCI], *Statuto fondamentale*, «Il Regime Fascista», 23 aprile 1927.

negarlo è da incoscienti», ma a dispetto delle sue attese, il 2 maggio Turati impose una riduzione del 10% ai compensi dei lavoratori dell'agricoltura del bresciano[21]. Era il segno ufficiale della resa, perchè le corporazioni sindacali fasciste dei lavoratori agricoli e le stesse federazioni del partito (nonostante Farinacci avesse pure cercato di ciurlare nel manico per un po'[22]) vennero "invitate" a fare analogamente. Certo che il 29 maggio 1927, in occasione della visita ufficiale di Umberto di Savoia nel cremonese, durante la quale vennero visitate le «migliori cascine d'Italia» e i lavori di bonifica di Navarolo, il discorso di Farinacci, più volte a tu per tu col principe, scivolò sulle gravi questioni che preoccupavano l'agricoltura, e non a caso dopo pochi giorni l'ex segretario decise – vista la brutta piega che stavano prendendo gli avvenimenti, con rottura tra le parti e minacce di scioperi – di assumere in prima persona la risoluzione del nuovo patto colonico[23]. Farinacci elaborò in pochi giorni un nuovo concordato, che soltanto la sua autorità poté far "digerire" (se non imporre) alla corporazione sindacale dei lavoratori[24]: le diminuzioni salariali erano nell'ordine del 12-15% rispetto al patto colonico precedente[25]. Ovviamente, nonostante la ratifica del lodo Farinacci dalle rispettive confederazioni, la crisi che aveva investito l'agricoltura non accennò a diminuire, ma anzi parve aumentare, mettendo a rischio la stessa autorità politica del fascismo, avendo numerosi agricoltori e fittabili iniziato a regolarsi per conto proprio al fine di trattare con la controparte direttamente, onde cercare una via d'uscita qualunque alla insostenibile situazione. Se pur a giorno del grave «disagio agricolo cremonese»[26], Farinacci si scagliò duramente contro tale «prassi

---

[21] A. LYTTELTON, *La conquista del potere. Il fascismo dal 1919 al 1929*, cit., p. 556.

[22] Cfr. il telegramma di Mussolini al prefetto di Cremona, del 21 giugno, col quale si ribadivano le istruzioni già impartite da Turati oltre un mese prima; in ACS, SPD, C/R, b. 42, fasc. *Farinacci*.

[23] Anche nel cremonese, nonostante il controllo della federazione del Pnf, le parti troncarono le trattative il 4 giugno: troppo distanti le esigenze degli agricoltori di abbassare le paghe dei lavoratori dalle necessità dei sindacati di non poter scendere sotto livelli di sussistenza. Le parti arrivarono ai ferri corti, segnale di una situazione economica insostenibile, e adirono la risoluzione del nuovo patto colonico ai rispettivi organi centrali, mandando sulle furie Farinacci, anche perché localmente si procedeva con accordi alla giornata, inficiando l'assetto corporativo; *Il Direttorio federale e il patto colonico*, «Il Regime Fascista», 21 giugno 1927.

[24] Addirittura tra l'accordo e la stesura definitiva i datori di lavoro riuscirono a diminuire ancora la paga annuale dei salariati da 3000 a 2800 lire e quella oraria da 2,50 a 2,25; *Le nuove tariffe in vigore per i lavoratori dei campi*, «Il Regime Fascista», 24 giugno 1927.

[25] Cfr. «L'Agricoltore fascista», 2 luglio 1927 e «Il Regime Fascista», 26 giugno 1927, nonché la Prefettura di Cremona al Gabinetto del Ministero dell'Interno, 23 giugno 1927, in ACS, SPD, C/R, b. 43, fasc. *Farinacci*.

[26] A. COVA, *Cremona e la sua provincia nell'Italia unita. Volume I. La storia economica*, Giuffrè, Milano, 1984, pp. 158-223.

antifascista» seguita dagli agricoltori[27], così come cercò di non far rimanere lettera morta la Carta del lavoro, ma la perdita di consenso del fascismo nei ceti alti e medi agrari doveva essere contenuta, così come scongiurata ulteriore tensione sociale[28]. La passività del Pnf venne criticata da Farinacci, che si arrogò allora l'iniziativa, non soltanto emanando una serie di norme rigidissime in fatto di mancata applicazione dei contratti stipulati, ma anche proponendo direttamente la risoluzione delle vertenze pendenti, in una situazione economica in ulteriore peggioramento[29]. Ratificati i rinnovi di ogni contratto di lavoro con le relative alte riduzioni salariali, Farinacci volle tuttavia inserire nei contratti stessi «quegli elementi morali e assistenziali» che erano l'avanguardia dei diritti dei lavoratori: ferie, indennità di licenziamento, cassa mutua malattia, risoluzione delle controversie, commentando infine, ancora una volta: «pubblichiamo con un certo senso di orgoglio quanto è stato concordato a Cremona, che potrà servire di breccia a quelle province, le quali hanno sempre guardato a noi...»[30]. Il Ministero delle corporazioni e le stesse organizzazioni industriali, con la stampa nazionale che guardava con interesse alla situazione sindacale cremo-

[27] Durissimo l'attacco di Farinacci *Due parole a chi tocca*, «Il Regime Fascista», 9 luglio 1927, contro quegli agricoltori che sottoponevano ai contadini una "scelta" tra un "contratto" da essi fissato o la disoccupazione. Anche «La Marcia Sindacale» (16 luglio 1927) iniziò una feroce campagna contro il classismo padronale, ma «L'Agricoltore fascista» (*Commento*, 16 luglio 1927) aveva ancora buon gioco a descrivere l'insostenibilità della situazione e a chiedere, appellandosi a Farinacci («al quale non ci stancheremo mai di ripeterlo, gli agricoltori devono la loro attuale tranquillità e, siamo certi non augurare invano, il prossimo benessere»), la revisione dei canoni d'affitto.

[28] Il 18 giugno i datori di lavoro dei comuni di Piadena, Vho, Calvatone e Drizzona avevano «tentato, nel pagare i lavoratori, di ridurre le paghe di 50 centesimi all'ora». Tutti i lavoratori – sostennero i carabinieri – avevano accettato le paghe ridotte, «senza fare cenno di protesta, pur con vivo malcontento, ma con la speranza di essere protetti dalla Confederazione sindacale» e avevano continuato a lavorare con disciplina; rapporto del Comando dei R. Carabinieri al prefetto, Cremona 22 giugno 1927, in Ascr, Ap, b. 43, fasc. 8.18.8. Pur negata, la lotta di classe sembrava riaffacciarsi anche nel cremonese; così scriveva il podestà di Dovera: «Da molti agricoltori di questa plaga, mi viene segnalata, con animo esasperato, la "Marcia Sindacale" per il suo linguaggio sconveniente, lurido e provocante verso la classe dei datori di lavoro e parecchi colleghi podestà avendo la disgrazia, come il sottoscritto, di essere pure agricoltori, mi hanno affacciato la necessità di non abbassare il prestigio della carica occupata nel carname umano. Ho procurato di calmare gli animi, per quanto le debba confessare che neppure il mio è calmo, poiché con siffatti metodi non ritengo possibile il razionale sviluppo della industria agraria né l'armonico rapporto tra i fattori della sua esplicazione, e, se la memoria non mi falla, mi sembra che il frasario della "Marcia Sindacale" abbia molta analogia con quello del già onorevole Miglioli, di consimile, infelice, intonazione»; il podestà di Dovera al prefetto di Cremona, 6 giugno 1927, *ibidem*.

[29] Il prefetto al ministro dell'Interno, Cremona 27 giugno 1927, in Ascr, Ap, b. 40, fasc. 8.2.13.

[30] *La Carta del lavoro e la sua pratica applicazione*, «Il Regime Fascista», 27 luglio 1927.

nese[31], furono però molto critiche verso quegli accordi: le norme generali dovevano essere emanate, in attesa della costituzione delle corporazioni, dalle confederazioni nazionali, e l'accordo sindacale di Cremona venne così sabotato dalla Confederazione fascista dell'industria, che ne impedì la ratifica per «difetto di procedura»[32]. Mussolini in persona chiuse la vicenda, scrivendo al prefetto poche righe di istruzioni per Farinacci: «per quanto riguarda il contratto di lavoro provinciale, c'è un comunicato del Ministero delle Corporazioni che precisa la situazione. È ovvio che la Carta del lavoro non può avere un'applicazione troppo frammentaria. Finirebbe per perdere la sua importanza e quasi direi la sua solennità»[33].

In agricoltura Farinacci giocò ancora più grosso, sostenendo la revi-

---

[31] In una lunga intervista a «Il Momento» (1 agosto 1927), Farinacci ribadiva che «a Cremona abbiamo voluto dimostrare che la Carta del Lavoro non è un documento d'archivio, come invece i più hanno tentato di farla diventare dopo gli osanna per la novità. La Carta è una necessità storica per il Fascismo. [...] Purtroppo oggi è di moda parlare di sindacalismo, sembra anzi il tema preferito dai filosofi e da coloro che hanno sempre avuto una mentalità diametralmente opposta alla nostra. Se io facessi scendere sul terreno delle realizzazioni quanti si dilettano di sindacalismo, avremmo delle amare delusioni. [...] Noi invece ci preoccupiamo di irregimentare coscientemente le masse nell'orbita dello Stato. Il mio motto è rimasto immutato: "creare una coscienza sindacale per giungere all'ordinamento corporativo dello Stato". [...] Sono convinto che questa applicazione della Carta del Lavoro nel cremonese dovrà servire da guida per le altre province. Del resto in materia sindacale abbiamo sempre dato il "là"».

[32] Dure le critiche di Farinacci a Benni: «L'accordo sindacale di Cremona è l'interpretazione esatta delle enunciazioni della Carta del Lavoro. Non sono gli industriali fascisti che debbono seguire le direttive di quegli industriali che si limitano ad incensare il duce, salvo poi fare orecchio da mercante quando dalle chiacchiere bisogna passare ai fatti, ma sono questi ultimi che debbono seguire i primi. Il comunicato del Ministero delle Corporazioni non muta di una virgola l'accordo sindacale di Cremona, perché esso è stato già esplicitamente accettato dalle rispettive categorie: esso diventerà quindi la prefazione di ogni contratto di categoria. E, per chiudere, è bene si sappia che le norme generali precisate nell'accordo sindacale di Cremona, in gran parte erano già state attuate, da qualche anno, nell'agricoltura e in qualche ramo di industria. Sarebbe semplicemente ridicolo che il documento del 21 aprile nella sua pratica applicazione rappresentasse non una conquista, ma un passo indietro»; [R. FARINACCI], *L'accordo sindacale di Cremona*, «Il Regime Fascista», 7 agosto 1927. Alla risposta di Benni (secondo cui non era stata la Confederazione generale fascista dell'industria ad opporsi alla ratifica di quegli accordi), Farinacci rincarò la dose, con una serie di domande che rimasero ancora senza risposta e aggiunse che per emanare norme pratiche per regolare i rapporti tra capitale e lavoro non era indispensabile «attendere le direttive degli organi centrali», per stabilire a livello locale le indennità di licenziamento, per esempio, o i diritti acquisiti in caso di cessazione d'industria, o per imporre la precedenza nell'assunzione della mano d'opera agli iscritti al Pnf. Non solo Farinacci rivendicava maggiore autonomia del livello locale a discapito degli organi centrali, ma, criticando la politica del Ministero delle Corporazioni, attaccava ancora Mussolini, capo del dicastero; [R. FARINACCI], *L'accordo sindacale di Cremona*, «Il Regime Fascista», 11 agosto 1927.

[33] B. Mussolini al prefetto di Cremona, Roma 5 agosto 1927, in ACS, SPD, C/R, b. 43, fasc. *Farinacci*.

sione generale dei canoni di affitto dei poderi, a dispetto della volontà dell'intero esecutivo[34]. Era una mossa sensata, avanzata anche a vantaggio dei proprietari[35], in considerazione che i prezzi agricoli continuavano inesorabilmente a scendere (con i prezzi al consumo che non diminuivano). Occorreva rivedere tutte le affittanze agricole, per mezzo di commissioni paritetiche, adeguandole alla nuova valutazione della moneta, per consentire agli agricoltori di intensificare e migliorare la produzione[36], perché ogni affittanza con un canone superiore alle 100 lire per pertica non poteva consentire alcun utile all'affittuario (su un podere di mille pertiche con affitto a 250 lire per pertica, l'agricoltore chiudeva il bilancio con una perdita di quasi 140 mila lire in fondo alla stagione)[37]. Il problema era ovviamente sentito in tutta la Val padana, ove predominante era appunto il sistema delle grandi aziende agricole in affittanza, e per questo la battaglia sulla revisione dei contratti (e «Cremona doveva dare l'esempio») assunse un importante significato di portata nazionale: Farinacci raccolse un consenso diffuso tra i maggiori esperti e i più importanti agricoltori settentrionali[38], a dispetto delle critiche di Mussolini, che il 31 agosto – sebbene non lo avesse voluto più incontrare dal dimissionamento dalla segreteria – gli evidenziò le sue riserve (non era vero che quota 90 fosse per gli agricoltori quota 60, il governo aveva consentito una riduzione dei salari dal 10 al 30%, la riduzione dei prezzi dei concimi e la franchigia doganale per macchine agricole, nonché una «quasi totale franchigia fiscale»), ma lo "autorizzò" di fatto a tentare la strada conciliatrice[39]. Farinacci indisse quindi il 7 settembre al teatro Verdi una riunione di tutti i proprietari e affittuari della provincia per proporre «la pratica soluzione», indilazionabile

[34] *Il problema dell'agricoltura e la quota 90,* «Il Regime Fascista», 20 agosto 1927.

[35] *I problemi agricoli del momento*, «Il regime Fascista», 21 luglio 1927.

[36] [R. FARINACCI], *Problemi del momento*, «Il Regime Fascista», 23 luglio 1927; la descrizione di Farinacci della situazione nelle progredite campagne padane era realistica, avendo effettivamente la crisi gettato in rovina intere famiglie di imprenditori agrari: «Affittuari che non rispettano i patti né verso gli operai né verso i proprietari. Agricoltori che abbandonano le aziende rinunciando alle cauzioni. Proprietari che piuttosto di ridurre ragionevolmente il canone d'affitto preferiscono provocare sequestri. Agricoltori che, per non ridurre i guadagni, o meglio, per non aumentare le spese, non provvedono alla concimazione dei terreni, con quale danno alla produzione ognuno può vedere». Il fosco stato delle condizioni dell'agricoltura incideva pure sull'allevamento; cfr. «La Voce», settembre 1927.

[37] [R. FARINACCI], *Cremona dia l'esempio*, «Il Regime Fascista», 2 settembre 1927.

[38] «L'Agricoltore fascista», 3 settembre 1927.

[39] L'importante comunicazione di Mussolini al prefetto di Cremona, Roma 31 agosto 1927, in ACS, SPD, C/R, b. 42, fasc. *Farinacci*. Per le divergenze sulla politica agricola tra Mussolini e Farinacci cfr. la corrispondenza intercorsa tra i due in *ibidem* nonché R. DE FELICE, *Mussolini il fascista. II. L'organizzazione dello Stato fascista, 1925-1929*, cit., pp. 260-264.

ormai, essendo le prenotazioni dei fertilizzanti ferme a «cifre irrisorie» e tali da far presagire una drastica riduzione della produzione agricola[40]. Invano Farinacci chiese a Mussolini, nel confutarne le affermazioni in materia, il sostegno del governo, che facesse sentire alle parti la volontà del regime di affrontare e risolvere la crisi agraria (ufficialmente negata)[41], ma il discorso che egli fece in quell'occasione riscosse enorme successo[42]. Erano intervenuti i rappresentanti di categoria delle province limitrofe e di molte altre province padane, e Farinacci mostrò il grave passivo cui andava incontro qualsiasi azienda il cui canone d'affitto superasse le 100 lire la pertica, chiese la riduzione delle tasse governative e l'aggiornamento a quota 90 dei canoni agrari attraverso una commissione tecnica paritetica; soltanto dopo l'accordo tra proprietari e conduttori si sarebbero potuti abbassare proporzionalmente alla rivalutazione della lira i salari dei lavoratori[43]. In poche settimane la commissione regolò oltre un migliaio di vertenze, equiparando la maggior parte dei canoni, i quali ebbero delle riduzioni (e in altri casi degli aumenti) anche del 50%, garantendo di fatto il successo dell'operazione[44]. Soltanto allora, il 10 ottobre, Mussolini affermò che la crisi nel-

---

[40] [R. FARINACCI], *Difendiamo l'agricoltura*, «Il Regime Fascista», 4 settembre 1927.

[41] Molto importante, a questo proposito, la lettera con la quale Farinacci espose a Mussolini (Cremona, 1° settembre 1927, in ACS, SPD, C/R, b. 42, fasc. *Farinacci*) le sue intenzioni e confutava la politica sino ad allora seguita: «È vero che il Governo ha fatto molto per l'agricoltura, riducendo la pressione fiscale del 50%, ma purtroppo i risultati sono completamente negativi. La riduzione fiscale è stata praticata sui redditi agrari riconosciuti nel 1926, quando ogni azienda dava dei forti margini di guadagno. Il reddito del 1927 per gli agricoltori con canone d'affitto elevato si è ridotto dalla metà a zero, dimodoche, a conti fatti, non solo non se ne risente alcun beneficio, ma aggrava la situazione di coloro che si trovano nella impossibilità di far rendere le aziende». Del resto non potevano essere toccate le tasse («veramente gravose») comunali e provinciali, perché avrebbe voluto dire mettere in ginocchio i bilanci degli enti locali, sui quali, tra l'altro, dovevano gravare notevoli lavori pubblici onde alleviare la disoccupazione invernale: «di fronte a rilievi da me personalmente compiuti, di fronte agli esami di singole situazioni, mi sono persuaso che la riduzione dei salari, lo sgravio fiscale, sono irrisori di fronte alla falcidia dei prezzi dei prodotti agricoli, che è al di sopra del 50%. Quando io affermo che gli agricoltori sono a quota 60, è perché effettivamente è così. Per me l'unica soluzione possibile che faccia tornare la tranquillità nelle province agricole, è la revisione delle affittanze agrarie, aggiornandole a quota 90».

[42] Così anche il prefetto al Ministero dell'Interno, Cremona 7 settembre 1927 (in ACS, SPD, C/R, b. 41, fasc. *Farinacci*): «on. Farinacci è stato seguito da continui applausi ed ha ottenuto entusiastica ovazione finale».

[43] Cfr., al riguardo, l'interessante memoriale di R. Martini (organizzatore sindacale dei lavoratori dell'agricoltura di Soresina) a B. Mussolini, 7 settembre 1927, in ACS, MI, PPFP, b. 795, fasc. *Martini Rosolino* e *Il discorso dell'on. Roberto Farinacci all'adunata dei proprietari e dei conduttori di fondi*, «Il Regime Fascista», 8 settembre 1927.

[44] [R. FARINACCI], *Dalle parole ai fatti*, «Il Regime Fascista», 21 settembre 1927 e *Se sacrifici debbonsi compiere, essi siano pari ed a tutti comuni*, «L'Agricoltore fascista», 17 settembre 1927.

l'agricoltura italiana «c'era stata», ma «era stata superata» e che il governo fascista aveva fatto nei mesi estivi ciò che non era stato fatto dagli altri governi in 50 anni[45]. A stretto giro di posta, Farinacci comunicò al presidente del Consiglio i dati conclusivi del lavoro per l'equiparazione delle affittanze agrarie: 3.000 casi esaminati (la totalità dei casi in cui gli affitti non erano in rapporto alla rivalutazione di quota 90), dei quali 1.000 risolti subito in via amichevole e gli altri dalla commissione paritetica[46]: il camerata Farinacci (che poteva togliersi un'altra soddisfazione personale, essendo naufragato a Brescia l'accordo per il rinnovo del patto colonico...[47]) aveva ben meritato del ringraziamento del duce, che giunse a conclusione «ufficiale» della crisi, prima della cessazione del corso forzoso e del ritorno al regime aureo[48]. La risoluzione delle vertenze sulle affittanze agrarie, il cui successo su scala nazionale fu notevole (30 mila casi risolti su 55 mila casi[49]) ebbe la capacità di invertire il preoccupante trend sì che le due successive annate agrarie confermarono la ripresa, pur modesta, del settore nel suo complesso[50]. Farinacci, per di più, non era neppure sostenitore della politica agraria perseguita dal governo e finalizzata alla estensione massima della produzione granaria; ciò andava, infatti, a detrimento delle colture pregiate e, soprat-

---

[45] Cfr. «Il Popolo d'Italia», 11 ottobre 1927. Dei 5 punti che Mussolini vantava al suo governo per la risoluzione della crisi soltanto la riduzione dei salari (del maggio-giugno) e la riduzione delle imposte statali potevano ascriversi a merito dell'esecutivo; un punto, la «composizione equitativa delle vertenze per le affittanze agrarie» – il più importante – spettava a Farinacci.

[46] R. Farinacci a B. Mussolini, Cremona 11 ottobre 1927, in ACS, SPD, C/R, b. 42, fasc. *Farinacci*.

[47] In provincia di Brescia l'offensiva padronale si spinse a chiedere riduzioni salariali per la mano d'opera fino al 25%, rendendo quindi "obbligatorio" il ricorso alla Magistratura del lavoro da parte dei sindacati dell'agricoltura, visto che tali riduzioni non potevano superare per legge il 20% (*La vertenza del patto agricolo bresciano demandata alla Magistratura del lavoro*, «Il Regime Fascista», 6 novembre 1927). Farinacci colse la palla al balzo, perché da Brescia «dovevano venire le direttive su cui le altre province avrebbero dovuto regolarsi», e criticò «l'immaturità politica» di quei dirigenti, nel paragone con quanto era stato fatto a Cremona, dove «le mutevoli condizioni del mercato in rapporto all'agricoltura» erano state affrontate con ben altri spirito e capacità...; *Incomprensione politica*, «Il Regime Fascista», 6 novembre 1927.

[48] *Dopo gli accordi di Cremona. Un telegramma del Duce a Farinacci*, «Il Regime Fascista», 14 ottobre 1927.

[49] Cfr. ACS, PCM, Gabinetto, 1928-1930, fasc. 3.1.1.8902 *Patti colonici*.

[50] Il prefetto al Ministero dell'Interno, Cremona 28 ottobre 1928, in ASCR, AP, b. 54, fasc. 8.2.21. Alla fine del '28 Farinacci ideò una sfida, nell'ambito della battaglia del grano, per l'ottimizzazione della produttività tra gli agricoltori cremonesi e quelli bresciani, che venne propagandata e seguita con interesse nell'agricoltura italiana. Per la vicenda, e le polemiche per l'attribuzione della contestata vittoria – con intervento nella disputa del segretario del Pnf che "regalò" la vittoria ai bresciani – cfr. «L'Agricoltore fascista», settembre-novembre 1929 e il discorso di Farinacci, *L'orgoglio del dovere compiuto*, «Il Regime Fascista», 12 settembre 1929.

tutto, dell'allevamento. In Italia, sosteneva l'ex segretario, i terreni adatti alla coltura agraria erano pochi, occorreva dunque, per il beneficio dell'economia nazionale, non estenderne senza limiti la coltura, ma intensificarne la produzione nelle zone adatte (questo era il valore da lui assegnato alla sfida agraria con Brescia); occorreva vietare, semmai, la coltura granaria nelle zone a pascolo (eliminare i pascoli equivaleva a ridurre il bestiame, che invece doveva essere incrementato) e implementare la coltura delle primizie e dei frutteti. «Vivere sicuri sul prezzo del grano», insomma, era controproducente per Farinacci (e questa tesi avrebbe riscosso qualche credito[51]) proprio perché non solo quella sicurezza era dovuta all'intervento governativo, ma perché veniva penalizzata quella produzione agricola pregiata che aveva ampi margini di crescita, a vantaggio di un eccessivo squilibrio nella bilancia del commercio estero[52]. Per questo Farinacci divenne per gli agricoltori settentrionali un paladino della causa, e il consenso che essi gli accordavano non era superficiale. Uomo ardimentoso e costantemente pronto alla battaglia, seguiva ogni questione cruciale che potesse dargli, nel suo forzato esilio, «il maggiore risalto», come testimoniato da Cambiaggio:

> Ambiziosissimo per natura, facile ad esaltarsi all'applauso, molto superficiale, generoso, ardente di temperamento, prestavasi volentieri a sostenere qualunque causa avesse parvenza di bontà e di giustizia. Spirito irrequieto, sempre attivo ed intollerante di qualsiasi freno, non faceva mistero del risentimento che nutriva verso Mussolini, il quale, a suo modo di vedere, si era mostrato ingrato, crudele, dimentico di quanto aveva fatto per trarlo fuori dalla crisi [...] Matteotti. Ciò faceva montare in bestia il duce, e ne acuiva l'ostilità[53].

E l'ostilità nel 1927 non era certo cessata da parte del governo e del Pnf: nel Partito, anzi, la normalizzazione autoritaria rivolta alla demolizione politica dei vari "rassati" aveva partorito buoni effetti, assestando le turbolenze e i contrasti interni, tanto che Turati poté illustrare in Gran Consiglio, il 21 aprile, una situazione politica buona, dove le divisioni erano ridotte[54]. L'ampia opera di epurazione si era ovviamente abbattuta sugli intransigenti, sui riottosi e sugli insofferenti della linea autoritaria e statalista, causando molti malumori nella base squadrista

---

[51] In questo senso, J. S. Cohen, *Rapporti agricoltura-industria e sviluppo agricolo*, in P. Ciocca – G. Toniolo (a cura di), *L'economia italiana nel periodo fascista*, il Mulino, Bologna, 1976, pp. 379-407.

[52] Per la politica del governo, cfr. Acs, Pcm, Gabinetto, 1928-1930, fasc. 3.2.2.7682, *Politica agraria*.

[53] L. Cambiaggio, *Fascismo e democrazia nei ricordi personali di un prefetto del Regno*, cit., p. 13.

[54] *Riassunto schematico delle situazioni provinciali*, 21 aprile 1927, in Acs, Mrf, b. 52.

e sacche sempre più consistenti di delusione e di insofferenze, lasciando in molti la sensazione che soltanto Farinacci, il più "illustre" tra loro, tra gli espulsi, gli epurati e gli emarginati, potesse essere l'unica salvezza, l'uomo per tentare ancora, magari, rivincite e "vendette". Il dottor Dogliotti, sindaco di Sestri Levante e referente farinacciano, gli scriveva: «non so se tu sia al corrente della nuova situazione politica che si è andata formando in Liguria; ti garantisco che abbiamo il cuore esulcerato, e mi sembra di essere tornato alla famosa epoca del delitto Matteotti: scioglimento di Fasci, pedinamenti di agenti di PS a vecchi e provati fascisti del '20, espulsioni di ottimi elementi, e così di seguito... fin che dura»[55]. E Masi, oggetto di persecuzioni personali, doveva amaramente riconoscere che «la pressione economica [era] sempre più grave e l'entusiasmo, o la benevolenza o la speranza dei ceti medi» stavano scomparendo: «il partito è già una folla, il partito è legato e soffocato dal mussolinismo. Per instaurare la disciplina – concludeva amaramente – si fa appello alla nostra coscienza, ma poi in nome di quella disciplina si vuole annullare quella coscienza»[56]. La campagna contro i «residui del farinaccianesimo» creò situazioni tesissime, come a Genova, dove Farinacci contava numerose aderenze e la dissidenza aveva assunto forma di sedizione: commissariata la federazione ai primi di gennaio, gli elementi intransigenti iniziarono gradatamente a essere accantonati e sostituiti nei posti di responsabilità, attraverso una operazione di «epurazione morale» che intaccava a fondo sentimenti e idealità del vecchio fascismo, del quale era interprete Gerardo Bonelli (amico di vecchia data di Farinacci e membro del Direttorio nazionale). Il 21 aprile, in occasione delle celebrazioni per il Natale di Roma, al politeama genovese si ebbe un'aspra contestazione degli intransigenti, con grida ripetute di viva Farinacci, viva il governo di Farinacci e morte a Turati. Il discorso ufficiale venne interrotto e si ebbero scontri tra fascisti, mentre sui muri della città apparvero scritte ambigue, comunque inneggianti a «Farinacci duce del fascismo». Mussolini, estremamente scosso, impartì rigidissime disposizioni alla PS affinché provvedesse ad arrestare senza indugi «i cosiddetti ex squadristi» al primo loro atto di insofferenza, intimando a Bonelli le dimissioni dal Pnf[57]. Si verificarono espul-

---

[55] A. Dogliotti a R. Farinacci, Sestri Levante, 11 aprile 1927, in ACS, FRF, b. 18, fasc. *Dogliotti*.

[56] G. Masi a G. Gentile, Trieste 12 settembre 1926, in AFG, fasc. *Masi*; Masi fu, come molti altri farinacciani più esposti, oggetto di «rappresaglie politiche»: ritornato a scuola (era direttore didattico), gli venne imposto di trasferirsi da Trieste a Imperia; ma con l'aiuto di Farinacci riuscì a trasferirsi a Bologna e poi a Cremona, come direttore didattico elementare.

[57] Per la vicenda cfr. ACS, MI, PS, 1927, b. 141, fasc. *Genova*.

sioni in massa e il malumore crebbe ancora nei vecchi fascisti, che presero a girare le strade con un distintivo nero con la scritta Farinacci e un Fascio littorio in oro; era un segno di riconoscimento alternativo alla cimice ufficiale del Pnf, e dopo poche settimane venne severamente proibito portarlo[58]. Grida a favore di Farinacci e relativo malcontento nella base ex squadrista si ebbero pure a Firenze, Trieste, Udine, in occasione dell'insediamento dei rispettivi nuovi direttorii, mostrando la componente estremista («farinacciana», la definiva *tout court* il prefetto Iraci) ancora vivacità[59]. Non c'erano prove sicure del coinvolgimento diretto dell'ex segretario in quelle turbolenze, ma certo i responsabili erano tutti accaniti farinacciani e Mussolini ritenne responsabile proprio Farinacci dello stato di continua agitazione frondista nel Pnf[60], il quale cercò di far capire, attraverso la mediazione di Arnaldo, la sua posizione al duce, riferendo che egli non avrebbe mai creato «movimenti secessionisti» né avrebbe organizzato il dissenso, ma che deplorava la mancanza di iniziativa dei dirigenti del Pnf e la condizione di «sorvegliato speciale» in cui era tenuto. Uno stralcio del colloquio, riassunto da Arnaldo al fratello, mostra la posizione di Farinacci nell'inverno del 1927:

> [Farinacci] non ha avuto difficoltà ad aggiungere che nei riguardi della combattività del fascismo è piuttosto preoccupato, fa molte riserve sull'opera del Ministro delle Finanze e particolarmente sull'opera di Balbo, che giudica confusionaria, mista di elementi critici e di fronda istituzionale. [...] Giudica l'opera di Turati ispirata ad altissimi concetti di vita civile, ma deprimente per quanto riguarda le iniziative e la decisa volontà di vincere. Chiede di non essere intralciato nella sua opera perché essendo sostanzialmente povero – e mi ha citato alcuni episodi di ristrettezze – non vorrebbe che il partito gli inibisse quell'azione professionale che può e che ha il diritto di svolgere [...].
>
> Io ho cercato di sondare qualche suo desiderio. Egli ha detto che per il momento non aveva desideri, ma poi mi ha ripetuto alcune volte che la sua aspirazione massima e la sua ambizione suprema, nella certezza di far cosa utile al Regime e al Partito, sarebbe quella di essere sottosegretario all'Interno. Egli desidera infine, se qualche sconfessione dovesse venire, che questa venga da te e non da altri elementi che giudica dei buoni figlioli, ma incapaci al comando. Io gli ho chiesto per quali ragioni e per quali obbiettivi il fascismo dovrebbe avere questa mentalità di guerra. Mi ha risposto prima di tutto per l'anno sindacale, in secondo luogo per gli avversari malcelati del regime, in terzo luogo

---

[58] Il prefetto al Ministero dell'Interno, Genova 5 agosto 1927, in Acs, Mi, ps, 1927, b. 156, fasc. *Genova*.

[59] Cfr. Acs, Mi, ps, 1927, b. 144, fasc. *Trieste* e *Udine*, b. 156, fasc. *Firenze* e b. 158, fasc. *Treviso*.

[60] R. Farinacci a B. Mussolini, Cremona 25 aprile 1927, in Acs, Spd, c/r, b. 40, fasc. *Farinacci*.

per l'intransigenza assoluta della Chiesa. Egli teme che la lotta di classe, bandita dal fascismo, possa risorgere domani attraverso il corporativismo. Infine egli sarebbe favorevole ad una certa discussione in seno al Partito, per precisare meglio gli obbiettivi, gli orientamenti e l'azione per l'avvenire. Il discorso poi ha divagato sempre sugli stessi temi. Nessuno dei grandi problemi dell'economia, della finanza, dell'efficienza militare egli ha mostrato di saper considerare e valutare. Solo la politica interna, e i suoi mezzi migliori per guidare con efficienza il Partito. [...] Sincero mi è apparso nella devozione a te e nella persuasione profonda che un capo come Mussolini non si discute[61].

Nei ripetuti colloqui, Arnaldo Mussolini contestava a Farinacci «la sua attitudine frondista, le sue critiche che in varie occasioni [aveva] rivolto alla Direzione del partito, e la necessità [...] di ricevere ordini come qualsiasi segretario» e lo richiamava sempre più spesso ai suoi doveri di «cameratismo, di obbedienza, di gerarchia e di disciplina»; ma l'ex segretario rispondeva che non si sarebbe mai «umiliato» a fare atto di sottomissione a chi considerava responsabile dello stato di cose in cui versava il fascismo e, in alcuni settori (nelle corporazioni), lo Stato: «tra gli elementi dello stesso Partito – replicava Farinacci a muso duro al fratello del duce – vi è un senso di disagio. Bisogna impedire l'affermarsi di certe camarille di marca massonica ed affaristica». Le parti non erano destinate ad avvicinarsi, proprio perché – tornavano ancora le parole di Preziosi – era lo scontro tra due modi opposti di concepire la vita pubblica e il fascismo: lo stesso Arnaldo doveva riferire che «in fatto di utilità concreta», anche l'ultimo incontro gli era parso «assai relativo». Arnaldo era poi "infastidito" che Farinacci bazzicasse un po' troppo il milanese, dove nonostante la profonda epurazione turatiana-giampaolina godeva ancora numerosi consensi, anche in considerazione del fatto che controllare il fascismo milanese voleva dire controllare gran parte dello stesso fascismo italiano (Milano, in quegli anni, concorreva per la sesta parte a formare il bilancio dello Stato...). E il fascismo di Milano, per confessione dello stesso Arnaldo, vero deus ex machina della situazione politica della città, non era certo in floride condizioni, anzi, andava «perdendo terreno» e molte questioni apparivano dubbie[62]. Il contenuto del colloquio con Arnaldo non era episodico, almeno laddove Farinacci si scagliava contro le degenerazioni del sistema politico e il consolidarsi di «camarille affaristiche», proprio perché da qualche tempo andava recependo le istanze di molti fascisti che gli riferivano i sistemi

[61] A. Mussolini a B. Mussolini, Milano 14 febbraio 1927, in *Carteggio Arnaldo-Benito Mussolini* (a cura di D. Susmel), cit., p. 68.

[62] *Ibidem*, p. 84 e p. 118. «La fronda – ribadiva Arnaldo a Farinacci – per essere tale non ha bisogno di essere manifesta. Qualche volta è anche il solo riserbo, la solidarietà condizionata che genera fra alcuni fanatici il senso deplorevole del disagio».

e la pubblica moralità in auge e nel Partito e nelle amministrazioni lombarde. Qualche giorno dopo, per la celebrazione della Marcia su Roma, Farinacci tornò con vigore a sfoderare la bandiera dell'«intransigenza morale» (e quelle frasi sul «Regime» furono sottolineate da Mussolini):

> Gli opportunisti, gli ambiziosi, coloro che hanno sfruttato il fascismo non possono trovare posto tra le nostre fila. Ogni fascista deve essere il carabiniere dell'altro. Un pericolo, per il partito, non può venire dagli avversari, che non esistono più, ma potrebbe venire da parte di gregari che non seguissero una dirittura morale indispensabile! Il popolo è disposto ad accettare dal regime, con disciplina, i provvedimenti più gravi, ma pretende che il partito, che costituisce la forza del regime, sia composto da uomini di fede, disinteressati, che non si preoccupano della loro posizione personale ma della collettività. Io vorrei che tutti, gregari e dirigenti, venissero sottoposti ad un controllo di revisione. Ognuno dovrebbe giustificare la sua posizione personale dal 28 ottobre 1922 ad oggi. Chi non potesse giustificare posizioni economiche invidiabili, chi non potesse giustificare il suo attuale tenore di vita dovrebbe essere colpito inesorabilmente. Perché nella nostra provincia dirigenti e gregari sono saldamente affratellati? Perché con l'esempio i dirigenti hanno imposto a tutti il massimo disinteresse nel difendere la causa nazionale (Applausi vivissimi che durano qualche minuto). Perché, o fascisti e cittadini, mi applaudite? Non sono forse io l'uomo discusso, l'uomo contro il quale si sono scagliate accuse subdole, sul cui conto si son fatte circolare le voci più fantastiche? Quale dote allora trovate in me per continuare a seguirmi con tanto entusiasmo? (La folla grida: «l'onestà!»). Sì, sì, fascisti e cittadini: io so di potervi fissare negli occhi con coscienza tranquilla. Se da otto anni io rimango alla vostra testa e sono degno di voi, è perché io conosco un segreto: la dirittura morale e politica di ogni mio atto. Su questo terreno accetto la lotta da qualsiasi parte venga[63].

Il successo ottenuto nella folla di fascisti e di lavoratori, in quella circostanza[64], fu enorme e le sue ripercussioni passarono ampiamente i confini del "feudo". Ma quelle «pose da Catone», in fatto di moralità, di rettitudine, di probità privata e pubblica, gli rinfacciava Mussolini, non potevano essere tollerate. Un mese dopo quelle parole partì il secondo duro attacco politico all'ex segretario, anche questa volta sfruttando il grimaldello locale.

Farinacci aveva messo in scena un dramma in tre atti, *Redenzione*, che narrava le vicende di un giovane ex socialista, Sarzi Madidini, che, convertitosi al fascismo, gravemente ferito nelle giornate rivoluzionarie dell'ottobre a Cremona, morì poco dopo mentre Farinacci gli conse-

---

[63] *Roberto Farinacci ai fascisti cremonesi* e [R. FARINACCI], *Intransigenza politica,* «Il Regime Fascista», 1° e 12 novembre 1927.

[64] Cfr. la relazione del prefetto al Ministero dell'Interno, Cremona 30 ottobre 1927, in ACS, SPD, C/R, b. 41, fasc. *Farinacci.*

gnava la tessera del Pnf[65]. Il lavoro teatrale, ispirato a fatti accaduti, ottenne un successo strepitoso al Verdi di Cremona il 17 novembre e procurò ovazioni ininterrotte all'autore. Oggettivamente c'era la possibilità che le rappresentazioni si trasformassero in manifestazioni a favore di Farinacci, e, dopo i successi nei teatri di Crema, Imperia e Brescia, a Milano, il 13 dicembre, gli spettatori vennero alle mani[66]: il generale Carini, nel relazionare Turati, gli diceva chiaramente che la commedia si prestava «a troppi equivoci», e che forse era opportuno sospenderla, «anche per i contrasti vivaci e i piccoli tafferugli occorsi [a Milano]»[67]. A Casalmaggiore, dopo la rappresentazione del 22 novembre, i farinacciani si scontrarono con alcuni amici di Orefici. Il circoscritto incidente, in realtà, ebbe l'effetto di un fiammifero in una polveriera, perché scatenò una reazione politica sproporzionata all'episodio ma certo da tempo preparata, col dissidentismo locale ormai riassorbito[68]. L'azione contro Farinacci fu duplice, politica e morale: Orefici si incaricò di dare forma politica al pronunciamento contro il federale[69], Groppali di attribuire valore e prove alle accuse morali e Balestreri, infine, di dare consistenza alla fronda. Dopo gli incidenti di Casalmaggiore, Farinacci commissariò alcuni Fasci del casalasco e sospese dal

---

[65] R. Farinacci, *Redenzione. Dramma in tre atti*, «Cremona Nuova», Cremona, 1932. Nel 1937 Farinacci ripropose il lavoro, ottenendo qualche successo di pubblico, e nel '40 decise di farne una versione radiofonica e approntarne l'adattamento cinematografico (Acs, Ministero della Cultura Popolare [Mcp], Direzione generale teatro e musica censura teatrale, b. 344 e b. 455, fasc. 8609). Il film, con la regia di Marcello Albani, iniziò le riprese il 16 febbraio 1942 a Cremona (F. Ghilardi, *Il film "Redenzione" di Roberto Farinacci*, «Il Regime Fascista», 12, 15 e 17 febbraio 1942; nel maggio le riprese erano terminate), un po' spersonalizzato nei luoghi e nei protagonisti, avrebbe dovuto partecipare al festival di Venezia; ma la proiezione fu rinviata per il ventennale della rivoluzione, senza poi essere più effettuata. Il film, girato con pochi mezzi tecnici, si segnalò per le scene di massa, i costi contenuti e «gli effetti di commozione popolare» raggiunti: visto dal duce ad agosto, si preferì poi non confrontarlo a Venezia «con altre pellicole, italiane e straniere, di ben diversa levatura»; Acs, Mcp, Gabinetto, II versamento, b. 12, fasc. *Farinacci*.

[66] Il prefetto al Ministero dell'Interno, Milano 13 dicembre 1927, in Acs, Spd, c/r, b. 42, fasc. *Farinacci*.

[67] G. Carini ad A. Turati, Milano 13 dicembre 1927, *ibidem*.

[68] Per la situazione politica cremonese, il prefetto al ministro dell'Interno, Cremona 27 giugno 1927, in Ascr, Ap, b. 40, fasc. 8.2.13.

[69] Nonostante Orefici negasse la fronda, le informazioni di cui disponeva Farinacci in proposito erano abbastanza consistenti, e riferivano ancora che l'appoggio al dissidentismo locale veniva da Forti e Turati, i quali incoraggiavano a «fare e agire con mezzi energici». Orefici andava sostenendo ai suoi amici che egli «aveva mandato dal segretario generale per sorvegliare quanto fa[ceva] l'on. Farinacci» e avrebbe potuto avere per la sua azione, anche una squadra a disposizione nonché l'«assicurazione» di ogni impunità in caso di azioni violente»; informativa s.d. [ma novembre 1927], in Acs, Frf, b. 31, fasc. *Orefici*.

Partito i maggiori esponenti vicini a Orefici. Ma il 31 ottobre lo stesso Orefici venne ufficialmente ricevuto dal capo del governo: l'incontro, ampiamente divulgato dalla stampa nazionale[70], fece molta impressione e venne valutato come sconfessione a Farinacci, tanto che il direttorio federale rassegnò le dimissioni. Farinacci tuttavia invitò i camerati non solo a ritirare le dimissioni, ma a chiedere un paritetico ricevimento in massa delle autorità politiche cremonesi allo stesso capo del governo, con l'ordine pubblico in grave agitazione[71]. A quel punto, il 4 dicembre, il sottosegretario all'Interno Suardo comunicò al prefetto di essere stato incaricato da Mussolini di eseguire «una inchiesta fra note personalità fasciste» della provincia e che pretendeva dall'autorità locale che non si verificasse la minima intimidazione personale o il minimo turbamento dell'ordine[72]. Della commissione d'inchiesta facevano parte anche Starace e Turati, il quale ultimo "confidò" al dissidente Rinaldi di mantenersi tranquilli, che se avesse trovato «anche la più piccola colpa a carico di Farinacci lo frego in pieno. [...] Se nulla troverò ora, fra due mesi ricominceremo la lotta. Ho già parlato anche con Suardo e con Carini e le cose andranno bene»[73]. Il 6 dello stesse mese la Commissione ricevette Farinacci e Moretti nonché Orefici e Balestreri, ma la posizione personale di quest'ultimo si era nel contempo fatta difficile per ragioni giudiziarie. La Commissione interpellò anche Alessandro Groppali, che espose le accuse contro Farinacci di cui era a conoscenza[74]. Le accuse politiche di Balestreri-Orefici (assenteismo dalla federazione,

[70] Si veda «Il Popolo d'Italia» e «L'Impero», 1° dicembre 1927.

[71] Per i fatti narrati, cfr. ACS, MI, PS, 1927, b. 155, fasc. *Cremona* e ACS, SPD, C/R, b. 41, fasc. *Farinacci*.

[72] Il sottosegretario all'Interno al prefetto di Cremona, Roma 5 dicembre 1927, in ASCR, AP, b. 44, fasc. 8.18.23.

[73] R. Farinacci a B. Mussolini, Cremona, 7 dicembre 1927, in ACS, SPD, C/R, b. 41, fasc. *Farinacci*.

[74] Cfr., ancora il citato memoriale di A. Groppali al ministro dell'Educazione Nazionale, Milano 7 ottobre 1930, in ACS, Ministero della Pubblica Istruzione, Professori ordinari, III serie, 1940-1970, b. 243, fasc. *Groppali*. Nel dettaglio si faceva carico a Farinacci, oltre alle accuse di aver copiato la tesi di laurea e di aver tratto illecito profitto per la mediazione del passaggio della Banca Agricola Parmense, di: a) aver percepito un compenso di 35 mila lire dalla Società delle Terme di Salsomaggiore per aver permesso, come segretario del Pnf nella mediazione col sottosegretariato alle Finanze, il rinnovo della concessione, il 2 luglio 1925; b) aver ricevuto, il 30 luglio 1925, quando era ancora segretario del Pnf, una tangente di 15 mila lire per aver ottenuto a vantaggio della Società Seta artificiale di Vercelli la riduzione della tariffa doganale per macchinari industriali; c) aver ricevuto un compenso di 50 mila lire, l'11 novembre 1924, per aver ottenuto l'esonero alla Società anonima seta artificiale di Pizzighettone del pagamento del dazio doganale importato dalla Svizzera. Cfr. P. ALBERICI, *Relazione d'inchiesta*, Roma 15 settembre 1930, cit. e P. Alberici a L. Arpinati, Milano 24 luglio 1930, in ACS, SPD, C/R, b. 42, fasc. *Farinacci*.

scelta degli uomini, «collaboratori massoni») vennero smontate da Farinacci, in considerazione che l'assemblea dei segretari politici del casalasco e le maggiori autorità locali, tra cui l'onorevole Vacchelli[75], gli espressero nuova stima, ribadendo che nessuna critica di ordine politico poteva essergli addossata[76]. Le vociferazioni che si facevano in città erano diffuse e incontrollate, anche molti fedeli camerati – stando a quanto sostenuto da un testimone[77] – parvero colpiti dalle rivelazioni e il timore che stavolta il "capo" potesse saltare era serio. Ma certo le prove addotte al riguardo (come poi nel '30) non furono probabilmente sufficienti a dimostrare i fatti e solo la copiatura della tesi poteva rimanere come spada di Damocle sospesa sulla reputazione di Farinacci. E così anche dal lato morale la controffensiva dell'ex segretario riscosse successo, in considerazione che Balestreri il 24 ottobre 1927 era stato condannato a 1.200 lire di multa dalla Pretura di Cremona per aver investito a S. Martino un carabiniere a cavallo, senza fermarsi a

[75] N. Vacchelli a B. Mussolini, Roma 7 dicembre 1927, in ACS, SPD, C/R, b. 41, fasc. *Farinacci*: «Cremona è fascista nell'anima, e l'organizzazione creatavi dall'on. Farinacci, non solo vi è solidissima, ma è meravigliosamente propulsiva. Dopo il Duce, l'on. Farinacci è l'idolo delle nostre popolazioni e, col suo ascendente personale, sa portare ora gli agricoltori ai forti sacrifici che il momento richiede. [...] Purtroppo vi sono elementi che, già ottimi squadristi, sono stati innalzati a cariche troppo elevate per la loro capacità intellettuale e morale, e, col loro contegno, screditano, le cariche stesse. Le più cospicue personalità cremonesi me li segnalarono, e io ne parlai a Farinacci, ma egli è restio a colpire vecchi camerati».

[76] In effetti le critiche dei consoli all'ex segretario non avevano particolare fondamento: tutti i membri del direttorio federale erano antichi fascisti (Parolini era anche uno dei capi dello squadrismo), Farinacci poteva provare di seguire capillarmente la vita politica locale (riceveva 100-150 persone al giorno) e che tutti i Fasci (salvo un paio del casalasco) ne appoggiavano l'azione. Le accuse di appartenenza alla massoneria rivolte pure a Varenna, se anche vere, erano poco rilevanti in quel contesto. Il dettagliato memoriale di difesa di Farinacci, in ACS, SPD, C/R, b. 41, fasc. *Farinacci*.

[77] Eccessiva, a questo proposito, la testimonianza dell'Anonimo cremonese: «a Cremona si sapeva che le prove raccolte dalla commissione d'inchiesta – e più ancora quelle che Balestreri aveva portato direttamente a Mussolini – costituivano un atto d'accusa gravissimo. Le file dei dissidenti si erano enormemente ingrossate. Si dava per certa la caduta di Farinacci; forse il suo arresto, l'assegnazione al confino. C'ero anche io al caffè Roma, dove s'erano adunati tutti, in attesa della notizia. Si assegnavano già le cariche ai nuovi gerarchi. L'ing. Nino Mori passeggiava da un capo all'altro del salone, gridando: "quel porco! Sembrava così onesto! Ma se torna a Cremona gli voglio sputare in faccia". A palazzo Venezia i membri della commissione d'inchiesta, mentre attendevano d'esser ricevuti da Mussolini per comunicargli le loro conclusioni, videro arrivare Farinacci e Michelino Bianchi. I due ebbero la precedenza. Rimasero mezz'ora a colloquio. La sera stessa si conobbe la sentenza: assoluzione completa. Farinacci tornò a Cremona con un treno della notte. Alla stazione c'era una piccola folla ad attenderlo: lo abbracciarono e baciarono tutti, compresi i gerarchi mancati, quelli che si erano già divisi i posti migliori contando sulla sua caduta, compreso l'ingegnere Mori»; *Le confessioni di Farinacci*, VI, «Corriere Lombardo», 7 gennaio 1947.

prestare soccorso, ma dandosi alla fuga[78]. A ogni modo la parte più complessa fu di tenere a freno i nervi, in considerazione che qualsiasi atto inconsulto avrebbe giustificato l'intervento diretto di Roma, come le gerarchie mostravano apertamente di agognare: il governo inviò un ispettore generale di PS, appositamente incaricato di tenere sotto controllo la situazione, ma in venti giorni di crisi non si verificò alcun incidente[79]. Non solo, ma questi poté valutare che nel fascismo locale i sintomi di risentimento contro i dissidenti erano palesi, tanto che persino gli attendibili rapporti dei carabinieri descrivevano un quadro della situazione politica e dell'opinione pubblica molto favorevole all'ex segretario, e valutazioni poco positive per i dissidenti[80], affermando infine che «data pertanto la qualità degli uomini e la futilità dei contrasti, e d'altra parte la solennità con la quale si procede, si è creata in molti la convinzione che la crisi attuale sia voluta dalla direzione del Partito, e questo accresce l'ansiosa attesa [del verdetto], specie nell'elemento squadrista quanto mai ligio all'on. Farinacci»[81]. Il 10 dicembre i consoli tornarono a Cremona, l'11 vi tornò Farinacci e la "sentenza" del duce giunse, inappellabile, il 20. Fu Mussolini a comunicarla al prefetto: «da apposito comunicato Stefani apprenderà decisioni che ho preso circa la situazione di Cremona. In una riunione svoltasi al Palazzo Littorio dopo reciproche amplissime spiegazioni, on. Farinacci e on. Turati si sono riconciliati e abbracciati»[82].

---

[78] Per la vicenda cfr. ACS, SPD, C/R, b. 11, fasc. *Balestreri*, nonché la ricostruzione di Farinacci nella lettera di accompagnamento al memoriale a Mussolini e in una missiva a Balestreri del 2 novembre 1927, in ACS, SPD, C/R, b. 41, fasc. *Farinacci*. La sentenza di colpevolezza (ma Balestreri parlò di «montatura politica») venne confermata anche dal Tribunale di Cremona il 30 gennaio 1928.

[79] Cfr. ACS, MI, PS, 1927, b. 155, fasc. *Cremona* e ACS, MI, PS, 1928, b. 183, fasc. *Cremona*.

[80] In un rapporto dell'Arma sulla situazione politica di Cremona del 5 dicembre 1927 si affermava: «è opinione che non si tratti che di sfoghi di pochi dissidenti dell'on. Farinacci, facenti capo ai sigg. Balestreri e Orefici i quali hanno intrapreso questa lotta, sin da quando si videro precluso il seggio in parlamento [...]. Non è però da pensare che costoro possano acquistare comunque un prestigio predominante in provincia, ed in ogni modo qualunque appoggio venisse ad essi dato, esso varrebbe solo a rafforzare la posizione dell'on. Farinacci e vedrebbe schierati intorno a se tutti gli uomini migliori, mentre si dovrebbero forse lamentare dimissioni generali dalle cariche pubbliche. La provincia di Cremona è indubbiamente all'avanguardia per la sua fede, la sua disciplina, il suo lavoro, e non sarebbe bene accetto che all'on. Farinacci, che è capo generalmente rispettato ed amato e sicuramente fedele, fossero anteposte persone che non hanno speciali benemerenze, né di ingegno né di opera, ciò che equivarrebbe a determinare una situazione che potrebbe dar luogo a disordini»; in ACS, SPD, C/R, b. 41, fasc. *Farinacci*.

[81] Situazione della provincia di Cremona, relazione dei R. Carabinieri, 11 dicembre 1927, in ACS, SPD, C/R, b. 11, fasc. *Balestreri*.

[82] B. Mussolini al prefetto di Cremona, Roma 20 dicembre 1927, in ACS, SPD, C/R, b. 41, fasc. *Farinacci*.

A dispetto del clamore, basandosi su elementi politici inconsistenti e su accuse di carattere morale lungi dall'essere provate, né Mussolini, né, ovviamente, Turati, potevano azzardare provvedimenti contro Farinacci; anzi, come già successo molte volte in altre zone del Paese con altri protagonisti, l'accordo (pur momentaneo, sempre se sincero) tra il segretario del Pnf e il suo predecessore prevedeva appunto la sconfessione degli esponenti locali dissidenti[83]: Balestreri venne esonerato dal comando della 17ª Legione Mvsn e sospeso a tempo indeterminato, così come Orefici dal comando della 19ª Legione: entrambi, alla metà di marzo dell'anno successivo sarebbero poi stati espulsi dal Pnf[84]. Farinacci provvide in breve tempo a sanare il casalasco e a muovere guerra (Groppali era tenuto sotto vigilanza dalla polizia, per tema di rappresaglie) a chi si era esposto oltre il punto di non ritorno[85]. Il fedele Moretti sarebbe rimasto, da allora sino alla fine del regime, il numero due del fascismo cremonese[86]. Balestreri protestò vivacemente, forte della reputazione con la quale molti fascisti continuavano a guardare ancora a lui come a una vittima, ma la sua minaccia di denunciare ancora alle «superiori gerarchie del partito certe verità», rimase lettera morta[87]. E altre «verità», se diverse da quelle denunciate, non vennero fuori...

Da un punto di vista morale le testimonianze sulla probità e sulla correttezza di Farinacci erano numerose e ovunque diffuse: mai aveva accettato cariche retribuite, mai aveva ricoperto incarichi in enti economici o in consigli di amministrazione. Secondo alcuni, quando lasciò

[83] «L'Impero», 21 dicembre 1927; per l'azione politica di Farinacci nel cremonese, cfr. il rapporto del prefetto al Ministero dell'Interno, Cremona 9 gennaio 1928, in ASCR, AP, b. 69, fasc. Ris., 1, 2, 9, 10.

[84] Cfr., al riguardo, «Il Regime Fascista», 14 marzo e 4 aprile 1928. Orefici, negli anni avvenire, non si agitò e rimase nell'ombra, mettendosi anche al servizio del regime e del fascismo in caso di necessità; dopo la guerra d'Etiopia, dove andò volontario nel 1936, cercò una riappacificazione con il «vecchio capo», che giunse nell'estate del '38; G. Orefici a R. Farinacci, Gussola 16 luglio e 17 novembre 1938, in ACS, FRF, b. 31, fasc. *Orefici*.

[85] Rapporto del prefetto al Ministero dell'Interno, Cremona 24 dicembre 1927, in ASCR, AP, b. 44, fasc. 8.18.23.

[86] Rapporto dei R. Carabinieri, 2 novembre 1927, in ACS, SPD, C/R, b. 47, fasc. *Moretti*.

[87] Probabilmente Belestreri si riferiva all'affare Ala Ponzone, cioè alla compravendita di un grosso complesso edile a Cremona, capo d'accusa che – insieme a quelli già visti e addotti da Groppali – avrebbe dato corpo anche all'inchiesta contro Farinacci dell'estate del '30 (del resto l'affare era di un qualche valore, si parlava di beni per oltre 7 milioni e mezzo e Farinacci era accusato di aver "pilotato" trattative, vendita e ricorsi vari). Balestreri morì nel maggio 1932, non senza – stando a quanto avrebbe sostenuto Bonetti – «aver perdonato [a Farinacci] il male da questi subito»: alcuni informatori di polizia politica sostennero poi che Balestreri sarebbe morto avvelenato, e che, comunque, la sua caduta morale in seguito al processo si doveva a Farinacci, che si era «inventato tutto», ordendo una perfida trama in accordo con la Pretura cremonese; cfr. ACS, SPD, C/R, b. 11, fasc. *Balestreri*.

la segreteria del Partito, il cui ufficio era stipendiato con quasi 2.000 lire al mese, Farinacci dovette chiedere a Groppali e Mori cospicue somme in prestito, che poi riuscì a stento o in parte a restituire. Notevoli somme, inoltre, ottenute per la sua varia attività di arbitrato e di mediazione, ebbe sempre l'accortezza di devolvere interamente alle opere assistenziali e a istituti di beneficenza. Del resto c'era il fidatissimo amico Varenna a fare il lavoro "sporco" per la continua, necessaria, richiesta di sovvenzioni e di aiuti economici a favore de «Il Regime Fascista», e solo lui, il consigliere delegato della società "Cremona Nuova", industriale e procacciatore di affari tra i più importanti dell'alta Italia, era addetto alle questioni finanziarie. Anche il prefetto Cambiaggio, nel momento di lasciare Cremona, nell'estate del 1932, dopo non pochi urti con l'ex segretario, non poteva fare a meno di ricordare, quasi con malcelata nostalgia: «ebbero così fine i miei rapporti con questo gerarca [Farinacci] che, debbo confessare, al mio giungere a Cremona nel luglio 1929, avevo trovato in modeste condizioni economiche, ed orientato verso finalità rispondenti ai postulati ideologici che il nuovo regime si era, allora, ripromesso di conseguire»[88].

Farinacci fece così dell'onestà e della «dirittura morale» un'arma contro i suoi nemici: «il fascismo è un dovere e una missione» e doveva reputare nemico – urlò ai microfoni la sua sfida – chi lo avesse invece sfruttato e, quindi, tradito[89]. Potevano sembrare quei discorsi (ma così non appariva a quei fascisti che condannavano la prassi morale di molti gerarchi di periferia), sfoghi estemporanei di un deluso qual era allora Farinacci, emarginato. In realtà non era così; l'ex segretario continuava a battere, senza ricevere soverchie risposte (e la sua critica si mostrava assai pungente) sul tasto dell'organizzazione sindacale-corporativa e sulla pubblica moralità, contro il crescente connubio affari-politica. Ciò causava, ovviamente, i ripetuti richiami di Mussolini, molto scontento dell'indipendenza di azione e di giudizio dell'ex segretario, come gli rimproverò Turati:

> Se il Duce non ti avesse fatto sapere che era necessario da parte tua definire i rapporti di disciplina, tu vivevi nella beata illusione di essere il più a posto degli iscritti. No, caro Farinacci, la situazione è un po' diversa. Poiché fino ad oggi (e sono passati tre anni e mezzo), non hai mai sentito l'opportunità di chiedere a me o di riferire a me sulle infinite questioni che hai trattate, ma hai preferito attaccare, difendere, polemizzare e giudicare dalle colonne del tuo giornale o nei discorsi pronunciati, ritengo che oggi a chiarire la posizione sia

---

[88] L. CAMBIAGGIO, *Fascismo e democrazia nei ricordi personali di un prefetto del Regno*, cit., p. 33.

[89] *Il discorso dell'on. Farinacci*, «Il Regime Fascista», 17 aprile 1928.

necessario non un colloquio con me, ma con i fascisti di tutta Italia. È necessario che tu rinunci pubblicamente alla tua posizione di antipapa e che tutti intendano che tu, [...] vuoi essere il più disciplinato fra i gregari. Il problema, ti ripeto, è un altro: quello di tutto il tuo atteggiamento[90].

A margine della crisi politica dei consoli, Farinacci confessò poi ai più vicini camerati di essersi appoggiato alla Monarchia, e di guardare piuttosto a questa, nel momento, che al duce[91]. In effetti da quasi un anno l'ex segretario aveva iniziato ad accostarsi prudentemente ai rappresentanti di Casa Savoia, tanto da insospettire Federzoni, accortosi subito del mutato atteggiamento del rivale verso la dinastia, e che nel suo diario annotava con preoccupazione:

La ragione vera del sintomatico gesto dell'onorevole Farinacci è probabilmente quella che io avevo immaginata: il disegno di cancellare i cattivi ricordi della sua passata faziosità, con l'assumere un atteggiamento accentuatamente monarchico, anzi dinastico. Quanto più l'odiato rivale Balbo si avvolge nell'equivoco del filorepubblicanesimo proprio e dei propri amici, tanto più, per istintiva antitesi, Farinacci appoggia a destra. Ed ecco il caloroso telegramma augurale di Capodanno a Sua Maestà il Re; ed ecco le esplicite dichiarazioni di lealismo fatte tempo addietro a Roberto Forges Davanzati [...]; ed ecco la visita d'omaggio al Duca degli Abruzzi [...]. Ma c'è di più. Da altra sicurissima fonte ho saputo che, uscendo dalla visita al Principe, l'onorevole Farinacci scorse il generale Cittadini che percorreva il porticato del cortile. Allora fece fermare la vettura e andò a salutare molto cordialmente il Primo aiutante generale di Sua Maestà il Re. Chi l'avrebbe detto, meno di un anno fa[92]?

Negli stessi mesi l'ex segretario ebbe modo di incontrare privatamente il duca d'Aosta, ma senza nascondere la cosa, tanto che il Sovrano, tenuto al corrente di questi contatti, valutò molto positivamente «l'accostamento lealista di Farinacci», giudicando questi «un brav'uomo». Alle importanti mostre zootecniche, tenute nel cremonese nel giugno 1927, Farinacci volle invitare il principe ereditario, il quale fu accolto in città e nelle campagne da calorosissime manifestazioni[93]. Era un modo per cercare di coprirsi le spalle appoggiandosi, nel neonato dualismo istituzionale, al muro dal quale non avrebbe avuto niente da temere, ma tutto da guadagnare. La visita di Umberto di Savoia nel cremonese,

[90] A. Turati a R. Farinacci, Roma 31 ottobre 1929, in ACS, SPD, C/R, b. 40, fasc. *Farinacci*.

[91] Nota fiduciaria di G. Pizzamiglio, Milano 12 aprile 1932, in ACS, MI, PPFP, b. 136, fasc. *Bianco Giuseppe*.

[92] L. FEDERZONI, *1927. Diario di un ministro del fascismo*, Passigli, Firenze, 1993, p. 23.

[93] Cfr. «Il Regime Fascista», 29, 31 maggio 1927 e, soprattutto, «L'Agricoltore fascista», 4 giugno 1927.

in effetti, si collegava molto strettamente alla battaglia economica – soprattutto relativamente alla politica agraria – allora in atto e che vedeva Farinacci contrario alla politica del governo. In quella importante visita ufficiale, Farinacci esaltò il ruolo svolto da Casa Savoia nel difendere dal '48 in poi lo Statuto e affermò inoltre (e Mussolini sottolineò marcatamente tali frasi del discorso trascritte nel «Regime»...): «La Monarchia – organizzatrice della lotta per l'indipendenza, aderente del continuo ai tempi interprete e realizzatrice della volontà della Nazione – è e sempre sarà per noi il venerato ed amato simbolo dell'unità della Patria, della sua continuità spirituale del tempo [...]. Ma la Monarchia è pure per noi tutti la suprema forza moderatrice dei contrasti nazionali, l'arbitra suprema che in nome e per mandato della Nazione sa, nell'ora in cui si decidono le sorti della Patria, pronunciare la parola sovrana e inappellabile, scegliere ed additare la via»[94].

Farinacci, al contrario delle "direttive" dall'alto, non smise di parlare di corruzione dilagante nel partito e nel fascismo e di denunciare le degenerazioni di un sistema che rischiava di franare: «non è la prima volta che in questa o quella provincia qualche *podestà* si rende gravemente indegno del mandato»; occorreva che il Partito rivedesse i quadri dirigenti onde impedire che coloro che ricoprivano cariche pubbliche non avessero i «requisiti morali indispensabili» («talvolta contro vecchi fascisti – commentava amaramente – si prendono severi provvedimenti per soli atti di indisciplina...»)[95]. In genere gli editoriali di Farinacci non erano casuali, ma erano frutto di una "ricerca" certosina e meticolosa[96], e lasciavano presagire dove si sarebbe andati a parare. Allorquando ai primi del '28 l'onorevole Maggi, facendosi interprete di un diffuso malcontento nel fascismo milanese, decise di denunciare alcune delle maggiori degenerazioni della situazione locale, l'opinione pubblica realizzò che dietro quella mossa fosse senz'altro proprio Fari-

---

[94] *Il discorso dell'on. Farinacci*, «Il Regime Fascista», 31 maggio 1927.

[95] [R. Farinacci], *Revisione necessaria*,«Il Regime Fascista», 21 gennaio 1928.

[96] «Nella scelta delle amicizie politiche e personali, Farinacci è certamente più avveduto di Turati. Farinacci è animale politico di fiuto eccezionale [...]. Guardate un particolare, comune ad entrambi. Turati ha uno splendido passato di guerra, e raramente ne parla. Farinacci è stato combattente, esiste una sua domanda di arruolamento volontario, ha effettivamente partecipato a varie battaglia dell'Isonzo, ma tollera che lo si tratti da "esonerato", che lo si chiami "onorevole tettoia", in omaggio ai suoi trascorsi di addetto alle ferrovie dello stato. Turati tace per non curanza, perché non si volge mai, col ricordo, al passato. Farinacci si lascia insultare, per giungere, progressivamente, al riconoscimento – totale – del campo a lui nemico. Turati finisce azzannato. Farinacci ricomincia a vivere azzannando. La non curanza personale di Turati è suicida. La meticolosità tattica di Farinacci distrugge ogni nemico»; Y. De Begnac, *Taccuini mussoliniani* (a cura di F. Perfetti), cit., p. 480.

nacci[97]. Da tempo Mussolini era al corrente delle vicende del capoluogo lombardo, sia perché edotto da numerosi esposti anonimi in cui si denunciavano uomini e metodi del fascismo e della politica locale, sia perché si occupava direttamente di Milano proprio suo fratello Arnaldo. Gli uomini che controllavano il Partito e l'amministrazione milanese erano di stretta fiducia dei Mussolini e di Turati: l'onorevole Belloni, podestà, Manlio Morgagni e l'onorevole Torrusio, vicepodestà, Mario Giampaoli, onnipotente segretario federale, Giovanni Dabbusi, comandante della Legione Mvsn "Carroccio". Per questo, col suo esposto, Maggi non ottenne alcun risultato e si vide sospeso da ogni attività politica, mentre il Pnf concesse via libera al Fascio milanese per una dura lotta, con manifestazioni pubbliche e minacce di spedizioni su Cremona, contro l'ex segretario[98]. In effetti Farinacci si era da sempre occupato da vicino di Milano, avendo in città numerosi simpatizzanti e importanti collaboratori (Varenna, lo stesso Maggi), e aveva iniziato a controllare in particolare le varie attività speculative degli istituti di credito operanti sulla piazza della città. Sosteneva, per di più, la necessità, per il sistema fascista, di giungere al controllo degli istituti bancari (e avrebbe a lungo perseguito questa azione pubblicistica)[99], in questo giudizio, da valenti tecnici, come Rosboch convinto anch'egli che al governo si imponesse l'adozione di un suo effettivo controllo sugli istituti bancari, proprio perché in quegli anni «la situazione bancaria costitui[va] il più grave e pericoloso problema della finanza italiana» (da qui, così, i primi provvedimenti ministeriali per il risanamento di alcune banche cattoliche)[100]. Naturalmente Farinacci osteggiava la crescente dipendenza dell'economia italiana – sulla scia degli accordi per i debiti di guerra

---

[97] [R. FARINACCI], *Ai fascisti di Milano*, «Il Regime Fascista», 7 febbraio 1928.

[98] R. Farinacci ad A. Turati, Cremona 6 febbraio 1928, in ACS, SPD, C/R, b. 43, fasc. *Farinacci*.

[99] [R. FARINACCI], *Il controllo sulle banche*, «Il Regime Fascista», 27 luglio 1926: secondo Farinacci lo Stato doveva controllare e indirizzare, attraverso la Banca d'Italia («da far assurgere al ruolo di «vera Banca di Stato»), tutta l'attività bancaria del Paese, nonché provvedere ad eliminare le «troppe piccole banche» esistenti sul territorio e che rappresentavano solo un danno e un pericolo per l'economia del Paese e dei risparmiatori. [R. FARINACCI], *Controllare le banche*, «Il Regime Fascista», 2 ottobre 1928: «In che cosa dovrebbe dunque consistere il controllo da noi invocato? A questo soltanto. Ad ogni consiglio di amministrazione degli Istituti bancari dovrebbe essere imposto dal Governo un fiduciario con mandato di vigile controllo. Esso dovrebbe informare i ministeri competenti sull'andamento della banca ed impedire le speculazioni pazzesche in modo da evitare che si arrivi all'irreparabile [...]. Un controllo che, senza mettere bastoni tra le ruote, lascerebbe invulnerata l'attività bancaria, ma costituirebbe per i risparmiatori ampia e sicura garanzia dei loro depositi».

[100] In proposito, cfr. ACS, PCM, Gabinetto, 1928-1930, f. 6.1.5140, *Situazione bancaria italiana*.

con gli Usa e dei primi grossi prestiti – dagli interventi massicci del capitale straniero in Italia, una politica purtuttavia indispensabile nell'ottica della politica monetaria rivalutatrice. Probabilmente Farinacci non aveva i mezzi per conoscere molti retroscena che legavano sempre più il governo italiano agli istituti finanziari statunitensi, in particolare – dopo l'accordo per il pagamento dei debiti di guerra – alla Banca Morgan; ma già mentre era segretario del Pnf aveva guardato con sospetto gli accordi per la stipulazione di prestiti con la Casa Morgan, in quanto ritenuta legata all'Inghilterra («che vede come il fumo negli occhi il progresso dell'Italia») e in «intimi rapporti» con la Banca Commerciale. Per Farinacci occorreva che il governo italiano si muovesse soltanto con l'esclusivo interesse economico nelle vicende dei prestiti, svincolandosi da «altri legami» e valutasse spregiudicatamente le proposte degli altri istituti di credito statunitensi concorrenti della Morgan, tanto da considerare migliore un accordo con la Banca Sillit[101]. Nella primavera del 1927, in piena crisi rivalutativa, il comune di Milano aprì un grosso prestito con istituti di credito stranieri, sulla scia di una serie di prestiti a lungo termine erogati dalla finanza americana[102]. L'operazione assunse un significato particolare, anche perché maggiore sponsor del prestito (si trattava di 600 milioni, oltre 500 milioni di euro) si era fatto «Il Popolo d'Italia», che spinse per una conclusione quanto più rapida[103]. Invece della Banca Morgan, contrariamente alle attese, si aggiudicò l'operazione la sua rivale e altrettanto potente banca statunitense Dillon & Read[104], considerando il podestà Belloni (che si era prodigato non poco, in accordo con il governo, per la conclusione dell'accordo)[105], Arnaldo Mussolini («Il Popolo d'Italia» sembrò il patrocinatore dell'operazione, e uscì spesso con grandi foto che ritraevano insieme Arnaldo, Belloni, Volpi e il rappresentante americano della Banca nel giorno della firma[106]) e il ministro Volpi[107], che le condizioni

---

[101] R. Farinacci a B. Mussolini, Roma 19 agosto 1925, in ACS, SPD, C/R, b. 40, fasc. *Farinacci.*

[102] C. DAMIANI, *Mussolini e gli Stati Uniti, 1922-1935*, Cappelli, Bologna, 1980, p. 274.

[103] Cfr. anche «Il Popolo d'Italia», 3 aprile 1927.

[104] R. CHERNOW, *The Hause of Morgan. An American Banking Dynasty and the Rise of Modern Finance*, Touchstone, New York, 1990, p. 279.

[105] Per il quotidiano di Mussolini le condizioni di emissione del prestito erano considerate «estremamente vantaggiose» e le migliori che fossero state fatte tra i vari istituti concorrenti; al buon fine dell'operazione era risultata essenziale «l'opera sagace ed accorta» del podestà; *La convenzione per il prestito di 600 milioni firmata ieri a Milano*, «Il Popolo d'Italia», 10 aprile 1927.

[106] «Il Popolo d'Italia», 9 e 10 aprile 1927.

[107] «Corriere della Sera», 1° aprile 1927. Volpi trattò direttamente il prestito statunitense (Casa Morgan) al Governatorato di Roma, ma seguì molto da vicino anche quello al comune di Milano; ACS, Fondo Giuseppe Volpi di Misurata, b. 12, fasc. 93.

offerte al comune da tale istituto fossero le «più vantaggiose» e quel prestito il «migliore sino allora stipulato nel paese»[108]. L'intera operazione si era svolta con una "strana" procedura, estremamente celere, sia a livello centrale (il governo aveva avallato la cosa, dietro impulso di Volpi e di Mussolini il 7 aprile 1927), sia a livello locale, e chiusa dal 3 al 10 aprile con tutti i dovuti passaggi legali[109].

Maggi, dunque, aveva descritto e denunciato a Mussolini e al governo le illecite attività di esponenti di primo piano del fascismo locale, Giampaoli e i suoi subalterni, in particolare Roberto Rossi, importante capo dell'ufficio stampa della federazione del Pnf, l'onorevole Ernesto Torrusio, Dino Redaelli, direttore dell'Azienda lombarda dei trasporti e Giovanni Dabbusi, titolare della ditta Rusconi-Dabbusi con gran giro di affari nel commercio di ferro e metalli. Questi uomini erano accusati di aver messo in piedi una vera e propria organizzazione a delinquere, dove ricatti, violenze, tangenti e concussione erano alla base di una prassi politica degenerata e corrotta. Anche Belloni, come Giampaoli, era accusato da più parti di «disonorare il fascismo per denaro», di sfoggiare un tono di vita vistosamente lussuoso e di usare il fascismo per scopi e interessi personali[110]. Contro Belloni, addirittura, le accuse erano circostanziate: la stessa polizia doveva, nel riassumere le "informazioni" raccolte, fare presente al Ministero dell'Interno che «la enorme maggioranza dei milanesi non vedeva di buon occhio l'attuale situazione municipale», proprio perché era «troppo evidente il profitto che [Belloni] aveva tratto dalla sua situazione politica per i suoi affari». Importanti esponenti del mondo economico, finanziario e industriale milanese segnalavano l'esistenza di un troppo stretto connubio tra politica e affarismo, impersonificato proprio in Belloni. Era poi, e in tal senso la denuncia di Maggi, opinione diffusa che il podestà avesse «avuto la senseria per il prestito al Comune». Alti esponenti del regime, come l'onorevole Alfieri, erano bene al coorente di queste vicende[111].

Farinacci, passata la prima tempesta contro Maggi e i primi gravi screzi[112], mostrò di non avere alcuna intenzione di cedere, anzi prese a tessere le fila di un vasto gruppo di malcontenti che criticavano i sistemi e le idee del fascismo milanese: Milano era individuato come la real-

---

[108] *Come sarà stipulato il prestito di 650 milioni*, «Corriere della Sera», 9 aprile 1927.

[109] *Il prestito di 30 milioni di dollari stipulato ieri con l'intervento del Ministro Volpi*, «Corriere della Sera» e *Il prestito a Milano di 30 milioni di dollari*, «La Stampa», 10 aprile 1927.

[110] Cfr. I. GRANATA, *Il partito nazionale fascista a Milano tra "dissidentismo" e "normalizzazione", 1922-1933*, in «Storia in Lombardia», 1-2, 1989, pp. 25-33.

[111] Relazione della polizia politica, Roma 13 febbraio 1928, in ACS, SPD, C/R, b. 80, fasc. *Belloni.*

[112] Cfr. anche «La Frusta», 12 febbraio 1928.

tà in cui la politica e l'affarismo si erano fusi, dove la sopraffazione, il clientelismo, la speculazione e la corruzione avevano pervaso e la cosa pubblica e lo stesso fascismo. Soprattutto i metodi di Giampaoli, "capo" di una vera e propria organizzazione a delinquere a protezione di affari e illeciti arricchimenti, erano apparsi intollerabili o, per lo meno, rappresentavano la punta più appariscente e degenerata del sistema, quanto quella più facilmente attaccabile, ad onta del sostegno del duce a quelle posizioni milanesi. E Farinacci, nel condurre la sua campagna di moralizzazione del partito, evidenziava – troppo sibillinamente – che «la responsabilità del fascismo milanese ce l'[avevano] il Duce e S. E. Turati. A Milano v'è anche il comm. Arnaldo Mussolini, che segue da vicino le vicende politiche locali»[113]. La tensione nel campo fascista raggiunse in breve livelli altissimi, che il vertice del Pnf non riuscì a controllare: al circolo "Oberdan", roccaforte degli squadristi di Giampaoli, più volte la polizia aveva segnalato di aver udito grida ostili contro l'ex segretario e la parola d'ordine «ammazzare Farinacci!» era sulla bocca di molti[114].

La sera del 20 agosto 1928, poco dopo le ventidue, Giovanni Amadori[115], un'ex iscritto agli Arditi di guerra, tesserato del partito dal 1924 (secondo alcuni addirittura diciannovista), squadrista e stretto seguace di Giampaoli, venne arrestato dagli agenti di PS posti dalla questura di Cremona nel palazzo de «Il Regime Fascista» a protezione di Farinacci. Amadori aveva chiesto, «con equivoca insistenza, di conferire con il direttore», ma il suo modo di fare piuttosto strano aveva allarmato gli agenti, il cui intuito non si rivelò sbagliato: durante la perquisizione, infatti, gli venne rinvenuto addosso un lungo coltello. L'episodio rimase assolutamente segreto e Amadori rinchiuso nelle carceri di Cremona e condannato a cinque mesi per porto d'arma abusivo, in attesa di vederci chiaro[116]. Le indagini sul conto di Amadori, nel giro di breve tempo, portarono alle facili conclusioni che si fosse in presenza di uno squadrista facinoroso («fascista della prima squadra d'azione formatasi a Milano»), senza stabile lavoro e con numerosi precedenti penali per lesioni e violenze private, in strettissimo contatto col gruppo dirigente milanese che faceva capo proprio a Giampaoli, per conto del quale – in passato – aveva già svolto alcune «missioni politiche». In carcere venne attentamente sorvegliato, la sua corrispondenza intercettata e i sospetti

[113] [R. FARINACCI], *Tre risposte*, «Il Regime Fascista», 8 febbraio 1928.

[114] Il prefetto al Ministero dell'Interno, Milano 21 agosto 1930, in Archivio di Stato di Milano [ASMI], Archivio di Gabinetto di Prefettura, I serie [AGP], b. 978, fasc. *Personalità fasciste*.

[115] ACS, CPC, b. 86, fasc. *Amadori Giovanni*.

[116] Le prime indagini in ASCR, AP, b. 69, cat. Ris.15.

condussero rapidamente ai presunti mandanti, individuati in particolare proprio, pur senza prove dirette (ma già il sospetto, in certi casi, poteva essere sufficiente) nella persona di Giampaoli[117]. La vicenda era resa ancora più ingarbugliata dal fatto che la Questura di Cremona aveva ricevuto, proprio negli stessi giorni di agosto, la segnalazione che si stava realmente complottando contro la vita dell'onorevole Farinacci, ma che l'azione doveva essere eseguita da antifascisti, forse cremonesi, già emigrati politici e rifugiati in Francia[118]. Ragion per cui le misure di sicurezza intorno al deputato si erano molto rafforzate, e proprio in esse era incappato Amadori[119]. Dimostrata l'intenzione di attentare a Farinacci, le indagini non si spinsero però troppo oltre per arrivare ai mandanti[120]; la vicenda, anzi, venne mantenuta nel più stretto riserbo. Trascorsa la condanna in carcere per il possesso dell'arma, Amadori venne di nuovo arrestato nel febbraio 1929 e il 4 luglio condannato alla pena di 3 anni di confino, per «essere stato fortemente sospettato di aver tentato di commettere, per incarico di terzi, un'azione delittuosa contro l'on. Farinacci»[121]. Amadori non confessò mai chi fossero questi "terzi", ma tra i più stretti collaboratori di Farinacci non tardò a farsi

[117] *Ibidem*. Una lettera dal carcere agli amici non lasciava molti dubbi circa il movente: «Caro Betti, ti ho inviato una lettera dove ti dicevo di recarti da quella persona di cui eravamo d'accordo prima che io partissi per Cremona e di quella ch'io non ho ancora ricevuto nulla. [...] Quando si tratta di galera tu sai già com'è il motivo. Ora mi devi fare un favore e recarti da quella persona di cui eravamo già d'accordo prima che io venissi a Cremona. Da quella tu ritirerai lire 2000 e tu di questo mi farai un vaglia [...]. Il nostro Direttore dirà com'è accaduta la cosa a Cremona». In un altro appunto Amadori mostrava però di essere in contatto anche con altri elementi legati a Turati, tanto che manifestò «il desiderio di conferire alcune cose all'onorevole Alfredo Giarratana» (gerarca bresciano, amico di Turati, ingegnere, giornalista e allora federale di Bolzano). Cfr. ACS, MI, PS, serie H2, b. 178, fasc. 149.

[118] In effetti ci fu anche quest'altro tentativo, con precisione segnalato dalla polizia politica. L'indiziato era un certo Luigi Rossi, ma c'era incertezza sulle sue esatte generalità. Un Luigi Rossi venne anche fermato dalla pubblica sicurezza proprio lo stesso giorno, il 20 agosto 1928, a La Spezia, ma fu rilasciato un paio di giorni dopo; ACS, MI, PS 1942, serie H2, b. 149, fasc. 178.

[119] Rimane da appurare, vista anche la capacità e l'esperienza di Amadori nel «compiere azioni delittuose», come indicarono le indagini della Questura cremonese, se ci fosse stata la reale volontà di portare a termine l'attentato o se non si fosse trattato piuttosto di un'azione dimostrativa per intimorire l'ex segretario.

[120] La mancanza di validi elementi probatori per denunziare Amadori per tentato omicidio impedì una lunga condanna dello squadrista milanese. Il capo della polizia comunicò la chiusura delle indagini a Mussolini, il quale convenne che per il tentativo di omicidio non ci fossero gli estremi. Bianchi aggiornò Farinacci sugli sviluppi delle indagini e gli comunicò le decisioni assunte, non ultima la possibilità di provvedere poi a una ulteriore condanna di Amadori; ACS, MI, PS H2, b. 149, fasc. 178.

[121] Amadori scontò l'intera pena al confino (Ponza) e rientrò a Milano nel febbraio 1932, «senza mutare atteggiamento né condotta» e subendo nuove condanne per lesioni e violenze; ACS, MI, Confinati politici, b. 19, fasc. *Amadori Giovanni*.

strada il convincimento che Giampaoli (a dispetto delle sue smentite[122]) non fosse l'unico cui guardare[123]... D'altra parte qualcosa di piuttosto grosso, infatti, stava bollendo nella città di Milano, e qualcuno azzardò che con Giampaoli (il quale seguitava a dire che «tutte le sue disposizioni prese da segretario federale erano emanazioni di ordini dall'alto...»[124]) potesse esserci anche Arnaldo Mussolini[125]. Farinacci non fece riferimenti precisi al fratello del duce, certo è che il tarlo tornava a battere spesso su questa vicenda[126]. Quando Amadori uscì dal carcere, in attesa della nuova condanna, i suoi amici e protettori milanesi, tra l'altro, erano appena usciti di scena, proprio in quei giorni, andando a precederlo sulla strada del confino.

Cosa fosse successo da provocare un così repentino cambiamento nella struttura dirigenziale del fascismo milanese ancora oggi non è certo. Sì, le accuse di Maggi e Farinacci erano gravi e investivano l'intero sistema politico-amministrativo del capoluogo lombardo, e a conti fatti si erano rivelate molto precise, come avrebbe testimoniato anche il

---

[122] Nello scrivere al duce, Giampaoli – ormai in disgrazia – mostrava di considerare il fatto come una sorta di montatura («l'offensiva iniziata contro di me, prima con l'attentato all'on. Farinacci, finito nel ridicolo, poi col cercare affannosamente una relazione fra la bomba di piazza Giulio Cesare [...] con lo scoppio del gas alla Oberdan, con le bombe di via Arcivescovado...»; M. Giampaoli, a B. Mussolini, Alassio 17 marzo 1929, in Acs, Spd, c/r, b. 46, fasc. *Giampaoli*.

[123] Oltre dieci anni dopo, infatti, fonti di polizia continuavano a segnalare che erano ancora consistenti le voci che volevano Arnaldo Mussolini tra i mandanti dell'attentato a Farinacci; Milano, 2 febbraio 1939, in Acs, Mi, ppfp, cat A, b. 32, fasc. *Farinacci*.

[124] Nota fiduciaria di V. Benuzzi, Roma, 22 luglio 1931, in Acs, Mi, ppfp, b. 309, fasc. *Clerici Gino*.

[125] L'ipotesi, tuttavia, sembra un po' difficile; proprio Arnaldo così scriveva a Turati sulle vicende di Milano, il 22 settembre 1928: «Vi è stata una riunione, ieri sera, alla quale io sono intervenuto, invitato, e che ho presieduto. Ha parlato Giampaoli, il quale ha fatto anche alcune affermazioni esagerate nei riguardi di Farinacci. È saltata fuori la diceria assurda che egli avesse voluto colpire l'ex segretario generale. L'ambiente si è eccitato. Io ho parlato con tono assai chiaro, dicendo di non drammatizzare certe situazioni e pettegolezzi. Tuttavia, non so se la vertenza aperta con Farinacci possa dirsi così chiusa. Non ci sarebbe da farsi meraviglia che temperamenti esasperati potessero compiere dei gesti inconsulti». *Carteggio Arnaldo-Benito Mussolini* (a cura di D. Susmel), cit., p. 293.

[126] La *vox populi* continuò a circolare per diverso tempo, così un'informativa della polizia (l'informatore era del gruppo di Tagliavacche) la riportava: «Una specie di leggenda circonda l'on. Farinacci. Tempo fa, egli, infatti, sarebbe stato oggetto di un attentato da parte di un giovane, biondo, alto: costui fece per passare in redazione, ma, fermato dall'agente e perquisito, fu trovato in possesso di un lungo coltello a serramanico. Dalla prigione, egli affidò a un prigioniero che usciva in libertà, quattro lettere, una delle quali si afferma diretta a Arnaldo Mussolini, che sarebbe stato uno dei mandanti». Certo che se l'informatore, nella descrizione dell'attentatore, avesse sottolineato il particolare che questi aveva sei dita nella mano destra, allora la notizia avrebbe potuto essere qualcosa di più consistente di una semplice voce...; per la descrizione fisica di Amadori, Acs, cpc, b. 86, fasc. *Amadori Giovanni*.

vice segretario federale Rino Parenti[127]; ma le notizie scandalistiche di quelle denunce non avevano niente di così sensazionale che non fosse noto non solo ad Arnaldo e Turati, ma pure allo stesso Mussolini[128]. Dunque la questione morale non poteva essere che il pretesto per quel brusco quanto repentino rivolgimento del fascismo milanese, avvenuto in tempi estremamente rapidi. Le avvisaglie si erano avute proprio nel settembre 1928, allorquando, sotto il peso di un bilancio comunale molto dissestato[129], Mussolini (anche Arnaldo gli comunicò che la situazione milanese, nonostante il suo appoggio passato, non era oltre sostenibile[130]) ingiunse a Belloni le dimissioni da podestà, insieme alla sua amministrazione, compresi i vice podestà Torrusio e Morgagni. Poco dopo Starace, inviato quale commissario straordinario della federazione di Milano il 18 dicembre 1928, nel giro di qualche settimana mise con le spalle al muro l'intero gruppo dirigente fascista: Giampaoli, Roberto Rossi, Dino Redaelli[131] e altri 32 esponenti di rilievo vennero prima espulsi dal Pnf per indegnità e poi condannati (nel febbraio '29) al confino di polizia con pene variabili dai 3 ai 5 anni[132]. Le accuse loro rivolte, in massima parte, erano molto gravi e le relazioni della Prefettura di Milano su quegli uomini tratteggiavano piuttosto un'associazione malavitosa che un gruppo dirigente: aggressioni, violenze private,

---

[127] Cfr. l'ampio memoriale di Parenti e l'interrogatorio di Starace, in ACS, Fondo Manlio Morgagni, b. 67, fasc. 9, fasc. 1.

[128] Se non altro attraverso le numerose missive anonime a Mussolini; ACS, SPD C/R, b. 46, fasc. *Giampaoli* e b. 80, fasc. *Belloni*.

[129] Il disavanzo ufficiale della gestione 1927 era di 160 milioni di lire dell'epoca, quello del 1928 di 180 milioni: in realtà il deficit era di ben 700 milioni; relazione di F. Borromeo, Milano 18 luglio 1929, in ASCR, Tribunale di Cremona [TCR], b. 2320.

[130] «Nei riguardi della situazione milanese, tu sai che fino all'altro giorno ho sostenuto un punto di vista che mi sembrava il meno peggio. Oggi però sono indotto a dirti che le cose non vanno. Inutile che te le spieghi a lungo. Lo dirò a Turati la prossima volta che verrà qui, ma se credi posso farti un esposto a Roma diffusamente»; A. Mussolini a B. Mussolini, Milano 20 novembre 1928, in *Carteggio Arnaldo-Benito Mussolini* (a cura di D. Susmel), cit., p. 162.

[131] Dino Redaelli, in questo contesto, assunse rilevanza perché sarà lui a offrire il grimaldello a Farinacci per scardinare la situazione milanese, consegnando proprio all'ex segretario documenti e prove di assoluto rilievo. Interessante un memoriale di Redaelli per la revisione della sua condanna, nel quale afferma: «Ora io dichiaro che siccome l'on. Farinacci, per molto tempo avversato da Giampaoli, è stato uno dei suoi più efficaci denigratori, aveva diritto di avere da me certe spiegazioni. Si può onestamente rimproverare al sottoscritto questo gesto, quando tutti coloro che a Milano hanno alimentato quotidianamente la campagna antifarinacciana, si sono messi in disparte assumendo la parte di giudici degli innocenti che venivano nella forma più brutale travolti e perseguitati?». Redaelli divenne un importante agente farinacciano, soprattutto per le manovre contro Torrusio; ACS, MI, PPFP, cat. A, b. 75, fasc. *Redaelli*.

[132] L'elenco, le accuse e le condanne dell'intero gruppo dirigente milanese, in ACS, CPC, b. 4457, fasc. *Rossi Roberto*.

soprusi, taglieggiamenti, speculazioni, corruzione, illeciti guadagni; tutti – insomma – erano accusati di aver agito con tali metodi. Ma quei condannati sostenevano di aver agito su ordine delle «superiori gerarchie, per il bene della causa fascista», e non mancarono di ricordarlo nella loro difesa. Redaelli, per esempio, fece intendere di «essere stato disciplinato e devoto a [quella] gerarchia riconosciuta e apprezzata dal Governo nazionale e dal partito», e di stare zitto solo per «senso di disciplina fascista», ma che non era comunque disposto a pagare a lungo per «colpe di terzi che, ben protetti, hanno creduto opportuno nascondere le loro responsabilità». Il riferimento non poteva essere che per Arnaldo Mussolini e, in via subordinata, per Turati[133] (così ancora Redaelli: «si può onestamente rimproverare al sottoscritto [...], quando tutti coloro che a Milano hanno alimentato quotidianamente la campagna antifarinacciana, si sono messi in disparte, assumendo la parte di giudici degli innocenti che venivano nella forma più brutale travolti e perseguitati?»). Ancora più esplicito, invece, Rossi, il quale scriveva a Morgagni, ché ricordasse al duce:

> Oggi a Milano siamo tutti segnati a dito e sembra che tutti noi abbiamo un tempo disguazzato nelle spazzature [...]. Oggi il perno politico sembra spostato e tutti i fascisti guardano a Cremona come la nuova sede della direzione del Partito, ed accorrono ad inginocchiarsi umili davanti a Farinacci, nuovo duce salvatore del Partito e del patrimonio spirituale del fascismo. In queste condizioni la nostra situazione è abbastanza precaria, perché noi abbiamo effettivamente combattuto Farinacci. Oggi dovremo subire il colpo della sua vittoria, a meno di svelare che noi abbiamo agito contro di lui in perfetta buona fede, colla certezza di fare cosa grata al Duce vero, che lo considerava come un ribelle. Potremo appoggiare le nostre asserzioni dando i nomi di quelli che ce lo hanno ordinato e dire poi chi furono le autorità e i gerarchi che ci complimentarono. Questo potrei farlo, ma preferisco tacere e occuparmi del mio lavoro, levandomi dall'ambiente milanese...[134]

Mussolini fu generoso nei confronti dei 35 camerati milanesi che avevano avuto il solo torto di seguire, e piuttosto bene, le direttive delle

---

[133] «In questo argomento un mio interrogatorio si rende necessario; molte tristi verità e molti oscuri retroscena della politica milanese sono stati a me addebitati per meglio colpire Giampaoli; io sono troppo fascista per esporre molti fatti gravi». Nel ricordare la fiducia e l'autorità godute presso le più alte gerarchie, Redaelli faceva qua e là intendere di sapere molte e gravi cose, ma che avrebbe parlato soltanto con «gerarchie di Partito debitamente autorizzate». Ricorso di D. Redaelli alla Commissione d'appello per il confino di polizia, Roma, 10 marzo 1929, in ACS, MI, Confinati politici, b. 853, fasc. *Redaelli Dino*. Proprio subito dopo la consegna a Farinacci di alcune prove materiali relative alla manovra contro di lui, Redaelli venne arrestato a Roma.

[134] R. Rossi a M. Morgagni, Milano 15 ottobre 1930, in ACS, CPC, b. 4457, fasc. *Rossi Roberto*.

«superiori gerarchie» e dopo un anno tutti vennero prosciolti dal confino e tornarono a Milano. Ma nel capoluogo il clima era mutato: anche Dabbusi, schiacciato dal peso dei debiti accumulati con la sua ditta, aveva dichiarato fallimento, dando così ragione a Farinacci circa la solidità di quelle posizioni politiche, economiche e morali; a detta di molti, il processo che il console dovette subire nel dicembre del '29 non avrebbe però potuto spingersi a fondo, per non far emergere responsabilità e interessi di altre alte personalità («tutti sanno – relazionava Tagliavacche – che il nome di Arnaldo Mussolini costituì il punto d'arresto [del processo]»), e infatti Dabbusi, con la condanna, venne lasciato «solo a scontare colpe di altri»[135].

Nel settembre 1928 Farinacci sembrò essere tornato in auge e la sua "quarantena politica" terminata, in quanto Mussolini, il 4 settembre, decise di chiamarlo a far parte del Gran Consiglio, la cui riunione era prevista per il 17 settembre[136]. Si trattò di una grossa soddisfazione personale, per Farinacci, che poté pensare di aver definitivamente lasciato alle spalle il brusco periodo di contrasti e di feroci scontri: la nomina, se poteva far pensare a una "ricompensa" (la questione dell'attentato era ancora fresca...), sembrava aprire la porta a una possibile ripresa politica[137]. Farinacci si compiacque con se stesso per aver resistito a tale e tanta pressione esercitatagli contro, e tornò subito a cavalcare i suoi argomenti preferiti, richiamando il fascismo alla disciplina, alla fede, alla moralità e alla purezza, adducendo la sua vicenda personale come esempio[138]. Proprio su questa falsariga, come suoi primi atti politici rilevanti dopo la "resurrezione", commentando alcune decisioni del Gran Consiglio in tema di intransigenza politica e morale del Partito, affermò che l'argomento non era nuovo, perché da tempo lui stava conducendo una campagna contro «certe profanazioni, perché il partito può soltanto temere le infiltrazioni nelle sue file di impuri e di uomini che del distintivo e della tessera si servono per soddisfare le loro ambizioni e i loro interessi egoistici». E, a chiosa finale: «siamo d'accordo che non bisogna generalizzare. Sarebbe come voler denigrare il duomo di Milano solo perché su un cornicione si è depositata della polvere o nelle sue insenature ha preso albergo qualche parassita»[139]. E l'attacco non era a sproposito, ma seguiva di poco le dimissioni di Bel-

---

[135] Milano, 3 novembre 1929 e Milano, 27 maggio 1932, in ACS, MI, PPFP, b. 374, fasc. *Dabbusi*.

[136] «Il Regime Fascista», 5 settembre 1928.

[137] Cfr. ACS, MI, PPFM, b. 101, fasc. *Direzione generale del Pnf*.

[138] [R. FARINACCI], *A discussione finita*, «Il Regime Fascista», 1° settembre 1928.

[139] [R. FARINACCI], *Intransigenza morale e politica*, «Il Regime Fascista», 22 settembre 1928.

loni da podestà di Milano, del 5 settembre. Era chiaro che le questioni erano strettamente connesse e Mussolini (che già aveva redarguito Farinacci per i suoi «commenti alla crisi municipale di Milano») si mostrò piuttosto sensibile al fatto e invitò perentoriamente il deputato cremonese a essere preciso nelle accuse, adducendo prove consistenti[140]. Forse Farinacci non disponeva ancora di solidi elementi probatori, ma Mussolini provvide di lì a breve, abbiamo visto in dicembre, a far epurare profondamente il Pnf milanese; due settimane dopo quegli articoli di Farinacci, intimò al fratello di dimettersi immediatamente da presidente della Deputazione provinciale milanese e dai consigli di amministrazione di vari istituti[141]. La veloce inchiesta di Starace nel fascismo milanese, chiusa in due mesi, fece realmente tabula rasa del vecchio gruppo giampaolino, ma l'opinione pubblica si orientò nel giudicare incompleta l'epurazione, sostenendola limitata alle figure secondarie, perché mancava la volontà di colpire in alto (come dicevano pure Redaelli e Rossi...)[142]. Certo è che la posta era grossa, perché sarebbero potuti venire alla luce scandali compromettenti per il regime[143].

Ad ogni modo i rapporti tra Mussolini e Farinacci tornarono a farsi molto tesi, come ampiamente testimoniato dallo scambio epistolare intercorso tra i due per quella vicenda. Tra l'altro, nella stessa riunione del Gran Consiglio del 20 settembre, Farinacci cercò di sondare il terreno per alcune riforme del Pnf, sostenendo la riduzione della composizione del partito a poche migliaia di iscritti (50-100 mila al massimo, sì da formare una «élite politica del popolo»), l'«epurazione dei profittatori» e la concessione di una certa libertà di stampa[144]. Su queste basi era chiaro che le riserve di Mussolini erano insuperabili: lo stesso Arnaldo, nei lunghi colloqui con l'ex segretario, concludeva che questi era ormai fuori dalle direttive e dalla necessità politica del momento,

---

[140] Cfr. B. Mussolini al prefetto di Cremona, Roma 7, 22 e 25 settembre 1928, in ACS, SPD, C/R, b. 40, fasc. *Farinacci*.

[141] Cfr. *Carteggio Arnaldo-Benito Mussolini* (a cura di D. Susmel), cit., p. 158.

[142] Alla conclusione di quelle vicende politiche milanesi, anche la stampa di opposizione all'estero dedicava alcuni commenti, ricordando che il podestà era in «criminosa alleanza» con Arnaldo Mussolini e Giampaoli, scriveva che: «quando Giampaoli, nonostante le ripetute manifestazioni di solidarietà e di plauso tributategli dal suo degno capo Benito, non poté più resistere alla mutua indignazione dei milanesi ed alle gelosie dei concorrenti, parve per un momento che dalla stessa ondata sarebbero stati travolti Arnaldo e Belloni. Ma il primo si salvò perché i vincoli del delitto si confusero, in mutua protezione, con quelli del sangue; e il secondo perché minacciò nettamente di tirare in ballo "nostro fratello"»; *Nudi alla metà*, in «Il Becco Giallo», 15-31 luglio 1929.

[143] I. GRANATA, *Il Partito nazionale fascista a Milano tra "dissidentismo" e "normalizzazione" (1923-1933)*, cit., p. 44.

[144] Informativa di polizia, Roma 15 settembre 1928, in ACS, SPD, C/R, b. 30, fasc. *Gran Consiglio*.

tanto da scrivere al fratello che, nonostante la buonafede, c'era un elemento che «allontanava inesorabilmente» Farinacci, ed era «la sua concezione retrograda sul movimento fascista e sullo Stato»[145].

A niente valse allora defilarsi sempre più, facendo il massimo sforzo per mantenersi in linea e plaudendo acriticamente a ogni "svolta" (dalla costituzionalizzazione del Gran Consiglio, alle elezioni plebiscitarie, alla risoluzione della questione romana[146]), lasciare sul suo giornale gli articoli politici all'amico Dario Lischi (Darioski), diradare i brevi pungenti editoriali di spalla (generalmente di Pantaleo o di Masi). Pur confermato – era ancora uno degli esponenti più rappresentativi del regime[147] – nella lista per il rinnovo della Camera dei deputati nel marzo '29, l'attività di Farinacci si ridusse notevolmente e perse molto significato: comizi privi di mordente, pochi discorsi ufficiali, articoli senza idee originali. Addirittura nell'aprile 1929, dopo le elezioni plebiscitarie e in seguito alle nuove disposizioni di incompatibilità tra le cariche di segretario federale e di deputato[148], Turati ebbe infine il modo di escluderlo dalla carica di federale di Cremona[149], toccando quindi Farinacci il punto più basso della carriera politica (e secondo alcuni quella disposizione di incompatibilità era ad hoc, proprio per Farinacci...) e obbligandolo, di conseguenza, a dedicarsi ad attività frondista, in attesa di una rivincita (ma del resto anche molti dei suoi antichi e più vicini deputati di fede intransigente erano stati allontanati, sospesi o espulsi, dal Pnf: così Grancelli, Barbiellini, Olivi, Ravazzolo, Maggi). Le voci secondo le quali dal 1929 l'ex segretario fosse sul punto di costituire un gruppo politico organizzato erano di dominio pubblico e le Questure di Cremona, Milano, Parma, Pavia, Piacenza, Udine vigilavano attentamente la cosa. Così il prefetto di Piacenza relazionava:

---

[145] A. Mussolini a B. Mussolini, Milano 21 e 26 settembre 1929, in *Carteggio Arnaldo-Benito Mussolini* (a cura di D. Susmel), cit., pp. 175 e 181.

[146] Cfr. gli articoli di R. Farinacci, *Sintesi rivoluzionaria*, *La Camera è sciolta*, *L'incredibile divenuto realtà* e *Il significato del Plebiscito,* «Il Regime Fascista», 21 settembre 1928 e 18 gennaio, 12 febbraio e 21 marzo 1929.

[147] Posizione, questa, da lui stesso rivendicata; [R. FARINACCI], *Doccia fredda*, «Il Regime Fascista», 19 febbraio 1929.

[148] Per Turati (e per Mussolini) si trattò dell'occasione buona per eliminare le vestigia di qualche vecchio rassato: vennero sostituiti ben 38 segretari federali che erano stati eletti alla Camera, e tra questi proprio alcuni dei maggiori esponenti del vecchio intransigentismo, come Arpinati, D'Addabbo, Pierazzi, Tarabini, Scorza e lo stesso Farinacci; cfr. «Il Giornale d'Italia», 4 aprile 1929.

[149] Nel ruolo di segretario federale, Farinacci aveva svolto una politica svincolata dalle direttive del Partito, continuando anzi a svolgere il congresso provinciale tutti gli anni e a riunire ogni sei mesi i segretari politici dei Fasci: «le nomine venivano d'alto – sosteneva – ma senza il consenso della base nessuno poteva dirsi legittimato»; il prefetto al Ministero dell'Interno, Cremona 30 settembre 1929, in ACS, MI, PS, 1928, b. 198, fasc. *Cremona*.

> È stato riferito che il 25 [settembre 1929] alla stazione di Codogno l'avvocato Romagnoli Luigi, incontratosi col giornalista Mirko Ardemagni de «Il Popolo d'Italia» si intrattenne con questi sulla situazione politica. Il Romagnoli avrebbe detto che a Cremona si era formata un'organizzazione capitanata dall'on. Roberto Farinacci e composta di elementi fascisti espulsi o dissidenti allo scopo di promuovere un vasto movimento contro l'attuale indirizzo del governo. Avrebbe aggiunto che al movimento hanno aderito dissidenti di circa 50 province, in ciascuna delle quali si troverebbe un nucleo organizzato e che sarebbe intenzione di tentare al più presto, entro 3 mesi, un colpo di mano sulla persona del Duce, per costringerlo a cambiare uomini e la politica finanziaria[150].

E anche la Prefettura di Como segnalava simili manovre: «risulterebbe che si è iniziato in provincia un movimento che tende a raccogliere oltre che esponenti vecchia situazione provinciale scontenti attuale situazione politica anche accentuazione fuori del partito intorno ad un programma che tenderebbe a valorizzare on. Farinacci nella politica nazionale»[151]. La notevole attività occulta e frondista di Farinacci in quel periodo, avendo egli perduto visibile ruolo nazionale, gli consentì comunque di rafforzare o estendere l'influenza politica in molti ambienti, da quelli economici (Arturo Osio, il governatore della Banca Nazionale del Lavoro, per esempio, era una delle sue tante fedeli creature ed era stato da lui imposto[152]), a quelli imprenditoriali, da quelli militari a quelli, persino, istituzionali – realizzandosi la sempre più marcata vicinanza con Casa Savoia[153]. Nel Partito tuttavia, nonostante ripetuti incontri con Arnaldo, le posizioni erano troppo distanti, e parvero destinate ad aumentare ancora, allorquando il nuovo Direttorio nazionale del Pnf (nominato da Turati il 1° ottobre 1929) venne considerato da Farinacci costituto come «in odio alla [sua] persona»[154], essendo stati inclusi alcuni suoi nemici politici personali (Klinger, Roberto Maltini e Carlo Ema-

---

[150] Il prefetto al Ministero dell'Interno, Piacenza 30 settembre 1929, in ACS, MI, PS, b. 185, fasc. *Fasci dissidenti*.

[151] Il prefetto al Ministero dell'Interno, Como 25 dicembre 1929, in ACS, SPD, C/R, b. 40, fasc. *Farinacci*.

[152] Cfr. ACS, PCM, Gabinetto, 1926, fasc. 6.1.1050 e V. CASTRONOVO, *Storia di una banca. La Banca Nazionale del Lavoro e lo sviluppo economico italiano, 1913-1983*, Einaudi, Torino, 1983, p. 98.

[153] [R. FARINACCI], *Viva il Re!*, «Il Regime Fascista», 11 novembre 1928: «il Re, sanzionando le più ardite riforme, ha dimostrato di possedere una perfetta intelligenza del fascismo, il quale non distacca l'essere e l'avvenire della Patria dalla Dinastia...».

[154] «Il Maltini Roberto, quando si creò il cretinesco episodio della Banca di Parma, venne a Cremona accompagnato da una certa prostituta francese [...]. Nel 1926 all'albergo Italia convocò un gruppo di dissidenti cocainomani e farabuttelli, con l'intenzione di creare disordini per minare la compagine del fascismo cremonese. Ad alcuni dissidenti disse le testuali parole: "se volete fottere Farinacci bisogna farci scappare un morto. Solo così la Direzione del partito potrà inviare un commissario straordinario e capovolgere la situazione". L'on. Ranieri fu espulso da me dal partito. In unione al console Forti (allonta-

nuele Basile, con Angelo Nicolato e Ranieri ispettori generali).

Del resto nella prima quindicina di luglio del '29, Farinacci era tornato ancora più volte sulla richiesta di «smascherare gli indegni», di pretendere la massima «dirittura morale»[155], di guardare meglio nelle vicende milanesi. Sentendosi sicuro di quel che faceva e col "feudo" cremonese ben compatto – nonostante i rilevanti cambiamenti avvenuti (Turati sosteneva che per il Partito Cremona era... «all'estero»[156]) – con ben tre corsivi sul proprio quotidiano, prendendo a pretesto proprio un discorso di Mussolini alle gerarchie milanesi del 10 luglio[157], Farinacci accusò apertamente di fatti molto gravi, «con deliberata volontà», come sottolineava, l'ex podestà di Milano, Belloni. Il ruolo politico di quest'ultimo (e il «sistema d'idee» che sì bene esso rappresentava e sosteneva) stava del resto ritornando piuttosto ingombrante: eletto nella nuova Camera per la XXVIII legislatura, Belloni era in procinto di acquistare il quotidiano milanese «Il Secolo – La Sera» e di diventare nuovo ministro dell'Economia Nazionale, ben visto e spalleggiato da Turati e dallo stesso Mussolini[158]. Farinacci perciò, in quell'estate del

---

nato dalla Milizia perché nel 1926 firmava ancora giuramenti massonici) condusse a Parma nel 1926 una feroce campagna contro i fascisti cremonesi i quali non hanno ancora dimenticato. L'on. Ranieri obbligò i fascisti a ritirare dalle sedi dei Fasci la mia fotografia e questo per disprezzo al gerarca che un giorno lo punì col benestare del Duce. L'on. Nicolato, pure nel 1926, frugava fra le carte della Cassa di Risparmio di Voghera con l'intento di trovare documenti che comprovassero le mie relazioni d'affari col defunto conte Lusignani. Infatti una lettera di presentazione del Partito fu trovata e portata a S. E. Turati, il quale forse ancora non sa che quella lettera fu scritta e fatta dattilografare non da me ma dall'on. Melchiori. L'on. Basile non gode soverchio entusiasmo fra i fascisti dell'alta Italia»; R. Farinacci a B. Mussolini, Cremona 3 ottobre 1929, in ACS, SPD, C/R, b. 41, fasc. *Farinacci.*

155 [R. FARINACCI], *Il Dovere dei Gerarchi*, «Il Regime Fascista», 10 aprile 1929.

156 A. Turati a R. Farinacci, Roma 31 ottobre 1929, in ACS, SPD, C/R, b. 40, fasc. *Farinacci*; in effetti il fascismo cremonese era estremamente compatto, senza attività di dissidenza (A. Zanibelli alla Federazione provinciale del Pnf, Casalmaggiore 30 marzo 1929, in ASCR, AP, b. 90); Farinacci ottenne anche un prefetto di suo gradimento, quando Rossi dovette essere collocato a riposo, nella persona di Luigi Cambiaggio (Farinacci scrisse, annunciandolo alla cittadinanza: «è un vecchio camerata, legato a noi da tempo da sincera amicizia»). Rossi, al corrente di molte vicende e retroscena locali, venne nominato preside della provincia; ACS, MI, Presidi e Rettorati provinciali, b. 9, fasc. *Cremona* e «Il Regime Fascista», 7 luglio 1929.

157 *"Guai ai profittatori!". Il discorso del Duce ai fascisti milanesi*, «Il Regime Fascista», 11 luglio 1929.

158 Così Varenna ammoniva Farinacci: «Già da qualche giorno a Milano corre la voce dell'avvenuta vendita del giornale "Il Secolo – La Sera" al gruppo Belloni-Panzarasa-Ponti di Torino. Puoi immaginare nell'ambiente serio, che pessima impressione abbia fatto questa voce. Presidente del Consiglio di Amministrazione del giornale è Arnaldo Mussolini. Oggi incontrai gli amici De Capitani e Gorla. Mi dissero cose importanti e serie. Loro hanno chiesto una udienza al capo. Credo siano decisi a dimettersi, e ne hanno ragione. De Capitani ti vedrebbe molto volentieri. Da parte mia ti debbo dire che anch'io credo opportuno tu lo ascolti. Qui non si tratta di politica locale, come tu ben capisci»; E. Varenna a R. Farinacci, Milano 4 luglio 1929, in ACS, FRF, b. 36, fasc. *Varenna.*

'29, avendo sufficientemente esteso la sua influenza nel capoluogo lombardo (lo stesso podestà De Capitani era in stretti rapporti di amicizia con l'ex segretario, così come alcuni membri del nuovo direttorio federale), accusò Belloni di aver sfruttato il fascismo a fini personali, di essere entrato in molti Consigli d'amministrazione solo grazie alla carica politica, di aver gestito malamente varie società municipalizzate (in particolare la nettezza urbana), di illeciti amministrativi e, soprattutto, di aver stipulato un prestito per il comune con la banca americana Dillon & Read, scartando offerte ben più vantaggiose, tra cui quella della Banca Commerciale (addirittura!) e quella della banca americana Blair (che avrebbero consentito vantaggi superiori al prestito concordato, rispettivamente di 3 e 9 milioni di lire)[159]. Alle repliche di Belloni sulla stampa[160], Farinacci non si scompose, ma confermò le dichiarazioni, aggiungendo altri precisi particolari e inviando un esposto (con vasta documentazione a corredo) a Mussolini, affinché fosse lui a occuparsi della vicenda (cosa che il duce fece subito, nominando una commissione d'inchiesta)[161]. Dietro quelle accuse c'erano molti fatti veri, e già noti anche al grande pubblico, e Mussolini non poté ovviamente esimersi – sperando di chiudere quanto prima quel "pasticciaccio" e lavare i panni sporchi all'interno dell'apparato – dal convocare un giurì d'onore che valutasse i fatti e risolvesse la vertenza nel giro di un mese[162]. La commissione d'inchiesta dette ragione nella sostanza, ma torto nella forma, a Farinacci, e, soprattutto, non volle entrare nel merito della faccenda del prestito americano dell'aprile 1927, pur affermando (e le contraddizioni di Belloni non erano state poche...) che «la procedura seguita non si era svolta con la regolarità e le rigorose cautele che l'importanza dell'operazione avrebbe richiesto». Farinacci venne deplorato, «nella maniera più formale – aggiungeva la condanna di Mussolini – per

---

[159] Cfr. *Corre voce*, *L'on. Belloni* e *Fatti e non parole*, «Il Regime Fascista», 11, 13 e 14 luglio 1929.

[160] Cfr. «Il Secolo – La Sera», 12 luglio 1929.

[161] Telegramma di B. Mussolini al prefetto di Cremona, Roma 14 luglio 1929, in Acs, Spd, c/r, b. 42, fasc. *Farinacci*.

[162] La commissione dei "Tre senatori" era composta dal generale Luigi Ferrari, dall'avvocato Silvio Longhi (presidente di sezione della Cassazione) e dall'avvocato Adolfo Berio (presidente di sezione del Consiglio di Stato); *L'on. Belloni sarà giudicato da un Comitato d'inchiesta*, «Il Regime Fascista», 16 luglio 1929. La commissione tenne ben 18 sedute, ascoltò 28 testimoni e visionò numerose carte e documentazione anche riservata, per valutare la condotta di Belloni, secondo le denunce di Farinacci, in ben 7 capi d'accusa (prestito americano; cattiva amministrazione, irregolarità formali e sconvenienza intrinseca di molti provvedimenti amministrativi – tra cui la gestione delle società municipalizzate del gas e delle nettezza urbana; scorrettezza morale, per «aver fatto incetta di consigli di amministrazione di varie società – ben 12, di cui alcune, come l'Italgas, con rapporti diretti col comune; attività amministrativa e morale altamente censurabile).

aver lanciato pubblicamente gravissime accuse diffamatorie, toccanti direttamente anche il Governo»; ma ricevette in privato le congratulazioni dei tre commissari: il generale Ferrari – si diceva in giro – avrebbe persino abbracciato Farinacci a vertenza conclusa, dicendogli: «Lei ha salvato l'Italia, e continui a salvarla»[163]. Belloni, invece, (la cui condotta privata e amministrativa non era stata considerata immune da grossi rilievi e da forti censure dalla commissione) venne sospeso, il 3 agosto 1929, a tempo indeterminato da ogni attività politica (e l'ex podestà annunciò di dimettersi pure da deputato)[164].

Nonostante le intenzioni del regime di imporre la sordina alla vertenza, nell'opinione pubblica «l'impressione della polemica [fu] molto forte – così sostenne il questore di Milano – e fece più presa di quello che non si credesse». Nel pubblico quelle accuse avevano tra l'altro confermato l'opinione di un sistema politico corrotto e di una classe dirigente ambiziosa quanto priva di scrupoli morali ed etici; per questo si era cominciato a guardare con simpatia alle «polemiche ardite» imbastite da Farinacci, nell'«attaccare a fondo Italo Balbo, Arnaldo Mussolini» e Turati. L'opinione pubblica, immediatamente, si mostrò favorevole a Farinacci, tanto che secondo il prefetto Pericoli molti ritenevano «ingiustificata» l'azione disciplinare contro di lui (e il Ministero dell'Interno si affrettò a schedare i telegrammi pervenuti a Farinacci)[165]:

I fautori dell'on. Farinacci, e cioè gli agricoltori in genere, i vecchi fascisti in particolare, che vedono di malocchio gli ultimi arrivati, che del fascismo si servono per raggiungere cariche lucrose ed onorifiche, e tutti quelli che vorrebbero continuamente inchieste ed epurazioni, danno piena ragione all'on. Farinacci, tanto che si dolgono persino della deplorazione del Duce e credono con convinzione che i documenti esibiti da Farinacci avessero effettivamente della consistenza[166].

[163] Il questore al prefetto, Milano, 10 agosto 1929, in ASMI, AGP, b. 978, fasc. *Personalità fasciste.*

[164] Le conclusioni dell'inchiesta apparvero sulla stampa; cfr. «Il Regime Fascista», 3 agosto 1929.

[165] Il prefetto al Ministero dell'Interno, Milano 3 agosto 1929, in ACS, SPD, C/R, b. 42, fasc. *Farinacci.* «Il rimprovero di Farinacci non è giustificato, perché il popolo tutto vede... e non sempre crede. E ciò perché Belloni dal nulla è diventato ricco: queste ricchezze, da dove sono giunte a lui? La Nazione, invece, riconosce a Farinacci il merito di aver smascherato gli intriganti ed i disonesti: noi gli siamo riconoscenti»; questo il tono, per esempio, di una delle molte lettere inviate a Farinacci o a Mussolini, che mostravano chiaramente quanto il senso della giustizia – a volte anche soltanto demagogica – fosse assai più vivo e presente di quanto potesse ufficialmente trapelare. Cfr. ACS, PCM, Gabinetto, 1928-1930, fasc. 1.5.1.8162, *Vertenza Belloni* e il capo della polizia al prefetto di Cremona, Roma 3 agosto 1929, in ACS, SPD, C/R, b. 80, fasc. *Belloni.*

[166] Il questore al prefetto, Milano 9 agosto 1929, in ASMI, AGP, b. 63, fasc. *Deputati, affari individuali: Belloni Ernesto.*

Nonostante il consenso popolare a suo favore[167], la "sentenza" era in effetti una mezza sconfitta, per l'ex segretario, perché di fatto la *querelle* non gli schiudeva nessuna porta per tornare a incarichi di rilievo; anzi, essendo risultata pessima la figura che nella vicenda aveva fatto il governo (l'azione di Volpi era stata censurata sia dal pubblico che dalla commissione), con la riforma del Gran Consiglio, in dicembre, Farinacci venne escluso per ritorsione dall'importante assise. La deplorazione, inoltre, gli dava la patente ufficiale di eterodosso, di dissidente e di "complottatore" ai danni del fascismo e del regime, piuttosto che di sua «sentinella vigile»; di «antifascista», piuttosto che di benemerito della causa[168]. I suoi numerosi sostenitori, coloro che continuavano a guardare a lui «come a Colui che un giorno potrebbe dare un'impronta più moderna, diciamo così, all'attuale stato di cose» non comprendevano tale atteggiamento del potere nei suoi riguardi («quando si nega che il Partito è stato salvato da lei, dopo il delitto Matteotti, si commette un grave atto di ingiustizia e di ingratitudine. Tuttavia incolpare quasi, lei, di antifascismo, e forse di alleanza coi nemici del Partito, equivale a non comprenderla affatto, oltre che offenderla ingiustamente nei suoi più puri sentimenti»), lo richiamavano alla prudenza, al silenzio, magari sdegnato e consapevole, ma al silenzio nella polemica che si giudicava, almeno dall'estero, l'anticamera della sua definitiva uscita di scena: «freni il suo giusto sdegno e diventi lei pure più cauto [...]. Le conviene appartarsi in silenzio, non però come un vinto, ma quale un disciplinato che attende da tempo la sua nobile rivincita. Lo farei con un preventivo atto di audacia severa e serena, affinché chi la segue – e gli ammiratori suoi sono di tutta Italia – non abbia a perdere la fede in lei riposta, o non la consideri un vinto»[169].

A trasformare quella mezza sconfitta in vero trionfo provvide però, dopo qualche mese, Belloni, il quale, dietro la pressione di Turati e di Mussolini (Giunta, allora sottosegretario alla Presidenza del Consiglio dei Ministri manifestò massimo interesse verso Belloni)[170], provvide il

[167] Napoli, 6 gennaio 1929, in Acs, Mi, PPFP, b. 102, fasc. *Belloni*.

[168] In una amara lettera a Mussolini, nella quale ricordava di avere ragione e gli risultava incomprensibile il provvedimento adottato nei suoi confronti, scrisse: «ti assicuro che un tuo gesto generoso incontrerebbe l'unanime consenso del popolo italiano, anche perché, persistendo la sanzione nei miei riguardi, nessuno più oserà in avvenire parlare e si creeranno senza volerlo delle schiere di profittatori e di conigli»; R. Farinacci a B. Mussolini, Cremona 8 agosto 1929, in Acs, Fatr, b. 1.

[169] R. Montani a R. Farinacci, Rovegno 18 settembre 1929, in Acs, Frf, b. 30, fasc. *Montani*.

[170] Così Giunta, infatti, scriveva a Giuriati, presidente della Camera dei deputati, il 13 novembre 1929: «Sono autorizzato a rivolgerti preghiera di non iscrivere all'ordine del giorno della Camera – fino a mia nuova comunicazione – le dimissioni dell'on. Belloni»; in Acs, Pcm, Gabinetto, 1928-1930, fasc. 1.5.1.8162, *Vertenza Belloni*.

1° febbraio 1930 a querelare per diffamazione, su quattro capi d'accusa, «Il Regime Fascista», nella persona del suo direttore responsabile, Paolo Pantaleo[171]. Ma Farinacci, col solito gesto impulsivo e fiero, si dichiarò autore dei corsivi incriminati l'11 marzo (in base anche ad accordi politici intercorsi); concessa dalla Camera l'autorizzazione a procedere, la querela si estese anche a lui, il 22 maggio[172].

Nel frattempo, il 5 marzo, si era tenuta una importante riunione al vertice, tra Turati, Arpinati, Starace, Arnaldo Mussolini, Melchiori e lo stesso Farinacci per concordare un piano d'azione onde risolvere la situazione ed evitare che dalle "beghe" uscisse un'immagine del regime compromessa all'estero e l'antifascismo ne traesse qualche vantaggio politico[173]. Che Farinacci non fosse realmente convinto di poterla spuntare, al di là della fondatezza delle proprie ragioni, era confermato da alcune sue concitate missive nelle quali emergeva il contrasto con Arnaldo (segno evidente di dove in verità risiedessero le divergenze...) e la certezza che la querela di Belloni fosse una manovra per affrettarne la caduta politica (Torrusio affermava che se il processo fosse andato male a Cremona, sarebbe sicuramente andato bene a Brescia, in Appello)[174]. Ad Arpinati, Farinacci confidava le sue intenzioni, sempre ché fosse stato permesso «ai magistrati di fare i magistrati con coscienza»:

> La mossa del Belloni – è troppo evidente – ha il consenso dell'on. Turati, che ha mantenuto sempre i contatti con lui, fino al punto di riceverlo a casa dopo il grave provvedimento inflittogli dal Duce. Io naturalmente accetto la nuova provocazione e protetto dal mio carattere risoluto, farò trionfare le mie ragioni senza preoccupazioni di sorta. Non mi si dica poi, a scandalo avvenuto, che io ho inferto un altro grave colpo al Regime. Non ti nascondo che, al momento

[171] L'ex podestà di Milano, tra l'altro, andava pubblicamente dicendo di essere stato «autorizzato» da Mussolini a querelare «Il Regime Fascista», tanto che il duce dovette intervenire sul prefetto di Milano affinché intimasse a Belloni maggiore riservatezza; B. Mussolini al prefetto di Milano, Roma 28 febbraio 1939, in Asmi, Agp, b. 63, fasc. *Deputati. Affari individuali.*

[172] La querela per diffamazione verteva su quattro capi d'accusa: 1° aver contratto il prestito a condizioni svantaggiose per il comune di Milano con la Banca americana Dillon & Read; 2° aver stipulato a nome del comune un contratto disastroso con una improvvisata società di nettezza urbana, gestita da persone «molto dubbie moralmente»; 3° aver disonestamente profittato del Pnf e aver ottenuto vantaggi economici in seguito a incarichi ottenuti grazie al partito; 4° aver indebitamente tratto lucro come amministratore di società commerciali. Ascr, Tcr, b. 2320, nonché *La querela dell'ex on. Belloni al nostro giornale*, «Il Regime Fascista», 20 febbraio 1930.

[173] Il verbale della riunione in Acs, Spd, c/r, b. 40, fasc. *Farinacci Roberto*. Il documento è utilizzato ampiamente da S. Lupo, *Il fascismo. La politica in un regime totalitario*, Donzelli, Roma, 2000 (p. 237 e sgg.), per analizzare i rapporti interni tra i gerarchi.

[174] R. Farinacci ad A. Mussolini, Cremona 20 febbraio 1930, in Acs, Spd, c/r, b. 42, fasc. *Farinacci*.

opportuno, per difendere il mio giornale, il redattore responsabile e la mia persona, dovrò coinvolgere nella faccenda qualche altra persona: come farò, ad esempio, a tacere che S. E. Volpi ha dato ai documenti ufficiali un significato ad uso e consumo della difesa di Belloni ed è arrivato perfino a dire, compromettendo seriamente la serietà del Regime, che il Consiglio dei Ministri aveva autorizzato il Podestà di Milano a contrarre il prestito della Dillon & Read, trascurando l'offerta della Blair, favorevole al Comune di Milano per circa dieci milioni. Io ho quattro dichiarazioni di Ministri i quali affermano che mai nel Consiglio dei Ministri è stata data una simile autorizzazione e che mai si parlò di tale operazione finanziaria. Si illudono i miei avversari se credono che i testimoni davanti ai magistrati non diranno più quel che dissero davanti alla Commissione di Roma. Non ho mai trovato, come in questa volta, tanta gente decisa a darmi solidarietà e conforto. Ed è bene che sia così, altrimenti noi che il fascismo abbiamo creato e vissuto, dovremmo profondamente addolorarci se trionfasse la viltà, e la magistratura non potesse [...] assolvere il suo compito[175].

Ovviamente tale posizione di Farinacci destava seria apprensione e finiva per cacciare non solo il Pnf ma il governo e l'intero regime in una spirale pericolosa: l'estensione della *querelle* aumentava di pari passo con l'emergere di fatti sempre più gravi, mentre la pubblicità dell'evento era assai più diffusa di quanto il governo potesse tacere. L'affondo di Turati (come quello di Arnaldo Mussolini), in quella importante riunione al vertice del Pnf, fu piuttosto esplicito, dunque, nei confronti della politica svolta sino ad allora da Farinacci[176]:

Tu, col tuo atteggiamento costante di mesi, oserei dire di anni, hai tenuto ad assumere una posizione non dico di ribellione aperta ma certo di riserva e di opposizione di fronte all'azione che il Partito nel campo politico svolgeva. Forse questa posizione ti è gradita perché evidentemente ti può dare un posto di rilievo nel Paese e nel Partito. Ma [...] io ho il dovere di dirti che questo tuo atteggiamento è stato nocivo al Partito e ha creato varie confusioni mentali che hanno creato molto dispiacere a me e anche ad un'altra persona.

Proprio Arnaldo non poté esimersi, in quella seduta, dal dichiarare che effettivamente «in seno al Partito e al Paese si era determinata una

[175] R. Farinacci a L. Arpinati, Cremona 23 febbraio 1930, *ibidem*.

[176] Verbale della riunione dei gerarchi, Roma 5 marzo 1930, cit., p. 5. Così Arnaldo Mussolini: «Tu Farinacci col tuo giornale prendi degli atteggiamenti che inducono a pensare a riserve mentali sul Partito che sono assai pericolose. Molti tuoi atteggiamenti, molte tue affermazioni, certe riserve giovano ai peggiori nostri avversari». Anche Arpinati si mostrò intollerante nei confronti della mancata osservanza dei dettami gerarchici e disciplinari da parte di Farinacci. L'ex segretario reagì negando qualsivoglia attività frondista, ma ricordando anche che c'erano ovunque «molti fascisti inquieti», segno di un reale disagio nel fascismo e di mancanza di «affiatamento nelle province»; al rimprovero di essersi occupato di vicende non di sua pertinenza, replicò che era molto meglio se invece se ne fosse occupato prima, visto che «a Milano il Partito aveva dato un grave colpo al Regime».

frattura, per cui le valutazioni [erano] diverse», e chiese a Farinacci se veramente voleva «creare uno scisma». Raggiunto a fatica un accordo, tutti mantennero gli impegni presi[177], anche Turati, che il 27 aprile 1930 si recò in visita ufficiale a Cremona, a ricevere il tributo e gli omaggi di Farinacci e dei suoi per la riappacificazione. Ma Turati (che considerava «spacciato Farinacci e disastroso per questi l'imminente processo»[178]) affrontò la visita con superficialità e supponenza, per nulla interessato a chiudere i contrasti; tenne anzi un contegno scostante, pronunciò un discorso breve e scialbo, non vedendo l'ora che la cerimonia si sciogliesse[179]. «Profondi e insanabili rancori dividevano i due gerarchi...», avrebbe ricordato Cambiaggio "costretto" nelle vesti di paciere, e del resto Turati, in quel momento, non aveva proprio intenzione di trovare un accordo col rivale, convinto che Farinacci, in attesa del processo fissato per giugno, avesse le ore contate[180]. Da quei citati accordi al vertice, l'unico tagliato fuori rimaneva tuttavia proprio Belloni, il quale

---

[177] Arnaldo Mussolini, che più volte mise le mani avanti, dicendo che non conosceva Belloni, spinse molto affinché il caso non diventasse giudiziario e restasse sotto il controllo del Partito. Farinacci, invece, si mostrò piuttosto incerto, convinto che se il processo fosse stato politico non avrebbe avuto grandi possibilità di successo, ma che se il processo si fosse fatto senza influenza del Partito e del governo, Belloni «si sarebbe rotto le corna», perché lui avrebbe facilmente dimostrato che l'ex podestà «nel 1924 era un disperato ed ora non lo è più». Turati preferiva «rinviarlo, fare riesaminare la cosa», andare, insomma «per le lunghe». Arpinati voleva ricondurre la cosa nell'ambito di un più semplice problema amministrativo, magari avocando a sé, come sottosegretario all'Interno, la vertenza. L'opinione prevalente era quella di far ritirare la querela, perché «tutti noi conveniamo – chiosò Arnaldo – che un processo di questo genere non si deve fare». Ma il dibattito per trovare la soluzione al problema fu assai incerto e una identica valutazione non venne trovata, se non dopo lunghe mediazioni: Farinacci avrebbe dovuto dichiarare di essere l'autore degli articoli diffamatori, per cui Belloni avrebbe esteso la querela e il processo avrebbe avuto «il suo rinvio. Ci sarà quando ci sarà» – commentò Arpinati. Nel frattempo questi avrebbe avocato a sé la vertenza e nominato un giurì d'onore per spingere alla remissione della querela e risolvere la vertenza. Turati infine riassunse: «Si chiamerà Belloni e gli si dirà che Farinacci farà una dichiarazione. Dopo di che Belloni dovrà estendere la querela a Farinacci, senza che si vada al processo, poiché Arpinati riesaminerà la questione chiamando due rappresentanti. Tutto deve essere fatto in silenzio. Non so però se questo Belloni l'accetterà. [...] Domani mattina ne parleremo al Capo».

[178] Informativa di polizia politica, Roma 28 maggio 1930, in ACS, MI, PPFP, cat. A, b. 102, fasc. *Turati*.

[179] Cfr. *La parola del Segretario del Partito*, «Il Regime Fascista», 29 aprile 1930.

[180] Nel racconto del prefetto si evince che c'era nell'aria attesa e preoccupazione per l'imminente processo, con Arnaldo molto agitato: «Durante l'attesa [dell'arrivo di Turati], il grand'uff. Arnaldo Mussolini si intrattenne a conversare con me entro la mia automobile. Il discorso, naturalmente, si aggirò sulla questione del giorno, e cioè sulla vertenza Belloni-Farinacci. Notai nel mio interlocutore una grande ansietà di potere accertarsi se il querelato fosse effettivamente in grado di provare le accuse. Mi tenni sulle generali, anche perché lo ignoravo»; L. CAMBIAGGIO, *Fascismo e Democrazia nei ricordi personali di un Prefetto del Regno*, cit., p. 19.

non volle sapere di miti consigli, di "starsene fermo qualche giro" in attesa che la vicenda decantasse e tornare di nuovo in sella[181], e si buttò a capofitto nella *querelle*, magari pensando ad un *bluff* di Farinacci e fidando nell'appoggio del governo[182]. Allo stato della ricerca non sappiamo cosa ufficialmente abbia deciso in proposito Mussolini, dopo la riunione e l'accordo dei gerarchi che abbiamo visto. Molto probabilmente il duce tenne la questione in sospeso (ma certo non fu soddisfatto di come Turati aveva gestito l'intera delicata faccenda): non venne nominato nessun giurì e Belloni non ritirò la querela, pendendo sul capo di Farinacci, inoltre, una seria inchiesta sulle accuse mossegli a sua volta da Belloni, e l'assoluta convinzione che fosse stato il duce in persona ad aver voluto il processo[183]. Certo era che il vento, nell'estate del '30, pareva tutto a favore di Belloni, il quale godeva palesemente dell'appoggio del Partito[184]: quel processo era un fatto gravissimo per il regime, proprio perché «andava ad intaccare il Consiglio dei Ministri» (come aveva detto Turati), per questo Mussolini impartì rigidissime disposizioni agli organi di stampa affinché non gli attribuissero alcuna rilevanza, ma lo considerassero anzi una "bega di cortile" tra due gerarchi ai margini, ormai, della vita politica. E quel processo, a ogni modo, avrebbe dovuto diventare la pietra tombale dell'attività politica di Farinacci. Del resto, nel maggio del '30, quasi a scavargli la fossa, contro Farinacci era stata sferrata una nuova offensiva di carattere morale: Belloni, infatti, sfruttando ancora le accuse di Groppali e di Balestreri, le medesime del '27, aveva provocato un'ulteriore indagine contro l'ex segretario, condotta

---

[181] Già il 18 marzo, quando il Tribunale di Cremona discusse la querela, il programma concordato al vertice dei gerarchi poteva dirsi naufragato, essendo troppo distanti le parti (e Farinacci convinto di andare fino in fondo) per pensare a ipotesi di retromarce.

[182] Secondo Farinacci Belloni sarebbe tornato a Milano, alla fine di gennaio del '30, con «la querela bella e che fatta. La querela era stata preparata da quindici giorni. Giunta mi ha detto che ha dato la lettera al Capo del Governo e che il Capo del Governo non ha detto niente»; verbale della riunione dei gerarchi, Roma 5 marzo 1930, cit., p. 19. In effetti Turati si era incontrato privatamente con Belloni per tre volte, nel gennaio; A. Turati a B. Mussolini, Roma, s.d.[ma febbraio 1930], in Acs, Spd, c/r, b. 42, fasc. *Farinacci*.

[183] Così ancora ad Arpinati: «Il Duce ha voluto che il processo si faccia, ed il processo si farà. Il Duce ha voluto inoltre che uno degli uomini che più ha dato al fascismo e al Regime e che senza dubbio è anche uno degli artefici principali della Rivoluzione, debba sedere, per una questione politica, come un volgare delinquente, sul banco dove prendono posto i ladri, i truffatori, i rapinatori e gli assassini. [...] È bene ormai che il processo si faccia. Sarebbe altrimenti giudicata una farsa ogni altra soluzione. Anche perché il Belloni va sfacciatamente dicendo a tutti che se ha dato querela gli è perché dall'alto ha avuto il nulla osta»; R. Farinacci a L. Arpinati, Cremona 29 maggio 1930, *ibidem*.

[184] Belloni contava sul fatto che il prestito americano al comune di Milano era stato concordato in stretto contatto con i Mussolini e il governo era ben al corrente delle operazioni (soprattutto il ministro Volpi).

sotto l'egida del Ministero dell'Interno[185]. Questa indagine, un supplemento a quella del dicembre 1927, si rivelò lunga e approfondita (divisa in tre voluminosi fascicoli di testimonianze, documentazioni, interrogatori), ma anche favorevole – a dispetto di alcune iniziali riserve di natura morale[186] –, molto favorevole (del resto i fatti contestati non poggiavano su prove inconfutabili), a Farinacci. Le conclusioni dell'inchiesta, tra l'altro, datate 15 settembre 1930, giungevano proprio alla vigilia dell'apertura del dibattimento processuale, visto che l'udienza al tribunale di Cremona era stata fissata per il 29 settembre 1930. Ma i risultati di quella riservatissima inchiesta non mitigarono il brutto clima che pendeva sulla testa dell'ex segretario: a Cambiaggio, di ritorno da un burrascoso colloquio con Mussolini (al quale aveva dovuto riferire dell'incontro "pacificatore" di Cremona con Turati), il destino di Farinacci parve segnato:

> Infine, agitandosi sulla poltrona, ed alzando la voce, come se volesse gridare, [Mussolini] osservò: «cosa crede, il dott. Roberto Farinacci, che tutti i lauti onorari che intasca nelle molte cause nelle quali viene associato da illustri patroni, fascisti e non fascisti, siano frutto della sua sapienza giuridica?... Si prepari, piuttosto, a fornire le prove delle accuse che ha rivolto contro il podestà di Milano, perché, lo sappia fin d'ora, il processo si farà, e presto». Rientrato in sede non feci mistero a Farinacci dell'agitato colloquio, tacendo quanto aveva formato oggetto di pettegolezzo. All'accenno che il processo avrebbe avuto corso al più presto, scattò urlando: «Ma sono io a volerlo; si faccia, e senza indugio, perché sono sicuro di inchiodare alla gogna quei furfanti!» [...]. Più volte mi ero chiesto se Farinacci possedesse effettivamente le prove di quanto aveva addebitato al podestà di Milano; ma conoscendo la sua suscettibilità non gliene avevo mai fatto parola. Però, a giudicare dal suo stato di nervosismo, dalla superficialità con cui trattava ogni cosa, dalle continue gite a Milano e altrove per abboccarsi con i suoi patroni e amici, mi era sorto il dubbio che l'impulsività del suo temperamento lo avesse trascinato oltre la realtà.

---

[185] A. Groppali a B. Mussolini, Cremona 4 settembre 1930, in ACS, SPD, C/R, b. 40, fasc. *Farinacci*.

[186] Per il senatore Alberici tutti gli addebiti mossi contro Farinacci non avevano rilevanza giuridica: «circa il lato morale di essa [inchiesta], ove i fatti denunciati esistessero realmente, perché per alcuni si accenna a semplici voci, la indelicatezza politica e professionale sarebbero da non mettersi in dubbio. Volendo quindi fare una inchiesta a fondo su tale profilo, sarebbe necessario escutere tutte le varie persone (più diecine, residenti in luoghi diversi, e difficilmente rintracciabili in questo periodo di vacanze) che in quei fatti si trovarono in qualche modo implicate, il che porterebbe a un tempo non breve e, necessariamente, a una certa pubblicità. Una inchiesta di una certa semplicità potrebbe consistere nel contestare al F. quanto a lui si imputa, invitandolo a presentare le proprie ragioni, e quindi procedere ad accertamenti specifici e generici solo sui punti controversi, e sulla precisazione delle varie date in cui i fatti sarebbero avvenuti»; P. Alberici a L. Arpinati, Milano 24 luglio 1930, in ACS, SPD, C/R, b. 42, fasc. *Farinacci*.

Ma Farinacci, nei suoi sfoghi privati, non parlava mai al singolare (ovvero contro Belloni), ma sempre al plurale («quei furfanti», soleva ripetere agli amici che ne ascoltavano gli scatti d'ira), ed era sicuro che sul prestito americano al comune di Milano una tangente di 5 milioni di lire fosse stata intascata da Belloni e successivamente divisa con Arnaldo e Giampaoli[187] (chi conosceva bene l'ex segretario ricordava con esattezza la sua convinzione: «in realtà Farinacci era persuaso, ed a me lo disse apertamente, che quei quattrini fossero finiti non nelle tasche di Belloni, ma, almeno in gran parte, in quelle di Arnaldo»[188]). A ogni modo Farinacci fu ben accorto nel far capire, sia pubblicamente che a Mussolini, che lui sapeva, ma che non avrebbe detto se non tirato per i capelli, che il suo obbiettivo era la distruzione politica di Belloni e la propria ripresa personale, e che Arnaldo non entrava nella disputa[189], anche se – e ciò non confortava il duce – nella pubblica opinione era forte la sensazione che il processo non avrebbe potuto toccare le altre «alte personalità complici di Belloni nelle varie malefatte, primo fra tutti Arnaldo Mussolini»[190]. Farinacci era inoltre convinto che al-

[187] I sostenitori di Farinacci affermavano apertamente questa tesi; anzi, l'ex deputato cremonese Ferrari riferiva che Farinacci sarebbe stato persino in possesso di una fotografia comprovante la "divisione" della torta tra i tre uomini politici; cfr. F. Nudi ad A. Bocchini, Milano 13 febbraio 1931, in ACS, MI, PPFP, cat. A, b. 30, fasc. *Farinacci.* Questa ipotesi era altresì sostenuta in ambienti non farinacciani: il presidente delle Bonifiche pontine, Gino Clerici, per esempio, sosteneva che «i responsabili del fatto sarebbero molto vicini al duce... se non addirittura un parente»; nota fiduciaria di V. Benuzzi, Roma 22 luglio 1931, in ACS, MI, PPFP, b. 309, fasc. *Clerici.* Nell'opinione pubblica e nei ceti politici era «notorio che il Belloni non faceva nulla senza l'accordo preventivo con Arnaldo Mussolini, che era il vero dittatore della Lombardia, com'è tuttora l'arbitro della capitale lombarda»; nota fiduciaria di B. De Gottran Candutti, Roma 24 maggio 1930, in ACS, MI, PPFP, b. 102, fasc. *Belloni.*

[188] Così avrebbe ricordato l'Anonimo cremonese, *Le confessioni di Farinacci,* VII, «Corriere Lombardo», 9 gennaio 1947.

[189] Obbiettivo di Mussolini, in questa vicenda, era innanzitutto che suo fratello uscisse indenne dalla pericolosa situazione; solo in second'ordine – stando le cose a quel punto – interessava la condanna aperta, e quindi la definitiva uscita di scena, del suo ribelle ex segretario: «Era convinzione di Mussolini che il dibattito giudiziario avrebbe sempre più chiarito la posizione di suo fratello, ritenuto, secondo lui, inattaccabile. Può darsi che l'affetto verso Arnaldo gli facesse velo; ma alla sua perspicacia non poteva sfuggire che questi, a differenza di lui, aveva un carattere mite e facile a diventare strumento dell'altrui malafede. A giudicare, però, dagli ordini impartiti al fratello subito dopo gli attacchi di "Regime Fascista", di allontanarsi da Milano per un considerevole periodo di riposo, e di dimettersi da tutti i consigli di amministrazione di società industriali e di varie banche, trassi la convinzione che l'onnipotente fratello fosse a giorno dei rapporti, non di sola amicizia, che correvano tra Arnaldo e l'onorevole Belloni»; L. CAMBIAGGIO, *Fascismo e Democrazia nei ricordi personali di un Prefetto del Regno*, cit., p. 21.

[190] Per i vari commenti alla vicenda, cfr. l'interessante materiale conservato in ACS, MI, PPFP, b. 102, fasc. *Belloni.* Il nome di Arnaldo Mussolini ricorre in quasi tutte le relazioni approntate dai vari fiduciari e confidenti di polizia.

l'origine di tutti «gli equivoci, le leggende, i contrasti e i malintesi» fosse direttamente Mussolini, il quale "semplificava" le divergenze politiche creando dei dualismi artificiali, prima Farinacci-Federzoni, poi Farinacci-Turati e indi Farinacci-Arnaldo, tutto riducendo così, impropriamente, a contrasti di natura personale; per questo rese edotto, in un utile memoriale, il capo, per interposta persona del fratello, circa il da farsi:

Il mio atteggiamento, dal 1926 ad oggi, non è piaciuto. Non si può negare però che il tempo mi ha quasi sempre dato ragione. La situazione di Milano ne è la riprova migliore. Se [...] si fossero ascoltati i miei disinteressati consigli, avremmo risparmiato più tardi una vergogna a Milano e all'Italia. La deplorazione decisa dal Duce contro di me, è stato un atto impolitico, inquantoché il popolo italiano non poteva concepire che venisse colpito chi era riuscito a dimostrare che un amministratore del Regime era porco al 95 per cento, anziché al cento per cento. Per quanto mi riguarda ti dirò che io mi ritengo sicurissimo di giustificare l'opera mia davanti ai magistrati, i quali, se non avranno altre direttive, mi dovranno assolvere, così come mi assolse la Commissione dei tre. Non bisogna dimenticare che la Commissione nominata dal Duce non ebbe una parola contro di me, accusatore; anche per quanto si riferisce al prestito giustificò la mia azione. Nella seduta [della riunione dei gerarchi del 5 marzo] fu deciso: a) che io avrei dovuto invitare Turati a Cremona; b) che il processo non si sarebbe fatto inquantoché la Camera avrebbe negato l'autorizzazione a procedere; c) che sarei rientrato in Gran Consiglio, da dove ero stato poco tempo prima cacciato come un cane, per aver denunciato le malefatte del Podestà di Milano. Quest'ultima promessa mi fu fatta da te a quattr'occhi. Io ho mantenuto fede agli impegni presi con grande cavalleria e generosità, gli altri no, dico no! La Camera più tardi dette l'autorizzazione a procedere, ed Arpinati mi disse sempre che il processo si doveva fare, prima perché bisognava sfatare la leggenda che Arnaldo fosse coinvolto negli imbrogli podestarili di Milano, secondo perché Belloni non intendeva più accettare nessun supplemento d'inchiesta e non intendeva ritirare la querela. Non è vero quindi che mi sia stato detto che il processo non si sarebbe più fatto. Se ciò fosse stato nell'intenzione del Governo, bisognava trovare prima dell'8 giugno una qualsiasi altra soluzione e non rinviare al 29 settembre la discussione della causa. Ormai il gioco della stupida querela, che si trascina innanzi credendo che possa essere sospesa sulla mia testa come spada di Damocle, e i puerili documenti del prof. Groppali, da qualche anno deciso oppositore del fascismo, che si tengono chiusi nel cassetto e che debbono servire di minaccia, rifiutando di far luce su di essi, sebbene io l'abbia ripetutamente richiesto, è troppo vecchio e quindi non d'attualità[191].

Lo stesso Mussolini (magari allettato dalla prospettiva di una condanna a 14 mesi di reclusione dell'ex segretario...), tuttavia, parve non

---

[191] R. Farinacci ad A. Mussolini, Cremona 14 luglio 1930, in ACS, SPD, C/R, b. 41, fasc. *Farinacci*.

poco adirato dalla piega presa dagli avvenimenti (e dalle velate allusioni al fratello, che si ripetevano veloci quanto le smentite), tanto che – seccato – rifiutò a più riprese di concedere al Tribunale di Cremona gli atti del giurì, «perché si trattava di vertenza a carattere esclusivamente politico e il Tribunale avrebbe avuto modo di chiarire lo stesso la vicenda e le accuse mosse»[192]. Alla vigilia del processo, Farinacci volle comunque mostrare i muscoli, e fece sfoggio del consenso di cui godeva nella massa – non poche relazioni fiduciarie affermavano che la base fascista considerava solo Farinacci l'uomo in grado di salvare, in ogni evenienza, il regime[193] – organizzando a Cremona la commemorazione per i fatti del settembre di dieci anni prima: fascisti di tutte le parti d'Italia giunsero in città, quel 6 settembre 1930, e Brusa andò a testimoniare con chi stesse il vecchio fascismo milanese. Farinacci toccò le corde dell'orgoglio delle vecchie camicie nere, dei vecchi squadristi, e l'eccitazione, l'entusiasmo che si impadronì della folla fascista, lasciò intendere che si era davvero alla vigilia di una battaglia decisiva; ma il suo non fu un discorso soltanto celebrativo, fu un discorso politico, come non se ne sentivano certo per le pubbliche piazze, che mise sotto accusa la politica economica e morale del regime:

Io ho la coscienza – disse Farinacci – di avervi sempre detto la verità e quindi tradirei il mio passato se oggi dovessi dirvi che il popolo italiano si trova adagiato su un letto di rose. Vi è una crisi economica, ed aggiungo che la crisi è di una certa gravità. Coloro che la negano [...] sono dei traditori della nostra causa. [...] È senza dubbio vero che la quota 90 non ha ancora avuto la sua efficacia nelle industrie e in particolar modo nell'agricoltura e nei rapporti tra lo Stato e i contribuenti. Questa provincia di agricoltori, voglio aggiungere di eroici agricoltori, attraversa il momento più critico; da una parte la svalutazione dei prodotti del suolo, dall'altra parte imposte, contributi elevati, tasso di sconto per mutui agrari altissimo, il quale assorbe gli utili dell'azienda, e salari che trovano giustificazione soltanto nel costo della vita, che per forza misteriosa e inspiegabile, non riesce ad adeguarsi non diciamo a quota 90, ma neppure a quota di poco superiore. Ma gli agricoltori nostri resisteranno, intensificheranno la produzione. Attendono soltanto si faccia qualche sforzo a loro vantaggio per far ritornare il benessere e il sorriso nelle nostre campagne. Quello che bisogna evitare è che una crisi spirituale talvolta non peggiori la crisi economica. Il popolo è disposto per il suo paese ad affrontare gravi sacrifici, ma vuole da noi gerarchi esempio di onestà e di assoluto disinteresse. Il popolo, in un momento come questo, non ha fisime di illimitata libertà, chiede soltanto giusti-

---

[192] Il capo del governo al presidente del Tribunale di Cremona, Roma 18 marzo 1930, in Ascr, Tcr, b. 2320.

[193] Cfr. le note fiduciarie di M. Lancia, Roma 20 dicembre 1929, in Acs, Mi, ppfm, b. 100, fasc. *Pnf*.

zia, chiede soprattutto che le funzioni più delicate e di responsabilità siano affidate non agli ignavi, ma ai capaci, a coloro che sanno infondere stima e fiducia[194].

Il dibattimento processuale si aprì al Tribunale di Cremona il 29 settembre (i giornali potevano dedicargli una mezza colonna): Farinacci era difeso dal professore Francesco Carnelutti, il maggiore penalista del paese, e dall'avvocato senatore Gino Sarrocchi, presidente del Consiglio superiore forense, stimato tra i maggiori giuristi italiani[195]. L'accusa aveva citato 51 testi, e la difesa altri 50, con la presenza dei maggiori industriali milanesi, banchieri, politici e membri del governo (Teruzzi, Suardo, Volpi)[196]. Grandi ombre si allungavano sul processo, perché l'avvocato Guido Ruggeri, di Cremona, legale di Belloni, aveva denunciato due tentativi di furto ai danni del suo studio. Le indagini poi smentirono quella denuncia, ma certo alimentavano un clima di intrighi e di manovre occulte. Tra l'altro vasta e pertinente documentazione era sparita dall'archivio del comune di Milano[197], e molto di quel materiale pare fosse passato (certamente venduto) alla Banca Commerciale (già concorrente danneggiata) e da questa a Farinacci[198]. Non potendo dilungarci sul dibattimento processuale, basti soltanto considerare che l'aspetto più importante del giudizio verté sulla faccenda del prestito americano. Dopo le prime tre giornate di dibattimento, infatti, apparve chiaro che la posizione di Belloni era piuttosto debole, e Farinacci era riuscito a dimostrare con fondatezza le accuse di carattere morale che aveva lanciato all'ex podestà e poteva «stravincere»: lo "sfruttamento" del Partito a fini personali, la presenza in oltre 20 consigli di amministrazione, gli eccessivi compensi, l'incompatibilità della

---

[194] *La rievocazione animatrice dell'on. Farinacci*, «Il Regime Fascista», 7 settembre 1930.

[195] G. SARROCCHI, *Ricordi politici di un esule da Palazzo Madama (1913-1949)*, Barbera, Firenze, 1950, p. 185.

[196] Cfr. ASCR, TCR, fasc. 2320.

[197] Si veda l'inventario della scarsa documentazione esistente sull'argomento, nel rapporto del segretario generale del comune al prefetto, Milano 18 settembre 1929, in ASMI, AGP, b. 63, fasc. *Deputati, affari individuali: Belloni.*

[198] Secondo il fiduciario della polizia politica Tarantini, «il ragionier Andreoletti, allora segretario particolare dell'on. Belloni, sottraeva al Comune dei documenti che furono poi venduti alla Banca Commerciale. Questi documenti ceduti dalla Banca stessa all'on. Farinacci servirono per il famoso processo ad accusare Belloni stesso. Il Farinacci si sarebbe così prestato al gioco della Banca Commerciale contro il Credito Italiano, e in special modo contro il gruppo Panzarasa-Orsi-Belloni»; relazione di C. Gallani, segretario Fasci giovanili di combattimento di Milano, s.d., in ASMI, AGP, b. 956, fasc. *Pnf, federazione milanese, 1927-1937.* Il ragionier Andreoletti, al processo, disse soltanto «che non sapeva nulla, che non ricordava nulla». Dietro l'operazione, anche secondo la Questura milanese, stava Varenna («si mormora che egli non sia estraneo alla faccenda dell'uscita dei documenti da palazzo Marino»); il questore al prefetto, Milano 6 settembre 1929, in ASMI, AGP, b. 978, fasc. *Personalità fasciste.*

carica con alcuni aspetti della professione, l'oneroso appalto stipulato per la municipalizzazione della nettezza urbana (accuse, del resto, già ritenute legittime dalla commissione dei Tre). Per la questione del prestito basti analizzare la parte essenziale delle questione: Belloni tese a scaricare sul Ministero delle Finanze e sul governo la responsabilità dell'accordo con Dillon & Read, sostenendo di avere reso edotto il Ministero sulle 27 offerte ricevute; il 31 marzo venne convocato a Roma e invitato dal Ministero a firmare un compromesso di massima con la banca statunitense («che aveva trasmesso la sua proposta direttamente al ministero»). Solo in seguito, quando la stampa rese nota l'approvazione del prestito, la Banca Commerciale e la Blair fecero nuove proposte, effettivamente più vantaggiose. Belloni sostenne di aver aggiornato il governo (come effettivamente fece...), e di aver ricevuto disposizioni di chiudere ugualmente con Dillon & Read. E comunque il 9 aprile Volpi, edotto della vicenda, si recò a Milano e, con Belloni stesso, sottoscrisse il prestito. Ma la domanda di Carnelutti, a quel punto, fu precisa, e mise con le spalle al muro la controparte; ecco l'inedito resoconto stenografico:

Carnelutti: – Ma insomma, la Banca americana fu scelta da lei o dal Governo?

Belloni: – Io non ho avuto indicazioni dal Governo, ma un ordine. La scelta spettava al Governo. Il Governo, in quel momento, ha fatto identica operazione col Comune di Roma, e anche in questo caso al Comune di Roma è stata indicata la Banca con la quale doveva fare il prestito.

On. Farinacci: – In che data la Banca Blair presentò la sua offerta al Comune di Milano?

Belloni: – In data imprecisata, e fu da me trasmessa a Roma il 26 marzo insieme con tutte la altre offerte. Ma il Ministero non la prese in considerazione.

On. Farinacci: – C'è però una seconda lettera della Blair con proposte migliori. È del 4 aprile e la risposta è del 9 aprile, giorno della firma del prestito. [...]

On. Sarrocchi – Desidero sapere dal prof. Belloni con quale criterio furono dichiarate preferibili alle altre le offerte della Dillon & Read, quando, altre offerte messe a confronto, erano vaghe e accompagnate dalla riserva di specificare in seguito le conizioni.

Belloni: – Con mia lettera del 26 marzo richiamai l'attenzione del Ministero sulle Banche che si erano riservate di fare proposte precise. [...] Nonostante le mie osservazioni, è stato prescelto dal ministro la Banca Dillon. Quella lettera non ha mai avuto risposta. [...] Sono stato invitato a firmare e ho firmato.

Carnelutti: – Come si può dire che fossero condizioni migliori, quando le altre banche non avevano ancora fatto conoscere le loro?

Belloni: – La risposta potrà darla il Ministro che è citato a deporre come teste. Nella scelta di una Banca, non potevo entrare in discussione col Governo italiano[199]!

---

[199] *Il processo Belloni-Farinacci. Udienza del 29 settembre 1930*, pp. 7-9, in ASMI, AGP, b. 63.

Per Belloni era la fine. Alla quarta giornata di udienza (solo a quel punto i giornali poterono dare spazio al dibattimento) emersero con evidenza le numerose irregolarità amministrative compiute nel comune di Milano[200], e Suardo, allora sottosegretario alla Presidenza del Consiglio, affermò che appena ebbe notizia che nella contrattazione del prestito erano state scartate proposte più vantaggiose, ordinò un'inchiesta, dalla quale apprese che «furono pagate forti mediazioni»[201]; ed ancora:

Avv. D'Andrea: – Me se fu il Consiglio dei Ministri a scartare le offerte vantaggiose, come mai oggi il teste [Suardo] afferma cose diverse?
On. Suardo: – Nel Consiglio dei Ministri nulla fu deliberato, tanto che nulla risulta dai verbali che io stesso redigevo!
On. Sarrocchi: – Un Consiglio dei Ministri fascista non prende certe decisioni...
On. Farinacci: – Ero più che persuaso che il Consiglio dei Ministri nulla avesse saputo delle altre offerte vantaggiose presentate al Podestà di Milano[202].

Volpi chiuse il discorso, testimoniando che il Ministero aveva dato solo delle indicazioni tecniche al comune di Milano, segnalando l'offerta più vantaggiosa, anche quando giunsero ulteriori offerte, ma che non c'era mai stata sovrapposizione di poteri:

Volpi: – Il consiglio dato dagli organi dello Stato non rappresentava che una responsabilità tecnica e lo Stato non poteva e non voleva sostituirsi a chi di diritto doveva decidere.
P. M.: – Allora lei esclude che vi sia stato un ordine.
Volpi: – Assolutamente. [...] Si lasciava piena ed intera la responsabilità della decisione al Podestà di Milano, il quale, avendo gli elementi di esame, poteva meglio deliberare. Se fosse stata presentata una offerta migliore, il Podestà poteva mandare tutto all'aria, e noi lo avremmo approvato.
P. M.: – Il Podestà di Milano poteva concludere con un'altra ditta?
Volpi: – Se il caso si fosse presentato, lo avremmo esaminato.
P. M.: – La questione del prestito della Città di Milano venne portata in Consiglio dei Ministri?

---

[200] «Tutto l'irregolare sistema seguito nell'amministrazione milanese, specie in materia di concessioni di appalti dei pubblici servizi, non poté rimanere nell'ombra, e quel che maggiormente impressionò fu che tutte le irregolarità emerse avevano ricevuto la convalida dalle superiori autorità»; L. CAMBIAGGIO, *Fascismo e democrazia nei ricordi personali di un prefetto del Regno*, cit., p. 22.

[201] Secondo un informato e attendibile confidente di Tagliavacche, Suardo avrebbe avuto «nelle tasche un rapporto del questore di Milano che lo informava della scena della divisione dei proventi del prestito americano alla città di Milano, e fra i condividendi c'era anche Arnaldo Mussolini»; Milano 28 ottobre 1931, in ACS, MI, PPFM, b. 100, fasc. *Pnf.*

[202] *Il processo Farinacci-Belloni*, «Il Regime Fascista», 3 ottobre 1930.

Volpi: – Nego che ciò sia avvenuto in quanto il Consiglio dei Ministri non doveva dare nessuna approvazione[203].

La sorte di Belloni, a quel punto, era segnata. Il governo doveva uscire pulito dalla vicenda, e pulito ne uscì, pur tra le grosse contraddizioni di Suardo e di Volpi (la deposizione del quale non solo «non aveva convinto nessuno», ma lasciava ipotizzare una tesi difensiva preordinata), e i sospetti si concentrarono sulla «strana e accelerata procedura amministrativa» attuata per pervenire all'accordo con la banca statunitense da Belloni[204]. La realtà, in effetti, era diversa, e ovviamente contribuiva a dare maggiore credito ai cattivi pensieri di Farinacci: non solo Belloni era stato ricevuto più volte da Mussolini dal 24 al 31 marzo (come pure dal Sovrano), e «Il Popolo d'Italia» era sceso in campo per sostenere la Dillon & Read (un corsivo mussoliniano dell'8 aprile chiosava: «possiamo assicurare che le condizioni sono migliori di quelle che si sono fatte sino ad oggi in Italia»)[205], ma il Consiglio dei ministri stesso era stato messo a giorno delle trattative, permettendo l'accordo con la Dillon & Read (e non si era trattato di una semplice comunicazione, ma di una vera e propria deliberazione)[206]; questo il verbale della seduta del 7 aprile 1927:

Ministero delle Finanze: comunicazioni al Consiglio dei Ministri relative al prestito alla città di Milano:

Da più mesi il Podestà di Milano ha ricevuto varie offerte da banche di diverse nazioni per una importante operazione finanziaria all'estero, dall'importo approssimativo di 30 milioni di dollari. Fra tali offerte quella della Banca americana Dillon & Read (emissione a 88,50 netti, con l'impegno di dividere in parti uguali con la città di Milano tutto ciò che si sarebbe ricavato emettendo a tasso superiore a quello preventivato di 92,50, dopo di aver dedotto dal maggior prezzo l'ammontare di tutte le spese) fu ritenuta la più vantaggiosa e l'on. Belloni scambiò subito una lettera impegnativa di massima col colonnello Legan, rappresentante di detta Banca. Senonché dopo pochi giorni la Banca Blair & c. gli fece pervenire un'offerta a condizioni migliori di quelle della Dillon & Read, e cioè emissione a 90 netto, col 6% di interesse e con ribasso di un venticinquesimo per anno. Visto però che il Podestà di Milano aveva già preso impegni, per quanto non in forma legale, con la ditta Dillon & Read, si ritiene opportuno prospettare la questione al Consiglio dei Ministri, per avere una guida

---

[203] *Il processo Farinacci-Belloni*, «Il Regime Fascista», 4 ottobre 1930.

[204] In proposito cfr. *La serrata requisitoria del P. M.*, «Il Regime Fascista», 8 ottobre 1930.

[205] Cfr. «Il Popolo d'Italia», 24 marzo e 1°, 3, 8 e 10 aprile 1927.

[206] Cfr. la testimonianza, piuttosto vaga, di Volpi, in *La causa Belloni-Farinacci*, «La Stampa», 4 ottobre 1930.

sicura circa la via da scegliere. Ed il Consiglio dei Ministri, facendo prevalere la delicatezza sull'interesse, decide che il Podestà di Milano debba senz'altro declinare l'offerta più vantaggiosa per concludere l'affare con la Banca verso cui aveva assunto degli impegni, sia pure ufficiosi[207].

Il 10 ottobre il Tribunale, accogliendo la richiesta di assoluzione formulata anche dal Pubblico Ministero, assolse gli imputati dall'accusa di diffamazione continuata a mezzo stampa per aver provato la verità dei fatti da essi attribuita al professor Belloni. A distanza di anni, Carnelutti avrebbe ricordato quell'importante processo («una grande battaglia che non dimenticherò mai...»[208]):

Il processo presentava un enorme interesse per la opinione pubblica italiana e un pericolo assai grave per il querelato, perché dietro il Belloni tutti intravedevano la figura di Arnaldo [...]. I miei rapporti con [Farinacci] erano tutt'altro che buoni [...]. Fui perciò sorpreso quando me lo vidi capitare nello studio a Venezia per dirmi che aveva bisogno di un difensore, il quale non fosse disposto a transigere in alcun modo e che nel partito fascista non era capace di trovarlo; perciò aveva pensato a me. Confesso che ne fui lusingato: non c'erano quattrini, come Farinacci schiettamente mi disse, ma c'era un bel combattimento in difesa della pubblica onestà perché subito mi apparve (e del resto serpeggiava nell'opinione pubblica) che le dure accuse di Farinacci erano fondate.

Il dibattimento, svoltosi per parecchie giornate davanti al Tribunale di Cremona, presentò da principio gravi difficoltà per via della manifesta influenza dell'autorità politica, la quale giunse a vietare che il giornale di Farinacci pubblicasse, intorno al processo, più di tre righe. Dopo qualche giorno però le cose mutarono, soprattutto dopo che Giuseppe Volpi, allora ministro delle Finanze, mentre avrebbe avuto diritto di rendere la sua testimonianza a domicilio, si presentò in udienza e narrò, schiettamente, i fatti, i quali determinarono il crollo delle ragioni della parte avversaria.

A questo punto sorse però un altro pericolo: che il Tribunale cercasse di salvare capra e cavoli, escludendo il reato per difetto di dolo, e risparmiando così lo scabroso giudizio sulla prova dei fatti diffamatori. Non ho ragione di tacere che questa eventualità, ufficiosamente ventilata, determinò più di qualche perplessità tra i difensori dell'imputato. La mia tesi, secondo la quale Farinacci, per evitare questa soluzione di compromesso, avrebbe dovuto dichiarare di aver voluto esporre il Belloni al disprezzo pubblico, mettendo così fuori discussione l'animus diffamandi, non ebbe il consenso dei colleghi; ma Farinacci animosamente l'accettò e fece in udienza, a questo proposito, con molto coraggio, una memorabile dichiarazione, in seguito alla quale la discussione fu

---

[207] ACS, PCM, Ministero delle Finanze, Atti del Consiglio dei ministri, 1927, 1/200, f. 159, approvato nella seduta del 7 aprile 1927.

[208] F. Carnelutti a R. Farinacci, Venezia 2 dicembre 1931, in ACS, FRF, b. 10, fasc. *Carnelutti*.

inchiodata sulla prova dei fatti. [...] Il Tribunale dichiarò raggiunta la prova dei fatti e perciò Farinacci esente da pena[209].

Lo scontro tra due «alternativi sistemi di idee», come anche l'avvocato Vacchelli nella sua arringa finale volle richiamare[210], in quella circostanza segnò un vincitore nella persona di Farinacci[211]. Il tentativo di usare politicamente la giustizia, in quella circostanza, abortì tuttavia quasi subito, dal momento in cui Mussolini dimissionò improvvisamente dalla segreteria del Pnf Augusto Turati, proprio alla vigilia del processo, il 24 settembre 1930[212]. Dimissioni giunte in un momento troppo decisivo da non far pensare ancora una volta al possibile peso ricattatorio dei retroscena politici-amministrativi conosciuti da Farinacci[213]. Proprio Turati aveva scritto al deputato di Cremona:

Fin dal primo periodo del mio segretariato, durante la discussione sulla famosa vicenda parmense, tu, battendo grandi colpi di mano sulla capace borsa di carte, annunciasti solennemente di possedere documenti di grave accusa contro uomini del Governo e del Partito. Credo che da allora il dossier sia

---

[209] F. Carnelutti, *Controvento*, Morano, Napoli, 1961, pp. 9-10. Un ruolo importante nel dimostrare alcune delle accuse contro Belloni lo ebbe in realtà, piuttosto che Volpi (le cui affermazioni se danneggiarono Belloni non erano certo aliene da critiche...), Mario Alberti (pur distante dalle posizioni di Farinacci), allora direttore della Banca Nazionale d'Albania e subito dopo il processo (e anche in seguito a importanti articoli polemici da lui pubblicati sulla rivista «La Vita Italiana» di Preziosi-Farinacci) "dimesso" da tutti gli incarichi. Egli testimoniò infatti che «oltre alle posizioni palesi c'erano le segrete», e che in qualità di "consulente" Belloni riceveva dal Credito Italiano ben 250 mila lire l'anno; cfr. la testimonianza di Alberti in *Il processo Farinacci-Belloni*, «Il Regime Fascista», 5 ottobre 1930, *Le ultime arringhe al processo di Cremona*, «Corriere della Sera», 10 ottobre 1930. Per la sentenza di assoluzione cfr. Ascr, Tcr, *Sentenza processo Belloni-Farinacci*, fasc. 2418.

[210] «La battaglia che si sta combattendo non è giuridica che in minima parte, non è l'etichetta che conta, ma sono i motivi e i fini. I due uomini che stanno di fronte sono gli esponenti di due mondi antitetici. Il Tribunale deve dire una parola decisiva. La differenza fra i due modi di sentire sia nell'essere e nell'avere: essere fascista o avere un qualunque distintivo fascista, portare in sé dei valori ideali e spirituali o avere il distintivo per poter magari assumere il servizio della nettezza urbana»; *Le ultime arringhe al processo di Cremona*, «Corriere della Sera», 10 ottobre 1930.

[211] Le motivazioni della sentenza, in Ascr, Tcr, b. 2418.

[212] Il cambiamento alla guida del Pnf proprio in quel momento non è forse casuale. Turati avrebbe lasciato il Pnf ufficialmente solo l'8 ottobre, ma il quotidiano di Farinacci esultava già al solo annuncio della notizia, titolando a tutta pagina: *Il cambio della guardia: Giovanni Giuriati al posto di Augusto Turati*, in «Il Regime Fascista», 25 settembre 1930.

[213] Anche Groppali, il grande accusatore, subì l'onta della scomunica, proprio alla vigilia dell'apertura del processo («Il Regime Fascista», 20 settembre 1930): Mussolini ne dispose l'immediato esonero dall'insegnamento universitario (soltanto dopo notevoli pressioni la condanna di esonero immediato fu mitigata in trasferimento dall'università di Milano a quella di Cagliari).

notevolmente aumentato, ed i tuoi amici, dei quali tu più di ogni altro dovresti dolerti e liberarti, vanno cianciando di tutta una serie di documenti che tu tieni gelosamente nei cassetti come pistole cariche per il giudizio sommario di quelli che tu ritieni tuoi avversari[214].

Il coinvolgimento diretto del governo era apparso evidente, ed era certamente ipotizzabile che i Mussolini, essendo in ballo un importante provvedimento amministrativo-economico relativo alla città di Milano, fossero stati assai al corrente di tutto quanto era stato fatto e approvato (per alcuni attenti inviati speciali della stampa, «se il processo aveva ingigantito la figura di Farinacci, esso aveva anche offuscato la figura del Duce, che da tutto questo complesso [di cose] veniva ad essere menomato»[215]). Anche per questo, nonostante fossero venuti alla luce fatti piuttosto gravi, la magistratura non aprì alcuna inchiesta; Mussolini, forse soddisfatto che – in un processo che riguardava la vita politica milanese – il nome di suo fratello non fosse mai stato fatto[216], tolse la deplorazione a Farinacci e fece avviare al confino, per cinque anni, Belloni. Così terminava l'aspetto processuale della vicenda, non certo le conseguenze morali e politiche che essa avrebbe arrecato alla "leggenda" di Farinacci, e non solo nella considerazione dell'emarginata corrente intransigente (se era ancora il caso di usare quel termine) del fascismo[217]. L'idea più attendibile era che Belloni fosse stato giocato, dal governo e da Mussolini, che venne insomma illuso di essere apertamente sostenuto, ma che poi, giunti al punto di non ritorno, l'ex podestà fosse stato scaricato[218]. Del resto appare utile osservare che in quegli

[214] A. Turati a R. Farinacci, Roma 31 ottobre 1929, in ACS, SPD, C/R, b. 40, fasc. *Farinacci*.

[215] Informativa di F. Zito, Napoli 7 ottobre 1930, in ACS, MI, PPFP, b. 102, fasc. *Belloni*.

[216] «Mussolini incassò il colpo [dell'assoluzione di Farinacci], ostentando una certa indifferenza, pago che il nome del fratello non fosse stato mai pronunciato durante il dibattito. Ma presto ebbe una brutta sorpresa nell'apprendere, dalla censura epistolare, che la pubblica opinione indicava proprio suo fratello quale maggiore responsabile dei disordini amministrativi nel comune di Milano. Da quel momento non ebbe più pace»; L. CAMBIAGGIO, *Fascismo e democrazia nei ricordi personali di un prefetto del Regno*, cit., p. 23.

[217] Momenti di esaltazione e di entusiasmo incontenibili vissero i numerosi sostenitori del deputato di Cremona all'arringa finale di Carnelutti: «Per questo il processo giova all'Italia, soprattutto di fronte a coloro che ci guardano dal di fuori. [...] Per questo possiamo dire che qui serviamo la Patria. [...] Quanto a te, Roberto, guarda in alto. Come tutte quelle che sgorgano dalla pura passione, la tua è opera di bellezza. Giocare alcuni beni preziosi, anche la vita, per un'ideale di giustizia, questa è opera di poesia Né altra gioia tu cerchi fuor di quella d'averla compiuta»; F. CARNELUTTI, *Controvento*, cit., p. 46.

[218] Il 29 novembre 1930 Belloni, in un suo esposto, parlava ancora di «considerare come definitive per il podestà le indicazioni avute [dal ministero]», e d'altra parte aggiungeva che aveva deliberatamente voluto contenere il processo «entro i limiti del dibattimento personale, non producendo alcun documento che uscisse dallo strettissimo limite che mi

anni la cifra della presunta mediazione per il prestito di Milano era quasi pari al passivo della gestione del quotidiano «Il Popolo d'Italia», e che appena due anni dopo il bilancio del quotidiano gestito da Arnaldo era invece ripianato[219].

La polizia politica, l'Ovra, il governo, Mussolini, avevano scrupolosamente seguito il processo e gli avvenimenti a esso connessi; i giornali, mai come in quella circostanza, erano stati sottoposti a rigida vigilanza onde non alimentassero la già alta attenzione dell'opinione pubblica, perché «la gran maggioranza della popolazione era già tutta per Farinacci»[220]: in nessun quotidiano apparvero commenti alla vicenda, eccetto brevi trafiletti su «Il Regime Fascista» («il solo giornale di fronda che si era pubblicato nel Ventennio», per Carnelutti[221]).

La vittoria giudiziaria si tradusse, immediatamente, in successo politico, «le cui conseguenza non erano al momento facilmente misurabi-

---

ero imposto e che potesse, contro quella che era la mia precisa volontà, allargare il dibattito, e nuocere agli interessi del Governo e del Partito»; E. Belloni alla Commissione di Appello per il confino politico, San Demetrio Corone, 29 novembre 1930, in Acs, Mi, Confinati politici, b. 84, fasc. *Belloni*. Belloni scontò una parte della condanna (nel 1933 venne prosciolto) e tornò alla professione di chimico industriale, ma morì nel 1938.

[219] Cfr. le comunicazioni di A. Mussolini a B. Mussolini: «la situazione finanziaria [del giornale] è quasi fallimentare: perdiamo centocinquantamila lire al mese» (Milano, 26 luglio 1926), ed ancora: «"Il Popolo d'Italia", con le sue sei pubblicazioni, non è mai stato un'impresa attiva. Lo sbilancio a fine anno si è sempre aggirato sul milione. La differenza è stata coperta col credito e con gli abbonamenti. Per ridurre almeno al pareggio il bilancio ho studiato le più grandi economie. Non è stato possibile coprire la falla. [...] Io so che ho firmato per impegni circa due milioni di effetti e tutto ciò non esisterebbe se io avessi un regolare contratto di pubblicità. Io so che devo perdere la metà della mia energia a sanare posizioni difficili» (Milano, 10 agosto 1926); già nel maggio 1927 «la situazione finanziaria del giornale» era «assai migliorata», a tal punto da consentire la restituzione di un prestito di mezzo milione al senatore Borletti, e dall'anno successivo il bilancio sarebbe tornato in pareggio, senza esposizioni debitorie (Milano, 10 maggio 1927 e 20 ottobre 1930), in *Carteggio Arnaldo-Benito Mussolini* (a cura di D. Susmel), cit., p. 28, 30-32, 83 e 198. Liquida invece come una semplice montatura ed esclude qualsiasi coinvolgimento dei Mussolini nella vicenda, riducendo il tutto a semplici «diffamazioni farinacciane», M. Staglieno, *Arnaldo e Benito. Due fratelli*, Mondadori, Milano, 2003, p. 334.

[220] Nota informativa di A. Dubois, Milano 11 ottobre 1930, Acs, Mi, pPFP, b. 102, fasc. *Belloni*. Le udienze erano trascritte da 12 stenografi e inviate al capo del governo; confidenti della polizia erano sparpagliati ovunque (tra questi erano a Cremona Tagliavacche e l'avvocato Nicola Del Chiaro, il "382") e inviavano una quantità impressionante di informative. Tutto questo materiale, raccolto in tre faldoni, non è stato rintracciato nei fondi archivistici, Acs, SPD C/R, b. 80, fasc. *Belloni*. I resoconti giornalistici differiscono, e a volte sostanzialmente, dai rapporti stenografati delle tre prime udienze, conservati in Asmi, Agp, b. 63.

[221] Così chiosa ancora F. Carnelutti, *Controvento*, cit., p. 9. Nei mesi del processo il quotidiano di Farinacci aumentò in maniera impressionante la tiratura, passando da 30 mila copie a 85 mila, per arrivare anche, nelle giornate conclusive, a superare le 150 mila, decuplicando in molte città (come Napoli, dove l'ex segretario godeva ancora di «vivissime simpatie e largo consenso») le vendite.

li...»[222], e sulla persona di Farinacci confluirono consensi sempre più convinti e diffusi: «il successo tuo – gli scriveva Varenna – è sempre all'ordine del giorno, insistentemente e in scala ascendente»[223]. A Cremona, in quei giorni, era affluita da ogni parte d'Italia moltissima gente, «una folla di amici, di seguaci, di sostenitori, di curiosi»[224], alle finestre delle case erano esposte bandiere tricolori, ma non si ebbero manifestazioni di fanatismo, provocazioni o incidenti e il generale Tagliavacche, esperto confidente del Ministero dell'Interno, descriveva correttamente gli umori popolari all'indomani della sentenza[225]:

> Cremona ha vissuto la sua settimana di passione. Bisogna aver visto la folla dopo la sentenza per rendersi esatto conto dell'ardore e della passione travolgente con cui è stato accolto il verdetto dei magistrati. [...] Le ripercussioni di questo processo saranno vastissime, enormi. [...] Roberto Farinacci è un uomo verso il quale converge oggi il pensiero devoto e riconoscente di tutti i fascisti, meglio dire di tutti gli italiani. Chi lo ha veduto ieri sera fatto segno all'incontenibile entusiasmo della folla, ha identificato nell'uomo il Fascismo vero, quello degli umili e degli onesti. Non era Cremona sola attorno a lui, ma era l'Italia fascista tutta[226].

A Farinacci giunsero telegrammi di felicitazioni da ogni parte del Regno e l'opinione pubblica era in attesa che il governo attendesse giocoforza «a provvedimenti generali per l'epurazione del Partito in tutti i gradi delle sue gerarchie»[227]. Si cominciò a parlare della necessità del ripristino della «critica interna», del ruolo della stampa e della libertà

---

[222] Era opinione diffusa che la «finestra aperta dal processo avrebbe consentito una nuova circolazione d'aria nel fascismo», perché era ipotizzabile che ci sarebbe stato un seguito giudiziario a quella sentenza, essendo Belloni intenzionato, per la sua difesa, «a scaricare il barile su Volpi e, soprattutto, sull'altissima personalità che il 24 marzo 1927 ricevette a Roma la commissione di Milanesi»: questa persona era Benito Mussolini, ma tale frase del rapporto venne cancellato dal personale della polizia; Roma 10 ottobre 1930, in ACS, MI, PPFP, b. 102, fasc. *Belloni*.

[223] E. Varenna a R. Farinacci, Milano 15 ottobre 1930, in ACS, SPD, C/R, b. 36, fasc. *Varenna*.

[224] *Farinacci e Pantaleo assolti per aver raggiunta la prova dei fatti*, «Corriere della Sera», 11 ottobre 1930.

[225] Nell'affermare quanto il vero fascismo «avesse intimamente gioito della sentenza», Tagliavacche ricordava anche «quanta devozione aveva il popolo per Farinacci», il «cui gesto era stato approvato dalla gran massa del popolo di tutte le regioni d'Italia», e riportava alcune dichiarazioni secondo le quali il regime, «nel combatterlo, innalzava invece sempre più Farinacci nella considerazione del pubblico, e lo creava un martire»; nota fiduciaria di F. Tagliavacche, Milano 23 ottobre 1930, ACS, MI, PPFP, b. 102, fasc. *Belloni*.

[226] Nota fiduciaria di F. Tagliavacche, Cremona 11 ottobre 1930, *ibidem*.

[227] Promemoria dei R. Carabinieri, Cremona 13 ottobre 1930, in ACS, SPD, C/R, b. 40, fasc. *Farinacci*.

di giudizio di questa, come Farinacci aveva sempre predicato[228], nonché – persino – dell'opportunità di un «ritorno al rassismo provinciale»[229]. Infatti la sentenza, per i molti sostenitori dell'ex segretario, era vissuta come un vero e proprio capitolo della storia d'Italia e, soprattutto, della rivoluzione[230]: se la rivoluzione fascista avesse dovuto e/o potuto vivere ancora un suo terzo tempo, è certo da lì che sarebbe dovuto iniziare. Del resto l'uomo Farinacci – in quei difficili anni di emarginazione politica – aveva mantenuto un atteggiamento di puro e di perseguitato che aveva attirato le simpatie dei molti delusi del fascismo, della vecchia guardia squadrista, degli espulsi e degli epurati dal Partito[231]. In non pochi uomini politici, e anche in molti settori della società civile, era diffusa la convinzione che Farinacci potesse giocare di nuovo un ruolo importante nella vita del Paese; anzi, molti sostenevano che egli fosse l'unico in grado, insieme a Mussolini, di poter reggere eventualmente le sorti del regime. Lo stesso Carnelutti, anche a distanza di anni, avrebbe sostenuto che «gli unici uomini veri del fascismo erano soltanto Benito Mussolini e Roberto Farinacci»[232].

Le relazioni della polizia politica ricordavano al governo che Farinacci, in seguito all'acuita curiosità del pubblico, assurto come «l'implacabile fustigatore del malcostume politico annidatosi nel regime e perciò come fierissimo restauratore dei valori morali del partito», assumeva sempre più l'atteggiamento di anti-duce, fatto questo piuttosto indigesto a Mussolini, che largo seguito otteneva tra i fascisti di varie tendenze e tra la massa della popolazione[233]. Arnaldo si rivelò critico deciso di Farinacci, prese più volte posizione contro quella «logica e quell'atteggiamento subdolo» partorito dal processo di Cremona, condannando «quegli elementi che si contendono dei primati» morali e

---

[228] Cfr. «Il Popolo di Lombardia», 19 ottobre 1930. Molti sostenitori incoraggiavano Farinacci, scrivendogli che quelle sue battaglie erano meritorie per il regime e il fascismo: «Gli italiani, che non sono tutti minorenni o incoscienti, vorrebbero uno Stato forte, un Governo fascista altrettanto forte, ma una libertà di critica, specialmente nelle questioni economiche e nel governo degli uomini e delle cose. Libertà di critica e libertà di stampa, l'un e l'altra rigorosamente ma equamente controllate dal Governo fascista, nel suo stesso interesse, che oggi vive al buio»; R. Montani a R. Farinacci, Rovegno, 18 settembre 1929, in Acs, Frf, b. 30, fasc. *Montani*.

[229] Cfr. Roma, 21 ottobre 1930, in Acs, Mi, ppfm, b. 100, fasc. *Pnf*.

[230] [R. Farinacci], *Per ringraziare*, «Il Regime Fascista», 14 ottobre 1930.

[231] L. Cambiaggio, *Fascismo e Democrazia nei ricordi personali di un prefetto del Regno*, cit., p. 33.

[232] Nota informativa dell'11 febbraio 1936, in Acs, Mi, ppfp, b. 249, fasc. *Carnelutti*.

[233] Questo era il giudizio, tra gli altri, di Preziosi e Carnelutti; cfr. Roma, 4 ottobre 1930, Acs, Mi, ppfp, b. 102, fasc. *Belloni*.

politici pregiudizievoli invero per l'avvenire del fascismo[234], e i due vennero ai ferri corti. Ai consigli di moderazione e di pazienza, rivoltigli a più riprese dai suoi più fidati amici e consiglieri (Varenna, Moretti, Masi e Pantaleo) nonché dallo stesso prefetto (al corrente di quanto il "ribelle" Farinacci fosse nell'occhio del ciclone e di quanto Mussolini diffidasse apertamente, ancor più di qualche tempo prima, di lui[235]), l'ex segretario reagì piuttosto avventatamente e senza, ancora una volta, alcun compromesso, fidando che quel processo e i riflessi politici a esso connessi gli avrebbero riaperto le porte della grande politica. D'altra parte il reale successo popolare (ovunque si sosteneva che «il farinaccianesimo era invocato come l'unica possibilità di svolta politica e di moralizzazione e di epurazione radicale nel regime») gli faceva perdere di vista che la strada per Roma era ancora molto irta e a niente (se non a peggiorare le cose) poteva servire vantarsi di questo consenso, allorquando rendeva noto a tutti, amici e avversari, il suo intimo pensiero: «ho con me un plebiscito di consensi, potrei tentare una nuova marcia su Roma»[236].

In effetti la sostituzione di Turati alla segreteria del Pnf e il contemporaneo successo morale-giudiziario ottenuto da Farinacci dettero il destro alla base squadrista e agli elementi sino ad allora emarginati per tentare una rivincita, tanto che in non poche federazioni il malcontento esplose apertamente. Nelle roccaforti farinacciane, come Napoli («Farinacci vi ha dei seguaci molto di più di quello che si possa credere, [...] tutti i vecchi padovaniani sono farinacciani»), e Genova (dove «non si immaginava che le dimissioni potessero destare tanto giubilo»...) l'uscita di scena di Turati venne accolta con «vivo compiacimento», e anche a Bologna «la notizia destò compiacimento», così come in tutta la Val padana, dove i fascisti «accolsero con esultanza la notizia delle dimissioni»[237]; Cavalli, da Torino, scriveva al capo che solo «l'annuncio del cambio di guardia di ieri [era] stata la liberazione di un incubo!»[238]. Un

---

[234] «Comincio col dirle che Farinacci non ha affrontato il processo, dopo aver scagliato con ferma mano la prima pietra. Questa immagine biblica non ha ragione di esistere. Farinacci ha subito il processo. [...] Io ho avuto occasione altre volte di affermare che non riconosco legittimo il diritto che hanno alcuni privilegiati (privilegiati per il fatto di avere a disposizione un giornale) di esercitate la critica in senso scandalistico»; A. Mussolini a C. Ravasio, Milano 19 ottobre 1930, in *Carteggio Arnaldo-Benito Mussolini* (a cura di D. Susmel), cit., p 301.

[235] R. Farinacci a B. Mussolini, in Acs, Spd, c/r, b. 40, fasc. *Farinacci*.

[236] Testimonianza di L. Cambiaggio, *Fascismo e Democrazia nei ricordi personali di un prefetto del Regno*, cit., p. 35.

[237] Rapporto di ps, Genova 27 settembre 1930, in Acs, Mi, ppfp, cat. A, b. 102, fasc. *Turati*.

[238] A. Cavalli a R. Farinacci, Torino 25 settembre 1930, in Acs, Frf, b. 11, fasc. *Cavalli*.

rapporto del Ministero dell'Interno, dei primi mesi del 1933, riferiva che «la situazione politica in Padova e provincia [era] stata in questi ultimi anni caratterizzata da un grave e acuto dissidio fra vecchi fascisti e classe dirigente, non estremista. Fenomeno, del resto, verificatosi in molte province d'Italia»[239]. In molte realtà locali, infatti, dove ancora forte, seppure magari non più organizzata (dalla fine del 1928 la corrente estremista aveva perduto quasi completamente, anche laddove essa palesava segni di maggiore forza, la propria capacità operativa[240]), era la componente ex intransigente, i rapporti delle forze dell'ordine al governo mostravano che nel Partito si assisteva a «qualche ondeggiamento» e, nel gruppo dirigente turatiano, a «segnali di disorientamento»[241]: a Parma, Piacenza, a Padova, a Pavia, Udine, Napoli, Genova e Torino l'offensiva degli «scontenti» per una revisione delle situazioni provinciali mise più volte in difficoltà le gerarchie locali e si ebbero nuovamente scontri tra fascisti. Giuriati, anche per non rischiare una nuova profonda divisione nel Pnf e una disgregazione difficile da sanare (in molte province la situazione del Partito era «di gravissima crisi»)[242], provvide a commissariare ben sette federazioni e a nominare sei nuovi segretari federali, ma certo l'insofferenza dei vecchi fascisti appariva evidente. A Torino, come dicevano i fiduciari di Farinacci, «l'ambiente era preparatissimo» (del resto in città «Il Regime Fascista» aveva 500 abbonamenti), e il segretario federale Bianchi Mina, il 10 dicembre 1930, era stato costretto a rassegnare le dimissioni[243]. Anche a Piacenza e a Pavia si segnalavano con maggiore insistenza le voci secondo le quali era in atto un tentativo di creare «un movimento tendente a rivalorizzare i vecchi fascisti», e che tale movimento aveva l'appoggio di Farinacci[244]. Che il deputato di Cremona fosse dietro alla vasta operazione politica della "revisione" periferica delle gerarchie, si evince dal fatto che a livello locale erano proprio i maggiori farinacciani ad agitare il malcontento, a suon di memoriali, esposti, sollevazioni e manifestazioni (anche violente) onde mostrare alla direzione del Pnf che il dissenso era diffuso. A Napoli e a Genova gli ex intransigenti uscivano spesso

[239] Situazione politica nella provincia di Padova, s.d. [ma febbraio 1933], in ACS, PNF, SPP, b. 11, fasc. *Padova*.

[240] Il prefetto al Ministero dell'Interno, Trieste 2 dicembre 1928, in ACS, MI, PS, 1928, b. 201, fasc. *Trieste*.

[241] Cfr. ACS, PNF, SPP, b. 7, fasc. *Milano* e b. 12, fasc. *Parma*.

[242] Provincia di Piacenza, estratto della relazione del mese di luglio 1931, e relazione sulla situazione del fascismo siracusano, 13 gennaio 1931, in ACS, PNF, SPP, b. 14, fasc. *Piacenza* e b. 21, fasc. *Siracusa*.

[243] A. Cavalli a R. Farinacci, Torino, 11 dicembre 1930, in ACS, FRF, b. 11, fasc. *Cavalli*.

[244] Relazione sulla provincia di Pavia, s.d. [ma giugno 1931], in ACS, PNF, SPP, b. 13, fasc. *Pavia*.

allo scoperto ed esaltavano Farinacci, «chiamandolo uomo di coraggio, uomo che non ha mutato fede, che ha salvato il fascismo nel momento del pericolo, l'unico – insomma – che potrebbe degnamente sostituire il duce»[245]. Palmia scriveva a Farinacci che lui ed i suoi amici erano «in piena lotta» anche a Parma, già nel dicembre 1930, per la vittoria del vecchio fascismo, e intanto sommergevano Giuriati con esposti, memoriali e denunce[246]. La ricomparsa dei vecchi fascisti e il ritorno di Farinacci erano motivo di allarme non soltanto nei ceti moderati e nella classe dirigente del fascismo, che non esitava con forza a condannare l'azione dell'ex segretario: per molti di loro, infatti, «il puritanesimo fascista di Farinacci aveva l'unico scopo della reclame personale» e «la sua mania scandalistica faceva molto male al fascismo». Ma era motivo di preoccupazione anche nell'apparato del regime. Era evidente che «l'opera di Farinacci e dei suoi amici, in quel momento, [era] soprattutto opera disgregatrice», e tale non avrebbe potuto essere diversamente, trattandosi di rimettere in discussione poteri locali in parte consolidati, dopo cinque anni; quanto era altrettanto evidente, anche per la polizia, che c'era una regia unica dietro l'intera operazione politica in atto, e infatti proprio Bocchini si fece interprete delle preoccupazioni dell'apparato, allorquando annotava con decisione, sui vari rapporti che gli pervenivano, chi fosse in sostanza «a tirare i fili»[247]. Ma dal 1926, quando la corrente farinacciana era meglio definita e aveva un reale peso nel Partito, molte situazioni erano assai mutate, e l'asfissiante repressione ministeriale non permetteva spazio di manovra per qualsivoglia azione, neppure ai margini del dissenso, mentre il capillare apparato poliziesco si rivelava decisivo nella risoluzione delle dispute di carattere locale (indicativo, a questo proposito, proprio il caso di Polazzo a Padova[248]), diminuendo i margini operativi. Se a Milano, con l'avvento il 1° settembre 1930 dello stretto seguace di Farinacci, Ermino Brusa (tale cambiamento, avvenuto proprio alla vigilia del processo di Cremona, mostra quanto nel Pnf del capoluogo ambrosiano le posizioni farinacciane fossero solide)[249], il successo poteva dirsi pieno e quasi con-

---

[245] Napoli, dicembre 1930 e Napoli, 11 settembre 1931, in Acs, Pnf, spp, b. 9, fasc. *Napoli*.

[246] Cfr. Bnb, Frf, b. 44 Far – Parma, fasc. 29.

[247] Milano, 27 aprile 1931, in Acs, Pnf, spp, b. 14, fasc. *Piacenza*.

[248] Cfr. Situazione politica della provincia di Padova, s.d., in Acs, Pnf, spp, b. 11, fasc. *Padova*.

[249] Milano, relazioni di ottobre 1930 e marzo 1931, in Acs, Pnf, spp, b. 7, fasc. *Milano*. Secondo la Questura di Milano il peso della corrente farinacciana era a tal punto aumentato da richiedere l'intervento della segreteria del Pnf, ché accertasse «quale importanza [aveva] tra i fascisti locali»; il questore al prefetto, Milano 19 settembre 1929, in Asmi, Agp, b. 978, fasc. *Personalità fasciste*.

solidato[250], in altre realtà la contrapposizione frontale non partorì buoni frutti; come a Genova e a Napoli, per esempio, dove, pragmaticamente, occorreva mettere da parte l'intransigenza:

È noto che il Tecchio ed il suo gruppo seguono la linea politica dell'on. Farinacci del quale sono esponenti, e dietro le quinte vi è il dott. Preziosi che è il più furbo e il più colto fra loro e funge da mente direttiva. Sembra che stavolta, avendo compreso perfettamente che una soluzione con elementi notoriamente "tecchiani" le autorità non la permetterebbero, perché si verrebbe ad affidare la provincia ad una fazione che non ha seguito nelle nuove e larghe correnti fasciste che si sono formate dal 1926 ad oggi, il gruppo stesso si sia orientato presso Franz Turchi, che non è notoriamente "tecchiano", ma ha molte simpatie per questi ultimi, e perciò si tenterebbe di farlo nominare commissario della federazione, con evidente proposito di scavalcarlo e dominarlo subito e semmai soppiantarlo, appena rinforzate le file[251].

Proprio Turati si agitava con un certo fervore per rintuzzare gli attacchi ad «alcune situazioni provinciali», come Torino, Genova e Milano (dove, nell'ottica dell'antifarinaccianesimo puro, proponeva al duce la nomina di Bonetti alla segreteria federale...[252]) e temeva quanto stava avvenendo nel Pnf: «dopo Piacenza – scriveva a Mussolini – sembra che si voglia buttar per aria anche Pavia. Se i fascisti non credessero che tutto ciò è voluto da voi, saremmo da tempo a dei gesti di ribellione. Per il bene del partito, vi prego di intervenire». Anche Nicolato premeva sul tasto allarmistico: «la "farinaccizzazione" continua: dopo Milano, Bergamo, Como, occorreva Pavia e Piacenza. Noi ci opporremo, per quanto possibile, ma che proprio in quel di Roma lo si lasci fare, senza che s'accorgano di tutto il male che fa quotidianamente al fascismo, esercitando la tutela politica sugli sperduti, sui malcontenti, sugli arrivisti e sugli industriali di bassa lega?!»[253]. Nel valutare l'attacco alle più forti posizioni turatiane, il nuovo direttore della «Stampa» rispondeva implicitamente anche su chi fosse, in ultimo, «a tirare i fili»: «l'on. Farinacci ha consigliato ai suoi amici di lavorare in silenzio. Verrà l'ora, ha aggiunto, che tutti i puri raccolti intorno a me daranno battaglia»[254],

---

[250] Cfr. il pro memoria per il prefetto di Milano, 23 febbraio 1931, in ASMI, AGP, b. 256, *Pnf, federazione milanese, 1927-1937*.

[251] Nota fiduciaria di J. Faeber, Napoli 24 giugno 1933, in ACS, PNF, SPP, b. 9, fasc. *Napoli*.

[252] A. Turati a B. Mussolini, Torino 7 marzo 1931, in ACS, SPD, C/R, b. 96, fasc. *Turati*.

[253] A. Nicolato ad A. Chiavolini, Roma 11 novembre 1931, in ACS, SPD, C/R, b. 41, fasc. *Farinacci*.

[254] A. Turati a B. Mussolini, Torino 26 giugno 1931, in ACS, SPD, C/R, b. 96, fasc. *Turati*.

quasi lasciando presagire che tornare alla guida del Partito poteva essere possibile[255]...

> Si riparla ancora di buttare all'aria la situazione di Pavia. Ora il giuoco è troppo chiaro: la triade Bisi, Morelli, Lanfranconi non si può rassegnare. Sono tutti e tre uomini di Farinacci. [...] Io vi prego di impedire che si butti all'aria anche quest'ultima provincia salda e compatta. Troppe sono ancora le province turbate irreparabilmente: Padova, Udine, Savona, Bergamo, Genova. Quando si pensa alla sistemazione? I vostri ordini non sono più eseguiti, dunque? [...]. Le situazioni di Padova, Udine e Genova sono ancora per aria. È necessario nominare i federali. Anche qui gli uomini di Farinacci lavorano a tutto vapore [...]. La situazione di Genova meriterebbe di essere guardata da vicino. Vi comanda Farinacci in pieno a traverso Leale e altri suoi amici. Mi si dice che ora vi vada Tarabini, altro farinacciano spinto[256].

Da un punto di vista strettamente politico pareva che soltanto il gruppo dei turatiani di stretta osservanza potesse fare in qualche modo argine alla ripresa su vasta scala dell'azione politica di Farinacci[257]; tuttavia, nonostante anche un incontro, e un momentaneo accordo, di Turati col nemico di sempre, a Cremona sul finire del '31 (riavvicinamento che parve però più una resa senza condizioni, che una intesa, e non poche critiche valse al direttore de «La Stampa» da parte dei suoi amici[258]), niente servì a risolvere la profonda divisione o a ricondurre, meglio, nell'alveo dell'ortodossia il ribelle[259]. D'altra parte, per dirla con De Begnac, Farinacci era l'unico esponente fascista che, persino negli anni Trenta, potesse sempre continuare a «promettere alle squadre la luna»[260].

---

[255] «I farinacciani Bisi, Forni, Morelli, Barenghi, Marinelli, D'Addabbo, Barbiellini, Maggi, Leale, Mastromattei, Gnocchi, Buttafochi ecc., sono in gran da fare per lanciare un successore di Giuriati che sia amico del "ducino" di Cremona: Scorza, Ricci o Starace?», scriveva Turati a Mussolini (cfr. *ibidem*). Effettivamente le manovre per portare Scorza, l'ultimo dei ras ancora forti sul territorio e devoto a Farinacci, alla segreteria del Pnf si erano intensificate e parvero avere notevoli possibilità di successo.

[256] A. Turati a B. Mussolini, Torino 19 giugno e 18 agosto 1931, in ACS, SPD, C/R, b. 96, fasc. *Turati*.

[257] I turatiani erano "strutturati" in una organizzazione segreta, la "Buona Causa", con larga influenza in alcune zone della Val padana; promemoria, s.d. [ma giugno 1931], in ACS, SPD, C/R, b. 96, fasc. *Turati* e ACS, MI, PPM, b. 100, fasc. *Partito nazionale fascista*.

[258] Arnaldo Mussolini valutò il gesto di Turati poco opportuno, «senza significato e stile politico, un'abdicazione inutile, una gaffe»; A. Mussolini a B. Mussolini, Milano 9 dicembre 1931, in *Carteggio Arnaldo-Benito Mussolini* (a cura di D. Susmel), cit., p. 217.

[259] Fino almeno al 1937 Farinacci era ritenuto un vero «pericolo per la unità del partito, in quanto egli aveva creato effettivamente una vera e propria fazione di suoi fedelissimi che hanno impermeato tutto il partito di una specie di... sottopartito farinacciano»; informativa di C. Mansueti (326), Roma 27 luglio 1936, in ACS, MI, PPM, b. 158, fasc. *Segreteria generale del PNF, 1931-1938*.

[260] Y. DE BEGNAC, *Taccuini mussoliniani*, cit, p. 479.

Le "soffiate" più attendibili dei vari informatori di polizia non lasciavano ombra di dubbio sul pensiero frondista dei farinacciani: Maggi, Moretti, Preziosi e molti altri giudicavano un «errore del duce quota 90», il cui mantenimento era controproducente e avrebbe minato le fondamenta del consenso al fascismo, affermavano che «la situazione generale politica era gravissima e la caduta del duce inevitabile e a breve scadenza», che «non c'era che un uomo solo degno di assumere il comando e capace di rinsaldare la situazione, anche per salvare il regime da ogni pericolo...»[261]. Per di più, già da qualche anno l'attività frondista di Farinacci cavalcava il profondo malcontento economico di agricoltori e contadini, vivo nella padana dal '27[262]: non solo tra il 1926 e il 1930 il valore della produzione dei quattro prodotti più importanti dell'agricoltura si era dimezzato (il trend negativo sarebbe durato sino al '33), ma la disoccupazione nel settore preoccupava molto[263]. L'azione politica farinacciana, inoltre, destava apprensione perché sembrava coinvolgere nell'ombra un fronte trasversale di personalità diverse, in grado di operare una politica alternativa[264]:

> L'organizzazione dei farinacciani diviene più accorta e assume una fisionomia diversa. Se ci fosse concesso il termine, parleremmo piuttosto della "setta" dell'on. Farinacci. Il nuovo segretario di Cremona diceva di avere chiesto all'on. Starace il permesso di fare pubblicamente dichiarazioni di amicizia e di stima per l'on. Farinacci, e che la sua accettazione era subordinata al gradimento del Farinacci, che egli riteneva «l'unico fascista italiano a cui nulla si potesse eccepire». Anche il Brusa, d'altra parte, la sera stessa ha fatto atto di omaggio al Farinacci, come pure il D'Aroma[265].

---

[261] Milano, dicembre 1930, in ACS, SPD, C/R, b. 47, fasc. *Moretti*; per le immediate indagini, cfr. la relazione del questore al prefetto, Milano 17 gennaio 1931, in ASMI, AGP, b. 956, fasc. *Pnf, federazione milanese, 1927-1937*.

[262] Interessanti, a questo riguardo, gli articoli *Il problema agricolo*, [R. FARINACCI], *L'inquietudine dei rurali*, [R. FARINACCI], *Affitti, salari, tasse, credito, ecc.* e [R. FARINACCI], *Non sperare nell'assurdo*, «Il Regime Fascista», 17, 18 e 19 aprile 1930.

[263] In provincia di Cremona il valore della produzione del frumento, del granoturco, del latte e dei bozzoli era crollato dai 526,7 milioni di lire del 1926 ai 290 del 1930, per giungere ai 244 del 1933, pur con un sensibile aumento della quantità prodotta; il numero degli addetti all'agricoltura, inoltre, dai quasi 104 mila del 1921 era calato a 68 mila del 1931 (con un calo di 2 mila proprietari e conduttori); cfr. A. COVA, *Cremona e la sua provincia nell'Italia unita. Volume I. La storia economica*, cit., pp. 197-211.

[264] Assolutamente silenzioso in proposito è il "diario" di Luigi Gasparotto, uomo di punta del movimento e certo *trait-d'union* con i settori moderati e con gli ambienti di corte: L. GASPAROTTO, *Diario di un deputato. Cinquant'anni di vita politica italiana*, Dall'Oglio, Milano, 1945, le cui memorie saltano gli avvenimenti in questione, passando dal novembre 1930 al luglio 1933.

[265] Napoli, 28 giugno 1933, in ACS, PNF, SPP, b. 9, fasc. *Napoli*.

Qualche segno di efficacia e di consistenza di quell'alternativa politica proveniva, per esempio, dai ripetuti rialzi dei titoli della borsa di Milano in seguito alle semplici voci di un possibile coinvolgimento di Farinacci nell'esecutivo. E ciò avveniva mentre su «La Vita Italiana» (il mensile di Preziosi che dal luglio 1931 sarebbe passato sotto l'ala protettrice della società editoriale "Cremona Nuova") si intensificavano gli articoli finalizzati alla battaglia contro «i profittatori e gli speculatori» del fascismo, contro l'eccessiva assunzione di cariche degli "speculatori" nei vari consigli di amministrazione, per la separazione «del sacro dal profano»[266]: De Stefani da un lato (in particolare contro la vincolante dipendenza della finanza italiana dal credito estero)[267] e Alberti dall'altro (nel richiamarsi ancora alla commistione politica-affari)[268] conducevano in questo quadro una importante discussione economico-politica, a tal punto elevata che Arnaldo Mussolini[269], ancora una volta, dovette segnalare al fratello l'ipotesi che dietro tutto ciò ci fosse senz'altro «l'ispirazione o la tolleranza dei responsabili dell'alta finanza e dell'alta politica» (non a caso il professor Alberti venne immediatamente "dimissionato" da tutti gli incarichi, dopo quegli articoli)[270]. Negli ambienti della finanza italiana, la svolta del '30 vide convergere su Farinacci non poche attenzioni, come si evince dal mutato atteggiamento di alcuni noti agenti di borsa:

Continua la manovra molto significativa da me denunciata in favore di Farinacci e la campagna di lodi a lui tributate da uomini rappresentativi della fi-

---

[266] R. FARINACCI, *Dopo il processo di Cremona* e G. PREZIOSI, *Deputati, Senatori ed ex Ministri nelle Società anonime*, «La Vita Italiana», ottobre 1930.

[267] A. DE STEFANI, *I prestiti esteri nell'economia italiana*, «La Vita Italiana», novembre 1930.

[268] M. ALBERTI, *Il denaro degli altri,* «La Vita Italiana», ottobre 1930 e M. ALBERTI, *Tipi di Cagliostro. Le mistificazioni dell'homo oeconomicus*, «La Vita Italiana», novembre 1930.

[269] «L'articolo di Alberti, giudicato eccessivo, ha creato una atmosfera di pettegolezzi infiniti. Della rivista se n'è fatta una distribuzione su larga base ed è attivamente ricercata da coloro che amano lo scandalo»; A. Mussolini a B. Mussolini, Milano 10 dicembre 1930, in *Carteggio Arnaldo-Benito Mussolini* (a cura di D. Susmel), cit., p. 202. Mussolini considerò molto dannosa per il credito e la finanza nazionale quell'attività giornalistica, e intimò al prefetto di Milano di far cessare immediatamente gli articoli di Alberti e della «Vita Italiana», che avrebbe potuto avere «le più rovinose incalcolabili conseguenze».

[270] Già il 16 dicembre negli ambienti finanziari e borsistici italiani prese consistenza l'ipotesi che le "dimissioni" di Alberti fossero legate alla sua teoria dell'homo oeconomicus e alla denuncia che aveva mosso a qualche settore degenerato del sistema bancario-finanziario (del resto i suoi attacchi ad alcuni uomini influenti, come Carlo Orsi consigliere delegato del Credito Italiano e della Banca Nazionale di Credito, oppure a Pirelli e Paratore, erano stati piuttosto decisi); per qualche tempo, forse proprio perché in disgrazia, il professore venne considerato il ministro delle Finanze in pectore di Farinacci; cfr. ACS, MI, PP.FP, b. 18, fasc. *Alberti*.

nanza. Dico molto significante perché essendomi trovato in questi giorni in Borsa, ho avuto modo di sentire tutte lodi tributate a Farinacci dagli uomini di Borsa. Nessuna critica si fa più, ma viene soltanto applaudito al coraggio, alla fermezza, a tutto l'atteggiamento di Farinacci; si dice che quando parla Farinacci tutti gli altri sono costretti a tacere, e [che] è capace di far tacere anche «Il Popolo d'Italia». Da notare come i più fegatosi fossero uomini quali Luigi Crivelli, già agente di cambio, podestà di un paese del varesotto, uomo abile e conosciutissimo nell'alta finanza, amico personalissimo e fidato di Giuseppe Toepliz [...], il quale faceva circolo con Domenico Ghezzi, ritenuto come il puro (sic) rappresentante del fascismo in Borsa, creatura di Farinacci. È da notare che da tutti, e tra questi c'è anche Columella, noto agente segreto dell'on. Motta in Borsa, [...] si vuole raggiungere lo scopo di mettere Farinacci a fianco del Duce[271].

Ma queste manovre politiche destavano solo fastidio al governo e finivano col ritorcersi contro lo stesso Farinacci, il cui riavvicinamento al duce sembrava allontanarsi sempre di più e a cui neppure tanto celatamente si ventilava lo spettro di una condanna al confino. Le riserve di Farinacci alla politica di Mussolini salirono di tono e si fecero pubbliche allorquando il «Regime» criticò il rimpasto ministeriale del luglio '32 (in particolare la sistemazione dei dicasteri militari)[272]; alcuni videro in esse il segnale della rottura definitiva, e tra questi anche Turati, certo contento di spezzare il cerchio: «l'articolo del "sire di Cremona" sul movimento ministeriale ha fatto una impressione che non si esagera chiamandola enorme. È la prima volta che il giornale si permette di criticare una Vostra decisione e di far capire che sbagliate nel tenere determinati uomini e allontanarne altri. La fama di Roberto "il puro", che è il solo fuori da ogni disciplina, si accresce ad ogni giorno»[273].

Agli inizi del '32 l'aperta diffidenza e l'assoluto ostracismo avevano fiaccato l'ex segretario, ma non lo avevano fatto capitolare, anzi Farinacci scrisse con tono di sfida a Mussolini che «in un modo o nell'altro bisognava risolvere il problema»: o lui era degno di restare nel Partito, quindi con tutti gli onori e la fiducia del caso, oppure che venissero veramente presi quei minacciati provvedimenti[274]. Ma nella primavera giunsero sul tavolo dell'ispettore Francesco Nudi, dirigente della Iª Zona OVRA, relazioni fiduciarie che interessavano particolarmente le attente orecchie della polizia:

---

[271] Milano, 21 giugno 1933, in ACS, MI, PPFP, b. 282, fasc. *Ceresini Alfredo*.

[272] [R. FARINACCI], *Ordinaria amministrazione*, «Il Regime Fascista», 21 luglio 1931.

[273] A. Turati a B. Mussolini, Torino 28 luglio 1932, in ACS, SPD, C/R, b. 96, fasc. *Turati*.

[274] R. Farinacci al duce, Cremona, 20 gennaio 1932, in ACS, SPD C/R, b. 40, fasc. *Farinacci*.

In una delle nostre ultime relazioni avevamo segnalato una voce che circolava in provincia di Cremona, e cioè che si era o si stava formando un partito, detto del Principino. Sui mercati di Cremona, Piacenza, Lodi e Codogno siamo venuti a conoscenza [...] che detto partito sarebbe sorto non sotto il nome di "Partito del Principino", ma bensì col nome di "Partito del Fante", sotto però la protezione del Principino. [...] Non sarebbe difficile a detto partito fare proseliti, in quanto sui mercati si sente apertamente dir male del fascismo [...]. Mettendo in relazione quanto su esposto, con quanto ebbe ad affermare la nota personalità del mondo bancario cremonese e milanese circa i presunti accordi di Casa Reale con l'On. Farinacci, l'attività dell'On. Farinacci a Milano e a Roma e relativi contatti con alti ufficiali del R.E., l'attività del prof. Villa, 33 della massoneria, quanto afferma la contessa Sardi, che si dice essere madre del cerimoniere di corte e che si fa portavoce di un presunto cattivo trattamento nei confronti dell'On. Farinacci da parte del fascismo, il tutto, insomma, nel suo complesso, senza impressionare, fa certamente rimanere perplessi e preoccupati[275].

Era la ricorrente presenza del nome "Principino" (così, affettuosamente, Umberto di Savoia continuava ancora a essere chiamato non solo dai più devoti fedeli alla Monarchia) che fece scattare il livello di attenzione, in considerazione che il nome di Sua Altezza appariva stavolta accostato, troppo accostato, a quello del "ribelle". E non a caso, tra le buste della polizia politica intestate a Farinacci, un fascicolo porta un titolo assai interessante: "Farinacci – Partito del Principino o Associazione Fante Rosso". Autore di quelle informazioni politiche che mettevano in guardia il governo da tali temuti scenari fantapolitici era il fiduciario indicato col numero in codice 449, ossia il numero corrispondente a Francesco (detto Franco, nome in codice "Quinto") Bonetti. Alla sostituzione di Turati dalla segreteria del Partito, proprio in considerazione del ruolo da lui sostenuto nella campagna antifarinacciana, Bonetti venne ufficialmente reclutato (e largamente retribuito) come fiduciario della polizia politica, così come altri milanesi ex giampaolini, che, in questa delicata fase politica, furono usati dalla polizia e dal governo per controllare e frenare la febbrile attività farinacciana svolta nella Val padana. I più importanti di questo sterminato campionario di "agenti"[276], oltre a

[275] Milano, 5 maggio 1932, in ACS, MI, PPFP, cat. A, b. 32, fasc. *Farinacci*.

[276] Occorre citare anche l'avvocato Augusto Ciani, Ernesto Tarantini (il più preciso e aggiornato di tutti), il console della Mvsn Italo Bresciani ("Ignis"), Francesco Imbarrato (il 385, molto addentro in tante vicende politiche), Giuseppe Di Lorenzo, Vittorio Ambrosini, il generale Filippo Tagliavacche (252), il giornalista Afredo Bonati ("Dolfi"), Alessandro Pozzi (il 316), "Trastevere" (il fiduciario numero 62, non ancora identificato; cfr. M. CANALI, *Le spie dell'Ovra*, cit., p. 561), Mario Lancia (un veterano dei confidenti), le sorelle milanesi Tina e Romilda Caminanda (corrispondenti al numero 329). Eccetto Maria Generali, forse mai scoperta, il controspionaggio di Farinacci venne a conoscenza dell'attività delatoria di questi confidenti.

"Quinto", erano soprattutto l'ex deputato Ernesto Torrusio[277] e il recuperato alla causa Roberto Rossi[278], nonché personaggi minori, come i due confidenti della polizia politica Maria Generali ("Iris", numero 362, le cui informative erano sempre piuttosto precise) e Giuseppe Pizzamiglio ("Agrippa", numero 694, uno dei fiduciari più temuti)[279]. Bonetti, scaltro e piuttosto addentro alle vicende del fascismo non soltanto cremonese (i suoi maggiori referenti in provincia di Cremona, tra l'altro, erano Balestreri e Stramezzi), era attentamente sorvegliato, in quella sporca guerra di spie, dagli agenti farinacciani, anch'essi numerosi, ben inseriti nelle vicende politiche e sparsi sul territorio. Pizzamiglio avrebbe poi testimoniato che dal punto di vista politico il maggiore referente dell'intero movimento antifarinacciano era senz'altro il fiduciario Franco Bonetti[280]. Per combattere politicamente l'azione farinacciana, il

[277] L'avvocato lodigiano Ernesto Torrusio, già nell'amministrazione ferroviaria, escluso dalla caduta di Belloni da qualsiasi attività politica, era un avversario irriducibile di Farinacci ed era costantemente dietro tutte le accuse rivolte contro l'ex segretario del PNF. Dal 1934 le sue informative iniziarono però a perdere importanza, anche a detta di Nudi; cfr. ACS, MI, PPFP, b. 1364, fasc. *Torrusio*.

[278] Rossi svolse nella vicenda un ruolo veramente difficile da decifrare e forse fu quello che portò gli elementi politici più solidi nella campagna antifarinacciana. Con la fine del 1930, Farinacci aveva indubbiamente una influenza determinante nel fascismo milanese e aveva quasi scompaginato il fronte degli ex avversari giampaolini (lo stesso Giampaoli, tramite Redaelli, si disse pronto a sanare eventualmente la faccenda), eccezion fatta, appunto, proprio per la tenace resistenza di Torrusio e Bonetti, ancora in stretto contatto con l'ex segretario Turati e, soprattutto, con l'onorevole di Borgo San Donnino, turatiano di ferro e in quel momento autorevole membro della direzione del Partito, Remo Ranieri). In questa confusa situazione Rossi fece un po' il pesce in barile e riuscì a carpire, in almeno due lunghi colloqui avuti con Farinacci, molti retroscena delle vicende trascorse e dei progetti politici. Non appena uscito dalla redazione de «Il Regime Fascista», Rossi fece stenografare da funzionari di polizia i contenuti di quei colloqui. Farinacci disponeva di un servizio "controspionistico" di prima mano (specie a Milano) e aveva anche suoi uomini nell'OVRA (quasi certamente il cremasco Bianco), ma forse il ruolo svolto da Rossi non era stato ben valutato. Per le vicende milanesi, cfr. BNB, FRF, b. Milano e P. CACCIA, *La cartella "Milano" del fondo Farinacci della Biblioteca Braidense*, in «Storia in Lombardia», 2, 1994, p. 179.

[279] *Autopsia dell'Ovra*, «Il Momento», 26 agosto 1945. Già fondatore del Fascio di Codogno, nel 1926, per divergenze con la gerarchia fascista, venne allontanato dal Pnf e nel 1930 reclutato dalla polizia politica; rappresentante di disinfettanti chimici, in realtà era dedito ad attività spionistiche nel fascismo; ASMI, AGP, b. 980, fasc. *Pnf, fascisti dissidenti, fascisti espulsi, 1931-1936*.

[280] Così lo stesso Pizzamiglio: «Arrivai a Codogno (nel 1930) proprio quando si stava svolgendo la lotta Farinacci-Turati. A Codogno emergeva per la tenacia nella lotta contro Farinacci, il fascista Franco Bonetti. Tutti i fascisti delle province limitrofe e gli stessi gerarchi che odiavano Farinacci, ma lo temevano, convergevano verso il Bonetti, che, unico fra tanti pezzi grossi, aveva il coraggio di lottare contro il colosso cremonese». "Agrippa" conferma poi che «per poter lottare era indispensabile appoggiarsi alla polizia politica» e che – ciononostante – spesso Farinacci riusciva comunque a sapere tutto; ACS, PCM, Ricorsi personali confidenti Ovra, b. 6, fasc. *Pizzamiglio*.

Partito e il governo non esitarono a far uso dei servizi di polizia, quali unico strumento idoneo non solo al controllo, ma alla gestione del potere[281]: a conferma di ciò, una interessante relazione di Nudi (che ai suoi fini sfruttava senza indugio personalità del calibro di Ranieri) a Bocchini mostra la corretta dinamica dell'interazione tra partito e polizia:

Nel pomeriggio di ieri, invitato telefonicamente dal comm. Bonetti, che già mi aveva tenuto parola del desiderio espresso dall'on. Ranieri, membro del direttorio del Pnf, di conoscermi, si è effettuato questo incontro, nella casa di campagna del Bonetti, a Casalpusterlengo: all'incontro ha partecipato anche l'on. Torrusio. Il colloquio ha avuto per argomento la situazione milanese in rapporto all'atteggiamento dell'on. Farinacci, e l'on. Ranieri è stato messo a giorno della estensione e della profondità del movimento farinacciano dal comm. Bonetti e dal Torrusio. L'on. Ranieri, che si è mostrato perfettamente al corrente della situazione [...] ha mostrato di interessarsi assai alla cosa, che ha creduto di dover porre in termini precisi e concreti per quella che deve essere l'azione futura: impregiudicate quelle che potranno o vorranno essere le decisioni del Capo del Governo, la campagna iniziata deve essere continuata sulla base dell'azione che l'on. Farinacci svolge localmente nella provincia di Cremona, e nella quale Ranieri afferma esservi materiale oltre il necessario per demolire qualunque uomo politico, nonché su quelli che sono i suoi rapporti con elementi bacatissimi che ne costituiscono il principale e più valido appoggio, quali il noto comm. Varenna ed altri della stessa risma. Cominciare anzi col demolire questi uomini sui quali Farinacci si appoggia, per giungere alla liquidazione morale dell'uomo e del gerarca, riducendo così il caso Farinacci all'episodio del Ras che abusa della sua posizione e del suo rango per fini personali e sfatare con tal mezzo la reputazione usurpata dell'uomo retto, inattaccabile. Rimpicciolire, insomma, il caso Farinacci alla portata innanzi accennata per modo che, dovendosi addivenire ad una azione contro l'uomo politico, essa poggi su una o più questioni di carattere e di portata locale, e non nazionale; nel caso si agirebbe contro il gerarca scorretto e non contro colui che viene rappresentato come il capo di una corrente di opposizione in seno al fascismo[282].

---

[281] Il questore di Milano, Bruno, sembrava non approvare l'aperta intromissione di settori "deviati" dei servizi di polizia, scrivendo al prefetto: «Mi corre l'obbligo di segnalare alla E. V. che [intorno] ai sostenitori della concezione della lotta violenta contro l'on. Farinacci [...] gravita, a quanto pare, taluno che, qualificandosi per informatore dell'on. Ministero o in relazione con questo o quel Personaggio crede di dare all'azione di tutti un carattere di quasi ufficialità»; e tale «azione illegale» era destinata «a produrre molto danno nelle file del fascismo milanese», per cui proponeva di «infrenare energicamente» Torrusio, Bonetti, Francesco Imbarrato ed Ernesto Tarantini (attivo e credibile fiduciario della polizia politica: molte delle sue informazioni, siglate col "n. 8" o firmate col nome in codice "Ignis", erano infatti rivolte a carpire i retroscena del movimento farinacciano). Il questore al prefetto, Milano, 4 marzo 1931, in ASMI, AGP, b. 956, *Pnf, federazione milanese, 1927-1937*.

[282] L'ispettore generale di PS F. Nudi al capo della polizia, Milano 4 marzo 1932, in ACS, MI, PPFP, cat. A, b. 31, fasc. *Farinacci*.

Dietro i fiduciari di polizia politica stava l'onorevole Ranieri, dal '31 autorevole membro del Direttorio del Pnf e braccio operativo di Turati, che dava «copertura politica ufficiale» (così sosteneva pure il questore di Milano) all'azione antifarinacciana, e proprio perchè appurata e valutata dagli stessi organi di polizia, l'attendibilità delle rivelazioni dei confidenti era elevata. Lo stesso Turati cercò alleanza diretta con la polizia politica, e chiese un abboccamento con Nudi per riferire sulla situazione politica (oggetto dell'incontro Calvi di Bergolo e gli ambienti monarchici-fascisti): ma la mossa destò perplessità pure tra i più stretti turatiani, che ritennero inopportuna tale aperta connivenza[283]. Già da tempo secondo la polizia erano in corso manovre poco chiare tra alcuni ambienti dell'estremismo legati a Farinacci (e si citavano i deputati Olivi e Ravazzolo[284]), tendenti a creare forti convergenze «con un principe di Casa Savoia», così come era indubbio, e assodato da più fonti, il fatto che Farinacci in persona avesse da tempo cercato di intavolare contatti col principe di Piemonte. Imbarrato, già dalla fine del 1930, aveva richiamato l'attenzione sugli incontri tra Farinacci e Umberto, e le ripetute *avances* del primo verso il secondo erano quasi sempre segnalate immediatamente[285]. Contatti che non sembravano così tanto sporadici[286], almeno per tutto il 1931 e 1932, erano avvenuti a Torino, a Milano e anche a Napoli[287].

---

[283] F. Nudi ad A. Bocchini, Milano 11 maggio 1932, in ACS, MI, PPFP, b. 101, fasc. *Turati*.

[284] Cfr. promemoria, Udine 1° giugno 1928, in ACS, MI, PS, 1928, b. 210, fasc. *Udine*.

[285] «Giovedì scorso l'on. Farinacci nel pomeriggio si è recato a Torino partendo da Milano. Colà si è incontrato col nobile Ricasoli ed indi è stato ricevuto da SAR il Principe Ereditario, ma, pare, senza essere riuscito allo scopo che si riprometteva»; Milano 25 gennaio 1931, in ACS, MI, PPFP, cat. A, b. 32, fasc. *Farinacci*.

[286] Fonte assai attendibile sosteneva: «perché si fecero arrestare i Terzaghi e compagnia che, a nome di Farinacci, si erano portati a Torino dal Principe di Piemonte a chiedere garanzie per un movimento farinacciano che avrebbe potuto avere sorprendenti sviluppi?», Genova, 14 settembre 1933, in ACS, MI, PPFP, cat. A, b. 29, fasc. *Farinacci*. In effetti Michele Terzaghi, ex deputato ed esponente della massoneria di Piazza del Gesù, fu arrestato nel febbraio 1931 e condannato al confino (5 anni) per aver avuto contatti con Umberto. La divisione polizia politica sosteneva che era in atto, infatti, un tentativo di creare un movimento politico antifascista di tendenza monarchica, che si appoggiasse proprio al principe (cfr. ACS, MI, PPFM, b. 137, fasc. *Movimento Terzaghi, Cerri, Dell'Orto, Robustelli*). La polizia stroncò immediatamente tale progetto politico. Terzaghi, sulla vicenda, è stato ermetico («non posso affermare di essere stato inviato al confino per la mia qualità di Massone»; M. TERZAGHI, *Fascismo e Massoneria*, Editrice storica, Milano, 1950, p. 137), certo che in seguito al suo successivo proscioglimento si disse riconoscente e devoto a Farinacci. Per la vicenda, ACS, MI, PPFM, b. 108, fasc. *Movimento antifascista. On. Terzaghi (ed altri)*.

[287] Maria Generali, e le sue notizie erano precise, ricordava che Farinacci non mancava, in questi colloqui, di «illustrare al Principe la situazione politica italiana secondo il suo punto di vista»; Milano 20 settembre 1932, in ACS, MI, PPFP, cat. A, b. 32, fasc. *Farinacci*.

Le indagini serrate intorno all'ex deputato Terzaghi, che era al centro di un complotto monarchico-antimussoliniano (e che cadde nella rete della polizia, tesagli nel febbraio del '31 da Nudi e dai fiduciari Attilio Dubois e Enzo Attioli[288]), "involontariamente" caddero anche su Farinacci, e confermarono per altra via l'esistenza di un contatto Farinacci-monarchia. "Dulio" carpì una confidenza rivelata da Terzaghi ai "complottatori" in quello scorcio del '31:

> Ho, questa mattina [12 gennaio], veduto Farinacci [...] e vi dico che la pensa come me, nei riguardi della situazione interna e del duce stesso... ossia che non è più buono a nulla, che è un cialtrone, un rinnegato di amicizie, un criminale, ecc. ecc., che è ora che se ne vada e che finisca di rovinare ancor più l'Italia... Farinacci ha convenuto con me, ma ha detto che non c'è bisogno che se ne vada, che occorrerebbe ispirarlo a cambiare indirizzo e rinnovare un poco uomini e cose. Ma io gli ho fatto comprendere che il duce non cambierà mai e che occorre cambiare lui o cacciarlo come si merita. E qui il Farinacci ha detto una frase, continua il Terzaghi, che mi ha fatto sospettare molto sulla sua attività contraria al duce e ho supposto che anche l'amico Farinacci stia preparando un movimento uguale al nostro, seguendo le stesse via di Casa Reale o del Principe, aiutato ed appoggiato da quel ragazzo di Maria Maggi; perché al mio diniego fattogli, e cioè che non bisogna fare cambiare solamente indirizzo al duce, ma mandarlo via, ha aggiunto. «No, caro Terzaghi, bisogna ricordarci che sopra a Mussolini vi è un'altra personalità a capo del Paese, che potrà ordinargli di mutare indirizzo, oppure obbligarlo ad andarsene o sostituirlo». Queste le parole del Farinacci al Terzaghi, che hanno indotto quest'ultimo a supporre che anche il Farinacci abbia contatti con Casa Reale, tanto che Terzaghi ci dice:...ecco perché il conte Calvi di Bergolo ha detto che il Re non potrà mai permettere che nel suo palazzo si possa effettuare il sequestro del duce come da nostro progetto... Io [...] ci vedo qualche cosa di attinente tra Farinacci e questa risposta»[289].

Il marchese Gian Francesco Sommi Picenardi, responsabile culturale de «Il Regime Fascista» e della bella rivista mensile «Cremona», fa-

---

[288] Cfr. ACS, SPD, C/R, b. 95, fasc. *Terzaghi*.

[289] Così Dubois a F. Nudi, Milano 13 gennaio 1931, *ibidem*. L'attendibilità di queste informative, corredata da altre parimenti precise di "1890", alias "Castelli"-Attioli, era altissima (tra l'altro l'operazione, condotta nella sua fase terminale dall'Ovra, ebbe un incredibile successo: nel cenacolo di quella decina di "cospiratori" monarchici ben tre erano fiduciari di polizia!), anche secondo gli stessi Nudi e Bocchini; cfr. ACS, MI, Confinati politici, b. 1001, fasc. *Terzaghi*. Al citato colloquio tra Terzaghi e Farinacci erano presenti altri due fedeli sostenitori di quest'ultimo (Anelli di Pavia e Canevari), i quali, sostenne la coppia di informatori, si dissero assolutamente d'accordo col "capo". I fiduciari affermarono ancora che: «parlando della politica di Mussolini e del partito, [Farinacci] ci ha data assicurazione che in Italia tutte le federazioni inviano alla Direzione del partito relazioni disastrose, cosa che chiaramente dimostra come gli italiani ne abbiano piene le scatole [...] Il Farinacci ha narrato come il partito sia stato rovinato da Turati, il quale ha posto in alto e nominato ovunque gente che non era altro che ruffiani, ladri e pederasti».

ceva da collegamento e manteneva i contatti con gli ambienti monarchici (il conte Calvi di Bergolo, che pareva cardine di tutta la manovra), con persone di corte, organizzava visite, partite di caccia, cerimonie (in particolare nella Villa Medici del Vascello, a Palvareto)[290]. In breve tempo i rapporti tra Farinacci e Umberto divennero quasi diretti, avendo l'ex segretario preso persino l'iniziativa di invitare l'erede al trono a una battuta di caccia nella sua tenuta, nel 1932[291]. Tutti questi fatti, insomma, erano valutati, così sosteneva Nudi, «come una manovra di avvicinamento all'Augusto Principe dell'on. Farinacci, che non da ora sta tentando»:

> Al riguardo si è fatto accenno ad un precedente tentativo del genere fatto dall'on. Farinacci e che trova riscontro in quanto venne riferito fiduciariamente a codesto Ministero, che me ne interessò con nota 3 febbraio 1931, relativa al movimento che faceva capo al noto capitano Arturo Dell'Orto. Si è anche ricordato l'incontro avvenuto tra l'on. Farinacci e SAR nel settembre decorso al circuito di Monza[292].

Per Nudi questo approccio rappresentava una precisa manovra politica, avendo Farinacci deciso di non tentare altri avvicinamenti nei confronti di Mussolini, di sfruttare piuttosto il malcontento strisciante in molti ceti sociali[293], soprattutto agricoli dell'Italia settentrionale (la

---

[290] F. Nudi ad A. Bocchini, Milano 18 novembre 1933, in ACS, MI, PPFP, cat. A, b. 30, fasc. *Farinacci*.

[291] ACS, PCM, gabinetto, 1931-1933, f. 4.6.11221, *Invito di S.A.R. il Principe di Piemonte da parte dell'on. Farinacci ad una partita di caccia in una riserva presso Cremona*: il fascicolo è vuoto e la documentazione in esso contenuta passata «altrove».

[292] Il capitano Arturo Dell'Orto, già presidente dell'Associazione nazionale granatieri, in stretta amicizia con Umberto, accusava il sovrano di «colpevole debolezza verso il fascismo e Mussolini» e si era fatto maggiore referente di coloro che ne auspicavano l'immediata abdicazione. Ritenuto dalla polizia un pericoloso propagandista, Dell'Orto fu arrestato, con Terzaghi e altri, nel febbraio 1931, proprio dopo un incontro con Umberto a Torino, nel quale «sembra che essi [avessero] in animo di compilare una specie di piano politico economico e finanziario con cui prospettare alla Corona un progetto di riassetto del paese». Quel disegno politico era considerato seriamente dagli organi di polizia, tanto che le indagini vennero condotte da un giovane promettente colonnello dei carabinieri, Angelo Cerica. Per la vicenda cfr. ACS, MI, Confinati politici, b. 335, fasc. *Dell'Orto Arturo* e b. 1001, fasc. *Terzaghi Michele*, SPD C/R, b. 95, fasc. *Terzaghi Michele*. Neppure sei mesi dopo Terzaghi e Dell'Orto erano già liberati dal confino, per motivi di salute, nonostante il duce in persona, appena pochi giorni prima, si fosse espresso contro la richiesta di grazia. Il collegamento tra Farinacci e Terzaghi-Dell'Orto era apparso, nelle indagini, «altamente probabile».

[293] Un preciso rapporto di Cambiaggio descriveva una situazione economico-produttiva abbastanza difficile, e certo molto simile a quella del resto del paese, in particolare dell'Italia settentrionale: «Il morale degli agricoltori è alto. Ma non si può, tuttavia, tacere che la situazione economica possa dirsi soddisfacente, anzi piuttosto grave. A giudizio

cui importanza, non solo nel cremonese, era assai rilevante nel sistema sociale e politico del regime[294]), e dei quali aveva l'assoluto appoggio («da notare che quasi tutta la massa degli agricoltori, orticoltori è filofarinacciana», segnalava il questore di Milano)[295], di «cattivarsi infine l'appoggio dell'Augusto personaggio, in vista di quanto egli [Farinacci] potrebbe apportare di forza materiale e morale per eventualità future»[296]. Tali disegni politici (non disgiunti dal timore che Farinacci cercasse realmente di costituire un nuovo partito fascista in tempi rapidi[297]) erano finalizzati – qualora il fulcro della vita costituzionale dello Stato fosse diventato Umberto di Savoia – alla «caduta del duce con la naturale successione del deputato Farinacci a Capo del governo». Il 16 marzo 1932 giunsero ulteriori notizie fiduciarie in proposito, le peggiori che forse si sarebbero volute ascoltare, da parte del solito Bonetti, il quale sosteneva che nell'ultima «venuta a Milano del Principe ereditario vi [era] stato un incontro tra quest'ultimo e Farinacci» ed era stata diffusa la notizia che «esiste un grande dissidio tra il Duce e il Principino, e che di conseguenza si sta preparando una intesa tra i due uomi-

---

dei tecnici, l'agricoltore non è in grado di sostenere gli aggravi della coltivazione della terra in causa del rinvilio del prezzo delle derrate agrarie, mentre le spese di conduzione delle aziende agrarie sono rimaste immutate. È evidente il disagio, contro il quale gli agricoltori hanno opposto un lavoro più intenso, volto ad accrescere la produzione unitaria: Ma non sembra che lo sforzo compiuto e che si sta compiendo in tal senso sia bastevole a superare la crisi. Le condizioni dell'industria permangono difficili: gli esportatori stentano a mantenere le posizioni dei mercati esteri per la concorrenza internazionale che si fa sentire anche nei nostri mercati interni. Gli utili sono molto ridotti. L'industria serica ha peggiorato a causa del tracollo della seta sul mercato americano. L'industria del latte attraversa un periodo di crisi per il ribasso dei prezzi dei prodotti, per la forte contrazione delle richieste e perché la produzione è superiore alla potenzialità di assorbimento del mercato interno. Commercio: il momento economico attuale non consente larghezza di respiro e facilità di movimento all'attività commerciale»; il prefetto al ministro dell'Interno, Cremona 31 dicembre 1929, in ASCR, AP, b. 75, fasc. 8.2.13. Nel 1929 gli aumenti di produzione dei vari generi agricoli erano comunque alti: il frumento era passato da 700 mila quintali di dieci anni prima ai 996 mila, la barbabietola dai 181 ai 718 mila, i bozzoli dalle 28 mila alle 60 mila once; cfr. CONSIGLIO PROVINCIALE DELL'ECONOMIA CORPORATIVA, *Monografia statistico-economica della provincia di Cremona*, «Cremona Nuova», Cremona, 1932, p. 175 e sgg.

[294] Per fare un semplice esempio, basti considerare che, alla fine degli anni Venti, in provincia di Cremona erano dediti all'agricoltura (fittabili, possidenti o agricoltori) 71 su 123 segretari politici dei Fasci e ben 65 su 112 podestà dei comuni; il segretario federale al prefetto, Cremona 6 febbraio 1930, in ASCR, AP, b. 91, fasc. 1.6.4.

[295] Il questore al prefetto, Milano 31 ottobre 1929, in ASMI, AGP, b. 978, fasc. *Personalità fasciste*.

[296] Relazione dell'ispettore F. Nudi al Capo della polizia, Milano 18 novembre 1933, in ACS, MI, PPFP, cat. A, b. 30, fasc. *Farinacci*.

[297] "Complotto" in stato avanzato, almeno nelle province di Milano, Venezia, Bologna, Trieste, Udine, Piacenza, Parma e Cremona; così ancora secondo l'ispettore Nudi al capo della polizia, Milano 28 giugno 1933, *ibidem*.

ni per abbattere il Capo del Governo»[298]. L'attendibilità di queste informazioni di Bonetti era ritenuta seria dalla polizia[299], e quando le voci sul «cosiddetto Partito del Principino incominciarono a non essere più tanto segrete», d'ordine personale di Mussolini, la polizia politica e la pubblica sicurezza ricevettero la perentoria disposizione di intervenire. Bocchini, infatti, ai primi di maggio 1932, conferì urgentemente sui fatti, sulla piega che stavano prendendo gli avvenimenti e sul "Partito del Principino", con il capo del governo, il quale ordinò tassativamente di «farlo stroncare»[300].

Nelle campagne tra Milano, Piacenza e Cremona la notizia di questa nuova presunta organizzazione prese a circolare con diffusione: si parlava di un vero e proprio partito, il Partito del Fante, sotto l'egida di Umberto e contrario al Pnf. Proseliti di simpatizzanti erano reclutati soprattutto tra i contadini e ben presto si verificarono scontri con i fascisti[301]. In breve si diffuse la voce che ci fosse «il Partito del Fante, il quale è comandato dal Principino», che gli iscritti avessero per distintivo un tricolore con la corona[302], e che in alcune zone manifestini chia-

---

[298] «I farinacciani vanno dicendo naturalmente che l'unico uomo onesto e puro è il deputato di Cremona e solo perché egli è riconosciuto dal popolo come tale, gli si proibisce di dire, parlare e di scrivere, anche perché facendo conoscere certe verità provocherebbe (dicono) la caduta del Duce con la naturale successione del deputato Farinacci a Capo del Governo»; Milano 16 marzo 1932, *ibidem*.

[299] Bonetti, allorquando nel dopoguerra presentò alla Presidenza del Consiglio dei ministri un memoriale a sua discolpa, sottolineò che lui aveva svolto soltanto attività «contro l'estremismo farinacciano», sostenne di essere stato in contatto e di aver protetto noti antifascisti (Celeste Ausenda e Arturo Amigoni) e di non aver mai danneggiato l'antifascismo, essendo stato lui una specie di "agente" che criticava da dentro il sistema. Avendo adottato questa linea difensiva, Bonetti non poteva certo fare alcun riferimento, come difatti non fece, a questa importante azione spionistica da lui compiuta.

[300] Bocchini sul margine di un rapporto sull'Associazione del Fante, sotto il timbro, scrisse «conferito con S.E. il Capo del Governo».

[301] Cfr. le relazioni del 6, 9 e 10 maggio 1932, in Acs, Mi, PPFP, cat. A, b. 32, fasc. *Farinacci – Partito del Principino*. «Anche in altri centri, in questi giorni, non si fa altro che parlare di questa associazione che sarebbe sorta in contrasto col fascismo. A Codogno due operai avvinazzati (in vino veritas) ai passanti gridavano che "a mumenti il Principin ne ferà met su il garoful russ", intendendo dire "fra poco il Principino ci farà mettere il garofano rosso", finché furono bastonati dai fascisti che erano stati avvisati di tale fatto». Una quindicina di contadini che cantavano canzoni popolari e sovversive («Noi siamo del fante e siamo in tanti, viva l'Avanti, viva Lenin!») venne a diverbio con un gruppo di fascisti. Sui sovversivi il pugno della polizia fu piuttosto duro e tutti vennero condannati al confino; cfr. Acs, Mi, PS, 1932 1ª Sezione, b. 15, fasc. *Piacenza*.

[302] «Continua l'affluenza dalla campagna di ex fanti che vogliono iscriversi all'Associazione, motivando il loro desiderio col fatto che detta associazione sarebbe contro il fascismo, sempre – s'intende – menzionando il Principino. Notiamo che mentre nelle altre province le cose sono fatte male e non abilmente, in provincia di Cremona, invece, hanno l'aspetto di una vera e propria organizzazione, mantenuta nel più possibile segreta»; Milano 23 maggio 1932, in Acs, Mi, PPFP, cat. A, b. 32, fasc. *Farinacci – Partito del Principino*.

massero a raccolta per la costituzione ufficiale del Partito per il 24 maggio e il 15 agosto[303], perché il «Principino, chiamato anche il Fante Rosso, voleva vedere se gli italiani fossero con Casa Savoia o con il Fascismo»[304].

> Nei paesi di campagna di queste plaghe, infestate da questo movimento, è un succedersi fantastico di voci circolanti, e in questi giorni si dice che alla Milizia sia pervenuto l'ordine di consegnare i moschetti. Si dice che il Re abdicherà in favore del Principino e che lo stesso non subirebbe il dominio del duce, ma che come suo primo atto sarebbe di sciogliere il Parlamento, e fare le elezioni a sistema libero, lasciando i cittadini liberi di eleggersi il loro rappresentante. Si dice che qualche cosa deve avvenire, perché il Principino è stanco di subire il predominio del duce. E tante altre cose, che non troviamo logico segnalare e ripetere, in quanto puzzano di sovversivismo. Tutte queste dicerie non possono essere il frutto che può uscire da mentalità di contadini e di operai, ma bensì da qualcuno che ha tutto l'interesse di spargerle[305].

Ce n'era abbastanza per stroncare sul nascere queste «vociferazioni tendenziose». Del resto era noto il grande ascendente di Umberto di Savoia nell'esercito e specialmente nella fanteria. L'Associazione nazionale del Fante (la cui sede centrale era a in piazza Duomo a Milano e il cui presidente nazionale era in quel momento Giuseppe Fontana)[306], una delle tante associazioni d'arma e di ex combattenti, poteva prestarsi a questa sorta di equivoco politico (come la consorella Associazione dei granatieri...), per cui il Ministero dell'Interno non perse tempo a costruire una "mappa" dell'Anf, a verificarne le forze e ad allertare le questure che «in alcune province dell'Italia settentrionale era stata segnalata la propalazione di notizie sull'attività e gli scopi dell'Associazione del Fante» non in linea con la politica del regime. Gli Uffici politici investigativi della Mvsn, in collaborazione con le Questure, indagarono celermente e alla fine del mese di maggio fornirono un quadro tranquillizzante sullo stato e sugli scopi dell'Anf: niente di anormale e di pericoloso politicamente era emerso in proposito; da segnalare soltanto che «recentemente è stato stabilito che per far parte dell'Associazione del Fante occorre essere iscritti anche al Pnf»[307].

A Piacenza, a Cremona e a Milano, la voce che l'Associazione nazio-

[303] «Si è tentato di far credere che il 24 maggio il Re avrebbe abdicato in favore del Principino, che a sua volta avrebbe liquidato in 24 ore il Fascismo. Adesso si fa credere che la cosa è stata soltanto rimandata»; nota di F. Bonetti, Milano 1° giugno 1932, *ibidem*.

[304] Nota fiduciaria di F. Bonetti, Milano 13 maggio 1932, *ibidem*.

[305] Nota fiduciaria di F. Bonetti, Milano 24 maggio 1932, *ibidem*.

[306] Cfr. ACS, MI, PS, cat. G1, b. 6, fasc. *Associazione Nazionale del Fante*.

[307] La Prefettura di Vercelli al Ministero dell'Interno, Vercelli 14 giugno 1932, *ibidem*.

nale del Fante nascondesse scopi «non chiari nei confronti del governo, trovò invece una facile presa nel popolino»[308]. In queste province il consenso verso il regime era minato dalle gravi difficoltà in cui si dibatteva l'agricoltura: il sistema corporativo non soltanto non aveva fatto presa, ma il suo apparato burocratico era giudicato negativamente, ritenuto una bardatura che impediva la ripresa economica del settore. Questo malcontento, nei contadini e negli agricoltori, si coniugava con sentimenti di vero e proprio dissidentismo fascista, e in queste zone Farinacci riscuoteva viva simpatia tra i molti sostenitori dell'ex ras "esiliato" Barbiellini, e a Piacenza, come in altre province emiliane, il Pnf continuava a essere diviso, guardando infatti molti fascisti più verso Cremona, che verso Roma[309].

Nonostante la polizia politica sguinzagliasse molti altri informatori per raccogliere notizie su quello che combinava il "ribelle" nella campagna emiliano-lombarda, le voci pubbliche apparivano incontrollabili e parlavano persino di camicie rosse, di formazioni squadriste, di una vettura fantasma che distribuiva nei paesi manifesti inneggiando a Umberto, il «Fante Rosso, l'unico che potrebbe salvare la situazione»[310]. Le notizie su chi tirasse effettivamente le fila di questo movimento, erano tuttavia imprecise: che «alla testa del Movimento ci fossero vecchi squadristi, stanchi dello stato attuale delle cose», o magari esponenti del gruppo estremista del fascismo, era comunque opinione diffusa. Ma le indagini effettuate in proposito non arrivarono a dimostrare quelle ipotesi, neppure sul conto di esponenti minori del fronte farinacciano, come per esempio Gino Carini[311], leader del fascismo intransigente piacentino e in stretto accordo con Farinacci. A onta delle vociferazioni, una eloquente relazione della fiduciaria Generali, colpiva di nuovo nel segno:

Dal fratello dell'avv. Domenico Motta, tenente di fanteria, mi è stato fatto sapere che in alcuni posti della Lombardia e dell'Emiliano, è stata sparsa in questi ultimi tempi la voce che l'Associazione del Fante, trincerata dietro questo appellativo, non fosse altro che l'organizzazione occulta di un vero e proprio partito politico di tendenze antifasciste. Si parla anche di un altro partito, cosiddetto "del Principino". Ma pare sia stato assodato che tali voci siano prive di fonda-

[308] Acs, Mi, ps, cat. g1, b. 225, fasc. *Piacenza.*

[309] Le tensioni all'interno del partito degenerarono spesso anche in scontri violenti tra le due fazioni; sulla complessa situazione politica piacentina degli anni 1929-1933, cfr. Acs, Pnf, spp, b. 14, fasc. *Piacenza.*

[310] Notizia fiduciaria, ancora una volta precisa, di Maria Generali, Cremona 27 maggio 1932, in Acs, Mi, ppfp, cat. A, b. 32, fasc. *Farinacci – Partito del Principino o Associazione Fante Rosso.*

[311] Piacenza, 20 maggio 1932, *ibidem.*

mento e semplicemente tendenziose, ragion per cui sono stati operati parecchi arresti.

P.S. Inesatto: un movimento c'è, cosiddetto del "Principino". Ho detto al tenente di stare attentissimo invece, e sondare l'ambiente militare in proposito[312].

Le celeri indagini di polizia portarono alla scoperta di una presunta organizzazione politica clandestina che svolgeva attività antifascista in senso lato nelle campagne tra Milano, Piacenza e Cremona. Quelle indagini, comunque, non si spinsero (deliberatamente?) in profondità, accontentandosi di chiudere a quel punto (con l'arresto di una ventina di aderenti all'Anf) la pratica, mentre indecifrabili movimenti di confidenti e doppiogiochisti aleggiavano nel sottobosco politico di quei giorni e di quegli avvenimenti (e il controspionaggio farinacciano non si lasciò sorprendere facilmente, come forse in certi ambienti del Ministero dell'Interno si era magari pensato...)[313]. Le carte di polizia non dimostrano un ruolo attivo, in questa vicenda, di Farinacci, ma che il suo nome continuasse a venire accostato a quello di Umberto di Savoia, almeno sino al 1934, appare indubbiamente significativo[314]. Certo è che, presso la divisione polizia politica, ogni ulteriore informazione concernente il Partito del principino continuava a essere vergata a matita con il nome Farinacci, riunita in un apposito fascicolo e collocata nelle buste intestate proprio al deputato di Cremona. Per quale motivo, dunque? A conferma dei contatti intercorsi tra il "ribelle" e il "principino", infine, la Generali, in rapporti diretti con Farinacci, riferiva (per sviare l'attenzione verso D'Annunzio...?) che:

---

[312] Milano, 2 giugno 1932, *ibidem*.

[313] G. PARDINI, *"Il partito del Principino". Farinacci, il Fante Rosso e altri disegni*, in «Nuova Storia Contemporanea», 4, 2004, p. 26 e sgg.

[314] «A valorizzare le voci che insistentemente hanno continuato a circolare [...] che l'on. Farinacci è in stretti contatti, come è sempre stato, con SAR il Principe di Piemonte, è apparsa la fotografia sul "Secolo Illustrato" della scorsa settimana, dove troneggiano, a fianco del Principe, l'on Farinacci e l'attuale segretario del Partito. Detta fotografia viene fatta circolare a dimostrazione della potenza dell'on. Farinacci [...]. Per i legami esistenti tra SAR il Principe di Piemonte e l'on. Farinacci non abbiamo ritenuto giusto insistere ancora, malgrado che lettere autentiche pervenuteci, una in data 4 agosto [1933] da Cremona, dove si dice tra l'altro: "si dice in qualche luogo riservato che Farinacci ha sovente colloqui riguardanti la politica nazionale con SAR il Principe Ereditario"; e l'altra che porta il timbro postale del 23 agosto 1933, nella quale si dice: "A Cremona i farinacciani riprendono fiato e si dice che in mancanza del duce andrà al potere il partito della Chiesa diretto anche da SAR il Principe e da Farinacci, che come ti ho riferito ha avuto spesso degli abboccamenti". [...] In provincia di Cremona si continua a parlare di Principe Ereditario e di Farinacci, di Farinacci e di Principe Ereditario. I farinacciani oggi dicono che essi non intendono con ciò fare la guerra a Mussolini, aspettano soltanto che egli manchi». Lo stesso "449" si domandava per «quale ragione da mesi e mesi, per non dire da anni, si parli allora di Principe e di Farinacci»; informative di F. Bonetti, Milano 18 e 23 settembre 1933, in ACS, MI, PPFP, cat. A, b. 29, fasc. *Farinacci*.

Lo scrittore Enrico Cavacchioli mi ha detto che sia nei circoli politici di Roma, come in quelli di Milano, è molto commentato questo agitarsi di SAR il Principe Ereditario nel cercare o aderire a contatti con questa o quella personalità politica... In poche parole, lasciando stare l'on. Farinacci (al quale il mio interlocutore dice che si dà soverchia importanza) qualcuno ha affacciato il dubbio che SAR il Principe Ereditario possa essere stato messo su da qualcuno assai vicino alla Reale Persona, e desideri avere reali impressioni sul Regime da chi ritiene averle esatte. [...] L'ultimo colloquio di Gardone Riviera non è piaciuto a qualche fascista perché non si è sicuri di D'Annunzio: e l'eroico Principe, per di più, ha contatti e vicinanze con persone di molta dubbia fede fascista...[315]

Da troppe fonti diverse giungevano conferme; anche l'ingegnere Amilcare Robbiani, antifarinacciano e persona sopra ogni sospetto, testimoniava di avere appreso che «l'ora di Farinacci dovrebbe presto venire e dovrebbe essere un trionfo, [perché] in determinati ambienti finanziari si afferma che l'on. Farinacci ha il segreto appoggio di Casa Reale»[316]. Solo voci, forse; eppure «Il Regime Fascista», a dispetto dei divieti ministeriali, era l'unico giornale che si permetteva di appellare il principe di Piemonte come «l'Erede al Trono», e anche negli anni in cui più tesi divennero i rapporti tra fascismo e Monarchia (dopo la creazione dei Marescialli dell'Impero), Farinacci si rivolse sempre pubblicamente a Umberto come a «colui che un giorno reggerà le sorti dell'Italia imperiale»[317].

Del resto che Casa Savoia stesse guardandosi un po' intorno, anche ai fini di scelte istituzionali future, non era un mistero per nessuno, così come era nota una certa simpatia del Sovrano per Italo Balbo[318]. Non a caso, dunque, nelle conversazioni confidenziali che Vittorio Emanuele III intratteneva spesso (negli scorci del 1933) con l'allora suo aiutante di campo, il colonnello Silvio Scaroni, il discorso poteva esser caduto –

---

[315] Cfr. informativa di M. Generali, Milano 5 ottobre 1932, in ACS, MI, PPFP, cat. B, b. 19, fasc. *Principe di Piemonte*.

[316] Nota fiduciaria di G. Pizzamiglio, Milano 12 aprile 1932, in ACS, MI, PPFP, b. 136, fasc. *Bianco Giuseppe*. Saranno state anche voci dette «per impressionare», aggiungeva Robbiani, «ma ciò si diceva veramente ovunque».

[317] *Saluto al Principe*, «Il Regime Fascista», 16 maggio 1937. Negli anni Trenta tanto Vittorio Emanuele III e Umberto furono presenti più volte, per varie occasioni ufficiali, a Cremona.

[318] Le manovre di avvicinamento di Vittorio Emanuele III a Italo Balbo, da quando il quadrumviro aveva professato la "fede" monarchica (L. FEDERZONI, *1927. Diario di un ministro del fascismo*, cit. , p. 101), erano iniziate dal 1928. Che il Re lavorasse per "agganciare" Balbo, era ampiamente sostenuto da vari informatori di polizia (ACS, MI, PPFM, b. 102, fasc. *Fascismo e Monarchia*) ed era noto negli ambienti politici (G. ARTIERI, *Umberto II e la crisi della monarchia*, cit., pp. 702). Del resto Balbo e Farinacci erano gli unici gerarchi che Mussolini temeva veramente (C. G. SEGRÈ, *Italo Balbo*, il Mulino, Bologna, 1988, p. 324).

magari *en passant* – sulla eventuale successione al duce: «Balbo non c'è dubbio che sia un uomo intelligente – affermava il Re – [...]. Tra Balbo e Farinacci non c'è confronto. In Italia e all'estero Balbo è un nome conosciuto: Farinacci sono ben pochi che lo conoscono... Non c'è confronto fra i due»[319]. Se la valutazione del Re poteva essere corretta per certi aspetti, in realtà la popolarità tra i fascisti, nei primi anni Trenta, di Farinacci – emarginato Balbo in Libia – era alta. Ma era anche una carta difficile da giocare e un'amicizia "pericolosa", persino nell'eventualità di una successione... al trono[320].

---

[319] S. SCARONI, *Con Vittorio Emanuele III*, Mondadori, Milano, 1954, p. 98.

[320] Voci relative alla possibile abdicazione di Vittorio Emanuele III, per opportunità politica o per motivi di salute, continuarono a circolare con insistenza anche negli anni 1933-1935, e tali voci mettevano sempre in guardia sull'indipendenza politica di Umberto di Savoia, «intelligentissimo e capace e ben preparato al governo; ma fondamentalmente diplomatico e simulatore, che sa aspettare il suo momento per rialzare e rimettere a posto Casa Savoia e non lasciarla trascinare – quando avverrà – nella caduta del Fascismo»; informativa di A. Montuschi, Roma 27 dicembre 1934, in ACS, MI, PPFP, cat. B, b. 19, fasc. *Principe di Piemonte*.

VI

L'APOSTOLO DEL FASCISMO

Nel decennale della rivoluzione gli intrighi politici che vedevano Farinacci al centro dell'attenzione scuotevano quotidianamente le stanze del Viminale. All'ex segretario – pur «interdetto da Mussolini nel suo feudo», come ricordava Cambiaggio[1] – si attribuiva, a ragione, consenso popolare e, soprattutto, «un seguito personale a larga base nelle masse fasciste e una popolarità enorme» nel Paese, potendo egli trattare il duce da pari a pari; e si reputava «forte perché, nell'opinione generale egli aveva le mani pulite», e le sue battaglie «contro le camorre bancarie, affaristiche ed economiche riscuotevano sempre simpatia nel pubblico»[2]. La polizia politica non riusciva a tenere sotto controllo le voci popolari a favore dell'ex segretario del Pnf («il duce non ha più nelle mani il fascismo»; «l'unico uomo che oggi incarna il vero fascismo è l'on. Farinacci»...[3]). Un alone di mistero avvolgeva poi la Sorte Ragionata, una specie di setta che a detta di Nudi e di Bocchini era il «centro motore» di qualsiasi attività politico-affaristica di Farinacci e che in pochissimo tempo aveva ottenuto l'adesione di importanti industriali lombardi. Magna pars del gruppo era considerato l'industriale Enrico Mario Varenna, presidente della società editoriale "Cremona Nuova"[4] e infaticabile procacciatore di finanziamenti per «Il Regime Fascista» (nel 1930-1933 in difficoltà economica e più volte sul punto di dover ridurre la tiratura)[5]. Verso la fine del 1930 la polizia mostrò serio inte-

---

[1] Cfr. Acs, Pcm, Gabinetto, 1962-1964, fasc. 1.3.1.14329.

[2] Cfr. Acs, Mi, ppfm, b. 100, fasc. *Pnf*.

[3] Nota fiduciaria di M. Generali, Milano 14 aprile 1931, in Acs, Mi, ppfp, cat. A, b. 32, fasc. *Farinacci*.

[4] Varenna (Milano, 1891) aveva sposato la figlia dell'ex onorevole giolittiano Gaspare Gussoni e svolgeva la sua principale attività nel commercio del cotone; commendatore della Corona d'Italia e fascista della prima ora, era sempre stato «intimo amico personale di Farinacci», di cui seguiva costantemente «l'atteggiamento politico». Impegnato in varie attività commerciali e industriali, come la Società granaria italiana, la Società anonima per la vaccinazione degli animali e l'importante Società anonima culture agrarie, era in floride condizioni economiche; il questore al prefetto, Milano 10 agosto 1929, in Asmi, Agp, b. 978, fasc. *Personalità fasciste*.

[5] Il deficit di bilancio, dal 1927 in avanti crebbe parecchio, sino a raggiungere le 760 mila lire nella gestione 1930. Il quotidiano fu sul punto di chiudere, ma lo sforzo di Va-

resse per venire a capo di questa setta, i cui adepti, tutti ossequienti a Farinacci, erano soliti incontrarsi per discutere di politica, finanza, economia. L'organigramma della Sorte Ragionata venne parzialmente scoperto dalla polizia politica, e mise in luce un vero e proprio "stato maggiore" della corrente farinacciana: industriali e uomini d'affari, come Ettore Peretti (importante industriale laniero, presidente della Società di aeroplani Savoia, «uomo che amministra nell'industria diverse decine di milioni»), Ezio Granelli (presidente della società San Pellegrino, consigliere delegato e presidente di diverse società), Giorgio Luzzatto (amministratore di una delle più grandi società petrolifere italiane), Gianluca Tondani (importante industriale serico, presidente e consigliere delegato di diverse società del ramo), Gianni Breda, Riccardo Albini (industriale cotoniero bergamasco), Ettore Pozzi (grande industriale meccanico), Piero Gobbi (amministratore di importanti società) e Nino Cella (consigliere delegato della società anonima Cementi di Piacenza); politici, come i deputati Zeno Verga (uno dei cinque deputati "voluti" espressamente nella lista plebiscitaria dalla Santa Sede...[6]), Lanzillo, Lanfranconi, Maggi, Moretti[7], gli ex deputati Gaspare Gussoni e Luigi Gasparotto; giornalisti come Gino Rocca (redattore de «Il Popolo d'Italia» e segretario del Sindacato giornalisti), Edmondo Mazzuccato, Armando Mazza (già direttore del «Giornale del Veneto»); funzionari di Stato, come il giudice Cesare Montanari, Aurelio Dolci (consigliere della Corte d'Appello di Milano); gerarchi della Mvsn, come il generale Carlo Carini, e noti cattedratici, quale il professore Guido Finzi dell'Università di Milano; liberi professionisti molto

renna consentì di assestare il disavanzo sotto le 300 mila lire; cfr. promemoria, Cremona 19 giugno 1933, in ACS, MCP, Gabinetto, II versamento, b. 12, fasc. *«Il Regime Fascista»*. Varenna garantiva annualmente 700 mila lire, fuori dalla pubblicità e dagli abbonamenti (20 mila). Nel momento più critico per il giornale, nell'estate del '30, Varenna scongiurò Farinacci di scendere a compromessi, di «scoprirsi» nei confronti del Partito o del Ministero, per chiedere quei finanziamenti che altri organi di stampa ricevevano copiosamente. Sostegno economico «Il Regime Fascista» otteneva dal Credito marittimo, di cui era direttore l'amico Luigi Candiani, e un sostanzioso contributo (si diceva 100 mila lire) dal senatore Piero Puricelli, a capo della maggiore ditta di costruzioni italiane. Secondo alcuni informatori, la Confederazione dell'industria sovvenzionava mensilmente con 4-6 mila lire il quotidiano, ma la notizia avrebbe bisogno di conferme (Roma, 11 aprile 1932, *ibidem*). Tra i finanziatori c'erano la Società Edison (50 mila lire nel 1932), la Stipel (15 mila), il Consorzio nazionale produttori di Zucchero (13 mila), la ditta Palli (9 mila), Attilio Pozzo, presidente della Società per le Industrie Italiane del Petrolio, altre industrie lombarde (Snia Viscosa, Enka, Erba, Società Setemer, Ferrovie Nord, Galbani)»; nota fiduciaria, Milano 25 aprile 1932, in ACS, MI, PPFP, cat. A, b. 31, fasc. *Farinacci*.

[6] Cfr. R. DE FELICE, *Mussolini il fascista. II. L'organizzazione dello Stato fascista, 1925-1929*, cit., p. 474.

[7] Alla fine del 1932, Moretti, console generale della Mvsn, era anche presidente della Federazione provinciale cremonese degli agricoltori, presidente o consigliere di altre 8 società locali, pubbliche e private; cfr. ACS, MI, PPFP, b. 866, fasc. *Moretti Giuseppe*.

importanti, come l'ingegnere Piero Corbella, l'avvocato Piero Mulassano, l'aviatore Arturo Ferrarin, il cavalier Giulio Sacconaghi, Leopoldo Barduzzi (della Società degli Autori) e l'avvocato Medugno, giornalista de «Il Secolo-La Sera»[8]. E poi ancora altri, come Gino Ghisio, della società articoli sanitari, Luigi Candiani (direttore del Credito Marittimo), Oreste Bordoni, i commendatori Grassi (direttore della Banca del Lavoro) e Silvani (industriale automobilistico, consigliere dell'Aci), nonché altri rispettabili esponenti dell'alta borghesia settentrionale[9].

Sanipoli, il fedele segretario politico di Farinacci, che lo accompagnava ovunque e che era il depositario di molti disegni politici, era persuaso che nel '32 «tutta la grande industria, le banche e il basso strato della popolazione [erano] ormai per Farinacci»[10]; Nudi riferiva al capo della polizia che Farinacci, «pur avversato ed ostacolato in maniera seria dagli avversari, [aveva] sempre una formidabile coorte di sostenitori, annidati dovunque», e che nella sua attività, «mentre insinua e minaccia rivelazioni a carico di personalità molto in vista, anche per relazioni famigliari col Duce, aumenta la scia dei sostenitori, venendo additato come sinonimo di onestà, caso unico nella grande marea di disonesti, come il Robespierre della Rivoluzione fascista». Per i vertici dell'Ovra, insomma, Farinacci non nascondeva mai l'idea di «credersi e ritenersi il solo uomo capace di sostituirsi al Duce, sul cui conto enunciava i giudizi più volgari di inettitudine a reggere oltre le sorti del fascismo e del regime, e di incomprensione del momento politico, e quindi di seguire una politica interna, economica, finanziaria ed estera sbagliata e dannosa alla Nazione, di non essere a posto nemmeno moralmente»[11]. In effetti era molto diffusa la sensazione, e non pochi gregari farinacciani l'andavano affermando pubblicamente, che Farinacci meritasse l'eventuale "successione", perché le cose non andavano bene né per il fascismo né per il Paese, e che solo lui avrebbe potuto salvare

---

[8] E. Varenna a R. Farinacci, Milano 21 aprile 1931, in ACS, FRF, b. 36, fasc. *Varenna* e l'informativa di F. Bonetti, Milano 18 aprile 1931, in ACS, PNF, SPP, b. 7, fasc. *Milano*.

[9] Cfr. gli elenchi in ASMI, AGP, b. 956, *Pnf federazione milanese, 1923-1937* e le informative in ASMI, AGP, bb. 63, 65 e 978, nonché ACS, MI, PPFP, cat. A, b. 30, fasc. *Farinacci*. Gli informatori segnalavano anche gli avvocati Renzo Garbagni e Gino Birondi, «antifascisti e massoni, ma intelligenti e ben addentro alla vita economica e affaristica del nord Italia»; gli avvocati Giovanni Labus, Umberto Osterero, Alfredo Giulino e Gaetano Fedrigo, che lavoravano nell'ombra per servire il gruppo; Lino Mazzucchelli (vicesegretario della federazione milanese del Pnf), Jenner Mataloni (preside della provincia di Milano); cfr. il memoriale di "Eros", *Organizzazione prassi e finalità del movimento farinacciano*, Milano 14 marzo 1932, in ACS, MI, PPFP, cat. B, b. 3, fasc. *Farinacci*.

[10] Cfr. ACS, SPD, C/R, b. 41, fasc. *Farinacci*.

[11] Relazione di Nudi al capo della polizia sull'attività farinacciana, Milano 31 ottobre 1931, in ACS, SPD, C/R, b. 42, fasc. *Farinacci*.

ancora una volta la situazione. I sospetti che Farinacci stesse complottando contro il duce si fecero insistenti e la polizia politica venne incaricata di troncare sul nascere quel genere di discorsi sul futuro politico dell'ex segretario e quelle "aspettative"[12]. Il pugno di ferro venne usato nei confronti dei più fedeli seguaci, e molti caddero nella rete degli organi repressivi e di controllo. Esemplare, a questo proposito, la lezione inferta a uno dei più noti "propagandisti" farinacciani, proprio nel momento più caldo della "campagna", Antonio Marchesani, colto in flagrante da collaboratori dell'Ovra nel predicare in pubblici esercizi: «qui è ora di finirla, qui ci vuole Farinacci per salvare la situazione, Farinacci è un onesto», frasi assai diffuse nei mercati della Val padana. Già podestà di Crespiatica (Milano) e ufficiale della Mvsn, per quelle ardite dichiarazioni Marchesani venne condannato a 5 anni di confino (identica pena comminata a Belloni...), sì che il duro provvedimento servisse di monito. A niente valsero le logiche giustificazioni del luogotenente («Ov'è la poca deferenza verso il Fascismo? Nell'aver decantata l'onestà dell'on. Farinacci? Ma questo rilievo comparativo non significa invece affermare la santità dell'idea che si è sposata, credere fervidamente nella bontà della fede Fascista, deplorare gli speculatori del partito ed additare i seguaci degni ed onesti? Il Fascismo è idea, è fiamma, è sentimento, e deplorare palesemente i profittatori vuol dire servire il Fascismo. Ov'è l'offesa a S. E. il Capo del Governo? Nell'ipotesi da me affacciata che, se non andava bene, ci sarebbe stato l'on. Farinacci?»), perché il capillare apparato di controllo reprimeva metodicamente con pugno ferreo tali "manifestazioni"[13].

La guerra di "spie" procedeva spedita, e anche nel caso specifico la caduta di un importante esponente farinacciano (come quella di Bianco, nell'aprile '32), si doveva all'opera subdola dello spionaggio politico antifarinacciano. Nel vasto mondo dei delatori che brigavano per controllare e riferire sull'attività di Farinacci e dei suoi, un posto centrale era occupato a Milano, oltre che da Bonetti e Torrusio, anche da altri "agenti" più o meno ufficiali: molte delazioni, secondo Varenna, partivano dal ragioniere Edmondo Balbo, fratello del quadrunviro, da Sommaruga e da Gastone Gorrieri. Proprio quest'ultimo (che subito dopo il processo Belloni cercò anche, insieme a Giampaoli, di sanare il contrasto con Farinacci[14]) ebbe un ruolo rilevante nell'approntare di-

[12] Il rapporto delle indagini per i fatti avvenuti nel gennaio-febbraio 1931 a Milano, il prefetto al capo della polizia, Milano 25 febbraio 1931, in Acs, Spd, c/r, b. 40, fasc. *Farinacci*.

[13] Per la vicenda, cfr. Acs, Mi, Confinati politici, b. 615, fasc. *Marchesani*.

[14] Così E. Varenna a R. Farinacci, Milano 5 maggio 1931: «Mi si assicura che anche questa sera in casa dell'avv. Stramezzi a Milano vi sarà una riunione alla quale partecipe-

versi memoriali d'accusa contro il deputato di Cremona. Del resto Gorrieri, direttore de «Il Secolo – La Sera», non soltanto era un fiduciario diretto del capo della polizia[15], ma era intimo di Arnaldo, a lui legato da stima e amicizia, e di questi fiancheggiava con forza la politica antifarinacciana. Proprio a Gorrieri, secondo alcuni, si sarebbe dovuta la scoperta di un presunto ipotizzato tentativo di "golpe" di Farinacci e degli intransigenti contro Mussolini, finalizzato alla sostituzione alla guida dell'esecutivo del duce appunto con Farinacci, nell'estate del '32[16]. Allo stato della ricerca tali rivelazioni appaiono lungi dall'essere verificate e non esiste documentazione che provi tale presunto tentativo, a meno che non ci si riferisse, anche in questa circostanza, all'ipotizzato tentativo di Farinacci di creare «un nuovo partito fascista» e uno stretto collegamento con l'erede al trono[17].

L'attività poliziesca ebbe non pochi sussulti negli anni 1930-1933 e in almeno due occasioni essa si rivelò piuttosto pericolosa per il gerarca cremonese. Tra le accuse più gravi, delle quali l'Ovra cercava con ogni

---

ranno Torrusio, Bonetti e altri della Società a delinquere. Zignone mi dice in più che Mario Giampaoli desidera conferire con te. Io gli ho risposto che mi pare tu abbia già fatto sapere al signor Mario che scrivesse quanto voleva comunicarti verbalmente che, in base al contenuto dello scritto, avresti pensato il da farsi. Anche Gorrieri della "Sera" ha fatto sapere che desidera conferire con te»; in ACS, FRF, b. 36, fasc. *Varenna*.

[15] Cfr. M. CANALI, *Le spie del regime*, il Mulino, Bologna, 2004, p. 285.

[16] *Le confessioni di Farinacci,* VIII, «Corriere Lombardo», 12 gennaio 1947. L'autore di queste memorie, se mostra di essere informato di molte vicende, commette a volte errori difficili da spiegare per chi era così addentro ai fatti narrati. Questi, comunque, i passi salienti della "rivelazione": «Tra i congiurati di Salsomaggiore i pezzi grossi erano pochi. I nomi più noti erano quelli di Buttafochi e di Barbiellini. Michelino Bianchi era a conoscenza del complotto, ma si teneva nell'ombra. Erano parecchi, invece, i gerarchi di mezza tacca, gli scontenti, quelli che speravano dal rivolgimento miglior fortuna. Lo scopo della congiura era di togliere a Mussolini la presidenza del Governo e la direzione della politica. Ne avrebbero fatto una specie di oracolo del fascismo, ma senza alcuna autorità, lo avrebbero tenuto in disparte [come] un nuovo Padre della Patria. [...] L'azione si sarebbe svolta in due tempi. Avrebbe avuto luogo un'adunata di camicie nere a Roma e ad essa i congiurati avrebbero fatto partecipare i loro uomini più fidi e risoluti. Occupati con un repentino colpo di mano gli edifici pubblici e la sede del Governo, Farinacci era certo di avere dalla sua le personalità politiche più influenti, l'esercito, la polizia. Allora sarebbe stato imposto a Mussolini di accettare le onorevoli condizioni che gli venivano offerte in cambio della capitolazione. Il duce avrebbe dovuto annunciare egli stesso la sua volontà di lasciare ad altri le redini dello Stato [...], Roberto Farinacci avrebbe dovuto prendere nelle sue mani la barra».

[17] L'unico complotto di cui esiste traccia nelle carte di polizia è appunto quello imperniato sulla Monarchia e su Umberto, e a quello probabilmente si riferisce Nudi nella sua relazione a Bocchini (Milano, 28 giugno 1933, in ACS, MI, PPFP, cat. A, b. 30, fasc. *Farinacci*): «in relazione a questa segnalazione [un nuovo Partito fascista] si pone quanto si è osservato da poco tempo, e cioè un maggiore affluire a Cremona di automobili di Genova, Bologna, Piacenza, Parma, Milano e Venezia. Che sia questa la voce del "complotto" raccolta dal fiduciario, e la cui scoperta sarebbe stata comunicata al Farinacci deputato dal fratello, Ispettore generale di Ps?».

mezzo di venire a capo, vi erano quelle che volevano Farinacci esponente di spicco della massoneria internazionale, in procinto di scindere il fascismo, condurre una politica antimussoliniana, preparare la successione. La polizia ebbe una parte centrale nel verificare la fondatezza di tali disegni, e molte volte riuscì a fare luce sulle accuse contro Farinacci; ma le carte di polizia non sembrano essere andate fino in fondo nelle indagini. Abbiamo visto il caso del Partito del principino, e in maniera simile si svolsero le operazioni di polizia sulla presunta organizzazione massonica gravitante attorno a Farinacci, indagini che subirono un arresto al momento delle conclusioni. Nudi in persona, attraverso il fiduciario "Silla", al secolo Terzilio Borghesi, una delle figure più complesse dell'apparato informativo del fascismo[18], aveva fatto "cantare" Ettore Busan, ragioniere dell'Ufficio tecnico della Finanza di Milano e uno dei più "aggiornati" massoni, già condannato dal Tribunale Speciale per la Difesa dello Stato per crimini contro il regime, il quale – dopo aver riferito notevoli riserve di natura economica e internazionale della massoneria nei confronti del fascismo – sostenne invece «le giuste vedute di Farinacci». Così Nudi a Bocchini:

> Busan ha confermato l'avvenuta fusione delle due massonerie italiane in un nuovo Grande Oriente d'Italia costituitosi in Francia, del quale l'on. Farinacci è l'uomo rappresentativo e di fiducia nel Regno: al Farinacci sarebbero stati dati consigli e suggerimenti di riservatezza e di prudenza, di non esporsi troppo con assumere determinate posizioni; e, quello che è caratteristico e grave di questo colloquio, ha consigliato e raccomandato anche al suo interlocutore e mio informatore di ritirarsi con i suoi amici, di mettersi un po' nell'ombra, di stare in guardia per quanto possa accadere e di fare in ogni caso assegnamento sulla sua amicizia, dato che egli sarebbe in grado di difenderlo. Che cosa ha inteso dire il Busan? A quale eventualità accenna egli? Come può ergersi a protettore di elementi che sono decisamente pel Duce e contro Farinacci? Come e a quale scopo il Busan scende a dettagli tanto equivoci e pericolosi proprio con questo noto esponente di una ben individuata corrente[19]?

"Silla", nel corso del 1934, indagò ancora a lungo sulla complessa questione, ma l'obbiettivo, a un certo punto, si spostò, preferendo l'Ovra reclutare Busan per altri e, forse superiori, fini, lasciando a quest'ultimo mani libere nella massoneria affinché riferisse più precisamente come infiltrato (servizi che Busan garantì, fin quando non venne scoperto e "bruciato"), mentre il filone Farinacci, in quella direzione, ven-

---

[18] M. Franzinelli, *I tentacoli dell'Ovra. Agenti, collaboratori e vittime della polizia politica fascista*, Bollati Boringhieri, Torino, 1999, p. 252.

[19] F. Nudi ad A. Bocchini, Milano 2 agosto 1934, Acs, Mi, ppfp, b. 205, fasc. *Busan*.

ne abbandonato (ma le voci di una presunta neoricostituita organizzazione di tipo massonico, della quale Farinacci era capo, circolarono a lungo)[20]. E ciò mentre in altri ambiti l'enorme «lavorio sotterraneo e gli intrighi e le manovre politiche» sembravano essere incentivate per dimostrare «l'equivoco rappresentato da Farinacci»; diceva bene Ugo Bertini, allora:

> Da Roma perviene sovente di controllare la politica dell'on. Farinacci e dimostrare se realmente l'on. Farinacci tende a scindere in due tendenze la politica fascista, cioè mussoliniana e farinacciana. È troppo evidente che il gruppo [Bonetti-Torrusio-Ranieri], in odio all'on. Farinacci, si sforzi a dimostrare, ed anzi è un martellamento continuo, che la politica dell'on. Farinacci è contraria a quella del Duce. [...] Pur di nuocere e di riuscire nell'intento tutto si raccoglie[21].

In effetti tutto «veniva raccolto per cercare sempre più di impressionare il duce, che l'on. Farinacci fosse nettamente contrario alla politica di Mussolini», rendendo così troppo arduo scindere quanto ci fosse di vero e quanto di fantasia. Probabilmente, inoltre, i due maggiori gruppi antifarinacciani, quello Bonetti-Torrusio e quello Gorrieri-Edmondo Balbo erano indipendenti (a tal punto che secondo Pizzamiglio «Edmondo Balbo era l'anima di Farinacci», e Sommaruga al soldo dell'ex segretario del Pnf)[22], con Manlio Morgagni, stretto amico di Arnaldo, e di Bonetti e Gorrieri (ma, nella ridda delle vociferazioni, del doppiogioco e dei tradimenti, valutare le posizioni personali era impresa assai complessa[23]), che cercava di tirare le fila onde perfezionare le offensive contro Farinacci e i suoi[24]: così Varenna avvisava infatti l'amico onorevole: «R... zi mi informa che sarebbe partita l'altro ieri per Roma una denuncia anonima al Partito che accuserebbe te e credo i tuoi amici di essere contro il Capo. I manipolatori di questa denuncia sono sem-

[20] Cfr. ACS, MI, PPFM, b. 138, fasc. *Massoneria* e ACS, MI, PPFP, b. 602, fasc. *Giovannetti* e b. 900, fasc. *Niccolini Sigismondo*.

[21] Informativa, s.d., s.l. [ma U. Bertini, Milano, primavera 1931], in BNB, FRF, b. Far – Mi, 86.

[22] Milano 9 aprile 1931, in ACS, MI, PPFP, cat. A, b. 30, fasc. *Farinacci*.

[23] Le "discordie" nel campo antifarinacciano furono numerose e confuse; cfr. ACS, MI, PPFP, cat. A, b. 34, fasc. *Farinacci*.

[24] «Caro Roberto, sarebbe partito per Roma [...] un memoriale nuovo a completamento dell'ultimo di cui ebbi a dirti, col quale si farebbero nuovi attacchi contro di te, me, Brusa, Maggi e Verga. Naturalmente il memoriale sarebbe steso d'accordo con i soliti Sommaruga, intimo del ragionier Balbo, [...] del Raguzzino. Gli altri compagni sono Gorrieri, Torrusio, ecc. Questi signori si radunerebbero in via Vincenzo Monti in una casa privata (sapremo di chi e a che numero)»; E. Varenna a R. Farinacci, Milano 30 gennaio 1933, in ACS, FRF, b. 36, fasc. *Varenna*.

pre i soliti delinquenti, Torrusio, un certo Sommaruga, un tale Raguzzino e, si dice, Edmondo Balbo, fratello dell'amico Italo. La lettera è stata portata da un individuo che cercherò di rintracciare. La lettera era in una busta con un timbro Edmondo Balbo»[25]. Tra voci incontrollate, sospetti e rancori, gli animi erano ovviamente esasperati; i farinacciani attentarono a Bonetti, mentre rientrava da Cremona per il funerale di Balestreri; gli antifarinacciani ipotizzarono la risoluzione estrema, in caso di fallimento politico: «l'ultima cartuccia può essere una pallottola di piombo» contro l'ex segretario[26]; Farinacci mise una "taglia" di 50 mila lire per l'eliminazione di Torrusio[27].

Nell'estate del '32 l'azione di Bonetti-Torrusio-Turati parve vicina al colpo in grado di «segnare la fine politica» dell'ex segretario, accusato di collusione massonica[28]:

> Da qualche tempo è bandita la notizia che l'on. Farinacci è in diretta corrispondenza con la concentrazione massonica internazionale e questa cannonata è stata sparata al Duce circa 8 mesi or sono. Ora è stata ripresa per il fatto che un terzo individuo è disposto a recarsi in Francia a procurare copia di documenti fotografati; cioè quei documenti di proprietà dell'on. Farinacci che servono a ricattare il Duce. Ho detto terzo individuo, perché altri due sono partiti circa 7 mesi fa, per la Francia, con lo stesso scopo e esplicito incarico, ma senza riuscirvi e uno dei due individui è stato arrestato a Marsiglia, perché trovato in possesso di documenti antifascisti, questo fatto verrà discusso e preparato domenica [agosto 1932] a Lucca e a Viareggio, dai signori Bonetti, Ranieri, Mina, Bignami e Bertini, e a Viareggio vi si troverà pure S. E. Turati[29].

Proprio a Lucca, infatti, a detta di Bonetti, si trovava l'avanguardia farinacciana, «uomini di valore», come riconosceva, pronta a fare quanto prima da apripista a Farinacci[30]. Carlo Scorza, infatti, era stato più volte sul punto di diventare segretario del Pnf, e a lui si guardava ancora, da parte di non pochi settori dell'ex intransigentismo che facevano capo a Farinacci, come a un possibile sostituto di Starace, ritenuto dannoso per il Partito[31]. Tuttavia, in quella circostanza, Starace fu furbo e svelto a prendere il tempo ai suoi avversari, e colpì senza indugio Scorza nel suo feudo; molte accuse di carattere morale, infatti, si erano addensate

---

[25] E. Varenna a R. Farinacci, Milano, s.d., in ACS, FRF, b. 36, fasc. *Varenna*.

[26] U. Bertini a S. Parolini, Trenzano 17 settembre 1932, in BNB, FRF, b. Far – Mi, 91.

[27] G. Bianco a R. Farinacci, [Milano], 1932, in BNB, FRF, b. Far – Mi, 97.

[28] U. Bertini a S. Parolini, s.l., 9 agosto 1932, in BNB, FRF, b. Far – Mi, 87 e il prefetto al Ministero dell'Interno, Cremona 9 settembre 1933, in ACS, MI, CP, b. 23, fasc. *Boccasavia*.

[29] U. Bertini a S. Parolini, s.l., s.d., in BNB, FRF, b. Far – Mi, 86.

[30] Cfr. ACS, MI, PPFP, cat. A, b. 30. fasc. *Farinacci*.

[31] Cfr. ACS, MI, PPFM, b. 151, fasc. *Direzione generale del Pnf*.

sulla testa del ras, e la federazione lucchese il 23 giugno 1932 venne commissariata, e Ranieri, guarda caso, inviato a ricostruire il fascismo lucchese e, soprattutto, a epurare Carlo Scorza. Nel giro di pochi giorni Ranieri ribaltò la situazione lucchese e affidò la ricostruita federazione ai nemici personali locali di Scorza, a cui tolse di mano anche «Il Popolo Toscano», organo personale del deputato intransigente e tra i più importanti quotidiani fascisti fuori dal controllo del Pnf[32]. Scorza era finito, e rischiò persino l'espulsione dal Pnf, con Starace e Ranieri che ne avevano proposto l'assegnazione al confino. Era l'agosto del 1932, e Ranieri assicurava agli amici che la prossima federazione da commissariare sarebbe stata proprio Cremona («voglio finire la mia carriera – diceva ai camerati – come commissario di Cremona»). Il progetto era il medesimo: sfruttare le denunce, i memoriali e i capi di accusa più disparati (tra l'altro Bonetti pensava di valersi anche della morte di Balestreri, facendola passare come un avvelenamento ordito da Farinacci) emersi a livello locale, compiere inchieste pilotate, circoscrivere il processo a Farinacci nella sua qualità di gerarca locale in un polverone e in una ridda di voci e fatti diversi quanto fittizi e riorganizzare quindi la federazione sui vecchi antifarinacciani o su chi avesse collaborato, e giungere così alla fine politica di Farinacci, chiudendo pure il pericoloso «Regime Fascista». Il 9 agosto 1932 Ranieri a Viareggio dette l'assicurazione che «la questione Farinacci era stato incaricato lui di risolverla, per conto di Starace»[33], e che ormai era stato ufficialmente «deciso di mettere il commissario a Cremona», potendo considerarsi Farinacci, dunque, «un uomo morto»[34].

Ma altrettanto agguerrito si rivelò il controspionaggio farinacciano, che poteva contare sulle prestazioni di un notevole gruppo di confidenti e di infiltrati nel movimento avversario[35]. Oltre a Stramezzi e a Bianco[36], che conducevano una sorta di doppio gioco ma finivano per riferire agli uomini di Farinacci (il capo dell'intelligence era Sante Pa-

[32] Cfr. G. PARDINI, *Dalla conquista del potere all'avvento del regime. Vicende politiche del fascismo lucchese (1923-1934)*, in «Documenti e Studi», n. 18/19, 1996, pp. 5-254.

[33] Cfr. BNB, FRF, b. Far – Mi, 96.

[34] U. Bertini a S. Parolini, s.l., 9 agosto 1932, in BNB, FRF, b. Far – Mi, 87.

[35] Piuttosto difficile districarsi nella fitta rete di aderenze e di contatti, di traditori e di doppiogiochisti; anche Zignone, per esempio, nel '33 risulterebbe essere passato nel gruppo avverso a Farinacci, a meno che ciò non avesse un fine diverso... Per un quadro sul "controspionaggio" di Farinacci, cfr. le informative di A. Pozzi, Milano 16 febbraio 1932, in ACS, MI, PPFP, b. 1488, fasc. *Zignone*.

[36] Anche secondo un altro confidente della polizia politica, pur fuori dalla lotta tra i due gruppi, non era impresa facile districarsi in quegli intrighi, dove alle minacce si alternavano agguati e violenze; cfr. le note fiduciarie di E. Zucca, Milano 8 dicembre 1931 e Milano 6 aprile 1932, in ACS, MI, PPFP, b. 136, fasc. *Bianco Giuseppe*.

rolini, noto esponente della federazione cremonese del Pnf), ebbero un ruolo importante Ugo Zignone (milanese, titolare delle omonime manifatture) e, soprattutto, Ugo Bertini, «la spia tra le spie», infiltrato nel gruppo avversario e costantemente al corrente delle iniziative di Bonetti-Torrusio-Ranieri[37]. Proprio Bertini era presente anche ai convegni di Lucca e di Viareggio, e consentì a Farinacci di essere tenuto al corrente di quanto si andava facendo e, soprattutto, delle immediate intenzioni (e questa capillare conoscenza delle mosse avversarie fa escludere ancora la probabilità della scoperta del "complotto di Salsomaggiore", coevo, tra l'altro, a quegli avvenimenti). Anche in quella circostanza, nell'estate del 1932, l'ex segretario riuscì a evitare il colpo più pericoloso, il commissariamento della federazione cremonese. Appare difficile valutare come tale manovra abbia potuto essere sventata, ma anche stavolta l'ipotesi di un compromesso con Mussolini appare la più plausibile. Farinacci, bene o male, rappresentava nel fascismo «la corrente degli onesti»: sopraffare il gerarca cremonese avrebbe voluto anche dire, e le ripercussioni in Italia e, soprattutto, all'estero sarebbero senz'altro andate in questo senso, sconfiggere definitivamente il vecchio fascismo, il fascismo puro e disinteressato. E il rischio era troppo grande per non spingere ancora a compromessi la risoluzione delle divergenze contingenti. Salvo poi ricominciare tutto daccapo e Farinacci trovarsi sempre più isolato ed emarginato, nella gabbia del suo feudo, dai vertici del regime. Ma colpire Farinacci, a quel punto, voleva dire, per molti fascisti, «colpire il sincero e aperto apostolo» della missione fascista[38], e anche per questo «in realtà – come bene è stato osservato – la potenza di Farinacci non subì nemmeno allora una forte scossa»[39]. Ma in quell'estate del '32, Farinacci ebbe anche la meglio, definitivamente, sul "nemico" Turati. E fu proprio quella sporca operazione politica che, sconfitti duramente i nemici interni, gli valse la salvezza e la cessazione delle animosità personali e del Partito contro di lui.

Gli antifarinacciani erano mossi da una ferrea convinzione di servire effettivamente il fascismo e il duce nella loro lotta contro il deputato cremonese, e molti di questi uomini, a prezzo di enormi sacrifici personali, tennero duro sino alla fine. Bonetti, nel 1945, a guerra conclusa, dichiarò di aver consegnato alla Questura di Cremona 30 chili di documenti relativi alla sua attività antifarinacciana (ma le sue informative, a partire dal '33 avevano perso credito, manifestando chiari limi-

[37] P. Caccia, *La cartella "Milano" del Fondo Farinacci della Biblioteca Nazionale Braidense*, in «Storia in Lombardia», n. 2, 1994, p. 184.

[38] Cfr. F. Porro a R. Farinacci, Genova 9 dicembre 1924, in Acs, Frf, b. 14, fasc. *Rosso*.

[39] *Le confessioni di Farinacci*, ix, «Corriere Lombardo», 13 gennaio 1947.

ti[40]); Torrusio non cedette neppure di fronte alle minacce di morte; Mainardi considerò sempre «santa» la sua missione politica, giudicandola infine vittoriosa, come scrisse nel '33 a Bonetti:

L'ultima battaglia è per me la più cara, nonostante essa sia stata la più amara e non abbia offerto che sacrifici oscuri ed incompresi. Lotta gloriosa, però, sostenuta per il nome invitto del duce e per l'unità spirituale del fascismo. Io ammiro la tua forza d'animo e il tuo sano entusiasmo. Sei veramente il paladino di una grande causa. Io ho fatto quel poco che ho potuto. Non ho ceduto; non mi sono dichiarato vinto. Oggi, in disparte, ho la ferma convinzione che il tempo dirà la parola della verità e della giustizia anche per noi. Infatti è paradossale che noi continuiamo ad essere considerati i vinti in una battaglia che invece, in effetti, è stata vinta, stravinta, sopratutto per merito nostro. Cos'era il ras di Cremona? Cos'è oggi? Come scriveva, cosa diceva allora? Cosa dice e cosa scrive oggi? Bastano questi interrogativi per porre in evidenza l'esito della battaglia da noi ingaggiata nel 1926 contro la tracotanza del ras di Cremona[41].

Ma era Tarantini a ripetere, con rammarico, che «gli antifarinacciani non erano numerosi[42]», e nella provincia di Cremona l'asse partito-polizia politica non poté più contare, dall'inizio degli anni Trenta, su alcuna reale ed efficace opposizione antifarinacciana, essendo stata subito repressa con forza da Farinacci (il quale preferiva la stabilità della classe dirigente, ed era contrario a troppi e ravvicinati cambi della guardia[43]) pure la fronda organizzata dal turatiano Lando Ferreti con Quilleri (podestà di Crema), per la costituzione della provincia di Lodi[44]. Il

[40] In proposito, le numerose, ma quasi inutili, informative di "Quinto", in ACS, MI, PPFP, cat. A, b. 32, fasc. *Farinacci*.

[41] E. Mainardi a F. Bonetti, Milano 25 novembre 1933, in ACS, MI, PPFP, b. 756, fasc. *Mainardi*. Il versatile scrittore ebbe conciliazione col «vecchio e valoroso capo» nel 1935; E. Mainardi a R. Farinacci, Milano 4 giugno 1935, in ACS, FRF, b. 29, fasc. *Mainardi*.

[42] Nota fiduciaria di "Eros", Milano 7 ottobre 1931, in ACS, MI, PPFP, cat. A, b. 32, fasc. *Farinacci*.

[43] Farinacci preferì la continuità nella scelta degli uomini, sia nelle gerarchie provinciali del partito (pochi cambiamenti si ebbero negli anni Trenta nel direttorio federale, nei comandi di settore e nelle segreterie dei Fasci, cfr. «Il Regime Fascista», 30 dicembre 1931), ma anche nell'apparato statale (i podestà, per esempio, videro una percentuale di conferme molto alta, superiore al 90% nel periodo 1926-1934; cfr. ACS, MI, Podestà e consulte municipali, b. 33, fasc. *Cremona*).

[44] L'iniziativa, che di fatto avrebbe mutilato la provincia di Cremona, venne guardata con attenzione dai cremaschi, e Quilleri, già in divergenze con Farinacci, cercò di realizzare il progetto. Ma l'ex segretario gli mosse guerra, tanto che Quilleri dovette dimettersi da podestà e il suo operato fatto oggetto di inchiesta. Sconvolto per il dispiacere, Quilleri morì pochi giorni dopo l'inizio dell'inchiesta, il 21 dicembre 1931. Ci furono forti tensioni tra i fascisti cremaschi (ai funerali partecipò l'intera città, 15 mila persone) e i sostenitori di Quilleri, con l'appoggio della popolazione, crearono incidenti. Ma Farinacci, come ai tempi delle squadre, mandò due camion di camicie nere da Cremona, che percorsero la città, inneggiando a Farinacci presidente della repubblica. La crisi venne quindi circo-

fedele Sanipoli, invece, nel massimo silenzio (e la sua azione sfuggiva anche all'occhiuto apparato informativo dei confidenti di polizia...), tesseva continuamente le fila dei seguaci, organizzava la distribuzione e la diffusione del «Regime» (e non era facile, visto che tutti gli abbonati erano schedati, o correvano il rischio di esserlo, dalla polizia), manteneva i contatti e i canali con gregari e gerarchie nelle province[45]. Non era certo facile fare politica sotto il vigile controllo dell'apparato repressivo del governo: non solo Farinacci era spiato con estrema attenzione, e la sua posta, il suo telefono, i suoi spostamenti costantemente sotto controllo, ma simile trattamento ricevevano i suoi più stretti collaboratori Varenna e Gobbi, Sommi Picenardi e Canevari[46]. Pur tuttavia i contatti e i canali vennero mantenuti, e si consolidarono anzi, garantendo ancora a Farinacci diffuso consenso di seguaci e nuovi proseliti. Il «partito nel partito», insomma, cresceva e affinava i suoi obbiettivi: certamente un'azione di forza o repressiva avrebbe stroncato in breve tempo il sistema, ma Farinacci non ipotizzava certo una successione fuori dalla "costituzione", col complotto e la congiura, bensì cercava di conquistare sempre maggiore spazio, nel Partito e nella società, in attesa di possibili svolte economico-politiche-istituzionali[47]. La sentenza di Cremona aveva garantito a Farinacci di proporsi all'opinione pubblica fascista come alternativa a Mussolini, e in molti ambienti – anche a distanza di due anni da quel processo – Farinacci continuava a rimanere, con disappunto del duce, «l'uomo del giorno»[48]. Nicolato, nel febbraio '33, richiamava ancora l'attenzione del governo sulla "fronda":

> Si sta assistendo ad una metodica infiltrazione farinacciana che affilia simpatizzanti, che crea gruppi, polarizzando malcontenti attorno ai fiduciari creati nei centri più importanti, sotto la speciale veste di corrispondenti del giornale. Lui stesso, il Catone, e i suoi segretari sono continuamente in provincia. [...]

---

scritta, e il Fascio cremasco ricondotto ancora all'ubbidienza e sotto il controllo dei fanatici seguaci dell'ex segretario del Pnf: «In linea di massima la grande maggioranza dei cremaschi non ha mai avuto soverchie simpatie – scriveva Cambiaggio – per l'on. Farinacci, di cui ha soltanto tollerato lo strapotere nella regione. Non pertanto non è lecito sostenere che anche in Crema abbia un discreto seguito, costituito in prevalenza da fanatici, che ne intendono il comando senza discussioni e lo accettano come un dogma»; il prefetto al Ministero dell'Interno, Cremona 29 novembre 1931, in ACS, MI, PS, 1930-1931, b. 361 e MI, Podestà, b. 140, fasc. *Crema*.

[45] Tracce di questa pur sottovalutata attività, in ACS, SPD, C/R, b. 41, fasc. *Farinacci*.

[46] Cfr. ACS, SPD, C/R, b. 41 e b. 43, fasc. *Farinacci*.

[47] *Organizzazione, prassi e finalità del movimento farinacciano*, cit.

[48] La conversazione telefonica dell'avvocato Corrado Medina di Genova, 23 gennaio 1933, in ACS, SPD, C/R, b. 43, fasc. *Farinacci*.

Pur essendo agli inizi, [il movimento] lascia già intendere che l'azione svolta, se può avere aspetto e carattere provinciale, è invece a tendenza nazionale[49].

In effetti nel 1932 la divergenza di opinioni tra Farinacci e Mussolini era palese in molte questioni politiche: dalla sistemazione della magistratura (Farinacci si oppose nei limiti delle sue possibilità alla "costituzionalizzazione" del Tribunale speciale per la difesa dello Stato e al mantenimento di una magistratura straordinaria), all'adozione di una politica culturale ufficiale del regime, dal varo di una nuova politica militare, al rinnovamento del Pnf e dell'apparato istituzionale dello Stato.

Nella politica economica Farinacci si faceva interprete dei sintomi di inarrestabile peggioramento, sulla scia della crisi internazionale, in particolare nell'agricoltura. I redditi agrari, nei primi anni Trenta, avevano subito decurtazioni dal 28% al 45% rispetto al 1926, nonostante la riduzione media delle paghe delle varie categorie dei lavoratori avesse toccato il 18-20%[50]. Gli agricoltori, ammoniva Cambiaggio, per la gravità della crisi «minacciavano di disertare i campi», essendo la produzione lorda appena sufficiente al pagamento della mano d'opera, dell'affitto e delle tasse; i maggiori affittuari erano dovuti ricorrere a ingenti prestiti dalle banche, e anche gli agricoltori proprietari avevano visto esaurirsi le loro riserve, in modo da cessare gli investimenti. Il danno all'economia nazionale era di dimensioni gigantesche, perché la produzione agraria settentrionale era proporzionata ai capitali impiegati nelle aziende, e un «agricoltore povero non avrebbe potuto che fare un'agricoltura povera». Farinacci, consapevole di quanto «la situazione dei conduttori e degli affittuari si present[asse] difficile e tale da richiedere una adeguata risoluzione», spinse per la salvezza della «piena efficienza produttiva», che si poteva mantenere legando sempre più il lavoratore alla terra, quindi con la progressiva riduzione dei giornalieri e la loro trasformazione in obbligati (e le paghe sarebbero così state ulteriormente ridotte, perché i trecentati godevano di casa e compartecipazione ai prodotti), adeguando ulteriormente i canoni di affitto delle terre (Farinacci sosteneva pure che i conduttori di fondi, privi di reale voce in capitolo, dovessero trovare un loro consono inquadramento sindacale nazionale), rendendo più accessibile il credito, semplificando i carichi tributari. Sosteneva la necessità di un intervento diretto dello Stato nell'agricoltura, almeno nella regolamentazione del credito agri-

---

[49] A. Nicolato ad A. Chiavolini, [Roma], 2 febbraio 1933, in ACS, SPD, C/R, b. 41, fasc. *Farinacci*.

[50] Relazione del prefetto, Cremona 27 giugno 1930, in ASCR, AP, b. 93, fasc. 8.2.16.

colo, visto che non si intravedevano vie d'uscita[51], e i ricavi dei principali raccolti non consentivano di pagare neppure gli stipendi a migliaia di famiglie contadine (40 mila nel caso cremonese)[52]. Gli scrittori economici del «Regime» non uscivano certo dalle disposizioni impartite alla stampa nel difendere la politica economica del governo, dalla politica autarchica all'implemento dell'assistenzialismo[53], ma spesso Farinacci interveniva personalmente con acidi corsivi sulla situazione economica, richiamando quei settori del fascismo che svisavano demagogicamente la realtà e che ottenevano il solo scopo di aizzare il popolo contro il capitale e la produzione, in un momento in cui gli stessi industriali e agricoltori «erano travolti dalla crisi economica»[54]. Nel vivo dibattito seguito alla grande crisi del '29 intorno alla tematica corporativa e ai caratteri e ai limiti del sistema capitalistico, Farinacci cercò di rimanere quanto possibile ancorato ai fatti reali e agli aspetti pratici dei problemi, entrando spesso in urto coi "filosofi" del corporativismo, Bottai e Spirito[55]. Lui voleva che il sistema corporativo, innanzi tutto, funzionasse dal punto di vista pratico, fosse cioè in condizione, attraverso il Ministero delle Corporazioni, di imporre la sua volontà generale sugli interessi particolaristici, locali e non si riducesse soltanto ad arbitro delle vertenze[56]. E con disinteresse misto a disprezzo, Farinacci guardò alle discussioni e alle iniziative teoriche nel campo sindacale-corporativo[57], non ultimo il convegno di studi a Ferrara del maggio '32, perché riteneva fosse il caso di «consolidare le posizioni», piuttosto che di «vagheggiare» la ricerca di un «terzo tempo della rivoluzione» attraverso un'indefinita attuazione del sistema corporativo[58]. Da una parte

[51] «Non è possibile che forze vive dell'economia produttiva del Paese, che hanno conquistate particolari benemerenze, siano abbandonate ad un triste destino...»; cfr. [R. FARINACCI], *La situazione dell'agricoltura*, «Il Regime Fascista», 15 luglio 1932.

[52] G. GAURNERI, *Il problema della seta e della risoluzione corporativa*, «Il Regime Fascista», 15 novembre 1934.

[53] R. SOTTILARO, *La politica economica fascista*, «Il Regime Fascista», 30 ottobre 1931 e G. LUME, *Resistere*, «Il Regime Fascista», 18 dicembre 1931.

[54] [R. FARINACCI], *Andare verso il popolo*, «Il Regime Fascista», 20 ottobre 1931.

[55] «In questi ultimi anni ci siamo un po' immersi nel mare magno della letteratura e filosofia corporativa. Ognuno aveva una nuova ricetta, ognuno un nuovo riferimento storico, ognuno profetizzava il domani, ma nessuno si è preoccupato della realtà!»; [R. FARINACCI], *Severa realtà sindacale*, «Il Regime Fascista», 16 aprile 1932.

[56] *L'appoggio positivo necessario per gli agricoltori*, «Il Regime Fascista», 25 novembre 1933.

[57] Scagliandosi più volte con quel «confusionismo corporativo» che alcuni ideologi si affannavano nel voler definire e descrivere; cfr. R. FARINACCI, *Rilievi mensili*, «La Vita Italiana», febbraio 1932.

[58] [R. FARINACCI], *Severa realtà sindacale* e [R. FARINACCI], *Il convegno di studi sindacali e corporativi a Ferrara*, «Il Regime Fascista», 16 aprile e 8 maggio 1932.

considerava troppo astratti i concetti di corporativismo e di Stato corporativo (soleva ripetere che se si fosse fatta un'inchiesta tra i dirigenti delle corporazioni, si sarebbero ottenute tutte risposte differenti al quesito su che cosa fosse realmente il corporativismo), per attrarre i settori del mondo imprenditoriale e affaristico (lo stesso Olivetti non mancò di farlo presente a Mussolini)[59]; dall'altra era accusato di essere dietro le numerose e violente proteste degli agricoltori della bassa padana (non registrate agli atti...) che ebbero punte consistenti in molte zone, tra il '31 e la metà del '32 (Lodi, Cremona, Milano, Piacenza, Carpi)[60]:

> I "conservatori" ad oltranza esaltano Roberto Farinacci l'uomo onesto, capace di frenare l'inflazione e di risolvere la crisi economica senza perturbare gli ordinamenti e le istituzioni e pertanto godrebbe le simpatie di banchieri ed industriali e anche dell'appoggio della Real Casa. Per contro in provincia e fra i numerosi fedeli di questo parlamentare, sparsi per ogni parte d'Italia, si sente talvolta il proposito opposto di conquistare il potere per dare tutto il potere al fascismo, controllare le banche e fare insomma una politica economica opposta[61].

Nella politica militare, Farinacci (attraverso il fido Carletti) non condivideva quella arrendevolezza del fascismo verso la "casta" militare (prefascista), né la politica estera perseguita sino agli anni Trenta (giudicandola arrendevole, in particolare dopo l'accordo navale con la Francia)[62]. Si oppose fermamente alla politica attuata da Mussolini (convinto che fosse molto pericoloso "toccare" le forze armate nel confronto diarchico con la Monarchia, considerandole a quest'ultima organiche) per mano del capo di stato maggiore generale, Pietro Badoglio, e tesa a riconfermare il principio dell'autogoverno tecnico delle forze armate e la separazione istituzionale dalla Milizia[63]. Farinacci, spalleggiato da

---

[59] Al riguardo cfr. anche *L'apologia del Corporativismo in una magnifica conferenza del prof Carnelutti*, «Il Regime Fascista», 23 gennaio 1934. Carnelutti, insieme ad altri importanti esponenti della politica e della cultura, venne sovente ospitato dall'Istituto fascista di cultura a Cremona, a dispetto dell'ostracismo ministeriale che aveva vietato, in diverse circostanze, la presenza di personalità "indipendenti" al fianco di Farinacci, come appunto lo stesso Carnelutti (cfr. l'appunto per il capo dell'Ufficio stampa del Ministero della Cultura popolare, Roma 16 gennaio 1934, in ACS, MCP, Gabinetto, II versamento, b. 12, fasc. *Farinacci*).

[60] Cfr. ACS, MI, PPFP, cat. A, b. 31, fasc. *Farinacci*.

[61] Informativa di incerta attribuzione, s.l. e s.d., ma che bene illustra la contraddizione operativa di fondo della politica farinacciana, in ACS, MI, PPFP, cat. A, b. 32, fasc. *Farinacci*.

[62] Informazioni di Bruno Cassinelli ("Brucassi"), Roma 10 marzo 1931, in ACS, SPD, C/R, b. 42, fasc. *Farinacci*.

[63] R. DE FELICE, *Mussolini il duce. I. Gli anni del consenso, 1929-1934*, Einaudi, Torino, 1974, p. 133.

Balbo (col quale c'era stata nel 1932 una ben più che formale riappacificazione[64]), si fece censore della «cricca badogliana» e del suo gruppo di potere, che di fatto controllava l'esercito e anchilosava l'integrazione tra le tre forze armate (con grande compressione dell'aeronautica), nonché si fece interprete delle esigenze di una revisione organizzativa, tecnica e strategica, dell'esercito stesso e delle altre forze armate, secondo criteri, principi e teorie più moderne, sostenendo infine la tesi della unificazione dei tre dicasteri militari in un unico Ministero della Difesa nazionale (tema di centrale importanza, da quando il capo del governo si era "liberato" dalla direzione degli stessi tre dicasteri militari). Occorreva diminuire gli spazi di indipendenza delle forze armate, e accelerare nel contempo una loro efficace integrazione e un loro stretto controllo politico («fascistizzare, insomma, le forze armate»)[65]. Al di là delle divergenze tecniche circa il modo di riformare la struttura delle forze armate e di adeguarle alle diverse prospettive strategiche e tattiche dovute al nuovo ruolo dell'Italia in Europa e nel Mediterraneo, nel periodo compreso tra il 1930 e il 1934 si ebbero nel Parlamento, negli ambienti militari e anche nella stampa vaste discussioni circa la necessità di «modernizzare» appunto le forze armate. Allorquando, nel settembre 1931, «Il Regime Fascista» iniziò una serie di lunghi articoli sulle questioni militari, col sintomatico titolo *Lo Spirito e la Materia*[66], l'attenzione verso le idee ivi esposte divenne molto alta. Si accusava «l'austera consegna del silenzio» con cui il governo e le alte sfere militari circondavano la trattazione delle questioni di carattere militare, l'esa-

[64] Nell'ottobre del '32 la riappacificazione Farinacci-Balbo era nota in tutti gli ambienti politici; tale "asse", che poteva avere un peso determinante nelle scelte di carattere militare, si era creato dopo lunga mediazione dei rispettivi entourage: il generale Francesco Sacco, il segretario federale ferrarese Renzo Chierici, Varenna e il colonnello Emilio Canevari (Roma 22 marzo 1934; cfr. ACS, SPD, C/R, b. 43, fasc. *Farinacci*). A detta di uno scandalizzato Grandi (che parlò di «tradimento»), Balbo lo aggiornò sui progetti dei quadrunviri e di altri leader fascisti (tra cui Farinacci) per rovesciare il duce; intesa e progetti giunti a buon punto e che facevano leva proprio sulla monarchia («Con Farinacci siamo d'accordo – avrebbe dichiarato Balbo a Grandi. Non c'è che il Re...»): sostituzione di Mussolini con De Bono come presidente del Consiglio dei ministri ed elezioni col sistema maggioritario uninominale («Mussolini è finito. Non potrà continuare a lungo. Il Partito è tutto contro Mussolini. Il Partito è con noi. [...] Farinacci ha scritto poco tempo fa una lettera a Mussolini per dirgli chiro e tondo che è ora di finirla che egli creda che la Rivoluzione fascista è sua. La Rivoluzione non è di Mussolini, bensì di noi, è nostra. [...] Non potrà durare lungo tempo questa situazione»). Cfr. P. NELLO, *Dino Grandi*, il Mulino, Bologna, 2003, pp. 134-136.

[65] E. CANEVARI, *La guerra italiana. Retroscena della disfatta,* I, Tosi, Roma, 1948, p. 199 e sgg.

[66] Cfr. la prima puntata, *Le trasformazioni della guerra*, «Il Regime Fascista», 2 settembre 1931.

sperato «tecnicismo militare» che isolava il Paese dall'esercito. Gli articoli, pubblicati in forma anonima, erano di Maurizio Claremoris, alias il colonnello Emilio Canevari[67], tra i più importanti collaboratori del giornale cremonese, e attaccavano la politica militare del governo e soprattutto il ministro della Guerra Gazzera, giudicato «deleterio per il fascismo»[68]. Nella critica al concetto della guerra di logoramento, coi progressi giganteschi dell'arma aerea, con la necessità della motorizzazione e la costituzione di grandi unità celeri e con l'obbiettivo di considerare la possibilità di una guerra dinamica e risolutiva, il quotidiano di Farinacci scese in campo risolutamente per la riforma delle istituzioni militari: occorreva un esercito di mole minore ma permanentemente mobilitato, la massima preparazione tecnica, il più moderno ed efficiente armamento, il coinvolgimento pieno dell'arma aerea[69]. La serie di articoli destò scalpore nell'ambiente militare, e dietro richiesta di Gazzera Mussolini provvide a far sequestrare il quotidiano, il 18 settembre[70], e invitò «la direzione a cessare detta campagna che ha già provocato

---

[67] Canevari (Viterbo, 1888), già addetto agli Uffici politici e informativi dell'esercito italiano in Tripolitania prima, addetto militare a Bruxelles e nello Stato maggiore poi, era un feroce antibadogliano; uscito indenne da una indagine interna per «prevaricazione», fu difeso da Caviglia e, riabilitato, si mise in posizione ausiliaria. Considerato uomo «dotato di grande e versatile ingegno, di intelligenza superiore e di cultura e di qualità non comuni» dallo stesso Stato maggiore, entrò in contatto con Farinacci, il quale agli inizi degli anni Trenta gli affidò mansioni informative e politiche sempre più importanti, sino alla vice direzione de «Il Regime Fascista». Ancora nel '32, gli ambienti governativi ignoravano chi si celasse dietro lo pseudonimo Claremoris (Roma, 11 agosto 1932, in ACS, MCP, II versamento, b. 12); il questore di Viterbo al questore di Cremona, 4 agosto 1934, in ACS, MI, PPFP, b. 230, fasc. *Canevari*.

[68] Intercettazione telefonica del 10 febbraio 1933, in ACS, SPD, C/R, b. 41, fasc. *Farinacci*.

[69] Cfr. M. CLAREMORIS [E. CANEVARI], *Lo spirito della guerra moderna*, «Cremona Nuova», Cremona, 1935: «Lo Stato che per primo saprà audacemente adottare le nuove forme ed i nuovi mezzi che si profilano per l'avvenire, che saprà dominare con lo spirito l'immensa materia informe della guerra odierna, potrà trovare gli elementi di prevalenza così che la guerra, mirante non al logoramento ma alla distruzione rapida delle forze avversarie, possa rispondere alle esigenze del pensiero politico».

[70] Nell'articolo *Austerità*, «Il Regime Fascista», 18 settembre 1931, Canevari avanzò critiche troppo rivolte verso l'alto...: «L'esercito fiorisce solo se animato da grandi forze morali: prima fra queste, l'impulso ardente del Capo. Quando invece le grandi forze spirituali mancano e soprattutto quando manca la forza animatrice di un vero capo, l'esercito diviene un insieme di impiegati pedanti, sia pure austeri, e di "maestranze" svogliate». Canevari aveva anche tradotto Clausewitz ed era inviato speciale per «Il Regime» nei paesi europei, dove approfondì, specie in Germania, le nuove emergenti teorie militari (E. CANEVARI, *Clausewitz e la guerra moderna*, La Cardinal Ferrari, Roma, 1930). Canevari, Carletti e Grazioli, stretti sostenitori di Farinacci, erano concordi nel reputare Balbo il grimaldello col quale, «col suo intelletto vivacissimo, il suo prestigio di gerarca e di quadrumviro, si sarebbe potuto spezzare la crosta passatista»; E. CANEVARI, *La guerra italiana. Retroscena della disfatta*, I, cit., p. 217.

deplorevoli stati d'animo, anche per l'anonimo di cui si circonda»[71]; il Ministero della Difesa soffocò il dibattito tecnico interno alle forze armate, contribuendo al rapido decadimento della cultura militare tra le due guerre mondiali, sì da rendere sorpassato anche quanto sino ad allora aveva funzionato[72]. La dottrina militare ufficiale del fascismo, quindi, rimase sostanzialmente sorda alle nuove teorie, sostenendo l'impossibilità di prevedere persino il carattere della guerra futura (da qui la necessità di attenersi al passato): le stesse dottrine della guerra aerea erano considerate «estremismo o futurismo privo di ogni serietà»[73]. Cambiaggio ricorda bene l'importanza di quelle discussioni:

> Alcuni articoli apparsi in «Il Regime Fascista» riguardanti l'organizzazione militare, sotto il titolo *Lo Spirito e la Materia*, avevano richiamato la speciale attenzione di Mussolini per la modernità e la genialità di vedute. Egli anelava di conoscere chi fosse l'autore. Un giorno giunse a dichiararmi, con fine tendenzioso, che se lo scrittore fosse uscito dall'incognito, non avrebbe avuto difficoltà a nominarlo ministro della Guerra. La pubblicazione ebbe termine con due articoli di marca farinacciana. In essi si attaccava il ministro della Guerra, gen. Pietro Gazzera. Immediatamente venivano impartiti ordini per il sequestro del giornale. A tal proposito il Capo del Governo così testualmente dichiaravami: «so benissimo che il gen. Gazzera non ha le attitudini per essere un ministro fascista della Guerra, ma, fino a quando Farinacci lo attaccherà, io lo manterrò in carica»[74].

Anche negli anni successivi Canevari-Farinacci rinnovarono le loro polemiche contro la "passatista" politica militare del regime (una campagna altrettanto vigorosa venne condotta nel '33[75]), con l'ex segretario del Partito che andava dicendosi convinto di quanto avrebbe voluto proporre e realizzare nel capitale settore delle forze armate: «per la parte militare – diceva – il mio giornale è organizzato in maniera formidabile, ed in materia ho delle idee, che ho in testa solo io...»[76]. Indubbiamente quelle idee ebbero «larga diffusione tra gli ufficiali» e contribuirono –

---

[71] B. Mussolini al prefetto di Cremona, Roma 19 settembre 1931, in Acs, Spd, c/r, b. 41, fasc. *Farinacci*, difatti col numero del 19 settembre 1931 «Il Regime Fascista» avrebbe cessato l'importante servizio di carattere militare.

[72] G. Rochat – G. Massobrio, *Breve storia dell'esercito italiano dal 1861 al 1943*, Einaudi, Torino, p. 209.

[73] R. Morretta, *Come sarà la guerra di domani?*, Agnelli, Milano, 1932.

[74] L. Cambiaggio, *Fascismo e democrazia nei ricordi personali di un prefetto del Regno*, cit., p. 27.

[75] Cfr. gli articoli di E. Canevari, *Struttura dell'Esercito*, *Aria nuova nell'Esercito* e *Avanti le fanterie*, «Il Regime Fascista«, 16 marzo, 13 settembre e 10 dicembre 1933.

[76] Conversazione telefonica intercettata, Milano 10 febbraio 1933, in Acs, Spd, c/r, b. 41, fasc. *Farinacci*.

sosteneva l'informato Tarantini – ad aumentare la popolarità di Farinacci nell'esercito[77], e l'ostilità di Mussolini[78]...

Nonostante le numerose spie sguinzagliate per venire a conoscenza dell'autore di quegli articoli, non trapelò assolutamente nulla, ma le relazioni di uno di questi confidenti, Alfredo Bonati, il numero 53, alias "Luigi Dolfi", giornalista del «Secolo XIX», assai addentro alle vicende giornalistiche del paese e con libero accesso al «Regime Fascista», informarono sulla reale portata della vicenda, svelando non pochi retroscena (il giornale era andato sempre esaurito...):

Durante il corso delle mie indagini a Cremona ho saputo che moltissimi ufficiali, anche di grado superiore ed appartenenti a [vari] presidi avevano manifestato all'on. Farinacci e al prof. Pantaleo vivissimi plausi ed incoraggiamenti a continuare la campagna. Questi ufficiali avrebbero detto che il ministro Gazzera è impopolare nell'esercito e che gli articoli contenevano delle assolute verità. Queste manifestazioni di ufficiali hanno assunto un carattere di plebiscito[79].

"Dolfi", inoltre, relazionò attentamente sul mondo farinacciano, facendo numerose e corrette osservazioni, che tratteggiavano con precisione il *modus vivendi* dell'ex segretario:

[Farinacci] dimostra di tener molto ad essere diventato il segretario del popolo, e si adopera in tutti i modi per accontentare chi si rivolge a lui. [...] Giornalmente il suo ufficio è affollato di gente che si rivolge a lui per qualsiasi questione. Nell'anticamera del «Regime Fascista» un cartello avverte che i fascisti e le altre persone provenienti da altre province hanno la precedenza sui cremonesi, nell'ottenere le udienze. Giornalmente si recano dall'on. Farinacci fascisti e persone d'ogni provincia. Chi ha da svelare pretesi abusi di autorità e di gerarchi, chi ha da muovere lagni contro il partito e contro i gerarchi, chi ha da chiedere consigli. Molti fascisti si recano [...] per i più svariati motivi, non escluso quello del collegamento, "che deve essere mantenuto" fra quanti seguono le

---

[77] Cfr. ancora il citato memoriale *Organizzazione prassi e finalità del movimento farinacciano*.

[78] R. Farinacci a B. Mussolini, Cremona 2 dicembre 1932, in ACS, SPD, C/R, b. 42, fasc. *Farinacci*: «Tu sai più di me che gli articoli di critica militare pubblicati dal mio giornale hanno riscosso un grande successo nell'esercito e nell'animo dei fascisti. La mia critica non è stata velenosa. Ho dimostrato altresì che è vero quel che tu hai sempre dichiarato, che il regime pretende la misurata ma leale discussione dei problemi tecnici che servono al bene del regime. Tu invece hai interpretato per offesa personale e quasi affronto al Governo le considerazioni critiche sul ministro Gazzera. Ed hai affermato che avresti mantenuto al potere il Gazzera soltanto per fare dispetto a me. Io mi auguro che tu riesca a controllare l'opera del ministro e penso che tu non sia del tutto in disaccordo con quello che è stato affermato dal "Regime Fascista"».

[79] Nota fiduciaria di A. Bonati, Genova 31 ottobre 1931, in ACS, MI, PPFP, cat. A, b. 32, fasc. *Farinacci*.

direttive dell'ex gerarca. In alcune ore della mattina l'on. Farinacci riceve alla sede della Federazione provinciale fascista, dove ha un ufficio. Il palazzo della federazione non reca la solita indicazione di Casa del Fascio, [...] ma di Palazzo della Rivoluzione. In questa insegna il pubblico che capita a Cremona vede subito l'impronta farinacciana, e capisce di essere in un ambiente diverso da quello delle altre città, dove il fascismo non è impersonificato da alcuno se non nel Duce, [...] e che l'ambiente sia una specie di segreteria del Partito. Infatti sovente si vedono gerarchi delle province recarsi a conferire con Farinacci e gruppi di fascisti da ogni parte dell'alta Italia, e specie dalla Lombardia, da Torino, dalla Liguria. Si dice che il giorno in cui Farinacci e i suoi amici "volessero", avrebbero tutto il fascismo nelle loro mani...! In ogni città esiste il cosiddetto gruppo estremista, che considera l'on. Farinacci come proprio capo[80].

D'altra parte le polemiche e le discussioni di natura politica de «Il Regime Fascista» destavano sempre massimo interesse e fra i riassunti giornalieri sottoposti all'attenzione di Mussolini dall'Ufficio stampa della Presidenza del Consiglio un posto preminente aveva la sintesi della stampa cremonese (ovviamente solo il giornale di Farinacci), considerata alla stregua di quella milanese e torinese. Inoltre, se fino alla prima metà degli anni Trenta le vendite del quotidiano erano state ancora modeste, nel panorama nazionale dei quotidiani, dagli anni 1933-1935 esse aumentarono notevolmente (nel moderno stabilimento di «Cremona Nuova» lavoravano 140 persone), sì da far collocare il giornale in maniera stabile tra i primi dieci quotidiani nazionali per diffusione: gli abbonati, infatti, superarono quota 25 mila e la tiratura si assestò sulle 100 mila copie[81], col bilancio che, grazie ai finanziamenti statali, andò stabilizzandosi a partire dal '35[82].

---

[80] Nota fiduciaria di A. Bonati, Genova 30 ottobre 1931, *ibidem*.

[81] Agli inizi degli anni Quaranta, i quotidiani più diffusi nel paese erano il «Corriere della Sera», con 650 mila copie, «La Stampa», 450 mila, «La Gazzetta del Popolo», 440 mila, «Il Giornale d'Italia», 343 mila, «Il Messaggero», 330 mila, «Il Popolo d'Italia», 250 mila, «La Sera», 145 mila, «La Nazione», 145 mila, «Il Resto del Carlino» e «Il Telegrafo», 120 mila, ed infine «Il Regime Fascista», con 100 mila copie; Roma, 24 febbraio 1941, in ACS, MCP, Gabinetto, b. 19. Tra le città dove alto era il numero di abbonati al quotidiano cremonese, fonti della polizia indicavano Genova (600-800 abbonamenti nel 1932), Napoli (800), Milano (6.500-8.000), Pavia e Piacenza (1.000), Torino (1.500-2.000) e Catania (400); note informative di A. Bonati, Genova, 7 gennaio e 18 aprile 1932, in ACS, MI, PPFP, cat. A, b. 32, fasc. *Farinacci*.

[82] Nel 1933, nel momento più grave della crisi, il consiglio di amministrazione dovette ridurre ancora il capitale sociale (il valore delle 4 mila azioni scese da 250 lire prima a 125 e poi a 2 lire l'una). Nell'aprile 1933, la società venne ricapitalizzata, e gli atti ufficiali parlavano di 8 mila azioni a 125 lire ciascuna, con capitale un milione; cfr. i pro memoria sulle variazioni azionarie subite dalla società "Cremona Nuova", Cremona 19 giugno 1933, in ACS, SPD, C/R, b. 41, fasc. *Farinacci*. Nel corso del 1935 «Il Regime Fascista» ottenne contributi per 200 mila lire dal Ministero della Cultura Popolare, e per 900 mila negli anni successivi; ACS, MCP, Gabinetto, b. 232, fasc. *«Il Regime Fascista»*.

Anche in campo culturale la politica di Farinacci fu piuttosto alternativa a quella ufficiale: già organizzatore dell'Istituto di cultura fascista, all'epoca del segretariato del Partito, Farinacci aprì le colonne del «Regime» alle questioni culturali, e la sua terza pagina conservò sempre interesse (era stata affidata al filosofo Julius Evola, che poi organizzò la rassegna filosofico-letteraria "Diorama"[83]); contrario – e più volte aveva manifestato il suo dissenso[84] – all'arte moderna e al novecentismo italiano, Farinacci si era fatto protettore di uno dei maggiori antimodernisti, Arturo Francesco Della Porta (fondatore e segretario del Risorgimento artistico italiano, nonché direttore della rivista «Perseo»), il quale – insieme ad altri scrittori come Sommi Picenardi e Angelo Dall'Oca Bianca – approfondì sul «Regime Fascista» la campagna antinovecentista. La polemica (senza esclusione di colpi) ebbe risvolti non soltanto culturali e artistici, ma anche politici, e a difesa delle teorie tradizionaliste scese in campo apertamente Farinacci. Anche l'ex segretario del Pnf condivideva molte delle idee antinovecentiste[85], a partire dalla denuncia di quello «stato di illegalità nelle arti dovuto ad un potere di tipo feudale conquistato dai novecentisti con l'appoggio di eminenti personaggi», e l'etichetta di arte fascista non poteva essere appannaggio esclusivo di un gruppo artistico vittorioso «non per opere né per consenso universale, ma per violenze e illegalità in ogni forma perpetrate [...] a danno di larghe categorie di artisti che pur avrebbero degnamente rappresentato [il regime]»[86]. A dare ampio respiro alle idee

[83] *Diorama. Problemi dello spirito nell'etica fascista. Antologia della pagina speciale di «Regime Fascista» diretta da Julius Evola* (a cura di M. Tarchi), Edizioni Europa, Roma, 1974.

[84] «Si era arrivati a tal punto, che nessuno, pur autorevole che fosse, poteva arrischiare una resistenza e una protesta [contro il novecentismo], senza correre il pericolo di essere subissato da accuse di passatismo, di tradizionalismo, quando non anche di antifascismo. Contro questa situazione, che appariva ormai consolidata, si elevò in Italia, per primo, Roberto Farinacci. Eravamo nel 1929; e tra i miei ricordi personali resterà sempre viva la scena, svoltasi in Cremona, durante una riunione di artisti, alla quale Farinacci fu invitato a parlare. Egli parlò senza riserve o reticenze, e si pronunciò immediatamente contro le degenerazioni artistiche e in favore di un'arte sana, tradizionalmente italiana e veramente fascista. Erano presenti, venuti da Milano e da Roma, alcuni dei maggiori esponenti del cosiddetto Novecento; la sorpresa li rese, pel momento, muti: ma poi, sui giornali e sulle rivista d'arte, si scatenò da una parte e dall'altra la battaglia polemica. Da allora la lotta di Farinacci contro l'arte degenerata non ha più avuto tregua»; T. BELLOMI, *Arte degenerata e Premio Cremona*, «Cremona», ottobre 1940.

[85] Proprio Della Porta avrebbe affermato: «Mi corre il dovere di ricordare che mentre avvampava più fortemente questa ondata "novecentista", "Perseo" e "Il Regime Fascista" sono stati i soli all'opposizione, e contro di loro quanto fango si è gettato!»; A. F. DELLA PORTA, *Inchiesta sul Novecentismo*, La Prora, Milano, 1936, p. 45.

[86] C. SALARIS, *Artecrazia, L'avanguardia futurista negli anni del fascismo*, La Nuova Italia, Firenze, 1992, p. 94.

antinovecentiste del Della Porta e amici, Farinacci polemizzò in diverse occasioni, nella prima delle quali – sul suo quotidiano – in contrasto con Margherita Sarfatti, nume tutelare dell'arte nuova: criticò i «sistemi settari e commercialisti del '900», «l'arte di quella congrega» le cui opere facevano ridere, il fatto che solo i novecentisti avessero diritto di esporre, di vendere e di spartirsi i premi artistici, mentre nei confronti di chi criticava tale "arte" altro non c'era che persecuzione e minacce[87]. L'arte nuova doveva essere in grado di commuovere, sosteneva in sintesi Farinacci, al pari di quella antica[88] (e Della Porta proponeva nuovi laboratori artistico-culturali, quali il Virismo, da contrapporre al Novecentismo[89]), e tale posizione antinovecentista finì per diventare, nel giugno del '33, una posizione politica: pur minoritaria tra le tendenze artistiche negli anni del regime, la scelta antimoderna rifletteva in effetti il pensiero della base fascista, che individuava nelle nuove espressioni una latente esterofilia, i «segni di decadenza e di perversione» che non rappresentavano bene il reale e non potevano essere quindi accolte come arte di Stato, arte del fascismo. Settimelli, dal suo «Impero» (spalleggiato da «Il Popolo d'Italia»), che aveva già risposto in passato duramente da un punto di vista culturale all'antico ras (ricordandogli in sostanza che «rifiutare l'arte nuova significava rifiutare la base rivoluzionaria del fascismo»[90]), spostò sul piano personale la discussione, con una serie di attacchi duri quanto, in verità, poco fondati[91]. La tiratura del «Regime», in particolare a Milano, aumentò «enormemente» e l'interesse popolare per la questione[92], lungi dal presumersi marginale, si rivelò molto alto, a dimostrare che la *querelle* aveva davvero significato politico (Farinacci ripeteva il suo disinteresse materiale per la questione: «non abbiamo quadri da vendere né artisti da proteggere»[93]) e l'arte moderna, il novecentismo, gli ambienti dell'arte di Stato, erano poco apprezzati dal pubblico («quelle opere d'arte la gente le chiama "schifezze"»[94]) e conside-

---

[87] [R. FARINACCI], *Ritorniamo sui binari*, «Il Regime Fascista», 18 luglio 1931.

[88] R. FARINACCI, *La esaltazione del Novecento*, «Il Giornale del Commercio», 18 novembre 1932.

[89] *Il proclama del Virismo* e *Il decalogo del Virista,* «Perseo», 1° giugno e 1° novembre 1932.

[90] P. V. CANNISTRARO, *La fabbrica del consenso. Fascismo e mass media*, cit., p. 62.

[91] E. SETT[IMELLI], *I "colmi" del cittadino Farinacci*, *Parentesi* e *I cristalli del Catone,* «L'Impero», 8, 18 e 20 giugno 1933.

[92] In alcuni dei centri maggiori dovette essere inviato un numero di copie dieci volte superiore; cfr. la nota di "Eros", Milano 8 giugno 1933, in ACS, MCP, Gabinetto, II versamento, b. 12, fasc. *«Il Regime Fascista»*.

[93] [R. FARINACCI], *Ma che basta!,* «Il Regime Fascista», 1° giugno 1933.

[94] [R. FARINACCI], *Fronte, corbezzoli!, unico*, «Il Regime Fascista», 20 giugno 1933.

rati «una camorra»[95]. Non a caso Ceresini andava propalando la voce che la polemica intorno al Novecento fosse di natura politica, e che «si trattava di un mezzo come un altro per tastare il polso alla pubblica opinione»[96]. Nonostante la polizia politica fosse scesa in campo per raccogliere materiale contro Farinacci a favore di Settimelli, cui era toccata la parte dell'anti-Farinacci di turno[97], le informative non tardarono a descrivere l'essenza dei fatti:

> Tutti danno ragione a Farinacci, dico tutti, fascisti e non fascisti. Ed egli si rivalorizza e come. Quest'affare della Triennale interessa ancor più, al punto in cui è arrivato, di quanto interessò a suo tempo l'affare Belloni, e rende Farinacci molto più simpatico e popolare di allora, perché in quella circostanza si poteva supporre esistesse un'invidia che oggi non c'è. Mi diceva Osio che Varenna è gongolante. Strano, però, che abbia ricominciato, perché era stato ammonito di smetterla. [...] Comunque fa bene a continuare e avrebbe fatto figura pietosa se non avesse risposto per le rime al «Lavoro» e non avesse smascherato quel trombone sfasciato di Margherita [Sarfatti]. (È quello che dicono tutti). A Roma, invece di chiudergli la bocca, dovrebbero saper prendere i provvedimenti opportuni, e non solo in questo caso. Col voler far tacere Farinacci si danno la zappa sui piedi[98]...

Intervenne ancora una volta Mussolini, intimando il silenzio alla polemica culturale (in quella personale, «L'Impero», guarda caso, avrebbe definitivamente cessato le pubblicazioni appena tre mesi dopo...)[99], sulla quale si era innestata un'altra disputa di grosso spessore politico (in coincidenza con violenti incidenti scoppiati tra i fascisti milanesi in visita a Roma, incidenti che costarono il posto a Brusa, nella federazione milanese del Pnf, e a Baroli in quella cremonese, apparendo chiara l'intenzione di voler colpire una certa tendenza o un gruppo di uomi-

[95] [R. FARINACCI], *Pennellate... sintetiche*, «Il Regime Fascista», 8 giugno 1933.

[96] Milano, 21 giugno 1933, in ACS, MI, PPFP, b. 282, fasc. *Ceresini Alfredo*.

[97] E. SETTIMELLI, *I cristalli del catone*, «L'Impero», 20 giugno 1933.

[98] Nota fiduciaria di G. Tonello, Milano 20 giugno 1933, in ACS, MI, PPFP, b. 927, fasc. *Osio Arturo*.

[99] ACS, MCP, Gabinetto, II versamento, b. 12, fasc. *«Il Regime Fascista»*. A polemica chiusa, Farinacci puntualizzava a Mussolini che lui aveva voluto solo affermare «che l'arte del '900 si può discutere e che essa non ha nulla a che vedere col fascismo. E questa affermazione la facevo precisamente per il fatto che a Firenze i fascisti avevano fischiato le scene di De Chirico alla prima dei Puritani. Perché mai il fascismo dovrebbe assumersi la responsabilità e la paternità di tutto quello che si pretende di fare in suo nome, anche per interessi privati? Certi giornali hanno trasceso nella polemica, né io potevo fare il francescano. Alla Triennale il pubblico si è divertito come a un circo equestre»; R. Farinacci a B. Mussolini, Cremona 25 giugno 1933, in ACS, SPD, C/R, b. 40, fasc. *Farinacci*.

ni...[100]). Negli anni successivi Farinacci non mollò la presa, anche spalleggiato dai suoi valenti collaboratori (lo stesso Evola sostenne che «Il "Novecento", come elemento positivo di una civiltà nuova anziché come mero fin di siecle, è un errore»[101]): l'arte moderna era considerata «un'arte degenerata» e politicamente pericolosa, nei suoi riflessi politici, perché raccoglieva tutti gli spostati e gli sbandati, ed era evidente una certa identità di vedute tra l'antifascismo e le moderne tendenze; l'avanguardia, insomma, era vista come sinonimo di sovversivismo politico o «bolsceartismo»[102]. Si doveva inoltre debellare quel degenerato sistema («camorristico») che legava arte e potere, quel connubio tra artisti modernisti e sottobosco politico (il novecentismo era accusato di vivere grazie alla committenza pubblica[103]) che andava a esclusivo vantaggio della sola cerchia di pittori, scultori, architetti e letterati novecentisti[104]. L'arte fascista, invece, avrebbe dovuto elevare ed educare in profondità lo spirito delle masse, obbiettivo che non poteva essere raggiunto dall'arte novecentista, incomprensibile al gusto del grande pubblico[105]. E poi occorreva maggiore attenzione da parte del regime non solo per le forme nuove di comunicazione e di arte, ma anche per quelle "vecchie", come il teatro, campo in cui i maggiori successi continuavano a essere raggiunti dalla "scuola" di Sem Benelli, che non poteva certo dirsi espressione del fascismo[106] (da qui la rinnovata attenzione di Farinacci alla prosa, con la messa in scena del suo secondo lavoro, *La beffa del destino*, che nel 1937 ebbe qualche successo[107]). Alla fine degli anni Trenta, proprio per dare maggiore impulso alla sua interpretazione classica dell'arte, Farinacci, «autoproclamatosi protettore dell'allora nascente realismo fascista»[108], istituì l'importante concorso di pittura "Premio

---

[100] Così anche R. Farinacci a B. Mussolini, Cremona 25 giugno 1933, in ACS, SPD, C/R, b. 40, fasc. *Farinacci*. Le immediate sostituzioni, a conferma di quanto sfuggenti possano apparire molte dinamiche interne e il peso di Farinacci, videro comunque la nomina di Rino Parenti, passato da qualche anno nel campo farinacciano, a Milano e di Francesco Gambazzi, tra i più fedeli al capo, nel feudo.

[101] J. EVOLA, *"Novecentismo" e classicismo fascista*, «Il Regime Fascista», 2 giugno 1933.

[102] C. SALARIS, *Artecrazia. L'avanguardia futurista negli anni del fascismo*, cit., p. 202.

[103] R. BOSSAGLIA, *Il «Novecento italiano». Storia, documenti, iconografia*, Feltrinelli, Milano, 1979, p. 51.

[104] In tal senso riferiva anche l'attendibile Dubois, nel relazionare sui dibattiti culturali milanesi, cfr. la nota fiduciaria Milano, 19 luglio 1935, in ACS, MI, PPFP, b. 407, fasc. *Della Porta*.

[105] Cfr. A. F. DELLA PORTA, *La menzogna novecentista e la nostra polemica*, «Perseo», 1° ottobre 1933.

[106] Cfr. *L'opera del Poeta*, «Perseo», 15 dicembre 1934, nonché gli articoli pubblicati su «Il Regime Fascista» da Ettore Zocaro.

[107] R. FARINACCI, *La beffa del destino*, «Cremona Nuova», Cremona, 1937.

[108] F. PERFETTI, *Il dibattito sul fascismo*, Bonacci, Roma, 1984, p. 96.

Cremona", la cui prima edizione venne bandita nel luglio del '38, col severo divieto di partecipazione alle varie «deformazioni pittoriche cosiddette d'avanguardia»[109]. Nell'occasione egli non tardò a mostrarsi precursore di quella battaglia «contro l'arte degenerata», che pure il nazionalsocialismo avrebbe combattuto, nonché a ribaltare il vecchio canone dogmatico secondo cui l'arte sarebbe indipendente dal regime politico di un popolo e non si sarebbe potuto chiedere agli artisti di fare arte politica, pena il soffocamento della loro libertà di creazione. Nuove polemiche, in questo contesto, si aprirono con l'antico rivale Bottai (tra l'altro "protettore" del concorrente Premio Bergamo, istituito nel '39, ma – sebbene a tema libero – con un numero inferiore di artisti e di opere rispetto al premio farinacciano)[110], favorevole invece ad una politica artistica più liberale, sostenendo infatti a più riprese, sulle sue importanti riviste «Critica Fascista» e «Primato», l'opportunità di favorire le nuove tendenze artistiche e di non sacrificare l'arte moderna italiana sull'altare dell'arte antica e tradizionale. E per questa via Bottai attaccava «i critici di mente angusta e i conservatori che denigravano tutta l'arte moderna in quanto non fascista», respingendo quindi l'accusa farinacciana secondo la quale in arte il modernismo «fosse il risultato di influenze decadenti, straniere o razziali»[111].

Anche in merito al ruolo politico che il Pnf avrebbe dovuto avere nello Stato fascista, Farinacci mostrava segnali di crescente insoddisfazione; del resto, come avrebbe poi ricordato, «quello che a me importa

---

[109] *Arte '900*, «Il Regime Fascista», 10 luglio 1938. Il premio doveva contribuire a orientare la pittura italiana verso una concezione politico-fascista dell'arte, cioè «figurativa di immediata comprensione e di elevazione sociale»; caratteristiche principali del concorso erano l'anonimato dei concorrenti e la votazione popolare indetta tra i visitatori. Nel primo concorso gli artisti dovevano riprodurre un discorso di Mussolini ascoltato alla radio. La manifestazione ebbe successo, con oltre 900 pittori e 1000 opere partecipanti (cfr. «Cremona», gennaio 1939) e la mostra della prima edizione ebbe la visita di molti esponenti del regime (il 19 giugno Mussolini e il 24 Vittorio Emanuele III) e di pubblico. La giuria (composta, tra gli altri, da Ugo Ojetti, Felice Carena, Ezio Maria Gray, Remo Montanari e Giulio Argan) e il referendum popolare decretarono la vittoria del quadro di Luciano Ricchetti, di Piacenza («Il Regime Fascista», 13 giugno 1939). Farinacci dette ampio risalto ai più meritevoli lavori (cfr. «Cremona», maggio e giugno 1939) e la manifestazione si consolidò alquanto negli anni successivi, a dispetto della guerra, segnalandosi come una delle più prestigiose iniziative culturali. Nel 1940 il tema del Premio (sempre dettato da Mussolini) fu la battaglia del grano e nel 1941 la Gioventù italiana del Littorio: vincitore della seconda edizione fu il genovese Pietro Gaudenzi, mentre Ricchetti vinse anche la terza edizione, in ex equo con Cesare Maggi e Gian Giacomo Dal Forno («Il Regime Fascista», 11 giugno 1940 e 1° luglio 1941). L'edizione del 1942, sul tema "Dal sangue la nuova Europa", non si tenne.

[110] Farinacci definì il Premio Bergamo «l'Anticremona», cfr. «Il Regime Fascista», 13 ottobre 1940.

[111] P. V. Cannistraro, *La fabbrica del consenso. Fascismo e mass media*, cit., p. 151.

e ha sempre importato, in Italia, è il Partito e la sua sicurezza». Diceva che la «spersonalizzazione» aveva prodotto la rottura dei vincoli di solidarietà e rispetto tra i camerati, e quindi occorreva seguire una strada inversa: «ogni movimento rivoluzionario orienta la moltitudine verso determinati uomini che ispirano salda fiducia, non è mai possibile che la "spersonalizzazione" possa avvenire attraverso individui che non hanno tutti i requisiti morali e politici, e talvolta neanche la fede di nascita, in regola». Era un inno al «comando naturale dei capi», di coloro che in periferia avevano effettivamente costruito il fascismo e sui quali soltanto, nel momento del bisogno, si sarebbe potuto fare sicuro affidamento («se il Duce dovesse un giorno lanciare un appello, solo noi potremmo raccoglierlo e farlo eseguire»)[112]; ed era musica per le orecchie dei vecchi fascisti e delle camicie nere disadattate nel sistema politico autoritario[113]. Si dovevano dunque riformare i poteri periferici dello Stato, creando la figura del capo della provincia, cioè una sorta di commissario del fascismo che cumulasse le cariche di segretario federale e di prefetto; così in uno dei più lucidi e più importanti documenti di Farinacci a Mussolini, il 20 gennaio 1932:

Io ho sostenuto che il Partito ha bisogno di una certa autonomia, mi si è dato torto. Ma scartata la mia tesi, che pur servirebbe a liberare il Governo da infinite noie, da gravi responsabilità, da conseguenze veramente dannose e gli darebbe un immenso aiuto di forza e di esperienza, se Voi volete conservare e rafforzare la situazione posta da Turati per Vostro volere, anch'io accetto che i prefetti siano i veri Capi del Regime nelle Province. Ma vi siete fermato un po' ad esaminare la capacità, la fede, l'energia di questi Capi? Se domani – e la storia ogni tanto serba di queste sorprese – eventi politici nazionali o internazionali, o la crisi economica imponessero di scendere in piazza per riaffermare la volontà del fascismo, credete voi al successo di questi signori? Mi direte che abbiamo prefetti fascisti e prefetti fascistizzati e che le nostre forze pubbliche ci garantiscono da ogni evento. Rispondo che non posso scambiare l'obbedienza del funzionario pagato con l'impeto del volontario, per la sicurezza del Regime [...]. Bisogna risolvere subito questo problema, bisogna mettere in chiaro che spersonalizzare non vuol dire togliere autorità ai capi né spezzare i centri e gli impulsi di vita, bensì impedire che si tolga l'entusiasmo ideale delle convinzioni. Ogni provincia deve avere il suo capo naturale, il vero Commissario del Regime, provvisto di queste due doti indiscusse: fede rivoluzionaria e comprensione fascista dei problemi nazionali. Un ottimo Segretario federale non potrebbe essere anche Prefetto, ed un Prefetto anche Segretario federale? Ma l'uomo (non due uomini che si intralciano e contendono) di cui si discorre, non

---

[112] *L'on. Farinacci parla alla folla*, «Il Regime Fascista», 24 marzo 1931.

[113] Acs, Mi, ppfm, b. 151, fasc. *Gran Consiglio del Fascismo* e Acs, Mi, ppfm, b. 109, fasc. *Pnf*.

può essere inviato a Milano da Girgenti, o da Venezia a Palermo, quest'uomo deve avere la fiducia Vostra, ma deve avere anche la fiducia e il consenso della popolazione: allora il comando è sicuro e certissima l'obbedienza fino al sacrificio. Un uomo di questa autorità soltanto ci potrebbe garantire anche il controllo politico sui sindacati, i quali, dopo lo sbloccamento operato senza vantaggio e opportunità, sfuggono alla vigilanza e intanto si gonfiano e crescono in burocrazia enorme e antipatica nell'opinione pubblica. Io già immagino che nel leggere la presente Voi mi osserverete e consiglierete a non preoccuparmi di ciò. Ma io ho pure assunte le gravi responsabilità, ho strappato alle famiglie i giovani che sono morti, ho combattuto senza pietà, sono odiato e combattuto; un rovescio politico mi costerebbe la vita: non mi illudo. Vedete dunque che anch'io ho diritto ad una preventiva legittima difesa[114].

Conveniva così, per far uscire dal ruolo subalterno in cui era confinato il Partito nell'assetto istituzionale, unificare in una persona le cariche di segretario del Pnf e di sottosegretario all'Interno[115].

A contrastare apertamente il passo a Farinacci, nei suoi frequenti e duri attacchi alla depoliticizzazione del Pnf, era spesso Arnaldo Mussolini, ma ovviamente «dietro Arnaldo – condivideva Giuriati – e pienamente solidale con lui, c'era il fratello»[116]. Di Arnaldo furono le ufficiali e più importanti prese di posizione: a un corrosivo articolo di Farinacci, dove si esaltava l'assoluta necessità di una vasta, radicale opera di epurazione nel Partito (annunciata, tra l'altro, da Giuriati) contro quanti sfruttavano il Pnf per fini personali affinché il fascismo «ritornasse la vera aristocrazia del popolo italiano», ed esaltava quindi la sua personale opera disinteressata e di denuncia[117], Arnaldo Mussolini chiese a Giuriati (e il segretario del Pnf si trovò spesso nella scomoda posizione di una mediazione impossibile) la condanna di quella «nuova levata di scudi di Farinacci, quel suo continuo atteggiamento a salvatore del Partito, in anni vicini e lontani, quel concionare dalla cattedra», per nulla giovevoli all'efficienza del partito stesso: il fascismo – insomma –

---

[114] R. Farinacci a B. Mussolini, Cremona 20 gennaio 1932, in Acs, Spd, c/r, b. 40, fasc. *Farinacci*.

[115] «Se il partito non deve avere libertà di manovra, se le famose assemblee, nelle quali emergevano gli uomini e nelle quali il controllo e le critiche servivano di sprone e di consiglio ad agire meglio nell'interesse della grande causa, se le assemblee non debbono ad altro, oggi, servire che per la lettura di monotone relazioni morali e finanziarie, meglio sarebbe che il Ministro dell'Interno o, meglio ancora, il Sottosegretario all'Interno fosse anche il Segretario del partito. Il dilemma si impone e più il tempo passa e più si rende indispensabile la sua soluzione»; R. Farinacci, *Vita di Partito*, «La Vita Italiana», settembre 1931.

[116] G. Giuriati, *La parabola di Mussolini nei ricordi di un gerarca* (a cura di E. Gentile), Laterza, Roma-Bari, 1981, p. 71.

[117] [R. Farinacci], *Ritorniamo in carreggiata*, «Il Regime Fascista», 21 aprile 1931.

non doveva avere «delle cattedre e dei capi secondari»[118]. E tale «divulgazione delle osservazioni a mezzo stampa», che arrecava discredito al partito, costrinse Giuriati a intervenire più volte per intimare a Farinacci maggiore rispetto delle gerarchie[119]. Al che Farinacci replicava che erano proprio le «gerarchie» ad avercela con lui, tenendolo in una condizione di «vigilato speciale» che lo metteva in evidente imbarazzo non solo nel fascismo, ma anche tra gli avversari[120]. Se i vecchi fascisti, i delusi e gli scontenti si agitavano nel suo nome, la «colpa del cosiddetto farinaccismo», quindi, non poteva essere a lui imputata, ma era una logica conseguenza delle cose e dell'andazzo che aveva spinto «molti fascisti che avevano la testa sulle spalle» a non condividere l'atteggiamento di aperta condanna verso la sua persona, e «pensarla... come la pensano»[121].

Farinacci sapeva che il suo «nemico più aspro era Arnaldo; so perfettamente – aggiungeva – i suoi discorsi, le sue minacce, i suoi propositi, ma io sono tranquillo; e lui, forse, non può esserlo»[122]; da qui, in tre circostanze, l'ordine del duce a Giuriati, presente Arpinati, di ritirare la tessera a Farinacci, e per tre volte il rifiuto di Giuriati di ubbidire a quel comando: «per due ragioni – avrebbe testimoniato – perché Farinacci, nella sostanza, aveva ragione e perché avrei provocato in seno al partito una crisi di cui sarebbe stato molto arduo prevedere le conseguenze»[123]. Giuriati stimava Farinacci e condivideva il giudizio negativo sul ruolo del Pnf nel regime:

> Uomo di ingegno sfavillante – scrisse Giuriati – e di fermo carattere, [...] Farinacci riuscì, col suo coraggio e con la sua facondia trascinatrice, a costruirsi un esercito di fedeli, anzi di fanatici (ivi compreso un largo stuolo di fanatiche).

---

[118] A. Mussolini a G. Giuriati, Milano 21 aprile 1931, in *Carteggio Arnaldo-Benito Mussolini* (a cura di D. Susmel), cit., p. 307.

[119] G. Giuriati a R. Farinacci, Roma 25 ottobre 1931, in Acs, Spd, c/r, b. 40, fasc. *Farinacci*.

[120] Cfr. R. Farinacci a G. Giuriati, Cremona 30 ottobre 1931, *ibidem*.

[121] Gli atteggiamenti ostili, dopo il processo di Cremona, erano ulteriormente acuiti; così Farinacci a Giuriati: «a) indagini svolte in tutte le province per individuare gli abbonati al mio giornale, b) destituzione dalle cariche di tutti quei fascisti che ricordavano con simpatia il mio segretariato, c) protezione data a tutte quelle persone che mi diffamano e che si dicevano autorizzate a dar la caccia perfino alle mie fotografie esistenti presso le sedi dei Fasci e stracciarle come se si dovesse distruggere la figura di un delinquente, d) ordine ai giornali di boicottare ogni mia attività, e) divieto impostomi di partecipare fuori provincia a cerimonie fasciste, f) mia cacciata dal Gran Consiglio, così come si caccia un cane, g) l'andata dei carabinieri nelle case di tutti coloro che da ogni angolo remoto d'Italia mi telegrafarono dopo il processo di Cremona, per far... indagini»; G. Giuriati, *La parabola di Mussolini nei ricordi di un gerarca*, cit., p. 289.

[122] Informazioni di Bruno Cassinelli, Roma 10 marzo 1931, in Acs, Spd, c/r, b. 42, fasc. *Farinacci*.

[123] G. Giuriati, *La parabola di Mussolini nei ricordi di un gerarca*, cit. p. 71.

Gli riconoscevo qualche difetto (come quello di ritenersi più informato dello stesso dittatore e degli organi di polizia), ma condividevo il suo ingenuo e incontrollabile amore per il fascismo. Con una differenza: che il suo era armato di fulmini. Impulsivo jure sanguinis, non frapponeva mai una remora tra la decisione e l'atto, né un limite alle sue nobili intemperanze. Scriveva gli articoli e gli stelloncini a penna corrente e quindi con qualche improprietà di linguaggio; ma io non conosco alcuna occasione in cui abbia dovuto firmare una ritrattazione, o riconoscimento di avere errato. Considerava il fascismo come una religione sociale e, poiché questo è stato anche il mio modo di intenderlo, mai siamo stati divisi nel considerare le necessità sostanziali della vita politica. [...] Nelle querimonie [dei Mussolini] contro Farinacci, novantanove volte su cento mi sono trovato d'accordo con Farinacci: potevo deplorare, e ho spesso deplorato, la pubblicità o la forma delle sue critiche (anche qualche trasgressione verbale alle regole della disciplina, di cui Mussolini si mostrava tanto geloso), ma non potevo dissentire dall'idealità che animavano l'aristarco[124].

La penetrazione dell'azione farinacciana, lungi dall'esaurirsi, anche a detta di Nudi, sembrava invece «aumentare in estensione», e si era diffusa «pericolosamente» non solo in Lombardia, ma pure in Piemonte, Liguria ed Emilia: molte situazioni locali risentivano «enormemente dell'influsso farinacciano»[125]; al punto che la Generali doveva interrogare la polizia su quello che a lei e agli altri confidenti si chiedeva veramente, perché c'era disorientamento tra tutti, al vedere l'accrescersi continuo del "potere" di Farinacci, difficile da comprendere[126]. Perché l'ex segretario continuava a confidare ai seguaci, ovunque si recasse: «Mi sono imposto ancora un anno di silenzio e di disciplina. So che una forte corrente di popolo mi sospinge. Ma ancora attendo: poi ci rivedremo!», «la situazione così non può andare, occorre ritornare al fascismo integrale»[127]. E non erano affermazioni campate in aria; l'attento Tarantini riassumeva quanto fosse sistematica l'azione di Farinacci:

La campagna poggia sulla calunnia, il pettegolezzo, ma nelle intenzioni dei promotori mira a ben più oltre. Si tenta cioè, offuscando la personalità politica e morale di Arnaldo Mussolini, di mettere in maggiore risalto la probità morale

---

[124] *Ibidem*, p. 70-71. «Farinacci normalmente veniva da me; ma in parecchi casi si è valso del suo giornale senza avvertirmi. Mussolini, che leggeva "Regime Fascista" tutti i giorni da cima a fondo, mi passava subito il foglio, sciabolato di blu e costellato di punti interrogativi ed esclamativi...».

[125] F. Nudi al capo della polizia, Milano 31 ottobre 1931, in Acs, Spd, c/r, b. 42, fasc. *Farinacci*.

[126] Cfr. le conclusioni della nota di M. Generali, Milano 10 ottobre 1932, in Acs, Mi, ppfp, cat. A, b. 32, fasc. *Farinacci*.

[127] Informazioni di Bruno Cassinelli, Roma 10 marzo 1931, in Acs, Spd, c/r, b. 42, fasc. *Farinacci*.

e politica dell'on. Farinacci, definito senz'altro, da elementi fascisti e non fascisti, come l'unico galantuomo che possa e che debba veramente mutare la situazione politica ed economica del Paese. A confortare la quotidiana azione di penetrazione dell'on. Farinacci in tutti i più importanti organismi politici, sindacali ed economici, c'è l'appoggio diretto e anche indiretto, entusiasta di notevoli gruppi finanziari ed industriali, nonché di molte zone grigie dell'antifascismo[128].

Anche per Cambiaggio il successo giudiziario del '30 aveva dato «le vertigini» a Farinacci, da fargli però dimenticare «i ricordi delle sue ore inquiete e degli smarrimenti»:

La sentenza del tribunale di Cremona aveva messo sempre più in vista la persona di Farinacci ed acuita la curiosità del pubblico. Egli ne approfittò per aumentare la tiratura del suo giornale e per incrementare la sua attività professionale. Il grosso pubblico, che non era (né poteva esserlo) al corrente della sua vera posizione di fronte a Roma, si appagava delle apparenze; lo riteneva una specie di "Ninfa Egeria" del Duce. E Farinacci, che aveva la sensazione di questa sciocca credenza, l'alimentava e la sfruttava. Circondato ed accarezzato da adulatori e da profittatori di ogni classe sociale: dal senatore al deputato (a lui debitori delle rispettive cariche), dal professionista allo squadrista (bene foraggiati), [...] l' inverosimile era poi dovere constatare come questo gerarca in disgrazie potesse vantare e disporre di tanti servitori, di tante clientele, in tutti i ministeri, a cominciare dai ministri e dai sottosegretari in carica[129].

L'aperto atteggiamento di antipapa, come denunciava Turati, non poteva essere oltre tollerato, e bisognava chiarire, riconobbe anche Starace, «quella» situazione. Ma quando tutto sembrava pronto per la spallata decisiva contro Farinacci, nell'agosto 1932, nel momento più acuto e decisivo dell'offensiva antifarinacciana, mentre nei "convegni" di Lucca e Viareggio si preannunciava un imminente commissariamento della federazione di Cremona, esplose lo scandalo Turati.

A Torino circolavano sempre più insistentemente voci di una presunta vita immorale del direttore de «La Stampa» (pratiche sessuali degenerate, condotta libertina, strani giri di prestiti di soldi e di ricatti). I farinacciani torinesi (Romita, Gastaldi e Cavalli) plagiarono allora la donna che era al centro dei pettegolezzi più piccanti, la sarta torinese Paola Marcellino, mettendo astio fra lei e l'amante, Turati appunto, convincendola che questi le stava preparando una condanna al confino per sbarazzarsene e che per salvarsi era necessario si rivolgesse all'av-

---

[128] Milano, 5 aprile 1931, in ACS, SPD, C/R, b. 40, fasc. *Farinacci*.

[129] L. CAMBIAGGIO, *Fascismo e democrazia nei ricordi personali di un prefetto del Regno*, cit., pp. 24-28.

vocato Farinacci[130]. Ottenuto un incontro, la Marcellino mostrò a Farinacci una serie di lettere di Turati nelle quali erano contenute frasi che si prestavano alla descrizione di equivoche pratiche sessuali, presumibilmente messe in atto tra i due amanti (pederastia, pedofilia, sadomasochismo)[131]: Farinacci, con una serie di espedienti, si impossessò non solo delle lettere, ma si fece fare dalla donna una serie di dichiarazioni sulle "devianze" di Turati[132]. E scattò la trappola[133]: tutto il materiale in copia venne spedito a Mussolini, alla fine di luglio, con altro materiale compromettente fornito dalla donna, che solo allora materializzò di essere stata giocata[134]. Onde troncare sul nascere lo scandalo e a dispetto delle contromanovre di Turati per salvare il salvabile (il suo segretario, Parboni, cercò di far valere delle ritrattazioni della Marcellino, ma senza successo), Mussolini ordinò l'internamento in una clinica psichiatrica di Turati, un mese dopo. A Farinacci l'ipotesi di Turati malato di mente non bastava, e dette ancora il via a sorde macchinazioni per l'esplosione dello scandalo, per altro ormai di dominio pubblico. Ai primi di settembre le voci più infamanti (e fantasiose) sul conto delle abitudini sessuali e morali di Turati divennero incontrollate e l'antifascismo all'estero cavalcò lo scandalo[135]: la posizione di Turati non era più difendibile, e le carte in mano ad Arpinati e Mussolini obbligarono quest'ultimo a decretarne il confino a Rodi, all'inizio del '33[136]. Il colpo

[130] I fiduciari torinesi si rallegrarono per la brillante "operazione": «Sono certo che sarai soddisfatto di quanto abbiamo fatto in questi giorni a Torino. Hai avuto ancora una prova del nostro attaccamento e del nostro menefreghismo per il trionfo della tua causa. Ti abbraccio per questa tua seconda vittoria»; A. Cavalli a R. Farinacci, Torino 10 agosto 1932, in ACS, FRF, b. 11, fasc. *Cavalli.*

[131] L. BENADUSI, *Il nemico dell'uomo nuovo. L'omosessualità nell'esperimento totalitario fascista*, Feltrinelli, Milano, 2005, p. 244.

[132] Per la ricostruzione dell'operazione contro Turati, cfr. i memoriali di P. Marcellino a O. Sebastiani, novembre 1932, a B. Mussolini, ottobre 1932 e, soprattutto, il memoriale da Lauria (Cosenza), 26 giugno 1933, in ACS, MI, PPFP, cat. A, b. 60, fasc. *Marcellino.*

[133] Moretti avrebbe testimoniato la furbizia di Farinacci nell'operazione: «ai tempi della demolizione di Turati egli portò al duce le fotografie dei documenti che compromettevano il Segretario del partito e al duce stesso, che si meravigliava perché non gli aveva portato gli originali, rispose: "Non si sa mai... consegnarli non voglio nemmeno a te, e dove sono lo so soltanto io"»; Roma 11 marzo 1936, in ACS, MI, PPFP, b. 866, fasc. *Moretti.*

[134] La Marcellino, nell'aprile 1933, venne condannata a due anni di confino, proprio per aver cercato di infastidire ancora Farinacci. Del resto ella non si rassegnò alla grave colpa di aver causato la caduta politica dell'ex amante, ma le versioni dell'accaduto che continuò a dare per qualche tempo mostrarono quanto la sua posizione fosse poco credibile (e quanto, del resto, molto scaltra e spregiudicata l'azione di Farinacci, che fiutò subito l'importanza di quello che gli era capitato a portata di mano e che per chiudere la partita non badò davvero a nulla...); cfr. ACS, MI, Confinati politici, b. 615, fasc. *Marcellino.*

[135] Cfr. ACS, MI, PPFP, cat. A, b. 101, fasc. *Turati.*

[136] Molto evasivo Turati, e a volte troppo impreciso, nella sua ricostruzione della vicenda, rimasta comunque poco chiara; A. TURATI, *Fuori dall'ombra della mia vita. Dieci anni nel solco del fascismo* (a cura di A. Fappani), Brescia, 1973, p. 150.

fu durissimo per i turatiani, che sparirono di scena: anche il nuovo Direttorio nazionale, a dicembre, venne aperto a uomini nuovi, fuori dalle logiche correntizie, iniziando per il Pnf il periodo grigio e involutivo. Anelli descriveva bene quanto avveneniva a livello locale, a Pavia:

> Ogni giorno, colla debacle Turati, Nicolato è esautorato completamente e gli ambienti federali sono molto perplessi. Qui è un continuo fra segretario federale e prefetto farsi elogi e favorini a vicenda [...]. Fra un po' di tempo non si avranno più superlativi sufficienti a magnificare i discorsi di questi signori che fascisticamente e stilisticamente fanno pietà. Credo che Starace non abbia intenzione di cambiare il segretario fed. perché teme che la situazione divenga farinacciana al cento per cento[137].

Farinacci, intanto, era tornato a occuparsi ancora di Milano, per attaccare i vertici del sistema. All'inizio del '32, infatti, si era scagliato contro le manovre economico-finanziarie connesse al fallimento della Banca Manzoni, chiedendo, in un breve corsivo, chi avesse appoggiato i fratelli Manzoni, chi avesse permesso loro di «capeggiare iniziative di carattere fascista», chi «sotto qualsiasi forma» avesse avuto da costoro «denaro rubato a terzi», chi avesse permesso che tali azioni fossero continuate così a lungo e chi, infine, avesse valorizzato a tal punto i Manzoni nella pubblica opinione. «Chiunque – concludeva Farinacci – risulterà complice morale della truffa dei Manzoni, dovrà rispondere di associazione a delinquere ed essere immediatamente arrestato»[138]. Erano noti i rapporti di affari intercorsi tra Turati, Arnaldo Mussolini, Ferretti e i fratelli Manzoni e le aziende da loro controllate, come la casa editrice Libreria d'Italia, tanto che quella banca era definita la banca del partito: i giornali antifascisti all'estero non persero il colpo e ripresero la denuncia di Farinacci, sostenendo che la risposta a quegli interrogativi aveva il nome di un gerarca appena deceduto: Arnaldo Mussolini[139]. Il duce fu sorpreso dal fatto: nonostante Cambiaggio avesse segnalato, come sempre, alle quattro del mattino del 9 gennaio i contenuti degli articoli del quotidiano cremonese, la Presidenza del Consiglio dei ministri non fece pervenire istruzioni sul da farsi. Solo tre giorni dopo, *ab irato*, per la piega degli avvenimenti, Mussolini comunicò a Cambiaggio che, per aver fatto passare quel grave articolo, era immediatamente collocato a

---

[137] R. Anelli a R. Farinacci, Pavia, 31 agosto 1932, in BNB, FRF, b. 79.
[138] [R. FARINACCI], *Senza pietà*, «Il Regime Fascista», 9 gennaio 1932.
[139] Cfr. ACS, SPD, C/R, b. 42, fasc. *Farinacci*.

riposo[140]. Ristabilita a stento la verità (la segnalazione non era stata notata dall'Ufficio stampa della Presidenza), il giornale cremonese venne allora ripetutamente sequestrato e Farinacci diffidato dal segretario del Pnf, per ordine di Mussolini, dal continuare la campagna scandalistica[141]. Pagò per tutti, in quella circostanza, l'onorevole Ferretti, in effetti tra i maggiori responsabili della tutela politica dei Manzoni e delle loro imprese[142], ma Farinacci mirava più in alto: era noto che Turati e Giampaoli, dal 1926, avevano recepito la necessità di sviluppare la diffusione della cultura vicina al fascismo, e avevano individuato proprio nei Manzoni (Giovanni, già cattolico conservatore, un fiancheggiatore del fascismo) coloro che a Milano avrebbero potuto perseguire quel progetto con perizia. Venne così stabilito che la Banca di Milano dei Manzoni avrebbe finanziato la Libreria d'Italia e la Libreria del Littorio, le cui gestioni furono affidate ad amici di Turati. Al momento del crack bancario, alla fine del '31, Manzoni cercò di far valere i suoi diritti sulle due case editrici (oltre 25 milioni in macchinari e valori), per sbloccare i crediti dell'istituto bancario nei confronti delle case editrici stesse[143]. Fu allora che, minacciando Manzoni di rivelare i rapporti tra la Banca e Ferretti, Turati e Arnaldo Mussolini, Farinacci si mise in azione, e venne a giorno dei rapporti di affari tra i Manzoni e i gerarchi sopracitati, di quello che Giovanni Manzoni aveva fatto dietro esplicite richieste del Pnf milanese[144].

La voce pubblica non tardò ad additare Farinacci come colui che aveva causato la morte, per crepacuore, di Arnaldo e la sceneggiata che egli fece nella camera ardente, il 21 dicembre 1931 a Milano, gli valse il vero e proprio odio da parte del duce, che non si sarebbe mai più dimenticato quel comportamento, col quale l'ex segretario aveva «assassinato moralmente» l'amato fratello[145]. I ricordi di Cambiaggio, in proposito, confortano questa tesi:

---

[140] L'articolo «gettava un'ombra su tutto il regime; articolo demagogico scandalistico, indeterminato, deplorevole, che ha nuociuto grandemente al regime»; B. Mussolini al prefetto di Cremona, Roma 11 gennaio 1932, in ACS, SPD, C/R, b. 41, fasc. *Farinacci*. Successivamente, il 13 gennaio, Arpinati comunicava a Cambiaggio il ritiro del provvedimento, per avere questi operato correttamente.

[141] ACS, PCM, Gabinetto, 1931-1933, fasc. 3.2.6.2739; L. CAMBIAGGIO, *Fascismo e democrazia nei ricordi personali di un prefetto del Regno*, cit., p. 30-32 e R. Farinacci a B. Mussolini, Cremona 22 gennaio 1932, in ACS, SPD, C/R, b. 40, fasc. *Farinacci*.

[142] Cfr. ACS, SPD, C/R, b. 84, fasc. *Ferretti*.

[143] A. Manzoni a R. De Felice, Milano 23 novembre 1978, in ACS, Fondo Renzo De Felice [FRDF], b. 3.

[144] A. Manzoni a R. De Felice, Milano 12 ottobre 1978, *ibidem*.

[145] Questa la scena cui dette vita Farinacci, descritta dall'anonimo cremonese: «quando la radio diffuse la notizia della morte di Arnaldo, Farinacci stava visitando le scuole

Mussolini, che ben conosceva l'antico camerata [Farinacci], in un colloquio avuto dopo la morte di suo fratello, giunse a dichiararmi, con un atto di sincerità, che non sarebbe stata più possibile una ripresa di cordiali rapporti con lui, perché si ergeva tra di loro, a barriera, il cadavere del fratello Arnaldo! Lo accusava di avergli, con sleale lotta, accelerato la morte. Un abisso profondo, incolmabile, si era ormai scavato tra i due uomini. Forse, un giorno, esigenze di una politica spregiudicata avrebbero potuto riavvicinarli; ma, mai più, riunirli[146].

Altrettanto clamore Farinacci lo sollevò col processo Brusadelli-Comit, nel corso del '31, nel quale assunse la difesa dell'industriale milanese, accusato e denunciato per aggiotaggio e corruzione dalla banca stessa, processo che, se non ebbe vasta risonanza nel grande pubblico, ebbe invece notevole significato politico[147], perché si trasformò in una pubblica accusa contro la Commerciale, accusata a sua volta di ostacolare la lotta contro «la mala pianta della speculazione non sana, quindi dannosa, all'economia nazionale»[148]: Farinacci si proponeva di dimostrare, non tanto l'innocenza di Brusadelli (titolare del cotonificio Dell'Acqua), già ammonito e poi condannato al confino nel marzo del '31 per le sue attività speculative in borsa, quanto invece che questi nella sua attività borsistica aveva urtato contro la «concezione costantemente inflazionistica della Banca Commerciale», questa sì contraria alle direttive del regime, perché aveva «ritardato l'adeguamento a quota 92»;

Ala Ponzone, accompagnato dal solito gruppo delle autorità cremonesi. Si consultò con Pantaleo, che era al suo fianco: "Bisognerà che vada anch'io a visitare la salma – fu la sua conclusione. E sarà meglio, anzi, che ci vada immediatamente". La visita venne interrotta. Due ore dopo Farinacci era a Milano e scriveva il suo nome fra quelli delle prime autorità venute a rendere l'ultimo omaggio al direttore del "Popolo d'Italia". Poi entrò nella camera ardente; stette un minuto immobile a fissare la salma (nei giorni seguenti, coi suoi redattori, preferì definirla "il salmone"), infine vacillò, come se fosse sul punto di svenire, e si appoggiò pesantemente a Pantaleo, che lo sostenne. Lo accompagnarono fuori. Gli diedero un cordiale. La scena fece un'enorme impressione tra quanti vi avevano assistito: nessuno ignorava la feroce rivalità che aveva diviso, durante vent'anni, il vivo e il morto. Se ne parlò in giro: non sembrava lecito credere che quell'attimo di smarrimento fosse soltanto finzione. Anche Benito Mussolini lo seppe; pare ne rimanesse colpito. Senonché, quella sera stessa, in una saletta riservata dell'albergo Continental, si adunarono Farinacci e alcuni tra i suoi più fidi amici. Fecero i più irriverenti discorsi, ripeterono le più pungenti storielle sul conto di Arnaldo; alla fine – poiché avevano bevuto molto – Farinacci fece un brindisi al "salmone" e ai suoi futuri rapporti col diavolo. Benito Mussolini venne a sapere anche questo...»; *Le confessioni di Farinacci*, VII, «Corriere Lombardo», 9 gennaio 1947, e, a conferma, cfr. anche le relazioni fiduciarie del mese di dicembre '32 in ACS, MI, PPFP, cat. A, b. 33, fasc. *Farinacci*.

[146] L. CAMBIAGGIO, *Fascismo e democrazia nei ricordi personali di un prefetto del Regno*, cit., p. 30.

[147] Cfr., adesso, M. DI FIGLIA, *Farinacci. Il radicalismo fascista al potere*, Donzelli, Roma, 2007, p. 163 e sgg.

[148] Così G. L. Riatti a R. Farinacci, Parigi 22 giugno 1931, in ACS, FRF, b. 33, fasc. *Riatti*.

l'aggiotaggio sulla Chatillon Italiana (ditta di seta, oggetto della causa), inoltre, era stato commesso dalla Comit piuttosto che dall'industriale milanese[149]. Il processo, inoltre, avrebbe dovuto trasformarsi in una tribuna per denunciare l'affarismo e il perverso intreccio politica-affari che stava pervadendo la società italiana. Ma proprio per questo giunse il netto intervento governativo: Brusadelli venne condannato in primo grado, nel giugno, a dieci mesi di reclusione nella causa con la Comit, e anche in appello in novembre, ammesse le colpe, si vide confermata la condanna, nonostante i suoi disperati tentativi di sganciarsi dal patrocinio Farinacci-Varenna (interessati piuttosto a una battaglia che esulava dagli stretti ambiti della sua vicenda penale personale), nonostante i fatti emersi avessero portato alla luce l'ambigua politica borsistica seguita dalla Comit stessa. Tuttavia Brusadelli subito dopo ottenne l'incondizionato proscioglimento dal confino per intervento di Mussolini, con scacco di Farinacci, che vide impedito sul nascere il possibile scandalo, ma molti documenti di compromettenti retroscena andarono comunque a riempire il personale archivio del deputato di Cremona[150]. Ampi consensi, in quella battaglia, Farinacci ricevette dai suoi collaboratori economici, Riatti e Lume[151], spalleggiando Preziosi, su «La Vita Italiana», le medesime idee relative alla necessità del «controllo» della Borsa di Milano, ritenuta sotto influenza della Banca Commerciale. E se ufficialmente la battaglia era stata persa, in realtà Mussolini, proprio il 9 novembre 1931, in Consiglio dei ministri, decise di gettare a mare Toeplitz (un anno dopo avrebbe dovuto dimettersi da consigliere delegato per espresso volere del governo), condannando la politica seguita dalla Comit nella «battaglia» per quota 90[152]. Farinacci continuò a sostenere la tesi del controllo governativo degli istituti bancari[153]

---

[149] Cfr. le relazioni e i memoriali di difesa in ACS, MCP, Reports, b. 48, fasc. 10.

[150] Per tutta la vicenda, il questore di Milano alla Commissione provinciale per l'assegnazione al confino di polizia, 24 aprile 1931 e il comandante della divisione dei RR. CC. di Milano al Comando generale dell'Arma dei RR. CC., 17 luglio 1931, nonché l'appunto di Bocchini, Roma dicembre 1931, in ACS, MI, Confinati politici, b. 159, fasc. *Brusadelli Giulio*.

[151] Cfr. G. LUME, *La riforma monetaria fascista*, Libreria del Littorio, Roma, 1930, p. 153 e sgg.

[152] R. DE FELICE, *Mussolini il duce. I. Gli anni del consenso, 1929-1936*, cit., p. 170.

[153] «Uno solo dei nostri postulati non ha visto purtroppo il suo trionfo: il controllo sulle banche, gravissimo e delicatissimo problema, ma imprescindibile nella stabilità dell'ordine nuovo, purché si voglia, come si deve, concepirlo in modo organico e totalitario. Se in regime fascista – autoritario e totalitario – consapevole dei suoi diritti che sono supremi doveri, tutto viene controllato, dal minuscolo contratto di lavoro alla disciplina dei rapporti economici fra intere categorie e classi, se lo Stato interviene e provvede perché l'agricoltura e l'industria e il lavoro non si opprimano ma si integrino e collaborino senza danno di nessuno per il bene di tutti, e controlla l'attività e gli agenti delle borse, o gli

e delle Società anonime industriali[154], dichiarandola corollario per il nuovo ordine politico. Farinacci rimase però ambiguo nei confronti della Commerciale, visto che – se la Banca era il suo bersaglio preferito – in realtà intratteneva (attraverso Varenna) rapporti d'affari; così sostenevano anche fonti di polizia, certe dell'influenza di Farinacci su altri istituti di credito: la Cassa di risparmio delle province lombarde (di cui era presidente l'on. De Capitani), il Credito italiano, la Banca nazionale del lavoro (Osio), il Credito marittimo (Candiani)[155].

Questi fatti non mitigarono i rigori contro Farinacci e i tentativi di ridimensionarlo, tanto che alla fine del '32, con la dichiarazione di incompatibilità della professione di giornalista e quella di avvocato[156], l'ex segretario venne radiato dall'albo dei giornalisti professionisti, perdendo così la direzione ufficiale del «Regime»[157]. Era un successo (Farinacci soleva dire che dopo la figlia aveva un unico grande amore: il suo giornale) per il governo, perchè «Roma – testimoniò Cambiaggio – pur al corrente e deplorando tutto il resto, si preoccupava solo di infrenare l'attività giornalistica del direttore di "Regime Fascista", perché creava imbarazzi al governo»[158]. In novembre, poi, con la nuova composizione del Gran Consiglio, Farinacci venne ancora escluso dal massimo orga-

amministratori delle bonifiche, perché il fascismo si deve arrestare alle porte delle banche, dove tanto e tanto male si può fare improvvisamente alla nazione? Un controllo del governo porterebbe anche una maggiore tranquillità ai depositanti agevolando il risparmio»; [R. FARINACCI], *Il controllo sulle Banche*, «Il Regime Fascista», 17 ottobre 1931.

[154] «Nello Stato totalitario – qual'è lo Stato fascista – è logico che le iniziative individuali che in qualunque campo di attività si manifestino e che diano garanzie di serietà siano aiutate, viceversa impedite quando hanno scopi puramente speculativi. [...] Il controllo governativo gioverà alla formazione di una sempre più organica struttura delle aziende industriali nell'interesse superiore del Paese»; R. FARINACCI, *Controllo statale*, «Il Regime Fascista», 22 dicembre 1932.

[155] «Banca Commerciale Italiana; è il punto più oscuro dell'azione farinacciana, perché mentre tutto l'atteggiamento pubblico di Farinacci appare ferocemente ostile (ultimo episodio Brusadelli insegni), d'altro lato determinati contatti [...] lasciano perplessi»; *Organizzazione, prassi e finalità del movimento farinacciano*, cit.

[156] Farinacci non era in regola con la legge sulla stampa e temendo che questi rinunciasse all'avvocatura, pur di conservare la direzione del giornale, nel Pnf si era pensato di persuadere Farinacci a ridurre la sua attività giornalistica o a cercare che «Il Regime Fascista», «per ragioni di disciplina unitaria, pass[asse] alle dipendenze della direzione del Partito», magari – come sosteneva Ranieri – «inchiestando» Farinacci; Roma, 14 febbraio 1932, in ACS, MCP, Gabinetto, II versamento, b. 12, fasc. *«Il Regime Fascista»*.

[157] R. Farinacci ad A. Starace, Cremona 6 ottobre 1932, in ACS, SPD, C/R, b. 41, fasc. *Farinacci*.

[158] ACS, PCM, Gabinetto, 1962-1964, fasc. 1.3.1.14329. La diffusione del «Regime» non sembrava incontrare ostacoli; Farinacci avrebbe sostenuto di aver raggiunto la cifra di 44 mila abbonati (cfr. E. CANEVARI, *Roberto Farinacci, l'uomo che ha sempre detto la verità a Mussolini,* II, «Meridiano d'Italia», 22 luglio 1958), mentre chi aveva lavorato al giornale parlava, addirittura, di 90 mila (*Le Confessioni di Farinacci*, XII, «Corriere Lombardo», 25 gennaio 1937).

no, confermando la sensazione che fosse stato scaricato. Anche alcuni scandali sollevati a Cremona contro suoi fidati collaboratori (come Gerevini[159]), lasciavano supporre che la campagna antifarinacciana stesse fiaccando l'indomito deputato. Alla fine del '32 era Starace (che aveva evitato motivi di urto con Farinacci) a suggerire al duce la necessità di risolvere la situazione:

> Ho avuto l'impressione, che Vi ho manifestata, di trovarmi di fronte ad un individuo che abbia perduto, completamente, il senso dell'orientamento: questa la ragione per la quale Vi ho espresso il mio parere e cioè che ritengo sia ormai l'on. Farinacci giunto al limite massimo, oltre il quale una soluzione si impone: in senso favorevole, se Voi lo giudicherete in buona fede, in senso sfavorevole, se Voi lo riterrete colpevole[160].

Farinacci non aveva senz'altro perso la bussola, come ipotizzava Starace, al contrario, ciò che lo muoveva era ancora una ferrea fiducia nella sua azione (occorreva un atteggiamento "passivo" e vigile al tempo stesso, in attesa che Mussolini, sul quale forte era la pressione psicologica in una situazione economica e internazionale sempre più complessa, commettesse qualche passo falso...[161]) e nel fascismo (i suoi antichi "luogotenenti" Squarcina, Bonelli, Barbiellini, Moschini e Arrivabene erano spesso a Cremona[162]); a riprova di ciò, appena qualche mese addietro aveva inviato un lungo memoriale a Mussolini, nel quale, partendo dalla richiesta di una necessaria chiarificazione della sua personale posizione[163], accusava la deleteria azione del governo e del partito, che aveva ridotto il fascismo al solo mussolinismo[164]. Bisognava stabilire un

---

[159] «Il Regime Fascista», 13 ottobre 1932 nonché la relazione d'inchiesta di G. Ferrari al Ministero delle Corporazioni, Roma 14 novembre 1932, in ACS, SPD, C/R, b. 40, fasc. *Farinacci.* Le inchieste provarono irregolarità nella gestione della Cassa edile di Cremona e portarono all'uscita di scena di Gerevini e di altri collaboratori. Farinacci si mostrò subito molto duro nei riguardi di chi lo aveva "tradito" e chiese punizioni esemplari; cfr. [R. FARINACCI], *Punto e basta*, «Il Regime Fascista», 13 ottobre 1932.

[160] A. Starace a B. Mussolini, Roma 6 novembre 1932, in ACS, SPD, C/R, b. 40, fasc. *Farinacci.*

[161] R. DE FELICE, *Mussolini il duce. I. Gli anni del consenso, 1929-1936*, cit., p. 174.

[162] Cfr. ACS, MI, PPFP, cat. A, b. 30, fasc. *Farinacci.*

[163] «Sarebbe logica la soluzione che mi si sopprimesse col provvedimento più doloroso, quello che meritano i traditori ed i disonesti; non è logica questa mia interdizione e posizione equivoca nella quale il sospetto, che vuole annientare, può offendere con perenne umiliazione e senza dubbio lasciare me inerme sotto i colpi invisibili di prostitute e pregiudicati camuffati da informatori, che sempre con la calunnia servono al proprio vantaggio, al Regime mai. [...] Quali sono le mie colpe dai primi mesi del '26? [...] Ebbene, io non riesco a definirle»; R. Farinacci a B. Mussolini, Cremona, 20 gennaio 1932, in ACS, SPD, C/R, b. 40, fasc. *Farinacci.*

[164] «In molte province i fascisti amici miei, sicuri, onesti, uomini che avevano sentito l'orgoglio di obbedire per fede, quelli che avevano diretto il partito di fronte alle forti

assetto costituzionale sulle idee forti, che garantissero al regime la eventuale successione[165]; delegare i poteri, distribuire le responsabilità, coinvolgere i gerarchi in un «progetto comune e condiviso», rivitalizzando un Partito ormai incapace di incidere sulla situazione politica, economica, morale del Paese, nonché di coadiuvare il governo nella sua opera[166]; introdurre il commissario del regime, la libertà di critica e di stampa che soppiantasse un sistema poliziesco, di delazioni, censura, sorveglianza, insinuazioni, che a lungo andare avrebbe intimamente «corroso le forze». Farinacci denunciava un sempre più marcato annacquamento dell'assetto politico del fascismo, negava che per il consolidamento del regime fosse opportuno coinvolgere settori sociali, economici, culturali che non erano organici con la rivoluzione, pena il logoramento «dell'energia del partito»: «io temo – profetizzava Farinacci con il duce – il danno [al] partito, il partito è necessario al Regime»[167]. Non era opportuno avvilire oltre la vecchia guardia, in considerazione dell'isolamento nel Paese degli ex intransigenti, di coloro che avevano voluto e sostenuto la rivoluzione, mentre il regime mostrava palesemente il volto normalizzatore e conservatore e la società italiana era ben lungi dall'essere fascistizzata nella sostanza[168]. Il Partito era ancora «troppo necessario» per Farinacci, e doveva ritornare al suo ruolo propositivo, anche in prospettiva futura, in un sistema ritenuto in evoluzione:

E poi vi è un'altra questione più grave per chi ama l'Italia dei nostri figli e dei nostri nipoti. Tu sei riuscito ormai a creare uno stato di cose per cui saprai sempre tener obbedienti ai tuoi voleri tutti gli italiani. Ma fra qualche decennio potranno fare altrettanto i tuoi successori? Finché tu sarai sano e forte vi sarà

---

assemblee dei fascisti, di fronte all'abilità e all'odio degli avversari, nelle lotte elettorali dello Stato e dei Comuni, sulla stampa, nelle strade e nei comizi, quelli che avevano acceso tanta simpatia e tante speranze nell'opinione pubblica col loro valore intemerato, furono diffamati, puniti, espulsi, trasferiti, vigilati, perseguitati»; *ibidem*.

[165] «Credete voi che domani il popolo italiano troverebbe una soluzione coerente col suo recente passato? Non credo. Davanti a noi c'è un grave mistero. Non c'è nessuna idea forte che possa vincere negli uomini del regime il cannibalismo, l'invidia, la diffidenza, ed a Voi succederebbe una lotta fratricida e contro il fascismo, voltosi coi denti suoi contro se stesso, si scaglierebbe la parte del popolo che non è fascista e la parte dell'esercito che da noi si è allontanata [per] la stolta politica del generale Gazzera»; *ibidem*.

[166] «Noi fascisti, d'accordo con Voi, [...] abbiamo creato un partito, un'anima di partito, una dignità, un orgoglio, una tradizione fascista [...]. Quando ho lasciato l'ufficio di segretario, ho lasciato un partito entusiasta, disciplinato. Tutto il mio lavoro è stato poi smontato e avvilito. Io ho sostenuto che il partito ha bisogno di una certa autonomia, mi si è dato torto. [...] La mia tesi [eppure] servirebbe a liberare il governo da infinite noie, da gravi responsabilità, da conseguenze veramente dannose e gli darebbe un immenso aiuto di forza e di esperienza»; *ibidem*.

[167] R. Farinacci a B. Mussolini, Cremona 25 giugno 1933, *ibidem*.

[168] R. Farinacci a B. Mussolini, Cremona 7 gennaio 1933, *ibidem*.

pace. Ma chi pensa al lontano avvenire rabbrividisce. In Russia, mercé la formidabile organizzazione del partito e dei quadri dirigenti, Stalin è potuto succedere a Lenin, conservando l'identica forza. Solo per questo ha potuto stroncare il movimento di Trotzki. Ma in Italia avremo la lotta fratricida, perché tutti i vecchi ed autorevoli gerarchi sono divisi, e non vedo nessun uomo che possa assicurarci la continuità del Governo e del regime. Non vedo nessun uomo che, oltre ad essere dotato di ingegno e volontà, sia circondato di stima, di fiducia, di ammirazione.

Il tema della continuità storica del fascismo non poteva essere facilmente eluso, a dispetto della richiesta di chiarimenti pretesa al riguardo dal duce:

È vero o non è vero, Presidente – precisò allora Farinacci –, che una successione fra venti, trent'anni (sono disposto a dire: fra un secolo, perché non si creda che io voglio accorciarti la vita) sarebbe difficilissima, se non impossibile? Tu giustamente hai proclamato che l'Italia non potrà avere un Duce n° 2. Dunque, bisogna avere almeno uomini forti e sicuri (se anche non siano molti) per continuare l'opera fascista. Questi uomini tu li devi preparare e li devi far apprezzare ed amare dal popolo. In realtà, questi uomini, ci sono? Io sinceramente – e con me sono molti – non riesco ad individuarli. Io non dico che ci manchino uomini intelligenti e tali che possano ispirare fiducia nel fascismo. Dico che questi uomini devono essere scelti e fatti conoscere, e che il dovere supremo è quello di preparare i quadri dirigenti. Presidente, cos'è lo Stato oggi? La fiducia in Mussolini. Noi non siamo ancora arrivati allo Stato che dà forza agli uomini. C'è l'uomo che dà forza allo Stato. Che avverrà quando ci verrà meno quest'uomo? Io non mi auguro di veder mai quale baraonda avverrebbe, nella tua assenza, in una seduta del gran Consiglio o del Consiglio Nazionale delle Corporazioni[169].

Solo Farinacci, per quello che rappresentava nel fascismo, poteva ergersi a esporre tali amare verità a Mussolini, perché – avrebbe ammonito – «il fascismo (e considerava questo suo assioma come «una grande verità») non era un fenomeno transeunte della vita e della storia italiana; ma era lo sbocco concreto di una evoluzione operata nelle cose e nelle coscienze degli italiani»[170]. Queste "accuse", come bene è stato sottolineato, vertevano sull'essenza stessa del regime, e sarebbero state le ragioni di quella crisi che, «anche senza gli errori di Mussolini, anche senza la causa traumatica della sconfitta militare», avrebbero portato il regime – sebbene «in un più lungo arco di tempo e per evoluzione-trasformazione e non per morte violenta» – ugualmente alla sua fine[171].

---

[169] R. Farinacci a B. Mussolini, Cremona 22 gennaio 1933, *ibidem*.

[170] [R. Farinacci], *La formazione delle gerarchie*, «Il Regime Fascista», 20 febbraio 1935.

[171] R. De Felice, *Mussolini il duce. I. Gli anni del consenso, 1929-1936*, cit., p. 228.

Fino al 1934 Farinacci dovette segnare il passo, continuando a essere considerato il solito «creatore di frazioni, ribelle ad ogni disciplina, critico a tutti i provvedimenti» dal duce, sempre timoroso di accordi trasversali tra i maggiori gerarchi. Se l'ipotesi frondista perdeva credito, visto l'atteggiamento attendista di Farinacci, questi era ancora «il più ben visto», negli ambienti popolari e persino antifascisti[172]; a detta di molti informatori di polizia, nella primavera del '33, «la Valle Padana era tutta conquistata da due soli deputati: Farinacci e Arpinati», con Nudi che condivideva il giudizio dei suoi fiduciari, secondo i quali «Farinacci era il più forte, e il duce lo teme[va]»[173], perché dopo i defenestramenti di Scorza e Arpinati (con Balbo in esilio), era l'unico «rappresentante dell'opposizione»[174]. «L'Apostolo del Fascismo» sembrava davvero inattaccabile moralmente, tanto che ebbe partita vinta pure in occasione di altre furibonde polemiche scatenategli contro da «Il Popolo d'Italia» e da «L'Impero», nel giugno del '33[175]. I suoi avversari non si capacitavano di com'era possibile che Farinacci «riuscisse sempre a farla franca»; Nudi, ormai a conoscenza di molti retroscena scottanti del regime, sulla scia delle "soffiate" ricevute, doveva convenire ancora sulla potente arma del ricatto: non soltanto Arnaldo, Starace e Balbo erano tenuti in scacco dal materiale ricattatorio dell'ex segretario, ma lo stesso Mussolini doveva guardarsi le spalle...

Quanto al Capo del regime, l'on. Farinacci, sempre secondo i suoi amici, sarebbe in possesso di documenti che comprometterebbero la figura e la lealtà del Duce verso la Monarchia: tra il Duce e l'on. Italo Balbo sarebbe intercorsa una interessante corrispondenza attraverso la quale si gettavano le basi per il rovesciamento della Monarchia italiana. Oltre a ciò egli sarebbe in possesso di altro carteggio importantissimo riflettente il delitto Matteotti[176].

---

[172] Cfr. ACS, MI, PPFP, cat. A, b. 927, fasc. *Osio* e Roma, 5 luglio 1933, in ACS, MI, PPFM, b. 158, fasc. *Segreteria generale del Pnf*.

[173] Cfr. ACS, MI, PPFM, b. 137, fasc. *Fascisti dissidenti* e F. Nudi ad A. Bocchini, Milano, 28 giugno 1933, in ACS, MI, PPFP, cat. A, b. 30, fasc. *Farinacci*.

[174] Così anche Canevari: «La strana lotta durò otto anni, dal 1927 al 1934, con varie alternative. [...] In quel periodo Farinacci si poteva considerare il rappresentante dell'opposizione nazionale e costituzionale, di fronte al governo romano: egli svolgeva tale funzione nel solo modo possibile e cioè mostrandosi, nel suo giornale, più realista del re, ma ciò non sminuiva l'acutezza delle sue critiche, basate sulla sicura conoscenza degli uomini e delle situazioni. D'altra parte era impossibile attaccare Farinacci, poiché egli era impeccabilmente ortodosso e nessun appunto, neanche minimo, si poteva fare alla sua scrupolosa onestà; soltanto, quando esaltava il fascismo, si riferiva a quel fascismo che avrebbe voluto lui...»; E. CANEVARI, *Roberto Farinacci, l'uomo che ha sempre detto la verità a Mussolini,* II, «Meridiano d'Italia», 22 luglio 1958.

[175] Cfr. la documentazione in ACS, MI, PPFP, cat. A, b. 29, fasc. *Farinacci*.

[176] F. Nudi ad A. Bocchini, Milano 4 febbraio 1931, in ACS, MI, PPFP, cat. A, b. 30, ivi.

Occorreva però sanare il dissidio, per «tranquillizzare la coscienza unitaria del fascismo», sostenne Costanzo Ciano, convinto che «quello stato di ostilità» tra il duce e il ribelle non potesse durare ancora oltre, per il bene del regime[177]. La lunga mediazione di Ciano alla fine riuscì, e la conciliazione ebbe l'avallo della "sottomissione" al duce, quando Farinacci l'8 ottobre 1933 scese nella capitale con 15 treni speciali e 20 mila agricoltori e contadini cremonesi, vincitori del premio della battaglia del grano, per rendere omaggio a Mussolini[178]. Quella manifestazione popolare ebbe un'eco enorme: mai si era vista una forza provinciale così compatta e, anche, devota[179], e la pacificazione sgomberò il campo da molti equivoci, soprattutto morali e psicologici. Dal punto di vista politico le divergenze fra i due uomini rimanevano sostanziali, e gli ambienti farinacciani non si stancavano di ripetere che l'eventuale partecipazione al governo di Farinacci doveva essere subordinata ad alcune pregiudiziali, soprattutto al «ritorno del partito e dell'azione di governo alla più ortodossa intransigenza programmatica da cui era scaturita la rivoluzione fascista» e alla «libertà di stampa e di critica»[180]. «Per chiarire tutto, per esporti certe mie idee, per poterti fare delle confidenze, per portarti a conoscenza di certe mie decisioni, ho bisogno che tu mi conceda un colloquio per poterti parlare con assoluta lealtà. Tu stesso ti convincerai dell'opportunità»: furono queste criptiche parole, che celavano neppure troppo velatamente l'ipotesi di un disegno politico alternativo (piuttosto che eventuali ricatti[181]), scritte da Farinacci a Mussolini, il 21 ottobre del '33, a convincere il duce a dare infine udienza, dopo oltre cinque anni, al ribelle, e un mese dopo si ebbe l'incontro, in qualche maniera chiarificatore. Che genere di "accordo" possa essere intercorso tra i due uomini è difficile ipotizzarlo; ma alla fine del 1933 la voce che Farinacci fosse «ridiventato potente, perché erano finiti i dissidi "lassù"» era accertata[182].

Così Farinacci venne confermato nella lista dei quattrocento depu-

---

[177] E. CANEVARI, *Roberto Farinacci, l'uomo che ha sempre detto la verità a Mussolini*, III, «Meridiano d'Italia», 29 luglio 1958.

[178] Cfr. *La potenza e l'entusiasmo di una fede* e *Viaggio a Roma*, «Il Regime Fascista», 8 e 9 ottobre 1933.

[179] Si veda anche la colorita rievocazione in *Le confessioni di Farinacci*, II, «Corriere Lombardo», 1° gennaio 1947.

[180] A questo proposito, l'ottima relazione di Tarantini, Milano 29 novembre 1933, in ACS, MI, PPFP, cat. A, b. 31, fasc. *Farinacci*.

[181] H. FORNARI, *La suocera del Regime. Vita di Roberto Farinacci*, Mondadori, Milano, 1972, p. 184.

[182] Cfr. la telefonata intercettata del giornalista Guido Gaja, Torino 2 dicembre 1933, in ACS, SPD, C/R, b. 43, fasc. *Farinacci*.

tati alla Camera, per le elezioni del marzo 1934[183], e le misure di rigore nei suoi confronti andarono vieppiù attenuandosi, di pari passo – comunque – con la graduale perdita di mordente dei suoi commenti critici. Un anno esatto dopo quell'incontro pacificatore, i rapporti tra i due, almeno ufficialmente, poterono dirsi ricuciti: Mussolini, infatti, dopo ben 10 anni, rimise piedi a Cremona, il 7 ottobre 1934[184]. In seguito a quelle pubbliche manifestazioni (il capo abbracciò il fedele camerata che «era stato a lui vicino da vent'anni»), Farinacci accentuò allora la sua ortodossia e rientrò disciplinatamente nei ranghi, pur conservandosi, con piacere e di tanto in tanto, il ruolo di battitore libero, e, in seguito alla rinnovata devozione, Mussolini provvide senza indugio a restituirgli credito, nel fascismo e nel regime, sino a riammetterlo il 15 gennaio 1935 nel Gran Consiglio e a nominarlo poi, nel giugno 1938, ministro di Stato[185], con favorevoli commenti nell'opinione pubblica, che lo considerava l'unico uomo politico che disponesse di un «enorme seguito nel Partito, nella Milizia, e negli altri settori più vitali della organizzazione del Regime»[186]. L'ostracismo era finito, così come era fini-

[183] In provincia di Cremona il plebiscito ebbe valori assoluti: in 89 comuni si ebbero soltanto voti favorevoli alla lista proposta, con una percentuale provinciale pari al 99,93% (51 voti contrari su 100 mila votanti); *Risultati*, «Il Regime Fascista», 27 marzo 1934.

[184] *Visita di Benito Mussolini a Cremona*, «Il Regime Fascista», 9 ottobre 1934. Ma cfr. anche, per alcuni interessanti retroscena di quella visita ufficiale, E. CANEVARI, *Roberto Farinacci, l'uomo che ha sempre detto la verità a Mussolini,* III, «Meridiano d'Italia», 29 luglio 1958, nonché *Le confessioni di Farinacci*, IX, «Corriere Lombardo», 13 gennaio 1947.

[185] Cfr. «Il Regime Fascista», 12 gennaio 1935 e 1° giugno 1938.

[186] Nota fiduciaria di E. Tarantini, Milano 14 gennaio 1935, in ACS, MI, PPFP, cat. A, b. 31, fasc. *Farinacci*. «Non sarei obbiettivo se non dicessi che [la nomina di Farinacci in Gran Consiglio] ha prodotto, nella grande maggioranza di persone, una buona impressione. È indiscutibile che Farinacci è considerato da moltissimi, fascisti ed anche non fascisti, come il rappresentante più stimabile e più rispettabile del fascismo. Uomo che ha sempre tenuto una linea, che non si è mai piegato, che non ha deviato e ha saputo essere disciplinato. Ho sentito persino degli antifascisti riconoscergli queste qualità e dire che, per quanto detestino la grande maggioranza di attuali gerarchi a cominciare dall'attuale segretario, ritengono il Farinacci persona degna di stima e che, con il suo buon senso e le simpatie che gode, saprà correggere molti errori commessi in questi ultimi anni [...]. Dicono altri che tale nomina la si deve alle tremende crepe che si rilevano sempre più nel partito, perché il solo Farinacci avrà la possibilità di galvanizzarlo nuovamente [...], dato il grande seguito che egli ha. Vi è chi, correndo con la fantasia, lo vede già futuro segretario del partito, ma un suo amico di casa assicurava che egli mai accetterebbe di nuovo questa carica, come non accetterebbe neanche nessun portafoglio. Vi è, per contro, chi dice che Farinacci non è pur esso quello stinco di santo che molti credono; ma che egli è forte e lo si è dovuto rimettere in vista ed in valore per i grandi appoggi che ha nell'ambiente industriale e bancario in generale, e che in questo momento si sforza a voler riprendere quella supremazia nel Paese che aveva o meglio che ha perduto in questi ultimi tempi»; nota fiduciaria di G. Tonello, Milano 14 gennaio 1935, *ibidem*. Anche Bonetti riferiva: «La nomina di Farinacci è soprattutto sbandierata, oltre che dal solito gruppetto di partigiani, dalla maggioranza degli agricoltori, i quali, da detta nomina, dimostrano di voler

ta una pagina del regime, aprendosene infatti – soprattutto nelle relazioni internazionali – una nuova e diversa, che non avrebbe potuto permettersi qualsivoglia opposizione interna. Bene si accorsero di questa mutata situazione gli antifarinacciani, che sino allora si erano esposti nella lotta, «voluta dall'alto», come tenevano a sottolineare, e che adesso si sentivano sfiduciati, abbandonati, soggetti a possibili ritorsioni («ora molti camerati si troveranno allo sbaraglio...»)[187].

Dopo la riappacificazione, Farinacci, a dispetto delle attese, andò invece progressivamente perdendo peso e importanza, quasi avesse imposto la sordina alla sua azione. Certo l'ex segretario aveva ancora seguito in vari ambienti, economici, politici e militari (lui stesso si sarebbe considerato «il capo ideale della corrente intransigente della vigilia», e avrebbe affermato di avere «quasi tutto l'autentico squadrismo della vigilia alle spalle»)[188], ma di fatto non giocò più un ruolo rilevante nelle scelte del fascismo, quasi volesse rimanere defilato e in posizione marginale. Non che l'ex segretario non prendesse più posizione nelle varie questioni, o che mancasse di esporsi nei temi caldi della vita del Paese, ma indubbiamente lo fece in maniera più pacata rispetto a qualche anno prima, senza assumere il solito ruolo battagliero e senza sollevare polemiche o contrapposizioni frontali. Soprattutto senza dare più la sensazione di proporsi effettivamente come alternativa (ipotesi, questa, che Farinacci tenne sempre, anche nel '45, a smentire con veemenza, parlando di «fraintendimento di atteggiamenti»)[189]. La stessa sottomissione a Mussolini apparve sincera, aliena da eventuali calcoli stru-

---

attendere grandi cose. È il salvatore della Nazione che come in altri tempi di grande crisi e di gravi pericoli appare alla ribalta politica per galvanizzare la situazione e correre ai ripari. Così si dice, e purtroppo così si è convinti, circa il potere e le funzioni dell'on. Farinacci»; Milano 23 gennaio 1935, *ibidem*.

[187] Cfr. la relazione di Bonetti e Pizzamiglio, Milano 10 ottobre 1934, *ibidem*.

[188] Secondo gli informatori di polizia, Farinacci rappresentava «una forza viva e operante della Rivoluzione fascista, e in virtù di quella sua eminente posizione politica nel Paese» avrebbe potuto proporsi come possibile uomo per la «successione»; nota fiduciaria di E. Tarantini, Milano 14 gennaio 1935, in ACS, MI, PPFP, cat. A, b. 31, fasc. *Farinacci*.

[189] R. FARINACCI, *Diario 1943* (introduzione e note a cura di E. Tornaghi), Rizzoli, Milano, 1947, p. 97. *Le memorie di Roberto Farinacci* (ché si trattava di memorie, piuttosto che di un vero diario) apparvero anticipate a puntate su «Il Momento», dal 26 gennaio 1947, in una versione ridotta; vennero poi riprese, non in forma ancora integrale, da altri quotidiani, e «Il Tempo», dall'8 febbraio 1947, ne pubblicò 31 puntate, sino al 19 marzo. Il *Diario* venne dato per originale (cfr. *Autentico il Diario Farinacci*, «Il Tempo», 21 marzo 1947) e, dopo quelle anticipazioni, venne stampata l'edizione integrale in volume, per conto della Rizzoli, nell'aprile del '47. Il *Diario* ripercorreva gli avvenimenti dal giugno al settembre 1943 e conteneva notizie di prima mano, nonché testimonianze attendibili: la stessa seduta del Gran Consiglio era ricostruita, così si sosteneva, sulla base di appunti di un partecipante alla riunione (probabilmente Tringali Casanuova, anche se per Cianetti l'unico che avrebbe preso appunti, nonostante il divieto, sarebbe stato Biggini; T. CIANETTI, *Memorie dal carcere di Verona*, Rizzoli, Milano, 1983, p. 473). La casa

mentali, sganciata da eventuali "contropartite". Il mutato atteggiamento di Farinacci non rientrava neppure nella logica spiegazione della stanchezza e della sfiducia che potevano aver assalito il gerarca, dopo anni di battaglie politiche che lo avevano visto segnare il passo (Cianetti avrebbe ricordato: «per molti anni ho avuto la prova che ogni proposta di Farinacci determinava decisioni diametralmente opposte...»[190]). Almeno sino alla fine del regime, e anche negli anni della Repubblica sociale italiana, in realtà Farinacci avrebbe sempre cercato di assurgere al potere e alla guida del governo, contando, oltre che su eventuali errori di Mussolini, anche sulla possibile morte del duce[191], nella convinzione di poter far valere il peso specifico che riteneva di vantare ancora nel fascismo e in diversi settori della società. Farinacci, tuttavia, incontrava anche forti ostilità e resistenze, tanto che, contrariamente a quanto accaduto sino ad allora, il suo nome iniziò a essere sempre più sovente accostato all'affarismo di regime, alla «sporca politica» germogliata e cresciuta all'ombra protettrice del littorio, e la «cattiva fama» iniziò ad accompagnare la sua persona in ogni importante transazione giudiziaria ed economica[192].

---

editrice United Press of America ne acquistò i diritti, quando sorsero insanabili divergenze tra gli eredi Farinacci e Emanuele Tornaghi, ex segretario di Farinacci nella Rsi e depositario nonché curatore del dattiloscritto, fortunosamente affidatogli e altrettanto fortunosamente conservatosi. Nacque allora una lunga controversia legale, conclusasi solo, dopo numerose perizie, nel maggio 1958, quando il Tribunale di Milano condannò Tornaghi per truffa e contraffazione e, soprattutto, dichiarò falso il *Diario* attribuito a Farinacci, ordinando la distruzione delle cinquemila copie già stampate da Rizzoli, con soddisfazione degli eredi Farinacci che, soprattutto con Adriana Farinacci Mola, avevano considerato apocrifo e poco convincente quel materiale (per una ricostruzione della vicenda, cfr. E. MANNUCCI, *25 luglio 1943: così cadde il Duce. Il racconto inedito del Gran Consiglio nel "Memoriale Farinacci",* in «Sette», 23 luglio 1998). Molte parti del *Diario*, considerato non autentico nel suo complesso, appaiono comunque utili e attendibili, e sembrano provenire dagli ambienti farinacciani; del resto non mancarono testimonianze sicure in proposito (la stessa Maria Antonioli, onnipotente segretaria personale del deputato cremonese) secondo le quali Farinacci aveva effettivamente dettato dei pezzi. Altre parti, invece, appaiono poco precise ed errate. Ad alcuni intimi, infine, il gerarca, al momento di lasciare Cremona nell'aprile del '45, avrebbe dichiarato di non aver lasciato alcuna memoria (D. SUSMEL, *L'infedelissimo fedele*, IV, «La Domenica del Corriere», 18 marzo 1969). Il *Diario 1943* è oggi ripubblicato (nella versione giornalistica) in R. FESTORAZZI, *Farinacci. L'antiduce*, Il Minotauro, Roma, 2004, pp. 275-394. Nella versione originale Rizzoli, tuttavia, sono contenuti alcuni dei giudizi storico-politico più interessanti, tagliati o soppressi, invece, nella versione giornalistica. In conclusione occorre ricordare che Farinacci avrebbe voluto scrivere un libro sul "Colpo di Stato" (a tal fine andava raccogliendo materiale) e che avrebbe tenuto un vero e proprio Diario nella RSI, mai venuto alla luce («esiste una seconda parte che arriva al crollo dell'aprile [1945]; – annunciava anche la stampa nel presentare la *Storia del Diario Farinacci* – per ora, tuttavia, chi la detiene non pensa di separarsene...»; «Il Tempo», 7 febbraio 1947).

[190] T. CIANETTI, *Memorie dal carcere di Verona*, cit., p. 446.

[191] *Farinacci contava sulla morte di Mussolini*, «Il Momento», 4 novembre 1945.

[192] Cfr. le informative di R. Rossi, Milano 28 dicembre 1937 e 18 febbraio 1938, in ACS, MI, PPFP, cat. A, b. 34, fasc. *Farinacci*.

Farinacci – naufragata l'ipotesi di un aggancio con Casa Savoia dopo la guerra di Etiopia – ebbe tuttavia l'intuizione di guardare con crescente interesse alla Germania nazionalsocialista, sebbene in maniera strumentale e in previsione di possibili scenari futuri. In effetti, nella politica estera, sino agli anni della riappacificazione con Mussolini, Farinacci aveva seguito, senza originali prese di posizione, la linea ufficiale[193], convinto (almeno fino al 1935) che il fascismo fosse un prodotto tipicamente italiano e non un fenomeno politico valido universalmente[194], e che una «politica di potenza» avesse bisogno di basi molto solide all'interno. Nel solco dell'ortodossia e della politica ufficiale, infatti, si muovevano le pagine del «Regime» e gli scrittori di politica internazionale: Sommi Picenardi, Canevari e, soprattutto, Costantino Camoglio[195]. Soltanto nei confronti del nazionalsocialismo Farinacci sembrò mostrare particolare interesse, tale da spingerlo a iniziare uno studio dei fenomeni politici europei nonché a proporre un suo intervento pubblicistico. Ampiamente erudito in materia da Canevari (inviato speciale nei vari paesi europei dalla metà del '32[196]), Farinacci si fece una conoscenza di prima mano del fenomeno nazionalsocialista e degli avvenimenti tedeschi (entrando in contatto con Alfred Rosenberg, braccio destro di Hitler e caporedattore del «Völkischer Beobachter») e, a dispetto del credito che il movimento hitleriano sembrava godere nel fascismo, lo valutò con diffidenza[197]: certo, diceva, il nazionalsocia-

[193] Come avrebbe poi ricordato: «[volutamente] non mi ero mai interessato [attivamente] di politica estera (se non sul mio giornale)»; *Diario Farinacci*, XV, «Il Tempo», 27 febbraio 1947.

[194] Ancora nel 1934 scriveva: «Il fascismo – noi lo crediamo in modo assoluto – possiede senza dubbio il carattere di universalità ma come ammaestramento; come insegnamento ai popoli che vanno tentando un assestamento interno, che sono sulla via di concepire lo Stato come autorità assoluta, che, al di fuori dei partiti e delle fazioni, vanno cercando l'unità sostanziale degli spiriti, l'unione delle forze produttrici per affrontare e superare la crisi e preparare l'avvenire. Ma l'orientamento fascista che influisce, per necessità storica, su quelle Nazioni che sono tormentate da questi problemi, non significa punto che esse debbano trapiantare sul loro suolo tale e quale il fascismo italiano. I caratteri che lo contraddistinguono, i precedenti storici che lo spiegano, i rapporti ideali che lo collegano alle visioni dei più eletti spiriti italiani, lo definiscono in tal modo per cui non può essere, per qualsiasi abile processo mimetico, altrove trasferito né può altrove fiorire. Il binomio che esso ha per indissolubile fondamento, Roma e Mussolini, non si trova che in Italia»; [R. FARINACCI], *Vecchia mentalità*, «Il Regime Fascista», 1° marzo 1934.

[195] La prefazione di Farinacci a C. CAMOGLIO, *La politica estera fascista*, Quintily, Roma, 1931, dimostra lo scarso interesse per l'argomento.

[196] Il reportage *Attraverso l'Europa inquieta*, M. CLAREMORIS [E. CANEVARI], *Nazionalsocialismo: principi sociali ed economici* e M. CLAREMORIS [E. CANEVARI], *Hindemburg*, «Il Regime Fascista», 16 e 27 luglio 1932.

[197] Evola, nell'autunno del '32, fece incontrare Farinacci con alcuni noti esponenti delle destre tedesche e austriache; il primo approccio con il nazionalsocialista Rosenberg, pur molto cordiale, lasciò Farinacci alquanto diffidente sul tema dell'Anschluss; J. EVOLA,

lismo poteva ispirare qualche simpatia per l'ammirazione che mostrava nei confronti del regime italiano, ma le differenze tra quel movimento e il fascismo erano profonde e ineludibili[198]. Sulla falsariga delle complesse quanto variabili valutazioni del fascismo nei confronti del nazionalsocialismo[199], mostrava tuttavia di prendere nettamente le distanze da coloro che guardavano al movimento hitleriano con eccessivo compiacimento, valutando difficile «un eventuale percorso futuro comune»[200]; e nel frattempo (così sembrava gradire anche Mussolini) era preferibile in Germania l'avvento di un fronte delle destre guidato piuttosto dai tedesco-nazionali o dallo Stahlhelm, in grado di mitigare le asprezze ideologiche di Hitler, riconducendo questi a maggiore realismo pratico[201]. Rimase molto prudente nel suo giudizio su Hitler, Farinacci, anche dopo la vittoria elettorale nazionalsocialista del 5 marzo 1933: occorreva prudenza, a dispetto dell'euforia della stampa, perché già in passato si erano avute, in Italia, grandi aspettative seguite poi da altrettante delusioni[202].

Parimenti a queste prese di distanza nei confronti del nazionalsocialismo (soprattutto di quei principi ideologici che ne erano fondamento, come il sangue e la nazione razzisticamente intesa[203]), cresceva però in Farinacci l'ostilità nei confronti della Francia, accusata, e in questo il suo pensiero era ancora supportato da Canevari[204], di essere alla base

Orizzonti della nuova Germania (colloquio di Farinacci con l'on. Rosenberg) e J. Evola, *Orizzonti della nuova Germania (colloquio di Farinacci col principe Rohan)*, «Il Regime Fascista», 22 e 25 novembre 1932.

198 [R. Farinacci], *Rilievi mensili*, «La Vita Italiana», novembre 1932.

199 M. Michaelis, *I rapporti tra fascismo e nazismo prima dell'avvento di Hitler al potere (1922-1933)*, in «Rivista storica italiana», settembre 1973, p. 544 e sgg.

200 Se Farinacci seguiva «con simpatia» il movimento hitleriano, soprattutto per la sua giovanile carica contro «la vecchia Europa», lo considerava comunque «ben diverso dal fascismo» («i 25 punti del programma di Hitler sono lontani dai nostri postulati rivoluzionari...»); anche la definizione di nazionalsocialismo (il nazionalismo e il socialismo, diceva, «sono antitetici: quando non si afferma coraggiosamente fin da principio il proprio atteggiamento, si finisce per creare o alimentare equivoci o delusioni») lo trovava scettico, e reputava gli Elmetti d'acciaio il movimento più vicino al fascismo. La critica all'universalità della Chiesa cattolica, l'atteggiamento ostile ed «equivoco» contro le «forze ebraiche», la ricerca della via parlamentare per la conquista del potere (a dispetto della enorme forza) seguita da Hitler («in crisi di indecisione legalistica e antirivoluzionaria»), erano altri importanti punti di differenziazione col fascismo. Tuttavia, se pur era «pericoloso» stabilire dei paralleli, il giudizio era sospeso, in attesa di vedere la prova dei fatti contro quel «comune nemico» – il comunismo e la liberal-democrazia – che pure avrebbe potuto permettere eventuali alleanze. R. Farinacci, *Fascismo e nazional-socialismo*, «Il Regime Fascista», 16 settembre 1932.

201 R. De Felice, *Mussolini il duce. I. Gli anni del consenso 1929-1936*, cit., p. 427.

202 *"L'Europa inquieta" in una conferenza dell'on. Farinacci*, «Il Regime Fascista», 19 marzo 1933.

203 «Il Regime Fascista», 22 novembre 1932 e G. Sommi Picenardi, *Avversione antiromana*, «Il Regime Fascista», 3 febbraio 1935.

204 Cfr. M. Claremoris [E. Canevari], *Noi e la Francia*, «Cremona Nuova», Cremona, 1939.

dell'insoddisfazione italiana in campo internazionale e coloniale, dal Risorgimento in poi (a questo riguardo alcuni suoi articoli sul «Regime» furono i più violenti della stampa italiana degli anni Trenta)[205]. Solo l'istinto rivoluzionario doveva guidare, così auspicava Farinacci, una spregiudicata politica estera italiana, che consentisse di superare Ginevra e la «piaga diplomatica che ammorbava le relazioni internazionali», e che tenesse conto «solo dell'interesse italiano, congiunto col desiderio dell'armonia europea, pronto eventualmente ad agire contro chiunque»[206]. Feroce, nelle reiterate critiche ai sistemi repubblicani e democratici[207], cercava confusamente di delineare un quadro di un'«Europa inquieta» in cui fosse possibile tracciare una comune coesistenza. Ma era un ragionare faticoso, il suo, e privo di una chiara visione globale dei problemi, nella loro complessità; e in un contesto molto in movimento, l'ex segretario, pur pragmatico e pronto ad adattare la sua logica agli avvenimenti, sembrava quasi rincorrere gli avvenimenti, piuttosto che prepararli o prevenirli, senza essere ancora persuaso a considerare il fascismo come rimedio universale alla crisi delle democrazie[208].

Alla metà degli anni Trenta, Farinacci considerava il comunismo «il maggiore pericolo che minaccia[va] la società europea»: il comunismo, «che trova[va] nel marasma economico la condizione favorevole al suo diffondersi», era un fattore destabilizzante i cui effetti si percuotevano dirompentemente nelle democrazie occidentali. L'altro pericolo era invece l'assetto geopolitico realizzato dai trattati di Parigi, che provocava contrasti e tensioni; in questa situazione le «inutili chiacchiere di Ginevra» non avrebbero consentito la risoluzione di alcun reale problema. Non poche volte «Il Regime Fascista» e Farinacci presero dura posizione contro la Germania e il suo aggressivo revisionismo in politica estera[209]; ma proprio quando la campagna ostile (nel 1934, l'anno dell'urto al Brennero, Farinacci affermò che non c'era in Italia «un giornale più antigermanico di "Regime Fascista"») parve essere giunta al massimo[210], iniziò un graduale avvicinamento dell'ex segretario del Pnf al nazionalsocialismo, come questi avrebbe ricordato a Doenitz:

---

[205] A tal proposito, cfr., soprattutto, [R. FARINACCI], *Inizio di ostilità*, «Il Regime Fascista», 30 settembre 1932.

[206] *Farinacci parla al popolo di Cremona esaltando l'opera compiuta dal Regime fascista*, «Il Regime Fascista», 25 marzo 1934.

[207] Da qui, ovviamente, una serie di accuse, politiche, morali, tecniche, al parlamentarismo, al socialismo, alla democrazia, alle forme di autogoverno, ecc; cfr. G. SOMMI PICENARDI, *L'apocalissi dell'Europa*, «Il Regime Fascista», 31 gennaio 1933.

[208] [R. FARINACCI], *Il nostro commento*, «Il Regime Fascista», 8 marzo 1933.

[209] [R. FARINACCI], *Hitler*, «Il Regime Fascista», 20 febbraio 1934.

[210] [R. FARINACCI], *Vecchia mentalità*, «Il Regime Fascista», 1° marzo 1934: «Quando molti in Italia confrontavano il fascismo e il nazionalsocialismo, riscontrandovi identità

La polemica quotidiana di un giornale di partito – riconobbi – non può essere sempre obbiettiva e serena, ma riflette l'animo squisitamente politico con cui fu concepita ed il momento in cui fu scritta. Ora, il mio giornale è sempre stato all'avanguardia nello svolgersi della nostra Rivoluzione ed io ho sempre sostenuto pubblicamente Mussolini fino in fondo. Non potevo sapere che quello del Brennero era un equivoco che la stessa politica angloamericana avrebbe presto chiarito. Poi, a poco a poco, venni a conoscere l'opera gigantesca di Hitler, la vidi parallela alla nostra, mi entusiasmai per il vostro spirito veramente rivoluzionario e sociale. Contemporaneamente, nelle ore di lotta, vi ho visti al nostro fianco. Ci avete appoggiati economicamente al tempo delle sanzioni; vi abbiamo avuti camerati in Spagna; siete stati con noi nell'ideare il nuovo assetto balcanico. Ho compreso subito che unica era la mèta europea della nostra marcia[211].

La cautela di Farinacci nei confronti del nazionalsocialismo iniziò progressivamente a diminuire (e in questo contesto giocarono un ruolo rilevante i reportages di Canevari, tra i migliori in Italia per la comprensione del fenomeno tedesco[212]), pur rimanendo feroce critico di qualsivoglia omologazione dei vari "fascismi" europei al modello italiano (la polemica non giungeva a caso, essendo ai primi del '35 in corso i tentativi di creare, attraverso i Caur e Coselschi, una sorta di Internazionale fascista)[213], salvo tornare sovente sui suoi passi nel condannare la politica

di programma e di vedute, noi [...] sostenevamo completamente l'opposto. Il socialnazionalismo nasce dalla sconfitta e porta con sé la tara di una nefasta origine e di un passato assolutamente diverso dal nostro. Il socialnazionalismo ha potuto dare l'impressione di una specie di fascismo. E ciò è accaduto quando, facendo tesoro della nostra esperienza, ha applicato con criterio di adattamento certe leggi che sono elaborazione italiana ed effetto di mediazione e di valorizzazione di tutti gli avvenimenti nostrani tra loro interdipendenti. Ma quando ha voluto fare qualche cosa di diverso, di originale, conservando però l'etichetta italiana, è caduto nel ridicolo, come è avvenuto per la Carta del lavoro hitleriana, [...] per l'abolizione del diritto romano e la creazione di un diritto tedesco, [...] per i rapporti con la religione. Ma fino a tanto che tutto ciò non ha influenza alcuna sull'azione politica verso l'estero, Hitler può fare a casa sua i suoi comodi, padronissimo anche di difendere e tutelare la purezza della razza facendo recidere gli... attributi a un milione di cittadini. A noi non rimane che seguirne gli avvenimenti, divertendoci quando c'è da divertirsi! Ma la cosa è diversa e il nostro atteggiamento pure, quando il socialnazionalismo svolge una politica estera fatale per la pace europea: vogliamo sperare che in Germania si comprenda che inimicarsi Mussolini e il fascismo è pericolosissimo».

[211] Cfr. l'apocrifo R. FARINACCI, *Diario 1943*, cit., p. 143.

[212] In questo senso anche l'importante servizio *Attraverso la Germania hitleriana*, apparso in marzo-aprile sul «Regime Fascista».

[213] M. LEDEEN, *L'internazionale fascista*, Laterza, Roma-Bari, 1972, p. 139 e sgg. A questi tentativi Farinacci replicò, in varie circostanze: «Dopo certe esperienze bisognerebbe essere molto prudenti nel prendere in seria considerazione questi movimenti che sorgono oltre frontiera. Non perdiamo di vista che il fascismo è mussoliniano e romano, e questo binomio non è possibile trasportarlo altrove. Un solo punto vi può essere di contatto con gli altri movimenti: la negazione del sistema politico del liberalismo. Ma questo è troppo poco. [...] Se veramente si vuol creare nel mondo una Internazionale fascista basata su un denominatore politico comune, bisogna ottenere che il verbo e gli uomini siano indicati da Roma. Altrimenti è tempo perso» E ribadiva dopo la mania di chiamare ogni movi-

di Hitler verso i «non ariani», i cattolici e la Chiesa di Roma (assumendo anzi Farinacci il ruolo di paladino della religione cattolica)[214]. Al riguardo, un breve corsivo illustra la natura del cattolicesimo di Farinacci, che teneva molto a dipingersi, pur non praticante, come «fascista cattolico»[215]:

Noi non apparteniamo ai cattolici del tipo di quelli tedeschi, che provano un gusto matto a farsi insultare e perseguitare. Siamo cattolici fascisti, perché della stessa mentalità di Sisto V che appendeva attorno a Castel S. Angelo le teste dei ladroni e degli assassini; di Gregorio VII, che mostrava i denti ad Enrico IV; di San Domenico, che fondava l'inquisizione per difendere la fede e la civiltà dagli anarchici del tempo. Quando poi, in qualche chiesa, abbiamo l'occasione di soffermarci davanti all'altare dell'Arcangelo Gabriele che, con la spada in pugno, tiene sotto i piedi il dragone, ci vien voglia di gridare: bravo, bene! Quindi non commettiamo nessun sacrilegio se, passando in rassegna la storia, certi episodi ci conquistano e ci entusiasmano. Anche perché non possiamo dimenticare che, come cattolici fascisti, solo attraverso l'energia e l'azione, riuscimmo ad imporre alle folle ubriache il rispetto della Chiesa e del clero. [...] La legittima difesa non è condannata dal Vangelo[216].

Più complesso, invece, il discorso sulla questione razziale. Generalmente considerato come il maggiore responsabile della campagna antiebraica e dell'approvazione della legislazione razziale, Farinacci iniziò a trattare l'argomento solo dalla metà del '36. Sino a quel momento, anzi, il suo quotidiano aveva ribadito un severo giudizio critico nei confronti del razzismo e, soprattutto, dell'antisemitismo nazionalsocialista, condannandone le degenerazioni; aveva sosenuto che la campagna antiebraica in Germania era inopportuna e che Hitler avrebbe dovuto attenersi agli insegnamenti del fascismo, per rendersi conto «che le lotte di religione e di razza non giovano ad alzare il livello politico e spirituale di una nazione»[217]. Pur spregiudicati nel comprenderne le

---

mento anticomunista e antidemocratico come fascista era «un errore, grossolano ed affrettato», e che se tali movimenti risentivano certamente dell'influenza dell'esempio italiano, ricordava «ancora una volta che fascismo, Roma e Mussolini costituiscono un trinomio che non può essere esportato altrove»; [R. FARINACCI], *Punti fermi* e [R. FARINACCI], *I vari fascismi*, «Il Regime Fascista», 7 marzo 1935 e 21 maggio 1937.

[214] [R. FARINACCI], *Sempre peggio!*, «Il Regime Fascista», 4 maggio 1935.

[215] E. CANEVARI, *Roberto Farinacci. L'uomo che ha sempre detto la verità a Mussolini*, V, «Meridiano d'Italia», 12 agosto 1958.

[216] [R. FARINACCI], *Insistiamo*, «Il Regime Fascista», 7 maggio 1935.

[217] G. SOMMI PICENARDI, *Hitler e gli Ebrei* e G. SOMMI PICENARDI, *Fra Hitler e Israele*, «Il Regime Fascista», 30 ottobre 1930 e 31 marzo 1933: «Il giovane partito di Hitler, che tante simpatie ha meritatamente raccolte nell'Italia fascista, ai cui esempi e alle cui esperienze, del resto, moltissimo devono i suoi condottieri, dovrà pure nella sua immancabile ascensione apprendere dal fascismo anche la sapienza del non alimentare contrasti di razza e di fede nel mezzo del popolo. Ché la rinascita di un popolo non è – come l'Italia dimostra – se non il risultato di una soppressione dei contrasti, non solo di partito e di classe, ma di razza e di fede, realizzata in uno sforzo disciplinato di concordia e di solidarietà».

cause, i vari scrittori del «Regime» – e Farinacci tra loro[218] – condannarono pubblicamente la campagna razziale (lo stesso mito della razza era irriso con vivo piacere) e antiebraica:

> La soluzione migliore rimane quella adottata dall'Italia, che considera il problema della ospitalità accogliente verso gli ebrei fuorusciti dalla Germania non già un pretesto di polemica internazionale, ma una questione di umanità [...]. Che dopo essere stato il solo giornale italiano a deplorare l'errore di principio commesso da Hitler perseguitando gli ebrei, tocchi ancora a «Regime Fascista» di protestare contro i maltrattamenti materiali e le pressioni morali che vengono fatti subire agli ebrei rifugiati in Francia? E perché no, se ancora una volta l'occasione si presta di porre nel confronto in risalto la mentalità spirituale del popolo italiano fascista e cattolico che all'ombra della sua civiltà millenaria sa accogliere e rispettare genti di tutte le religioni e di tutte le razze[219]?

Per niente imbevuto di quel razzismo biologico di cui era pervaso invero il sodale Preziosi[220], Farinacci, almeno all'inizio, ebbe sull'argomento un approccio strumentale, non disdegnando di ridicolizzare, nei suoi corsivi di commento sulla prima del «Regime», «la superiorità razziale tedesca»[221]. Condannò il sionismo, inaugurando nell'aprile '34 una feroce campagna pubblicistica antisionista, basata sulle "classiche" motivazioni di fondo, mutuate largamente dal pensiero cattolico e nazionalista (ipotizzata esistenza di una congiura ebraica internazionale, volta ad asservire in varie forme – con il pacifismo societario, con gli accordi delle potenze democratiche, plutocratiche e massoniche, col socialismo internazionale senza patria – il mondo ai propri voleri), accusando settori dell'ebraismo italiano di anteporre «i propri interessi a quelli della collettività», la patria ebraica futura a quella italiana[222]. Sotto l'aperta influenza di Preziosi, Farinacci prese poi a denunciare sempre più spesso l'internazionalismo e le banche ebraiche, e a sostenere la necessità che nei «gangli vitali della vita della Nazione» ci fosse il minor

---

[218] Si veda, per esempio, la feroce polemica scatenata da Farinacci proprio contro Rosenberg, che aveva replicato alle affermazioni sprezzanti di Mussolini nei confronti della Germania; [R. FARINACCI], *Un maniaco del nazismo*, «Il Regime Fascista», 6 maggio 1934 («per noi Germania nuova o vecchia è sempre tutta una cosa...»).

[219] G. SOMMI PICENARDI, *La biscia e il ciarlatano*, «Il Regime Fascista», 31 agosto 1933; ma cfr. anche M. CLAREMORIS [E. CANEVARI], *Sviluppi della rivoluzione tedesca*, «Il Regime Fascista», 27 aprile 1933.

[220] Cfr., adesso, R. CANOSA, *A caccia di ebrei. Mussolini, Preziosi e l'antisemitismo fascista*, Mondadori, Milano, 2006, p. 260 e sgg.

[221] Cfr., per tutti gli altri esempi, [R. FARINACCI], *Anime contro anime*, «Il Regime Fascista», 26 aprile 1935.

[222] R. DE FELICE, *Storia degli ebrei italiani sotto il fascismo*, Einaudi, Torino, 1993, p. 94 e sgg.

numero possibile di ebrei. Ma la tematica razzista e antisemita non trovava accoglienza nel pubblico, neppure in quello fascisticamente intransigente del «Regime», al contrario invece dell'antisionismo, che, ripreso da Farinacci e dal suo quotidiano (ma era «Il Tevere» ad avere ancora il primato nelle questioni razziste e antisioniste), si dilatò sino alla richiesta di manifestazioni di lealismo al fascismo degli ebrei italiani, alla richiesta della messa al bando dei sionisti, all'intimazione agli ebrei a "scegliere": «se vogliono impedire che in Italia alligni (non diciamo l'orrore dei pogrom della santa Russia e l'odiosità delle sevizie hitleriane, poiché a reagire contro tale infezione basta l'essere italiani e fascisti) ogni deplorevole antisemitismo, gli ebrei non hanno che da seguire il consiglio che abbiamo dato: decidersi»[223]. La polemica antisionista scemò quasi subito, ma valse intanto a coinvolgere sempre più vasti strati dell'opinione pubblica e a insinuare in essa il bacillo dell'antisemitismo[224].

Nel vasto e complesso dibattito circa le eventuali riforme costituzionali, riavviato nei primi anni Trenta per volere di Mussolini, Farinacci, pur dando molto spazio sul suo quotidiano al dibattito, non elaborò una propria proposta: tiepido circa l'eventualità di un nuovo assetto legislativo e di una riforma del sistema della rappresentanza (sarebbe rimasto assertore, con Balbo, del sistema elezionistico[225]), si disse scettico anche in merito all'adeguamento dello Statuto, soprattutto se finalizzato alla saldatura dell'ordinamento corporativo con quello dello Stato, come pareva[226]. Del tutto contrario, invece, si mostrò all'ipotesi di uno Stato corporativo[227] o, anche, di una semplice Camera corpora-

---

[223] [R. FARINACCI], *Decidersi* e [R. FARINACCI], *Risposta ai signori dell'«Israel»*, «Il Regime Fascista», 10 e 18 aprile 1934.

[224] R. DE FELICE, *Storia degli ebrei italiani sotto il fascismo*, cit., p. 146.

[225] Allorquando, nel novembre 1936, il Gran Consiglio affrontò il tema della riforma costituzionale, affidandone lo studio a una commissione ristretta (C. Ciano, Lantini, Starace, Solmi e Bottai), Farinacci ripropose l'opportunità di un coinvolgimento più diretto (a dispetto del sistema plebiscitario) dell'elettorato; così Bottai avrebbe ricordato nel suo diario, alla data del 15 novembre 1936: «Nessuna discussione di principii. Solo un accenno al tema elezionistico. Farinacci e Balbo sono per un sistema elettorale. Starace è contrario. Mussolini non si pronuncia; rimette a noi [della commissione] la questione»; G. BOTTAI, *Diario 1935-1944* (a cura di G. B. Guerri), Rizzoli, Milano, 1997, p. 115.

[226] Cfr. R. DE FELICE, *Mussolini il duce. I. Gli anni del consenso, 1929-1936,* cit., pp. 277-282.

[227] [R. FARINACCI], *Stato fascista*, «Il Regime Fascista», 20 gennaio 1935: «Ogni tanto qualche teorico sorge per sostenere il concetto che nello Stato Corporativo si comprende e si esaurisce tutta la complessa natura e le complesse funzioni dello Stato. È un modo di vedere unilaterale, perché lo Stato – ossia la Nazione giuridicamente organizzata – estende il suo potere e le sue funzioni su tutte le attività della vita associata che non sono unicamente comprese nell'attività economica, che è, senza dubbio, fatto fondamentale, ma non determinante tutti gli altri fatti di vario ordine e di diversa natura. Più volte siamo

tiva (di tali argomenti, sul quotidiano, se ne occupavano con una certa larghezza di vedute e acume critico Giulio Treglia e Mario Gianturco), perché vedeva in essa un ulteriore strumento di svalutazione del Pnf, per «creare un Regime sempre più regime e sempre meno Stato fascista»:

> Quando però si accenna alla Camera corporativa, ci sembra che la questione meriti l'attenzione di tutti. [...] Come riteniamo errato e contrario ai principi fondamentali della nostra rivoluzione parlare di Stato corporativo, così riteniamo errato parlare di Camera corporativa. Siamo per lo Stato fascista. Lo Stato non è che la sintesi alla quale le Corporazioni, se sono elementi necessari, non sono elementi sufficienti perché non dotati di vita propria e di finalità proprie. Il Corporativismo non può avere il sopravvento su quelle che sono le funzioni dello Stato. [...] Uno Stato fascista, quindi, non può avere che una Camera fascista, che è la espressione, la sintesi di tutti i problemi che interessano un popolo[228].

Nell'ipotesi di un sistema economico regolato e disciplinato dall'alto, per Farinacci la corporazione doveva solo servire a controllare l'attività economica, ma in maniera duttile: non «cristallizzarsi e standardizzarsi in uno schema rigido, onde subordinarsi allo scopo»[229]. Occorreva prudenza nel teorizzare eventuali realizzazioni corporative[230], ché meglio sarebbe stato, intanto, approntare un sistema legislativo più snello (così gli suggeriva il suo consigliere Carnelutti[231]), perfezionare il sistema sindacale (unico rimedio alla disorganizzazione sociale che avrebbe potuto minare le basi di qualsivoglia assetto istituzionale[232]. In un'affollata conferenza (che non poche discussioni sollevò nel campo

---

insorti contro questo monoculismo che tende a riportarci alla concezione marxista dello Stato, concezione superata dalla critica e dai fatti. [...] Ogni equivoco deve svanire, in quanto lo Stato non può essere esclusivamente corporativo, ma Fascista; quindi lo si chiamerà Stato Fascista e non Stato Corporativo».

[228] R. FARINACCI, *Rilievi mensili*, «La Vita Italiana», gennaio 1933.

[229] «Avremo quindi – specificava Lume – Corporazioni di tipo e struttura differenti: di categoria per l'industria e di prodotti per l'agricoltura, con latitudine d'azione più o meno ampia, da svolgere nell'interesse dei fattori componenti l'unità economica nazionale, interesse che si concreta, in ultima analisi, nel massimo possibile potenziamento dell'unità medesima»; G. LUME, *Chiarificazione corporativa* e G. LUME, *Lo sbocco corporativo*, «Il Regime Fascista», 3 novembre 1933 e 30 gennaio 1935.

[230] In risposta ad alcune tesi del professore D. DE CASTO, *Statistica del lavoro*, Roma, 1936, Farinacci ammonì: «ogni nuova affermazione nel campo corporativo è molto temeraria [...]. Volere – in questo delicatissimo argomento – creare ogni tanto delle novità per interessare l'opinione pubblica, può riuscire piacevole all'inventore, ma può essere una fonte di confusione ed un fomite di esaltazioni demagogiche»; [R. FARINACCI], *Novità corporative*, «Il Regime Fascista», 24 dicembre 1936.

[231] F. CARNELUTTI, *La legge e la lira*, «Il Regime Fascista», 14 febbraio 1934.

[232] M. GIANTURCO, *Crisi dello Stato e Sindacalismo*, «Il Regime Fascista», 15 febbraio 1933.

fascista[233]) all'Istituto di cultura di Firenze, nel giugno '35, Farinacci sintetizzò a grandi linee la sua concezione del sindacalismo, del corporativismo e dell'assetto istituzionale dello Stato:

> Il sindacato è l'organo di categorie di interessi. La corporazione invece è l'organo della nazione, giudica e disciplina il conflitto fra i sindacati e fra gli individui produttori. Quindi la corporazione esige uno Stato che abbia per capisaldi: l'autorità, l'ordine e la disciplina. [...] È escluso che si possa parlare di corporazione senza lo Stato fascista. Ma lo Stato fascista è tipicamente italiano e non ha precedenti politici nella storia dei popoli. [...] Molti si affannano a ricercare le origini [del corporativismo] in tempi lontani, ma dimenticano la sua storia reale. L'attuale ordinamento corporativo è creazione dello Stato fascista. Sì, dico Stato fascista perché non voglio dire Stato corporativo. Altri ha affermato che l'elemento economico ha la prevalenza, deve avere la prevalenza sull'elemento politico. Io nego questo assunto e dico che è un assurdo. Noi veniamo da una Rivoluzione che è stata fatta non per interessi economici ma per virtù di una fede purissima. La quale solo può muovere gli uomini alla lotta e al sacrificio per un ideale. Dire poi Stato corporativo è dire anche un assurdo costituzionale. La corporazione è un organo dello Stato, che regola gli interessi delle categorie e li concilia con gli interessi della Nazione. L'ordinamento economico non può essere che la parte dell'attività dello Stato che ha altre funzioni e altri interessi da tutelare e da promuovere: l'esercito, la marina, l'aviazione, il clero, la scuola, la cultura, la giustizia. La nostra politica estera, verbi grazia, in quale corporazione dovrebbe trovar posto? E trasformando l'attuale Camera in un'assemblea corporativa rimarrebbero sempre due organi squisitamente politici: il Senato e il Gran Consiglio. Non dimentichiamo soprattutto la funzione spirituale che il Partito ha riconosciuto a se stesso come dovere supremo: l'educazione della gioventù alle esigenze della Patria. [...] Il corporativismo non è che un'economia controllata. Questo controllo non può esercitarlo che lo Stato attraverso le sue corporazioni, e lo Stato lo esercita per realizzare i fini supremi della civiltà italiana[234].

---

[233] Molti fogli di avanguardia, come «Il Bargello» e «Libro e Moschetto», commentarono la conferenza fiorentina e non lesinarono critiche al suo autore, accusato di essere ancorato a una visione in via di superamento nel dibattito ideologico-corporativo, definendolo, insomma, «uomo della destra». A quei «giovani mocciosi» Farinacci replicò con fare sarcastico, ma ricordò loro che «in un solo caso possiamo marciare a destra: quando vediamo un manicomio a sinistra!»; [R. FARINACCI], *A destra, a sinistra?*, «Il Regime Fascista», 31 luglio 1935. Ma quelle "categorie" avevano significato ambiguo e relativo, poco adattandosi a una realtà invero piuttosto complessa come quella fascista, sì che lo stesso Farinacci, replicando alle accuse degli ambienti bottaiani a margine delle polemiche culturali e artistiche del '40, avrebbe tassativamente replicato: «Là [al Premio Bergamo] si dice che si vuol marciare a sinistra, noi invece continueremo a marciare a destra, per la via maestra»; [R. FARINACCI], *L'Anticremona*, «Il Regime Fascista», 13 ottobre 1940.

[234] *L'on. Roberto Farinacci parla a Firenze su "La genesi del corporativismo"*, «Il Regime Fascista», 20 giugno 1935.

Considerava demagogiche le sovraimpalcature create dal corporativismo[235] e insignificanti i motti «andare verso il popolo» e «inserire le masse nello Stato», diffusi da una, poco incisiva quanto solo verbosa, propaganda; al contrario, e in tal guisa ammoniva Mussolini, il popolo era un'entità amorfa, che avrebbe dovuto «seguire la volontà dei capi» per avere una coscienza nazionale:

> Le masse si possono portare dove si vuole. Io non credo nelle masse. Ogni situazione è legata a degli uomini e si risolve attraverso l'azione risoluta di questi uomini quali capi. Il principio delle élites è il mio principio. Tutto sta, però, che queste élites sappiano far riconoscere e volere, sappiano rendere unanime e nazionale quell'autorità di cui si sono impadroniti in un primo tempo con un'azione necessariamente diretta ed eroica; così che le due direzioni, dall'alto l'una, dal basso l'altra, finiscano con sintonizzarsi e col comporsi in una solidarietà organica[236].

Alla vigilia dell'impresa etiopica, Farinacci riscuoteva molto credito nella massa fascista, e ovunque si recasse era sovente salutato da manifestazioni spontanee di entusiasmo (così a Napoli, Gorizia e Genova)[237], alle quali rispondeva sempre col solito caloroso incitamento «alle glorie e ai sacrifici del vecchio squadrismo»... Ottimo propagandista, Farinacci fece proprie con convinzione le tematiche mussoliniane per la ripresa della espansione coloniale, divulgando le necessità della «maniera forte e risolutiva» nei confronti dell'Abissinia[238], per risolvere «il problema della creazione di un nuovo tenore di vita spirituale e materiale» del popolo italiano. Nel settembre del '35 il suo giornale assunse, ancora una volta, una posizione oltranzista a favore di un intervento immediato in Abissinia[239], nonché di rottura con la Società delle Nazio-

---

[235] Cfr. anche la testimonianza di G. BOTTAI, *Diario, 1935-1944*, cit., p. 90.

[236] J. EVOLA, *Orizzonti della nuova Germania (colloquio di Farinacci col principe Rohan)*, «Il Regime Fascista», 25 novembre 1932.

[237] Gorizia, 26 settembre 1937, in ACS, MI, PPFP, cat. A, b. 31, fasc. *Farinacci*. «Al termine del discorso è stato lungamente acclamato. Poi quando è sceso nella via gli ex squadristi lo hanno sollevato sulle spalle e lo hanno portato in trionfo lungo la strada principale [di Genova]. Quando sostò nella piazza Umberto I per recarsi al pranzo ufficiale, fu attorniato da molti fascisti che gli porsero le tessere perché le firmasse. L'on. Farinacci dovette ad un certo momento far raccogliere le tessere per firmarle dopo il pranzo. Così oltre un centinaio di tessere furono raccolte»; Genova 19 maggio 1935, in ACS, SPD, C/R, b. 40, fasc. *Farinacci*.

[238] [R. FARINACCI], *Pensino ai fatti loro*, «Il Regime Fascista», 15 maggio 1935.

[239] «Il fascismo intende risolvere una volta per sempre il problema della nostra esistenza, il quale è problema di espansione all'estero. Il punto scelto per lo sforzo è buono. Occorre dunque procedere, costi quel che costi. L'Italia deve oggi essere tutta protesa verso questo fine supremo. Le occasioni passano nella storia ad intervalli di secoli e non si rinnovano. Ora o mai»; [R. FARINACCI], *Ora o mai*, «Il Regime Fascista», 13 settembre 1935.

ni[240]. In effetti il tema dell'espansionismo coloniale faceva leva su una vasta mobilitazione popolare[241]: in una situazione piuttosto critica, anche nel cremonese, per l'occupazione, il mito del «posto al sole» e la violenta campagna contro le democrazie occidentali (che si erano spartite «il bottino» della guerra mondiale) riuscirono a essere facilmente diffuse: «il fronte comune socialmassonico e socialcomunista internazionale stava sferrando l'attacco generale contro il fascismo», il quale aveva tutto il diritto di seguire la strada espansionistica, l'unica che permettesse la sopravvivenza del popolo italiano[242].

Subito dopo l'adunata nazionale e l'inizio dell'offensiva in Etiopia, Farinacci avanzò domanda per essere inviato in Africa Orientale come aviatore (aveva preso il brevetto di pilota in settembre)[243]: «la rivoluzione è in marcia», tuonava dal «Regime», esortando i giovani militari in partenza a non considerare la guerra come un episodio della ripresa coloniale italiana, ma come un aspetto della stessa rivoluzione fascista. Cartelli inneggianti a Farinacci vennero spesso notati, in varie località, tra i reparti in partenza per l'Africa, contribuendo ad alimentare il "mito"[244]. Pure in questa circostanza l'ex segretario assunse il ruolo di inflessibile intransigente, sia nella propaganda (sue alcune delle più acclamate conferenze contro l'Inghilterra e la Società delle Nazioni, in risposta alle sanzioni economiche[245]), sia in Gran Consiglio, quando, il 18 dicembre, soltanto lui (che dichiarò: «fra noi e l'Inghilterra rimane aperta una partita che noi o i nostri figli o i nostri nipoti dovremo regolare») e Cianetti si dissero contrari alla risoluzione negoziale della crisi, caldeggiata dalla diplomazia e da ampi settori fascisti[246]. Non a caso a Farinacci giunsero ripetute e numerose manifestazioni di sostegno e di plauso[247],

---

240 «Le nuove generazioni del fascismo, cresciute ad una scuola guerriera realistica e antiparolaia, leggono le cronache di Ginevra col più profondo disgusto. La Lega, qui da noi, non ha mai goduto eccessive simpatie perché ritenuta soltanto un istituto attraverso il quale l'Inghilterra si è sempre preoccupata di difendere i suoi interessi nel mondo»; [R. FARINACCI], *Basta, basta con Ginevra*, «Il Regime Fascista», 11 settembre 1935.

241 Cfr. A. DEL BOCA, *Gli italiani in Africa Orientale.* II. *La conquista dell'Impero*, Laterza, Roma-Bari, 1979, p. 320 e sgg.

242 [R. FARINACCI], *Di fronte alla storia*, [R. FARINACCI], *La rivoluzione continua* e *"L'Italia di fronte al mondo". Una conferenza dell'on. Farinacci nel salone del palazzo di Cittanova*, «Il Regime Fascista», 14, 18 settembre e 24 dicembre 1935.

243 [R. FARINACCI], *I sapientoni*, «Il Regime Fascista», 3 ottobre 1935.

244 [R. FARINACCI], *La rivoluzione è in marcia: da piazza San Sepolcro ad Adua*, «Il Regime Fascista», 3 ottobre 1935.

245 *"In nome del diritto e della giustizia". Il discorso di Farinacci al teatro Piccinini di Bari*, «Il Regime Fascista», 26 gennaio 1946.

246 Cfr. G. BIANCHI, *Rivelazioni sul conflitto italo-etopico*, Ceis, Milano, 1967, p. 114.

247 P. CACCIA, *"Per dar futuro e pane ai tuoi bambini". Retorica e speranze degli italiani nelle lettere a Roberto Farinacci*, in *Ti saluto e vado in Abissinia* (a cura di P. Caccia e M. Mingardo), Viennepierre, Milano, 1998, p. 55 e sgg. e BNB, FRF, b. Far – Africa.

come ben si vide quando, accettata la domanda di arruolamento, il 7 febbraio 1936 salpò da Napoli alla volta dell'Africa Orientale; le manifestazioni di fanatico entusiasmo nei suoi confronti raggiunsero livelli tali da spiegarsi con difficoltà: «Roberto Farinacci ha riaffermato l'indipendenza della sua personalità caratterizzando l'intera giornata napoletana con manifestazioni protocollari, di rito giustificato, a un uomo impersonificante una chiara e netta corrente politica»[248]. In diverse circostanze gli incitamenti alla sua persona superarono di gran lunga quelli rivolti a Starace e a Ciano (salpati insieme a lui), tanto che ci fu anche chi vide in tali manifestazioni l'investitura per la successione, dimostrando così il popolo consenso maggiore per il ribelle, piuttosto che per il "delfino". E ciò nonostante Farinacci (pur accompagnato, anche in quella circostanza, dal suo nutrito stato maggiore[249]) avesse deciso di tenere – e altrettanto avrebbe fatto in futuro – un tono defilato, onde non lasciare margini a qualsiasi strumentale critica[250].

Anche il rimpatrio di Farinacci, il 18 maggio, tra rumorose manifestazioni popolari (le maggiori tra quelle ricevute dagli alti gerarchi in Abissinia), durante il percorso da Venezia, dove sbarcò, a Cremona, poté definirsi trionfale[251]; anzi, Farinacci, oltre ai riconoscimenti militari (medaglia d'argento, grande ufficiale dell'ordine dei Ss. Maurizio e

---

[248] Nota informativa di R. Rossi, Roma 8 febbraio 1936, in ACS, MI, PPFM, b. 158, fasc. *Segreteria generale del Pnf, 1931-1938*; «la partenza dal molo ha dato luogo a una dimostrazione impressionante, svoltasi in una cornice coreografica mai rilevata prima di ieri. Il primo ad arrivare è stato Roberto Farinacci. Gli applausi che lo hanno accompagnato dalla strada al molo e dal molo al pontile d'imbarco fino alla nave sono stati contrassegnati da un ritmo intenso. [...] Dal molo si chiamava a gran voce Farinacci e al suo comparire [dalla nave] gli applausi riprendevano con veemenza veramente grandiosa». Cfr. «Il Regime Fascista», 6 febbraio 1936.

[249] La polizia prese nota del nutrito gruppo (ben 38 persone) di "stretti" collaboratori che avevano accompagnato il capo; vi erano i deputati Mori, Moretti, Verga, D'Alessio, Morelli, il senatore Ruffo di Calabria, tutto lo staff del «Regime» (Pantaleo, Sanipoli, Zocaro, Masi), i gerarchi della federazione cremonese, gli amici Varenna, Candiani, Finzi; Napoli, 12 febbraio 1936, in ACS, MI, PPFP, cat. A, b. 31, fasc. *Farinacci*. A Napoli giunsero a rendere omaggio anche gerarchi, giornalisti e uomini d'affari meridionali.

[250] Per la cronaca della giornata (di cui è rimasto un ampio filmato, pur tagliato in alcune parti, nel cinegiornale dell'Istituto Luce), cfr. la lunga relazione datata Napoli, 12 febbraio 1936, in ACS, MI, PPFP, cat. A, b. 31, fasc. *Farinacci*, nonché ACS, MI, PPFM, b. 158, fasc. *Segreteria generale del Pnf, 1931-1938*. Più volte, nel corso dei festeggiamenti, vennero segnalati canti di antichi ritornelli e di spontanee prove di devozione all'ex segretario, a conferma che l'emarginazione sofferta non aveva offuscato la sua fama («La partenza dell'on. Farinacci ha entusiasmato addirittura il popolo italiano, che nutre sempre per lui lo stesso affetto dei tempi dello squadrismo; il gesto è stato anche apprezzato in quasi tutti gli ambienti perché ritenuto sincerissimo, dato che l'on. Farinacci non si può dire un gerarca, obbligato, quasi, a dare il buon esempio»; nota fiduciaria di M. Nuvoletti, Roma 10 febbraio 1936, *ibidem*).

[251] Cfr. «Il Regime Fascista», 19 e 20 maggio 1936.

Lazzaro, promozione a capitano per meriti di guerra[252]) ricevette ancor più calore degli altri, perché tornava con una grave mutilazione, avendo perduto la mano destra per lo scoppio accidentale di una bomba a mano. In realtà, lui tenente pilota, non aveva avuto grandi possibilità di combattere (la motivazione del riconoscimento al valore parlava di 32 missioni di guerra, 112 ore di volo...), e l'incidente, pur tenuto nel più rigido segreto, gli era occorso non in un'esercitazione, bensì in una battuta di pesca con gli amici, presso Dessié (il 4 maggio, proprio alla vigilia della proclamazione dell'Impero)[253], quando la bomba usata per la "raccolta" gli era invece scoppiata prima del tempo in mano, amputandogliela. Dopo poche settimane, comunque, anche in Italia la voce sulla vera natura dell'incidente divenne pubblica (già ai primi di giugno l'ottima informatrice Generali segnalava che «la voce comincia a circolare, provocando commenti salaci...»[254]). Ad ogni modo, come bene osservato, quella pagina e quella mutilazione giovarono «molto alle mire [di Farinacci]: se prima era sempre stato trattato con prudente rispetto, dopo divenne praticamente inattaccabile»[255]. Redasse, allora, qualche incisivo corsivo per il suo quotidiano per sostenere una politica coloniale nuova e aperta[256], per avviare una politica economica liberista (Balbo concordava che Farinacci era l'unico palesemente schierato per il «liberalismo economico»[257]), per cercare di conciliare la "vecchia" politica fascista con le istanze della nuova politica imperiale, non disdegnando, comunque, attente occhiate alla situazione interna: nel partito il malumore serpeggiava e le tesi da lui sempre sostenute sembravano godere ampio credito, tanto che nel convegno dei federali alla Farnesina, nel luglio '36, molti sostennero che il Pnf era «bloccato» e occorreva qualche riforma che ripristinasse «l'autorità», aprendosi strada l'idea «di fare come in Germania»: «tutti gli incarichi politici del governo dovevano essere affidati agli antichi squadristi; solo il Partito opportunamente rinnovato con fascisti della primissima ora doveva dirigere e guidare la politica della Nazione, senza ingerenze ministeriali, senza intromissioni governative di sorta...»[258]. Solo Farinacci aveva sempre pronunciato quei concetti ed era tra i pochi a cercare di

---

[252] P. CACCIA, *«Per dar futuro e pane ai tuoi bambini»*, cit., p. 71.

[253] *Il tenente pilota Roberto Farinacci*, «Il Regime Fascista», 5 maggio 1936.

[254] Nota fiduciaria di M. Generali, Milano 12 giugno 1931, in ACS, MI, PPFP, cat. A, b. 31, fasc. *Farinacci*.

[255] *Le confessioni di Farinacci*, XI, «Corriere Lombardo», 22 gennaio 1947.

[256] Cfr. l'interessante relazione di R. Farinacci a B. Mussolini, Cremona 25 dicembre 1938, in ACS, SPD, C/R, b. 44, fasc. *Farinacci*.

[257] Cfr. la nota fiduciaria datata Roma, 11 febbraio 1937, *ibidem*.

[258] Cfr. le informative datate Roma, 23 e 29 agosto 1936, in ACS, MI, PPFM, b. 137, fasc. *Fascisti dissidenti*.

dare effettivo sfogo ai persistenti malumori della base del Pnf[259].

Che Farinacci fosse inattaccabile anche nella società civile era assodato da tempo, ma la vertenza Granelli dette la vera misura[260]. Ezio Granelli, importante industriale, presidente delle Terme San Pellegrino, aveva messo sul mercato, con lauti guadagni, la magnesia e l'aranciata San Pellegrino. Benefattore del Pnf e delle opere assistenziali era anche, tra l'altro, assiduo finanziatore de «Il Regime Fascista»; alla fine del 1934, tuttavia, dovette ridurre quel finanziamento a 10 mila lire e licenziare Giulio Sacconaghi, un ispettore delle sue aziende, ma amico e agente di Farinacci (per il quale svolgeva attività informativa all'estero). Granelli venne allora a scontrarsi con Varenna: ne seguirono vertenze cavalleresche, minacce e ricatti. In breve, Farinacci-Varenna riuscirono a raccogliere un po' di materiale che "provava" illeciti del gruppo Granelli e la macchina della diffamazione fece subito il vuoto intorno all'industriale, mentre la giustizia, messasi inesorabilmente in moto attraverso querele e denunce, andò a scavare in attività passate di Granelli (fallimento della Banca Garibaldi), rendendone difficilissima la posizione e mettendo in crisi la sua importante attività. Nel sottobosco di minacce, di controricatti, di manovre occulte, oltre a vari profittatori anche la polizia politica con i suoi massimi esponenti (Nudi) venne tirata in ballo, contribuendo alla montatura dello scandalo. Molti fiduciari di polizia e la Questura di Milano seguirono la vertenza, segnalando che già alla fine di febbraio del '35, nel giro di appena due mesi, Granelli era in palese condizione di inferiorità, e l'unica possibilità di salvezza poteva passare attraverso una transazione con Farinacci. L'opinione pubblica, al corrente degli sviluppi della vicenda più di quanto si possa pensare, si divise in coloro che appoggiavano l'azione di Farinacci, giudicato l'unico in grado di snidare l'affarismo e sgominare i profittatori, e in coloro che invece sostenevano che tale operazione mascherasse altrettanto affarismo e altri interessi. Ma tutti concordavano infine nel giudicare la «portata politica» della vertenza, come sottolineava Roberto Rossi, riciclatosi come scaltro fiduciario di polizia politica:

> Come sempre succede, quando la macchina farinacciana si mette in azione, gli alleati ed amici dell'uomo bersaglio, allentano i loro vincoli, consigliano moderazione e lasciano l'individuo, povero o ricco, solo, alle prese con l'inesorabile nemico. In queste condizioni è difficile che l'interessato non domandi grazia e non accetti a cuor leggero di pagare i tributi della battaglia, pur di uscire

---

[259] Cfr. la nota fiduciaria di A. Pozzi, Roma 27 luglio 1936, in ACS, MI, PPFP, cat. A, b. 31, fasc. *Farinacci*.

[260] Cfr. ACS, MI, PPFP, b. 624, fasc. *Granelli Ezio*, in particolare la relazione di P. Serra Caracciolo, Milano 21 gennaio 1935.

da una situazione che si trasforma per lui veramente in un pauroso incubo. [...] Questi falsi santoni, assertori indegni di una ortodossia fascista, devono essere messi nella condizione assoluta di non potere oltre consumare reati del genere, atti a consolidare la convinzione corrente che li vuole forti e al di sopra dell'autorità dello Stato. [...] Prima di ogni altra cosa si deve dimostrare che la Giustizia italiana non lavora sotto l'ispirazione e per l'interesse di gruppi usi a fare del superfascismo un omaggio solo all'interesse delle proprie borse[261].

A niente valsero le ragioni e le amicizie di Granelli (Bottai, interessato della cosa, si guardò bene dall'interferire in una questione che coinvolgeva Farinacci...), sì che questi si convinse dell'opportunità di comporre la vicenda[262] e, abboccatosi il 24 febbraio con Farinacci, si accordò per versare una forte somma alle Opere assistenziali cremonesi, fare ampia ammenda nei confronti di Varenna, risarcire Sacconaghi[263]. Rimasero tuttavia ancora gli strascichi minori di questuanti che, aggrappatisi alle spalle di Farinacci, rivendicavano anch'essi la loro parte di torta (Maggi, Gasparotto, Mulassano), tanto che Sommi Picenardi suggerì al capo maggiore trasparenza nei collaboratori: «caro mio, quando una persona come te rappresenta il cristallo, bisognerebbe che anche gli altri fossero altrettanto cristallini quanto sei tu»[264]. Granelli dovette subire una serie di ricatti minori, che tendevano a riaprire le questioni e a tenere sul chi vive non solo l'industriale milanese, ma «altri [industriali] ai quali, sotto minaccia di possibili scandali, venivano fatte richieste di notevoli contributi». A vertenza conclusa, Rossi, a nome dello spionaggio politico, riferiva a Nudi la profonda delusione: «in noi

[261] Nota fiduciaria di R. Rossi, Milano 26 febbraio 1935, *ibidem*.

[262] Rossi, dopo aver parlato con Granelli, scrisse alla polizia: «Il Granelli mi confessò di avere avuto un lungo colloquio con l'on. Farinacci. Ripeté l'esposizione del suo stato d'animo e la situazione in cui è venuto a trovarsi. Quattro mesi di questa lotta mi hanno distrutto; sono rimasto solo contro questo gruppo che incute timore a tutti gli italiani; anche Bottai, mio grande amico, non vuole grane con Farinacci e i suoi amici. Il Partito non si è mosso e mi ha lasciato sullo stesso piano del Sacconaghi, tenendo però presente che dietro questo filibustiere stava schierata tutta la campagna farinacciana. Io sono un vecchio fascista; sono anche un forte industriale, ma i guadagni li ho fatti in un campo assolutamente estraneo alla politica. Ho erogato in tutto nove milioni di beneficenza. [...] Le mie aziende cominciavano a risentire seriamente degli effetti di questa campagna contro di me, e io non potevo assistere al crollo di queste imprese. Nessuno osa mettersi contro Farinacci, e io ho pensato che non potevo veramente essere l'uomo più adatto per resistergli. La lotta, oltre al rischio, mi comportava un dispendio ed una spesa certamente superiori a quello che mi sarebbe venuto a costare la riappacificazione, apportatrice di tranquillità. Ho parlato dunque con Farinacci, il quale mi ha promesso di sistemare ogni cosa, in silenzio e al più presto»; nota fiduciaria di R. Rossi, Milano 26 marzo 1935, *ibidem*.

[263] Il questore di Milano al capo della polizia, 25 febbraio 1935, *ibidem*.

[264] Conversazione telefonica tra Sommi Picenardi e Finzi, intercettata il 2 aprile 1935, *ibidem*.

resta solo l'amarezza di dover ancora una volta prendere atto del potere veramente formidabile acquisito dal gruppo Farinacci-Varenna, potenti e strapotenti in ogni contingenza».

La guerra d'Etiopia provocò un sensibile avvicinamento italiano alla Germania, e di questo ne fu responsabile soprattutto Farinacci, il quale cominciò a parlare di «unione sacra dei fascismi»: «non possiamo dimenticare – scrisse – l'atteggiamento amichevole tenuto dal Governo di Hitler mentre eravamo impegnati in Etiopia e a Ginevra»[265]. A determinare un ulteriore forte allineamento furono, in contemporanea, la sollevazione nazionalista in Spagna e la ripresa, in parte a quell'episodio connessa, della polemica antisionista e, stavolta, anche antisemita. Le prime notizie dalla Spagna, nell'estate del '36, colsero di sorpresa non solo l'opinione pubblica italiana, ma anche il governo, indeciso sull'atteggiamento da tenere, in considerazione delle contraddittorie informazioni che pervenivano dalla penisola iberica. Pure le prime notizie del «Regime» (che per gli esteri usava i servizi de «La Stampa») furono alquanto incerte, mettendo persino in dubbio la riuscita della sollevazione[266]. Solo ad agosto, a posizione italiana chiarita, Farinacci rese noto il suo pensiero: la lotta in corso in Spagna aveva «un carattere spiccatamente anti-italiano e anti-germanico» e obbligava l'intervento in quella «grande battaglia contro il fascismo internazionale»:

> La cosa non ci dispiace, anche perché il domani è per noi pieno di seduzione e pieno di speranze. Non ci meravigliamo di quanto accade in tutta la Spagna. Più volte abbiamo detto che due forze avrebbero preso il sopravvento sulle decrepite demagogie: il Fascismo e il comunismo. Se la lotta dovesse svilupparsi su questo terreno e in questa direzione, sarebbe come invitarci a nozze[267]...

Era il comunismo il pericolo europeo da colpire al momento opportuno – sosteneva Farinacci – in perfetta identità di veduta con quanto Goebbels affermava al congresso di Norimberga del Nsdap. In quella circostanza l'ex segretario del Pnf fece proprie alcune tesi di fondo del leader nazionalsocialista, secondo cui i massimi dirigenti comunisti e del sovversivismo internazionale erano ebrei. Non esistevano più difese per il comunismo, affermava Farinacci (in una sorta di commistione tra "vecchie" teorie fasciste e "nuovi" suggerimenti nazionalsocialisti), e per il demagogico sistema democratico occidentale (primo colpevole della «degenerazione politica» europea), perché era in atto un vero e

---

[265] [R. Farinacci], *Sepoltura di un cadavere*, «Il Regime Fascista», 15 luglio 1936.
[266] Cfr. «Il Regime Fascista», 22 luglio 1936.
[267] [R. Farinacci], *Messa a punto*, «Il Regime Fascista», 8 agosto 1936.

proprio scontro tra «civiltà» (i fatti spagnoli stavano a dimostrarlo...), contro «l'internazionale antifascista». Quest'ultima era costituita soprattutto da ebrei, tuonava Farinacci, per questo era necessario che gli ebrei italiani esplicitassero la loro posizione:

> Perché non dimostrano in modo tangibile il loro proposito di dividere la loro responsabilità da tutti gli ebrei del mondo, che mirano ad un solo scopo: al trionfo dell'internazionale ebraica? Perché non sono ancora insorti contro i loro correligionari, autori di stragi, distruttori di chiese, seminatori di odi, sterminatori audaci e malvagi di cristiani? Si sta generando la sensazione che fra poco tutta l'Europa sarà teatro di una guerra di religione. Siamo già sicuri che da più parti si griderà: noi siamo ebrei fascisti. Non basta. Bisognerà dare la prova di essere prima fascisti poi ebrei[268].

L'articolo fece scalpore nel Paese[269], anche perché ne seguirono tosto altri, di altrettanto grave tenore (e in replica ad alcune prese di posizione degli ebrei italiani che ribadivano fede nel fascismo) e rivolti, pur affermando di rifuggire l'antisemitismo («noi non siamo antisemiti per partito preso») a evidenziare quanto gli ebrei «stavano scatenando in altri paesi», per cui anche degli ebrei italiani si rendeva logica una «attenta sorveglianza»[270]. La polemica si diffuse sulla stampa e le ferme, quanto caute repliche dei rappresentanti dell'ebraismo italiano, non valsero a mitigare le posizioni di Farinacci, il quale anzi accennò per la prima volta a provvedimenti antiebraici:

> È vero, sì, che il Duce non ha sentito finora il bisogno di fare in Italia distinzioni di razze o di religioni, ma sono proprio alcuni ebrei italiani che tengono a distinguersi dagli italiani appartenenti agli altri culti, partecipando alle campagne a favore del sionismo e alle riunioni del Congresso ebraico internazionale, istituito a Ginevra. Per gli altri italiani, cattolici o protestanti, c'è un solo Stato e un solo Parlamento: lo Stato italiano e il Parlamento italiano; ma per alcuni ebrei italiani pare che ci siano due Stati e due Parlamenti[271].

La feroce campagna antisionista evidenziò un sensibile allineamento di Farinacci alle dottrine politiche tedesche e allo stesso antisemitismo[272], rivelando quest'ultimo come un potente mezzo di pressione sul duce onde spingerlo a troncare i ponti con le democrazie e a imboccare la

---

[268] [R. FARINACCI], *Una tremenda requisitoria*, «Il Regime Fascista», 12 settembre 1936.

[269] Cfr., ovviamente, R. DE FELICE, *Storia degli ebrei italiani sotto il fascismo*, cit., p. 206 e sgg.

[270] [R. FARINACCI], *Perché provocarci?*, «Il Regime Fascista», 19 settembre 1936.

[271] [R. FARINACCI], *Fascismo e internazionale ebraica*, «Il Regime Fascista», 24 settembre 1936.

[272] [R. FARINACCI], *Tutti in linea!*, «Il Regime Fascista», 8 giugno 1937.

strada di unità d'azione con la Germania[273], e ciò mentre a livello governativo l'incertezza era assoluta. A tal proposito valga una interessante lettera di Farinacci ad Alfieri, ministro della Cultura popolare, che aveva comunicato la sospensione della polemica antiebraica del settembre '36:

> Quando io ho incominciato a stuzzicare gli ebrei, avevo già concertato con tre o quattro ebrei spregiudicati che ad un certo momento sarebbero intervenuti nella polemica per aumentare la confusione e per creare la lotta... intestina fra i correligionari. Nel momento più spassoso, mi è giunto il tuo veto. Ora io pregherei il duce che mi desse il via all'allegato articolo. Anche perché non saprei come giustificare la non pubblicazione, dopo averlo provocato. Né vorrei dire che Roma mi ha invitato a non insistere nella polemica per non far credere agli ebrei che il Regime interviene contro chi ogni tanto li scudiscia. Siccome sarà inevitabile che contro questa razza infida si dovrà un giorno prendere posizione, è meglio anche avere il pretesto di affermare che contro l'atteggiamento infido degli ebrei italiani sono insorti alcuni stessi correligionari[274].

Del resto era proprio lo stesso Alfieri, pochi giorni dopo, a caldeggiare l'ex segretario a riprendere invece il discorso: «il Duce ritiene che sarebbe assai più opportuno occuparsi, in questo momento, della eterna collusione tra ebraismo e comunismo»[275]... Ma il tema dell'antisemitismo aveva carattere essenzialmente politico, non certo volontà di qualche travestimento ideologico, e in proposito bene avrebbe sintetizzato la sua posizione Farinacci a Mussolini, due anni più tardi, nel mezzo della campagna antiebraica e dopo la pubblicazione del manifesto degli scienziati razzisti:

> A dirti francamente il mio pensiero, il problema razziale, visto da un punto di vista antropologico, non mi ha mai persuaso. Il problema è squisitamente politico; mi convinco ancora una volta che quando gli scienziati vogliono rendere un servizio alla politica, compromettono qualsiasi problema. Sul terreno filosofico e scientifico si può sempre discutere; sul terreno politico, dove ci sono delle ragioni di Stato, si agisce e si vince[276].

Questo genere di antisemitismo, «spirituale, più che materiale», era comunque ben presente in Farinacci (il quale continuò ad avere collaboratori ebrei: la segretaria Jole Foà, l'amico professor Guido Finzi, preside della facoltà di Veterinaria di Milano, Leo Reggiani, stenogra-

---

[273] R. De Felice, *Storia degli ebrei italiani sotto il fascismo*, cit., p. 211.

[274] R. Farinacci a D. Alfieri, Cremona 26 settembre 1936, in Acs, Mcp, Gabinetto, ii versamento, b. 12, fasc. *«Il Regime Fascista»*.

[275] D. Alfieri a R. Farinacci, Roma 6 ottobre 1936, in Acs, Fatr, b. 1.

[276] R. Farinacci a B. Mussolini, Cremona 5 agosto 1938, in Acs, Spd, c/r, b. 44, fasc. *Farinacci*.

fo, Athos Banti, contabile, Mario Levi, capo cronista, del «Regime Fascista», e Angelo Levi, della sua segreteria[277]), e la sua campagna produsse realmente qualche effetto, tanto che echi se ne ebbero persino negli Stati Uniti, dove essa venne accolta con «irritazione» e «ostilità», e negli italiani emigrati si diffuse la convinzione di poter essere sottoposti a ritorsioni dalle potenti lobbies ebree americane[278]. Sotto l'influenza quasi perversa di Preziosi sull'argomento, «Il Regime Fascista» iniziò nel gennaio 1938 una campagna di stampa molto dura per la risoluzione del problema, ché «il problema ebraico era il maggiore dell'ora storica attraversata dal mondo», e l'«ebraismo non era che la maschera del bolscevismo»[279], campagna che avrebbe poi portato di lì a breve all'approvazione delle leggi razziali. Farinacci si era anche espresso contro quella «congiura del silenzio» che in Italia aveva accolto la pubblicazione (voluta da Preziosi) dei *Protocolli*[280], a conferma di una certa refrattarietà dell'opinione pubblica italiana all'antisemitismo. Non era quindi vero, a dispetto delle giustificazioni addotte in proposito da Farinacci, che l'atteggiamento antiebraico gli sarebbe stato imposto da Starace e da Mussolini per verificare la ricezione dell'opinione popolare all'antisemitismo e ai provvedimenti antiebraici[281]. Diverso ancora, invece, l'atteggiamento dell'ex segretario in merito alla questione della «razza», che accoglieva (così come lo stesso Mussolini) la particolare e originale interpretazione del suo collaboratore Evola[282], come avrebbe confermato Canevari:

---

[277] Cfr. l'appunto del Gabinetto del Ministero della Cultura popolare per il ministro, Roma 1° settembre 1938, in ACS, MCP, Gabinetto, II versamento, b. 12, fasc. *«Il Regime Fascista»*.

[278] Il sottocapo di Stato Maggiore della MVSN al Gabinetto del Ministero degli Affari Esteri, Roma 20 ottobre 1936, *ibidem*.

[279] Cfr. i corsivi di Farinacci, *Controffensiva* e *Seconda replica*, «Il Regime Fascista», 12 e 22 gennaio 1938, ove si denunciava il pericolo dell'ebraismo internazionale, «tutto coalizzato, ferocemente coalizzato, contro il fascismo» e si solleva anche il problema ebraico italiano, avendo «gli ebrei conquistato i gangli più delicati della vita nazionale e continuano ad avere una posizione così sproporzionata, eccessivamente sproporzionata, in rapporto al loro numero e anche alle loro qualità» (e si citava il caso di Trieste, dove i nove decimi delle maggiori cariche intellettuali, finanziarie ed economiche erano tenute dagli ebrei, larga minoranza della città).

[280] *I Protocolli dei "Savi anziani" di Sion* (con appendice e introduzione di J. Evola), «La Vita Italiana», Roma, 1937.

[281] Non convince minimamente, a questo proposito, dunque, la testimonianza apparsa nel *Diario Farinacci*, XXI, «Il Tempo», 6 marzo 1947, laddove l'ex segretario afferma che fino al 1938 si sarebbe «interessato poco al razzismo» e che in quell'anno i suoi rapporti con Starace erano ai ferri corti, ché, al contrario, continuavano ad essere cordiali.

[282] Proprio nel 1937 Evola dette alle stampe *Il mito del sangue*, Hoepli, Milano, ma sarebbe stato con la più complessa *Sintesi della dottrina della razza*, Hoepli, Milano, 1941 (nel quale contrappose «alla concezione esclusivamente biologica e antropologica del razzismo quella della "razza interiore", della "razza dello spirito", valorizzando in questa

Farinacci ne rideva, sapendo benissimo che non esiste la pretesa «razza italiana», poiché l'Italia è stata sempre, fin dalla più remota antichità, un coacervo privo di unità etnica: l'unità italiana e cioè la nazione italiana sorge dalla cultura e non dalla etnia. Egli appoggiava perciò le idee di Evola che si batteva contro il razzismo biologico germanico, ammettendo il«razzismo» semplicemente come tradizione, come restaurazione gerarchica, di fronte alla concezione materialista, democratica, universalista e razionalista propria delle attuali ultime fasi della decadenza occidentale[283].

Ma è proprio per questa via, quella del razzismo, magari nella sua veste «spirituale più che biologica», assai più impersonale dell'antisemitismo, che il fascismo riuscì a far passare la campagna e i successivi provvedimenti antiebraici[284]. Farinacci credeva realmente alla necessità di una politica antisemita in Italia[285], e agì indirettamente su Mussolini in questo senso quando ancora questi non era orientato verso l'adozione di provvedimenti razzistici[286]. Proprio in questo, nella propaganda finalizzata all'adozione di una politica antisemita, Farinacci ebbe ruolo di primo piano, in un'ottica neo-intransigente e filotedesca:

> Per [Farinacci] l'antisemitismo era necessario per rendere *totalitaria* l'alleanza con la Germania, era un fatto essenzialmente politico ed egli si adoperò in tutti i modi perché l'ultima grossa divergenza fra i due regimi fosse eliminata. Di questa sua convinzione che la campagna razziale fosse solo un fatto politico egli non fece mai mistero con Mussolini [...]; mai, per quanto ci consta, assecondò le elucubrazioni e le ideologizzazioni che del razzismo fecero tanti altri[287].

Gli stessi tedeschi riconobbero il ruolo svolto in questa direzione da Farinacci in Italia, tanto che, allorquando gli conferirono la Gran croce dell'Ordine dell'aquila germanica, l'8 maggio 1938, Ludwig Pauler, tra i maggiori giornalisti del Reich, gli scriveva parole di stima:

---

prospettiva la razza "ario-romana" come una "razza centrale e guida" e arrivando a parlare di una razza "nuova ed antica ad un tempo, che ben si potrebbe chiamare razza dell'uomo fascista o razza dell'uomo di Mussolini") che egli ottenne un certo credito, condividendone infatti le idee ivi espresse lo stesso Mussolini; R. De Felice, *Mussolini il duce. II. Lo Stato totalitario, 1936-1940*, Einaudi, Torino, 1981, p. 317.

[283] E. Canevari, *Roberto Farinacci, l'uomo che ha sempre detto la verità a Mussolini*, III, «Meridiano d'Italia», 29 luglio 1958.

[284] R. De Felice, *Storia degli ebrei italiani sotto il fascismo*, cit., p. 220.

[285] La prefazione di Farinacci al volume di P. Pellicano, *Ecco il diavolo: Israele*, Baldini e Castoldi, Milano, 1938, bene sintetizza la sua teoria del «pericolo dell'ebraismo internazionale».

[286] Come avrebbe confessato Mussolini: «Preziosi ha preso la mano a Farinacci»; Y. De Begnac, *Palazzo Venezia*, cit., p. 643.

[287] R. De Felice, *Storia degli ebrei italiani sotto il fascismo*, cit., p. 243.

Se la politica ufficiale del fascismo, per ragioni tattiche, a me convincenti, finora non ha trattato né portato ad una soluzione, con chiarezza desiderata, la questione ebraica, resta nientedimeno indimenticata in Germania la di Lei lotta eroica contro la peste mondiale ebraica, ed ha trovato così questa lotta col conferimento dell'ordine più alto della nuova Germania la sua stima e riconoscenza[288].

In diverse circostanze Farinacci manifestò il proposito di mantenersi in prima fila nella politica antiebraica, e per tutto il 1938 non perse occasione per mostrarsi il più risoluto sostenitore dell'antisemitismo, rinfocolando la polemica, anche quando essa iniziò a scontrarsi con il Vaticano[289]. «Nessuna persecuzione e nessun affamamento», sosteneva per replicare alle accuse di plagio ideologico nei confronti del nazionalsocialismo, «gli ebrei nella Nazione potranno vivere liberamente; nello Stato no»[290]. Il 6 ottobre 1938, in Gran Consiglio, per l'approvazione della dichiarazione sulla razza, Farinacci parlò per primo e a favore dell'adozione dei provvedimenti discriminatori, ed entusiasticamente accolse la messa in vigore delle misure legislative e amministrative (del successivo novembre) che regolarono la nuova condizione degli ebrei in Italia[291].

Nello stesso '38, Farinacci (dopo aver ricevuto il «cenno» da Mussolini) attaccò frontalmente anche la Chiesa, che proprio sulla questione

---

[288] L. Pauler a R. Farinacci, 8 maggio 1938, in ACS, FRF, b. 32, fasc. *Pauler*.

[289] Così Farinacci in una significativa lettera a Mussolini (Cremona, 3 agosto 1938, in ACS, SPD, C/R, b. 44, fasc. *Farinacci*) per renderlo edotto della sua azione e chiedere indicazioni: «Mentre cerco con abilità di attaccare il contegno del Vaticano, tengo però contatto con una parte di Cardinali, i quali con Della Puma (segretario generale delle congregazioni) in testa non fanno mistero della loro avversione ai discorsi che si fanno fare all'ormai stravecchio Papa. Da qualcuno di questi ho saputo: a) il discorso del Pontefice è stato ispirato da monsignor Pizzardo e dal conte Della Torre, il quale però ha dichiarato che dato il suo passato non intende fare una campagna antirazzista sull' "Osservatore Romano"; b) il discorso è stato reso più acido con aggiunte e riferimenti a precedenti dichiarazioni del Pontefice dalla Segreteria di Stato; c) al Papa è stato detto che la campagna antirazzista del fascismo porterà al divorzio, all'annullamento fra ebrei e cattolici, alla sterilizzazione degli ebrei; d) sul problema razzista i cattolici sono nettamente divisi; e) questa mattina il Papa ha voluto che la Segreteria di Stato gli portasse a Castel Gandolfo le copie delle pagine 72-75 del libro di Ludwig su Mussolini. Non ho sott'occhio questo libro, ma credo sia il caso di prevenire un eventuale attacco; f) la parte bene intonata del Vaticano si ritiene sicura che pochi provvedimenti di Governo (sequestri di bollettini diocesani, parrocchiali e di giornali cattolici) farebbero fare macchina indietro. Monsignor Pizzardo ha il terrore di una incompatibilità fra gli appartenenti al Partito e all'Azione Cattolica. Caro Presidente, è vero che la madre del Papa è un'ebrea? Se fosse vero sarebbe un vero spasso. Parto questa sera per Cremona, dove mi basterebbe un semplice cenno...».

[290] [R. FARINACCI], *Parola d'ordine*, «Il Regime Fascista», 31 luglio 1937.

[291] Per tutto cfr. R. DE FELICE, *Storia degli ebrei italiani sotto il fascismo*, cit., pp. 299-309.

razziale aveva fatto conoscere il suo dissenso dalla politica del regime. Fece, sostanzialmente, il suo solito discorso, Farinacci: occorreva che i cattolici decidessero, o di qua o di là, senza indugi, perché le organizzazioni cattoliche tenevano un atteggiamento «in pieno contrasto con le direttive e lo spirito del partito fascista», stavano uscendo dal campo religioso e i «politicanti in sottana», «vecchi ruderi del partito popolare», mimetizzati sotto la copertura dell'Azione cattolica, facevano opera politica[292]. Il problema razziale era esclusivamente politico e, ad ogni buon conto, la vecchia dottrina cattolica aveva predicato l'antisemitismo[293]. Polemica che poi si alzò volgendosi contro alcune affermazioni di Pio XI, sul carattere etico dell'individuo e dello Stato, che videro Farinacci riaffermare di fronte alle precisazioni vaticane il significato politico della «questione dei compiti e dei fini dello Stato», sottolineando il carattere a un tempo autoritario e totalitario di quest'ultimo nella concezione fascista e facendo chiaramente intendere che era il momento decisivo per eliminare quei «relitti popolari che trovavano usbergo nelle varie organizzazioni clericali»[294]. Proprio con una serie di conferenze dal titolo *La Chiesa e gli Ebrei*, Farinacci portò il suo affondo per conquistare la coscienza dei cattolici italiani alla politica antisemita, ricordando la secolare persecuzione della Chiesa contro gli ebrei e illustrando con dovizia di dottrina le sue affermazioni: il fascismo, diventando antisemita, non faceva altro che adeguarsi agli insegnamenti della Chiesa[295]. In breve, lo scopo di «creare un gran casino in mezzo alle gerarchie ecclesiastiche», come anticipato da Farinacci a Mussolini[296],

---

[292] Gli articoli di Farinacci, *Redde rationem*, *Spieghiamoci meglio* e *Secondo avviso*, «Il Regime Fascista», 12, 14 e 16 maggio 1938.

[293] [R. FARINACCI], *Un tremendo atto d'accusa*, «Il Regime Fascista», 29 agosto 1938.

[294] [R. FARINACCI], *Radio cronaca* e [R. FARINACCI], *Individuo, Stato e Chiesa*, «Il Regime Fascista», 22 luglio e 23 settembre 1938: «Per il fascismo lo Stato non è un ente estraneo all'individuo o a lui opposto in una lotta perenne, ma è la fonte stessa dell'autorità e della libertà, lo scopo supremo, universale, necessario della sua vita, che non può essere limitata alla sola lotta morale fra lo spirito e la carne. Lo Stato fascista è proprio il soggetto della storia, il dovere armato, la guida necessaria, la suprema autorità che interpreta la volontà di Dio e la realizza con l'opera di tutti gli individui. La libertà dell'individuo coincide perfettamente con l'obbedienza allo Stato, cioè con la realizzazione di quel fine per cui lo stesso individuo esiste ed opera, per cui soltanto è partecipe della storia e della vita divina».

[295] R. FARINACCI, *La Chiesa e gli Ebrei*, «Cremona Nuova», Cremona, 1938, p. 15: «Questi nostri interrogativi creano a noi cattolici una profonda tragedia spirituale. Noi non possiamo nel giro di poche settimane rinunciare a quella coscienza antisemita che la Chiesa ci ha formato lungo i millenni. Ma supereremo questa nostra tragedia, coscienti della nostra missione politica. Noi ricordiamo che lo spirito cristiano è l'energia più alta che sostiene gli uomini e i popoli europei e li conduce al combattimento per il servizio di Dio. E non vorremmo che la Chiesa perdesse la sua integrale missione educatrice occupandosi di questioni politiche che spettano solo al fascismo. Sì, perché il fascismo obbedisce alla storia, e conserva e arricchisce ai posteri l'eredità di Roma».

[296] R. Farinacci a B. Mussolini, Cremona, [s.d.], in ACS, SPD, C/R, b. 44, fasc. *Farinacci*.

ebbe qualche effetto e nel clero italiano la convinzione che le affermazioni dell'ex segretario «rispondessero in gran parte a verità» ebbe maggiore diffusione di quanto ipotizzabile: ma nonostante ciò la condanna rimaneva netta, tanto che – secondo fonti Ovra – il clero milanese non «scusa[va] la persecuzione antisemita quando questa intende[va] elevarsi a dottrina»[297]. In diverse occasioni Farinacci ricordava che quelle leggi «che soltanto in minima parte l'Italia aveva applicato contro gli ebrei, ci provenivano dai Concilii e dal diritto canonico»[298]; e sull'argomento la polemica con l'«Osservatore Romano» e con l'«Italia» continuarono ancora (ma producendo l'effetto opposto a quello desiderato, cioè urtarono la suscettibilità di molti cattolici e fascisti[299]), con Farinacci che si arrogava il diritto di parlare a nome dei «cattolici fascisti», che non avrebbero mai potuto accettare il filosemitismo espresso da gerarchie che parevano porsi fuori dalla Chiesa di Roma[300]. «Il Regime Fascista» affrontava il razzismo e l'antisemitismo soprattutto «da un punto di vista romano e cattolico»[301], e Farinacci (definito dall'organo vaticano «un cattolico d'occasione») si collegava pure, nel momento in cui la guerra civile spagnola si avviava alla conclusione, alla distanza che sembrava sempre più separare Chiesa cattolica e fascismo, ricordando bruscamente che «in sede religiosa i vinti e i vincitori – anche i vinti che giustamente e duramente la Chiesa ha colpito – risorgeranno in Dio, che solo li può giudicare. In sede politica le nazioni e i partiti combattono per essere giudicati dalla Storia»[302].

---

[297] Udine, 15 novembre 1938, in ACS, MI, PPFP, cat. A, b. 31, fasc. *Farinacci*.

[298] [R. FARINACCI], *Una commedia che deve finire*, «Il Regime Fascista», 27 novembre 1938.

[299] Così R. Rossi, Milano 28 novembre 1938, in ACS, MI, PPFP, cat. A, b. 31, fasc. *Farinacci*: «Farinacci sta rompendo l'anima a tutti gli italiani con la prosa villana e tracotante del suo giornale. La sua campagna contro gli ebrei è andata oltre i limiti fissati dai fascisti più accesi. Quella contro la Chiesa e contro il Papa sta sobillando intere masse di cattolici, e comincia a indisporre vaste zone di fascisti tesserati. Ma [non c'è] nessuna speranza che il sistema abbia a finire, perché egli parla come se disponesse pienamente delle direttive del Governo fascista».

[300] [R. FARINACCI], *Punti fermi*, «Il Regime Fascista», 15 novembre 1938.

[301] «Tutti i provvedimenti del Gran Consiglio e del Governo fascisti sono stati suggeriti dalla Chiesa», commentava riepilogando alcuni atti delle gerarchie ecclesiastiche: «continuare oggi a "mugugnare" contro i provvedimenti presi dal regime fascista, significa bestemmiare contro la Chiesa»; [R. FARINACCI], *Una commedia che deve finire*, «Il Regime Fascista», 27 novembre 1938.

[302] «Noi non ci siamo mai preoccupati dell'atteggiamento dei cattolici amici dei massacratori di religiosi e dei distruttori di chiese, per quanto riguarda la guerra di Spagna. [...] Ci preoccupiamo invece, come cattolici fascisti, della crisi che sta attraversando la Chiesa. Il Vaticano si preoccupa soltanto se in Italia nei Dopolavoro si balla, se i matrimoni con i convertiti d'occasione potranno avere effetto civile, se qualche segretario politico pretende che nei paesi i preti facciano i preti e non gli uomini politici, se le ragazze fanno ginnastica con le sottane più o meno corte; ma non s'avvede dell'anarchia che all'estero nel campo religioso ogni giorno si fa più minacciosa»; [R. FARINACCI], *Riprendendo il discorso*, «Il Regime Fascista», 20 novembre 1938.

Era stato il primo, Farinacci, nella incertezza sul da farsi del gruppo dirigente fascista[303], a suggerire a Mussolini l'opportunità della guerra civile spagnola, tanto che già il 6 agosto 1937 si era messo a disposizione per ogni iniziativa utile, «senza compromettere il governo», nella speranza «che gli avvenimenti spagnoli ci mettano, quanto più presto possibile, nella condizione di poter intervenire»[304]. E il primo a raccogliere, rilanciandola, la sfida dell'antifascismo internazionale, che concepiva la Spagna come l'occasione per scongiurare l'avanzata delle destre radicali in Europa[305]. Senza dubbio, in quel periodo la considerazione di Mussolini verso Farinacci era risalita («Farinacci è ora in linea» avrebbe confessato al direttore de «Il Popolo d'Italia», il 3 marzo 1937[306]) e anche per questo il duce decise, percorsa ormai la strada dell'intervento nella questione spagnola, di affidare a Farinacci l'importante incarico di "inviato" del regime nella Spagna nazionalista. Munito di ampie credenziali, Farinacci si presentò il 1° marzo 1937 a Franco, il quale gli mise a disposizione il fratello, Nicolás. Ufficialmente inviato per «rendersi conto della situazione e per esporre le idee [di Mussolini] circa il futuro», e accompagnato nella missione dai fidi Canevari (per le questioni militari) e Varenna (per gli aspetti economici-commerciali)[307], Farinacci non perse tempo e già il 5 marzo relazionò il duce sulla situazione politico-militare[308]: «le mie impressioni – sintetizzò – non sono rosee». E infatti, nella prospettiva italiana di chiudere quanto prima la pagina dell'impegno in Spagna, nonché di organizzare un sistema politico simile al modello italiano, le previsioni nutrite da Ciano e da Mussolini sembravano destinate a non vedere celere realizzazione, spingendo invece la politica estera italiana «verso le sabbie mobili»[309]. Per Farinacci Franco non sembrava l'uomo adatto a garan-

---

303 A. AQUARONE, *La guerra di Spagna e l'opinione pubblica italiana*, «Il Cannocchiale», n. 4/6, 1966, p. 24.

304 R. Farinacci a B. Mussolini, Cremona 6 agosto 1936, in ACS, SPD, C/R, b. 44, fasc. *Farinacci*.

305 Nella sua prefazione al volume di J. ARRARAS, *Il generalissimo Franco*, Bompiani, Milano, 1937, Farinacci ricordava: «La questione spagnola è uscita prontamente dal piano nazionale per assurgere a grande questione non solo internazionale, ma ideologica. Oggi [...] non si lotta e non si lotterà soltanto per salvare la Spagna dal bolscevismo, ma per salvare il Mediterraneo e forse tutta l'Europa dalla espansione della ideologia asiatica; le due forze opposte che si contendono l'avvenire: fascismo e comunismo, schierano colà direttamente e indirettamente le loro forze politiche, diplomatiche e militari».

306 G. PINI, *Filo diretto con Palazzo Venezia*, Cappelli, Bologna, 1950, p. 88.

307 E. CANEVARI, *Roberto Farinacci, l'uomo che ha sempre detto la verità a Mussolini*, III, «Meridiano d'Italia», 29 luglio 1958.

308 R. Farinacci a B. Mussolini, Salamanca 5 marzo 1937, in ACS, SPD, C/R, b. 44, fasc. *Farinacci*.

309 Cfr. R. DE FELICE, *Mussolini il duce. II. Lo Stato totalitario, 1936-1940*, cit., p. 331 e sgg.

tire quelle previsioni, perché – e i fatti gli avrebbero dato ragione – non aveva «ancora nessuna idea precisa di quella che sarà la Spagna di domani. Si preoccupa[va] soltanto di vincere la guerra e di mantenere poi, per un lungo periodo, un governo autoritario (o dittatoriale) per ripulire la nazione di tutti coloro che hanno avuto contatti o simpatie per i rossi». Perché mostrava di voler applicare un indefinito «programma corporativo» e di rifuggire l'appoggio dei falangisti, movimento filofascista sul quale Roma, e Farinacci in particolare («ho avuto un lungo colloquio coi capi della Falange, la quale è l'unico movimento che guarda a Roma e sia entusiasta del fascismo. I falangisti sono d'accordo di incontrasi con me e con i capi dei requetes per gettare le basi di un nuovo movimento nazionale, che Franco dovrebbe valorizzare ed utilizzare»), preferivano invece puntare:

> [Con Franco] ho sostenuto la necessità che egli prepari un suo programma concreto per affrontare il governo dopo vinta la guerra e soprattutto che egli si crei, con le altre forze che hanno dato volontari combattenti, un Partito Nazionale spagnolo, che poggi per ora su pochi postulati, ma che però assuma subito un orientamento deciso verso le classi lavoratrici. Su questo argomento ci siamo trattenuti a lungo [...]. Non ti nascondo però che l'uomo è politicamente digiuno.

Farinacci si disse inoltre convinto che l'amicizia di Franco verso l'Italia non fosse sincera, che i tedeschi aspirassero a influenze di natura commerciale, che i reparti militari italiani fossero carenti nei quadri di comando, che gli spagnoli non fossero «animati dal desiderio di finire questa carneficina», che i tempi si allungassero, e concludeva che per la questione istituzionale Franco non aveva pregiudiziali... Tale questione, sebbene solo accennata, non era di poco conto, in considerazione che Farinacci – come indiscrezioni della stampa inglese avevano diffuso – sarebbe stato inviato col preciso compito di persuadere il generale a ripristinare la monarchia e ad accettare come sovrano il duca d'Aosta[310]. Il progetto sarebbe stato molto ambizioso, ma dalle discussioni con Nicolas Franco appare piuttosto probabile che Farinacci non andò, semmai, oltre un'intelligenza del pensiero di Franco circa la restaurazione della Monarchia, condividendo il cauto atteggiamento tenuto sul momento dal capo nazionalista. Viceversa Farinacci manifestò ripetutamente l'esigenza che Franco fugasse i dubbi sulla permanenza della dittatura personale militare e approntasse quanto prima, invece, un vero

---

[310] R. CANTALUPO, *Fu la Spagna. Ambasciata presso Franco. Febbraio-aprile 1937*, Mondadori, Milano, 1948, p. 146-153; secondo il quale, tuttavia, «il fatto del duca d'Aosta era un'illusione di Mussolini» e «Franco non voleva sentirne parlare».

e proprio governo politico, che si basasse sul «partito nazionale». Consigliò a Franco una apertura verso i maggiori leader dei vari movimenti nazionali e le linee d'azione:

Il programma del partito dovrebbe essere basato su una politica veramente popolare e quindi: farsi propulsore di una *riforma agraria* che permetta ai contadini un miglior tenore di vita; istituire le *otto ore* per i lavoratori delle industrie in genere; creare i *Sindacati nazionali*, direttamente controllati dal Partito prima, dallo Stato poi; creare quindi delle *commissioni arbitrali* e *una magistratura del lavoro*, che dovrebbero regolare i vari rapporti fra le varie classi e le varie categorie per evitare scioperi e serrate di qualsiasi genere, che una apposita legge dovrebbe non solo vietare, ma colpire; istituire organismi di *previdenza sociale* [...]; creazione di una *Milizia volontaria nazionale*, dove dovrebbero essere raccolti tutti i volontari che hanno combattutto contro il nemico rosso; creazione di un *movimento femminile* [...], di *organismi giovanili* [...], di *istituti di cultura e propaganda* [...]. Naturalmente, quando questo partito si sarà inserito, con tutte le sue organizzazioni, nella vita dello Stato, ogni altra attività politica deve essere messa al bando, e così pure non vi può essere che una sola stampa, quella nazionale. Preparare la coscienza nazionale ad una *costituzione politico-corporativa*, che tenga anche conto dei vari problemi regionali, per far sì che il separatismo non abbia più ragione di esistere. [...] Infine bisogna affermare che il nuovo potere sarà *totalitario e autoritario*, quindi tutte le nomine devono venire dall'alto e a tutte le cariche nazionali e provinciali dovranno essere chiamati solo gli iscritti al partito[311].

Nel giro di breve tempo, Farinacci riuscì a farsi apprezzare dai nazionalisti, che anzi ne richiesero a Roma, più volte e con insistenza la sua presenza («è molto stimato anche dai comandi spagnoli. In questi ultimi giorni di grande burrasca, tutti chiedevano di lui»)[312]; anche Santorre Vezzari, il più importante agente dello spionaggio italiano nella penisola iberica, si mise al suo servizio, tenendolo aggiornato sugli sviluppi della situazione[313], mentre aveva persino messo in piedi l'embrione di un nucleo di fiduciari militari (il più spregiudicato e che fornì preziose notizie era l'antico capo squadrista Augusto Regazzi) per i collegamenti con le maggiori personalità spagnole e i vari gruppi poli-

[311] «Sul problema monarchico, nessuna pregiudiziale, sul momento. Solo quando il generalissimo Franco avrà organizzato la nazione, il Partito potrebbe decidere. Anche i monarchici più sfegatati dovrebbero comprendere che, prima di nominare un re occorre sistemare questa guerra rivoluzionaria e soprattutto occorre preparare la coscienza popolare all'avvenimento, per non mettere il monarca di fronte a seri imbarazzi. Inoltre questo margine di tempo darebbe modo di conoscere il sentimento della nazione pro o contro la monarchia»; R. Farinacci a N. Franco, Salamanca 10 marzo 1937, in ACS, MCP, Reports, b. 48, fasc. 10.

[312] A. Regazzi a S. Vezzari, Siviglia 21 aprile 1937, *ibidem*.

[313] S. Vezzarri a R. Farinacci, Roma 11 maggio 1937, *ibidem*.

tici[314]. Parve non avere simpatie personali per alcuna di quest'ultime, salvo poi apprezzare il generale Millan Astray e Largo Giménez Caballero (che ospitò più volte anche a Cremona e che considerò suo referente principale[315]). La missione, non solo per le insanabili divergenze di propositi con l'ambasciatore Cantalupo, non sortì tuttavia effetti concreti per la politica italiana, né valse a gettare le fondamenta politiche per una possibile stretta fascistizzazione della Spagna[316], ma servì comunque a Farinacci per una conoscenza di importanti elementi di carattere internazionale e, soprattutto, militare, che gli sarebbero tornati utili negli anni avvenire[317].

Farinacci, nel contempo, accentuò ancor di più la polemica antifrancese e antibritannica, con violenti articoli sul suo quotidiano («torrenti di sangue dividono oggi due concezioni e due obbiettivi»...) e si fece assertore di una politica di stretta amicizia con la Germania («nessun contrasto di interessi fra noi e il popolo tedesco; reciproca simpatia e ricordo di alleanze e stima, concordia di pensieri e di regime politico e di ideali»), esaltando l'asse Roma-Berlino, verso cui andavano orientandosi i «popoli giovani d'Europa»[318]. Era sua ferrea convinzione che la democrazia «stesse scivolando inesorabilmente verso il comunismo», che occorresse «troncare subito i rapporti con quei governi filobolscevichi», e che lo scontro del fascismo con le «decadenti democrazie occidentali» fosse nella logica delle cose e da anticipare quanto prima, in virtù di una presunta «debolezza spirituale» delle potenze rivali: «se [Londra e Parigi] si sentissero in grado di reagire, considerando l'attuale inefficienza bellica britannica e la debolezza interna di una Francia semibolscevizzata, è indubbiamente meglio menare le mani oggi, che in un domani lontano e cioè quando farà comodo ai nostri nemici»[319]. Erano posizioni minacciose, che la diplomazia internazionale non esitò a classificare come «ferocemente guerrafondaie» e sollevarono

---

[314] Farinacci rientrò in Italia dopo un paio di settimane, il 20 marzo, ma i suoi contatti erano stati molto proficui; Cantalupo avrebbe ricordato: «Mio timore fondamentale era che l'affinità fra falangisti e Farinacci fosse più operosa e vigorosa di quella fra Franco e me»; R. CANTALUPO, *Fu la Spagna*, cit., p. 151.

[315] Cfr. l'interessante dibattito-conferenza di Giménez Caballero e Farinacci a Cremona; «Il Regime Fascista», 30 gennaio 1937.

[316] J. F. COVERDALE, *I fascisti italiani alla guerra di Spagna*, Laterza, Roma-Bari, 1977, p. 176.

[317] E. CANEVARI, *Roberto Farinacci, l'uomo che ha sempre detto la verità a Mussolini*, IV, «Meridiano d'Italia», 5 agosto 1958.

[318] *"Uno sguardo sull'Europa". Conferenza dell'on. Farinacci*, «Il regime Fascista», 7 maggio 1937.

[319] [R. FARINACCI], *Responsabilità e malafede di Londra e Parigi* e *Troncare i rapporti*, «Il Regime Fascista», 25 giugno 1937.

proteste ufficiali dei paesi interessati (una di queste, durissima, venne tra l'altro dalla Svizzera, «museo di una Europa mediocre e trapassata», per Evola[320]) o severi richiami governativi (per esempio quando il giornale attaccò violentemente la Cecoslovacchia[321]). Farinacci fu il primo ad alzarsi, in seduta di Gran Consiglio, per approvare l'uscita dell'Italia dalla Società delle Nazioni, l'11 dicembre 1937[322], come da tempo auspicava[323].

Dalla seconda metà del '37 Farinacci, un po' per scelta politica e un po' per cercare il definitivo rilancio della sua leadership nel regime, scelse di puntare irreversibilmente sulla collaborazione italo-tedesca e sull'accentuazione dei caratteri del fascismo in chiave nazionalsocialista[324], perché reputava che imboccare con decisione una politica estera di stretta alleanza con la Germania avrebbe portato «grandi risultati»[325]. Mussolini dovette intervenire più volte per frenare l'esasperato attivismo di Farinacci, impedendogli infine di partecipare alle manifestazioni del Partito nazionalsocialista a Norimberga, nel settembre[326]. Furono comunque i fatti a far comprendere che il più filotedesco dei gerarchi era Farinacci (il suo quotidiano salutò con articoli deliranti la visita di Hitler in Italia)[327], e nel settembre 1938 questi poté finalmente partecipare in pompa magna alle celebrazioni nazionalsocialiste a Norimberga, a capo della delegazione italiana, e in quella circostanza – accolto calorosamente[328] – conoscere i maggiori esponenti politici del Reich (Hitler, Goering, Hess e Streicher, col quale ultimo sembrava avere par-

[320] J. EVOLA, *Esperienze Svizzere*, «Il Regime Fascista», 24 settembre 1937; con tali articoli Farinacci si riproponeva di «mettere con le spalle al muro» anche l'antifascismo elvetico, lasciando intendere che pure coi vicini d'oltralpe potevano essere regolate questioni di... confine. La vicenda ebbe uno strascico diplomatico; cfr. Archivio storico del Ministero degli Affari Esteri, Ministero della Cultura Popolare, b. 184. Nei mesi successivi Evola iniziò una serie di articoli dall'estero, *Esplorazione europea*.

[321] D. Alfieri a R. Farinacci, Roma 9 aprile 1937, in ACS, MCP, Gabinetto, II versamento, b. 12, fasc. *«Il Regime Fascista»*.

[322] G. CIANO, *Diario, 1937-1943* (a cura di R. De Felice), Rizzoli, Milano, 1999, p. 67.

[323] [R. FARINACCI], *Via da Ginevra*, «Il Regime Fascista», 12 dicembre 1937. Farinacci era molto critico con la Società delle Nazioni e le democrazie occidentali anche per l'incomprensibile atteggiamento passivo da questa tenuto nei confronti del sistema di terrore instaurato da Stalin nell'Urss, sistema che il «Regime» non si stancava di denunciare e di condannare ([R. FARINACCI], *Un pazzo pericoloso: Stalin* e *Le quotidiane stragi ordinate dal Cremlino*, «Il regime Fascista», 11 settembre e 22 dicembre 1937).

[324] Cfr. «Il Regime Fascista», 12 settembre 1937.

[325] Cfr. R. CANTALUPO, *Fu la Spagna*, cit., p. 154.

[326] «7 settembre 1937 – Il duce, naturalmente, non vuole Farinacci in Germania e mi ha detto di aggiustare le cose in tal senso»; G. CIANO, *Diario, 1937-1943*, cit., p. 34.

[327] [R. FARINACCI], *Heil Hitler!*, «Il Regime Fascista», 3 maggio 1938.

[328] Cfr. «Il Regime Fascista», 6, 7, 8 e 9 settembre 1938.

ticolare comunanza di vedute e «Il Regime» lo presentava come «il Farinacci di Germania») e confermare la «completa unità di ideali e di intenti tra le due nazioni», che stavano già «dominando moralmente e diplomaticamente» i loro avversari[329]. Non passarono quattro mesi che Farinacci era nuovamente ospite a Berlino, ricevuto anche in quella circostanza con la massima attenzione dai vertici nazisti, Hitler in primis, e considerato come il «miglior amico di Germania»[330]: lo spionaggio fascista doveva quindi segnalare che «Hitler [aveva] molta stima per S. E. Farinacci e lo riteneva uno dei maggiori ingegni politici della nostra Patria»[331].

Farinacci parve non risentire nemmeno, sul momento, della perdita dei più stretti e fedeli collaboratori del «Regime»: Sanipoli, deceduto improvvisamente il 15 novembre 1937; Pantaleo, pensionato alla fine dello stesso anno ed escluso dalla redazione del quotidiano; Levi, il cui cognome tradiva origini "pericolose" per il capo; Masi, finito nell'occhio del ciclone con l'accusa di aver mantenuto contatti con ambienti dell'antifascismo italiano in Francia, arrestato e condannato al confino. Proprio per l'importanza di questi collaboratori, occorre spendere qualche parola per la vicenda che interessò Giorgio Masi: già direttore didattico delle scuole elementari di Cremona dal 1928, aveva sempre continuato a fungere da "portavoce" di Farinacci nel Pnf; sue "missioni", in proposito, erano state segnalate a Udine, Trieste, Como, Alessandria, non mancando di fare la "voce critica" verso la politica ufficiale e di Mussolini, per sondare l'opinione pubblica a beneficio del "capo"[332]. Dal '29 Masi venne schedato come sovversivo perché ritenuto a capo di un gruppo fascista dissidente, ma in realtà altro non faceva che divulgare senza sosta, insieme a Canevari, il pensiero di Farinacci: dettagliati rapporti di polizia mostravano quanto fosse aperta la campagna di denigrazione, per esempio, nei confronti del corporativismo, «sinistramente dipinto alla stregua del peggior bolscevismo» e quanto feroci le critiche allo stesso duce («non creda di arrivare a fare quello che Hitler ha fatto in Germania»). Masi e Canevari, sostenevano fonti accreditate di polizia, potevano permettersi quell'atteggiamento perché erano protetti da Farinacci, e di questi esponevano ovunque l'intimo pensiero: «se il duce non sterzerà a destra saranno guai per lui; il fasci-

---

329 M. CLAREMORIS [E. CANEVARI], *Fianco a fianco*, «Il Regime Fascista», 8 settembre 1938.

330 Cfr. «Il Regime Fascista», 26, 27 e 28 gennaio 1939, nonché ACS, MCP, Reports, b. 49, fasc. 6, *Viaggio in Germania*.

331 Nota fiduciaria, Roma 23 settembre 1938, in ACS, MI, PS, PPFP, cat. A, b. 32, fasc. *Farinacci*.

332 Cfr. ACS, CPC, b. 3127, fasc. *Masi Giorgio*.

smo è nato nella Val padana ed è capace di far valere i propri principi al di sopra e al di fuori delle megalomanie di un uomo»[333]. Il 28 luglio 1937, come fulmine a ciel sereno, Masi venne arrestato, in seguito a una vasta operazione di polizia che aveva portato al definitivo scompaginamento di Giustizia e Libertà nel cremonese, con l'arresto di una ventina di persone[334]. Era un brutto colpo, anche per Farinacci, perché con l'episodio potevano emergere connivenze e contatti non certo opportuni, tali di minarne la credibilità: Masi, il più stretto collaboratore di Farinacci, era accusato di contatti con due antifascisti giellini in Francia, Celeste Ausenda (la quale stava approntando un volume contro Farinacci) e Arturo Amigoni, i quali – secondo alcuni – sostenevano che Farinacci sarebbe stato l'organizzatore dell'attentato Rosselli[335]. In settembre Masi venne condannato a 5 anni di confino, e Farinacci riuscì solo a mitigarne i rigori[336]. Dopo pochi mesi, in dicembre, il duce (sommerso da asfissianti memoriali di Masi) volle essere magnanimo nei confronti dello "sfortunato" professore: accolse la richiesta di gra-

[333] Informativa di F. Bonetti, Milano, 4 luglio 1934, in ACS, MI, PPFP, b. 802, fasc. *Masi.*

[334] M. CANALI, *Le spie del regime*, cit., pp. 436-438.

[335] Così Amigoni a Ernesto Caporali, Parigi, 14 luglio 1937, in ACS, MI, PPFP, cat. A, b. 31, fasc. *Farinacci.*

[336] Piuttosto difficile la difesa di Masi, in quanto se era ipotizzabile un suo doppio gioco nei confronti dell'antifascismo fuoruscito e clandestino, esso non poteva essere confessato per non compromettere Farinacci (e già l'episodio suscitò profondo scalpore in quei termini); di seguito il riassunto delle conclusioni d'indagine: «La posizione giudiziaria del prof. Giorgio Masi, cui negli ambienti giellisti era attribuito lo pseudonimo di "Ing. Gaboardi", è confermata dai risultati degli interrogatori. Pur attraverso logiche reticenze, ha riconosciuto di essere legato da cordiali rapporti con l'Amigoni, socialista, prima e dopo che costui fosse assegnato al confino e di aver confidato a lui le critiche per l'atteggiamento del Regime in varie questioni, tra cui l'insegnamento religioso. Ha ammesso i suoi rapporti con le sorelle Ravazzani e con il Barabaschi. [...] Ha confessato di essersi trovato in grande disagio per la lettera indirizzatagli dall'Amigoni, che tendeva a comprometterlo, e di averla perciò distrutta, decidendosi solo dopo qualche settimana a rivelare tutto all'on. Farinacci, cui però nascose l'amicizia che lo legava all'Amigoni e all'Ausenda. [...] Si è dimostrato disposto a subire ogni specie di compromesso con i fuorusciti, i quali, sfruttando abilmente la sua debolezza, miravano a colpire attraverso la sua persona, quella dell'on. Farinacci, ritenuto ispiratore dell'assassinio Rosselli. Il Masi – che ha ammesso di essere egli stesso cosciente di questa critica situazione – la subiva, e sarebbe stato capace di qualsiasi transazione». Difficile, tra l'altro, anche ipotizzare che si fosse trattato di una trappola ordita dalla polizia politica (Amigoni non solo era già stato incontrato in passato da Farinacci in persona, nel 1932, ma era stato appena liberato dal confino e in stretto contatto con Bonetti...), essendo i rapporti di Masi con i due noti fuorusciti in stato piuttosto avanzato. Per la vicenda cfr. ACS, MI, PPFM, b. 129, fasc. 4. Tuttavia, nel propendere per l'ipotesi di una sorta di manovra tesa dagli antifascisti a danno di Farinacci, appare utile sottolineare che alla fine del 1938 una manovra simile venne tentata, dagli stessi Ausenda e Amigoni, anche a danno di Canevari, avendo diffuso ampiamente, i fuorusciti, indiscrezioni di essere in contatto con un «misterioso informatore» che forniva loro importanti servigi, e la cui descrizione corrispondeva, come appurarono indagini di polizia, a quella del colonnello; cfr. ACS, MI, PPFP, b. 230, fasc. *Canevari.*

zia avanzatagli da Farinacci, prosciogliendolo dalla pena e rispedendolo al soggiorno obbligato a... Cremona[337]. Con la perdita di Masi e Pantaleo la redazione del «Regime» (rimaneva solo Canevari a reggerne le fatiche[338]) subì un duro colpo, perché alla loro penna si dovevano i corsivi di Farinacci (così come gli importanti *Squadrismo: dal mio diario della vigilia, 1919-1922* e *Storia della Rivoluzione fascista,* apparsa nel 1939 in tre volumi[339]).

Ma Farinacci era ormai "integrato" nel regime, tanto che negli anni 1937-1939 tenne una ventina di importanti conferenze propagandistiche e non fu mai né richiamato né sconfessato dal Partito o da Mussolini, sebbene in tali manifestazioni (faceva sempre il tutto esaurito nei vari teatri, suscitando notevoli entusiasmi...[340]) assumesse sempre posizioni molto oltranziste, ferocemente antisocietarie, antisocial-democratiche e filotedesche[341], rivendicando all'Italia un posto centrale nella politica internazionale («senza l'Italia nulla è ormai possibile fare in Europa»[342]), mostrando di voler forzare la mano a Mussolini (mentre quasi tutti i gerarchi concordavano che l'Asse era impopolare nel Paese), piuttosto che farsi strumento di manovra per i disegni di questi. Alzò il tiro, col 1939, soprattutto contro la Francia, perché la considerava un pro-

[337] In realtà Masi, il 13 settembre, aveva chiesto la grazia al duce (che intanto provvedeva al sostentamento della disagiata famiglia e allo studio dei figli) supplicando di mandarlo in Africa orientale, «nel posto più rischioso e disagiato», ma – ottenutala e tornato a Cremona – nel febbraio del '38 si dette malato, e non ci volle più andare; cfr., ACS, MI, confinati politici, b. 638, fasc. *Masi*.

[338] Arrestato il 27 luglio 1943 per ordine di Badoglio, Canevari scrisse dal carcere di Cremona una poco dignitosa lettera al nuovo capo del governo ed ex rivale, con la quale, in sostanza, rinnegava i rapporti avuti con Farinacci. Molto probabilmente Badoglio non fece in tempo a leggere quella lettera, giuntagli il 4 settembre 1943. Una sola affermazione corretta, nel capovolgere completamente i fatti trascorsi e nel mistificare la realtà, Canevari si lasciò sfuggire, forse pensando gli fosse utile in quel momento, allorquando sostenne: «Si può immaginare forse... a Roma che la redazione de "Il Regime Fascista" fosse un covo di arrabbiati fascisti. Al contrario, in nessun giornale italiano si facevano fra i principali redattori, critiche più precise, più fondate e spietate sulla politica fascista»; E. Canevari a P. Badoglio, Cremona 26 agosto 1943, in ACS, MI, PPFP, b. 230, fasc. *Canevari*.

[339] R. FARINACCI, *Storia della Rivoluzione fascista*, «Cremona Nuova», Cremona, 1937 (I. *Il 1919*; II. *L'insurrezione rossa e la vittoria dei Fasci*; III. *La Marcia su Roma*), poi sintetizzato in R. FARINACCI, *Storia del fascismo*, "Cremona Nuova", Cremona, 1940.

[340] «La conferenza di sere or sono, fatta dall'onorevole Farinacci al Comando di Bologna, ha mandato in delirio tutto il fascismo della X^a Legione, che non si è mai stancato di acclamare l'oratore inneggiando al Duce. Farinacci ha saputo mettersi talmente a contatto col popolo che lo ha mandato letteralmente in delirio»; Roma, 24 febbraio 1939, in ACS, SPD, C/R, b. 44, fasc. *Farinacci*.

[341] *Dalle sanzioni al Convegno di Monaco*, «Il Regime Fascista», 11 novembre 1938.

[342] *"La vendetta della storia". Una conferenza di Farinacci al teatro Mercadante di Napoli*, «Il Regime Fascista», 25 novembre 1938.

blema ineludibile per la piena e definitiva unità nazionale (da qui le ripetute rivendicazioni di Corsica, Nizza, Savoia, Tunisia e Gibuti). In ogni circostanza ribadiva poi la comunione di politiche e di intenti tra Italia e Germania, due regimi finalizzati alla creazione di una nuova civiltà umana e di una nuova società politica[343]. Nel gennaio del '39, inoltre, Farinacci venne di nuovo ospitato a Berlino, ebbe stretti colloqui col Führer e con gli alti esponenti nazionalsocialisti: riscosse un grande successo proprio perché mostrò la faccia dura e non esitò mai a parlare apertamente dell'eventualità della risoluzione di forza dei problemi internazionali[344]. In questo aspetto risiede la maggiore contraddizione dell'azione politica svolta da Farinacci, contraddizione tra l'altro rivelatasi poi nefasta al fascismo e all'Italia, in quanto il far la voce grossa, l'assumere posizioni intransigenti e tese alla risoluzione di forza, non era atteggiamento giustificato, alla fine degli anni Trenta, dalle condizioni, pure militari, dello Stato, e proprio lui – attento ed edotto in proposito – bene avrebbe dovuto conoscere (e difatti conosceva, come si evince dalle segnalazioni da lui sottoposte a Mussolini) il grado di efficienza dell'esercito, le condizioni effettive delle forze armate o del Paese (né Farinacci poteva pensare che il *bluff* potesse riuscire più di una volta...). Il caso spagnolo, del resto, attentamente osservato sin dalla sconfitta di Guadalajara, parlava chiaro in proposito e Farinacci, ad onta dei suoi consigli a Mussolini[345], suggerimenti e previsioni (a partire dalla

---

[343] Cfr. l'importante discorso di Berlino, *Le aspirazioni dei due popoli. Un uguale programma, gli stessi nemici*, «Il Regime Fascista», 26 gennaio 1939: «Siamo portatori di una nuova civiltà, siamo due forze scaturite dal popolo con un contenuto squisitamente rivoluzionario, siamo un regime d'ordine e di combattimento, che non poteva essere che totalitario ed autoritario. Quindi noi siamo nettamente antidemocratici, antimassonici, anticomunisti, siamo contro tutti i partiti o fazioni che hanno per denominatore comune o per comune cemento lo spirito giudaico».

[344] Dall'estate del '38 lasciò più volte intendere che l'eventualità di un conflitto non doveva essere scartata, perché esso avrebbe potuto rivelarsi necessario per la risoluzione dei problemi dei «popoli giovani» e dalle loro «sacrosante rivendicazioni»; per questo, se aveva salutato come una vittoria diplomatica italiana la conferenza di Monaco, ritenne solo rinviato lo scontro di civiltà, essendo «trascorso il tempo dei compromessi» e parimenti «gli stati totalitari pronti a tutto osare per la loro dignità e per il loro avvenire»; cfr. [R. FARINACCI], *Il gioco è scoperto* e [R. FARINACCI], *Si ritorna alla ragione*, «Il Regime Fascista», 15 e 16 settembre 1938.

[345] In una lettera a Mussolini, dell'estate del 1937, Farinacci sottolineava la necessità di chiudere velocemente la pagina spagnola, che rischiava di compromettere la libertà di movimento della politica estera italiana, facendo alcune considerazioni piuttosto realistiche: «Si deve venire a una via d'uscita poiché il prestigio fascista è in gioco gravissimamente. [...] Che cosa vogliamo, in definitiva, in Ispagna? Che al momento della lotta che ci sarà, prima o poi, per il Mediterraneo, essi siano almeno neutrali. Allora bisogna convergere tutto a questo scopo. [...] È molto difficile pretendere invece che siano a noi apertamente alleati. Io non credo che convenga comunque mettersi d'accordo sul serio con gli inglesi [...]. Bisogna ostinatamente appoggiare Franco, dandogli quello che non ha,

riforma dell'esercito)[346], ben si doveva essere accorto della forbice che si apriva tra i sogni di grandezza e la realtà dei fatti. Anche alla vigilia dello scoppio del conflitto, alle manovre militari di Torino, Farinacci constatò l'inefficacia della riforma dell'esercito, nonché le deficienze militari (specie la motorizzazione), aggiornandone Mussolini, il quale tenne però a rassicurarlo sul grado di preparazione delle forze armate. Non solo per quanto concerneva l'esercito (aveva presentato uno studio a Mussolini, il 10 ottobre 1939, nel quale, in base a valutazioni di Canevari, si affermava il difetto strutturale dell'esercito stesso, la necessità di organizzare la guerra oltremare e sul mare) ma anche per gli altri corpi, in particolare la marina, Farinacci pareva troppo edotto sulla reale situazione per non comprendere il rischio di una politica di forza[347]. Proprio per queste ragioni l'atteggiamento intransigente e duro da lui reiteratamente assunto, effettivamente guerrafondaio (nell'agosto del '39 continuava a dirsi sicuro «della decisa prevalenza militare dell'Asse, anche in caso di guerra lunga»[348]), evidenzia ancor più le negatività della sua azione politica nella crisi di fine anni Trenta. L'unica plausibile spiegazione può rintracciarsi nella convinzione di Farinacci che il peso dell'Italia nel conflitto avrebbe potuto rivelarsi decisivo nel medio periodo e che, scoppiata la guerra, ritardare l'intervento a fianco dell'alleato avrebbe pregiudicato le possibilità di vittoria.

Intanto, comunque, «l'atteggiamento spregiudicato e coraggioso di Farinacci» aveva fatto crescere i consensi: l'ostico Bonetti era costretto a informare che «convergevano verso di lui le simpatie di moltissimi», e che l'ex segretario «stava guadagnando terreno ovunque»[349]. Le battaglie contro gli ebrei, continuava "Quinto", e la lotta a fondo contro il Vaticano lo avevano visto in prima linea, «il suo nome è apparso in

---

oppure liquidare la partita alla meno peggio, facendoci pagare le spese. Io sono per la prima via, ma allora occorre uscire dai mezzi termini, dare capi e grandi mezzi per vincere e non aiuti meschini e a spizzico (che in definitiva vengono a costare di più), ma facendosi dare in compenso garanzie politiche serie e adeguate per l'avvenire»; cfr. H. FORNARI, *La suocera del regime*, cit., p. 194.

[346] Canevari, con il suo snello volume *Insegnamenti tattici della guerra di Spagna* (Cremona, 1937) era riuscito a focalizzare non pochi aspetti deficitari delle forze armate italiane, sia in merito alla struttura in divisioni "binarie", nelle carenze dei quadri intermedi, nell'armamento (in particolare nei carri leggeri), e Farinacci aveva al riguardo riavviato sul suo quotidiano importanti discussioni sul tema, ancora una volta, tuttavia, bruscamente stoppato dal Ministero che, per bocca del sottosegretario Pariani, non esitò a tacciare di «disfattismo» quelle posizioni; cfr. A. Pariani a R. Farinacci, Roma 22 giugno 1937, in ACS, FATR, b. 1.

[347] E. CANEVARI, *Roberto Farinacci, l'uomo che ha sempre detto la verità a Mussolini*, IV, «Meridiano d'Italia», 5 agosto 1958.

[348] [R. FARINACCI], *Catastrofe delle plutocrazie*, «Il Regime Fascista», 23 agosto 1939.

[349] Nota fiduciaria di F. Bonetti, Milano 8 giugno 1939, in ACS, MI, PPFP, cat. A, b. 32, fasc. *Farinacci*.

determinati momenti come bandiera, la sua asprezza ed i suoi spregiudicati sistemi polemici lo hanno fatto ritenere l'uomo di punta del regime»; ma Farinacci era accusato di tenere una condotta ancora ambigua, perché se ufficialmente si mostrava come «apostolo del fascismo», in privato ostentava sentimenti moderati e critici, quasi trincerandosi dietro la giustificazione degli ordini ricevuti dall'alto e non esitando a far sapere a tutti che «non vuole passare alla storia come il carnefice degli ebrei, che egli non è d'accordo coi sistemi adoperati, e per meglio convincere alle parole fa seguire i fatti e si prodiga, non sempre disinteressatamente, per ottenere discriminazioni a determinati e non pochi ebrei e riesce nel suo scopo, come sempre e per tutto»[350]. Anche per il subdolo Rossi, Farinacci aveva ricominciato, «da buon demagogo, a recitare la parte dell'uomo di punta, agitando questioni spinosissime», solo per tentare di «imporsi nuovamente all'attenzione del Paese e riacquistare popolarità»; il suo filonazismo, la sua campagna razziale e antivaticana, erano giudicati strumentali per riacquistare credito personale, nell'ipotesi di possibili cambiamenti. Proprio per tenere vivo lo stato di agitazione perenne («la situazione politica internazionale e italiana poteva riservare delle sorprese», sosteneva Farinacci nelle riunioni coi neo-intransigenti), la Germania rappresentava l'alleato perfetto[351], e l'apologia del sistema tedesco, a ben vedere, finiva per creare insanabili fratture, concludeva Rossi, nella popolazione, sollevando infatti le polemiche razziste e antivaticane, «ondate di reazione spirituale contro il fascismo stesso»[352].

Per Farinacci, nell'accavallarsi veloce degli avvenimenti, non poteva esistere pace in Europa senza giustizia: «e non vi sarà giustizia, proclamava nelle sue affollate conferenze di propaganda, fino a quando la Germania non avrà riavuto le sue colonie e fino a quando all'Italia non torneranno tutte le sue terre e saranno riconosciuti i suoi diritti in Tunisia e a Gibuti» (e in questa sua polemica antifrancese aveva anticipato ancora una volta Mussolini, tanto che quando prese il via la campagna di stampa contro la Francia, orchestrata dal governo, Farinacci era già da qualche anno su quelle posizioni[353]). Solo la stretta alleanza con la Germania avrebbe garantito un successo italiano: «la nostra non è la solita alleanza, ma la fusione di due dottrine, di due capi e di due popoli nati dalla rivoluzione. Siamo legati per la vita e per la morte: la scon-

[350] Nota fiduciaria di F. Bonetti, Milano 29 gennaio 1939, *ibidem*.
[351] «Il Regime Fascista», 25 novembre 1938.
[352] Cfr. la relazione di R. Rossi, Milano 20 novembre 1938, in ACS, MI, PPFM, b. 158, fasc. *Segreteria generale del Pnf, 1931-1938*.
[353] Cfr. R. DE FELICE, *Mussolini il duce, II. Lo Stato totalitario, 1936-1940*, cit., p 552.

fitta dell'uno è la sconfitta dell'altro; la vittoria dell'uno è la vittoria dell'altro; la gloria dell'uno è la gloria dell'altro. Le mete sono identiche; gli avversari sono identici»[354]. Per questo non perdeva occasione per mostrare al duce che la strada della politica estera italiana era quella di Berlino, e doveva essere imboccata subito e senza indugio[355]; del resto la guerra spagnola aveva fatto da spartiacque tra gli stati totalitari e gli stati democratici: l'Italia e la Germania avevano definito un nuovo modello di Stato e di civiltà, che cozzava irriducibilmente contro il modello democratico e socialista «dell'internazionale ebraica e della giudeo-social-democrazia»[356]. La base fascista sembrava recepire favorevolmente queste tematiche – reiterate in maniera "scientifica" dai suoi collaboratori su «La Vita Italiana»[357] – tanto che i punti più caldi dei discorsi di Farinacci ricevevano aperto favore; a Bari, il 14 aprile, si ebbe la prova di questo consenso, allorquando l'ex segretario pronunciò un violento attacco contro la Francia, evidenziando – in una ricostruzione storiografica dovuta a Canevari e Masi – l'ostilità di questa all'Italia[358]; le ovazioni furono ininterrotte per trenta minuti, avendo dato Farinacci, in quella circostanza, il meglio delle proprie capacità retoriche: le rivendicazioni tedesche a est erano ineccepibili, quelle italiane sacrosante («Il Regime» aveva riavviato una martellante campagna per le terre irredente), il patto russo-tedesco di non aggressione un duro colpo inferto alle traballanti democrazie.

Ma si vedeva chiaramente che Farinacci non era più nelle condizioni di "anticipare" un progetto, navigando anch'egli a vista, salvo farsi convinto sostenitore di quanto maturava nella politica hitleriana, pas-

[354] *"Monaco e Ginevra". La conferenza di Roberto Farinacci al teatro Municipale di Modena*, «Il Regime Fascista», 2 marzo 1939.

[355] In questi termini iniziò a ragionare, dal dicembre '38, lo stesso Mussolini; R. De Felice, *Mussolini il duce. II. Lo Stato totalitario, 1936-1940*, cit., p. 571 e sgg.

[356] «Lo Stato è volontà di un fine che non si può attuare senza un popolo e una forza e un territorio e una civiltà, senza una tradizione e una coscienza eroica di operare nella storia. Lo Stato è creazione della civiltà nazionale, è religione della storia e fede nel valore divino dell'uomo. Senza un'alta passione che sostenga l'uomo a dare la vita, non sta in piedi una compagine sociale! Ebbene, l'autorità dello Stato è tutta in questa partecipazione e obbedienza degli uomini a un fine comune e necessario: la civiltà nazionale. Solo in questa azione eroica, per la quale si disciplinano gli interessi, le competenze, le volontà, solo in questa coscienza orgogliosa di essere e di interpretare la volontà divina si difende la libertà»; *"Stati totalitari e Stati democratici". Una conferenza di Farinacci al teatro delle Muse ad Ancona*. «Il Regime Fascista», 6 marzo 1939.

[357] Cfr. le campagne giornalistiche sul razzismo, sui provvedimenti antiebraici, sulle «potenze occulte», le società anonime, le sette segrete e la «demoplutocrazia», di Canevari, Sommi Picenardi e Pantaleo sul mensile di Preziosi nel corso degli anni 1937-1939.

[358] Cfr. *"Italia e Francia". Conferenza di S. E. Farinacci al teatro Petruzzelli a Bari*, «Il Regime Fascista», 15 aprile 1939.

sando disinvoltamente sopra le inevitabili contraddizioni, non solo teoriche, che tale allineamento comportava: agli stessi squadristi che chiedevano lumi sul significato del patto russo-tedesco, era costretto a fornire, nelle palesi contraddizioni ideologiche, inaccettabili risposte[359]. Non era un caso, dunque, se negli ambienti diplomatici e politici del Paese si notasse la cordialità con la quale Hitler e i tedeschi accoglievano Farinacci: lo stesso Goebbels, del resto, lo stimava come «un veterano fascista che segu[iva] la sua strada senza mai scendere a compromessi», come un politico «di grande fascino» e lo reputava «non soltanto un uomo energico, ma anche [un] fedele amico della Germania», su cui poter «contare ciecamente»[360]. Anche per Ciano l'ex segretario del Pnf era uno dei pochi assolutamente convinti germanofili, l'unico, senz'altro, con un peso politico[361].

Farinacci giudicò inevitabile la scoppio del conflitto («Danzica non può essere che una fase delle rivendicazioni totali dei diritti tedeschi e italiani») e valutò, obtorto collo, utile la temporanea posizione di non belligeranza solo per lasciare tempo alla Francia di cedere alle rivendicazioni italiane nei suoi riguardi, nonché per organizzare le modalità di intervento[362]. Non aveva mai dubitato sulla scelta di campo, considerando irreversibile l'alleanza con la Germania, nei confronti della quale non vedeva divergenze. Allo scoppio del conflitto parlò di definitivo «duello mortale tra due concezioni politiche, due sistemi di vita e di civiltà: la democrazia e il fascismo»[363]. Se notava «mirabile calma comprensiva, perfetta disciplina e fiduciosa attesa» del popolo italiano[364], in quegli incerti frangenti di fine '39, in realtà, come lui stesso sapeva, gli atteggiamenti dell'opinione pubblica erano il timore e l'avversione alla partecipazione italiana alla guerra, uniti alla diffidenza verso l'alleato tedesco[365]. Farinacci, che conosceva l'umore della popolazione, ben sapeva che particolare entusiasmo nella politica filotedesca il fascismo lo aveva solo nella base ex squadrista, nella vecchia guardia, nei giovani, ma che il Pnf (ormai gestito nelle sue strutture periferiche, così an-

---

[359] Genova, 24 marzo 1940, in ACS, MI, PPFP, cat. A, b. 32, fasc. *Farinacci*.

[360] Citazioni da *I Diari di Goebbels, 1939-1941* (a cura di F. Taylor), Sperling & Kupfer, Milano, 1984, p. 16 e 160 e J. GOEBBELS, *Diario intimo*, Mondadori, Milano, 1948, p. 534.

[361] G. CIANO, *Diario, 1937-1943*, cit., p. 346.

[362] [R. FARINACCI], *Vendetta della storia*, [R. FARINACCI], *Sereni, ma con l'arma al piede* e [R. FARINACCI], *La riconferma*, «Il Regime Fascista», 24, 25 agosto e 9 dicembre 1939.

[363] Cfr. gli articoli di Farinacci, *Pace o guerra?* e *Scegliere: o l'umanità o gli ebrei*, «Il Regime Fascista», 27 agosto e 7 ottobre 1939.

[364] [R. FARINACCI], *Né pessimismo, né ottimismo*, «Il Regime Fascista», 9 settembre 1939.

[365] Cfr. S. COLARIZI, *L'opinione degli italiani sotto il regime, 1929-1943*, Laterza, Roma-Bari, 1991, p. 295 e sgg.

che a Cremona, dalle nuove generazioni[366]) non garantiva una efficace mobilitazione, avendo sino ad allora perduto tempo prezioso: «l'inquadramento, ammoniva, era stato soltanto formale, non spirituale», e il Partito non era più «quel lievito animatore e quell'energia disciplinatrice di tutto e di tutti sotto la cui diretta vigilanza politica ogni cosa si svolgesse»[367]. Occorreva scendere di nuovo nell'arengo...

---

[366] Già col rinnovo del direttorio federale del gennaio '37 erano entrati nuovi esponenti del fascismo cremonese (degli storici esponenti solo Premoli e Giacomo Gerevini erano rimasti al vertice del Pnf; «Il Regime Fascista», 27 gennaio 1937) e negli anni successivi la trasformazione del Partito continuò in maniera ancor più accentuata (cfr. «Il Regime Fascista», 6 febbraio 1940).

[367] [R. Farinacci], *Vita di Partito*, «Il Regime Fascista», 10 dicembre 1939.

VII

«LA FEDELTÀ ALL'ULTIMA STAZIONE...»

Piuttosto contrariato dalle decisioni del Consiglio dei ministri con cui il 1° settembre 1939 venne ratificato il non intervento, Farinacci espose le sue perplessità in una lunga lettera a Mussolini[1]:

Mio caro Presidente, tu conosci troppo bene il disorientamento della pubblica opinione, di giorno in giorno reso più acuto dalla nostra stampa che, fatta eccezione per l'Inghilterra, si mostra garbata con tutti. Per il fatto solo che nessuno osa più scrivere la parola *Asse*, molti si sentono autorizzati a proclamare morto il nostro accordo con la Germania. Naturalmente tutti coloro, socialistoidi, democratoidi e cretinoidi, che furono contrari alla politica dell'Asse, la quale ci agevolò la conquista dell'Impero, la vittoria in Ispagna e la occupazione dell'Albania, incominciano a dire che se dovremo intervenire interverremo a fianco della Francia contro la Germania. Per costoro noi dovremmo accettare la politica dell'antifascismo internazionale, dei fuorusciti e degli ebrei. Sarebbe per l'Italia una grave iattura, perché nessuno ci prenderebbe più sul serio e perderemmo quel prestigio che tu ci hai fatto acquistare in tanti anni di lotta.

Io ho la sensazione che la Germania in brevissimo tempo metterà in ginocchio la Polonia e procederà subito contro la linea Maginot che, sotto l'urto di mezzi ultrapotenti, cederà, lasciando ai tedeschi di arrivare in brevissimo tempo a Parigi. La Germania deve vincere in pochissimi mesi, altrimenti se la guerra dovesse durare qualche anno, la vittoria arriderebbe sicuramente – sebbene dopo sacrifici enormi – all'Inghilterra e alla Francia, a cui gli Stati Uniti non negheranno in seguito il loro appoggio. Vi è qualcuno che già vede in caso di vittoria tedesca il pericolo per l'Italia. A parte che gli italiani saprebbero difendere casa loro, a me sembra che maggiore sarebbe il pericolo se noi lasciassimo sconfiggere la Germania la quale – è bene che il Paese lo sappia – in pochi mesi ritornerebbe nella sua efficienza.

L'opinione pubblica, seguitava Farinacci, non era favorevole al conflitto perché era dubbiosa sulla preparazione militare, biasimando che dopo 17 anni di regime l'esercito fosse in condizioni deplorevoli (da qui le precise critiche che lui e Canevari avevano mosso al Ministero

[1] R. Farinacci a B. Mussolini, Cremona 13 settembre 1939, in ACS, SPD, C/R, b. 44, fasc. *Farinacci*.

della Guerra[2]); il «non intervento», insomma, era un'umiliazione per il fascismo:

> Tutti sanno che la Marina è l'unica che è in efficienza; che l'Aviazione ha si e no un migliaio di apparecchi in piena efficienza; che la nostra produzione industriale sì e no è in grado di produrre una cinquantina di apparecchi al mese; e che sopra tutto le condizioni dell'Esercito sono catastrofiche. Io ritengo che nell'esercito non sia penetrato in nessun modo lo spirito fascista. Abbiamo avuto riguardo per certa gente che la rivoluzione doveva spazzare via. Non abbiamo avuto il coraggio di mettere a fianco del Re un Aiutante di campo fascista. Le uniche formazioni che veramente hanno risposto nell'attuale situazione sono i battaglioni di Camicie Nere. Sono discretamente equipaggiate e sono di spirito elevatissimo. Tutto ciò serve per dimostrare ai tradizionalisti che il mito "esercito" è tramontato per sempre. Se esso credeva di logorare la rivoluzione fascista si è fregato in pieno. E allora bisogna vedere se non sia il caso di ricorrere a un nuovo e ultimo ordinamento che faccia diventare le Forze armate un settore del fascismo.

Dopo aver descritto lucidamente il fosco quadro della situazione, Farinacci chiedeva si sfruttasse il non intervento per mettere in condizione la macchina bellica di partecipare quanto prima, con effetti risolutivi, al conflitto a fianco dei tedeschi, unica maniera per consentire la vittoria dell'Asse[3].

Ad ogni modo, ancora durante la seduta del Gran Consiglio del 7 dicembre, nella quale venne discusso l'atteggiamento italiano di fronte

---

[2] Dopo le manovre generali dell'agosto del 1939 a Torino, «impressionati dalle condizioni miserrime in cui versavano» le forze armate italiane, Farinacci e Canevari si fecero interpreti della situazione critica con Mussolini, il quale replicò che le «cose in sostanza non andavano tanto male», e lasciò loro, a conferma, la relazione del sottosegretario alla Guerra, alla quale molto meticolosamente Canevari rispose con una sorta di controrelazione (E. CANEVARI, *La guerra italiana. Retroscena della disfatta*, vol. I., cit., p. 570). Attraverso una rassegna delle condizioni delle forze armate, in particolare dell'esercito, Canevari e Farinacci concludevano che se fosse stata raggiunta l'ottimistica cifra indicata da Pariani di mobilitare 70 divisioni binarie, esse sarebbero state giocoforza – nelle condizioni dell'industria italiana del periodo – «male armate, male equipaggiate e soprattutto non [sarebbe] stata loro garantita quella alimentazione continua di armi e mezzi che la guerra imponeva». Si affermava che la capacità di produzione alla fine del '39 era addirittura inferiore a quella dell'ultima guerra e che neppure in oltre due anni e mezzo, a quel ritmo, si sarebbe stati in condizioni di sanare le deficienze di materiale bellico. Insomma, «era vano e tremendamente pericoloso fare della politica estera audace basata sopra il presupposto di uno strumento di guerra poderoso, quando questo strumento, al momento della prova, si deve spezzare fra le mani...»; la relazione di Canevari, il cui contenuto venne fatto proprio da Farinacci, in ACS, SPD, C/R, b. 44, fasc. *Farinacci*.

[3] R. Farinacci a B. Mussolini, Cremona 13 settembre 1939, in ACS, SPD, C/R, b. 44, fasc. *Farinacci*; parzialmente in R. DE FELICE, *Mussolini l'alleato. I. L'Italia in guerra, 1940-1943. 1. Dalla guerra "breve" alla guerra lunga*, Einaudi, Torino, 1990, pp. 35-36.

agli sviluppi del conflitto, «l'idea di un intervento a lato della Germania – come avrebbe sostenuto Acerbo – sembrò quella notte talmente sorpassata, da non venir nemmeno presa in considerazione; e gli accenni insistenti che ne fece Farinacci rimasero isolati e caddero nel vuoto». Neppure la possibilità di essere accusati di un nuovo «tradimento» dai tedeschi, ventilata dallo stesso Farinacci, parve trovare terreno fertile[4]. Ciononostante, sulle pagine del suo quotidiano, l'ex segretario continuò a condurre un'intensa campagna filotedesca, ferocemente ostile alle democrazie occidentali, tanto da far sorgere il dubbio di essere «al soldo» dei nazionalsocialisti[5]. Per le celebrazioni del ventunesimo annuale della fondazione dei Fasci, Farinacci pronunciò a Genova un discorso molto importante. Assalito più volte dalla sua stessa foga oratoria, riscaldò gli animi infreddoliti e bagnati della massa squadrista ligure, accorsa numerosa a salutare il vecchio capo (alte si levarono le grida «Farinacci ministro dell'Interno...»[6]). La scelta della città non era stata del resto casuale, perché forti erano le voci critiche verso la politica estera degli ultimi mesi («a Genova si mugugna più che altrove», sintetizzava Ciano[7]); ma nonostante l'impegno profuso, neppure dopo il suo discorso le riserve popolari poterono dirsi sciolte. La profonda incertezza dell'opinione pubblica era nota all'ex segretario, aggiornato da un efficace servizio informativo di antichi intransigenti del Partito e da un perspicace giornalista, Alberto Giannini, ex direttore dell'antifascista «Il Becco Giallo», arruolato da Farinacci nell'estate del '39 come collaboratore del «Regime». Giannini confidava a Farinacci di stare in guardia, perché l'antifascismo, pur allo stato sonnolento, era assai diffuso e anche nel Pnf le riserve e il malcontento erano forti[8]. Farinacci a

[4] Cfr. G. ACERBO, *Fra due plotoni di esecuzione. Avvenimenti e problemi dell'epoca fascista*, Cappelli, Bologna, 1968, p. 422. Anche secondo Grandi «un'atmosfera nettamente antinazista e antitedesca dominò la seduta del Gran Consiglio. L'unico il quale intervenne a difendere la Germania fu Farinaci [...] ma fece ciò debolmente e rimase un isolato»; in G. BIANCHI, *Perché e come cadde il fascismo. 25 luglio, crollo di un regime*, Mursia Milano, 1982, p. 112.

[5] D. SUSMEL, *L'infedelissimo fedele*, IV, «La Domenica del Corriere», 11 marzo 1969.

[6] «Il saluto all'ospite [Farinacci] da parte degli squadristi fu quanto mai appassionato, fervente, fragoroso. L'entusiasmo apparve in loro, quasi può dirsi travolgente, tanto che non pochi di tali squadristi apparvero visibilmente commossi, mentre altrettanto commosse e travolgenti si intese[ro] le grida e gli alalà rivolti allo squadrista Farinacci, all'onesto, al puro, al fido del Duce, ecc.»; nota fiduciaria di A. Ricchetti, Genova 26 marzo 1940, in ACS, MI, PPFP, categoria A, b. 32, fasc. *Farinacci*.

[7] G. CIANO, *Diario, 1937-1943*, cit., p. 400.

[8] A. Giannini a R. Farinacci, Roma 7 settembre 1939, in ACS, FATR, b. 1; «L'opinione pubblica è completamente disorientata da qualche giorno. Lo stato d'animo della maggioranza è però nettamente contrario alla guerra, ed è soprattutto contrario ad una guerra a fianco della Germania... e della Russia (la gente non ha capito il voltafaccia della

Genova fece dunque il massimo sforzo per far intendere che i tempi stavano scadendo:

> Andremo verso quella meta che salvi il nostro prestigio e difenda i nostri interessi. Noi abbiamo un solo dovere: essere coscienti dell'ora che attraversiamo, mobilitare gli spiriti, come l'esercito che si prepara sempre meglio e si agguerrisce, e sperare in una cosa sola, che se il conflitto si acuisca e si complichi, noi non si rimanga assenti. Gli assenti hanno sempre torto[9].

«Queste affermazioni sono state ascoltate tra un silenzio glaciale», notavano alcuni testimoni, ma anche altre frasi dell'oratore avevano trovato muta ostilità del pubblico: «il discorso di Farinacci non ha sollevato quelle ondate di entusiasmo che in altri tempi hanno caratterizzato ogni discorso del battagliero capo del fascismo cremonese. Anzi, alcuni accenni alla situazione internazionale, alla possibilità dell'entrata in guerra dell'Italia, all'esaltazione della Germania, al desiderio di ogni fascista di morire in combattimento, sono stati accolti con freddezza, ed hanno destato poi infiniti commenti». Ma la realtà era più complessa, perché se effettivamente molti camerati avevano visto «la eventualità di una guerra, specie coi tedeschi, come una jattura da accettare con disciplina», la massa degli squadristi, degli studenti e dei vecchi camerati aveva invero accolto con «elettrizzante entusiasmo» «l'esaltazione tedesca, la diana guerriera, gli accenni nettamente anti-francesi e anti-inglesi», a conferma di profonde divisioni nell'opinione pubblica – anche fascista – sul da farsi[10].

Germania con la Russia)». Ma Giannini informava argutamente il suo direttore ricordandogli quanto la stampa non esercitasse più un'influenza decisiva sul pubblico, non adempiendo neppure alla funzione di orientare quest'ultima; solo «l'"Osservatore Romano" era atteso con impazienza, e le sue copie andavano a ruba». Nello stesso fondo cfr. le numerose relazioni sullo stato del Pnf e del regime, inviate a Farinacci da alcuni suoi collaboratori.

[9] *"Mobilitare gli spiriti, essere pronti a ogni cimento"*, «Il Regime Fascista», 24 marzo 1940.

[10] «Nei commenti successivamente qui raccolti negli ambienti più popolari appare che il discorso di S. E. Farinacci abbia generato in parecchi la persuasione che la guerra sia inevitabile e prossima, quindi che il discorso medesimo abbia avuto lo scopo di preparare gli animi al cimento; tutto ché, a quanto sembra, ha generato ivi alquanta preoccupazione. Svariati altri di detti ambienti si intesero dire – a replica della frase verso la fine del discorso: "ebbene, noi andremo col popolo italiano e col Duce verso la via dell'onore, ecc." – che bisognerà vedere se proprio tutto il popolo si troverà d'accordo col duce nel calcolare questa via. [...]. In questi ceti medi e più elevati non pochi che appariscono tuttora attaccati alle speranze di pace e ai vantaggi della nostra posizione di non belligeranza, non si sono peritati di definire il discorso come inopportuno, comunque per esaltato [...] e non mancano di calcolare con alquanta riserva, per non dire freddezza, tanto la esaltazione tedesca quanto la finale del discorso suddetto. Nell'ambiente vecchio fascista e fra gli squadristi continua lo stesso entusiasmo e si ode ripetere che S. E. Farinacci fu preciso, esauriente, fascista al cento per cento e fece bene intendere, anche ai sordi, quale sia e sarà la politica del Regime e la sua direzione immancabile verso la partecipazione al conflitto, avverso ai franco-inglesi»; Genova, 26 marzo 1940, in Acs, Mi, PPFP, cat. A, b. 32, fasc. *Farinacci*.

Che il discorso pronunciato da Farinacci fosse stato incoraggiato da Mussolini appare probabile, anche dai riflessi all'estero: in Germania, infatti, venne valutato come uno dei passi più importanti per un imminente ingresso italiano nel conflitto; in Francia, invece, destò grosso scalpore e venne considerato un discorso «insolente, ringhioso, violento»[11], e lo stesso ministro Frossard sostenne che l'ostilità antifrancese manifestata in tale circostanza lasciava il Paese interdetto[12]. Certo è che da quel momento in avanti Farinacci non perse occasione per rivendicare l'immediato intervento, assumendo atteggiamento oltranzista. Aveva realmente fiducia nelle capacità della Germania e nella possibilità di una risoluzione piuttosto veloce del conflitto in corso, cui era indispensabile la partecipazione italiana, perché la non belligeranza non poteva essere confusa con la neutralità («da quando il fascismo è sorto non si è mai stancato di condannare la viltà dei popoli assenti»), e in questa ottica svolse una infaticabile campagna propagandistica, aliena da dubbi, incertezze e riserve – soprattutto di carattere militare – in cui si dibatteva invece la quasi totalità della classe dirigente fascista. «In questo momento – scriveva a Mussolini – l'opinione pubblica non deve essere fuorviata»: da qui gli strali contro il Vaticano e l'«Osservatore Romano», e contro i comportamenti titubanti di alcuni uomini del regime (De Vecchi, Federzoni e Balbo)[13]. Per Farinacci il Paese era pronto ad affrontare gli avvenimenti (mentendo a sé stesso sosteneva che l'esercito si era ben preparato negli ultimi sei mesi) e il 21 aprile, in un discorso ai lavoratori cremonesi, gettò definitivamente il dado: «siamo pronti a batterci e con le armi al piede»[14]. Il «capo della corrente germanofila»[15], come lo definiva Bottai, fu il primo ad affermare senza remore essere giunta l'occasione per risolvere «il problema della libertà italiana»[16], e non a caso celebrò, a Firenze il 27 maggio, la rassegna del volontarismo e lanciò l'impegnativo appello al duce: «siamo tutti pronti e attendiamo solo un comando!»[17].

Dichiarata la guerra, Farinacci (subito mobilitato con incarichi ispet-

---

[11] Fonobollettino n. 85, 26 marzo 1940, stampa francese, in ACS, MCP, Gabinetto, II versamento, b. 12, fasc. *«Il Regime Fascista»*.

[12] Cfr. *Meraviglie che meravigliano*, «Il Regime Fascista», 28 marzo 1940.

[13] Cfr. le due lettere di R. Farinacci a B. Mussolini, Cremona 25 gennaio e 5 febbraio 1940, in ACS, SPD, C/R, b. 44, fasc. *Farinacci*.

[14] *Un fiero discorso di Roberto Farinacci ai lavoratori cremonesi*, «Il Regime Fascista», 23 aprile 1940.

[15] G. BOTTAI, *Diario, 1935-1944*, cit., p. 188.

[16] [R. FARINACCI], *L'Italia pronta ad ogni cimento* e [R. FARINACCI], *La storia sta compiendo la sua vendetta*, «Il Regime Fascista», 9 e 25 maggio 1940.

[17] *"La lotta contro il comune nemico: spolverate le vostre giberne e affilate i vostri pugnali"*, «Il Regime Fascista», 28 maggio 1940.

tivi sul fronte occidentale quale luogotenente generale della Mvsn[18]) non esitò a considerarla esiziale per il regime stesso: «la nostra guerra, come quella della Germania, è rivoluzionaria e totalitaria: in essa si gioca il tutto per tutto e ad ogni costo dobbiamo vincere»[19]. La guerra avrebbe consentito la creazione di una nuova civiltà europea, fascista e nazista, e permesso il «grande Impero» fascista[20].

Farinacci si convinse, giocando troppo d'azzardo, che la preparazione militare e del Paese fosse bastevole per l'ipotizzata brevità del conflitto[21] (già parlava del dopoguerra, pensando ai vantaggi territoriali italiani che i suoi "canali" tedeschi gli avevano garantito[22]), e solo in autunno rivide alcune sue considerazioni in proposito all'organizzazione politica e militare dello Stato, tanto da chiedere immediatamente, sulla falsariga della Germania, il duro «clima di guerra» anche in Italia[23], e si scagliò proprio contro il vertice militare, in particolare contro Badoglio, capo di Stato maggiore generale, considerato responsabile dell'inefficienza dell'apparato militare e dei ripetuti insuccessi.

Nel frattempo era stato ancora ospite in Germania, ricevuto personalmente da Hitler, il 1° ottobre[24], e la visita non era certo di circostanza; il ministro per la Stampa, Dietrich, affermò senza alcuna retorica che «il nome Farinacci solleva[va] grande eco in Germania», e la sua popolarità era dovuta alla esatta interpretazione dello spirito e della volontà nazionalsocialiste che egli aveva sì efficacemente divulgato in Italia (Hitler riconobbe a Farinacci «la grande parte da lui giocata per l'approvazione del patto d'Acciaio»). Nel colloquio avuto col führer Farinacci cercò di illustrare la necessità di una politica antivaticana (come da lui svolta sul suo giornale), perché l'azione della Chiesa nei confronti dell'Asse era deleteria, in quanto mirata a far prendere ai cattolici le distanze dai sistemi politici totalitari e a farli guardare con maggiore simpatia «ai giudei, ai franco-massoni e a individui simili »[25].

---

[18] Cfr. «Il Regime Fascista», 22 giugno 1940.

[19] [R. Farinacci], *Il comando a Mussolini*, «Il Regime Fascista», 12 giugno 1940.

[20] [R. Farinacci], *Fede eroismo diritto*, «Il Regime Fascista», 9 maggio 1941.

[21] [R. Farinacci], *L'organizzazione della Nazione per lo stato di guerra*, «Il Regime Fascista», 5 giugno 1940.

[22] Farinacci avrebbe affermato con sicurezza: «noi avremo Tunisi, la Corsica, la Provenza fino al Rodano (quindi compresa Marsiglia), Gibuti, saremo compartecipi di Suez. La Germania avrà il Marocco, Togo, il Congo belga. Hitler vuole però un porto in Italia»; E. Caviglia, *Diario (aprile 1925 – marzo 1945)*, Casini, Roma, 1952, p. 271.

[23] [R. Farinacci], *Clima di guerra*, «Il Regime Fascista», 13 dicembre 1940.

[24] Farinacci ricevette persino la laurea honoris causa dal Politecnico di Hannover, cfr. «Cremona», 6 ottobre 1940.

[25] A. Hillgruber, *Les entretiens secrets de Hitler, septembre 1939 – décembre 1941*, Fayard, Paris, 1969, pp. 230-235. Farinacci aprì la discussione dicendo a Hitler che quella era la più bella giornata della sua vita, perché da lungo tempo desiderava l'alleanza ita-

Molti esponenti nazionalsocialisti, da Goebbels a Ley, si recarono a fare visita a Farinacci, il quale, nonostante un vivace scambio di battute con l'ambasciatore italiano Attolico che gli "rimproverava" quanto fossero inopportune e controproducenti le polemiche contro la Chiesa cattolica, rincarò la dose nel suo discorso allo Sportpalast, «tirando palle infuocate contro lo stesso Vaticano»[26]. Neppure in quella circostanza Farinacci deluse le attese degli alleati, e sostenne che l'Asse non avrebbe dovuto esaurirsi con la vittoria, ma avrebbe dovuto consolidarsi per insegnare «un nuovo credo al mondo»[27], una nuova visione politica, morale, culturale, che soppiantasse gli «obsoleti insegnamenti della rivoluzione francese»[28].

Gli attacchi virulenti al Vaticano e a quella politica «di riserve e di silenzi sostanzialmente critici con il regime» seguitarono ancora a lungo: «la Chiesa – disse alla vigilia del conflitto, chiosando alla Camera dei Fasci un discorso di Giunta – è stata la costante nemica d'Italia»[29], e il «veleno pacifista» che essa diffondeva attraverso il verbo del basso clero, specie nelle campagne, era pernicioso per lo spirito nazionale. Scesa sovente nella polemica più retriva (lo stesso Pontefice sulle colonne del «Regime» era chiamato «signor Pacelli»), la campagna antivaticana probabilmente non era stata incoraggiata dal governo né poteva considerarsi strumentale o utile all'azione di quest'ultimo come nel '38[30], ma era effettivamente sentita da Farinacci, convinto che la politica di «riserve» condotta dalla Chiesa cattolica italiana potesse aprire nel Paese un solco tra cattolici e fascismo (e così la pensava anche Mussolini[31]). Tale virulenta campagna non ebbe tuttavia buona accoglienza nell'opinione pubblica e suscitò proteste ufficiali della Santa

---

lo-tedesca; si disse ottimista sulla situazione e affermò che le operazioni erano a tal punto in stato avanzato che «si sarebbe potuto anche attendere»: sia perché gli americani nel frattempo non avrebbero potuto fare grandi cose, sia perché la Russia avrebbe avuto bisogno «di almeno 200 anni prima di potersi preparare ad un'azione». Queste affermazioni non convinsero certo Hitler, il quale si limitò a rispondere che al riguardo lui aveva comunque «preso le sue precauzioni»...

[26] Cfr. M. MAGISTRATI, *L'Italia a Berlino (1937-1939)*, Mondadori, Milano, 1956, p. 305.

[27] *Il Führer riceve Roberto Farinacci*, «Il Regime Fascista», 2 ottobre 1940.

[28] «La guerra presente non è soltanto una guerra di liberazione e di indipendenza dalla tirannide bene dissimulata, e più deleteria, degli imperi plutocratici, non è soltanto lo sforzo necessario – moralmente e fisicamente necessario – degli stati proletari per strappare un poco di terra e di spazio vitale ai detentori di terra e di ricchezze superflue: è una guerra anche di cultura, di idee e di influenza spirituali»; R. FARINACCI, *Relazioni culturali fra le Nazioni*, «Il Regime Fascista», 3 ottobre 1940.

[29] Cfr. G. BOTTAI, *Diario 1935-1944*, cit., p. 188.

[30] Anche Caviglia osservò che gli attacchi violenti al Vaticano, nella primavera del '40 erano già da tempo condotti autonomamente da alcuni intransigenti, come Giunta e Farinacci; E. CAVIGLIA, *Diario (aprile 1925 – marzo 1945)*, cit., p. 248.

[31] R. DE FELICE, *Mussolini il duce. II. Lo Stato totalitario, 1936-1940*, cit., p. 689.

Sede nei confronti del governo[32], ma certo era che Farinacci disponeva di alcuni fidati informatori in Vaticano (tra questi Mario Ottino, redattore dell'«Osservatore Romano») che non esitavano a illustrargli con dovizia di particolari la situazione e l'atteggiamento critico e filoinglese della curia[33].

Dopo il grave scacco subito con l'attacco alla Grecia (in dicembre si ipotizzò persino la risoluzione politica della vicenda...), Farinacci, il 9 novembre 1940, tornò a rivolgersi a Mussolini, cercando di farsi interprete dello sdegno («quasi tutti gli italiani non celano il loro stupore per il procedere della guerra in Grecia. Essi credevano che data la nostra lunga preparazione, le cose sarebbero state condotte a termine in una decina di giorni»), e – nel mettere in risalto i ben diversi successi tedeschi – attaccò Badoglio, chiedendone l'immediata sostituzione, e ipotizzò (pur definendolo «grande sciagura») l'aiuto tedesco per uscire dalla critica situazione[34]. Ricevuto da Mussolini, al quale espose le sue riserve sull'andamento delle cose, estese subito l'attacco a Badoglio sulle colonne del «Regime» e, come noto, lo tacciò di vero e proprio traditore[35], sì da ottenerne tosto l'esonero e la sostituzione con il farinacciano generale Cavallero[36].

Farinacci chiese poi di essere mobilitato e il 24 gennaio giunse in Albania (ma avrebbe preferito tornare in Africa Orientale), ancora nelle vesti di luogotenente generale della Mvsn, con incarichi ispettivi. Aveva in precedenza suggerito a Mussolini l'opportunità di creare una sorta di "commissario politico" da affiancare ai comandi militari, per sorvegliare da vicino la situazione, e in tale ottica concepì la sua funzione politica-militare, non mancando di relazionare con una certa chiarezza Mussolini, denunciando una serie di insufficienze logistiche e strategiche e proponendo celeri cambiamenti oltre, soprattutto, all'incremen-

[32] Cfr. G. ANGELOZZI GARIBOLDI, *Il Vaticano nella seconda guerra mondiale*, Mursia, Milano, 1992, p. 125.

[33] M. Ottino a R. Farinacci, Roma 20 dicembre 1940, in ACS, FATR, b. 1.

[34] R. Farinacci a B. Mussolini, Cremona 9 novembre 1940, in ACS, SPD, C/R, b. 44, fasc. *Farinacci*.

[35] Cfr. [R. FARINACCI], *Vittoria in pugno* e, soprattutto, [R. FARINACCI], *Dopo il discorso del Duce, zavorra... piccolo borghese*, «Il Regime Fascista», 19 e 23 novembre 1940.

[36] Molto probabilmente, come bene dimostrato, l'azione contro Badoglio di Farinacci fu esclusivo frutto dell'ex segretario, avendo questi anche dovuto scrivere a Mussolini, il 28 novembre, dopo le non poche polemiche suscitate negli ambienti militari: «Io ti domando scusa se ti ho creato questa grana, però ho la coscienza tranquilla. Quando ad arte si voleva affibbiare al Comando Politico la responsabilità dell'insuccesso greco e quando già in Italia si incominciava a discutere – se pur con prudenza – il mio Duce, ho sentito il bisogno di prendere un atteggiamento che ha cambiato completamente l'opinione pubblica». In proposito, comunque, cfr. R. DE FELICE, *Mussolini l'alleato. I. L'Italia in guerra, 1. Dalla guerra breve alla guerra lunga*, cit., p. 344 e sgg.

to della propaganda[37]. Al rientro in Italia, alla fine di aprile del '41, Farinacci, dopo aver salutato le vittorie ottenute a fianco dell'alleato tedesco nei Balcani e aver rinnovato con ferrea convinzione il suo acceso filogermanesimo[38] («la nostra alleanza coi tedeschi è un'alleanza naturalc, storica c spiritualc, non soltanto politica», tagliava corto[39]), concentrò la sua azione per: a) seguire attentamente il fronte interno, in vista di una guerra che si preannunciava impegnativa e tale da chiedere la mobilitazione di tutte le risorse, materiali e morali, del Paese[40]; b) teorizzare l'avvento di una «civiltà europea» fascista e nazista («l'opera fascista – ribadiva – mira al Grande Impero, che nessuno potrà negarci, al cospetto di Dio, al cospetto della Storia»), dilatando ancor di più le motivazioni e gli obbiettivi del fascismo nel conflitto[41]; c) attaccare gli Stati Uniti: Roosevelt, definito «cinico agente giudaico» («ebreo della Casa Bianca che serve la causa d'Israele»), era additato maggiore responsabile della situazione internazionale, colui che abilmente la sfruttava per coglierne i frutti migliori a cose fatte[42]. L'acceso antiamericanismo, e l'aperta condanna della civiltà giudaico-demo-plutocratica americana, stridevano con il silenzio nei confronti dell'anticomunismo, a

---

[37] Le relazioni sulla situazione in Albania (in particolare quella interessante di Canevari), in ACS, MCP, Reports, b. 49.

[38] *La campagna di Grecia e i suoi sviluppi* e *I cialtroni son serviti*, «Il Regime Fascista», 4 e 5 maggio 1941.

[39] *"Terremo duro e vinceremo". Discorso di Roberto Farinacci a Crema*, «Il Regime Fascista», 14 ottobre 1941.

[40] «Il Regime Fascista», 30 settembre 1941, discorso in cui Farinacci mise l'accento sull'aspetto più materiale nel sostenere le ragioni del conflitto nella massa popolare: «Noi siamo un popolo povero e se abbiamo accettato la guerra è perché volevamo uscire da questa situazione. Non possiamo permettere ai popoli ricchi di tenerci schiavi con la fame. Vogliamo che tutti abbiano pane e lavoro».

[41] [R. FARINACCI], *Fede, eroismo, diritto*, «Il Regime Fascista», 9 maggio 1941: occorreva distruggere «le ideologie e sentimentalismi democratici e liberaloidi che ancora stagnavano in molti italiani», per affermare invece «l'idea di un superiore diritto, l'idea imperiale, l'idea di un ordine superiore europeo e di una superiore comunità di civiltà e di destino». Parafrasando Evola, Farinacci scriveva a Pavolini: «A una coscienza nazionale (residuo democratico) bisogna sostituire una coscienza imperiale. Se il nostro popolo non sente la guerra come dovrebbe, ciò dipende appunto da una insufficiente maturità della coscienza e della volontà imperiale – cioè romana – della nostra gente, e nel persistere, invece, dell'attitudine nazionalista. I sostegni irredentistici dell'altra guerra sono venuti meno, e le altre ragioni politiche il popolo le ignora, o non le comprende, o le comprende poco. Per rendere veramente sentita questa guerra bisognerebbe ridestare nella nostra gente una vocazione romana, il senso, cioè, di una missione che va al di là dei confini della propria terra... un'altra facoltà di reazione, più pura, più libera, più travolgente del semplice sentimento nazionale». R. Farinacci ad A. Pavolini, Cremona 3 novembre 1941, in ACS, MCP, Gabinetto, II versamento, b. 12, fasc. «*Il Regime Fascista*».

[42] [R. FARINACCI], *Lui, l'agente giudaico* e [R. FARINACCI], *Cinico provocatore*, «Il Regime Fascista», 1° maggio e 10 luglio 1941, nonché, per la campagna antiamericana, «Il Regime Fascista», 13, 20 e 22 maggio 1941.

stento giustificato[43]. Soltanto con l'attacco tedesco all'Urss l'ex segretario parlò di «una fatale conseguenza» degli avvenimenti, di un «logico scontro tra due ideologie e civiltà diverse», di «crociata fascista» contro il bolscevismo anticristiano[44]: «L'Italia, con la dichiarazione di guerra alla Russia [...], ha voluto dimostrare che tutto il fascismo italiano, come per istinto, si esprime e si afferma in questo solenne atto. La guerra contro il bolscevismo riconferma le ragioni storiche e spirituali della lotta intrapresa in Europa, e richiama il fascismo alle sue origini, ne rinnova lo spirito e le forze morali». Con la guerra all'Urss, del resto, Farinacci chiudeva il cerchio della sua interpretazione ideologica del conflitto contro il «giudaismo e il comunismo» e poteva più agevolmente richiamarsi allo «scontro di civiltà» per il ristabilimento della «gerarchia dei valori»: «Oggi Roma e Berlino combattono a viso aperto contro tutte le Gerusalemme giudaiche che si sono riprodotte velenosamente a Londra, a Mosca a Nuova York. Ed è questa la nostra guerra: la guerra delle nazioni proletarie che in nome di Dio combattono per il vero cristianesimo, per un avvenire migliore, per la civiltà e la libertà di tutti»[45]. E giunse infine a contrapporre alla Carta Atlantica una serie di principi che avrebbero dovuto fungere da piattaforma ideologica alla guerra dell'Asse, quasi una sorta di preparazione di quella Carta d'Europa che l'Italia parve sul punto di riuscire a proporre nel '42[46], sostenendo Farinacci che la guerra avrebbe dovuto continuare sino al raggiungimento dei «nostri otto punti»[47]:

a) Europa agli Europei;
b) mettere in condizione gli ebrei, responsabili dell'attuale conflitto, di non poter più nuocere;
c) garantire ai nostri popoli – col possesso materiale – tutte le materie prime occorrenti;
d) libertà dei mari, allontanando definitivamente dai punti di obbligato passaggio i nostri carcerieri;
e) il lavoro sostituirà la schiavitù dell'oro;
f) annientare le plutocrazie e il bolscevismo, piaghe dell'umanità;

---

[43] «Questa è una guerra-rivoluzione contro le ideologie democratiche, contro le ideologie sonnifere, di cui si sono rivestite ipocritamente le potenze plutocratiche per contestare la loro odiosa onnipotenza e la schiavitù di quegli Stati che, essendo più valorosi, sono più poveri; di quegli Stati che, per avere più donato alla civiltà universale, meno avevano provveduto alla propria utilità»; *"Supremazia e missione del genio italiano e tedesco". Il discorso di Farinacci ad Hannover*, «Il Regime Fascista», 9 settembre 1941.

[44] [R. Farinacci], *Fatale conseguenza* e [R. Farinacci], *La crociata fascista*, «Il Regime Fascista», 24 e 27 giugno 1941.

[45] [R. Farinacci], *Dio contro Jahvè*, 28 giugno 1941.

[46] Cfr. R. De Felice, *Mussolini l'alleato. I. L'Italia in guerra, 1940-1943. 1. Dalla guerra breve alla guerra lunga*, cit., p. 460 e sgg.

[47] [R. Farinacci], *Un aborto clamoroso*, «Il Regime Fascista», 19 agosto 1941.

g) trionfo del cristianesimo, mondo da tutti gli impostori;
h) raggiungere una pace fraterna attraverso la concezione politica dell'Asse.

Ancora lontano dall'indicare una precisa definizione di questa «concezione politica dell'Asse» (pure in merito all'assetto corporativo il suo giudizio era assai diverso dalle teorie predominanti in campo fascista[48]), oppure dall'elaborare una sua originale interpretazione del conflitto (ripetendo assai pedissequamente i concetti della guerra «fascista e proletaria» per la difesa della civiltà europea[49]), Farinacci non giunse a "codificare", seppur a grandi linee, i confini della nuova Europa (anche in questo senso a dispetto dello sbizzarrirsi dei vari scrittori fascisti[50]), pur tuttavia Farinacci rinnovò il suo ruolo indipendente e di «sentinella vigile» additando al fascismo le varie «crepe nei muri maestri», che riteneva avessero fatto comparsa nell'edificio del regime. Verso la fine di settembre 1941 alcuni suoi articoli sul «Regime» destarono particolare scalpore all'estero, perché Farinacci aveva lanciato alcune pesanti accuse al sistema politico fascista, riconoscendo seri errori degli uomini, criticando la «trasformazione in una enorme e pesante organizzazione con una rigida burocrazia» del Pnf, sostenendo che molte leggi del regime non erano applicate e che il sistema corporativo aveva fatto «completa bancarotta»[51]. Se Farinacci, sosteneva la stampa estera, aveva sino ad allora sempre goduto «di una speciale libertà di enunciare opinioni estreme», non era tuttavia mai arrivato al punto di riconoscere fallimento al fascismo, ragion per cui si poteva ipotizzare che la situazione italiana fosse effettivamente difficile e che la saldezza del fronte interno fosse assai scossa. Il servizio stampa degli Esteri fu seriamente preoccupato per le sfavorevoli ripercussioni che gli attacchi di Farinacci (al quale non si assegnava soltanto il semplice ruolo di battitore libero, bensì quello più rilevante di «portavoce» della Germania) ebbero nella stampa inglese, statunitense, francese, portoghese e argentina[52], ripercussioni sfavorevoli che del resto si riproposero in numerose altre circostanze, sì da costringere il Ministero degli Esteri a fare pressioni sul Ministero della Cultura Popolare onde sorvegliasse con ferrea attenzione le "uscite" del «Regime».

---

[48] In proposito, M. GIANTURCO, *Il volto corporativo della nuova Europa*, Fratelli Bocca, Milano, 1943.

[49] [R. FARINACCI], *XXI aprile. Guerra fascista e proletaria*, «Il Regime Fascista», 21 aprile 1942.

[50] Cfr., ancora, l'antico collaboratore, M. GIANTURCO, *Lineamenti della nuova Europa*, Fratelli Bocca, Milano, 1941.

[51] Cfr. «Il Regime Fascista», 20 e 21 settembre 1941.

[52] Per tutta la vicenda, cfr. ACS, MCP, Gabinetto, II versamento, b. 12, fasc. «*Il Regime Fascista*».

Ma il bersaglio preferito di Farinacci era il Vaticano, che «remava contro», che guardava pietoso verso i nemici; e il cui ondivago atteggiamento non celava tuttavia l'assunzione di una posizione quasi sempre «contraria agli interessi dell'Italia»[53]:

> La guerra che si combatte ha messo di fronte due forze: il giudaismo e il cristianesimo. Ma i giudei sono tutti compatti. Non lo sono invece i cristiani di cui molti, o in buona fede o in malafede non avvertono il grave pericolo che incomberebbe sulla nostra civiltà se Israele dovesse trionfare. Ma Dio è più forte delle passioni e degli interessi e degli arbitri degli uomini e Dio guida le forze dell'Asse, anche se qualche prelato ha fatto causa comune con i nemici della nostra fede, della nostra religione[54].

Sulla falsariga di queste interpretazioni, auspicava che il governo italiano si allineasse a quello tedesco (nel settembre del '41 l'ex segretario del Pnf era stato nuovamente ospite a lungo in Germania, mentre le colonne del «Regime» davano maggiore spazio alle prese di posizione di Hitler che a quelle di Mussolini) nell'adozione di «rigori durissimi» verso gli ebrei[55]. Non a caso tra le gerarchie fasciste cominciò a circolare la voce che proprio Farinacci fosse stato "incaricato", con grave preoccupazione negli ambienti vaticani che paventavano tale indiscrezione, «di studiare una profonda riforma del fascismo, pareggiandolo alle norme vigenti nel nazionalsocialismo»[56]. In effetti nel 1941 il ruolo nel regime di Farinacci poteva considerarsi molto solido: pur non avendo ancora alcuna carica nel Partito o nello Stato, se non il titolo di ministro, a lui guardavano apertamente i tedeschi, in caso di possibili cambiamenti istituzionali, e molti ambienti fascisti, in caso di... successione. Iniziarono allora a circolare le prime notizie secondo le quali i tedeschi, sospettosi della fedeltà italiana, andassero organizzando un piano politico-militare che prevedeva un intervento in forze in Italia in caso di un eccessivo indebolimento del regime fascista[57], quel piano "Walkirien" che sarebbe stato pronto, sosteneva l'ambasciata d'Italia a Berlino, già nell'ottobre del '41:

> Il governo tedesco ci giudica ormai incapaci di vincere, non solo, ma troppo aperti alle influenze nemiche. Teme un colpo di Stato e non si fida del Re, nel

---

[53] Cfr. gli articoli di R. Farinacci, *Prelati nostri*, *Contro sé stesso*, *Dunque, è vero?* e *Giudaismo e comunismo,* «Il Regime Fascista», 10, 12, 20 giugno e 10 luglio 1941.

[54] [R. Farinacci], *Fonte sicura*, «Il Regime Fascista», 26 novembre 1941.

[55] [R. Farinacci], *Anche le beffe*, «Il Regime Fascista», 25 ottobre 1941.

[56] Nota fiduciaria di B. D'Ambrosio, Roma 9 luglio 1941, in Acs, Mi, PPFP, cat. A, b. 30, fasc. *Farinacci.*

[57] R. De Felice, *Mussolini l'alleato. I. L'Italia in guerra, 1940-1943. 1. Dalla guerra breve alla guerra lunga*, cit., p. 388.

quale sente un irriducibile nemico. Ha concluso che è necessario saltarci addosso alla prima occasione, magari suscitando incidenti all'interno del paese. Tre divisioni sarebbero pronte ad Innsbruck [...] per passare il Brennero al primo segno. A Roma il Sovrano e il Principe sarebbero arrestati e soppressi [...]. Mussolini sarebbe costretto ad assumere una carica puramente formale e tutti i poteri passerebbero a Farinacci, divenuto una specie di Quisling nelle mani, beninteso, della Gestapo[58].

L'entourage farinacciano non si stancava di ripetere che l'ex segretario aveva rifiutato il portafoglio dell'Interno, offertogli da Mussolini, proprio perché mirava piuttosto, nell'avvenire, alla carica di capo del governo, nel caso il duce, per una ragione o per un'altra, «venisse a mancare...»[59]. Del resto, sostenevano diverse note fiduciarie, «il Ministro Farinacci aveva chiaramente provato le sue illuminate possibilità di uomo politico, la cui azione insindacabile gli permette di essere considerato nel Regime l'uomo più attivo e forse più potente che ci sia oggi, come lo fu ieri, nel Paese»[60]. E questo avveniva mentre lo spionaggio politico segnalava con dovizia di particolari quanto fosse ripresa l'equivoca azione di Farinacci e quanto la sua potente organizzazione politico-affaristica avesse ingenerato tale confusione da mimetizzarsi pienamente nel potere costituito, legale e morale; «l'incubo-Farinacci», insomma, si era nuovamente materializzato, e stavolta pareva che l'occulta organizzazione dell'ex segretario del Pnf fosse più consistente che nel passato, tanto che molti giudicavano Farinacci «avesse creato non più e non soltanto un partito nel Partito, ma anche uno Stato nello Stato»[61]. I lavoratori italiani rimpatriati dalla Germania, poi, erano concordi nel testimoniare che nel Paese alleato era diffusa la convinzione che «Farinacci valesse molto di più dello stesso Mussolini», e Bonetti – imperterrito – richiamava costantemente l'attenzione sulle confidenze carpite nella Val padana, secondo cui «morendo Mussolini, l'unico che poteva sostituirlo era Farinacci», e che non era detto che egli non avesse dovuto «sostituirlo anche in vita»[62]. Si trattava di affermazioni spesso artatamente costruite e i cui eccessi dovevano servire soprattutto a urtare il già guardingo giudizio di Mussolini, ma esse provenivano da fi-

[58] L. SIMONI [M. LANZA], *Berlino ambasciata d'Italia, 1939-1943*, Migliaresi, Roma, 1946, p. 256: «Queste notizie provengono dalle fonti più disparate e tracciano un identico quadro della procedura che si vorrebbe seguire: artificiosa creazione di subbugli; intervento della polizia; chiamata in aiuto dei tedeschi; arresto e soppressione del Re e del Principe di Piemonte; sostituzione di Farinacci a Mussolini».

[59] Roma 6 e 14 dicembre 1940, in ACS, MCP, Gabinetto, b. 195.

[60] Piacenza, 21 febbraio 1941, in ACS, MI, PPFP, cat. A, b. 30, fasc. *Farinacci*.

[61] Nota fiduciaria di G. Baldacci, Milano 22 maggio 1941, *ibidem*.

[62] Nota fiduciaria di F. Bonetti, Milano 25 settembre 1941, *ibidem*.

duciari e da ambienti troppo diversi per non avere al fondo qualche verità, non ultima quella che voleva settori bancari e industriali settentrionali ancora sotto l'influenza di Farinacci, il quale pareva controllare anche gli umori della Borsa di Milano[63] (da qui la denuncia di nuove importanti speculazioni del gruppo farinacciano, in particolare con la Snia Viscosa, con la Società anonima di costruzioni edilizie, con l'industria dolciaria Motta[64]). Appariva inoltre manifesta, d'altro canto, anche la rinnovata attività critica de «Il Regime Fascista», che non esitava a reiterare le solite «punture di spillo» al regime, persino in materia economica. E alcuni ministri trassero le conclusioni che i poco lusinghieri giudizi e le critiche valutazioni di Farinacci per Mussolini (anche Bottai segnalava sul suo diario quanto Farinacci permanesse «sempre sfiduciato sulla validità del duce a superare la situazione», il 12 novembre 1941[65]) preludessero a una rinnovata contrapposizione frontale fra i due. Diversamente dagli anni Trenta, invece, pareva essere diminuito il favore che Farinacci riscontrava nell'opinione pubblica, anzi, esso sembrava scemato, lasciando il posto a diffidenza e critica, ampiamente percepite nei vari ceti sociali[66]. Mussolini, a scanso di equivoci, non tardò a comprimere l'attività di Farinacci, sia nei rapporti con l'alleato tedesco (tanto che impartì rigide disposizioni affinché l'ambasciata italiana a Berlino svalutasse quanto possibile la visita in Germania del

---

[63] Cfr. R. Farinacci a B. Mussolini, Cremona 20 novembre 1942, in ACS, FATR, b. 1.

[64] Secondo dettagliate relazioni, Farinacci svolgeva «un'attività affaristica di massimo calibro», ricevendo per una consulenza anche 100 mila lire. In particolare si sarebbe occupato di «cause riflettenti vistosi patrimoni colpiti dalla legge contro gli ebrei», avendo una rete di avvocati "mediatori" nelle varie città. Era inoltre ancora associato con il «noto proceduralista civile prof. Carnelutti», giudicato un po' la mente giuridica necessaria per la buona riuscita delle operazioni; cfr. la nota datata Roma, 7 gennaio 1942, in ACS, SPD, C/R, b. 44, fasc. *Farinacci*.

[65] G. BOTTAI, *Diario, 1935-1944*, cit., p. 289.

[66] A tal proposito anche una fonte non sospetta di antifarinaccianesimo, come quella di Vittorio Terracini, segnalava la ripresa polemica dell'attività giornalistica dell'ex segretario, a base «di colpi di spillo, che forse nelle intenzioni dell'autore vorrebbero e dovrebbero essere fiere pugnalate!», tanto che «non passa[va] giorno senza che i suoi [di Farinacci] corsivi e le sue Radio-cronache di seconda pagina non sollevino polemiche, o, quel che è peggio, svelino notizie opportunamente taciute dagli altri giornali e diano corpo ad ombre». E ancora: «che Farinacci aspiri... alla successione, che i suoi fidi lo dicano e qualcuno di loro sia stato tratto in arresto a Milano proprio per questo, che egli – protetto dal Führer – conduca una sotterranea campagna frondista, è voce abbastanza diffusa ed accettata, anche se non corrisponde al vero, ed io la segnalai varie volte. E poiché il "plutocrate di Cremona", per il suo passato e il suo presente, non gode di alcuna simpatia, ma, al contrario, è oggetto di critiche da parte di chiunque abbia occasione di parlarne, ci si chiede spesso in giro cosa s'aspetta per metterlo in condizioni di non nuocere oltre»; nota fiduciaria di V. Terracini, Roma 6 agosto 1941, in ACS, MI, PPFP, cat. A, b. 30, fasc. *Farinacci*. Villa Farinacci era una casa colonica ristrutturata in stile razionalista nel 1940, intorno al chilometro 9 della Nomentana nella zona di Casal de' Pazzi, con un podere di oltre 5.000 mq di terreno.

settembre 1941 e impedisse il consolidarsi di legami troppo stretti tra il ministro e i capi nazionalsocialisti[67]), sia nel regime (un duro attacco nei confronti di Farinacci, il duce lo mosse anche col Sovrano[68]).

Il noto agente Montuschi, nel febbraio 1942, riferiva ancora lunghe discussioni tenutesi all'Hotel Plaza, nella capitale, dove tra alcuni diplomatici e intellettuali erano scaturite delle riflessioni politico-militari, riassunte poi da Sem Benelli:

> I tedeschi dicono che l'Italia ha due bubboni che si chiamano Vaticano e Monarchia. [...] Che Mussolini si è legato a questi due poteri e costituisce anche lui una debolezza, specialmente perchè non ha energia, capacità e neppure più autorità per far filare gli italiani amministrativamente. Che occorre, nell'interesse dell'Italia stessa che questo stato di cose abbia a cessare e ci vuole un uomo nuovo, che sarebbe Farinacci. Dicono che fra Mussolini e Farinacci è lotta a fondo e l'uno teme l'altro o dei suoi seguaci o sicari. Che Farinacci è sempre scortato e gira con una macchina davanti e una dietro, ed è il candidato tedesco alla successione del Duce. Che Farinacci ha studiato la Germania ed è pronto ad applicare fino in fondo i postulati tedeschi anche contro Vaticano e Monarchia[69].

Candidato dei tedeschi, e il fatto era noto a tutti, Farinacci lo sarebbe rimasto ancora a lungo, almeno sino ai primi del '43, allorquando, come valutò anche Bottai, la stima e la considerazione dell'alleato nell'ex segretario del Partito cominciarono a decadere progressivamente. Altrettanta stima e considerazione, secondo l'occhiuto apparato informativo, Farinacci andava gradatamente perdendo inoltre, proprio in virtù del suo troppo acritico filogermanesimo, persino in «molti ambienti del vecchio fascismo, che ormai vedevano in lui l'uomo che "predica bene e razzola male"», cioè a dire proprio negli ambienti in cui Farinacci aveva sempre trovato sostegno e consenso, e che adesso iniziavano a manifestare segni di disapprovazione nei suoi confronti, in particolare per l'eccessivo sfoggio di una certa «prepotenza» e per l'atteggiamento di «infallibile e di padrone della situazione». Ma la «quotazione» di Farinacci era in calo anche nelle gerarchie del Partito, notava Bottai, proprio per le sue ossessive «fissazioni germanofile». Eppure l'ex segretario aveva raccolto l'eredità politica di Starace, al momento della sostituzione di questi nel novembre del 1939, perché – privo di una definita componente interna – i gerarchi vicini appunto al "Mastino" erano passati nel fronte farinacciano («Starace ha riconosciuto

---

[67] D. Alfieri, *Due dittatori di fronte*, Rizzoli, Milano, 1948, p. 236. L'ambasciatore italiano riuscì a impedire a Farinacci di svolgere le concordate visite al fronte russo e a Hitler.

[68] P. Puntoni, *Parla Vittorio Emanuele III*, il Mulino, Bologna, 1993, p. 74.

[69] Nota fiduciaria di A. Montuschi, Roma 18 febbraio 1942, in Acs, Mi, pfpp, b. , fasc. *Benelli Sem*.

come capo l'Eccellenza Farinacci, in modo che l'esiguo gruppo di staraciani è passato a far parte, armi e bagagli, del gruppo Farinacci»); e poi aveva ancora il controllo di un discreto numero di federali, molti dei quali – specialmente nel nord – a lui ancora devoti (in Lombardia, per esempio, solo le gerarchie federali di Pavia erano definite «antifarinacciane e fedeli al Duce», volendo significare, dunque, il definirsi "farinacciani", come contrari al duce...)[70]. Seppur in maniera apparentemente defilata, Farinacci aveva poi sempre vigilato sul Partito, del quale aveva con preoccupazione cominciato a valutarne un progressivo declino politico: invece di tornare a essere il fulcro del regime, così argomentava Farinacci, in realtà il Pnf sembrava in crisi involutiva, incapace di gestire, di guidare la società italiana. Non aveva ricette particolari da fornire per rivitalizzare quel «corpo inerte», ma considerava che la guida del Pnf, al centro e alla periferia, avrebbe dovuto essere affidata, con una oculata selezione degli uomini, soprattutto alla vecchia guardia, a uomini di prestigio e di polso. Occorreva, insomma, eliminare dalla scena politica molti gerarchi che non avevano acquisito autorità, e ricostituire quindi la struttura portante attraverso la creazione di ispettori regionali (in funzione di collegamento tra le province e il centro) e il recupero di molti uomini dell'ex intransigentismo avventatamente accantonati (Maggi, Scorza, Tecchio, Bacci)[71]. Soprattutto occorreva riprendere alcune vecchie battaglie, come quella contro gli apparati dello Stato, perché una burocrazia asfissiante e disonesta aveva finito col pervadere invasivamente l'intera struttura del regime; e quella della moralizzazione: «stangare i profittatori, senza riguardi per nessuno»[72]. Condurre con successo quelle battaglie avrebbe fatto cessare quel clima di sfiducia e di disfattismo che serpeggiava ovunque, nel regime, nello Stato, e soprattutto nell'opinione pubblica, perché era convinzione di Farinacci che la maggioranza della popolazione desiderasse la perdita del conflitto, come mezzo per far cadere il fascismo.

Ma a impedire qualsivoglia scalata al Pnf di Farinacci provvide lo stesso Mussolini, il quale non esitò a parlare di un provvedimento ad hoc in chiave antifarinacciana (e più in generale nei confronti della vecchia guardia già intransigente) allorquando sostituì alla segreteria del Partito Serena con il giovane, e inesperto, Aldo Vidussoni, nel dicembre del '41, tanto che di fronte alle perplessità di alcuni gerarchi, il duce giustificò tale scelta con la necessità di «sbarazzarci di alcune

[70] Per tutto, cfr. G. Bottai, *Diario, 1935-1944*, cit., pp. 307, 323, 330 e 342, le note informative, datate Venezia 29 gennaio 1942 e Roma 19 gennaio 1943, nonché la relazione datata Roma, 10 dicembre 1942, in Acs, Spd, c/r, b. 44, fasc. *Farinacci*.

[71] Cfr. i promemoria in Acs, Frf, b. 39, fasc. *Memoriali*.

[72] Cfr. le numerose informative riservate dirette a Farinacci, in Acs, Fatr, b. 1.

persone», accennando apertamente a Farinacci[73]. Ma la corretta analisi di Farinacci rimaneva senza risposta...

> Vi sono dei traditori che vedrebbero volentieri la sconfitta delle nostre armi per colpire il fascismo. E costoro non hanno più limiti: sui treni, nei locali pubblici, nei rifugi, denigrano tutti e tutto, inventando ogni sorta di menzogne, esagerando i mali e i difetti, ingenerando avvilimento, provocando e incoraggiando le proteste e le bestemmie. Noi siamo tutti passati in seconda fila. Tutti costoro parlano di te, senza eufemismi né reticenze. Ma il più grave è che manca la reazione. Il Partito è completamente assente nell'opera di disinfezione. I giovani, così male educati in questi ultimi anni, sono piuttosto anarcoidi e ostentano uno spirito di menefreghismo verso tutto l'ambiente, che essi chiamano fradicio corrotto impotente[74].

Farinacci attaccò allora i deboli tentativi intrapresi dal Pnf per fiaccare sul nascere quella sorta di antifascismo strisciante dell'opinione pubblica, quel «popolaresimo clericale» (e quel tentativo di usare la religione «come un mezzo per dare l'assalto alla diligenza»), quell'apatia fascista che demoralizzavano lo spirito nazionale[75]. Rinnovò le sue conferenze, infarcendole delle solite invettive antivaticane e antigiudaiche (eccitando oltre misura le frange oltranziste del fascismo[76]), ma Farinacci pativa l'incertezza del momento e le difficoltà di una situazione militare e politica complessa, mostrando di trovarsi a volte, pur con salti ideologici macroscopici, in rotta di collisione anche con il nazionalsocialismo, del quale era "costretto" a criticare la politica religiosa (parlava di «diversità sconcertante fra Italia e Germania nei riguardi del problema religioso»[77]) nella nuova Europa. Proponeva il ripristino di una società basata sul modello del cristianesimo («il nuovo ordine europeo è la distruzione del disordine giudaico, perché è la restaurazione delle tradizionali forze europee. Tra le forze della comune civiltà è il cristianesimo, che noi vogliamo accrescere e sviluppare»[78]), ben lontano dalla arianizzazione e paganizzazione della civiltà occidentale perseguita dal Terzo Reich.

---

[73] Cfr. A. TAMARO, *Vent'anni di storia*, III, Volpe, Roma, 1972, p. 446.

[74] R. Farinacci a B. Mussolini, Cremona 19 novembre 1942, in ACS, SPD, C/R, b. 44, fasc. *Farinacci*.

[75] [R. FARINACCI], *Sturzeide* e [R. FARINACCI], *Sintomi gravi*, «Il Regime Fascista», 4 febbraio e 8 marzo 1942.

[76] *Il problema giudaico dal punto di vista storico politico. Conferenza di Farinacci a Milano*, «Il Regime Fascista», 5 luglio 1942.

[77] Così scrisse a Hitler: «Debbo esservi sincero. Non tanto le radio e la stampa anglosassoni, ma la stampa cattolica dei paesi neutrali, dietro l'ispirazione e l'istigazione dell' "Osservatore Romano", crea una certa inquietudine in alcuni ceti cattolici italiani pur vicini al fascismo, a causa della politica che il Reich persegue di fronte alle chiese cattolica ed evangeliche»; R. Farinacci ad A. Hitler, Cremona 4 marzo 1943, in ACS, FATR, b. 1.

[78] *Ibidem*.

Per «l'uomo di Berlino» il Pnf doveva invertire la tendenza, recuperare le posizioni, tornare ai postulati originari del fascismo, seguire con vigore la via intransigente e «applicare totalitariamente le leggi volute dal Regime»; si doveva fare affidamento soprattutto sulla fede, sul fanatismo, sulla volontà degli antichi intransigenti, considerando naufragate le speranze riposte nelle nuove generazioni[79]: i giovani, infatti, si erano rivelati una delusione (e qui la polemica con Mussolini, il quale aveva voluto percorrere invece una strada diversa, tornava a farsi elevata), e non erano in grado di gestire, in quella fase dove il Pnf stava arrancando, la situazione politica.

Dopo le vittorie in Africa settentrionale dell'estate del '42, la momentanea ripresa di fiducia e il successivo aggravarsi della situazione militare su tutti i fronti, Farinacci passò in qualche maniera all'attacco, facendosi interprete del malcontento e dell'insoddisfazione presenti in settori del fascismo non vinti dallo scoramento o sprofondati nell'apatia: era giunto il momento – sostenne – di snellire il Pnf, di tornare alla «qualità», facendo attenzione a non coinvolgere gli avversari e i «grigi» e soprattutto i moderati (coinvolgimento che viceversa non pochi esponenti fascisti vedevano invece come unica possibile via d'uscita dalla crisi in cui versava il regime e trasformare così la guerra da fascista a nazionale). Quella sarebbe stata una strada pericolosa, ammoniva Farinacci, che avrebbe di fatto sancito l'abdicazione del fascismo dalla responsabilità della storia, perché il Pnf «era dottrina e azione» e doveva essere senza indugi e indulgenza epurato dalla enorme massa di opportunisti e moderati che ne impacciavano i movimenti mescolando «politica, affarismo e profittismo»[80]. Occorreva tornare «a una migliore intransigenza morale e politica nel Partito», e uomini scelti, di provata fede e di indubbio peso, dovevano realizzare quella politica: era un chiaro attacco a Mussolini e alle nuove generazioni del fascismo, dal duce protette e portate alla ribalta della politica nazionale in funzione antifarinacciana. Nelle numerose conferenze di propaganda (ché Farinacci fu uno dei pochi uomini di punta a non risparmiarsi in prima persona e a cercare di mantenere desta l'attenzione dello spirito pubblico[81]), l'ex

[79] Cfr. gli articoli di Farinacci, *Purtroppo è così*, *Fedeli ai nostri natali* e *Vecchia Guardia*, «Il Regime Fascista», 21 settembre 1941, 22 marzo e 13 maggio 1942.

[80] [R. Farinacci], *Ritornare sulla via maestra* e [R. Farinacci], *Sacro e profano*, «Il Regime Fascista», 28 e 29 maggio 1942.

[81] Particolare successo riscuotevano sempre le tematiche della guerra voluta dagli stati imperialistici per affamare gli stati proletari: per ogni metro quadro di terra disponibile – affermava eccitando gli squadristi – posseduto da un cittadino del Tripartito, gli stati plutocratici ne hanno ben 12. Nonché dispongono di tutte le materie prime. Altro che libertà di popoli!»; *Precedenti culturali e politici dell'Asse in un discorso di Farinacci a Verona*, «Il Regime Fascista», 1° dicembre 1942.

segretario del Pnf non disdegnava di battere il tasto del ritorno alla intransigenza e al potere del vecchio squadrismo[82]. Nel dicembre 1942 il contrasto giunse a livelli di rottura (che furono alle origini della successiva caduta di Vidussoni), allorquando Farinacci replicò a un generico quanto allusivo articolo di Eugenio Scalfari, il quale sulla rivista gufina «Roma Fascista» si era spinto a tratteggiare quelli che avrebbero dovuto essere i caratteri e le qualità dei nuovi uomini del fascismo, indicando infine i compiti spettanti al Pnf nel delicato momento della vita nazionale. La critica alla vecchia guardia era, in quell'articolo, troppo generica ed evasiva, sì da consentire a Farinacci di cogliere al volo l'occasione per affrontare la questione di petto: in una precisa risposta al periodico giovanile, sostenne che era ora di finirla con le discussioni oziose che, non proponendo nulla di concreto, precostituivano soltanto generici alibi con cui scagliare altrettanto generiche accuse contro anonimi; se si voleva «mettere in discussione il fascismo e i suoi uomini» bisognava essere espliciti e dire a chi ci si riferiva, perchè lui, Farinacci, non ci stava a sentirsi criticato, proprio in virtù di quanto aveva sempre sostenuto e aveva compiuto in venti anni:

> Di vecchi fascisti ve n'è tanti, ma quando si parla di gerarchi che hanno raggiunto una «posizione spirituale» bisogna ammettere che il loro numero è modesto. Fra quanti hanno iniziato il grande movimento fascista, che ha consumato e divorato molti dei suoi pionieri, siamo rimasti in pochi a durare. Mettete dunque questi pochi sotto accusa, poneteli sotto esame ad uno ad uno, diteci quali manchevolezze voi trovate in loro, dichiarate lealmente come vi sareste comportati al loro posto. D'altra parte questi vecchi fascisti non hanno tutti lo stesso cervello, la stessa comprensione, la stessa sensibilità, e la stessa potenza di previsione e di valutazione. Per esempio, qualcuno sente il corporativismo in modo diverso da me. Forse la colpa è mia che, pur avendo avuto in materia idee chiare, mi sono poi turbato e smarrito di fronte alla macchina burocratica che disciplina ormai, e assorbe, la nostra vita economica. I problemi militari, i problemi finanziari, i problemi sindacali hanno dato origine a polemiche talvolta vivaci fra i pochi superstiti gerarchi. Ognuno ha affermato e difeso il suo pensiero in modo preciso e con maggiore impeto, che voi non facciate ora; ma ha finito per obbedire alle supreme decisioni. Abbiamo fatto male, abbiamo fatto bene, così comportandoci? Di fronte a una dichiarazione presa dal Duce e dal Gran Consiglio, come vi sareste comportati voi, camerati del battagliero «Roma Fascista»? A noi si può muovere l'addebito di aver obbedito, ma non di essere dei conservatori anchilosati e arteriosclerotici[83].

La vicenda rimase sconosciuta al grande pubblico e non ebbe segui-

[82] *Il discorso di Farinacci a Palermo*, «Il Regime Fascista», 28 ottobre 1942.

[83] U. Indrio, *Da «Roma Fascista» al «Corriere della Sera». Cinquant'anni di storia italiana nelle memorie di un giornalista*, Edizioni Lavoro, Roma, 1987, p. 105.

to sulla stampa, proprio per volere di Mussolini, perché era palese che la risposta di Farinacci (il quale era uno dei pochi a non poter essere direttamente chiamato in causa dai giovani fascisti, anche a ragione della sua assoluta estraneità a scelte amministrative, di governo e di partito, essendo lui fuori da qualsiasi centro decisionale – salvo il Gran Consiglio – dal 1926) non era solo un attacco a Vidussoni...[84]. Non a caso Farinacci molto sibillinamente ribadiva nello scambio epistolare con la redazione del periodico gufino: «E allora perché i giornali dei giovani ci muovono delle accuse e ci rendono responsabili di situazioni che si sono create in conseguenza della nostra disciplina? In una cosa sola noi ci siamo differenziati da voi: nel pubblicare talvolta qualche articolo un po' vivace, senza chiedere la preventiva autorizzazione alle nostre gerarchie. Però non l'abbiamo passata liscia, ed abbiamo dovuto soffrire per le nostre colpe. Voi siete più ortodossi, e naturalmente sbaglierete molto, molto meno di noi»[85].

Erano critiche che, sotto altra forma, Farinacci aveva già provveduto da tempo a manifestare a Mussolini, in una serie di missive il cui tono appariva, in alcuni aspetti, quasi ultimativo; la difesa del Pnf, e del suo ruolo, infatti, era ormai esclusivo appannaggio di Farinacci:

> Io so già che tu nel leggere queste righe dirai: "che cosa c'entra Farinacci col Partito?". Ma noi non siamo di fronte ad un problema di semplice responsabilità giuridica e burocratica; siamo tutti, e noi vecchi fascisti in particolar modo, di fronte a una responsabilità storica, politica e persino personale. Se io sapessi che, qualora le cose dovessero andar male, fossero chiamati a pagare solo i Vidussoni, i Farnesi, ecc., potrei anche non fare una questione individuale. Gli è che, se anche il Partito vuol distruggere le vecchie e naturali gerarchie, non di questo parere sono gli avversari, i quali ben a ragione, dopo di te, pensano di assegnare me al secondo posto delle loro vendette[86]...

Le «vecchie e naturali gerarchie», sosteneva Farinacci, erano le uniche che avrebbero potuto frenare lo stato di «immenso giubilo e di grandi speranze» che aveva invaso i nemici, gli antifascisti, i «traditori, [tutti coloro] che vedrebbero volentieri la sconfitta delle nostre armi per colpire il fascismo» e la cui azione stava diventando preponderante nel Paese, nella società, nelle forze armate:

> Ma il più grave è che manca la reazione. Il Partito è completamente assente nell'opera di disinfezione. I giovani, così male educati in questi ultimi anni, sono

---

[84] Per tutta la vicenda, ovviamente, cfr. *ibidem*, pp. 99-120.

[85] *Ibidem*, p. 108.

[86] R. Farinacci a B. Mussolini, Cremona, 19 novembre 1942, in Acs, Spd, c/r, b. 44, fasc. *Farinacci*.

piuttosto anarcoidi e ostentano uno spirito di menefreghismo verso il Partito e verso di te. Sono tutti dei grandi uomini e si sentono in grado di rinnovare in quattro e quattr'otto tutto l'ambiente, che essi chiamano fradicio corrotto impotente. Sì, perché da tempo s'è lasciata condurre una idiota campagna di sospetto e di calunnie contro i vecchi fascisti, facendo il giuoco del peggior antifascismo. Naturalmente gli squadristi che, guidati e rianimati, potrebbero in quarantott'ore sbaragliare questo stato di sfiducia e di critica corrosiva che si è venuto creando, sono molto intiepiditi verso coloro che hanno o incoraggiato o non hanno impedito la campagna del superamento, il cosiddetto superamento del vecchio fascismo, e se ne stanno in disparte. Tu devi darmi atto che i giovani da te chiamati al Partito, invece di assicurare la continuità e la solidarietà fra anziani e giovani, hanno provocato una grave frattura. In questi ultimi tempi pare che essi non si siano preoccupati d'altro che di sputtanare il Partito, menar clamore su casi singolari, e additare all'opinione pubblica, come affaristi, i Consiglieri nazionali, i dirigenti confederali, ecc. ecc. Ed anche in questo sono stati imprudenti. [...] Che cosa è stato fatto contro i denigratori della guerra, contro i denigratori del fascismo? Né un'opera giusta di repressione, né un'opera efficace di propaganda, né di eliminazione dei mali e dei difetti per cui ci si lamenta. Vidussoni e i suoi collaboratori non sono in grado di fare ciò: ad essi manca la conoscenza degli uomini, delle situazioni e dei problemi. Quando vi è procella, solo una imbarcazione robusta e degli uomini sperimentati possono tenere il mare.

In previsione delle possibili difficili giornate avvenire e del complicarsi della situazione bellica, aggiungeva Farinacci (ben attento a mantenere la leadership dell'antico intransigentismo – che tali sue prese di posizioni valsero senz'altro a rafforzare), era indispensabile «mobilitare l'intero fascismo per incitare alla resistenza, per rincuorare, per fustigare mormoratori e speculatori[87], e non smarrirsi in una sorta di caccia alle streghe che si ritorceva soltanto contro i pesi piccoli[88], e ripristinare il sistema "democratico" nel Pnf: «se lo Stato deve essere totalita-

[87] Nella sua lunga lettera Farinacci toccava altri interessanti argomenti, non solo relativi al Pnf: «Anche in altri settori si manifesta una certa deficienza. Abbiamo impostato il problema giudaico, abbiamo creato le leggi razziali, abbiamo suscitato contro di noi gli odi spietati degli ebrei, senza concretare nulla, anzi permettendo a costoro, e ai loro complici, di agitarsi quando le sorti delle armi ci è avversa. Essi conservano i loro beni, mantengono il personale cristiano ai loro servizi, hanno libertà di movimento, e possono anche recarsi all'estero con passaporti, che neppure un ariano otterrebbe, con eccessiva facilità. [...] Una cosa sola siamo riusciti a concretare, e cioè che gli Ebrei siano esenti dal servizio militare, dimodoché di essi non ne morrà nessuno. Anche nei riguardi del clero che, salvo qualche rara eccezione, ci è ostile, nulla facciamo per metterlo in riga. E sono convinto – lo provo io a Cremona – che basterebbe prenderli di petto per obbligare vescovi e parroci a cambiare rotta. Nelle province di Bergamo, di Brescia, di Como e in una parte del milanese, dove hanno una grande influenza, mai si dice una parola per l'Italia e per la nostra vittoria. Ti vorrei parlare anche delle tristi ripercussioni che hanno nel paese le burocrazie ministeriali, ma mi accorgo di avere già abusato del tuo tempo»; *ibidem*.

[88] R. Farinacci a B. Mussolini, Cremona 20 novembre 1942, in ACS, FATR, b. 1.

rio non lo deve essere invece il Partito, perché esso deve avere il compito di formare i quadri dirigenti e deve essere élite»[89].

Tali posizioni riscuotevano consenso nelle gerarchie provinciali, anche per questo agli inizi del '42 le azioni di Farinacci ripresero quota: tra l'altro nell'alta politica «l'uomo di Berlino» aveva perduto solo Arturo Osio, dimissionato dall'incarico di direttore della Bnl senza plausibile ragione da Mussolini, se non per togliere al gerarca cremonese una delle sue pedine più importanti, mentre tutti i suoi più fidati collaboratori (Moretti, Mori, Francesco Rossi e Varenna[90]) erano saldamente inseriti nei gangli vitali del sistema e alcuni, come Preziosi e Tarabini avevano ricevuto importanti riconoscimenti (ministro di Stato il primo, vicesegretario del Pnf il secondo). Le voci nell'opinione pubblica tornarono a farsi incontrollate: «in certi ambienti fascisti e non fascisti si dice che ormai chi comanda in Italia non è Mussolini, ma Roberto Farinacci. Per dare maggiore consistenza alla voce si aggiunge che questa situazione la vogliono i tedeschi, che vedono in Farinacci il loro strumento»[91]. Anche a molti imparziali osservatori appariva evidente tale situazione, tanto che il giovane giornalista Indrio, allorquando fece la conoscenza di Farinacci (che aveva un appartamento fisso al Grand Hotel di Roma), ebbe la chiara sensazione che lui fosse «il vero capo del governo ombra, per conto dei tedeschi»[92]. Proprio in quei giorni

---

[89] [R. FARINACCI], *Vita di Partito*, «Il Regime Fascista», 23 gennaio 1943.

[90] A fatica, tuttavia, Farinacci era riuscito a salvare la testa di Varenna, allorquando questi fu oggetto di un attacco da parte della direzione del Pnf. Secondo la testimonianza di Carlo Ravasio, a differenza di quanto avvenuto per Osio, l'intervento diretto di Farinacci su Mussolini nel maggio '42 valse a salvare Varenna da gravi provvedimenti. Emblematico, in proposito, anche il giudizio di Ravasio sullo stesso Farinacci: «Farinacci, un tipo che non ho mai capito e che non mi ha mai persuaso... Talvolta fa il demagogo e lo si sa circondato di ricchi industriali e banchieri, coi quali dovrebbe per primo applicare le sue teorie; talvolta si atteggia ad antidemagogo e si appella, per sostenersi, alla parte intransigente e violenta dello squadrismo, cioè agli eterni insoddisfatti che vorrebbero essere i pensionati della Rivoluzione». Cfr. G. BIANCHI, *25 luglio, crollo di un regime*, Mursia, Milano, 1964, p. 900. Tra le accuse che circolavano maggiormente nell'opinione pubblica e che venivano raccolte dalla polizia politica, la più consistente (quanto difficile da appurare...) era quella che voleva che Farinacci, in combutta con altri avvocati dell'Italia settentrionale, lucrasse sull'arianizzazione degli ebrei (al riguardo, la documentazione in ACS, MI, PPFP, cat. A, b. 33, fasc. *Farinacci*).

[91] Cfr. il rapporto di polizia politica di A. Caruso, Roma 29 dicembre 1942, in ACS, SPD, C/R, b. 44, fasc. *Farinacci*.

[92] «L'uomo [Farinacci] era pieno di sicurezza e di arroganza. Parlò quasi sempre lui. Battendomi ripetutamente il moncherino della mano destra sulla spalla, non fece che dirmi che i gerarchi del partito, da Vidussoni a D'Este, non sapevano far nulla e non potevano far nulla; erano abituati soltanto a dire sì; che i comandi militari erano pieni di traditori e di incapaci, ma che, per fortuna, c'erano i tedeschi, gente forte e organizzata, che sapevano fare la guerra, che vigilavano e che avrebbero vinto»; U. INDRIO, *Da «Roma Fascista» al «Corriere della Sera». Cinquant'anni di storia italiana nei ricordi di un giornalista*, cit., p. 108.

d'inizio 1943, Farinacci aveva riavviato lo stretto collegamento alla Germania, celebrando con enfasi il decennale della rivoluzione nazionalsocialista e giurando agli alleati: «con voi fino alla vittoria, a qualunque costo»[93], mentre si era nuovamente recato, nel febbraio, a Berlino e a Danzica in visita ufficiale[94]. Dal viaggio tornò ancora più convinto della necessità di una «mobilitazione totalitaria» del Paese, sotto una ferrea guida del Partito che imponesse finalmente la volontà ai (molti) apparati deviati dello Stato, dalle forze armate alla burocrazia. Neppure il rimpasto ministeriale del febbraio parve far mutare opinione in proposito a Farinacci, secondo cui, nonostante l'uscita di scena di molti importanti ministri considerati responsabili del grave stato di crisi politica del paese (tra questi includeva Grandi, Bottai e Pavolini), il cambio degli uomini non implicava anche il cambio della mentalità e l'adozione di una politica intransigente e totalitaria («la burocrazia, commentò amaramente in quella circostanza, non solo non è stata vinta, ma si è accresciuta, ed ha appesantito l'organismo statale che noi, dopo il nostro avvento al potere, volevamo creare dinamico, veloce nelle decisioni e nell'azione»)[95]. Occorreva «fare come in Germania» per liberarsi definitivamente dagli inganni democratici e giudaici e «attuare l'unità di tutto il popolo», nella consapevolezza di difendere la vita e la libertà della civiltà europea[96].

Verso la fine di marzo del '43, Farinacci, approfittando di un primo (importante ma del resto quasi estemporaneo) episodio di ripresa politica antifascista (gli scioperi operai del settentrione) e forse intuendo qualcosa, tornò a fare politica in prima persona nel Partito, da un lato teorizzando il «ritorno alle origini» e dall'altro valorizzando la borghesia (il regime aveva rinnovato una feroce campagna antiborghese), che «doveva invece essere assistita, seguita e incoraggiata, non vilipesa», perché quella era la classe economica e sociale che stava ancora a «fondamento del regime, avrebbe dovuto esserlo nel nuovo ordine europeo»[97]. Una ulteriore missiva a Mussolini lasciava intendere che si proponeva alla guida del Pnf, in qualità di interprete della «linea dura» e per «liquidare i molli e i potenziali traditori e imprimere a tutta la vita politica del regime un carattere diverso, da un lato ve-

---

[93] [R. FARINACCI], *La celebrazione germanica*, «Il Regime Fascista», 30 e 31 gennaio 1943.

[94] «Il Regime Fascista», 18-22 febbraio 1943. Farinacci si incontrò con Goebbels e von Ribbentropp, forse non con Hitler.

[95] [R. FARINACCI], *Semplificare*, «Il Regime Fascista», 9 febbraio 1943.

[96] Cfr. «Il Regime Fascista», 23 e 24 marzo 1943.

[97] [R. FARINACCI], *Tornare alle origini* e [R. FARINACCI], *Abnegazione eroica*, «Il Regime Fascista», 1° e 2 aprile 1943.

ramente rivoluzionario, da un altro di piena e leale collaborazione con la Germania»[98]:

Caro Presidente, ho vissuto, stando naturalmente nell'ombra, le manifestazioni degli operai nel milanese. Ne sono rimasto profondamente amareggiato, come fascista e come italiano. Non siamo stati capaci né di prevenire né di reprimere, ed abbiamo infranto il principio di autorità del nostro regime. [...] Se ti dicono che il movimento ha assunto un aspetto esclusivamente economico, ti dicono una menzogna. Il contegno degli operai ad Abbiategrasso di fronte a Cianetti è eloquente, come è eloquente la fioritura di manifestini stampati alla macchia che danno alle manifestazioni un carattere deliberatamente e preordinatamente antifascista. I pochi arresti non contano. Bisognava avere il coraggio di dare qualche esempio, che avrebbe fatto meditare le maestranze degli altri stabilimenti e di altre città. Non dobbiamo preoccuparci di quello che avrebbero detto Radio Londra e Radio Mosca; dobbiamo preoccuparci di mantenere la compattezza del fronte interno e il prestigio del Governo. In quanto alla burocrazia, tu mi darai atto che essa fa di tutto per crearsi dei guai. Da tre mesi gli stessi industriali affermavano la necessità di fare qualche cosa per gli operai, e tu stesso te ne sei reso conto. Ma le Confederazioni, le Direzioni generali, le Commissioni e le sottocommissioni, hanno funzionato, come sempre, con passo da lumaca. Ora io, nello stesso interesse tuo e del fascismo, mi permetto di suggerirti di dare qualche esempio in alto e in basso, ma assai più in alto, e di non assumere sempre tu la responsabilità degli errori altrui. Non mi sgridare se ancora una volta ti riaffermo che l'esperimento corporativo, attraverso innovatori, improvvisatori, dottrinari e demagoghi, non è riuscito secondo quello spirito che animò la nostra fede e i nostri propositi. [...] Bisogna correre ai ripari e imporre agli organizzatori, dal centro alla periferia, di vivere non già nei loro grandi o meno grandi Ministeri, fra segretari, dattilografe, capi-uffici, etc. ma a contatto con le masse. Naturalmente, per questo, ci vogliono uomini di fede e di capacità, che abbiano qualità oratorie e anche una certa presenza fisica. [...] Ed infine debbo ancora una volta dirti che il Partito è assente e impotente. Non basta l'assistenza, non basta occuparsi di raccolta di grano e di granone, occorre entusiasmare, provvedere, vigilare. Sopratutto rincuorare ed incitare i fascisti sempre fedeli, che ora hanno l'impressione di essere sopraffatti dagli avvenimenti. Sono d'accordo che non occorrono troppe cerimonie; ma ogni tanto un'adunanza di forze fasciste è indispensabile per dimostrare agli antifascisti, ai pavidi, che siamo tutti in piedi, pronti a uccidere e a farci uccidere. Ora avviene l'inverosimile. Dovunque, nei tram, nei caffé, nei teatri, nei cinematografi, nei treni, si critica, si inveisce contro il regime e si denigra non più questo o quel gerarca, ma addirittura il Duce. E la cosa gravissima è che nessuno più insorge. Anche le questure rimangono assenti, come se l'opera loro fosse ormai inutile. Andiamo incontro a giorni che gli avvenimenti militari potrebbero far diventare più angosciosi.

---

[98] R. De Felice, *Mussolini l'alleato. 1. L'Italia in guerra, 1940-1943. 2. Crisi e agonia del regime*, Einaudi, Torino, 1990, p. 950.

Difendiamo la nostra rivoluzione con tutte le forze. Basterebbe un mese per quasi capovolgere l'opinione pubblica, e far comprendere all'«Osservatore Romano» che preparare un movimento tipo partito popolare con i suoi articoli politico-sociali è tempo perso. E poi, caro Presidente, perché non convochi il Gran Consiglio? Lascia che ognuno sfoghi il suo stato d'animo, che ognuno ti dica il suo pensiero. E fa in modo che tutti ritornino rincuorati dalle tue parole.

Come nel passato, anche in quel frangente le intuizioni di Farinacci ebbero notevole fondamento; soprattutto l'ultima richiesta, la convocazione del Gran Consiglio non era stata fatta per caso, ma tendeva ad anticipare una possibile "fronda" interna, di cui già aveva intuito i sintomi[99]. Onde prevenire la manovra politica farinacciana, Mussolini fu "costretto" a intervenire e attuare una serie di cambiamenti ai vertici delle istituzioni, non ultima quella del segretario del Partito. Per questo Farinacci il 18 aprile accolse l'annuncio della nomina di Carlo Scorza (da un decennio bandito dalla vita politica) a segretario del Pnf come una sua personale vittoria e come la prima mossa per riprendere in mano l'iniziativa, in un momento in cui sempre più larghi settori militari, politici ed economico-finanziari cercavano scopertamente di prendere le distanze dal regime e di porsi il problema dell'uscita dell'Italia dal conflitto[100]. Il «Regime» tornò allora a (ri)proporsi come l'organo dell'intransigenza, a condannare gli errori del passato e a dettare il là all'intero fascismo, nel tentativo di ricucire lo strappo con il Paese e di recuperare qualche consenso nelle deluse e stanche masse popolari: «tutto il potere a tutto il fascismo», trasformare il Pnf nel motore dello Stato e del regime, prepararsi al sacrificio supremo, epurazione e mobilitazione: «occorre credere nel Fascismo con tutta l'anima e per il Fascismo, se necessario, soffrire e morire»[101]. Erano le vecchie parole d'ordine dell'antico intransigentismo che si apprestava alla rivincita...

Ma l'obbiettivo di Mussolini, in quel momento, era «durare», cioè tenere quanto più calmo possibile il fronte interno, e gli intransigenti non potevano quindi avere possibilità di manovra (e in questa ottica non concedeva loro niente, se non magari in termini di «immagine»)[102]; questi ultimi, al contrario, tornavano a rivendicare una svolta in senso rivoluzionario e la mobilitazione permanente della società, sotto l'egida del Pnf, convinti che «non ci fosse nulla da inventare, se non tornare

---

[99] D. SUSMEL, *L'infedelissimo fedele*, IV, «La Domenica del Corriere», 18 marzo 1969.

[100] R. DE FELICE, *Mussolini l'alleato. I. L'Italia in guerra, 1940-1943, 2. Crisi e agonia del regime*, cit., p. 943.

[101] [R. FARINACCI], *Presi gli ordini* e [R. FARINACCI], *Incontro al popolo*, «Il Regime Fascista», 22 e 23 aprile 1943.

[102] R. DE FELICE, *Mussolini l'alleato. I. L'Italia in guerra, 1940-1943. 2. Crisi e agonia del regime*, cit., p. 957.

alle basi programmatiche originarie»[103], e non a caso, appena in qualche modo ripreso "possesso" della segreteria attraverso Scorza, Farinacci indisse subito una imponente manifestazione squadrista a Cremona, come da anni non se ne vedevano, ed eccitò le camicie nere come ai vecchi tempi, soprattutto allorquando mise in luce le varie contraddizioni politiche presenti nel campo nemico, e ricordò a tutti che non occorrevano dei «fascisti convinti, ma dei fanatici[104]» e che il Partito si doveva trasformare in una «aristocrazia di massa»[105], in grado di riacquistare autonomia e iniziativa rispetto allo Stato. Queste posizioni di Farinacci minavano alle fondamenta tre capisaldi del regime (e non a caso i rapporti con Mussolini, secondo anche la testimonianza di Bottai, tornarono molto burrascosi[106]): innanzitutto cercavano di sottrarre al duce quel potere "assoluto" di arbitro nel sistema fascista; poi ridimensionavano il ruolo di questi, onde impedirgli di erodere ancor oltre margini di potere detenuto o di spettanza ad altri soggetti e istituzioni; e infine «sburocratizzavano» il Pnf, "vietando" al duce di usarlo come un suo strumento personale *ad deterrendum*[107].

In una situazione in cui, come testimoniava il vicesegretario del Pnf Carlo Ravasio, era diffusa tra gli esponenti maggiori del regime una «estrema confusione di idee e di iniziative», dove nessuno si preoccupava della guerra, né si poneva il problema di come uscirne, essendo «tutti preoccupati solo delle loro posizioni personali»[108], la posizione di Farinacci era l'unica, tra quelle dei gerarchi, che si proponesse di trovare una soluzione politica e una via di salvezza al fascismo, senza cadere nel solipsismo confuso e paranoico degli altri membri del gruppo dirigente con cui ognuno cercava di sottrarsi alle proprie, ben maggiori di quelle di Farinacci, responsabilità e riaffermare invece «la bontà delle

[103] «Per potenziarci non abbiamo bisogno di inventare nulla di nuovo. Il nostro movimento si è sviluppato su basi programmatiche sicure. Più si torna alle origini, più si acquista in coscienza morale e in forza politica. La prova migliore l'abbiamo dalla Vecchia Guardia, che non ha mai tentennato, ha giurato fede alla rivoluzione e al suo Capo ed è sempre pronta a dare "l'offerta del sangue"»; [R. FARINACCI], *Riaprire in senso inverso*, «Il Regime Fascista», 21 aprile 1943.

[104] Feroci attacchi Farinacci riversava sugli anglo-americani, ma soprattutto sugli inglesi, che «si arrogavano il merito di combattere per la libertà dei popoli, dei polacchi e dei cecoslovacchi, proprio loro che continuavano a negarla duramente agli indiani, agli arabi, agli egiziani e agli irlandesi»; *Perché combattiamo contro i plutocrati e i bolscevichi* e [R. FARINACCI], *Il fascista veramente fascista*, «Il Regime Fascista», 20 aprile e 8 maggio 1943.

[105] «Massa selezionata, con spirito di minoranza», come sosteneva ormai dal lontano 1925; [R. FARINACCI], *Aristocrazia di massa*, «Il Regime Fascista», 11 maggio 1943.

[106] G. BOTTAI, *Diario, 1935-1944*, cit., p. 334.

[107] Cfr. R. DE FELICE, *Mussolini l'alleato. I. L'Italia in guerra, 1940-1943. 2. Crisi e agonia del regime*, cit., p. 974.

[108] *Rapporto al Duce* (a cura di G. B. Guerri), Bompiani, Milano, 1978, p. 389.

"proprie" posizioni e la validità del "proprio" fascismo, stravolto e corrotto da Mussolini, e per giustificare la propria passività, la propria mancanza di idee e di iniziative, e il proprio galleggiare sulla crisi»[109]. Come bene è stato scritto, la memorialistica e la diaristica sono veramente eloquenti a questo riguardo e offrono un quadro realistico dall'interno della crisi che aveva paralizzato la leadership del regime, e del vero e proprio disfacimento di questo gruppo dirigente, incapace di assumersi responsabilità politica e morale, se non una sdegnosa quanto sterile e rancorosa critica contro Mussolini: basti dire che Bottai, secondo una autorevole testimonianza, in una pubblica manifestazione a Gorizia, nelle celebrazioni del marzo '43, «non una sola volta nominò il fascismo o Mussolini, quasi ostentando di ignorarli»; e tale schema seguiva l'*establishment* fascista[110]. Nessuno, insomma (eccetto forse Grandi), aveva stabilito dei programmi praticabili. A fronte di questa realtà Farinacci si pose senza incertezze in «termini politicamente positivi, senza cioè gli schemi pseudointellettualistici, i moralismi o i cinismi che erano per gli altri soprattutto un modo per giustificare la propria passività e il proprio sottrarsi a scelte intellettuali»[111]. Farinacci cercò a più riprese di "ricucire", in qualche maniera, e mantenere i contatti con uomini del governo e del Partito (come testimonia Bottai[112]), al fine di riprendere iniziative politiche e progetti amministrativi comuni e condivisi. Anche all'estero l'unico gerarca considerato in grado di proporre un possibile programma alternativo, per di più supportato dal consenso tedesco, era ritenuto solo Farinacci, e non a caso Radio Londra, nella sua rubrica "Conversazioni dell'Asse" a lui faceva spesso riferimento, per esorcizzarne la prevista rivalutazione[113].

Innegabilmente l'operazione di risollevare lo stato d'animo del Paese dal torpore, dalla stanchezza e dai timori per condizioni di vita sempre più difficili, dalla sfiducia per l'esito del conflitto, dalla critica nei confronti del regime e per il Partito, era operazione impossibile per le forze e le capacità di Farinacci e dell'intransigentismo, ma è certo che

[109] R. DE FELICE, *Mussolini l'alleato. 1. L'Italia in guerra, 1940-1943. 2. Crisi e agonia del regime*, cit., p. 980.

[110] L. MOLINO, *Testimonianze su avvenimenti del periodo 1941-1945 (da Gorizia, al 25 luglio, a Salò)*, Venezia-Mestre, 3 gennaio 1976, in ACS, FRDF, b. 12, fasc. *Molino*.

[111] R. DE FELICE, *Mussolini l'alleato. 1. L'Italia in guerra, 1940-1943. 2. Crisi e agonia del regime*, cit., p. 977.

[112] G. BOTTAI, *Diario, 1935-1944*, cit., p. 334. Secondo l'antico esponente del revisionismo, tali «perigliosi convegni» mostravano quanto ormai poco fosse rimasto in comune ai maggiori esponenti dello storico gruppo dirigente fascista, se non il senso di «un atroce smarrimento». Ma cfr. anche G. CIANO, *Diario, 1937-1943*, cit., p. 689 (alla data del 15 gennaio 1943), secondo il quale però si trattava spesso solo di «conversazioni banali».

[113] *Conversazioni dell'Asse,* notiziario radiofonico di Radio Londra, 29 aprile 1943.

fu dall'entourage di Farinacci che presero corpo alcune interessanti proposte, non ultima quella della creazione di Battaglioni "M", adibiti al fronte interno (idea ferocemente rigettata da Mussolini, ma poi ripresa da Scorza, con le Guardie ai Labari)[114]; quella di unificare gli enti economici sotto l'egida del Partito; quella di trasformare il Pnf da una «burocrazia di funzionari» a una élite di rivoluzionari, attraverso la democratizzazione interna e il decentramento dei poteri federali, sì che da ogni provincia scaturissero i «capi naturali»[115]; e, infine, quella di ricorrere senza indugi alla maniera forte contro chiunque non si impegnasse per fronteggiare la situazione[116]. Proprio in uno dei soliti convegni politici nella sua dimora romana, a Casal de' Pazzi (e che tanto insospettivano un diffidente Mussolini...[117]), l'ex segretario del Pnf e i suoi uomini nel Partito, tra cui Scorza e Tarabini, decisero di «dare battaglia al momento opportuno», come sottolineava un abulico Bottai, poco incline a valutare la possibilità della ripresa di una «situazione flaccida e molle»[118]. Ma era con l'adozione di «metodi draconiani», sosteneva Farinacci, che si poteva uscire dalla crisi e quindi instaurare un più organico rapporto con la Germania e costringere anche le gerarchie economiche, burocratiche e militari a fare «veramente la guerra»[119].

Il rimpasto ministeriale di febbraio non aveva visto entrare nel governo uomini vicini al gerarca cremonese (anzi, Albini e Biggini gli erano ostili), così i cambiamenti nelle alte sfere militari (la sostituzione di Cavallero con Ambrosio a capo di Stato maggiore generale), d'altra parte Farinacci aveva riacquistato peso determinante nel Pnf: non solo il Direttorio nazionale contava suoi fedelissimi (due vicesegretari, Cucco e Tarabini, erano apertamente farinacciani), ma anche in periferia la maggioranza dei segretari federali (e in questa direzione andarono i numerosi cambi della guardia – ben 43 su 97 – effettuati in due riprese

---

[114] Per la vicenda, cfr. Acs, Spd, c/r, b. 24, fasc. *Preziosi Giovanni.*

[115] [R. Farinacci], *Il problema dei quadri*, «Il Regime Fascista», 12 maggio 1943.

[116] [R. Farinacci], *Richiamo alla realtà*, «Il Regime Fascista», 15 giugno 1943: «Il Partito [...] intende di rivendicare il suo diritto: essere il motore propulsore della vita nazionale. I nemici da troppo tempo fanno ricadere sul Fascismo la responsabilità della condotta della guerra e fanno degli uomini nostri di ogni erba un Fascio, come se tutti avessero la colpa delle deficienze verificatesi in questo o in quel campo. Molte volte, la voce di chi interpretava lo stato d'animo della collettività o la voce di chi era in grado di osservare ed esaminare profondamente certe situazioni, è stata sopraffatta dai cosiddetti organi responsabili o da uomini tecnici, che assumevano atteggiamenti dittatoriali. Per lunghi anni dire la verità è stato temerario, contrariare, per esempio, l'opera di un dicastero o di una corporazione è stato azzardatissimo».

[117] G. Ciano, *Diario, 1937-1943*, cit., p. 689.

[118] G. Bottai, *Diario, 1935-1944*, cit., p. 350, alla data 8 gennaio 1943.

[119] Cfr. R. De Felice, *Mussolini l'alleato.* I. *L'Italia in guerra, 1940-1943. 2. Crisi e agonia del regime*, cit., p. 1028.

da Scorza[120]) era spostata a vantaggio degli irriducibili che si riconoscevano nelle posizioni dell'antico intransigentismo. Ciò valeva senz'altro ad aumentare la capacità di coesione e di resistenza del Pnf, soprattutto nei centri minori, e in effetti si ebbero segnali di un certo risveglio dell'attività del Partito, che potevano magari portare al superamento della crisi politica, col tempo e con qualche successo militare. Ad ogni conto, per come era concepito, organizzato e strutturato il regime fascista, in quella particolare congiuntura politico-militare «il partito da solo [...] non avrebbe potuto evitare una eventuale autodissoluzione del regime voluta da tutte le altre sue componenti; tanto meno avrebbe potuto impedire la liquidazione di Mussolini»[121]. Anzi, i ripetuti sussulti e i rigurgiti estremistici che vieppiù si manifestarono in quei mesi, non valsero certo a nascondere la crisi del Partito né a mitigare la frustrazione degli animi, dei fascisti e della popolazione in genere, ma finirono per isolare sempre più il Pnf nel Paese e ad attirargli contro nuove ostilità. Se è vero che questa sorta di «scontro frontale» era proprio quanto auspicato da Farinacci, era altresì inconfutabile che il succedersi degli avvenimenti giocava contro quella politica, avvenimenti che anzi avrebbero richiesto l'«unità patriottica». E la posizione di Farinacci, pur netta e chiara, si rivelava inefficace in considerazione del fatto che, allo stato della ricerca, non appare ipotizzabile una manovra dell'ex segretario del Pnf per "destabilizzare" e far precipitare la situazione, anche alterando i rapporti italo-tedeschi, e conseguentemente, in qualche maniera, provocare un intervento diretto dell'alleato in Italia. L'eccessiva prudenza e il non voler tirare troppo la corda, in attesa che gli avvenimenti maturassero da soli piuttosto che organizzare in prima persona piani politici con i tedeschi (sulla cui capacità politica avanzava qualche riserva: «mi convinco sempre più che i tedeschi in guerra sono forti, ma in politica ancora dei novizi»[122]), frustrarono però sul nascere le possibilità di riuscita dei progetti di Farinacci. Che l'ex segretario, del resto, non fosse al corrente delle trame e dei disegni, tutti piuttosto generici e provvisori, che aleggiavano negli ambienti politici della capitale, appare impossibile il crederlo, anzi, tutte le testimonianze convergono sul fatto che Farinacci, oltre a perseguire un piano proprio, era anche tra i maggiormente informati sulle mosse altrui (il suo personale servizio di informazione, formato da fedeli seguaci infiltrati nei più diversi gangli dello Stato, gli permetteva di essere sempre assai aggior-

[120] M. MISSORI, *Gerarchie e statuti del Pnf*, Bonacci, Roma, 1986, pp. 91-147.

[121] R. DE FELICE, *Mussolini l'alleato. I. L'Italia in guerra, 1940-1943. 2. Crisi e agonia del regime*, cit., p. 1067.

[122] R. Farinacci a B. Mussolini, Cremona 23 aprile 1943, in ACS, SPD, C/R, b. 44, fasc. *Farinacci*.

nato[123]). E ciò mentre la polizia sembrava dare credito a una rinnovata ripresa politica del ministro, ai solidi legami con l'ambasciatore von Mackensen, il colonnello Dollmann e l'Ambasciata tedesca a Roma (dove si recava spesso), con Goebbels e Himmler, tale da spingere il governo, nell'aprile del '43, a introdurre «provvedimenti immediati» e «radicali riforme» proprio per scongiurare un intervento diretto tedesco pro Farinacci. D'altra parte, secondo un fiduciario dell'Ovra, Farinacci era solito inviare a Berlino periodiche relazioni sulla situazione italiana, nelle quali egli sollecitava soluzioni estreme[124]:

[Farinacci] dice che la migliore delle cose sarebbe quella di cambiare anche Mussolini, d'averlo fatto presente in Germania, ma che per ora i tedeschi, pur approvando il suo ordine di idee, non hanno ritenuto opportuno arrivare a questa estrema soluzione. Se però le cose non muteranno nel senso voluto dal Farinacci, i tedeschi pretenderanno l'allontanamento di Mussolini.

E suonavano d'allarme anche gli strettissimi contatti che il ribelle manteneva con Cavallero (sovente ospite a Casal de' Pazzi), sospettato – per certi aspetti a ragion veduta – di tramare occultamente contro il duce e il governo e di preparare, almeno dalla fine del '42, la "successione"[125]. Se per alcuni gerarchi Farinacci era considerato il terminale politico di una sorta di colpo di Stato militare teso a spazzare via Mussolini e imprimere una svolta filotedesca radicale all'Italia[126], in realtà erano le manovre monarchiche e militari ad aver guadagnato terreno, tanto che di esse si mostrò subito molto preoccupato proprio l'ex segretario, che non esitò a lanciare l'allarme e ad avvisare Mussolini dei pericoli che questi correva lasciando libertà d'azione alla «cricca badogliana», a Grandi, Acquarone e Vittorio Emanuele III. Proprio il 22 giugno Farinacci ebbe un lungo colloquio con Mussolini e lo mise al corrente, «con rivelazioni circostanziate e documentate», del complotto

---

[123] Anche chi lo conobbe da vicino avrebbe ricordato come effettivamente accadde «rare volte che un fatto politico importante lo [avesse] colto di sorpresa»; *Le confessioni di Farinacci*, XIII, «Corriere Lombardo», 25 gennaio 1947.

[124] H. FORNARI, *La suocera del regime*, cit., p. 228.

[125] Così anche Caviglia, il quale alle date del 24 e del 26 gennaio 1943, scriveva nel suo diario: «Poi si è parlato [con Marcello Soleri] della situazione. Egli sa che Cavallero e Farinacci sono d'accordo per sostituire Mussolini con l'aiuto di Hitler; darebbero tranquillamente l'Italia in mano ai tedeschi, soprattutto alla polizia. [...] Farinacci e Cavallero sarebbero d'accordo; contro Farinacci si appuntano gli altri capi fascisti [i quali tutti cercano di rifarsi una verginità non mussoliniana], lo temono, perché pare abbia dalla sua i tedeschi. Sono tutti uomini che si preoccupano soltanto dei propri interessi personali e vorrebbero mettere Farinacci in condizione di non contare più nulla, ma lui sa valersi dell'appoggio di Hitler»; E. CAVIGLIA, *Diario (aprile 1925 – marzo 1945)*, cit., p. 387-388.

[126] Cfr. G. POLVERELLI, VI, *Cade la Sicilia e a Roma si prepara l'armistizio*, in «Tempo», 8 novembre 1952.

che andava maturando nelle alte sfere militari, in combutta con ambienti monarchici e fascisti. Il duce non tenne in considerazione tali avvertimenti, così come non prestò ascolto alla testimonianza diretta, il 27 giugno, di un alto ufficiale dell'esercito condottogli appositamente da Farinacci onde illustrasse i particolari del progettato colpo di Stato[127]. Mussolini fece di nuovo orecchie da mercante ai moniti del suo ministro, anche in altre circostanze[128], eppure le informazioni al riguardo, fornite a Farinacci dal colonnello Roberto di San Marzano[129], uomo di fiducia del principe di Piemonte, erano particolarmente attendibili ed esatte sia sulle intenzioni dei militari che dei gerarchi. Nonostante ciò pure Farinacci rimase piuttosto convinto che il Re avrebbe mantenuto ancora il suo attendistico atteggiamento e, soprattutto, non avrebbe "abbandonato" Mussolini, a cui aveva – proprio in quegli stessi giorni – rinnovato tra l'altro la propria personale fiducia[130].

A queste manovre Farinacci reagì abbastanza lucidamente (secondo Cianetti in quei giorni Farinacci «si dava un gran daffare» attaccando «violentemente tanto Mussolini quanto lo Stato maggiore militare e altri esponenti»[131]), pur nell'incognita della posizione del Sovrano, brigando a sua volta per far volgere la politica del regime nella direzione di una maggiore e più stretta alleanza con la Germania (alla quale avrebbero potuto essere delegati persino i pieni poteri militari), essendo indispensabile – per il proseguimento della guerra – «il sostegno tedesco»[132]. Tuttavia egli doveva ben guardarsi dal compiere qualche passo falso, che avrebbe potuto screditarlo come traditore, e attendere che gli avvenimenti maturassero in qualche modo da soli, pronto eventualmente a sfruttare la situazione e l'appoggio nazionalsocialista[133]. A dispetto di quanto sosteneva pubblicamente, tra l'altro, non nutriva più neppure soverchie speranze nei confronti della capacità di "resistenza" del Pnf, e per questo riteneva che una delle prime mosse da compiere fosse proprio quella di una drastica epurazione, unita alla eliminazione dalla scena politica di Grandi, Bottai, Federzoni, Buffarini Guidi, Ambrosio (da risostituire con Cavallero) e dei vertici militari, oltre a un ferreo

---

[127] Si trattava, sicuramente, dello stesso alto ufficiale che avrebbe "venduto" il progetto del colpo di Stato alla segreteria del Pnf, ma che non venne creduto; cfr. P. Buscaroli, *Il 25 luglio e la tragedia dell'Italia*, II, «Il Borghese», 1° agosto 1963.

[128] Cfr. la minuziosa descrizione nell'apocrifo R. Farinacci, *Diario. 1943*, cit., p. 5-7.

[129] E. Canevari, *La fine del Maresciallo Cavallero*, cit., p. 31.

[130] R. De Felice, *Mussolini l'alleato. I. L'Italia in guerra 1940-1943. 2. Crisi e agonia del regime*, cit., p. 1181.

[131] T. Cianetti, *Memorie dal carcere di Verona*, cit., p. 395.

[132] R. De Felice, *Mussolini l'alleato. I. L'Italia in guerra 1940-1943. 2. Crisi e agonia del regime*, cit, p. 1150.

[133] E. Canevari, *La fine del Maresciallo Cavallero*, cit., p. 31.

controllo dello Stato maggiore e della Real Casa[134]. In questo senso si espresse in un primo abboccamento con von Mackensen, il 29 giugno, il quale tuttavia – come anche i fatti successivi avrebbero dimostrato – non fu in grado di capire la reale portata degli avvenimenti e non si mostrò attivo per la loro prevenzione. Proprio l'ambasciata tedesca a Roma, anzi, si rivelò fonte inattendibile per il Reich, fornendo notizie che fuorviarono la già poco lineare politica nazionalsocialista verso l'Italia[135].

Farinacci rinserrò ancor più gli stretti contatti con Cavallero e Scorza, ponendo, quasi con la sua sola presenza fisica, una certa "protezione" sul Pnf, a cui – ancora una volta – Mussolini negò, a dispetto delle reiterate richieste, i pieni poteri in quei difficili e decisivi momenti; eppure «ordinare subito qualche fucilazione» tra i "tiepidi" e i moderati, a detta di Farinacci, avrebbe fatto comprendere a tutti la svolta radicale per la fascistizzazione della vita civile e, quindi, del conflitto. Gli avversari interni (Albini e Ciano) fecero reiterate pressioni sull'ex segretario per averlo dalla loro parte nel momento cruciale e il fido Mori venne sondato più volte ai fini della comprensione del pensiero e dell'atteggiamento del capo, ma Farinacci non si sbilanciò, e se qualcuno ebbe la sensazione, almeno in un primo momento, che fosse d'accordo per certi aspetti con l'azione e col documento di Grandi[136] (finalizzati alla imbalsamazione politica di Mussolini e al ritorno dei poteri costituzionali e militari al Sovrano), in realtà Farinacci accettava solo la parte *destruens* di quelle tesi, riservando uno sbocco diverso alla crisi. Per questo continuò a far corsa a parte e a premere su Mussolini, anche in occasione dell'importante riunione con i gerarchi del 16 luglio[137], affinché volesse concedere l'opportunità di una riunione del Gran Consiglio: era quella la sede, fuori dalle trame occulte, per prendere il tempo agli avversari politici (in preda a una visibile incapacità operativa, se si eccettua Grandi[138]) cercando di imporre il proprio piano, basato anch'esso sull'esautoramento della dittatura personale di Mussolini. Farinacci stimava ormai l'anziano duce un capo con il quale, per la sua mutevolezza e per la sua tolleranza verso i «disfattisti», non si poteva più fare «né la pace né la guerra»; era necessario togliergli il potere

---

[134] [R. Farinacci], *Guardare in faccia la realtà*, «Il Regime Fascista», 15 luglio 1943.

[135] F. W. Deakin, *La brutale amicizia. Mussolini, Hitler e la caduta del fascismo*, Einaudi, Torino, 1990, p. 565.

[136] Così anche l'antico esponente del revisionismo, G. Bottai, *Diario, 1935-1944*, cit., p. 477.

[137] In quella circostanza Farinacci parlò ancora schiettamente a Mussolini, criticando l'operato dei vertici delle forze armate (accusati di tradimento) e invocando drastici mutamenti nella condotta delle operazioni e nei comandi; *ibidem*, p. 395.

[138] R. De Felice, *Mussolini l'alleato*. I. *L'Italia in guerra, 1940-1943. 2. Crisi e agonia del regime*, cit., p. 1224.

militare (da affidare completamente ai tedeschi) e parte di quello politico, riservandosi per sé stesso, poi, l'attribuzione della carica di ministro dell'Interno[139]. Dopo la metà di luglio gli eventi precipitarono e Farinacci il 21 e, soprattutto, il 23 luglio (in un lungo incontro durato sino alle 20.30) volle ragguagliare ancora una volta Mussolini sull'incipiente pericolo e sul doppio gioco che la Casa Reale andava svolgendo, nonché sulla posizione assunta da Grandi (Farinacci aveva incontrato il presidente della Camera dei Fasci proprio in mattinata, e disponeva di un quadro preciso delle posizioni[140]), ormai nota – del resto – pure allo stesso Mussolini. Ancora una volta il duce gli dette del «visionario», e gli confidò l'appoggio assoluto del Sovrano[141]. Nella stessa importante giornata del 21 luglio Farinacci ebbe un nuovo incontro anche con von Mackensen[142]. Nonostante l'amicizia personale, gravi incomprensioni separarono, in quella fatidica occasione, i due interlocutori, al punto che non venne raggiunta alcuna intesa operativa: le critiche di Farinacci alla conduzione politica del regime e a quella militare della guerra fecero "indietreggiare" l'ambasciatore, al punto da farlo rimanere interdetto persino sulla richiesta di un eventuale comando militare unico e sulla successione a Mussolini[143]. Fu in quelle ore, secondo alcuni, che insieme a Cavallero Farinacci preparò il proprio ordine del giorno da presentare nella prevista riunione del Gran Consiglio[144], ma non riuscì però a concordare una eventuale, anche minima, unità d'azione con i tedeschi, i quali ultimi – proprio attraverso il loro ambasciatore – ritenevano che Farinacci avesse tuttavia saldamente «in mano la situazione»[145].

---

[139] E. CANEVARI, *La fine del Maresciallo Cavallero*, cit., p. 29.

[140] Mentre ambiguo apparve, per alcuni aspetti, il contegno di Scorza, diverso sembrò ai maggiori leader (Grandi, Bottai e Ciano) quello di Farinacci, che fece comprendere «il senso e i limiti di una sua approvazione», intesa solo come solidarietà sino alla fine con l'alleato»; cfr. G. BOTTAI, *Diario, 1935-1944*, p. 404.

[141] *Le confessioni di Farinacci*, XIII, «Corriere Lombardo», 25 gennaio 1947.

[142] Per la ricostruzione dell'incontro, F. W. DEAKIN, *La brutale amicizia. Mussolini, Hitler e la caduta del fascismo*, cit., pp. 566-568. L'incontro non è accennato nell'apocrifo *Diario* di Farinacci.

[143] Cavallero ipotizzava un comando italiano al quale fosse soltanto aggregato un comando tedesco, pur in subordine; cfr. il "Memoriale Cavallero", pur reticente in molti aspetti, in R. ZANGRANDI, *1943: 25 luglio – 8 settembre*, Feltrinelli, Milano, 1964, pp. 879-882.

[144] «Farinacci nei riguardi della politica interna e nella riassunzione del comando militare da parte del Re, voleva le stesse cose di Grandi, ma intendeva, a differenza di quello, mantenere l'alleanza con la Germania per portare a fondo la guerra. A questa tendenza si era unito il Maresciallo Cavallero, tanto che l'ordine del giorno presentato da Farinacci in tale senso era stato compilato nella sua villa di Roma, unitamente a Cavallero e all'ambasciatore tedesco Von Mackensen»; E. CANEVARI, *Roberto Farinacci. L'uomo che ha sempre detto la verità al duce*, IV, «Meridiano d'Italia», 5 agosto 1958.

[145] F. W. DEAKIN, *La brutale amicizia. Mussolini, Hitler e la caduta del fascismo*, cit., p. 568.

L'azione di Farinacci non considerava l'ipotesi che fosse ormai assolutamente impossibile per l'Italia continuare in quelle condizioni la guerra[146], ma ciononostante non poté esplicarsi proprio per la poco comprensibile passività che pervase l'atteggiamento dei tedeschi in Italia, passività tale da impedire loro l'assunzione di qualsivoglia iniziativa di carattere politico-militare. Del resto, in quelle fatidiche ore, la confusione regnava sovrana nella gerarchia fascista (in un nuovo incontro con Ciano, Bottai e Grandi, questi propose ancora a Farinacci di sottoscrivere il suo odg), ma se pur un lievito di congiura si sentiva nell'aria, «nessuno aveva idea di che cosa si dovesse fare e tutto finiva per esaurirsi in incontri o conciliaboli più o meno segreti, nell'immaginare le soluzioni e le combinazioni politiche più irrealistiche»[147]; gli stessi rapporti di forza tra estremisti e moderati in Gran Consiglio, palesemente a favore di questi ultimi, avrebbero potuto riservare sorprese. Per Farinacci, ad ogni conto, la riunione del Gran Consiglio doveva essere l'occasione per un *redde rationem* nei confronti di Mussolini e per preparare la sua personale ascesa al potere, in forma non traumatica – se possibile – o dietro pressione tedesca in caso la situazione politica si fosse complicata. Emblematica, a questo proposito, la frase che Farinacci rivolse confidenzialmente a Cianetti, uscendo dall'ufficio di Grandi, proprio la mattina del 24 luglio: «Grandi ti ha chiamato per sottoporti un ordine del giorno che presenterà oggi al Gran Consiglio; il principio è giusto, ma non ti impegnare a fondo. Ti aspetto verso le 15 a casa mia». E proprio nel pomeriggio, facendo il tragitto verso Palazzo Venezia insieme, Cianetti ben comprese lo spirito che animava il camerata, e le violente sfuriate antimussoliniane che questi ripeteva:

> Durante lo sfogo con me, Farinacci passeggiava su e giù per il salotto. Dalle sue parole rilevai, cosa che non era successa nel colloquio con Grandi, che alle 17 non si trattava di spuntare gli artigli al dittatore, ma forse di peggio. Ma poiché ero abituato da anni alle sfuriate farinacciane, non attribuii soverchia importanza alle impressioni del momento. [...] Alle 16,30 partimmo insieme per Palazzo Venezia. Dalle parole che scambiammo lungo il tragitto mi venne il dubbio che Farinacci si sentisse più investito della parte di contraltare a Mussolini che dalla responsabilità imposta dagli avvenimenti disastrosi[148].

Farinacci, dunque, mentre intensificava le pressioni su Scorza affinché tanto lui quanto il Partito sostenessero l'idea di «imbalsamare po-

---

[146] R. De Felice, *Mussolini l'alleato. 1. L'Italia in guerra, 1940-1943. 2. Crisi e agonia del regime,* cit., pp. 1314-1319.

[147] *Ibidem*, p. 1227.

[148] T. Cianetti, *Memorie dal carcere di Verona*, cit., p. 406 e p. 410.

liticamente Mussolini»[149], sembrava mirasse, così pensò anche De Bono, a qualcosa di più della semplice richiesta dell'abbandono da parte di Mussolini dei tre dicasteri militari e degli Esteri[150], come in effetti il suo stesso odg per il Gran Consiglio lasciava intendere[151]... Secondo fonti attendibili, del resto, a dare la spinta decisiva all'iniziativa di Grandi, dei moderati, della Real Casa e di Vittorio Emanuele III, sarebbe stata proprio la fuga di notizie che, giunta direttamente da uomini vicini al ministro cremonese, descriveva, se pur a grandi linee, gli imminenti propositi di Farinacci: già il 17 luglio il noto penalista padovano Paolo Toffanin, da anni legato a Farinacci, aveva messo in guardia il senatore Aldo Rossini (che da tempo era al centro di ampie manovre tese a sbloccare la situazione in direzione antifascista) affinché rendesse edotto Acquarone che «Farinacci stava combinando con l'ambasciatore di Germania e con il Comando militare tedesco di Frascati l'accantonamento di Mussolini e del Re ed il passaggio dei poteri a Kesserling»[152]. Che tale manovra fosse tuttavia a buon punto e seriamente in corso appare difficile da appurare (e da come si sono poi svolti gli avvenimenti, appare difficile crederlo), ma alcune misure militari prese dallo Stato maggiore italiano nei giorni successivi vennero attuate proprio per prevenire ipotetiche trame fasciste-farinacciane[153].

Sono noti i fatti del Gran Consiglio del 24 luglio: se qualche incertezza permane ancora, essa è relativa al comportamento passivo di Mussolini[154]. Il duce, in quella importante riunione, cercò di tenere basso il tono della discussione, dette qualche ragione ai critici, si richiamò alla possibilità che l'odg Grandi aprisse una vera e propria crisi del regime e fece appello ai sentimenti dei gerarchi, cercando infine di far ruotare il senso della discussione sulla vera questione da risolvere: con-

[149] Cfr. C. SCORZA, *Mussolini tradito. Dall'archivio segretissimo e inedito dell'ultimo segretario del Pnf, dal 14 aprile alla notte del 25 luglio 1943*, Dino, Roma, 1982, p. 185, ma le testimonianze dell'ultimo segretario del Pnf sul 25 luglio sono sempre state molto reticenti, e addirittura palesemente contraddittorie, e l'azione di Scorza appare ancora piuttosto difficile da decifrare; cfr. G. PARDINI, *Le ultime ore del Pnf. Il processo Scorza (Parma, 15-20 aprile 1944)*, in «Nuova Storia Contemporanea», 6, 2001, pp. 65 e sgg.

[150] E. DE BONO, *Diario*, 19 luglio 1943, in ACS, Fondo Emilio De Bono, b. 1.

[151] I tre odg in R. DE FELICE, *Mussolini l'alleato. I. L'Italia in guerra, 1940-1943, 2. Crisi e agonia del regime*, cit., p. 1541.

[152] [A.] R[OSSINI], *Vent'anni dopo*, «La Gazzetta di Novara», 27 luglio 1963. Appena informato, Acquarone avrebbe risposto a Rossini: «Vorrei vedere che arrivassero prima di noi!».

[153] R. DE FELICE, *Mussolini l'alleato. I. L'Italia in guerra, 1940-1943. 2. Crisi e agonia del regime*, cit, p. 1187.

[154] Cfr. soprattutto *ibidem*, pp. 1362-1395, nonché G. BIANCHI, *25 luglio: crollo di un regime. Perché e come cadde il fascismo*, cit., pp. 457-539 e F. W. DEAKIN, *La brutale amicizia. Mussolini, Hitler e la caduta del fascismo italiano*, cit., pp. 590-611.

tinuare la guerra o meno e, in questa seconda ipotesi, provocare nei presenti un fiducioso appello affinché lui stesso paludasse il Paese fuori da quella difficile situazione. Farinacci, in quella circostanza, ribadì le forti accuse ai vertici militari, chiedendo le dimissioni di Ambrosio e «un'unione materiale di Comando con i tedeschi», perché l'Italia doveva condurre a oltranza la guerra, impegnando in essa tutte le residue energie, pena il disfacimento politico e sociale del Paese. Farinacci concordava sulla necessità di richiamare il Re e la Casa Reale ai propri poteri, ma anche a condividere col fascismo le responsabilità della guerra e del momento, quasi a dire – chiosando l'odg Grandi – che sì, il fascismo rimetteva al Sovrano i poteri e le prerogative che gli appartenevano a norma dello Statuto, ma ciò esclusivamente nell'ottica non della generica affermazione del «bene della Patria», ma del bene della «patria fascista», vincolando così il Re al fascismo, e impedendo al primo l'assoluta "libertà" di manovra che gli avrebbe permesso l'odg Grandi[155]. Anche Farinacci, come avrebbe poi fatto successivamente Scorza nella seconda parte della discussione, chiese i pieni poteri al Pnf e, contrariamente alle attese, non spinse a fondo il suo attacco alla politica e alla persona di Mussolini[156]. Ben sapeva, infatti, che il duce escludeva in maniera assoluta l'ipotesi di risolvere la crisi appoggiandosi ai tedeschi, "delegando" loro, per di più, la condotta delle operazioni militari, e si rendeva altresì conto che le probabilità di far prevalere la propria linea politica, in quel contesto e nella situazione generale del Paese, erano oggettivamente scarse. Lungi dal rivelarsi scialbo e confuso, il discorso di Farinacci fu in realtà piuttosto preciso, ponendo sul tappeto le questioni centrali della situazione, ribadendo ancora una volta molti temi a lui cari e che la realtà sembrava in quel momento confermare (insufficiente aderenza del Pnf alla Nazione, deleteria struttura gerarchica imposta dall'alto, opportunità di contare solo sulla «vecchia guardia», importanza fondamentale di una critica interna costruttiva, ne-

[155] «Non sono contrario, anzi favorevole – disse Farinacci – che il re riassuma il comando delle Forze armate. Ciò è forse necessario per procedere ad un mutamento radicale nell'attuale direzione della guerra. Ma sono nettamente contrario al confidare al re "la suprema iniziativa di decisione", di cui parla l'ordine del giorno Grandi, e tanto meno al ripristino del cosiddetto Statuto. Occorre invece dare maggiori poteri al partito, affidandone la direzione ad uomini energici e fedeli; occorre armare di più la milizia, sottraendola interamente al comando, diretto ed indiretto, dei generali dell'esercito; occorre dimostrare finalmente ai nostri alleati che siamo fedeli a loro se vogliamo esigere che essi siano fedeli a noi»; R. De Felice, *Mussolini l'alleato.* I. *L'Italia in guerra, 1940-1943.* 2. *Crisi e agonia del regime*, cit., p. 1371.

[156] Cfr., al riguardo, E. Canevari, *Farinacci, l'uomo che ha sempre detto la verità a Mussolini*, IV, «Meridiano d'Italia», 5 agosto 1958 e anche, ma con qualche cautela, l'apocrifo R. Farinacci, *Diario, 1943*, cit., pp. 47-53.

cessità di un'indissolubile alleanza con i tedeschi). Ma la posizione di Farinacci (che seppe ad ogni modo cogliere il tempo giusto per porla con forza, provocando pure qualche apprensione negli avversari[157]) era «irrealistica», al punto in cui stavano le cose, e tale da costringerlo a ripiegare, in conclusione, verso un atteggiamento quasi defilato, «per evitare di esporsi a uno scacco clamoroso» e a non cercare adesioni al proprio odg, «da lui quasi certamente inteso come una sorta di personale dichiarazione di principio a futura memoria»[158]. La critica a Mussolini (a dispetto del tono molto duro col quale lo affrontò, investendolo virulentemente e rimproverandogli di «aver tradito il fascismo» con tono offensivo[159]) per l'insufficienza della sua dittatura, non doveva tuttavia indebolire troppo la posizione del duce: anche in questa circostanza Farinacci non aveva effettivamente organizzato la successione, limitandosi ad assumere – come al solito – la posizione ortodossa più radicale. Il dittatore poteva dormire tranquillo, perché non da Farinacci (in fin dei conti limitatosi a ritagliarsi il preciso ruolo di «carta di riserva» gradita ai tedeschi in caso di ipotetici scenari futuri) sarebbero giunti i problemi[160], sicuramente bastando poche franche parole a Mussolini per ricondurre nell'alveo dell'obbedienza l'antico e sodale camerata.

La conclusione della seduta, nelle prime ore del 25 luglio, a favore dell'odg Grandi (con la schiacciante maggioranza di 19 favorevoli su 28 presenti), non consentì neppure la messa ai voti degli altri due ordini del giorno, quello Scorza e quello Farinacci, ma l'ex segretario rientrò comunque a casa convinto che tutto avrebbe potuto sfociare in un governo Grandi-Federzoni-Farinacci, nel quale egli avrebbe appunto assunto il costituendo ministero del Partito[161]. Ma il colpo di Stato monarchico-militare maturato nel tardo pomeriggio con l'arresto di Mussolini e la sostituzione di questi col Maresciallo Badoglio lo spiazzarono

[157] Anche Bottai, che temeva molto l'eventuale presa di posizione di Farinacci, ebbe la sensazione che essa non cercasse con convinzione sbocchi reali: «La sua voce robusta, il suo corpo massiccio, il gesto meccanico del suo avambraccio artificiale, danno al suo eloquio un tono greve, da macchina d'assalto lanciata allo sfondamento. Ma gli argomenti sono grami, scuciti, senza i nessi della convinzione, necessari a convincere»; G. BOTTAI, *Diario, 1935-1944*, cit., p. 416.

[158] R. DE FELICE, *Mussolini l'alleato*. I. *L'Italia in guerra, 1940-1943. 2. Crisi e agonia del regime*, cit, p. 1370.

[159] Cfr. G. ACERBO, *Fra due plotoni di esecuzione. Avvenimenti e problemi dell'epoca fascista*, Cappelli, Bologna, 1968, p. 512 e T. CIANETTI, *Memorie dal carcere di Verona*, cit., p. 416.

[160] Mussolini, che pur non aveva giudicato positivamente l'odg Farinacci, non lo condannò mai come quello di Grandi (definito «inaccettabile e vile»), desiderandone anzi la presentazione come "copertura" politica, perché – come aveva fatto sino ad allora – non gli sarebbe stato difficile ricondurre nei ranghi l'ortodossia del "ribelle".

[161] Cfr. A. SARDI, *...Ma non si imprigiona la Storia*, Cen, Roma, 1969, p. 553.

decisamente. Rimasto nella sua villa sulla Nomentana, Farinacci venne fato chiamare da Scorza dopo le ore diciotto del 25, avendo il segretario del Pnf avuto sentore che qualcosa di grave poteva essere accaduto a Mussolini e che il prestigio di Farinacci nel fascismo avrebbe potuto rivelarsi utile alla bisogna. Farinacci, insieme al fido Mori, venne prelevato in automobile dal vicesegretario Tarabini e accompagnato alla sede del Partito, dove tuttavia poté fare ben poco, subito accortosi che la situazione era al collasso e che non c'erano possibilità di iniziativa[162], nonostante le pressioni che in quella circostanza ricevette dai camerati a lui più vicini, come quelle di Luigi Molino, componente del direttorio del Pnf e presente con altri dirigenti a Palazzo Wedekind. «Ero amico di Farinacci, avrebbe ricordato Molino, avendo anche collaborato al suo giornale. Lo esortai a prendere in mano la situazione, ma me ne fece intendere l'impossibilità: stava per recarsi dall'Ambasciatore tedesco, dal quale era atteso»[163]. La prova di forza, infatti, era ritenuta impossibile da Farinacci, in quel momento, essendo i fascisti disarmati e col «fascismo diventato un'attività a parte, una organizzazione di opere assistenziali: sarebbe stato uno spargimento di sangue inutile», come avrebbe poi testimoniato al processo-Scorza[164]. Farinacci, dopo aver verificato la situazione del Partito, andò allora al Ministero degli Esteri e in quella circostanza, constatata la mancanza di direttive e appresa la mutata situazione ministeriale, cercò rifugio all'Ambasciata tedesca[165]. Giuntovi con Mori nella serata, ebbe subito un colloquio con Dollmann e con von Mackensen: Farinacci, secondo le sue successive dichiarazioni, avrebbe proposto di guidare, con l'ausilio della Divisione "M" stanziata alle porte di Roma, un golpe fascista[166], mentre i tedeschi, piuttosto sorpresi dagli avvenimenti, si sarebbero mostrati contrari a tale prospettiva, negando poi, anzi, che Farinacci (del quale avevano comunque sopravvalutato l'importanza) l'avesse realmente voluta perseguire[167]. Certo è che se i tedeschi avessero avuto l'intenzione di progettare un qualsivoglia colpo di mano in Italia, l'occasione venne in quel momento lasciata cadere, preferendo essi far partire immediatamente i maggiori gerarchi

[162] Cfr. G. PARDINI, *Le ultime ore del Pnf. Il processo Scorza (Parma, 15-20 aprile 1944)*, cit., p. 93.

[163] L. MOLINO, *Testimonianze su avvenimenti del periodo 1941-1945*, p. 7, in ACS, FRDF, b. 12, fasc. *Molino*.

[164] G. PARDINI, *Le ultime ore del Pnf. Il processo Scorza (Parma, 15-20 aprile 1944)*, cit., p. 99.

[165] D. ALFIERI, *Due dittatori di fronte*, cit., p. 345.

[166] E. CANEVARI, *Roberto Farinacci, l'uomo che ha sempre detto la verità al duce*, IV, «Meridiano d'Italia», 5 agosto 1958.

[167] Cfr. la versione di E. DOLLMANN, *Roma nazista, 1937-1945*, cit., p. 138, la cui testimonianza non appare aliena da riserve.

disponibili per la Germania, e così anche Farinacci, il quale, tra i primi e con grave scacco per il governo italiano[168], il 26 luglio venne fatto espatriare dall'aeroporto di Ciampino[169]. Da Monaco raggiunse quindi il quartier generale di Hitler, che incontrò, dopo colloqui preliminari con von Ribbentrop, nella serata del 27[170]. L'idea che Hitler si era fatta della situazione italiana era alquanto confusa, anche per le indicazioni errate che von Mackensen aveva sino ad allora fornite. Tra gli stretti collaboratori di Hitler regnava una profonda divisione circa il da farsi in merito alla situazione italiana, dando ormai quasi per scontato che la posizione attendista non avrebbe portato vantaggi al Reich. Essere, quindi, il primo italiano a interloquire col Führer avrebbe potuto essere molto utile ai fini dell'adozione di un particolare atteggiamento della Germania nei confronti dell'alleato (se non ai fini della restaurazione del fascismo) e difatti se Farinacci ebbe mai una occasione per svolgere un ruolo di primissimo piano, quella fu la sua occasione storica, considerando che nei progetti iniziali di Hitler era anche contemplata la possibilità di un colpo di forza per creare un contro governo italiano da affidare proprio a Farinacci, in attesa di eventuali sviluppi e, magari, della "liberazione" di Mussolini[171]. Il pregiudizio di Hitler nei confronti di Farinacci, "accusato" di essersi lasciato sfuggire il controllo della situazione (molto duro il giudizio di Goebbles, per esempio, al riguardo[172]), unito alla solita rude franchezza con la quale Farinacci espose poi il suo punto di vista, non risparmiando le critiche nei confronti della blanda politica di Mussolini che aveva condotto alla snaturazione del fascismo e del regime italiano, fecero in maniera tale che quel colloquio

---

[168] Badoglio protestò energicamente con l'ambasciata tedesca a Roma, censurando il comportamento dei tedeschi e sostenendo che la partenza di Farinacci «era contro il diritto delle genti, perché un cittadino italiano non può lasciare il suolo patrio senza permesso»; E. VON RINTELEN, *Mussolini l'alleato. Ricordi dell'addetto militare tedesco a Roma (1936-1943)*, Corso, Roma, 1952, p. 218.

[169] Per la descrizione particolareggiata del viaggio, cfr. *Le confessioni di Farinacci*, XIV, «Corriere Lombardo», 1° febbraio 1947.

[170] Per l'incontro e il colloquio tra Hitler e Farinacci, cfr. anche l'apocrifo R. FARINACCI, *Diario, 1943*, cit., pp. 85-98.

[171] F. W. DEAKIN, *La brutale amicizia. Mussolini, Hitler e la caduta del fascismo italiano*, cit., p. 663.

[172] Secondo il ministro per la Propaganda, Farinacci in occasione del 25 luglio si era «comportato da babbeo» e nei colloqui con i membri del governo nazionalsocialista «quanto mai malaccortamente»: «a me pare che quell'imbecille maldestro di Farinacci possa essere stato abbindolato e abbia preso parte al complotto dell'aristocrazia e massoneria d'Italia; ora naturalmente non vuole confessarlo [...]. Dal colloquio del Führer con Farinacci risulta evidente che quest'uomo non può essere utilizzato da noi per grandi compiti. Il Führer lo ha affidato alle cure di Himmler. Farinacci è annientato»; J. GOEBBELS, *Diario intimo*, Mondadori, Milano, 1948, p. 546.

non soltanto non si rivelasse produttivo, ma causasse persino il crollo delle azioni di Farinacci nelle gerarchie nazionaliste (soprattutto nella considerazione di Hitler, che non tollerò le critiche antimussoliniane[173]). L'ex segretario venne subito messo in "quarantena" in una località marginale dei Sudeti, a Marienbad, alla stregua di un rifugiato politico cui era stata tolta credibilità (in realtà, stando alle memorie apocrife, tuttavia non confermate da altre fonti, ebbe comunque occasione di intrattenere lunghi colloqui con Himmler, Goering, Streicher, von Ribbentrop, Doenitz, Saukel e Speer[174]), essendo radicata nei tedeschi la convinzione che egli avesse preso parte, seppur inconsciamente, al complotto[175]. Soltanto successivamente giunsero in Germania altri gerarchi fascisti (gli ex amici e collaboratori Preziosi ed Evola), ma con nessuno di essi Farinacci entrò in contatto sino alla data dell'armistizio; anzi, l'assoluto isolamento in cui era tenuto lo allarmò a tal punto da spingerlo a chiedere contatti col governo Badoglio[176].

Sfuggito quindi Farinacci all'arresto da parte del nuovo governo (ma all'arresto per motivi politici non sfuggirono invece i suoi più fedeli collaboratori, Mori, Varenna, Canevari), contro le sue posizioni e le sue proprietà venne iniziata un'ampia offensiva ministeriale: a Cremona, tra l'altro, furono sigillati gli stabilimenti de «Il Regime Fascista»[177], confiscate le sue proprietà personali e saccheggiato, infine, il suo archivio privato contenente numerosa e importante documentazione (poi consegnata, probabilmente, al capo della polizia Seni-

---

[173] *Ibidem*.

[174] Cfr. l'apocrifo R. FARINACCI, *Diario, 1943*, cit., p. 136.

[175] Pare che l'accusa non fosse stata neppure velata, al che Farinacci andò su tutte le furie, ricordando al suo illustre interlocutore: «Ricordatevi bene, che se in Italia c'è un uomo che abbia avuto occasione di congiurare, di complottare, di aspirare alla successione, sono io. Se ci fu un gerarca che abbia avuto un seguito fortissimo nel Partito, il più forte, perché il più genuinamente fascista, lo fui io»; *ibidem*, p. 97 e F. W. DEAKIN, *La brutale amicizia. Mussolini, Hitler e la caduta del fascismo italiano*, cit., p. 663.

[176] Il passo appare di difficile conferma, fatto sta che il console italiano a Berlino appuntò sotto la data del 26 agosto 1943: «Per interposta persona, improvvisamente, si è fatto vivo con noi Farinacci. Dice di trovarsi a Marienbad, nei Sudeti, strettamente sorvegliato dalla polizia ed esprime il desiderio di entrare in contatto col governo Badoglio. Gli faccio sapere che inoltreremo una sua eventuale comunicazione per il Capo del governo. È bene sapere ciò che vuole questo illustre messere» (L. SIMONI, *Berlino, Ambasciata d'Italia, 1939-1943*, cit., p. 403). Negli stessi giorni, del resto, secondo alcune testimonianze, Farinacci aveva preso a parlare da radio Monaco (ma in realtà si trattava del giornalista Angelo Vecchi Verderame), polemizzando con Badoglio su onestà politica e morale (pendevano ancora su Farinacci le accuse di illeciti arricchimenti), e rinfacciando al nuovo capo del governo che se lui e altri fascisti erano considerati dei ladri, lo erano stati esclusivamente nell'interesse del Partito, altri invece (il riferimento era a Badoglio) lo avevano fatto per proprio interesse. Cfr. E. CAVIGLIA, *Diario (aprile 1925 – marzo 1945)*, cit., p. 425.

[177] *Le confessioni di Farinacci*, XIV, «Corriere Lombardo», 1° febbraio 1947.

se[178]). Farinacci, inoltre, venne fatto oggetto di un durissimo attacco da parte della Commissione per gli illeciti arricchimenti istituita dal governo, e la nuova "libera" stampa lanciò una serie di pesanti campagne scandalistiche proprio contro il gerarca, ancora considerato come il pericolo numero uno nell'ipotesi di un intervento tedesco e dell'avvento di una ripresa fascista. Nei maggiori circoli intellettuali e politici, infatti, continuava a essere assai diffuso il timore di un'azione di forza tedesca in Italia e dell'avvento di un governo di collaborazione filonazionalsocialista, guidato proprio dal ministro cremonese, tanto che il Sim mise in guardia sul propalarsi di tali notizie[179]. Niente di tutto questo avvenne sino all'annuncio dell'armistizio, allorquando, proprio nella serata dell'8 settembre, i tedeschi si decisero a muovere una offensiva politica e militare in Italia, ipotizzando il sorgere di un governo di collaborazione. Nella notte tra l'8 e il 9 le maggiori personalità fasciste presenti in Germania (Pavolini, Ricci e Vittorio Mussolini) furono adunate in una località della Prussia orientale e messe in condizione, dal treno speciale di Hitler, di comunicare al popolo italiano la nascita di un governo nazionale fascista che, respingendo le decisioni del regio governo di Badoglio, avrebbe quanto prima preso a funzionare in Italia settentrionale in collaborazione con l'alleato, continuando la guerra[180].

---

[178] Cfr. ACS, PCM, Gabinetto, 1944-1947, 1.1.2.10.100, fasc. 10. Neppure nel periodo della Repubblica sociale italiana, Farinacci, a dispetto dei suoi tentativi, riuscì a tornare in possesso della documentazione. Le carte vennero poi alla luce nell'immediato dopoguerra, ma – dopo alcune brevi pubblicazioni sulla stampa quotidiana – sparirono di nuovo dalla circolazione; cfr. le lettere di Farinacci a Buffarini Guidi e a Tamburini (Cremona, 10 e 22 ottobre 1943, in ACS, RSI, MI, capo della polizia Chierici, b. 9, fasc. *Farinacci*). Nell'immediato dopoguerra «La Voce Repubblicana» e il «Corriere d'Informazione», a partire dal 17 novembre 1946, iniziarono una serie di pubblicazioni, *Documenti di un archivio segreto* e *L'archivio segreto di Farinacci*, che andò avanti sino al febbraio 1947, per una ventina di puntate, coll'annuncio di nuove e sensazionali rivelazioni. Anche lo Stato intervenne per entrare in possesso di quella documentazione e riuscì ad accordarsi con il direttore del giornale repubblicano, il professore Bellone, affinché provvedesse a depositarla all'Archivio centrale. Che si trattasse della stessa documentazione sottratta a Farinacci subito dopo il 25 luglio a Cremona è confermato anche da una lettera dell'ex segretario di Farinacci, Emanuele Tornaghi, secondo il quale – come in effetti era accaduto – larga parte dell'archivio privato Farinacci era stato "sequestrato" a Cremona dal questore Barbagallo il 26 luglio, mentre buona parte del rimanente archivio era stato bruciato dal Tornaghi medesimo, dietro ordine di Farinacci, nella sera del 23 aprile 1945 a Cremona; *Ci scrive il segretario di Farinacci*, «Corriere d'Informazione», 15 dicembre 1946.

[179] Cfr. L. SIMONI, *Berlino, Ambasciata d'Italia, 1939-1943*, cit., p. 403; P. CALAMANDREI, *Diario 1939-1945*, II, La Nuova Italia, Firenze, 1997, p. 182 ed E. CAVIGLIA, *Diario (aprile 1925 – marzo 1945)*, cit., p. 421: «I ministeri sono in preda allo smarrimento. Temono che i Tedeschi vogliano imporre un loro governo con Farinacci. Certamente non siamo padroni in casa nostra».

[180] F. W. DEAKIN, *La brutale amicizia. Mussolini, Hitler e la caduta del fascismo italiano*, cit., p. 712.

Nella tarda serata dell'8 settembre Farinacci ebbe un nuovo lungo colloquio (almeno 3 ore) con Hitler, al quale rinnovò le critiche contro la gestione del fascismo di Mussolini[181]. Il giorno successivo anche Farinacci venne unito a quell'embrione di gruppo dirigente fascista, per costituire una reggenza, in attesa della liberazione del duce (da notare che in questo gruppetto c'erano Evola e Preziosi). Già dall'inizio i contrasti tra gli esuli fascisti in Germania erano apparsi evidenti, essendo, in effetti, ancora troppo confusa la situazione politico-militare. Farinacci, per esempio, tornò a sostenere che un eventuale governo di collaborazione avrebbe potuto reggersi soltanto su fascisti di provata fedeltà e che, quindi, era necessario preliminarmente epurare l'intero fascismo, non contando su quanti avevano mostrato segni di "cedimento" morale e politico[182].

Soltanto il 14 settembre, allorquando Mussolini poté incontrare prima Hitler e poi i componenti di questo "governo" fascista, furono gettate quelle idee che sarebbero rimaste alla base della Repubblica sociale italiana. Ancora una volta, come sempre nel passato, Mussolini e Farinacci (il quale, avendo anche saputo delle cattive condizioni di salute dell'anziano duce e del desiderio di questi di ritirarsi dalla politica attiva, era tornato ad accarezzare l'idea di un Mussolini "padre della Patria") si trovarono su differenti e inconciliabili posizioni[183]. Mussolini era molto dubbioso sull'esito del conflitto, anzi dava per disperata la situazione militare; Farinacci, imperterrito, continuava a ritenere che la Germania avrebbe sicuramente vinto la guerra; Mussolini voleva cercare di unire, nella nuova repubblica, gli italiani in senso lato, non caratterizzando lo Stato in senso fascista; Farinacci voleva soltanto una repubblica fascista, senza compromessi con i tiepidi e, peggio, gli avversari; Mussolini voleva dare un'impronta sociale alla repubblica e al fascismo; Farinacci considerava priva di valore e di significato quella demagogica parola, mentre al contrario l'occasione storica doveva essere sfruttata per fascistizzare in senso assoluto e totalitario il nuovo Stato[184]. Farinacci ipotizzava il ritorno al suo modello di Partito, che prevedesse la libertà di critica costruttiva, la selezione democratica della classe dirigente, il controllo del Partito su tutte le altre istituzioni, incluse le militari, per rifuggire definitivamente «compromessi e vie di mezzo»; l'avvento di un governo, anch'esso subordinato al nuovo Par-

---

[181] *Alle origini della repubblichetta di Salò*, «Il Momento», 4 novembre 1945.

[182] Cfr. ancora l'apocrifo R. FARINACCI, *Diario, 1943*, cit., p. 166.

[183] R. DE FELICE, *Mussolini l'alleato. II. La guerra civile, 1943-1945,* Einaudi, Torino, 1997, pp. 56-71.

[184] Cfr. l'apocrifo R. FARINACCI, *Diario, 1943*, cit., pp. 177-181.

tito fascista repubblicano, composto dai migliori uomini del fascismo (citava Arpinati, Graziani, Ricci, Scorza, Gentile, Tringali Casanuova), con lui stesso alla guida dell'esecutivo, riservando a Mussolini il ruolo, appunto, di capo dello Stato[185].

Hitler non poteva fare a meno, ovviamente, del ritorno di Mussolini alla guida del fascismo e dello Stato collaborazionista italiano e giocò un ruolo decisivo nello spingere il duce ad accettare. Era un grave scacco per Farinacci, il cui punto di rottura con Mussolini (i due rimasero a lungo in colloquio privato subito dopo il primo incontro con gli "esuli" e le divergenze di molti anni ovviamente non si diradarono, ma anzi si acuirono[186]) ebbe il suo apice e non si sarebbe più saldato. Non è da escludere che la spinta decisiva a Mussolini per riprendere in mano le redini della situazione politica italiana fosse dovuta proprio alla posizione di Farinacci e al tentativo di questi di proporsi come alternativa. In occasione dell'annuncio delle decisioni prese da Mussolini (che in un primo tempo aveva pensato di riservare a Farinacci la guida del Pfr, in coabitazione con Pavolini), l'ex segretario ebbe una violenta reazione, negando ai punti programmatici esposti dal duce valida efficacia[187]. Il 21 settembre scrisse a Mussolini per un ultimo incontro chiarificatore, ma le sue decisioni, al pari della sua delusione, erano già maturate...: «Caro Presidente, ti prego di concedermi un ultimo colloquio. E questo prima che io chiarisca la mia posizione con i camerati tedeschi. Questa notte ho profondamente meditato su tutto e ho deciso la mia linea di condotta: salvare soltanto la mia famiglia dalla inevitabile catastrofe. Sì, caro Presidente, i tuoi ultimi orientamenti non lasciano speranza alcuna nei tuoi vecchi e fedeli camerati»[188]. Ancora una volta Farinacci si era rivelato scomodo: come bene avrebbe ricordato Anfuso, «il "sistema" diffidava della sua ortodossia», e Mussolini continuava a temerne l'atteggiamento critico[189].

Era in sostanza, come bene osservato, il triste addio di Farinacci alla grande scena politica: «negli avvenimenti successivi non sarà più un protagonista, ma un esule corrucciato nel suo feudo cremonese»[190]. Anche in quella circostanza Mussolini non prese "provvedimenti" contro l'ex segretario e, sebbene continuasse in cuor suo a odiarlo, neppu-

---

[185] *Ibidem* e *Alle origini della repubblichetta di Salò*, «Il Momento», 4 novembre 1945.

[186] G. DE TURRIS, *Un tradizionalista nella RSI. Julius Evola 1943-1945*, in «Nuova Storia Contemporanea», 2, 2002, p. 81.

[187] Al riguardo la testimonianza di F. ANFUSO, *Da Palazzo Venezia al lago di Garda (1936-1945)*, Cappelli, Bologna, 1957, p. 324.

[188] H. FORNARI, *La suocera del regime*, cit., p. 246.

[189] F. ANFUSO, *Da Palazzo Venezia al lago di Garda (1936-1945)*, cit., p. 324.

[190] U. ALFASSIO GRIMALDI – G. BOZZETTI, *Farinacci, il più fascista*, cit., p. 231.

re stavolta tenne un atteggiamento deciso contro di lui, perché fondamentalmente – per dirla con Senise – continuava a temerlo[191]. Farinacci, nel proclamare il suo giudizio negativo – avviato il reclutamento degli uomini per il neogoverno[192] – non accettò incarichi e chiese solo di rientrare immediatamente a Cremona, dove avrebbe ripreso, dalle colonne del suo quotidiano, la battaglia ideologica e politica. Ma neppure in quella circostanza Mussolini accontentò il fiero capo degli intransigenti, costringendolo a ritornare in Italia qualche giorno dopo di lui, tanto che Farinacci arrivò a Cremona, aprendo tosto il giornale, solo nella serata del 27 settembre[193]. I suoi primi articoli, ovviamente, erano intonati alla severa rappresaglia verso chi aveva infierito sul fascismo e sui fascisti[194], ma soprattutto erano una continua requisitoria contro gli artefici del «duplice tradimento», cioè il Sovrano, Badoglio, Grandi, Federzoni e Acquarone che, in combutta con lo Stato maggiore, avevano portato l'Italia alla catastrofe del disonore[195].

Anche a Cremona la situazione politica dopo il 25 luglio e, soprattutto, dopo l'8 settembre era mutata: Farinacci era "sparito" senza plausibili ragioni, lasciando i gregari senza disposizioni e i fedeli con un senso di sfiducia e di scetticismo; la violenta campagna scandalistica sollevata contro di lui dalla stampa per la questione degli illeciti arricchimenti, al di là della reale veridicità, pesava sulle spalle del "capo"; il generale Giacomo Florio, comandante militare della provincia di Cremona, e il prefetto Trinchero, dietro rigidissime disposizioni del governo Badoglio, avevano «polverizzato il fascismo cremonese», minando la credibilità e il potere morale dell'ex ras; Guido Miglioli era rientrato in città e aveva ripreso a tessere le fila di una politica che sembrava addirittura impossibile anche solo ipotizzare alcuni mesi prima; Giuseppe Speranzini si era spinto a chiedere, arrivando quasi a ottenerlo, lo stabilimento tipografico di «Regime Fascista» per dare vita ad un quotidiano antifascista; in città il gruppo democratico guidato da Nino Vialli e Cinto Cremonesi, dirigenti del Comitato di Liberazione, aveva riconquistato le antiche posizioni di potere: erano passati oltre vent'anni, ma sembrava fosse ancora ieri.

Le "nuove" autorità insediatesi dopo l'8 settembre si mostrarono subito deferenti nei confronti di Farinacci, affrettandosi a smentire tutte

---

[191] C. Senise, *Quando ero capo della polizia, 1940-1943*, Ruffolo, Roma, 1946, p. 113.

[192] F. W. Deakin, *La brutale amicizia. Mussolini, Hitler e la caduta del fascismo italiano*, cit., p. 755 e sgg.

[193] Cfr. *Le confessioni di Farinacci*, xv, «Corriere Lombardo», 4 febbraio 1947.

[194] [R. Farinacci], *Eccomi di ritorno* e [R. Farinacci], *Fucilazione*, «Il Regime Fascista», 28 settembre 1943.

[195] [R. Farinacci], *Il tradimento di due imbelli*, «Il Regime Fascista», 1° ottobre 1943.

le «calunnie» circolate nei 45 giorni, Giovanni Sergenti venne nominato commissario straordinario del Partito fascista repubblicano di Cremona e Luciano Guida della federazione provinciale: erano uomini nuovi e ce n'era bisogno, perché un mondo pareva crollato definitivamente e appariva difficile poterne costruire uno nuovo, richiamandosi al passato e «alle origini», dopo l'evidente fallimento, sebbene l'antico segretario continuasse a ricordare il passato e, forse giustamente, a ripetere «io l'avevo detto...». Alcuni fedeli camerati erano venuti a mancare, chi in guerra, chi per l'età (Pantaleo, il primo e fedele consigliere, il 10 novembre 1943), altri avevano disertato, abiurando la fede nel momento del bisogno, altri ancora non avevano scelto («i finestristi») o avevano scelto la «parte sbagliata» (l'amico Carnelutti, rifugiatosi in Svizzera all'arrivo dei tedeschi e di là operativo a favore dei rifugiati, si vide oggetto di una delle più cattive requisitorie di Farinacci[196]). Dietro la sferzante e dura scorza del rinnovato intransigentismo, anche Farinacci comprese che nulla avrebbe potuto essere come prima e provvide innanzitutto a non molestare gli avversari: lo stesso Miglioli poté rimanere, protetto e pressoché indisturbato, a Cremona[197]. Una delle prime informative che giunsero sul tavolo del duce da parte del nuovo apparato "informativo" della repubblica sosteneva che di Farinacci, ormai, non era più in discussione soltanto «la fedeltà» e «la capacità», ma anche la stessa sua proverbiale «risolutezza»[198].

Poche furono, di fatto, le "soddisfazioni" per Farinacci, negli ultimi mesi del funesto '43, isolato ed emarginato a Cremona e privo di qualsivoglia potere o influenza nelle scelte della repubblica; tra le poche solo la nomina del fedelissimo Canevari a segretario generale del ministro Graziani, col quale avrebbe lavorato per la ricostituzione di un nuovo esercito. Anche la sua vis polemica nei confronti degli avversari era scemata, salvo ridestarsi lucidamente in qualche particolare questione, soprattutto di Partito, e le stesse analisi sul 25 luglio e sull'8 settembre apparivano poco convincenti, infarcite com'erano dei soliti luoghi comuni della propaganda repubblicana (il tradimento dei generali e del Re, il complotto massonico, l'oro delle demoplutocrazie, la buonafede fascista e di Mussolini)[199]. In una incerta situazione politica

---

[196] [R. FARINACCI], *Vecchio trombone*, «Il Regime Fascista», 4 novembre 1943.

[197] *Le confessioni di Farinacci*, XV, «Corriere Lombardo», 4 febbraio 1947. Del resto l'antico avversario popolare aveva già cercato di entrare in contatto con Farinacci, nel 1941, dalle carceri di Parigi e di Bolzano, e l'ex segretario non aveva infierito; cfr. *Miglioli-Grieco: dibattito sul contadino nella Valle Padana* (a cura di A. Zanibelli), Cinque Lune, Roma, 1975, pp. 55-103.

[198] Appunto per il duce, Roma, 3 ottobre 1943, in ACS, MCP, Gabinetto, II versamento, b. 12, fasc. «*Il Regime Fascista*».

[199] [R. FARINACCI], *La congiura monarchico-massonica*, «Il Regime Fascista», 24 ottobre 1943. Farinacci rimase sempre convinto che la congiura monarchico-militare avreb-

(quale grado di autonomia poteva vantare la Rsi? Quali avrebbero dovuto essere le principali linee d'azione del neonato Pfr?) e in una difficile prospettiva militare, Farinacci sostenne una posizione defilata e non particolarmente originale, sebbene ancora coerente con le sue solite e antiche idee, nel vivace dibattito politico, sociale e ideologico della nascente repubblica. Critico con l'eccessiva «verbosità» che pervadeva il dibattito medesimo, Farinacci riteneva che compito primario del Partito e del governo fosse quello di «salvare l'Italia», unire «le sue genti sotto la stessa bandiera» per risollevare l'onore e riacquistare dignità, combattendo duramente a fianco dell'alleato tedesco; occorreva bandire ogni propaganda demagogica per conquistare i ceti operai con promesse impossibili da mantenere, parlando soltanto di «diritti, quando invece il momento non richiedeva altro che doveri»: «nessuna riforma sociale era possibile – concludeva – se prima non veniva sconfitta la plutocrazia anglo-americana e comunista». Il fascismo repubblicano doveva dunque – come allora si sosteneva – andare sì «incontro al popolo», ma quanto il popolo stesso, argomentava quasi ingenuamente Farinacci, «andava incontro al fascismo repubblicano». E prima di attuare il programma di Verona occorreva infatti pensare a risollevare la patria in armi e condurla alla vittoria finale: soltanto dopo si sarebbero potute affrontare le discussioni, magari anche finalizzate alle più ardite riforme. Occorreva senz'altro tornare a quel «movimento qualitativo» che, per selezione democratica, era connaturato al fascismo delle origini, ma ciò senza avere «nulla da rinnegare», soprattutto in tema di politica e di legislazione sociale, sindacale e del lavoro, settori nei quali il fascismo aveva fatto compiere al Paese e al popolo enormi passi sulla strada del progresso, del benessere e della modernizzazione. Il Pfr non doveva diventare la copia del vecchio Partito di massa, ma educare le coscienze, e non doveva cercare l'unione degli italiani, ma contare soltanto su fascisti di indiscussa fede, respingendo l'ipotesi di uno «scontro fratricida» tra italiani, pur perseguendo una dura politica «di vendetta dell'occhio per occhio, dante per dente» per prevenire e vincere il radicalizzarsi dello scontro civile in atto nel Paese[200].

---

be abbattuto Mussolini anche senza la riunione del 25 luglio e senza il tradimento interno, tradimento di cui erano da considerare responsabili Grandi, Federzoni, Bottai e, parzialmente, Ciano. I fascisti avevano invero fatto il proprio dovere e a nessuno di essi, tanto meno a Scorza e a Galbiati, la cui fedeltà «alla causa era indiscutibile», potevano essere mosse le accuse di aver contribuito al crollo del fascismo; [R. FARINACCI], *Oltre il limite*, «Il Regime Fascista», 16 dicembre 1943.

[200] Per tutto, cfr. gli articoli di R. Farinacci, *Insistiamo*, *Essere brutali*, *Premessa indispensabile*, *Nulla da rinnegare* e *Atto d'accusa*, «Il Regime Fascista», 19 settembre, 2 , 17 novembre, 1° e 21 dicembre 1943.

Fuori da ogni lotta di potere all'interno delle strutture repubblicane, Farinacci rimaneva comunque il carismatico leader estremista cui continuavano a guardare con ammirazione e rispetto numerosi vecchi fascisti e nuove reclute dell'aquila col littorio, che non si capacitavano dell'ostracismo di cui era vittima l'antico segretario, il quale si sforzava a ogni costo di mantenere alta e inalterata la sua autorità morale, servendosi soprattutto del suo giornale (la cui tiratura continuò a essere elevata anche nel periodo della Rsi). Era ancora il vecchio nemico Bonetti (allora commissario prefettizio di Codogno, ma mai domo nella sua lotta contro Farinacci) a ricordare quanto fosse «grande il privilegio concesso, unicamente concesso a Farinacci fra i gerarchi italiani, di essere proprietario di un giornale»[201]. Proprio sul «Regime» Farinacci concentrò, molto diradando la sua attività fuori Cremona, tutte le sue energie e il suo impegno, fino a dichiararsi «tutt'uno» col suo quotidiano: «pochi direttori – avrebbe detto – sono stati così attivi e gelosi del loro ufficio come lo sono stato io»[202]. Non un argomento di attualità passò sotto silenzio sul «Regime», dando anzi spesso il quotidiano il via a campagne giornalistiche inerenti importanti temi politici, economici, sociali e militari. Farinacci si fece il primo e maggior assertore non tanto della necessità di tornare alle origini, quanto della necessità di analizzare lucidamente gli errori che erano stati alla base del fallimento del fascismo-regime, avanzando una critica spietata contro uomini, mezzi e metodi che non avevano retto alla prova dei fatti e, quasi, della storia: «purtroppo – andava ripetendo – a base della nostra rivoluzione fu posto un collaborazionismo senza riserve [...]; eravamo per un partito che avesse continuato a funzionare attraverso le assemblee e i congressi ed avesse imposto al Paese la sua dittatura, senza compromessi e senza esitazioni». E nessuno osava rinfacciargli qualche cosa o muovere accuse a suo danno, perché mentre si leggeva quella pur sgrammaticata prosa sembrava davvero di vederlo ancora sostenere quelle tesi come aveva polemicamente e coraggiosamente fatto nel '22... Non era comunque quello, il 1944, il momento giusto per azzardare fantasiosi programmi politici (e se Farinacci fu sempre molto critico nei riguardi della socializzazione, ancor più duro fu nei riguardi della ipotizzata statizzazione delle imprese, giudicata senza appello «parossistica e delirante»), dovendo innanzitutto spettare alla repubblica il compito di combattere (tornare al combattimento era l'unico imperativo assoluto per la Rsi) e salvare l'integrità della Patria[203]:

[201] F. Bonetti, Milano 14 novembre 1941, in Acs, Fondo Barracu, b. 5, fasc. 1.

[202] R. Farinacci a B. Mussolini, Cremona, 6 luglio 1944, in Acs, Rsi, spd/cr, b. 1, fasc. *Farinacci*.

[203] Cfr. gli articoli di R. Farinacci, *Errori che si scontano*, *Concezione mazziniana* e *Ritornare al combattimento*, «Il Regime Fascista», 3 gennaio, 1° e 15 febbraio 1944.

Se prima d'ora non fu possibile realizzare, concretizzare questo programma sociale, gli è perché troppe forze politiche ed economiche paralizzavano la nostra marcia rivoluzionaria. Avevamo una monarchia asservita alla più crassa plutocrazia, un Senato retrogrado e quindi ostile ad ogni audace e radicale innovazione, una classe industriale che sapeva soltanto succhiare dalle casse dello Stato, una burocrazia senza spina dorsale, quando addirittura non sabotava ogni nostra iniziativa. [...] Ma è bene dire che tutto potrà essere realizzato se l'Italia sarà liberata dal nemico, se sapremo conquistare la vittoria, se saremo degni dell'ora che attraversiamo[204].

Per Farinacci la ricostituzione del Partito fascista repubblicano doveva avvenire con uomini che non avevano mostrato incertezze nei 45 giorni, fuori dai metodi e dalla retorica che avevano portato al crollo del Pnf[205]; tutto doveva essere subordinato, comunque, all'autorità del fascismo repubblicano (non parlava di Pfr, ancora avvolto in nubi difficili da diradare), così come, citando un problema esiziale per la repubblica, lo stesso esercito non avrebbe dovuto essere apolitico, ma invece uno strumento in mano al rinato fascismo; e tagliava corto: «è bene dissipare ogni equivoco col far comprendere che oggi si deve respirare un clima solo: quello nostro, quello creato esclusivamente da noi»[206]. Occorreva creare un corpo di commissari politici, cui affidare «il compito di assicurare che la volontà dello Stato fascista repubblicano trovasse la piena realizzazione» in ogni settore della vita sociale, economica e amministrativa:

Siamo noi che abbiamo assunto di fronte alla Storia l'impegno di salvare l'integrità territoriale della Patria e il prestigio e l'onore del popolo italiano; saremo noi a subirne tutte le conseguenze se la riscossa fascista repubblicana non avrà successo. Se dovremo quindi pagare di persona, abbiamo perciò anche il diritto di intervenire quando le cose non procedono come dovrebbero.

All'interno della Rsi, inoltre, Farinacci riavviò la furibonda polemica con la Chiesa italiana e la Santa Sede, accusate di non aver preso posizione e di non aver levato parola in «favore dell'Italia e contro l'invasione anglo-americana», proprio mentre il nemico premeva alle porte della capitale del cattolicesimo. Dietro il pretesto del «silenzio degli ultimi tempi» della Chiesa di Roma, dietro le facili accuse ai «clericali che davano rifugio ai nemici della Patria»[207], in realtà Farinacci mirava assai più in alto, cioè a creare le condizioni di rottura (sino a proporre che la

---

[204] [R. FARINACCI], *Premessa alla premessa*, «Il Regime Fascista», 15 gennaio 1944.
[205] R. DE FELICE, *Mussolini l'alleato. II. La guerra civile, 1943-1945*, cit., p. 115.
[206] [R. FARINACCI], *Bando agli equivoci*, «Il Regime Fascista», 18 gennaio 1944.
[207] [R. FARINACCI], *Che disgusto!*, «Il Regime Fascista», 8 febbraio 1944.

Rsi non riconoscesse il Concordato del '29) e una sorta di scisma nel cattolicesimo italiano, sostenendo la corrente cattolica, pur molto minoritaria, che si era schierata con la repubblica[208]. In questo contesto anche la rinnovellata politica antiebraica, che nel '44 toccò il punto più alto e si ammantò di visioni quasi messianiche e prive di aggancio con la precedente impostazione razzista di Farinacci («sono gli ebrei che hanno scatenato questa immane carneficina, perché Israele trionfi sulle rovine del cristianesimo»[209]), serviva solo a giustificare i gravissimi provvedimenti antiebraici attuati dalla Rsi. Queste posizioni trovavano comunque fanatici sodali in molti settori repubblicani[210], convincendo taluni che Farinacci avesse realmente l'intenzione di spingere a rottura la propria posizione: «molti fascisti – affermava un sempre informato Bonetti – hanno l'impressione che si [voglia] fare di Cremona il Nazareth dell'Anticristo, e di "Regime Fascista" il Nuovo Testamento...»[211]. Circolavano sempre più insistentemente, inoltre, voci di una profonda insoddisfazione tedesca in merito all'operato della Rsi e di una volontà germanica di spingere per un governo di Farinacci o di Preziosi, lasciando così uno sfiduciato duce soltanto alla guida dello Stato[212]. Secondo Pietro Koch, ancora nell'autunno del '44, Farinacci era considerato «il più forte», tra gli uomini della Rsi, e in tempi brevi sarebbe diventato «il nuovo Duce», essendo il naturale «sostituto» di Mussolini[213]. Alla fine di giugno erano le agenzie di stampa estere che recepivano, a conferma di una certa consistenza, la stessa notizia, affermando che «Mussolini, sotto la pressione tedesca, starebbe per cedere a Farinacci la Presidenza del Consiglio dei Ministri, riservandosi per sé la funzione onorifica di Capo dello Stato»[214].

Farinacci rimaneva una contraddizione politica continua: il suo "movimento politico estremistico" tendeva a ramificarsi sempre più nella società e a collegarsi anche con importanti gerarchi saloini (Renato Ricci, per esempio), vantando addirittura corpi di miliziani a lui devoti (si faceva il nome della importante Legione autonoma mobile "Ettore Muti", della Guardia nazionale repubblicana[215]); e ciò mentre altri cor-

---

[208] [R. FARINACCI], *Siamo onesti e sinceri*, «Il Regime Fascista», 15 marzo 1944.

[209] [R. FARINACCI], *Risultanze di guerra*, «Il Regime Fascista», 25 febbraio 1944.

[210] Cfr., al riguardo, l'importante e ampio carteggio relativo al settimanale «Crociata Italica», in BNB, FRB, *«Crociata Italica»*.

[211] F. Bonetti, *Diana di battaglia o demagogia a scopo partigiano?*, [s.d., s.l.], in ACS, Fondo Barracu, b. 5, fasc. 1.

[212] G. DOLFIN, *Con Mussolini nella tragedia*, Garzanti, Milano, 1950, p. 149.

[213] M. GRINER, *La «Banda Koch». Il reparto speciale di polizia, 1943-1944*, Bollati Boringhieri, Torino, 2000, p. 189.

[214] Dispaccio di stampa estera, 2 luglio 1944, in ACS, RSI, SPD, C/R, b. 1, fasc. *Farinacci.*

[215] M. GRINER, *La «pupilla» del duce. La legione autonoma mobile "Ettore Muti"*, Bollati Boringhieri, Torino, 2004, p. 107.

pi speciali avevano invece ricevuto l'ordine del duce di controllare ogni mossa dell'ex segretario e di prepararne la fine politica (e in questo senso deve essere valutata l'opera di spionaggio condotta a danno di Farinacci dalla Banda Koch e da reparti della X^a^ Mas, mentre ancora nell'aprile del '45 la Presidenza del Consiglio dei ministri della Rsi era intenta a fare incetta dei documenti contro l'antico ras[216]). Sembrava che Farinacci non volesse impegnarsi col governo della Rsi o con la gestione del Pfr, per tenersi le mani libere in attesa di una sua promozione sul campo, in virtù dell'appoggio tedesco, nel caso le cose fossero continuate ad andare male.

Per questo, per minare la posizione politica di Farinacci[217], il governo repubblicano non esitò a fare ricorso ad aperte minacce (lo stesso Mussolini giudicava Farinacci aver tramato «inconfutabilmente» contro il regime e avvertiva che un giorno o l'altro avrebbe potuto «essere chiamato in causa anche lui», e tali "promesse" avvenivano a commento delle esecuzioni di Verona...[218]), a metodi di polizia e, soprattutto, persino alla questione morale, che parve abbattersi inesorabile, sul gerarca cremonese, proprio nell'estate del '44, allorquando il 24 giugno vennero rese note le conclusioni del processo contro Farinacci da parte della Commissione speciale per la devoluzione allo Stato dei beni di non giustificata provenienza. In base a un testamento di Roberto Farinacci, datato febbraio 1942 e rinvenuto nella sua abitazione di Cremona durante le perquisizioni ordinate da Badoglio, la Commissione speciale aveva potuto assodarne proprietà e beni[219], e aveva quindi stabilito che il gerarca non aveva usato quel «trasparentissimo comportamento che [era] da esigersi da chiunque avesse esercitato una politica attiva»: eccessivi si erano rivelati gli acquisti di proprietà sulla base delle dichiarazioni dei redditi fornite negli anni da Farinacci, ragion per cui si

---

[216] M. GRINER, *La «Banda Koch». Il reparto speciale di polizia, 1943-1944*, cit. pp. 178-182. Il 10 aprile 1945 Bonetti cercò di vendere alla Presidenza del Consiglio della Rsi almeno «30 chili di documenti di alto interesse» contro Farinacci; ACS, Fondo Barracu, b. 5, fasc. 5.

[217] Farinacci non subì alcuna minaccia da parte degli antifascisti, nel periodo della Rsi: la Questura di Cremona ebbe sentore soltanto di una ipotizzata minaccia di Giancarlo Matteotti, che da Casalmaggiore si riteneva avesse promesso una ricompensa di un milione di lire per chi avesse attentato alla vita del gerarca cremonese. Le indagini di polizia non portarono a niente, se non allo smantellamento di un gruppo di antifascisti del casalasco, nel febbraio del '44; cfr. ACS, MI, PS, H2, b. 204, fasc. *Farinacci*.

[218] G. DOLFIN, *Con Mussolini nella tragedia*, cit., p. 203.

[219] La situazione patrimoniale di Farinacci, alla vigilia del 25 luglio, consisteva nella testata del quotidiano e gestione relativa della Società editoriale "Cremona Nuova" (con la totalità delle azioni); in un appartamento a Roma, nella tenuta con casa padronale sulla via Nomentana a Roma (12 ettari); un appartamento a Milano, un piccolo locale a Napoli; una villetta a Serapo (Gaeta); sei milioni in buoni del Tesoro e titoli industriali e altri valori; il Palazzo del Regime Fascista a Cremona; due automobili.

poteva effettivamente parlare di «indebiti arricchimenti» e di «non giustificata provenienza» anche per 28 mila delle 32 mila azioni a lui intestate della Società "Cremona Nuova": le risultanze della Commissione affermarono dunque che tali azioni non potevano fare parte del patrimonio personale di Farinacci e che il sensibile accrescimento del patrimonio dello stesso era dovuto alla evasione delle tasse, ragion per cui i giudici ordinarono anche la devoluzione allo Stato di 3 milioni di lire[220]. Era una brutta botta, innegabilmente, per Farinacci, che si scagliò allora contro il ministro della Giustizia, il vecchio rivale Pisenti, accusandolo di aver pilotato la sentenza[221]; accusò i giudici di aver dato un movente politico alla loro deliberazione e si appellò poi a Mussolini, confutando (in molti aspetti in maniera appropriata) tutti i punti di indagine di una Commissione che aveva «esorbitato deliberatamente dal mandato, lasciandosi andare a giudizi, a consigli, a valutazioni che, oltre che illegittimi, [lui] respingeva sdegnosamente perché offensivi», preannunciando infine – sebbene fosse vietato – ricorso alla Cassazione[222]. Soltanto tre mesi dopo Farinacci ebbe soddisfazione, in quanto il Ministero propose una serie di proscioglimenti per alcune decisioni, rinviando *sine die* ulteriori giudizi causa lo stato di guerra che impediva i necessari accertamenti[223].

Proprio nel settembre del '44 l'offensiva ministeriale contro Farinacci parve sul punto di materializzarsi, grazie infatti all'opera investigativa di Koch, il quale aveva persino annunciato l'imminente arresto dell'ex

---

[220] La sentenza della Commissione, datata Brescia 24 giugno 1924, in ACS, Fondo Pisenti, b. 1.

[221] «Il Regime Fascista», 16 e 28 giugno 1944.

[222] Cfr. il memoriale di Farinacci a Mussolini, Cremona 6 luglio 1944, in ACS, RSI, SPD, C/R, b. 1, fasc. *Farinacci*.

[223] L. GANAPINI, *La repubblica delle camicie nere*, Garzanti, Milano, 2004, p. 133. La vicenda ebbe naturalmente seguito nel dopoguerra tra gli eredi Farinacci (l'eredità era valutata circa 614 milioni del tempo) e il Tribunale di Cremona (il quale emise ben quattro consecutive sentenze di confisca totale dei beni di Farinacci) e lo Stato italiano (cfr. Avvocatura generale dello Stato, Suprema Corte di Cassazione, *Memoria per l'Amministrazione finanziaria dello Stato, ecc.*, Roma, udienza 23 marzo 1949): dopo 13 sentenze emesse negli anni successivi alla conclusione del conflitto dal tribunale di Cremona e dalla Corte di Cassazione, il tribunale della città lombarda decideva definitivamente la causa, durata ben 11 anni, nel 1956, ordinando la confisca parziale dei beni (l'intero pacchetto azionario di "Cremona Nuova" e il 20% del podere di Roma; cfr. anche E. CANEVARI, *Farinacci, l'uomo che disse sempre la verità al duce*, V, «Meridiano d'Italia», 12 agosto 1958). L'erario italiano, «in questa annosa e rovinosa vicenda», come bene ricordava il difensore degli eredi, il preside della facoltà di Giurisprudenza di Milano, Aurelio Candian, aveva finito col perdere alcune centinaia di milioni e la società civile cremonese una florida azienda editoriale: soltanto attraverso una lunga mediazione tra Candian, Scelba, presidente del Consiglio dei ministri, e Tremelloni, ministro delle Finanze, dall'altra, le parti trovarono un accordo, nel corso del '54, recepito infine – a malincuore – dal tribunale cremonese. Per la vicenda, cfr. ACS, PCM, Gabinetto, 1951-1954, fasc. 1.7.77171.

segretario del Pnf. In quella circostanza, secondo una testimonianza del segretario del ministro dell'Educazione Nazionale Biggini, Farinacci – avvertito dell'azione contro di lui – ebbe un lungo faccia a faccia con Mussolini (uno dei più importanti che i due uomini ebbero nel corso della Rsi[224]), dal quale uscì piuttosto rasserenato e, anche in quella circostanza, con personale soddisfazione[225]. Non è noto quello che i due antichi camerati si siano detti, a ogni maniera Farinacci, se pur continuò a non avere alcuna voce in capitolo nella politica saloina, mostrò ancora una volta di non essere attaccabile e confermò i "sospetti" popolari secondo i quali Mussolini aveva paura di Farinacci. Certo lo stesso Koch, arrestato a sua volta, dal carcere non poteva scrivere altro che «Farinacci [era ancora] troppo forte», e perorare quindi aiuto proprio a quest'ultimo...[226].

D'altra parte erano ancora le colonne de «Il Regime Fascista» a dettare i temi della politica e le polemiche ingaggiate da Farinacci contro i camerati lasciavano il segno: in aperto contrasto con la maggioranza dei fogli più rilevanti della repubblica, l'ex segretario attaccava ripetutamente e duramente coloro che auspicavano la «pacificazione nazionale», che mostravano aperture nei confronti degli antifascisti e che chiedevano un rinnovamento totale e generazionale nel nuovo sistema politico. Farinacci, anzi, sosteneva che il fascismo era, in quel momento, isolato più che mai, e occorreva quindi combattere a trecentosessanta gradi (riteneva che lo scontro in atto, a quel punto della situazione, fosse soltanto tra fascismo e comunismo, a cui erano asserviti anche Badoglio, il Sovrano e la Chiesa[227]) e che per far questo le nuove generazioni dovevano ancora essere guidate dalla vecchia guardia, quella vecchia guardia "epurata" che – sola e inascoltata – aveva da anni ammonito quanto «la Rivoluzione si fosse spostata dalla via maestra»[228].

---

[224] Farinacci ebbe diversi incontri con Mussolini, soprattutto nel periodo aprile-giugno '44 (cfr. Acs, Rsi, Spd, c/r, b. 1, fasc. *Farinacci*), ma da tali colloqui il gerarca cremonese usciva con l'amaro in bocca: «[Farinacci] piomba di tanto in tanto a Gargnano – ricordava il segretario di Mussolini – piazzandosi nella nostra segreteria e chiedendo di parlare con Mussolini senza attendere molto. Quando annuncio la sua visita, il duce si indispettisce..., si infuria, ma poi finisce sempre col riceverlo, magari mugugnando [...]. Non appena esce dall'ufficio [Farinacci] ama ripetere le parole che ha dette al duce, per concludere, secondo il solito, che è un grand'uomo, con delle visioni chiare, ma che manca dell'energia necessaria. Ostenta con tutti di essere l'unico in Italia che gli ha sempre parlato chiaro. Non gode nell'ambiente spiccate simpatie, per quanto si ammiri il coraggio col quale parla e scrive»; G. Dolfin, *Con Mussolini nella tragedia*, cit., p. 167.

[225] L. Garibaldi, *Mussolini e il professore*, Mursia, Milano, 1983, p. 171.

[226] M. Griner, *La «Banda Koch». Il reparto speciale di polizia, 1943-1944*, cit. p. 290.

[227] [R. Farinacci], *Gli avversari insegnano*, *Il Re "compagno"* e *Mosca avanza,* «Il Regime Fascista», 30 marzo, 4 e 23 aprile 1944.

[228] [R. Farinacci], *Essere realistici*, «Il Regime Fascista», 31 marzo 1944.

Alle feroci polemiche Farinacci cercava per quanto possibile di far seguire un'azione propositiva: proprio intorno agli attacchi politici alla Chiesa italiana e al Vaticano, accusati «di non essere rimasti politicamente al di sopra della mischia ma di essere schierati dall'altra parte», organizzò la nascita di un movimento cattolico fiancheggiatore del fascismo repubblicano e in aperto contrasto con Roma. Dal 10 gennaio 1944, infatti, nella tipografia di «Cremona Nuova» vide la luce «Crociata Italica», diretto dal sacerdote sospeso a divinis don Tullio Calcagno[229]. Il settimanale divenne in breve tempo un importante strumento di propaganda (raggiunse 150 mila copie di tiratura ed era sostenuto da un movimento con qualche migliaio di aderenti) e valse a creare attorno a Farinacci l'alone di integerrimo difensore del «cattolicesimo nazionale», patriottico, strenuo avversario «dell'antifascismo strisciante e palese del politicismo clericale italiano»[230]. Per l'anziano leader intransigente la Chiesa italiana aveva il grave torto di essere scesa in campo «apertamente», rendendo a quel punto invero difficile stabilire dove finisse la politica e dove cominciassero la religione e la morale. Che Farinacci ipotizzasse uno scisma appare poco credibile, certo è che il movimento di don Calcagno ebbe maggiore importanza e conquistò assai più anime di quanto appaia a una prima superficiale lettura[231].

«La nostra missione – queste parole di Farinacci racchiudono sinteticamente l'azione politica esercitata nei 600 giorni – è di liberare gli italiani da ogni residuo delle ideologie democratiche e comuniste e renderli indipendenti dal dominio e dalle ipoteche spirituali delle Nazioni che ci opprimono»[232]: per far questo occorreva tornare non tanto allo spirito originario del fascismo, ma rivedere e correggere tutte le deviazioni che avevano portato il fascismo nelle secche della «pachidermica, opprimente burocrazia»; occorreva ripristinare lo statuto del Pnf del 1925, sì da rendere possibile la discussione, il dibattito e la collegialità delle decisioni. Farinacci, al riguardo, si disse persino d'accordo con Pettinato e Pini (che nel giugno del '44 cercarono di scuotere l'apatico clima politico della repubblica con durissimi articoli), consapevole che per arginare il profondo stato di malessere che aleggiava sulla repubblica e paralizzava l'opera dei fascisti, occorresse una forte terapia d'urto: «andare incontro al popolo», come allora si sosteneva, non signifi-

---

[229] A. DORDONI, *"Crociata Italica". Fascismo e religione nella politica di Salò (gennaio 1944 – aprile 1945)*, Sugarco, Milano, 1976, p. 13.

[230] Cfr. gli articoli di Farinacci, *Eloquente coincidenza*, *Il Clero e la situazione* e *Lettera aperta a S. E. il Cardinale Schuster*, «Il Regime Fascista», 23 e 24 maggio e 3 giugno 1944.

[231] Al riguardo cfr. l'importante documentazione conservata in BNB, FRF, *«Crociata Italica»*.

[232] [R. FARINACCI], *Fascismo e Popolo*, «Il Regime Fascista», 17 maggio 1944.

cava alcunché, in termini politici, anzi tale strategia «rivelava preoccupazione, debolezza o magari egoismo»; meglio sarebbe stato, argomentava Farinacci, non fare alcuna promessa, bensì perseguire intransigentemente le méte del fascismo, perché «domani, attraverso le nostre idee, il nostro sacrificio e la nostra guerra vittoriosa», le masse sarebbero tornate da sole verso il più forte, senza sollecitazioni strumentali, in considerazione che il fascismo doveva fare affidamento sulla classe media, piuttosto che sul popolo[233]:

> Bisogna essere onestamente repubblicani e non lasciarci sedurre dal numero o da chi urla di più. Dobbiamo andare incontro a tutto il lavoro, ma anche e in particolar modo alla competenza, alla serietà e alla cultura. Soprattutto dobbiamo andare incontro a coloro che oggi sono disposti a dare alla Patria l'anima, la vita e gli averi. Questi devono essere i nostri propositi, anche perché noi apparteniamo ai ranghi di quella borghesia sana, audace, intraprendente, che in ogni tempo ha marciato contro corrente creando la storia, e che ha compreso anche di questa guerra le necessità e i valori morali, non purtroppo alla portata di tutti, certo non alla portata di moltissimi lavoratori, sensibili solamente alle migliorie economiche e sociali[234].

Erano prese di posizione, queste, che certo non contribuivano ad attirare attenzione verso il fascismo repubblicano da parte di una popolazione ormai sfiduciata e contraria alla Rsi, ma che tuttavia avevano il merito di guardare senza lenti deformanti la difficile realtà sociale, politica e militare del momento: non poteva esserci compromesso con la parte avversaria; era in atto nel Paese una vera e propria guerra civile che avrebbe inevitabilmente comportato la sconfitta definitiva di una delle due parti e il fascismo repubblicano non poteva permettersi alcun cedimento; l'esercito doveva rimanere la proiezione militare di una fede politica; il fascismo repubblicano aveva il compito di «stanare» gli attendisti e convincerli a lottare per il bene della Nazione; le discussioni dovevano passare in secondo piano per lasciare il posto esclusivamente all'azione autoritaria e risoluta, che sola avrebbe portato rispetto e consenso nella popolazione; l'apoliticità era «in agonia» e mai come allora «tutto il potere doveva essere a tutto il fascismo»[235]. Questi capisaldi programmatici, sempre sostenuti in quasi trent'anni dì battaglie politiche, consentivano a Farinacci di rivendicare il suo ruolo e la sua concezione del fascismo storico: «noi sorgemmo con un programma di lotta

---

[233] [R. FARINACCI], *Ritornello: incontro al popolo!*, «Il Regime Fascista», 13 aprile 1944.

[234] [R. FARINACCI], *Significato di un assassinio*, «Il Regime Fascista», 20 aprile 1944.

[235] Cfr. gli articoli di R. Farinacci, *L'apoliticità in agonia*, *Cose militari, Il compito immediato: agire* e *Minestrone senza tessera*, «Il Regime Fascista», 19, 30 aprile, 19 luglio e 5 agosto 1944.

alle plutocrazie, alle democrazie, al comunismo; sorgemmo per un ordine nuovo in Europa e nel mondo contro Versaglia; sorgemmo per la elevazione dei nostri lavoratori: noi non abbiamo rinnegato nessuno di questi postulati e non li rinnegheremo mai. Non siamo noi i traditori»[236].

In merito ai propositi di «pacificazione generale» e di «abbracciamento», fermamente invocati da alti esponenti repubblicani come Carlo Borsani e Ather Capelli, Farinacci mostrò assoluta chiusura, tanto che il «Regime» ebbe la parte di maggior rilievo nel sostenere la linea intransigente e oltranzista nei confronti dei nemici interni[237]. Ma ciò che maggiormente stava a cuore a Farinacci, in questa sua ultima stagione politica, verteva sull'occasione storica della Rsi e del fascismo repubblicano: la necessità di creare finalmente una nuova classe dirigente fascista:

Parlare di "assemblee", di "masse" e di "governo di popolo", è un errore, anzi un "delitto demagogico" che porterebbe a quelle stesse conseguenze che tutti lamentarono dopo il 1876, quando fu allargato il suffragio a quegli italiani che se ne fregavano del suffragio e dell'Unità nazionale e della missione dell'Italia. Noi dobbiamo creare la classe dirigente fascista, e questa volta sul serio, non a parole, o con articoli di giornali, o la creazione di una nuova pachidermica burocrazia. E il nostro regime non potrà che essere autoritario, un regime cioè che sappia trarre dalle supreme finalità nazionali le norme dell'ordine giuridico e dell'attività politica, economica e sociale. Solo in seno al partito le discussioni e le responsabilità devono essere ampie e le decisioni coscienti. Gli italiani dovranno giudicare dai risultati l'opera del fascismo; ma prima degli italiani sono i fascisti che hanno il diritto e il dovere di decidere e giudicare[238].

Farinacci rimase fino all'ultimo convinto della vittoria, fidando ciecamente nelle possibilità della Germania e dando assai credito alle voci di una ripresa militare dell'alleato e all'uso di nuove armi segrete[239]; anzi, proprio a queste convinzioni – parlando quasi come «un bollettino di guerra tedesco» – rimase invero attaccato sino alla fine, in attesa spasmodica di un «definitivo sbalorditivo attacco germanico»[240]. L'ora difficile della Rsi doveva essere affrontata con coraggio e accantonando i «vari e molti dibattiti politici-economici-sindacali», che quasi paralizzavano l'azione fattiva del fascismo repubblicano: «oggi esiste un solo

[236] [R. FARINACCI], *Fascismo e Partito*, «Il Regime Fascista», 25 giugno 1944.

[237] [R. FARINACCI], *Perché cessi la commedia*, «Il Regime Fascista», 30 maggio 1944. Per la polemica con Borsani, cfr. anche E. CANEVARI, *Farinacci, l'uomo che disse sempre la verità al duce*, V, «Meridiano d'Italia», 12 agosto 1958.

[238] [R. FARINACCI], *Impostazione per il domani*, «Il Regime Fascista», 20 luglio 1944.

[239] [R. FARINACCI], *Più convinti di prima*, «Il Regime Fascista», 29 agosto 1944.

[240] *Le confessioni di Farinacci*, XVI, «Corriere Lombardo», 8 febbraio 1947.

problema immediato – ribadiva quotidianamente sul suo giornale – contribuire con ogni sforzo, con ogni mezzo alla vittoria della Germania. Senza questa vittoria non ci può essere salvezza per noi. Non vi è che un preciso dovere: essere disciplinati e chiudere gli occhi e gli orecchi di fronte a tutto quanto non interessi da vicino la guerra». La Repubblica non doveva concedere «alcun diritto», a nessuno, «perché la manna venuta dal Cielo non viene mai apprezzata», e la socializzazione doveva infine essere condannata senza appello («la socializzazione è stata una legge improvvisata che, a distanza di mesi, si offre alle più contrastanti interpretazioni»)[241]. Pur non eccedendo nel propagandare la massima durezza nella scontro civile in atto (a Cremona la situazione rimase sempre molto calma e lo stesso Farinacci si prodigò più volte nel mitigare eventuali gravi provvedimenti nei confronti degli antifascisti – finanche degli ebrei locali – e nel proteggere i maggiori e più noti oppositori), l'ex segretario auspicava tuttavia una maggiore severità nei confronti degli antifascisti attivi, verso i quali dovevano essere presi tutti quegli stessi gravi provvedimenti che il governo di Badoglio stava adottando nei confronti dei fascisti rimasti nell'«Italia invasa»[242]. Inutili, allora, le discussioni sull'attendismo, non potendosi ipotecare un futuro politico, «perché a guerra conclusa chi ha lottato avrebbe dovuto dire la sua»[243], e – soprattutto – su quell'atteggiamento "pacifista" che soleva definirsi «collaborazionismo», perché i «doveri avrebbero sempre dovuto precedere i diritti»[244]. Fiero sostenitore di una politica oltranzista, a Farinacci continuavano a guardare, naturalmente, i settori più radicali del fascismo e, allorquando venne attuata la militarizzazione del Pfr, nel giugno del '44, a molti parve ovvio proporne la guida al più navigato ex segretario piuttosto che all'irascibile Pavolini[245]. Anche la prospettiva del «pontismo», cioè il tentativo di congiungere settori fascisti e antifascisti in previsione del dopoguerra, vedeva Farinacci scettico e disincantato, persino nell'aprile del '45[246]. Erano proprio da far risalire «all'attuazione di una politica di compromesso e di tolleranza, gli errori compiuti», avendo dato «la politica dell'assorbimento, frutti

---

[241] Cfr. gli articoli *Una volta per sempre* e *Intransigentemente fascisti*, «Il Regime Fascista», 24 ottobre e 2 settembre 1944.

[242] [R. FARINACCI], *La parola all'evidenza* e [R. FARINACCI], *Dopo l'assassinio*, «Il Regime Fascista», 14 luglio e 23 settembre 1944.

[243] [R. FARINACCI], *L'Italia a chi la salverà*, «Il Regime Fascista», 2 ottobre 1944.

[244] Nel dicembre 1944 la polemica tra il quotidiano di Farinacci e «La Stampa» assunse toni elevati, tali da indurre Mussolini a intervenire; cfr. [R. FARINACCI], *In tema di collaborazionismo*, «Il Regime Fascista», 16 dicembre 1944.

[245] D. GAGLIANI, *Brigate nere. Mussolini e la militarizzazione del Partito fascista repubblicano*, Bollati Boringhieri, Torino, 1999, p. 104.

[246] [R. FARINACCI], *Prima del debutto*, «Il Regime Fascista», 20 febbraio 1945.

pessimi»: per uno Stato totalitario necessitava «una politica di forza», da attuare senza indugi e senza calcare lo stupido e nefasto «autoritarismo dei capi»[247].

Sebbene da più parti, nei settori politicizzati della Rsi, si alzassero insistentemente voci che volevano Farinacci l'unico uomo ancora in grado di «salvare il fascismo», in realtà il «partito di Farinacci» – come forse impropriamente è stato definito – non ebbe la forza per "spingere" il suo antico leader a posti di comando[248]. Era una vecchia storia che, dal lontano 1925, si ripeteva stancamente. Forse un equivoco, forse un errore di fondo, in quegli anni convulsi – e così si sarebbe chiesto anche uno dei primi biografi di Mussolini – che magari traeva origine proprio nella presunta infedeltà di Farinacci al suo duce. Le parole di De Begnac, riassunte in seguito a un colloquio che egli ebbe con Farinacci nei primi tempi della guerra, cercano di spiegare quel vero equivoco di fondo, nato tra due uomini che sarebbero «bastati da soli a sostenere e a far vivere il fascismo»[249]:

> "Ma, vedi, – diceva Farinacci a De Begnac – io sono un uomo al quale si ricorre quando tutto crolla intorno e che poi, una volta raddrizzate le pareti dell'edificio già pericolante, è agevole ed utile tenere in disparte. Costituisco la fedeltà all'ultima stazione e non mi accorgo di essere sempre in attesa della mia ora".
>
> Comprese mai, Mussolini, questi sentimenti dell'uomo più deciso a far trionfare il Fascismo nel tempo? È difficile il crederlo quando si pensi al come egli lo tenne, senza soluzioni di continuità, distante dal potere, a partire dal 1926.
>
> V'era molta amarezza in quel discorso. Farinacci, con tutti i suoi difetti, con tutta la gravità della sua impreparazione culturale, è stato uno degli uomini più interessanti che io abbia incontrato. Egli era naturalmente incapace di tradimento.

La fine di un'epoca era alle porte, nell'aprile del '45, e Farinacci mostrava di non accorgersene del tutto. Si muoveva, da tempo, quasi per inerzia, sebbene affrontasse ancora ogni questione politica come se dovesse apprestarsi a difenderla in comizio, consapevole – certo – che il «trapasso» storico fosse comunque imminente. Ma si trattava soltanto di abitudine, come bene ricordato da Anfuso, ché il «suo interesse alla discussione politica era puro amor di mestiere, perché egli sapeva già quale sarebbe stato l'epilogo della contesa più grande»[250]. Ancora il

---

[247] [R. FARINACCI], *Per uno Stato autoritario e totalitario*, «Il Regime Fascista», 3 dicembre 1944.

[248] D. GAGLIANI, *Brigate nere. Mussolini e la militarizzazione del Partito fascista repubblicano*, cit., p. 144.

[249] Y. DE BEGNAC, *Palazzo Venezia. Storia di un regime*, cit., p. 167.

[250] F. ANFUSO, *Da Palazzo Venezia al Lago di Garda (1936-1945)*, cit., p. 439.

23 aprile, a dimostrazione di quanto fosse stato e fosse estraneo agli sviluppi politici e militari della Rsi in agonia, Farinacci era "costretto" a chiedere lumi sulla situazione al capo della provincia di Milano, Vincenzo Costa, dimostrando di non avere ipotizzato neppure un piano personale per la propria salvezza. Anzi, ai consigli degli amici e degli avversari storici (non ultimo quello di Miglioli, che il 25 aprile si recò a parlargli[251]), rispose evasivamente, additando invece la necessità di combattere quanto possibile – e si disse pronto a farlo – sulla linea del Po, di evitare a ogni costo una resa senza condizioni e priva di garanzie, di cercare un ricongiungimento con il governo e le forze fasciste per la resistenza finale[252].

Gli ultimi giorni di Farinacci sono ancora poco chiari e le testimonianze al riguardo spesso divergono e si contraddicono. Secondo alcuni, Farinacci, naufragate per volere dell'arcivescovo Cazzani le possibilità di un "morbido" trapasso dei poteri al Cln cremonese, sarebbe partito dalla città nella tarda mattinata del 26 aprile[253], con un seguito di tre autovetture, avrebbe girovagato a lungo per la Lombardia e – quasi come un «fantasma» – sarebbe giunto persino a Dongo, ma, incontratosi con Mussolini (cosa ci facevano i passaporti e altri documenti d'identità di Farinacci nella valigia che il duce aveva con sé nell'ultimo viaggio..., dove avrebbe trascorso la notte l'anziano gerarca...[254]), avrebbe indi preferito tornare indietro, verso Milano[255]. Secondo altri[256], Farinacci, pur privo di notizie precise ma anzi valutando che la Rsi avesse capacità di tenere ancora sotto controllo la situazione[257], avrebbe lasciato Cremona solo la mattina del 27 (in città era rimasto un numeroso e ben armato reparto di fascisti, asserragliato nel Palazzo della Rivoluzione[258]). Comunque sia il viaggio si svolse tranquillo (erano con lui gli uomini della sua segreteria personale e l'amica marchesa Carla Soranzo Medici del Vascello); ma poi le cose si complicarono, e l'autovettura di Farinacci, giunta nei pressi di Rovagnate, venne infine intercettata da

---

[251] G. Miglioli, *Con Roma o con Mosca*, Garzanti, Milano, 1945, p. 315 e sgg.

[252] V. Costa, *L'ultimo federale. Memorie della guerra civile, 1943-1945*, il Mulino, Bologna, 1997, p. 230.

[253] Cfr. la serie di articoli a firma Partigiano Renzo, «Il Momento», 24, 25 e 26 ottobre 1945, nonché *Le confessioni di Farinacci*, XV, XVII e XVIII, «Corriere Lombardo», 8, 14 e 16 febbraio 1947.

[254] Acs, Spd, Carte della valigia, b. 6.

[255] *Farinacci condannato a morte e fucilato a Vimercate*, «L'Italia Libera», 29 aprile 1945.

[256] Le versioni delle ultime ore di Farinacci si basano su E. Canevari, *Come fu ucciso e rapinato Farinacci*, «Meridiano d'Italia», 10 dicembre 1950, ricostruzione però non affidabile in alcuni aspetti perché frutto di fonti secondarie.

[257] P. Romualdi, *Fascismo repubblicano* (a cura di M. Viganò), Sugarco, Varese, 1992, cit., 163.

[258] A. Parlato, *La resistenza cremonese*, La Pietra, Milano, 1984, p. 200 e sgg.

un posto di blocco partigiano e fermata, dopo che i partigiani avevano aperto il fuoco uccidendo l'autista, in vista del paese di Beverate[259]. La marchesa rimase gravemente ferita (sì da morire qualche giorno dopo); Farinacci, illeso, catturato dagli uomini della 104ª Brigata di Merate e condotto in stato di arresto, il 28 mattina, a Vimercate, per essere giudicato da un "tribunale del popolo". Le ultime ore dell'ex segretario del Pnf furono simili a quelle di molti altri fascisti, in quei difficili giorni dell'aprile 1945: il tribunale, composto dai membri del Cln della città, basandosi su alquanto generiche imputazioni (persino di complicità nel delitto Matteotti...), condannò Farinacci, in appena un'ora di "dibattimento" e in un clima di feroce ostilità, alla pena di morte mediante fucilazione alla schiena. La condanna venne tosto eseguita. Molti testimoni, oltre a narrare episodi poco credibili e grotteschi, concordano nel citare lo stato d'animo sereno dell'antico ras: fatto chiamare un sacerdote, Farinacci si confessò brevemente e venne avviato al muro, proprio nella piazza antistante il municipio di Vimercate; qui fu bendato e percosso per essere costretto alla fucilazione. Soltanto un guizzo, pochi secondi prima della scarica dei fucili partigiani, gli permise di tentare di voltarsi di petto, alzare il saluto romano e inneggiare all'Italia.

Così moriva l'uomo Farinacci, il cui cadavere venne poi fatto ancora oggetto di ulteriori spregi materiali e morali[260], ma certo non moriva il mito che quell'uomo aveva rappresentato per intere generazioni di fascisti[261]. «Farinacci è animale politico di fiuto eccezionale... la meticolosità tattica di Farinacci distrugge ogni nemico... è rabbia in potenza, decisione che salva. Resta necessario»[262]: forse tardivo, questo riconoscimento privato del duce sottolineava il valore dell'antico camerata, ed era, per la prima volta, sincero quanto realistico. Tutto il significato di una esistenza politica, certo, rimaneva chiuso in questa complessa contraddizione: Mussolini sapeva di poter contare ciecamente sull'ortodossia di Farinacci, ma quella ortodossia era anche la critica più feroce, subdola e aperta al tempo stesso, nei confronti della sua personale politica e, volente o nolente, dello stesso regime.

«Dico al conte Volpi che di Roberto ci si può sempre fidare, fidare sino alla morte, anche se i suoi atteggiamenti, le sue stramberie, le sue antipatie, mi irritano e obbligano a procedere severamente nei suoi

---

[259] Al riguardo cfr., adesso, R. FESTORAZZI, *Farinacci. L'antiduce*, cit., p. 256 e sgg.

[260] Cfr. «Il Giornale di Brescia», 21 febbraio 1947.

[261] Cfr. la testimonianza del sodale J. EVOLA, *Farinacci*, «Meridiano d'Italia», 8 maggio 1955.

[262] Y. DE BEGNAC, *Taccuini mussoliniani* (a cura di F. Perfetti), cit., p. 480.

confronti. Roberto non è più il rivoluzionario di ieri, se il conte Volpi me ne loda l'atteggiamento moderato? La domanda non è proponibile. Roberto è quello di sempre»[263]. Era il 1926, quando Mussolini confidava queste parole al suo ministro dell'Economia; eppure, da allora, non avrebbe mai più fatto avvicinare a qualsiasi, seppure marginale, potere politico l'«apostolo del fascismo». Del resto, commentava acutamente quasi negli stessi giorni Guido Dorso, «la formula dell'intransigenza, se ha un gran valore morale, non ha mai avuto un valore politico, specialmente per i partiti di governo»[264]...

---

[263] *Ibidem*, p. 538.
[264] G. DORSO, *La rivoluzione meridionale*, Gobetti, Torino, 1925, p. 125.

INDICE DEI NOMI

INDICE GENERALE

FINITO DI STAMPARE
NEL MESE DI SETTEMBRE 2007
PER CONTO DELLA
CASA EDITRICE LE LETTERE
DALLA TIPOGRAFIA ABC
SESTO FIORENTINO - FIRENZE

BIBLIOTECA
DI «NUOVA STORIA CONTEMPORANEA»

1. Paolo Simoncelli, *Renzo De Felice. La formazione intellettuale.*
2. Giovanni Ansaldo, *Il ministro della buona vita. Giovanni Giolitti e i suoi tempi.* Prefazione di Francesco Perfetti.
3. Gioacchino Volpe, *Italia moderna. 1815-1898.* Introduzione di Francesco Perfetti.
4. Gioacchino Volpe, *Italia moderna. 1898-1910.*
5. Gioacchino Volpe, *Italia moderna. 1910-1914.*
6. Giovanni Artieri, *Umberto II - Il Re gentiluomo. Colloqui sulla fine della monarchia.* Introduzione di Francesco Perfetti. Prefazione di Paolo Cacace.
7. Guzmán M. Carriquiry Lecour, *Una scommessa per l'America Latina. Memoria e destino storico di un continente.*
8. Ernst Nolte, *Esistenza storica. Fra inizio e fine della storia?* Traduzione e cura di Francesco Coppellotti.
9. Furio Biagini, *Il ballo proibito. Storie di ebrei e di tango.* Prefazione di Moni Ovadia.
10. Antonio Donno, *In nome della libertà. Conservatorismo americano e guerra fredda.*
11. Eugenio Di Rienzo, *Un dopoguerra storiografico. Storici italiani tra guerra civile e Repubblica.*
12. Andrea Ungari, *In nome del Re. I monarchici italiani dal 1943 al 1948.* Prefazione di Francesco Perfetti.
13. Luciano Monzali, *Italiani di Dalmazia. Dal Risorgimento alla Grande Guerra.*
14. Francesco Perfetti, *Assassinio di un filosofo. Anatomia di un omicidio politico.*
15. Giuliana Iurlano, *Sion in America. Idee, progetti, movimenti per uno Stato ebraico (1654-1917).* Prefazione di Francesco Perfetti.
16. Sicanus, *La verità sull'Ovra.* A cura di Giuseppe Pardini.

17. *Il fascismo e i partiti politici italiani. Testimonianze del 1921-1923*. A cura di Renzo De Felice. Postfazione di Francesco Perfetti.

18. *Fascisti in Sud America*. A cura di Eugenia Scarzanella.

19. Federico Tondi, *Chi ha ucciso la Balena bianca?* Prefazione di Marco Follini. Introduzione di Giovanni Pallanti.

20. Nicholas Farrell, *Mussolini*.

21. Francesco Perfetti, *Parola di Re. Il diario segreto di Vittorio Emanuele*.

22. Eugenio Di Rienzo, *Storia d'Italia e identità nazionale. Dalla Grande Guerra alla Repubblica*.

23. Franco Valsecchi, *L'Europa delle nazionalità*. Prefazione di Francesco Perfetti.

24. Paolo Simoncelli, *Tra scienza e lettere. Giovannino Gentile (e Cantimori e Majorana). Ricostruzioni e polemiche*.

25. Luciano Monzali, *Italiani di Dalmazia. 1914-1924*.

26. Andrea Ungari, *Un conservatore scomodo. Leo Longanesi dal fascismo alla Repubblica*.

27. Giuseppe Pardini, *Roberto Farinacci, ovvero della Rivoluzione fascista*.